하임 바이블 아카데미 01

구약성경 로드맵

김재구 지음

홍림의 마음

넓고 붉은 숲이라는 중의적 의미를 닮고 있는 <홍림>은, 세상을 향해 그리스도인들이 추구해야할 사유와 그리스도교적 행동양식의 바람직한 길을 모색하고자 노력하고 있습니다. 폭넓은洪 독자층林을 향해 열린 시각으로 이 시대 그리스도인의 역할 고민을 감당하며, 하늘의 소망을 품고 사는 은혜 받은 '붉은 무리'紅林:홍림 로서의 숲을 조성하는데 <홍림>이 독자 여러분과 함께하고자 합니다.

하임 바이블 아카데미 01

구약성경 로드맵

지은이 김재구
펴낸이 김은주

초판 1쇄 인쇄 2017년 07월 10일
초판 2쇄 발행 2017년 09월 12일

펴낸곳 홍 림
등록번호 제312-2007-000044호
등록일자 2007.10.12
주소 서울특별시 서대문구 거북골로 14길 60
전자우편 hongrimpub@gmail.com
전화 070-4063-2617
팩스 070-7569-2617

전자우편 hongrimpub@gmail.com
블로그 http://blog.naver.com/hongrimpub
페이스북 https://www.facebook.com/hongrimbook
트위터 http://mobile.twitter.com/@hongrimpub
카카오스토리 https://story.kakao.com/#hongrimbook

값은 표지에 있습니다.
ISBN 978-89-6934-014-6 (94230)
978-89-6934-013-9 (세트)

* 이 도서의 국립중앙도서관 출판예정도서목록(CIP)은
서지정보유통지원시스템 홈페이지(http://seoji.nl.go.kr)와
국가자료공동목록시스템(http://www.nl.go.kr/kolisnet)에서 이용하실 수 있습니다.
(CIP제어번호: CIP2017014644)

01
하임 바이블 아카데미

구약성경 로드맵

김재구 지음

홍림

일러두기

1. 이 책은 개역개정 성경을 사용하는 것을 원칙으로 하되, 필요할 시에는 원어 성경에 비추어 일부 사역을 제공하였다.
2. 히브리어와 헬라어 단어와 문장을 원어로 표기할 때는 한글 음역을 제공하여 원어를 모르는 독자들도 읽을 수 있게 하였다.
3. 참고자료에 대한 인용은 미주로 처리하여, 각 장별로 정리하여 제시하였다.
4. 이 책에 사용한 어미 표기는 '-하다'체를 원칙으로 하되 필요에 따라서는 '-합니다'체를 혼용하였다.

하임 바이블 아카데미 시리즈의 정신

하임(Heim)은 한글로는 '하나님의 임재'의 줄임말이며 히브리어로는 '생명'(חַיִּים)이라는 뜻이다. 말씀을 통하여 하나님의 임재를 누리고 생명의 길로 나아간다는 의미를 가지고 있다. 하임 바이블 아카데미 시리즈는 '하임'이라는 이름이 품고 있는 이러한 뜻을 이루기 위해 구약과 신약 66권을 하나님께서 의도하신 바대로 연구하여 깨닫고, 깨달은 말씀을 삶으로 살며 전하기 위한 것이다. 이를 통해 이 시대에 안타깝게 공허한 말로 변해 버린 말씀을 다시 육신이 되게 하여 이 땅에 삼위일체 하나님께서 꿈꾸셨던 하나님 나라가 임하는 길을 예비하기 위함이다.

하임 바이블 아카데미 시리즈의 주요한 특징은 구약성경의 순서를 기존의 한글성경이 가지고 있는 순서에 준하여 주해해 나가는 것이 아니라, 히브리어 원전의 순서에 따라 주해해 나간다는 것이다. 그 이유는 우리가 사용하고 있는 한글 성경의 모든 내용이 히브리어 원전(마소라 사본)에서 옮겨왔다는 점에서 히브리어 원전의 순서를 존중하여 그 의미를 파악하는 것이 필요하기 때문이다: (1) 오경(토라/תּוֹרָה): 창세기–신명기, (2) 예언서(느비임/נְבִיאִים): 전기예언서: 여호수아, 사사기, 사무엘상·하, 열왕기상·하 (룻기는 성문서), 후기예언서: 이사야, 예레미야, 에스겔, 열두 소예언서(호세아, 요엘, 아모스, 오바댜, 요나, 미가, 나훔, 하박국, 스바냐, 학개, 스가랴, 말라기),

(3) 성문서(케투빔/כְּתוּבִים): 시편, 욥, 잠언, 룻, 아가, 전도서, 애가, 에스더, 다니엘, 에스라, 느헤미야, 역대기상·하. 신약성경은 현재의 순서대로 주해해 나가는 것을 원칙으로 한다.

하임 바이블 아카데미 시리즈의 또 다른 특징은 성경의 흐름을 연결시켜 간다는 점이다. 성경 각 권 안에서의 흐름뿐만 아니라, 각각의 성경들이 어떤 의미를 가지고 서로 긴밀하게 연결되어 있는지를 면밀하게 연구함으로 읽는 이들의 신앙과 삶의 위치를 볼 수 있게 한다는 것이다. 자신의 신앙과 삶의 위치를 봄으로 나아가야 할 방향과 목적지를 파악해 볼 수 있다는 장점이 있다. 이러한 과정을 통해서 말씀과 삶의 일체화를 추구하는 것이 이 시리즈의 목적이다.

들어가는 말

구약성경은 기독교의 경전으로 성경전체의 시작을 열어가는 책임에도 불구하고 오랜 세월동안 무관심의 대상이 되어왔다. 구약성경은 39권으로 구성되어 있으며, 성경 전체를 놓고 볼 때 책의 수에 있어서도 신약의 27권을 앞서고, 그 할애된 지면의 분량에 있어서도 신약과 비교해서 거의 세 배 이상을 차지하고 있다. 그럼에도 이미 지나가 버린, 혹은 성취된 약속이라는 의미가 강하게 풍겨나는 이름인 '구약'(舊約-Old Testament)이라는 타이틀로 인해 새로운 약속인 '신약'(新約-New Testament)의 빛에 가려져 버렸다(고후 3:14). 그리고 구약성경은 이 땅에 오실 예수 그리스도의 모습을 미리 보여주는 예고의 기능만 하는 것으로 약화시켜, 구약을 읽을 때 오실 메시아에 대한 모습을 찾는 정도에 그치기도 한다. 하지만 구약성경을 보는 이러한 자세는 이단과 현저하게 구별되는 정통신학의 핵심이라 할 수 있는 삼위일체 신학을 무너뜨리는 것이 될 수도 있다. 성부, 성자, 성령으로 일체

되신 삼위일체의 하나님을 성자 예수님만을 위해 존재하는 '성자 일위신학'으로 축소시키고 있는 것이다.

구약에 대한 무관심은 결국 성부 하나님께서 창세전부터 가지고 계셨고, 이루시기를 원하셨던 영원하신 뜻에 대한 상실을 가져왔다. 성자 예수님께서도 우리에게 '가장 위대한 기도'[1]를 가르치실 때에 분명하게 언급하기를 "하늘에 계신 우리 아버지여 이름이 거룩히 여김을 받으시오며 나라가 임하시오며 뜻이 하늘에서 이루어진 것 같이 땅에서 이루어지이다"(마 6:9-10)라고 하셨다. 우리는 여기서 예수님께서 이루고자 하셨던 하나님의 뜻이 그대로 이루어지는 나라는 이미 하나님께서 구약성경 속에서 꿈꾸셨던 바로 그 동일한 나라임을 짐작해 볼 수 있다. 지금까지의 추세가 신약의 빛으로 구약을 이해하려 했다면, 이제 방향을 한번 바꾸어 구약의 빛에서 신약을 이해해 볼 필요가 있다는 점을 강조하고 싶다. 예수님을 통해 하나님을 바라보았던 방향에서, 하나님을 통해 예수님을 바라봄으로 우리의 시선에 균형을 맞추어 보자는 것이다. "인애와 진리가 같이 만나고 의와 화평이 서로 입맞춤"(시 85:10)같이 구약과 신약이 같이 만나고 동일하신 하나님과 예수님이 서로 입 맞추는 성경적 통합의 길을 통해 이 땅에 하나님 나라를 심는 길을 걷자는 것이다. 구약과 신약 사이를 동일하신 성령님께서 운행하시며 시대를 초월하여 감동으로 하나님의 숭고하신 뜻과 이 땅에 오신 하나님이신 구주 예수 그리스도의 뜻

---

1) 존 도미니 크로산,『가장 위대한 기도: '주님의 기도'의 혁명적인 메시지(*The Greatest Prayer: Rediscovering the Revolutionary Message of the Lord's Prayer*)』(김준우 역) (서울: 한국기독교연구소, 2011).

이 일치되게 하셨음을 믿기 때문이다. 그 시작으로 이 책은 구약성경 속에 나타난 하나님의 복음을 말 할 것이다.

이 책은 요즘 서점에 흔히 등장하는 것처럼 마치 한 권으로 성경 전체를 단번에 이해 할 수 있다는 약속을 하려고 쓰여 진 것이 아니다. 수천 년의 세월동안 하나님의 말씀을 해석하고 바르게 전하기 위해 펜을 든 사람들이 어디 한 둘이며, 한 두 권의 책이었겠는가? 지금도 계속해서 지칠 줄 모르고 쏟아져 나오는 것이 성경해석서들이다. 그러함에 어찌 감히 한 권의 책으로 구약성경 전체를 다 이해 할 수 있을 것이라는 약속을 할 수 있을까! 이 책은 단지 구약성경 읽기에 대한 한 가지 길을 제시하는 시작일 뿐이다. 개론서가 갖는 아쉬움은 어떤 중요한 한 부분만을 강조할 수 없으며, 또한 모든 것을 상세하게 설명할 지면이 없다는 점이다. 어쩔 수 없는 선택이 이루어지고, 과감한 절단이 요구되는 것이 개론서의 생리라는 점에서, 이 책 또한 구약성경을 통해 가장 강조되어야 하는 한 가지에 초점을 맞추며, 전체를 아우르고 있다는 점에서 그러한 약점을 피할 수 없다. 하지만 이 책은 단지 시작이며, 차후로 계속해서 구약성경 각권의 상세한 해석을 창세기부터 진행할 기대로 아쉬움을 달랜다.

이 책에서 가장 강조되는 것은 단연 '예배'이다. 구약과 신약을 통틀어서 핵심적인 주제를 하나 고르라고 한다면 필자는 주저함 없이 '예배'라고 말할 것이다. 물론 성경을 읽는 각 사람마다 느끼는 강조점에는 약간의 차이가 있을 것이다. 그럼에도 과감히 '예배'를 선택한 것은 하나님의 백성이 있는 곳에는 하나님 나라가 이루어질 것인데, 그 나라는 예배가 중심이 되는 세상일 것이기 때문이다. 그러므로 하나님의 백성이 평생에 해야 할 일이 예배이고, 완성해야 할 것이 예배라는 확신에 기인한 것이다.

그렇다면 여기서 간략하게나마 예배의 정의를 분명히 하는 것이 필요할 것이다. 왜냐하면 예배에 대한 개념 차는 서로 간에 오해를 불러일으킬 충분한 소지가 있기 때문이다. 예배는 '광의의 예배'(넓은 의미)와 '협의의 예배'(좁은 의미)가 있는데, 일반적으로 예배라 하면 '협의의 예배'에 초점을 맞출 때가 많다. 협의의 예배는 일정한 시간이 정해져 있고, 장소가 정해져 있는 공동체가 함께 하는 형태의 눈에 확연히 드러나는 것을 의미한다. 구체적으로는 주일예배, 수요예배, 금요심야예배, 매일새벽기도회, 속회예배 등을 들 수 있다. 하지만 협의의 예배는 우리가 생각하는 예배라는 구체적인 진행형태는 가지고 있지만 시간상으로는 우리 삶의 지극히 작은 부분을 차지하고 있다. 통계적으로 하루 24시간에서 약 1~2시간 정도인 것이다. 나머지 22~23시간 정도가 예배로부터 독립적으로 존재하는 듯이 보인다는 점에서 성경에서 예배라는 주제는 우리 삶에 10% 정도 밖에는 연관이 없는 것으로 여길 수 있다. 그러나 이 모든 공백을 광의의 예배가 충분히 메운다는 점에서 논쟁의 여지가 없다. 광의의 예배는 삶의 모든 시간들을 하나님의 뜻 가운데 펼쳐가는 삶의 예배를 말한다. 우리가 먹고, 마시고, 일하고, 걷고, 생각하고, 말하고, 눕고, 자고 하는 모든 일상이 하나님의 뜻 안에서 펼쳐지는 예배가 되는 것이다(신 6:4-9; 고전 10:31). 곧 사무엘 선지자의 "순종이 제사보다 낫고 듣는 것이 숫양의 기름보다 낫다"는 선언처럼 진정한 예배는 삶의 모든 순간을 하나님께 맡기고, 하나님의 말씀을 청종하는 것에 있는 것이다(삼상 15:22).

이처럼 이 책은 협의의 예배와 광의의 예배가 어우러져 만들어 가는 하나님 나라의 이상을 꿈꾸며 그 실현을 고대하는 갈망의 표출이다. 끝이 아니라, 아주 작은 시작에 불과한 것이다. 이 책과 함께 구약을 여행하는 모든 분들에게 예배로 이루어가는 하나님 나라의 이상이 든든하게 서 나가기를 기도한다.

이 책이 나오기까지 애써주신 분들이 있기에 생명의 빛을 보게 되었다. 먼저 늘 함께하시며 말씀의 의미를 해석해 주시는 하늘 아버지께 감사와 찬양을 올려 드린다. 베풀어주시는 은혜가 없었다면 한 줄을 써내려가는 것조차 힘겨웠을 것이며, 삶조차 버거웠을 것이다. 그리고 긴 세월을 말씀을 나누며 함께해 주신 수많은 신앙의 동역자들에게도 감사를 드린다. 여기에 모든 분들의 이름을 기록하지 못함이 아쉽지만 함께 나누는 교통이 없었다면 이 책은 불가능했다는 것을 꼭 전하고 싶다. 또한 부족한 글을 세상의 빛을 볼 수 있도록 멋진 책으로 출판해 주신 홍림 출판사의 김은주 편집장님께도 깊은 감사를 드린다.

함께하는 가족들을 향한 감사는 아무리 많이 전해도 부족할 것이다. 연로하신 어머니(황복란 권사)의 기도와 장인어른과 장모님(심혁달 집사, 임화식 권사)의 기도는 가장 소중한 믿음의 자산이며 사역의 힘이기에 감사가 저절로 나온다. 또한 어머니를 모시고 신앙의 길을 아름답게 걸어가는 형님과 형수님(김재율 권사, 손기숙 권사)께 감사하고, 여동생 가족(우희복, 김재향) 그리고 동서와 처제(조상욱, 심희복) 그리고 귀염둥이 조카 은우의 사랑에도 감사를 전한다. 마지막으로 사랑하는 아내(심희엽)의 기도와 정성스런 내조는 늘 마음을 가다듬고, 삶을 추스릴 수 있는 도전이 되었기에 지친 몸을 다시 일으켜 세울 수 있었다. 꼭 맞는 배필을 허락하신 하나님께 감사하고, 어렵고 힘겨운 시간들을 믿음으로 함께하는 아내에게 진심으로 감사의 마음을 전한다. "이 책의 절반은 당신으로 인해 가능했다"고 전하고 싶다. 마지막으로 하나님께서 주신 꿈을 찾아 삶을 열정적으로 만들어가는 사랑하는 딸 연주에게 감사하고, 하나님의 뜻을 찾아 가고 있는 사랑하는 아들 영훈이에게도 감사한다. 하나님께서 주신 재능을 아름답게 사용할 날을 기대하며, 미래에 이 책이 연주와 영훈이가 하나님을 알아가는데 조금의 보탬이 되기를 기도한다.

2017년 6월
원종동 작은 골방에서
김재구

축약어(Abbreviations)

AB	Anchor Bible
ABD	*The Anchor Bible Dictionary*
ACSup	Amsterdamse Cahiers Sup.
BI	*Biblical Interpretation*
Bib	*Biblica*
BR	*Bible Review*
BibRes	*Biblical Research*
BS	*Bibliotheca Sacra*
BTB	*Biblical Theology Bulletin*
BucR	Bucknell Review
BWANT	Beiträge zur Wissenschaft vom Alten und Neuen Testament
BZAW	Beihefte zur Zeitschrift f? die Alttestamentliche Wissenschaft
CBC	Cambridge Bible Commentary
CBQ	*Catholic Biblical Quarterly*
CTM	*Concordia Theological Monthly*
DS	*Dominican Studies*
DSB	Daily Study Bible
EI	*Eretz-Israel*
EvQ	*Evangelical Quarterly*
ExpTim	*The Expository Times*
HBT	Horizons in Biblical Theology
HSM	Harvard Semitic Monographs
HTR	*Harvard Theological Review*
HUCA	*Hebrew Union College Annual*
ICC	International Critical Commentary
IDB	*The International Dictionary of the Bible*
Int	*Interpretation*
JAOS	*Journal of The American Oriental Society*

JBL	*Journal of Biblical Literature*
JBQ	*Jewish Bible Quarterly*
JETS	*Journal of the Evangelical Theological Society*
JJS	*Journal of Jewish Studies*
JPS	Jewish Publication Society
JSOT	*Journal for the Study of the Old Testament*
JSOTSup	Journal for the Study of the Old Testament, Supplement Series
NAC	The New American Commentary
NICOT	The New International Commentary on the Old Testament
OBT	Overtures to Biblical Theology
OTL	The Old Testament Library
OTS	Old Testament Studies
SBEC	Studies in the Bible and Early Christianity
SBT	Studies in Biblical Theology
SJOT	*Scandinavian Journal of the Old Testament*
SR	*Studies in Religion/Sciences Religieuses*
ST	*Studia Theologica*
TynBul	*Tyndale Bulletin*
TD	*Theology Digest*
TDOT	*Theological Dictionary of the Old Testament*
TOTC	Tyndale Old Testament Commentaries
TZ	*Theologische Zeitschrift*
VT	*Vetus Testamentum*
VTSup	Vetus Testamentum, Supplement
WBC	Word Biblical Commentary
ZAW	*Zeitschrift f? die Alttestamentliche Wissenschaft*

목 차

제 3 부 | 예언서 이해를 위한 길잡이 – 하나님의 소리와 사람의 뜻 / 155

제 4 부 | 성문서 이해를 위한 길잡이 – 사람의 소리와 하나님의 뜻 / 453

1부

구약성경 이해를 위한 길잡이

제 1 장
구약성경이 말하는 것

구약성경의 개관을 말하는 장에서 구약성경 39권의 전체적인 배열을 상세하게 살핀다는 것은 아무래도 무리수가 있다. 하지만 최소한 구약성경이 무엇을 말하고자 하는지에 대해서는 개괄적인 합일점에 도달할 수 있으리라 본다. 그 목적을 이루기 위해 한 가지 공통적인 출발선이 필요하다. 바로 구약성경을 어떻게 분류할 것인가에 대한 시각의 통일이다. 구약의 39권을 분류하는 방법은 곧 전체를 보는 눈을 전제로 하는 것이기에 어떤 분류법을 따르느냐에 따라 그 해석은 달라질 수밖에 없기 때문이다. 여기 주로 사용되고 있는 두 가지 분류법을 개관하고, 그 중에 한 가지를 선택해야 하는 이유를 설명하도록 하겠다. 그 첫 번째는 헬라어 구약성경인 '70인역'(LXX; Septuaginta)이고,[2] 다른 하나는 히브리어 구약성경인 '마소라 사본'(Masoretic Text)이다.[3]

이 두 가지 종류의 성경을 살펴보는 이유는 우리가 지금 쓰고 있는 한글 구약성경과 긴밀한 연관관계가 있기 때문이다. 한글 구약성경은 현재의 배열 순서에 있어서는 주로 헬라어 구약성경인 70인역을 따르고 있으나, 그 내용은 전적으로 히브리어 구약성경의 내용을 따르고 있다는 점에서 생각해볼 여지를 제공한다. 그렇다면 히브리어 성경과 헬라어 성경이 내용이 다른가라는 질문을 할 수 있다. 그리고 어째서 성경의 내용이 다를 수 있느냐는 질문도 할 수 있다. 그 대답은 성경은 원본이 없다는 점에서 가능하다. 지금 우리 손에 있는 한글 성경도 결국은 원본이 아닌 사본에서 번역된 것이다. 고대에 성경은 손으로 쓰였고, 한 사본이 너무 오래되어 낡아지면, 새로운 사본으로 베껴 쓰는데 그 과정 중에 때로 첨삭이 가능했을 것이다. 특히 히브리어를 헬라어로 번역하는 과정에서 시대상의 변화와 문화의 차이라는 점들도 작용했을 것이라 여겨진다. 한 가지 예를 든다면 히브리어 성경이 헬라어로 번역되는 상황을 전하고 있는 BC 200-100년경의 작품으로 여겨지는 구약 외경인 '아리스테아스의 편지'에는 레위기 11장에 나타난 음식물 금기 규정에 대한 상징적인 해석을 전하고 있다. 이 편지는 구약의 율법이 헬라어로 번역됨에 있어서 주의해야 할 부분들에 대해 가르치고 있는 것이다. 즉 구약의 율법의 내용 중에 시대적인 차이로 인해 문화적으로 이해하지 못할 부분들이 있기 때문에 잘 설명할 필요를 느낀 것이다.[4)]

> 우리들의 질문에 대해서 그(엘르아잘)가 명백하게 밝힌 것을 요약해서 말씀드리는 것은 가치 있는 일입니다. 왜냐하면 많은

사람이 율법 중에서 고기를 먹는 것과 음식 혹은 불결하다고 생각되는 동물에 관한 규정에 다소라도 기묘한 느낌을 가지고 있을 것이라고 생각하기 때문입니다(128절).

이처럼 성경의 사본들은 다양한 과정과 다른 문화를 거치며 더 이상 첨삭이 불가능한 정경으로 고정되기 전까지 본문 상에 많은 변화를 겪었을 것을 추측해 볼 수 있다.[5] 이런 점에서 히브리어 성경과 헬라어 성경은 내용에서 많은 차이점들을 보이고 있다.

한글 구약성경이 그 내용에서 헬라어로 쓰여 진 70인역이 아닌, 히브리어 성경을 그대로 따르고 있다는 것은 히브리어 성경 배열을 존중해 줄 필요가 있다는 점을 부각시킨다. 내용과 배열은 결코 별개의 것이 아니라, 서로가 서로에게 영향을 주고받는다는 점에서 내용을 따르고 있다는 것은 그 신학을 그대로 수용하고 있다는 것을 의미한다. 그러므로 구약신학을 전개할 때는 반드시 히브리어 성경의 순서에 따른 신학적인 의미를 명확히 인식하는 것이 중요하다. 여기 한글 구약성경의 배열을 중심에 두고 헬라어 구약성경인 70인역과 히브리어 성경의 배열을 양 날개로 두어 서로 비교해 보는 것이 도움이 될 것이다.

1. 다양한 순서를 가진 구약성경 비교하기

한글 구약성경은 그 분류법을 4단계로 나눈다는 점에서 70인역과 같다. 물론 종교개혁 정신을 이어받은 개신교에서는 제2경전은 받아들이지 않는다. 그러나 가톨릭은 70인역의 제2경전 또한 받아들여 정경으로서의 권위를 인정한다는 점에서 개신교와 차이가 있다. 하지만 한글 구약성경도 4단계의 분류 안에서 세세한 배열 순서에 있어서는 70인역과 약간의 차이를 보인다. 오경과 역사서까지는 동일하고, 시가서와 예언서의 배열에서 차이점이 드러난다. 그러나 히브리어 성경에 비하면 그 차이는 미미하다고 하겠다.

70인역(헬라어 구약성경)	**한글 구약성경**	**히브리어 구약성경**
① **오경:**창세기－신명기 ② **역사서:** 여호수아, 사사기, 룻기, 사무엘상·하, 열왕기상·하, 역대기상·하, 에스라, 느헤미야, 에스더 ③**시가서:** 시편, 잠언, 전도서, 아가, 욥 ④**예언서:** 호세아, 아모스, 미가, 요엘, 오바댜, 요나, 나훔, 하박국, 스바냐, 학개, 스가랴, 말라기, 이사야, 예레미야, 예레미야애가, 에스겔, 다니엘 ⑤**제2경전:** 토비트, 유딧, 에스델, 지혜서(솔로몬의 지혜서), 집회서(시락), 바룩, 다니엘(세 아이의 노래, 수산나, 벨과 뱀), 마카베오상·하	① **오경:**창세기－신명기 ②**역사서:** 여호수아, 사사기, 룻기, 사무엘상·하, 열왕기상하, 역대기상·하, 에스라, 느헤미야, 에스더 ③**시가서:** 욥기, 시편, 잠언, 전도서, 아가 ④**예언서:** 이사야, 예레미야, 예레미야애가, 에스겔, 다니엘, 호세아, 요엘, 아모스, 오바댜, 요나, 미가, 나훔, 하박국, 스바냐, 학개, 스가랴, 말라기	①**오경 (토라/תּוֹרָה):** 창세기－신명기 ②**예언서(느비임/נְבִיאִים):** * 전기예언서: 여호수아, 사사기, 사무엘상·하, 열왕기상·하 (룻기는 성문서) * 후기예언서: 이사야, 예레미야, 에스겔 － 호세아, 요엘, 아모스, 오바댜, 요나, 미가, 나훔, 하박국, 스바냐, 학개, 스가랴, 말라기(다니엘, 애가는 성문서) ③**성문서 (케투빔/כְּתוּבִים):**시편, 욥, 잠언,룻, 아가, 전도서, 애가, 에스더, 다니엘, 에스라, 느헤미야, 역대기상·하

히브리어 성경은 4단계가 아닌 3단계의 구성을 갖는다. 오경인 토라, 예언서인 느비임 그리고 성문서인 케투빔으로 배열되어 있고, 이 순서는 곧 성경 각 책의 순서가 된다. 즉 창세기로부터 시작하여 역대기상·하로 마감되는 구조를 갖고 있다. 주로 역사서로 분류되었던 여호수아서부터 열왕기하까지가 '전기예언서'로 분류된다는 점에서 현저한 차이가 있다. 어감 상으로 역사와 예언이 별개인 것처럼 느껴지지만 하나님의 백성 이스라엘에게는 그렇지 않다. 심지어 히브리어에는 '역사'라는 의미를 가진 단어 자체가 없다는 점에서 역사에 대한 개념 자체가 우리와 다를 것이라는 점을 직감해 볼 수 있다.[6] 하나님의 백성에게 있어서, 하나님께서 말씀하셨고 그것이 그대로 이루어지는 것이 역사라는 점에서, 역사는 곧 하나님의 말씀과 그 성취를 뜻하는 것이기에 예언이라 할 수 있는 것이다. 이것이 이스라엘에는 인간의 입김이 강하게 드러나 보이는 역사서가 존재하는 것이 아니라, 하나님의 말씀의 역동적인 위력이 나타나는 예언서가 존재하는 이유일 것이다. 즉, 성경은 인간의 이야기(역사)가 아니라 궁극적으로 하나님의 이야기(예언)를 하고 있다는 것이며, 하나님의 뜻에 일치하는 세상을 목표로 한다는 것이다. 사람이 제 소견에 옳은 대로 행동하는 세상이 아니라(삿 17:6; 21:25), 하나님이 보시기에 좋은 세상을 만드는 것이 목표인 것이다(창 1:4, 10, 12, 18, 21, 25, 31). 그리고 예언 시대의 뒤를 이어, 성문서의 시대로 연결되며, 마침내 히브리어 성경이 역대기상·하로 그 결론에 이르는 이유는 이 책의 마지막 장에서 분명하게 거론될 것이다.

이스라엘은 이러한 자신들의 정경을 부르는 명칭을 각각

의 분류에서 따온 첫 알파벳을 사용하여 명명한다. 토라의 'T,' 느비임의 'N,' 그리고 케투빔의 'K'를 자음으로 하여 그 사이에 모음 'a'를 넣어서 '타나크' 혹은 '타낰'(TaNaK)이라고 부른다. 한글 구약성경이 히브리어 성경의 내용을 그대로 따르고 있다는 점에서 이제 히브리어 성경의 본래의 배열을 존중하여 그 배열순서가 의도하는 신학적인 의미를 살펴볼 필요가 있다. 이 순서와 배열은 분명히 신학적인 의도를 가지고 자신의 백성을 이끌고자 하시는 하나님의 깊은 뜻이 숨어 있을 것이기 때문이다.

2. 히브리어 구약성경의 순서를 따라가면

모세오경, 즉 '토라'는 히브리인들에게 있어서 지고의 권위를 가진다. 가장 먼저 정경으로 형성되었다는 것부터, 그리고 모세라는 인물이 하나님과 얼굴을 대면하여 모든 말씀을 듣고, 법을 전수받아 전해준 것이기에 그렇다. "그 후에 이스라엘에 모세와 같은 선지자가 일어나지 못하였나니"(신 34:10)라는 선언은 모세의 권위를 넘어설 자가 없다는 암시이기도 하다. 모세의 권위를 이렇게도 탁월하게 부각시키는 이유는 한 인간의 위대성을 알리기 위함이 아니라, 그를 통하여 전해진 하나님의 말씀에 대한 숭고한 권위를 부각시키기 위함이다. 사람이 아닌 하나님의 말씀이 앞서야 하는 것이다. 이 순서가 뒤바뀌면 세상은 혼돈으로 가득 차게 된다. 주객이 전도된 것이며, 또한 신앙의 우선순위가 뒤틀린 것이기 때문이다.

예수님께서도 구약성경의 이러한 순서를 통해 자신의 삶

과 사명에 대해 이해하고 계셨고, 십자가에 달려 죽으시고, 부활하신 후 다음과 같이 선언하신다.

> 또 이르시되 내가 너희와 함께 있을 때에 너희에게 말한바 곧 모세의 율법과 선지자의 글과 시편에 나를 가리켜 기록된 모든 것이 이루어져야 하리라 한 말이 이것이라 하시고(눅 24:44).

이처럼 예수님 당시에도 구약성경은 모세의 율법, 선지자들의 글인 예언서, 그리고 시편을 그 출발선으로 갖는 성문서의 순서로 구성되어 있었음을 확인해볼 수 있다. 즉, 지고의 권위를 가진 토라를 가장 선두로 해서, 그 다음 두 부류의 경전이 따르고 있는데 바로 느비임(예언서)과 케투빔(성문서)이다. 그 순서는 곧 권위의 순서이기도 하다. 그리고 구약의 맨 마지막 책이 역대기상·하라는 점은 예수님의 또 다른 증언을 통해서 살펴볼 수 있다.

> 그러므로 의인 아벨의 피로부터 성전과 제단 사이에서 너희가 죽인 바라갸의 아들 사가랴의 피까지 땅 위에서 흘린 의로운 피가 다 너희에게 돌아가리라(마 23:35).

여기서 아벨의 순교가 기록된 책인 창세기(4:8-11)는 맨 처음의 책이고, 사가랴(스가랴)의 순교가 기록되어 있는 책인 역대기하(24:20-22)는 맨 마지막 책이라는 것을 고려해 볼 때 이 두 사람은 유대인이 가진 성경의 맨 처음에 등장하는 순교자와 맨 마지막에 나타나는 순교자를 의미한다. 이것은 결국 유대인의 성경의 시작과 끝을 언급함으로 구약시대에 의롭게 죽은 모든 순교자들을 포괄하고 있는 표현법이 되는 것이다.[7] 이처럼 예수님 당시에도 구약성경은 창세기부터 시작하여 역대기상·하로 끝맺는 순서로 이루어져 있음을 알 수 있다.

이제 토라를 가장 지고의 권위로 놓고, 그 뒤를 잇는 성경들이 어떤 신학을 중심으로 해석되어야 하는지를 살펴볼 필요가 있다. 먼저 히브리어로 '토라'라 불리는 오경은 창세기부터 신명기까지의 범위를 이루고 있으며, 하나님의 백성 이스라엘에게 근본토대가 되는 신앙이 무엇인가를 제시하고 있다. 그것은 바로 이스라엘의 하나님을 소개하는 것이다.

그리고 이어서 예언서가 전기예언서, 후기예언서의 순서로 펼쳐진다. 예언서를 시작하는 책이 어떻게 시작하고 있으며, 무엇을 강조하고 있는지를 살펴보면 예언서가 가야 할 방향을 바르게 알 수 있다. 예언서의 시작을 여는 책은 여호수아서로 그 책의 서두는 다음의 강조점을 가지고 있다.

▣ 여호수아 1:1-9

① 율법책을 네 입에서 떠나지 말게 하며

② 주야로 그것을 묵상하여 지켜 행하면

③ 어디로 가든지 형통하리니

눈앞에 가나안 땅 정복이라는 대 과업을 두고, 두려워 주저하고 있는 여호수아에게 하나님께서 가장 먼저 주시는 위로와 격려, 그리고 용기를 북돋우는 권면의 말씀이 바로 이것이다. 여호와의 놀라운 역사가 펼쳐졌던 모세의 시대가 지나가고, 새로운 환경과 여건 속에서 살아가기 위해 오직 필요한 것이 율법책을 주야로 묵상하여 지켜 행함으로 형통의 길을 걷는 것이다.

이러한 정신을 고취시켰던 예언서가 끝이 나고 성문서가 시작된다. 이제 예언자들의 음성마저 사라진 시대를 맞이하는 것이다. 그러나 성경은 그런 환경적 변화에 개의치 말 것을 가르친다. 이러한 상황의 변화에서 성문서의 시작인 시편이 전하는 걸어가야 할 길이 있다. 그것은 시편 전체의 서론에 해당하는 시편 1편을 통해 분명하게 제시된다.

▣ 시편 1편

① 여호와의 율법을 즐거워하여

② 그 율법을 주야로 묵상하여 (지키면)

③ 그가 하는 모든 일이 다 형통하리로다

시대가 변하고, 상황이 바뀌고, 환경이 달라질지라도 하나님의 말씀은 결코 달라지지 않는다. 어떤 상황과 여건 속에서도 하나님의 백성이 해야 할 것은 동일하다. 토라가 끝나고, 예언서가 시작될 때, 예언서가 끝나고, 성문서의 시대가 열릴 때, 이렇게 새로운 것이 시작될 때마다 하나님께서는 성도들이 율법을 주야로 묵상하여 지켜 행하며, 형통하기를 바라시는 것이다. 이것은 구약성경 전체의 신학적인 통일성에 바탕을 둔 것으로 토라의 신학을 출발선으로 예언서와 성문서가 어떻게 읽혀지고, 해석되어야 하는 지의 틀을 제공하는 그림을 보여주고 있다. 다음은 이러한 사항을 도표화 한 것이다.

히브리어 성경 배열	시작의 책	신학적인 조명
① 오경 (토라/תּוֹרָה)		
②예언서(느비임/נְבִיאִים)	여호수아	▣ 여호수아 1:1-9 ① 율법책을 네 입에서 떠나지 말게 하며 ② 주야로 그것을 묵상하여 지키면 ③ 어디로 가든지 형통하리니
③성문서(케투빔/כְּתוּבִים)	시편	▣ 시편 1편 ① 여호와의 율법을 즐거워하여 ② 그 율법을 주야로 묵상하여 (지키면) ③ 그가 하는 모든 일이 다 형통하리로다

오경, 즉 토라가 끝나자마자, 새로운 단계가 시작되는 시점인 예언서의 시작에서, 그리고 예언서가 마감되고 또 다른 시작을 열어가는 성문서의 시작에서 하나님의 말씀은 동일한 것을 말한다. 모세와 함께 하셨던 그 놀라운 여호와의 능력의 팔이 사라져가는 예언의 시대든지, 더 이상 예언자들의 음성까지도 들리지 않는 성문서의 시대든지, 상관없이 오직 여호와의 율법을 묵상하며, 그 말씀을 따라 살아간다면 어떤 상황이든지 형통함으로 걸을 수 있다는 확언인 것이다.

이처럼 히브리어 성경은 모든 말씀을 풀어가는 열쇠로 '여호와의 율법'을 지목하고 있다. 그렇다면 이 '율법'이 무엇인가를 분명하게 알아야만 하는 책임이 성도들에게 놓여있다. 왜냐하면 율법을 주야로 묵상하는 삶이 선행되어야만 형통이라는 것을 이룰 수 있기 때문이다. '형통'이라는 단어를 지금 우리시대의 용어로 바꾼다면 분명 '성공'이라는 단어와 대체할 수 있을 것이다. 성공이라는 것은 그리스도인이든지, 비 그리스도인이든지 목말라하는 이슈중의 하나이기에 성공이 보장된 길은 어떤 사람이든지 매료시킬 위력이 있다. 그 길에 여호와의 율법이 놓여 있는 것이다.

그럼 율법이란 무엇인가? 율법이라는 단어를 떠올리면 아쉽게도 세세한 법률조문들이 떠오른다. 가장 비근한 예로 십계명을 떠올리게 되는 것이다. 그러나 이 율법이라는 단어의 히브리어 원어는 히브리어 성경의 세 가지 분류에 들어가 있는 용어 중의 하나이다. 모세오경 속에는 "율법을 주야로 묵상하라"는 말은 전혀 등장하지 않고, 오경이 끝난 후부터 예언서와 성문서의 시작에서 그 명령이 주어진다는 점에서 이 율법이 무엇인가를 어렴풋이 짐작해 볼 수 있다.[8] 그렇다. 한글로 율법이라고 번역된 단어는 히브리어로 '토라'이다. 바로 모세오경 전체를 지칭하는 용어인 것이다. 그런데 안타깝게도 '율법'이라는 번역이 토라전체를 포용하기에는 미비한 느낌이 든다. 히브리어 '토라'(תּוֹרָה)는 '야라'(יָרָה)라는 동사에서 파생된 명사형인데 '야라'는 그 뜻이 '가르치다, 교훈하다' 등으로 해석된다. 그러므로 '토라'는 '율법'이라고 해석되기보다는 '가르침, 훈계, 교훈' 등으로 번역하는 것이 더 낫다. 왜냐하면 율법이라는 단어는 늘 어떤 세분화 된 법률조문과 규례들을 생각나게 하는 협소한 의미를 제공해 주기 때문이다. 그러나 '가르침'이나 '교훈'은 법률조항이든, 규례이든, 혹은 이야기이든, 심지어 족보까지도 포함하여 무엇이든지 가르침을 줄 수 있는 것이기에 창세기부터 신명기까지의 모든 내용을 포괄할 수 있는 번역이 될 수 있다. 토라의 모든 것은 가르침을 위한 것이기 때문이다. 하나님께서 인생들에게 그 길과 방향을 정해 주시기 위해 행하시는 가르침인 것이다. 그렇다면 이제 주야로 묵상해야 할 내용은 분명해졌다. 바로 모세오경인 토라인 것이다.

3. 여호와의 율법(토라)을 묵상하는 삶의 중요성

1) 묵상의 의미

'묵상하다'라는 히브리어 단어는 '하가'(הָגָה)로 그 뜻은 "소리를 내다, 말하다, 명상하다, 꾀하다, 계획하다, 발하다, 생각하다, 지저귀다, 속살거리다, 불평하다, 투덜거리다" 등으로 번역될 수 있다. 대부분이 다 작은 소리로 말하는 것과 연관이 있다. 그래서 개역개정 한글 번역에서는 묵상이라는 단어를 "작은 소리로 읊조리다"라고 해설을 붙이기도 한다. 하나님의 백성들은 묵상할 때 주로 말씀을 작은 소리로 암송하던 습관이 바로 이러한 묵상의 원리가 된 것으로 볼 수 있다. 우리 시대에는 묵상이라는 단어가 작은 소리로 읊조리는 암송보다는 깊이 생각에 생각을 거듭하여 말씀을 음미하는 것과 더 연관이 있다. 이것은 시대를 통하여 방법론의 차이이지, 의미상의 차이는 아닌 것이기에 반드시 작은 소리로 읊조려야지만 묵상이 되는 것은 아니며, 또한 깊이 생각을 거듭하는 것만이 묵상을 의미하는 것은 아니라는 것을 주지할 필요가 있다.

사람들은 인생을 살아가며 저절로 묵상의 의미를 터득하기도 한다. 삶을 살아가며 걱정과 염려를 해 보지 않은 사람이 없기에, 이런 걱정, 염려를 해본 사람들이면 이미 묵상이 무엇인지를 몸으로 체득한 사람들이다. 걱정과 염려는 스스로 해결할 수 없는 문제에 부딪칠 때 생겨난다. 그 문제라는 것의 특징은 생각하지 않으려 애써도 저절로 생각이 난다는 것이다. 묵상의 원리가 바로 이것이다. 묵상은 무시로 생각나는 문제 거리를 토라로 대체하는 것과 같다. 처음에는 의도적인 노력이 필요할 것이다. 문제와 고민이 떠오를 때마다, 그 문제 거리들을 하나님의 말씀을 상기하는 것으로 대체하려는 노력인 것이다. 이것이 깊어지면 자연스레 어떠한 삶의 정황 속에서도 오직 하나님의 말씀이 기억나는 묵상의 길을 걸을 것이다. 우리는 이처럼 늘 묵상을 하면서 살아간다. 그러나 여호와의 율법인 토라를 주야로 묵상할 것이냐, 아니면 우리 앞에 닥쳐진 해결할 수 없는 상황을 묵상할 것이냐의 차이일 뿐이다. 하나님은 오직 여호와의 율법을 향한 배타적이고, 전폭적인 신뢰를 요구한다.

2) 토라를 묵상할 때의 유익

이제 깊이 숙고해 보아야 할 것이 있다. 토라를 주야로 묵상하는 삶이 어째서 형통하는 길, 평탄한 길을 제공한다는 것인가? 부지불식간에 떠오르는 문제를 토라로 대체해 나가는 것이 어째서 형통의 길로 가게 한다는 것인가? 이것은 이스라엘 근본신학이라 할 수 있는 토라, 즉 모세오경의 본질을 묻는 질문이 될 것이다. 이것을 바르게 깨닫지 못한다면 묵상한들 의미가 없을 것이기 때문이다.

하나님의 백성들은 토라를 묵상할 때, 그 안에서 전능하신 하나님을 만나게 된다. 그리고 그 하나님께서 행하신 일을 보게 되고, 하나님의 능력을 깨닫게 된다. 하나님과 하나님께서 행하신 일을 묵상하는 것은 지금 우리의 삶을 온전히 하나님께 맡길 수 있는 신뢰와 의지로 나아가게 한다. 하나님은 천지를 혼돈의 무질서 속에서 오직 말씀으로 새롭게 하셨다. 하나님께서 말씀하시니 어둠의 세력이 물러나고, 없던 것이 생겨나며, 모든 것이 제 자리를 찾았다. 아브라함은 모든 것을 포기한 100세의 나이에 능치 못함이 없으신 하나님을 만나고(창 18:14), 하나님을 향한 신앙이 든든하게 정립된다. 그리고 더 이상 그 하나님을 의심하는 어리석음을 보이지 않는다. 전능하신 하나님의 펴신 팔로 인해 출애굽의 대 역사가 펼쳐진다. 초강대국 이집트를 아무것도 아닌 것처럼 무너뜨리신다. 홍해가 갈라지고 구원역사가 펼쳐진다. 아무것도 없는 광야에서 반석에서 물이 터져 나오고, 하늘 양식이 쏟아져 내린다. 사망의 음침한 골짜기가 생명력이 넘치는 신앙고백의 장소가 되는 것이다. 이 모든 것이 가능할 수 있었던 것은 오직 하나님, 그분이 계시기 때문이다.

사람이 살아가면서 겪는 대부분의 문제는 이미 토라 속에서 하나님의 백성들이 겪었던 것과 다를 바가 없을 것이다. 사람으로서는 감당할 수 없으되, 오직 하나님으로서는 모든 것을 하실 수 있으시니, 그 하나님의 능력을 덧입는 것이다. 세상은 우리를 문제 앞으로 가져다 놓지만, 우리는 그 문제를 하나님 앞으로 가져다 놓는 믿음이 필요하다. 수시로 우리에게 닥치는 문제를 하나님의 눈으로 풀어가는 것이 필요한 것이다. 그 하나님을 놓치는 순간 우리 스스로 그 거대한 문제 앞에 서야 하는 것이다. 토라를 묵상함은 언제나 그 하나님께서 함께 하신다는 확신 가운데 능력을 덧입는 것이다. 그리고 하나님의 말씀은 우리를 통하여 살과 피를 가진 육신이 되어 이 땅에서 하나님의 뜻이 이루어지는 것이다. 바로 여기에 의인과 악인의 갈림길이 있다. 그 하나님을 믿음으로 그 뜻하심에 전폭적인 신뢰를 두고 나아갈 때 죄악의 길에서 벗어나 하나님의 나라를 향한 의인의 길을 걷는다. 그러나 그 하나님을 삶 속에서 놓치는 순간 두려움과 공포, 초조함과 조급함으로 하나님의 뜻이 아닌 인간의 계획으로 돌아서게 되는 것이다. 그러므로 의인과 악인의 길은 멀리 있는 것이 아니라 여호와의 율법을 주야로 묵상하는가, 그렇지 않은가에 따라 갈라지게 되는 것이다.

3) 토라를 묵상 할 때와 그렇지 않을 때

이러한 예는 이미 토라 속에서도 나타난다. 민수기 13-14장의 가나안 땅 정탐꾼들의 이야기는 바로 이러한 올바른 묵상의 중요성을 우리에게 보여주며 의인과 악인, 생명과 죽음의 갈림길이 거기에 있음을 증거하고 있다. 가나안 땅을 정탐한 12명의 정탐꾼들이 10 대 2로 갈라지는 이유가 바로 묵상의 차이에 있기 때문이다. 10명의 정탐꾼과 여호수아와 갈렙이 대립된다.

10명의 정탐꾼들(민 13:31-33)	여호수아와 갈렙(민 14:6-9)
그와 함께 올라갔던 사람들은 이르되 우리는 능히 올라가서 그 백성을 치지 못하리라 그들은 우리보다 강하니라 하고 이스라엘 자손 앞에서 그 정탐한 땅을 악평하여 이르되 우리가 두루 다니며 정탐한 땅은 그 거주민을 삼키는 땅이요 거기서 본 모든 백성은 신장이 장대한 자들이며 거기서 네피림 후손인 아낙자손의 거인들을 보았나니 우리는 스스로 보기에도 메뚜기 같으니 그들이 보기에도 그와 같았을 것이라	그 땅을 정탐한 자 중 눈의 아들 여호수아와 여분네의 아들 갈렙이 자기들의 옷을 찢고 이스라엘 자손의 온 회중에게 말하여 이르되 우리가 두루 다니며 정탐한 땅은 심히 아름다운 땅이라 여호와께서 우리를 기뻐하시면 우리를 그 땅으로 인도하여 들이시고 그 땅을 우리에게 주시리라 이는 과연 젖과 꿀이 흐르는 땅이니라 다만 여호와를 거역하지는 말라 또 그 땅 백성을 두려워하지 말라 그들은 우리의 먹이라 그들의 보호자는 그들에게서 떠났고 여호와는 우리와 함께 하시느니라 그들을 두려워하지 말라 하나
우리(메뚜기)vs네피림-아낙자손 거인들	여호와 vs 그 땅 백성들

이처럼 토라를 묵상한다는 것은 우리가 결코 혼자가 아니라는 것을 기억하는 것이다. 10명의 정탐꾼과 여호수아와 갈렙의 차이점은 이들의 말 속에 누가 존재하느냐의 차이점일 뿐이다. 10명의 정탐꾼들의 말 속에는 그 어디에서도 여호와란 이름은 찾아볼 수조차 없다. 그들은 오직 메뚜기 같은 자신들이 거인들을 상대해야 하는 것으로 인식하고 있을 뿐이다. 그러나 여호수아와 갈렙은 다르다. 자신들이 거인들을 상대하는 것이 아니라, 여호와께서 그 땅 백성들을 대항하여 전쟁을 이끄실 것이기에 그 여호와의 뒤를 따르면 되는 것이다. 묵상의 위력은 바로 이런 것이다. 내가 전방에 나서는 것이 아니라, 앞장서 가시는 하나님의 뒤를 믿

음으로 따르는 것이다. 묵상은 "능치 못함이 없으신 하나님," "내가 여호와인줄 알리라" 그리고 "너희는 두려워하지 말고 가만히 서서 여호와께서 오늘 너희를 위하여 행하시는 구원을 보라"(출 14:13)고 선언하시는 그 하나님을 잠잠히 바라보는 것이며, 믿고 신뢰하는 것이다.

그래서 여호수아서는 여호와의 율법을 주야로 묵상하는 삶을 통해 얻어지는 유익이 무엇인지를 다음과 같은 확신에 찬 응답으로 제공하고 있다.

> 내가 네게 명령한 것이 아니냐 강하고 담대하라 두려워하지 말며 놀라지 말라 네가 어디로 가든지 네 하나님 여호와가 너와 함께 하시니라(수 1:9).

바로 여호와께서 함께하신다. 임마누엘인 것이다. 하나님의 이 말씀을 듣고 여호수아는 그것을 그대로 백성들에게 전한다. 그리고 그의 말 속에는 반복적으로 '여호와께서'라는 말이 나타나며, 하나님께서 하실 것이라는 확신에 가득 차 있다(수 1:11, 13, 15, 17). 이것이 바로 토라를 묵상하는 자에게 주어지는 힘인 것이다. 토라를 묵상함이 하나님의 백성에게는 신념과 확신으로 그 어떠한 환경 속에서도 두려워하지 않고, 강하고 담대하게 미래를 향해 나아갈 수 있게 한다. 그것은 함께 하시는 하나님께서 약속하신 말씀을 믿기 때문이다. 신명기에는 가나안 땅을 정복해야 할 신세대에게 주는 정복명령에 대한 서론 전체를 동일한 틀로 감싸고 있다(신 2:24-11:25).

오늘부터 내가 천하 만민이 너를 무서워하며 너를 두려워하게 하리니 그들이 네 명성을 듣고 떨며 너로 말미암아 근심하게 하리라(신 2:25).

-------- 하나님의 명령을 지킬 것을 권면(신 2:26-11:24) -------

너희의 하나님 여호와께서 너희에게 말씀하신 대로 너희가 밟는 모든 땅 사람들에게 너희를 두려워하고 무서워하게 하시리니 너희를 능히 당할 사람이 없으리라(신 11:25).

이방인들이 이스라엘의 명성만 듣고도 두려워하게 한다는 것이다. 하지만 오해하지 말아야 할 것은 이방인들이 이스라엘을 두려워하는 것은 결코 이스라엘 때문이 아니라 하나님께서 그들을 위해서 행해주신 일 때문이다. 그러므로 전쟁은 이러한 하나님을 묵상하는 것으로 가장 완전하게 수행될 수 있다.

토라를 통한 이러한 여호와에 대한 신앙은 결코 이스라엘만의 전유물은 아니다. 만약 이방인들 또한 이 토라를 묵상한다면 하나님의 동일하신 구원을 체험할 수 있다. 그 대표적인 두 예가 여호수아서에 나타난다. 바로 라합과 기브온 주민들의 구원이다.

하나님과 하나님께서 행하신 모든 일을 전하는 토라를 묵상하면, 이처럼 이방인들도 하나님께로 향한 믿음을 세울 수 있다. 그리고 그 믿음이 죽음에서 구원의 길을 여는 것이다. 바른 묵상은 또한 지켜 행하는 길로 연결된다. 라합과 기브온 주민들은 여호와 하나님의 행적을 귀로 듣기만 하고 즉각적인 묵상을 시작한다. 그리고 그 하나님께 자신들의 모든 신뢰를 두고, 그 뜻을 따를 것을 생명을 두고 맹세한다. 이들은 자신들이 믿어왔던 종교를 끊고, 살아왔던 모든 관계까지 청산하고, 자신들이 묵상한 대로 여호와 하나님과 그의 백성과 하나 된다. 이처럼 여호와의 율법을 묵상하는 삶은 새로운 결단을 가능케 하며, 부단히 새 삶을 요구한다. 그리고 이들에게 토라를 묵상함과 지켜 행하는 삶의 결단이 생명의 길을 열었다.

라합(수 2:8-11)	기브온 주민들(수 9:3-10)
여호와께서 이 땅을 너희에게 주신 줄을 내가 아노라 우리가 너희를 심히 두려워하고 이 땅 주민들이 다 너희 앞에서 간담이 녹나니 이는 너희가 애굽에서 나올 때에 여호와께서 너희 앞에서 홍해 물을 마르게 하신 일과 너희가 요단 저쪽에 있는 아모리 사람의 두 왕 시혼과 옥에게 행한 일 곧 그들을 전멸시킨 일을 우리가 들었음이니라 우리가 듣자 곧 마음이 녹았고 너희로 말미암아 사람이 정신을 잃었나니 너희의 하나님 여호와는 위로는 하늘에서도 아래로는 땅에서도 하나님이시니라	그들이 여호수아에게 대답하되 종들은 당신의 하나님 여호와의 이름으로 말미암아 심히 먼 나라에서 왔사오니 이는 우리가 그의 소문과 그가 애굽에서 행하신 모든 일을 들으며 또 그가 요단 동쪽에 있는 아모리 사람의 두 왕들 곧 헤스본 왕 시혼과 아스다롯에 있는 바산 왕 옥에게 행하신 모든 일을 들었음이니이다

이는 시편에서도 마찬가지이다. 시편 3편부터 8편까지는 모두 1절에 여호와를 부르는 것으로 시작하고 있다. 이것은 시편이 모두 오직 여호와께 아뢰는 기도요, 여호와를 향하는 찬양임을 알 수 있다.

시편	내용
3:1	여호와여 나의 대적이 어찌 그리 많은지요 일어나 나를 치는 자가 많으니이다
4:1	내 의의 하나님이여 내가 부를 때에 응답하소서 곤란 중에 나를 너그럽게 하셨사오니 내게 은혜를 베푸사 나의 기도를 들으소서
5:1	여호와여 나의 말에 귀를 기울이사 나의 심정을 헤아려 주소서
6:1	여호와여 주의 분노로 나를 책망하지 마시오며 주의 진노로 나를 징계하지 마옵소서
7:1	여호와 내 하나님이여 내가 주께 피하오니 나를 쫓아오는 모든 자들에게서 나를 구원하여 내소서
8:1	여호와 우리 주여 주의 이름이 온 땅에 어찌 그리 아름다운지요 주의 영광이 하늘을 덮었나이다

150편으로 이루어진 시편 중에 136개의 시편이 1절에서 여호와의 이름을 말하는 것으로 시작하고 있다. "여호와여!"라고 부르는 것으로 시작하는 그 부름 속에 이미 여호와를 향한 믿음이 전제되어 있는 것이다. 나머지 14개의 시편들 또한 2절 이후에 반드시 여호와의 이름을 거론한다. 이는 시편의 단 한 편도 여호와가 아닌 다른 어떤 신이나, 존재를 향해 간구한 적이 없다는 것이다. 시편은 곧 여호와를 분명하게 아는 자들만이 할 수 있는 기도요, 찬양이라는 것을 알 수 있다. 즉, 토라를 묵상함으로 여호와가 어떤 분인가를 분명하게 아는 자들만이 할 수 있는 기도와 찬양의 고백인 것이다.

시편 78편은 토라(율법) 묵상의 이러한 목적을 분명하게 제시하고 있다. 이 시편은 "내 백성이여 내 율법(토라)을 들으며 내 입의 말에 귀를 기울일지어다"(1절)라는 하나님의 명령으로 시작하고 있다. 그리고 이렇게 율법에 귀를 기울이고, 전심으로 따를 때 이루어지는 결과 또한 확신 있게 말한다.

> ① 여호와의 영예와 능력과 행하신 기이한 일을 후대에 전하고(시 78:4),
> ② 후대의 자손에게 알게 하고 또 그 자손들에게 전하여서(시 78:5-6),
> ③ 저희로 그 소망을 오직 하나님께만 두며 하나님의 행사를 잊지 않아서(시 78:7),
> ④ 계명을 지켜 정직하지 못하고, 완고하여 패역한 조상들과 다르게 살게 하려함(시 78:8).

역시 초점은 여호와께서 행하신 일들을 상기하고, 그 하나님께만 모든 소망을 두고 살아가는 하나님 중심의 삶을 위한 목적이라 할 수 있다. 이러할 때 다른 삶의 길을 걸어갈 수 있기 때문이다. 즉, 눈에 보이는 현상이 아니라, 눈에 보이지 않는 전능하신 하나님을 바라볼 수 있게 한다는 것이다.

> 귀인들을 의지하지 말며 도울 힘이 없는 인생도 의지하지 말지니 그의 호흡이 끊어지면 흙으로 돌아가서 그 날에 그의 생각이 소멸하리로다(시 146:3-4).
>
> ---
>
> 야곱의 하나님을 자기의 도움으로 삼으며 여호와 자기 하나님에게 자기의 소망을 두는 자는 복이 있도다(시 146:5).

토라를 묵상함은 이렇게 피조물을 의지하다가 멸망의 길로 나아가는 삶이 아닌, 우리의 창조자에게만 소망을 두는 생명의 길로 나아가는 길에 서게 한다. 하나님은 모든 인류를 위한 진정한 생명의 길을 아시기 때문이다.

> 여호와는 천지와 바다와 그 중의 만물을 지으시며 영원히 진실함을 지키시며 억눌린 사람들을 위해 정의로 심판하시며 주린 자들에게 먹을 것을 주시는 이시로다 여호와께서는 갇힌 자들에게 자유를 주시는도다 여호와께서 맹인들의 눈을 여시며 여호와께서 비굴한 자들을 일으키시며 여호와께서 의인들을 사랑하시며 여호와께서 나그네들을 보호하시며 고아와 과부를 붙드시고 악인들의 길을 굽게 하시는도다(시 146:6-9).

이러한 예는 신약성경 속에서도 동일하게 드러난다. 마태복음 16장은 베드로에 대한 두 가지 사건을 연속으로 기록하고 있다. 이 두 사건은 모두 베드로의 믿음과 관계된 것으로 하나는 교회의 기초가 되는 것이라면, 그 다음에 나타나는 것은 교회의 근간을 뒤 흔드는 것이란 점에서 되새겨 보아야 할 교훈이 있다.

첫 번째 사건은 예수님께서 제자들을 이끄시고 빌립보 가이사랴 지방에 가셔서 "사람들이 인자를 누구라 하느냐?"는 질문과 "그럼 너희는 나를 누구라 하느냐?"는 질문과 함께 시작된다. 이 때 베드로가 주저함 없이 "주는 그리스도시요 살아 계신 하나님의 아들이시니이다"라고 대답한다. 예수님께서는 이에 대해 기쁨 가운데 "시몬아 네게 복이 있도다 이를 네게 알게 하신 이는 혈육이 아니요 하늘에 계신 내 아버지시니라"고 말씀하신다. 이처럼 베드로가 혈육을 가진 사람이 아닌, 하늘에 계신 하나님과 그의 나라를 묵상하며 나아갈 때에는 음부의 권세도 이길 수 없는 반석 위에 교회를 세우는 신앙고백을 만들어 낸다(마 16:13-20).

그러나 그 다음의 사건은 상황을 정반대로 몰아간다. 예수님께서 이제 이런 고백이 나올 정도이면 때가 된 줄로 생각하시고, 자신이 걸어가야 할 고난과 죽음이 기다리는 십자가의 길을 제자들에게 처음으로 말씀하신다. 그러나 이 때 돌발사태가 발생한다. 베드로가 예수님을 붙들고 그렇게 해서는 결코 안 된다고 항변하며(꾸짖으며) 막아서는 것이다. 예수님께서는 이에 대해 베드로를 향하여 "사탄아 내 뒤로 물러가라 너는 나를 넘어지게 하는 자로다 네가 하나님의 일을 생각지 아니하고 도리어 사람의 일을 생각하는도다"라고 하시며 꾸짖으신다(항변하신다, 마 16:21-28; 막 8:33).[9]

베드로가 교회의 대표자라면 그는 우리 그리스도인들을 대표하는 사람이라는 의미이다. 즉, 그는 바로 우리의 모습을 드러내고 있는 것이다. 연속적으로 나타나는 베드로의 이야기는 하나님의 사람이냐, 사탄의 하수인이냐가 결코 멀리 있는 것이 아니라, 한 순간에 이루어지는 것임을 알려주는 것이다. 하나님의 영으로 가득 차 "주는 그리스도시요 살아계신 하나님의 아들이십니다"라는 신앙고백을 쏟아 부은 사람도, 하나님의 일이 아닌 사람의 욕심에 끌려서 절대로 십자가의 길을 가서는 안 된다고 반대하는 사람도 동일한 베드로였다. 하나님의 일을 생각하고 있는가, 아니면 사람의 일을 생각하고 있는가에 따라 교회를 세울 것인가,

아니면 무너뜨릴 것인가가 결정된다. 이처럼 무엇을 묵상하느냐에 따라 교회를 대표하는 사람들이 일어나기도, 쓰러지기도 한다. 이러한 상반된 길이 무엇을 묵상하느냐에 따라 달라진다는 점에서 토라(하나님의 일=예수님의 일)를 묵상함의 중요성은 아무리 강조해도 지나침이 없다.

4) 주야로 묵상함의 의미

주야로 묵상하는 삶이 가능한 것인가? 우리는 일상생활을 하며 살아가야 하는 사람들이다. 물론 하나님의 백성 이스라엘 또한 그들 나름의 일상들이 있었던 사람들이다. 양을 치고, 농사하며, 길쌈하고, 자녀를 키우며, 요리를 하고, 천막이나 집을 보수하는 등 다양한 매일의 일상 속에서 살아갔을 것이다. 이런 매일의 삶 속에서 주야로, 즉 낮이나, 밤이나 변함없이 토라를 작은 소리로 읊조리며 살아간다는 것은 결코 쉽지 않은 길이었을 것이다. 수시로 자신들의 삶에 집중할 때마다 입술에서 작은 읊조림이 사라지는 현상이 발생했을 것이 분명하다. 그렇다면 토라를 주야로 묵상하라는 의미 속에는 무슨 뜻이 담겨 있는 것인가를 이해해야 할 필요가 있다.

주야로 묵상하라는 의미 속에는 낮이나, 밤이나 끊임없이라는 시간의 지속성보다도 더 중요한 의미가 내포되어 있다. 우리는 낮이나 밤이나 늘 선택의 기로 앞에 선다. 주야로 묵상한다는 것은 하나님의 말씀이 우리의 삶의 모든 것을 통치하고, 다스리도록 하라는 의미가 강하게 내재되어 있다. 하나님의 말씀이 우리의 모든 시간을 한 순간의 틈도 없이 가득 채우고 있다면, 우리는 어떤 선택이든지, 결정이든지 하나님의 뜻에 합한 것으로 이루어 갈 수 있다는 것이다. 즉, 우리의 모든 결정과 선택, 언행은 밤낮 없이 하나님의 말씀의 조명 가운데 이루어져야 한다는 것이다.

이렇게 여호와의 율법(토라)을 주야로 묵상하는 것의 최종적인 결과에 대하여는 시편 19편이 잘 보여주고 있다.

> 여호와의 율법(토라)은 완전하여 영혼을 소성시키며 여호와의 증거는 확실하여 우둔한 자를 지혜롭게 하며 여호와의 교훈은 정직하여 마음을 기쁘게 하고 여호와의 계명은 순결하여 눈을 밝게 하시도다 여호와를 경외하는 도는 정결하여 영원까지 이르고 여호와의 법도 진실하여 다 의로우니 금 곧 많은 순금보다 더 사모할 것이며 꿀과 송이꿀보다 더 달도다 또 주의 종이 이것으로 경고를 받고 이것을 지킴으로 상이 크니이다 자기 허물을 능히 깨달을 자 누구리요 나를 숨은 허물에서 벗어나게 하소서 또 주의 종에게 고의로 죄를 짓지 말게 하사 그 죄가 나를 주장하지 못하게 하소서 그리하면 내가 정직하여 큰 죄과에서 벗어나겠나이다 나의 반석이시요 나의 구속자이신 여호와여 내 입의 말과 마음의 묵상이 주님 앞에 열납되기를 원하나이다(시 19:7-14).

여호와의 토라는 영혼을 소성시키고, 지혜롭게 하고, 순결하고, 정결하며, 진실하고, 의로우며, 사모할만하고, 달콤하기까지 하다. 여호와의 토라를 묵상하며, 자신을 다듬어가는 사람은 '고의로 짓는 죄'는 물론이요 '숨은 허물'에서까지도 피할 수 있는 삶을 살아갈 수 있다. 그리고 마침내 입술에서 나가는 모든 말은 물론이요, 마음속에서 일어나는 생각까지도 하나님께서 열납하실만(רָצוֹן 라쫀/기쁘게 받으심) 한 것으로 변해간다. 흠이 없는 제물이 열납되듯이(레 1:3, רָצוֹן 라쫀/기쁘게 받으심) 그렇게 우리의 말과 생각이 주님 받으실만한 흠 없는 제물이 되는 삶인 것이다. 즉, 묵상이 마침내 전인격적인 헌신이 이루어지는 예배로 승화되는 것이다.

4. 묵상이 예배로

이처럼 토라는 이것을 묵상하는 하나님의 백성에게는 하나님을 향한 확신 가운데 힘과 능력을 부여하고, 이방인들에게는 여호와와 그 토라를 묵상하는 하나님의 백성에 대한 강한 두려움과 공포심을 자아내게 만드는 위력이 있다. 그리고 더욱 적극적인 면에서 이방인들 또한 토라 묵상을 통해 하나님을 향한 신앙고백과 믿음의 전향이 발생하게 한다. 이러한 사건은 이미 출애굽기 18장에서 모세의 장인 이드로에게서도 나타났던 현상이다.

모세가 그의 장인에게 그간 일어난 모든 하나님의 놀라운 구원사(토라)를 전해주자, 이드로의 입에서 여호와를 향한 신앙고백이 쏟아져 나오고, 그 하나님을 향해 희생제사를 드리게 된다. 토라를 묵상하고, 전하는 삶은 이와 같이 이스라엘이나, 이방인이나 동일하게 여호와 하나님을 예배하는 세상을 열어가는 위력이 있다. 왜냐하면 토라를 묵상하는 것을 통해 위대하신 능력의 하나님을 알게 되기 때문이다.

	성 경	내 용	의 미
1	출 18:5	모세의 장인 이드로가 모세의 아들들과 그의 아내와 더불어 광야에 들어와 모세에게 이르니 곧 모세가 하나님의 산에 진 친 곳이라	모세의 장인 이드로의 도착
2	출 18:8	모세가 여호와께서 이스라엘을 위하여 바로와 애굽사람에게 행하신 모든 일과 길에서 그들이 당한 모든 고난과 여호와께서 그들을 구원하신 일을 다 그 장인에게 말하매	모세가 토라를 말하다
3	출 18:10	이드로가 이르되 여호와를 찬송하리로다 너희를 애굽 사람의 손에서와 바로의 손에서 건져내시고 백성을 애굽사람의 손아래서 건지셨도다 이제 내가 알았도다 여호와는 모든 신보다 크시므로 이스라엘에게 교만하게 행하는 그들을 이기셨도다하고 이드로의 여호와 찬양	"이제 내가 알았도다!"
4	출 18:12	모세의 장인 이드로가 번제물과 희생 제물들을 하나님께 가져오매 아론과 이스라엘 모든 장로가 와서 모세의 장인과 함께 하나님 앞에서 떡을 먹으니라	이드로가 앞장서 여호와 예배로 나아감

이처럼 여호와의 율법(토라/하나님의 구원사)을 주야로 묵상하는 삶은 하나님의 백성 이스라엘이나, 이방인들에게나 동일한 결론에 이르게 하는 위력이 있다. 그것은 다름 아닌 "이제 내가 여호와를 알았도다"라는 기쁨의 탄성과 함께 오직 여호와 하나님만 찬양하고, 경배하는 예배하는 세상이다. 토라 속에는 이런

하나님의 이상이 들어가 있다. 하나님의 백성을 선택하신 것은 온 세상이 이러한 하나님의 말씀으로 가득 채워져서 이 세상의 모든 피조물이 오직 하나님 한 분께 온전한 예배를 드리는 세상을 만들기 위해서다. 그것을 이루기 위해 구약성경은 한 가지를 강조하고 있다. 하나님의 백성이 오직 여호와의 율법(토라, 말씀)을 주야로 묵상하여, 그것을 지켜 행하는 삶인 것이다. 이러한 이상은 토라, 예언서, 성문서를 통해 계속해서 확장되고, 강조될 것이다. 그리고 우리 그리스도인들에게는 이제 토라는 하나님의 말씀으로 구약성경 전체로 확장되고, 나아가서는 우리 구주 예수 그리스도의 놀라운 구원사로 인해 신약성경 전체로까지 확장되었다.

:: 주석

2) 70인역(LXX; Septuaginta)은 이집트의 프톨레미 2세 필라델푸스(BC 283-246)가 예루살렘의 경건한 석학 72인(각 지파별로 6명씩)을 초청 알렉산드리아 앞 파로스 섬에서 히브리어 성경을 헬라어로 번역하게 하여 탄생된 것이다. 그 과정의 상세한 내용은 외경 "아리스테아스의 편지"에 기록되어 있다.
3) 히브리어 정경의 가장 권위 있는 사본으로 인정되며 AD 600-800년경에 '맛소라 학파'라고 불리는 그룹에 의해서 모음체계는 물론 액센트까지 덧붙여져서 사용된다.
4) 기독교문화사 외경위경 편집부,『외경위경 전서(상)』(서울: 기독교문화사, 1993), 345-431쪽.
5) 구약성경인 유대인의 히브리 성경은 AD 90년에 얌니아에서 최종적으로 정경화가 일어난다.
6) 현대 역사가들은 역사란 초월적 존재의 간섭 없이 오직 인간의 주권으로 이루어 가는 것이라고 강조한다. E. H. 카(Carr),『역사란 무엇인가(*What Is History*)』(서울: 범우사, 1996), 128, 130쪽; A. J. 토인비(Arnold J. Toynbee), 『토인비와의 대화(*Surviving the Future*)』(홍신사상신서 34; 서울: 홍신문화사, 1995), 249-250쪽.
7) 양용의,『마태복음 어떻게 읽을 것인가』(서울: 성서유니온선교회, 2005), 394-95쪽.
8) 신명기에 왕에 대한 법이 주어질 때 주야로 묵상하는 것과 유사한 명령이 주어지며 먼 미래를 미리 전제하기도 한다: "그가 왕위에 오르거든 이 율법서의 등사본을 레위 사람 제사장 앞에서 책에 기록하여 평생에 자기 옆에 두고 읽어 그의 하나님 여호와를 경회하기를 배우며 이 율법의 모든 말과 이 규례를 지켜 행할 것이라"(신 17:18-19). 이 명령의 실행은 왕들의 이야기가 펼쳐질 때부터 라는 점에서 토라 이후인 예언서 시대를 그 배경으로 할 것이다.
9) 마가복음에서는 이 사건에서 베드로가 예수님께 "항변한다"는 단어와 예수님께서 베드로를 "꾸짖는다"는 단어가 둘 다 동일한 단어인 '에피티마오'(ἐπιτιμάω)를 사용한다(막 8:32-33). 즉, 베드로와 예수님은 강력하게 서로의 뜻에 대해서 대립하고 있는 것이다.

2부

토라(모세오경) 이해를 위한 길잡이

하나님의 구원을 보라(하나님, 세계, 사람)

구약성경의 첫 번째 다섯 권의 책들은 일반적으로 '모세오경'(The Five Books of Moses) 혹은 단순히 '오경'(The Pentateuch)이라고 불리는 전집이다. '모세오경'이라고 불리는 이유는 이 다섯 권의 책들이 모세에 의해 쓰였다는 확신 때문이다. 그러나 유대인들에게 더 친숙한 명칭은 '토라'(Torah)라는 말이다. 이 명칭은 저자에 대한 관심보다는 그 내용에 대한 관심에 집중하고 있는 표현이라 할 수 있다. 그렇지만 토라가 모세라는 인물과 밀접한 관계가 있다는 점에서는 의문의 여지가 없으며, 그것은 곧 토라가 갖고 있는 최고의 권위를 더욱 부각시키는 요소가 된다.

'토라'(תּוֹרָה)라는 말은 '가르치다'를 의미하는 히브리어 '야라'(יָרָה)에서 파생된 명사형이다. 그러므로 '토라'를 일반적으로 '율법'이라고 번역하고 있으나, 이 단어의 정확한 번역은 '가르침'이나, '교훈'이라고 하는 것이 더 나을 것이다. 그래야만 토라가 내포하고 있는 포괄적인 의미를 살리고, 편협한 해석에 치우치지 않을 수 있다. 율법이라는 협소한 의미에 치우치면 토라를 세세한 법률조문과 동일시함으로 지루하고 번거로운 규정들로 오해할 소지가 충분히 있다. 그러나 가르침을 뜻하는 토라는 그 모든 것을 포괄한다. 토라 속에는 이야기, 족보, 시와 찬양, 율법조항, 유언, 언약 등 수많은 장르들이 존재한다. 이 모든 것들이 조화를 이루어 하나님의 백성에게 교훈을 주는 것이다. 구약성경을 읽을 때 '율법'이라고 번역된 단어를 만나게 되면 세세한 법률조항을 떠올리는 것이 아니라 가장 기본적으로 창세기부터 신명기까지의 전체 내용을 가장 먼저 떠올리는 것이 필요하다. 그것이 자연스레 이루어질 때 그 율법이란 단어가 그곳에서 하고자 하는 말을 정확하게 들을 수 있기 때문이다.

여기서는 토라를 두 부분으로 나누어 다루기로 한다. 모든 것의 시작을 말하고 있는 '창세기'를 독립적으로 다루고, 그 다음으로 '출애굽기-신명기'의 의미를 다루며 토라의 목적을 밝혀보기로 한다. 창세기를 독립적으로 다루는 이유는 창세기가 토라의 후반부인 출애굽기-신명기까지를 이끌고 나가는 신학적이고, 신앙적인 추진력을 제공하는 기관차의 역할을 하고 있기 때문이다. 그 증거는 창세기를 다루며 저절로 드러날 것이다.

제 2 장
창세기가 말하는 것

창세기는 무엇을 보여주기 위한 책인가? 창세기의 중요성은 이 책이 구약 39권, 신약 27권으로 이루어진 하나님의 말씀인 성경의 가장 선두에 서 있다는 점이다. 하나님께서 하신 말씀의 시작이다. 어느 누구든지 책을 쓰게 되면 서론에 그 책의 의도를 쓰지 않을 사람이 누가 있겠는가? 설사 추리소설일지라도 사건의 발단이 기록되는 장소가 첫 부분이니 그 곳을 놓치고서야 그 다음에 무엇을 이야기할 수 있을 것인가? 창세기는 하나님께서 계획하신 일의 시작을 보여주고 있다. 그런데 그 시작에서 이루고자 하셨던 것이 21세기 현재까지도 이 땅에 온전히 실현되지 않고 있다면 창세기는 시작되었으되 아직도 끝나지 않은 하나님의 갈망을 담고 있는 것이다. 이미 수많은 사람들이 하나님의 그 뜻을 받들기 위하여 시도하였고, 실패와 성공이라는 씨줄과 날줄을 엮어가며 역사의 그물을 만들어 왔다. 때로는 튼튼하고 촘촘한 그물망을 만들어 범우주적인 문제들까지 해결하는가 싶다가도, 때로는 어이없이 찢겨져 버린 그물 사이로 그 모든 해결책들이 쏟아져 나가버리기도 한다. 세상은 그렇게 시계추처럼 실패와 성공, 문제와 해결, 부정과 거룩 사이를 왕래하는 반복을 거듭하고 있다.

창세기 안에 하나님의 영원하신 뜻이 드러나 있고, 아직도 우리의 진지한 묵상을 기다리고 있으며, 이것이 그대로 지켜 행해질 날을 기대하고 있다. 이렇게 창세기를 통해 하나님의 거룩하신 뜻을 깨닫고, 받들 수 있다면 이 세상은 희망이 있는 것이다. 그 이유를 든다면 하나님의 뜻을 받드는 삶은 그 사람의 형통을 넘어서, 온 인류의 형통으로 연결되며 마침내는 이 우주의 재창조로 그 결론에 이를 것이기 때문이다.

1. 천지창조에 나타난 인간의 소명(창 1:1-2:3)

창세기는 다년간 신앙생활을 하며 말씀을 귀담아 듣고 살아온 사람들이라면 가장 친숙하게 와 닿는 책임에 틀림없다. 창세기에 나오는 이야기들은 교회 강단에서 가장 자주 들려지는 설교의 주세가 되기 때문이다. 천지창조, 아담과 하와, 선악과, 가인과 아벨, 노아와 홍수 사건, 아브라함, 이삭, 야곱 그리고 요셉과 형제들의 이야기와 같이 모르는 내용들이 거의 없다. 이렇게 친숙한 책이 창세기라는 점에서 한 가지 질문을 던져볼 필요가 있다. 이 모든 이야기들이 하나로 모여서 전해주고자 하는 공통적인 한 주제는 무엇인가? 이는 곧 창세기 전체를 한 마디나, 한 문장으로 요약한다면 어떤 것이 될 것인가라는 질문과 동일하다. 조각난 이야기들은 친숙하지만 전체의 주제를 모른다면 그 각각의 이야기들이 향하는 동일한 목표점을 놓칠 수 있기 때문에 친숙하게 아는듯하면서도 모르는 책이 될 수 있기에 주의해야 할 부분이기도 하다.

창세기 전체의 주제를 파악하기 위해서 가장 좋은 방법은 시작과 끝을 살펴보는 것이다. 어떤 시작으로 출발했고, 어떤 결론으로 그 끝에 이르렀는지를 살펴보면 가는 방향과 주제를 파악할 수 있는 길이 보일 수 있기 때문이다. 창세기의 출발은 천지창조이며, 창조의 하이라이트는 역시 하나님의 형상을 부여받은 인간의 탄생이고 안식일로 창조의 마감이 이루어진다. 그 인간에게 주어진 축복의 소명은 생육하고 번성하여 땅에 충만하고, 땅을 정복하고 모든 피조물을 다스리라는 것이다(창 1:28). 그런데 창세기의 끝에 이르면 이렇게 생육하고 번성하는 한 민족을 만나게 된다. 다름 아닌 이스라엘 12지파로 애굽의 고센 땅에서 “생육하고 번성하였다” 고 한다(창 47:27). 창세기의 시작은 천지창조와 생육하고 번성해야 할 인간의 탄생으로 시작하고, 끝은 세상 속에서 생육하고 번성하는 이스라엘 열두 지파의 탄생인 것이다. 그렇다면 창세기의 전체적인 주제를 한 마디로 요약한다면 ‘창조의 목적인 하나님의 백성의 탄생’ 이라고 말할 수 있다. 이제 분명하게 살펴보아야 할 것은 왜 하나님께서는 자신의 형상으로 창조된 한 백성을 필요로 하시는지에 대한 이유이다. 그 이유 속에 우리를 하나님의 자녀로 부르신 의미 또한 들어 있기에 우리 그리스도인들에게도 중요하다. 이를 위해 창세기 전체의 개요를 파악해 보는 것이 필수적일 것이다.

이미 언급했듯이 창세기의 시작은 천지창조의 대 서사시로부터 시작한다. 천지창조의 파노라마는 하나님으로부터 시작하여 인간에 이르고 다시 하나님께로 돌아가는 구조를 가지고 있다(하나님–인간–안식일). 즉, 창조의 주체는 분명 하나님이시고, 하나님의 창조세계의 절정은 인간의 창조에 그 초점이 모아지고 그리고 그 인간은 안식일을 준수하는 것으로 창조의 완성에 이르게 된다. 이것은 일곱째 날이 천지창조의 정점이라는 것을 시사하는 것이다. 이것을 도표를 통해서 보면 더욱 명확해 질 것이다.

<table>
<tr><td colspan="2">땅이 혼돈하고 공허하며 흑암이 '깊음'(תְּהוֹם 테홈) 위에 있고
하나님의 신이 수면에 운행하심</td></tr>
<tr><td>첫째 날: 빛</td><td>넷째 날: 해, 달, 별들</td></tr>
<tr><td>둘째 날: (물) 궁창 (물)</td><td>다섯째 날: 물–물고기류, 궁창–조류</td></tr>
<tr><td>셋째 날: 육지 – 풀, 채소, 과목</td><td>여섯째 날: 땅의 짐승, 인간</td></tr>
<tr><td colspan="2">일곱째 날: 안식하심</td></tr>
</table>

첫째 날부터 셋째 날까지는 배경을 이루고, 넷째 날부터 여섯째 날까지는 그 배경을 바탕으로 존재하는 피조물들을 다루고 있다. 그리고 '혼돈과 공허'를 일으키는 악의 세력을 의미하는 '흑암의 깊은 물'(תְּהוֹם 테홈)이 하나님의 창조질서에 의해서 쫓겨나고 모든 피조물들이 일곱째 날의 안식일로 그 방향을 향하고 있다. 즉 칠흑 같은 혼돈의 물이 궁창 위의 물과 궁창 아래의 물로 나뉘며 그 가운데 피조물들이 살아갈 공간인 궁창이 만들어지는 것이다. 그렇다면 창세기 1장이 증거하고 있는 칠흑 같은 어둠의

물은 어떤 의미를 가지고 있는 것인가? 그 대답을 위해 창세기 1장이 창조의 대 서사시라는 점에서 시라는 장르로 풀어가야 하고, 이는 곧 시편과의 비교를 필요로 한다. 그러나 서사시라는 용어로 인해 창세기 1장의 천지창조가 실제가 아니라 상징일 뿐이라고 생각한다는 오해는 금물이다. 천지창조는 결코 부인할 수 없는 분명한 하나님의 전능하신 역사이며, 실제라는 것은 불변의 진리이다. 지금 여기서는 하나님의 천지창조 속에 들어 있는 하나님의 뜻과 목적을 보려는 시도를 하고 있는 것이다.

천지창조가 서사시라는 형태를 가졌다는 점에서 시의 특징을 이해할 필요가 있다. 시의 특징을 두 가지 들라고 한다면 먼저 리듬이라는 운율(저녁이 되고 아침이 되니~저녁이 되고 아침이 되니~)을 들 수 있고, 그 다음은 시의 생명이라 할 수 있는 상징성이다(내 마음은 호수요 그대 노 저어 오오). 천지창조에서 나타난 물 또한 그 상징적인 의미가 분명 있을 것이다.

물의 상징적 의미		
1	시 18:16-17	그가 높은 곳에서 손을 펴사 나를 붙잡아 주심이여 많은 물에서 나를 건져 내셨도다 (많은 물의 상징의미) – 나를 강한 원수와 미워하는 자에게서 건지셨음이여 그들은 나보다 힘이 세기 때문이로다
2	시 69:1-3, 14-15	하나님이여 나를 구원하소서 물들이 내 영혼에까지 흘러 들어왔나이다 나는 설 곳이 없는 깊은 수렁에 빠지며 깊은 물에 들어가니 큰 물이 내게 넘치나이다. 내가 부르짖음으로 피곤하여 나의 목이 마르며 나의 하나님을 바라서 나의 눈이 쇠하였나이다 (물, 깊은 수렁, 깊은 물, 큰 물의 상징의미) – 까닭 없이 나를 미워하는 자가 나의 머리털 보다 많고 부당하게 나의 원수가 되어 나를 끊으려 하는 자가 강하였으니 내가 빼앗지 아니한 것도 물어주게 되었나이다

3	시 144:7	위에서부터 주의 손을 펴사 나를 큰 물과 이방인의 손에서 구하여 건지소서 그들의 입은 거짓을 말하며 그의 오른손은 거짓의 오른손이니이다 (큰 물의 상징의미) – 거짓을 일삼으며 공격하는 이방인

이처럼 궁창 위의 물과 아래의 물로 나뉜 흑암의 물은 다름 아닌 악의 세력을 의미하는 것이다. 하나님께서는 악의 세력을 밀어내시고, 인간과 모든 피조물들이 호흡 할 수 있는 공간을 만드신 것이다.

그리고 하나님께서는 그 공간을 하나님의 형상으로 지음 받은 인간에게 맡기시며 "생육하고, 번성하여 땅에 충만하라 그리고 땅을 정복하라"는 축복의 명령을 주신다. 만약 여기까지만 이루어낸다면 인간은 이기적인 세상을 만들고 말 것이다. 축복만 받고 자신의 것으로 누릴 줄만 알았지 그 축복을 주신 의미가 무엇인지를 모르는 존재가 되고 말 것이기 때문이다. 이렇게 하나님께서 주신 모든 자원들과 재능들을 다 활용하여 인간은 세상을 바르게 다스려야 하는 소명으로 그 결론에 이르러야 한다. 인간이 살아가는 공간에 존재하는 모든 피조물을 바르게 다스리고 이끄는 역할이 인간에게 주어져 있는 것이다. 바르게 다스리기 위해서 반드시 필요한 것이 있다. 그것은 다름 아닌 바로 '하나님의 법'이다. 하나님의 말씀이 없이 세상에서 '선과 악'을 바르게 분별하며 바른 다스림을 구현한다는 것은 불가능하다. 하나님의 법으로 다스릴 때 인간이 가진 모든 자원과 재능들이 가장 아름답게 활용되어 모든 피조물들이 즐겁고, 행복한 세상이 실현될 것이다.

그러한 다스림의 최고의 길은 바로 안식일을 거룩하게 구별하여 지키는 예배를 통하여 이룰 수 있다. 예배의 정의가 '순종'이요, '듣는 것'이라면(삼상 15:22), 하나님의 말씀대로 다스리며, 삶으로 살아가는 예배는 인간을 포함한 모든 피조물들을 진정한 안식의 세계로 이끌 것이다. 그러므로 하나님의 창조의 목표는 인간을 그 대표자로 하는 모든 피조물들이 안식일을 거룩히 구별하여 여호와 하나님께 온전한 찬양과 경배를 올려 드리는 예배하는 세상을 만드는 것임을 살펴 볼 수 있다.[10)]

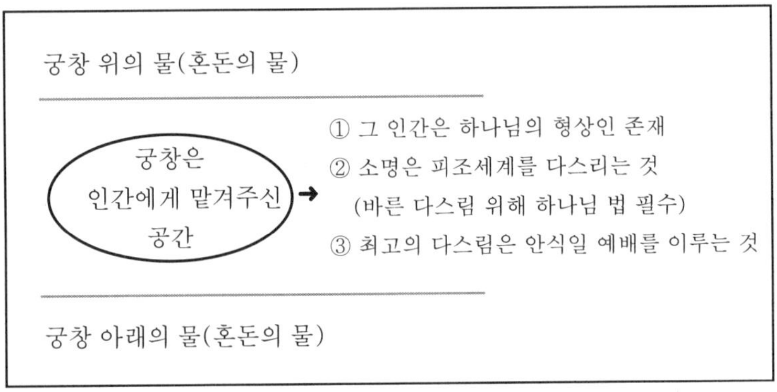

왜 하나님께서는 혼돈을 일으키는 '흑암의 깊은 물'(테홈)을 제거해 버리지 않으시고, 단지 갈라놓기만 하셨을까? 그 물이 세상을 다시 뒤덮는 위협을 가할 수 있음을 아심에도 말이다. 그러나 그 이유에 대해서는 성경의 어디에도 분명하게 대답하는 부분이 없다. 단지 하나님께서는 악에게도 공정하게 기회를 제공하신다는 점에서 그 이유를 유추해 볼 수 있을 뿐이다. 예를 들어 가나안 땅을 아브라함과 그 후손에게 즉각적으로 줄 수 없는 것이 먼저 가나안의 아모리 족에게 그 땅을 대여해 주셨기 때문이며, 그들의 죄악이 가득차지 않는 한은 쫓아내지 않으실 것이기 때문이다(창 15:16; 레 18:24-30). 예수님께서도 사탄을 없애지 않으시고 사탄의 시험을 이기는 법을 우리에게 보여주셨다(마 4:1-11). 이는 악에게도 때가 있다는 것이다. 예수님께서 가다라 지방에서 귀신들린 두 사람에게서 귀신을 내쫓으실 때 귀신들이 내뱉은 말을 살펴보면 그것을 알 수 있다.

> 이에 그들이(귀신들) 소리 질러 이르되 하나님의 아들이여 우리가 당신과 무슨 상관이 있나이까 때가 이르기 전에 우리를 괴롭게 하려고 여기 오셨나이까 하더니(마 8:29).

이들은 자신들의 때가 있다는 것을 알고 있다. 이처럼 악 또한 주어진 기회를 다 소진하고 나면 불 못에 던져지는 끝에 이를 것이다(계 20:10). 그렇다면 우리에게 주어진 사명은 혼돈의 물을 상징하는 악, 즉 사탄을 없애는 것이 아니라 그 악이 우리에게 맡겨주신 이 세상을 더 이상 지배하지 못하도록 묶어 놓는 것이다. 하나님께서 묶어놓으신 그 장소에서 더 이상 넘어오지 못하게 막아내는 것이다(시 104:9; 렘 5:22).[11] 나아가서는 악의 세력을 이 세상 바깥으로 아예 밀어내 버리는 것이다. 이를 위한 유일한 길은 역시 하나님의 뜻을 따라 사는 삶이다. 천지창조가 하나님께서 말씀하시면 그것이 그대로 이루어지는 순종으로 가능했다면 이제 인간의 삶도 그 순종의 결단과 연관이 있을 것이 틀림없다. 예수님께서도 오직 하나님의 말씀만으로 사탄의 모든 시험을 이겨내신 것과 같은 이치인 것이다(마 4:4절과 신 8:3; 마 4:7절과 신 6:16; 마 4:10절과 신 6;13). 사탄이 아무리 우리 삶 앞에 유혹을 뿌려놓아도 오직 하나님의 말씀만을 삶의 길로 삼아서 걸어간다면 유혹은 결코 유혹일 수 없다. 그것은 단지 눈에 환하게 띄는 덫일 뿐이다. 이처럼 하나님의 말씀은 사탄의 덫을 선명하게 볼 수 있는 눈을 열어주기에 오히려 그 덫을 발로 차버리며 하나님께서 주신 소명의 길을 걸을 수 있는 것이다. 그리할 때 악의 세력은 결코 우리에게 맡겨진 공간을 침투해 들어올 수가 없다.

천지창조에서는 안식일을 거룩하게 지키는 것 그것이 가장 기초되는 일로 제시된다. 안식일을 지킨다는 것은 하나님을 향한 예배가 살아 있다는 것을 의미한다. 피조물의 대표자인 인간이 앞장서서 이 우주 만물의 주이신 하나님을 찬양하는 예배가 살아있는 곳은 그 어떤 악도 침범할 수 없는 거룩한 공간이 된다(눅 10:17-20). 이와 같이 맡겨진 세상을 지키고 확장해 나가는 것이 우리에게 주어진 거룩한 소명이다. 그래서 천지창조의 주 관심사가 '땅에서 이미 벌어졌던 일'에 대한 보도가 아니라, '땅에서 벌어져야(혹은 지켜져야) 될 일'에 대한 선언이라는 것은 옳은 표현이다.[12] 결국 천지창조는 하나님께서 인간에게 주신 '소명선언서'(vision statement)인 것이다.

이스라엘의 예언자들은 이렇게 하나님께서 이루신 창조의 질서와 인간의 소명이 얼마나 밀접하게 연관되어 있는지를 분명하게 깨달았던 사람들이었다. 이스라엘이 남과 북으로 갈라지고, 북이스라엘이 남유다보다 먼저 망국으로 향한다. 물론 시간차가 있을 뿐 남유다도 그 뒤를 따르는 것은 마찬가지이다. 이렇게 두 나라가 망국으로 갈 때 나타났던 선지자들의 선포를 들어보면 악의 세력을 견뎌내지 못하고 멸망으로 갈 수밖에 없었던 이유가 분명하게 드러난다.

먼저 북이스라엘이 망국으로 갈 때 나타나 하나님께로 돌아올 것을 호소한 호세아의 선포를 들어보면 하나님의 창조는 결코 하나님의 백성과 별개의 것이 아님을 알 수 있다.

> 그러므로 이 땅이 슬퍼하며 거기 사는 자와 들짐승과 공중에 나는 새가 다 쇠잔할 것이요 바다의 고기도 없어지리라(호 4:3).

들짐승과 새는 그렇다고 쳐도 이 세상 역사가 시작된 이래 바다의 고기가 다 없어진 적이 있었던가? 호세아의 선포 속에는 사람도, 들짐승도, 공중의 새도, 바다의 고기도 그대로 존재한들 무슨 의미가 있냐는 반문이 들어있다. 이 땅을 지켜낼 수 있는 소명을 받드는 사람이 없는데 무슨 소용이냐는 절망의 탄식인 것이다. 이렇게 될 수밖에 없는 상황이 있다.

> 이스라엘 자손들아 여호와의 말씀을 들으라 여호와께서 이 땅 주민과 논쟁하시나니 이 땅에는 진실도 없고 인애도 없고 하나님을l 아는 지식도 없고 오직 저주와 속임과 살인과 도둑질과 간음뿐이요 포악하여 피가 피를 뒤이음이라(호 4:1-2).

하나님의 뜻을 받들어 이 땅을 예배하는 하나님 나라로 만드는 것이 이스라엘의 소명이다. 그러나 하나님의 뜻을 이루는데 가장 기초가 되는 하나님의 법이 다 무너지고 있다. 먼저 하나님을 아는 지식이 없어지고 그 다음으로 저주, 속임, 살인, 도둑질, 간음, 강포가 뒤따른다. 이것은 하나님의 법의 핵심인 십계명이 산산조각 난 삶을 증거하며, 창조세계의 파괴라는 결과를 야기한다. 피조세계를 다스리라는 소명을 받은 하나님이 백성들이 바른 다스림에 필수적이라 할 수 있는 하나님의 법의 기본인 십계명을 헌신짝처럼 버린 것이다. 결국 물밀 듯이 밀려들어오는 악의 세력을 막아낼 힘을 다 상실한 것이다.

그러므로 하나님의 창조세계는 완성된 것을 의미하는 것이 아니라 완성을 향하여 전진할 준비가 이루어진 것을 의미하는 것이다. 그 준비의 절정은 창조의 완성을 이루어갈 '하나님의 형상'으로 지어진 '인간의 존재'이며, 하나님의 형상은 곧 인간 존재의 목적이며, 소명이 되는 것이다. 그리고 창조의 완성을 이루는 방법은 하나님의 뜻을 받드는 날인 안식일을 거룩하게 구별하여 지키는 예배하는 삶이라는 것이다.

이러한 현상은 남유다가 멸망할 즈음에도 역시 동일했다. 남유다가 멸망으로 가는 정점에서 소명을 받은 예언자 예레미야 또한 동일한 것을 본 것이다.

> 보라 내가 땅을 본즉 혼돈하고 공허하며 하늘에는 빛이 없으며 내가 산들을 본즉 다 진동하며 작은 산들도 요동하며 내가 본즉 사람이 없으며 공중의 새가 다 날아갔으며 보라 내가 본즉 좋은 땅이 황무지가 되었으며 그 모든 성읍이 여호와의 앞 그의 맹렬한 진노 앞에 무너졌으니(렘 4:23-25).

이 구절들 속에는 창세기 1장에 나타난 천지창조의 용어들이 대거 등장하고 있다. '땅,' '혼돈하고, 공허하며,' '하늘,' '빛,' '사람,' '공중의 새' 등이 그것들이다. 그러나 천지창조의 질서와는 다르게 예레미야의 선포는 창조의 파괴와 무질서와 혼돈의 복귀를 말하고 있다는 점에서 극적인 대조를 이룬다. 도대체 무엇이 이러한 절망적인 반전이 벌어지게 한 것인가? 그것은 위 구절의 바로 앞부분과 그 뒷부분을 읽어보면 쉽게 알 수 있다.

> 내 백성은 나를 알지 못하는 어리석은 자요 지각이 없는 미련한 자식이라 악을 행하기에는 지각이 있으나 선을 행하기에는 무지하도다(렘 4:22).

> 너희가 예루살렘 거리로 빨리 다니며 그 넓은 거리에서 찾아보고 알라 너희가 만일 정의를 행하며 진리를 구하는 자를 한 사람이라도 찾으면 내가 이 성읍을 용서하리라 그들이 여호와께서 살아 계심을 두고 맹세할지라도 실상은 거짓 맹세니라(렘 5:1-2).

역시 북이스라엘의 상태와 동일하게 하나님을 알지 못하고, 갖은 악이 자행되는 세상이 이루어진다. 즉 하나님의 법이 완전히 무너져 있는 세상인 것이다. 그리고 아무리 눈을 씻고 찾아보아도 사람이 없다. 예레미야의 눈에 사람이 보이지 않기 때문이 아니라, 사람이 많은들 무슨 소용이 있냐는 반문인 것이다. 하나님의 뜻을 알고 행하는 사람이 하나도 없으니 이 땅의 질서를 어떻게 지키고 가꾸며 확장시켜 나갈 수 있을 것인가? 바른 다스림이 철저하게 무너져 버렸다. 결국 하나님께서 이루어 놓으신 창조 질서가 무너지고 세상이 흑암의 깊은 물이 침범해 들어와 혼돈과 공허의 세계로 돌아가는 것은 시간문제일 뿐이기 때문이다.

> 여호와의 말씀이니라 너희가 나를 두려워하지 아니하느냐 내 앞에서 떨지 아니하겠느냐 내가 모래를 두어 바다의 한계를 삼되 그것으로 영원한 한계를 삼고 지나치지 못하게 하였으므로 파도가 거세게 이나 그것을 이기지 못하며 뛰노나 그것을 넘지 못하느니라 그러나 너희 백성은 배반하며 반역하는 마음이 있어서 이미 배반하고 갔으며(렘 5:22-23).

물이 한계를 넘지 못하게 하나님께서 모래로 경계를 삼으셨다면, 하나님의 백성의 삶에서 악의 세력이 침범치 못하게 경계로 주신 것이 하나님의 말씀인 법이다. 그러나 남유다는 하나님의 길을 버리고 끝내 죄악의 길로 행했다. 그 죄악은 두 방향으로 나타난다. 첫째, 이른 비와 늦은 비를 때를 따라 주시고 추수 기한을 정하시는 하나님 여호와를 경외하자 말하지도 않는 것이며, 둘째는 백성 중에 악인들이 매복하여 덫을 놓아 사람을 잡고, 속이고, 이익을 얻으려고 고아와 빈민의 재판을 공정치 않게 행하는 것이다(렘 5:24-28). 이것은 결국 하나님과 사람과의 관계를 온전케 하기 위해 주신 법의 근본인 십계명을 다 무너뜨렸다는 것을 드러내고 있다. 하나님께서 이에 대해 "내가 이 일들에 대하여 벌하지 아니하겠으며 내 마음이 이같은 나라에 보복하지 아니하겠느냐"(렘 5:29)고 선언하시며 마지막 일격을 준비하신다. 이렇게 남유다는 멸망의 순간을 향하여 속도를 높이고 있다.

이처럼 창조세계의 완성을 향한 길 위에는 늘 위험이 도사리고 있다. 그것은 바로 갈라놓은 흑암의 세력인 혼돈의 물이 호시탐탐 침범할 준비를 갖추고 있다는 것이다. 창세기 안에서도 창조의 대대적인 파괴가 일어나는 사건이 벌어진다. 갈라놓았던 '혼돈의 물'이 세상을 뒤덮는 사건이 노아의 시대에 벌어지고 말았다. 노아의 시대에 있었던 홍수는 어느 모로 보나 천지창조의 질서가 다시 혼돈의 무질서로 돌아가는 대 격변이었다. 노아가 육백세 되던 해 둘째 달 곧 그 달 열이렛날에 깊음의 샘들(תְּהוֹם 테홈)이 터지며 하늘의 창문들이 열려 사십 주야를 비가 땅에 쏟아졌다"(창 7:11-12)라고 선언하고 있다. 하나님께서 갈라놓으셨던 '궁창 위의 물'(하늘의 창이 열리고)과 '궁창 아래의 물'(큰 깊음의 샘들이 터지며)이 또다시 하나로 만나서 세상을 혼돈의 물바다로 만들어버린 것이다(창 1:2, 7). 우리는 이제 예언자들의 선포를 통해 그 이유가 무엇인지에 대한 충분한 지식을 가지고 있다. 노아의 시대 또한 분명 사람의 죄악과 깊은 연관이 있을 것이다.

> 그 때에 온 땅이 하나님 앞에 <u>부패하여</u> 포악함이 땅에 가득한지라 하나님이 보신즉 땅이 <u>부패하였으니</u> 이는 땅에서 모든 혈육 있는 자의 행위가 <u>부패함이었더라</u> 하나님이 노아에게 이르시되 모든 혈육 있는 자의 *<u>포악함</u>*이 땅에 가득하므로 그 끝 날이 내 앞에 이르렀으니 내가 그들을 땅과 함께 멸하리라(창 6:11-12).

눈을 씻고 찾아보아도 사람이 없다. 이런 현상은 분명 갑작스레 벌어진 일은 아닐 것이다. "땅에 있는 모든 혈육 있는 자의 행위가 부패하였다"라는 말은 창조의 이야기 속에 뚜렷이 명시되어 있는 사람의 소명이 철저히 무효화되고 있음을 강조하고 있다. 인간이 하나님께서 맡겨주신 공간을 지키고 다스릴 수 없는 존재가 되어 버렸고 악은 그 경계를 무너뜨리고 세상을 다시 혼돈으로 뒤덮어버렸다. 인간의 소명이 울려 퍼지고 있는 천지창조의 대 서사시와 노아의 홍수사건 사이(창 1-6장)에 도대체 무슨 일이 벌어졌기에 인류가 이렇게도 죄악의 길을 걸어가고 있는 것인가? 그 원인을 파악하는 것은 문제를 해결할 수 있는 좋은 길을 열어갈 수 있을 것이다.

2. 세상이 만들어낸 죄악상(창 2:4-11:32)

먼저 노아시대에 만연한 죄악상이 어디에서 유래한 것인지 죄의 근본을 찾는 것이 필요하다. 근본 원인을 모른다면 해결은 불가능하기 때문이다. 그 원인은 분명 창세기 1-6장 사이에 존재할 것이 분명하다. 그리고 그 범위를 세분화하여 좁혀갈 필요가 있다. 우선 명확하게 해당 사항이 없다고 여겨지는 장들은 제외하며 범위를 줄여야 할 것이다. 창세기 1:1-2:3절은 "하나님이 보시기에 (심히) 좋았더라"는 화음이 울려 퍼지고 있으므로 제외될 것이고, 2:4-25절까지는 에덴동산 창설과 아담과 하와가 조화를 이룬 부부로 선다는 점에서 문제가 없다. 창세기 6:1-8절은 노아 홍수 때와 같은 죄악이 세상에 가득함을 보인다는 점에서 근본 원인보다는 결과를 제시하고 있다. 창세기 5장은 전적으로 아담의 후손들의 족보라는 점에서 제외된다. 그렇다면 이제 남은 것은 창세기 3장과 4장 밖에 없다. 창세기 3장은 에덴동산에서 아담과 하와가 연루된 사건이고, 4장은 에덴동산 밖에서 그들의 아들들인 가인과 아벨이 연루되어 벌어지는 사건을 소개하고 있다. 이 두 사건은 공통적으로 인간이 저지르는 최초의 죄악상을 보여주고 있다는 점에서 죄의 근본이 무엇인지를 알려줄 것이다. 그러므로 아담과 하와 그리고 가인과 아벨의 이야기를 분명하게 파악하고 나면 노아 이후의 이야기 전개를 전망해 볼 수 있을 것이다. 그 차후의 이야기는 이러한 죄악의 원인을 해결하는 길로 나아갈 것이기 때문이다.

여기서는 창세기의 개관이라는 점에서 상세한 비교대조는 미래의 창세기 주석 책으로 미루고 이 두 죄악 된 사건이 벌어졌을 때 하나님께서 사건의 당사자들에게 나타나셔서 질문하시는 내용을 중심으로 죄의 본질을 살펴보기로 한다. 아담과 하와가 선악과를 따먹은 것은 '하나님과 같이 되는 것'(창 3:5)에 대한 갈망이었다. 하나님의 그늘 아래서의 삶이 아니라 동일한 권위를 휘두르기를 원했다. 그러나 그가 발견한 것은 자신이 벌거벗고 있다는 것밖에는 없다. 이런 돌이킬 수 없는 죄를 저지른 태초의 사람 아담에게 하나님께서는 날카로운 실존적인 삶의 질문과 함께 다가오신다. 하나님의 음성을 듣고 두려워 자신의 몸을 숨기고 있는 아담이라는 인간을 향해서 하나님께서는 질문하신다. 그리고 인간은 떨리는 음성으로 응답한다.

하나님	"아담아 네가 어디 있느냐?"(창 3:9)
아 담	"내가 동산에서 하나님의 소리를 듣고 내가 벗었으므로 두려워하여(יָרֵא 야레) 숨었나이다"(창 3:10)

인간이 하나님의 소리를 두려워하며 외면하고 숨는다. 두려움이라고는 알지도 못했던 인간이 하나님의 말씀을 듣기를 거부한 불순종의 죄악을 저지른 이래 하나님께 대한 두려움으로 가득 차 버리고, 그 아름답던 관계가 파괴되어 버린 것이다. 하나님께서는 아담에게 "네가 네 아내의 말을 듣고 내가 너더러 먹지 말라 명령한(צָוָה 짜와) 나무 실과를 먹었은즉"(창 3:17)이라고 심판을 선언하신다. 사람의 말(물론 사탄의 유혹에 따른)과 하나님의 말씀 중에 사람의 말에 더 권위를 두고 따라간 인생의 불순종이 그대로 드러나고 있다. 이제 인간이 하나님 앞에서 갖게 된 이 '두려움'(יָרֵא 야레)을 하나님 '경외'(יָרֵא 야레)로 바뀌게 하는 삶의 길이 필요하다. 히브리어 단어 '야레'는 '두려워하다'와 '경외하다'라는 두 가지 뜻으로 사용되기에 충분히 가능하며 기대되는 것이다. 결국 '여호와 경외'가 하나님과의 관계회복의 길인데 그것은 바로 여호와의 말씀에 절대적인 믿음으로 응답하는 순종으로만 가능하다. 이 믿음의 순종을 이루어내는 그 사람을 통해 새 시대가 열릴 것이며, 문제들이 해결될 것이다.

하나님과의 관계상실로 인해 방황하는 인간이 그 다음으로 저지른 죄악이 바로 형제살해이다. 이것은 하나님의 소리를 외면하는 사람은 곧이어 사람의 소리를 외면하는 존재가 되고 말 것이라는 절망적인 진행 방향을 뜻한다. 그 진행은 이미 아담과 하와 사건을 통해 예고된 과정이다. 하나님과의 관계가 파괴된 인간의 입에서 나온 말은 그 다음 단계가 무엇인지를 예시하고 있기 때문이다. 아담은 "내가 네게 먹지 말라 명한 그 나무 열매를 네가 먹었느냐?"(창 3:11)는 하나님의 질문에 주저함 없이 "하나님이 주셔서 나와 함께 있게 하신 여자 그가 그 나무 열매를 내게 주므로 내가 먹었다"(창 3:12)고 응수한다. 인간은 자신의 죄책을 면하기 위해 하나님이 사건의 궁극적인 원인자라고 책임을 전가함과 동시에 바로 자신 앞에 서 있는 여자인 상대방에게도 죄의 동기를 돌림으로 인간 공동체의 관계파괴를 예고하고 있다. 이처럼 죄를 같이 저지른 공범의 관계에도 불구하고 그 죄는 인간을 하나님 앞에서 결합이 아닌 개별적인 고립의 길을 걷게 하는 것이다.[13)] 이처럼 하나님과의 관계가 끊어지면 사람과 사람 사이는 보장할 수 없는 관계가 되고 만다. 사람을 바라보는 올바른 판단 기준이 사라지기 때문이다. 동일한 하나님의 걸작품으로서의 동료(you)가 아니라, 자신의 생존이나, 이익을 위해 사용해야 할 물건(it)으로 전락하기 때문이다.[14)] 사람이 사람을 해롭게 하는 것이다(전 4:1; 8:9). 가인은 단 하나밖에 없는 형제를 질투심으로 죽이고도 하나님의 질문에 무관심한 대답을 보낸다. 그 형제의 핏소리가 사방에서 아우성 치고 있음에도 불구하고 말이다(창 4:10).

하나님	"네 아우 아벨이 어디있느냐?"(창 4:9)
가 인	"내가 알지 못하나이다 내가 내 아우를 지키는(שמר 샤마르) 자입니까?"(창 4:9)

가인은 회개하기 보다는 오히려 하나님 앞에 반기를 들고

일어서는 악행을 저지르고 있다. 이제 죄악은 더욱 더 확장되어 사람과 사람 사이마저도 끊어놓는 결과를 초래하고 만 것이다. 여기서 '아우'라고 번역된 히브리어는 일반적으로 하나님의 백성 안에서 사람끼리의 관계를 나타내는 동료 인간인 '형제'(자매도 포괄하는)를 의미하는 표현이다. 인간이 동료 인간의 핏소리 즉 살려달라는 아우성을 외면해 버리는 존재가 되는 것이다. 첫 번째가 하나님의 소리를 외면하는 것이었다면, 그 다음은 이렇게 사람의 소리를 무시하는 것이다. 이제 그 해결점이 있다면 형제를 외면하는 삶이 아닌 어떤 여건 속에서도 하나님의 뜻을 헤아리는 믿음으로 형제를 지키는 삶의 길이 절실히 요구된다. 형제를 끝까지 지키고 돌보는 삶을 통해 분열이 아닌 연합이 이루어질 것이다.

이상의 경우로 볼 때 가인과 아벨의 이야기는 인간의 타락을 아담과 하와의 사건에 이어서 단순히 반복해서 설명하려는데 목적이 있는 것이 아니라 죄의 성장과 그로 인한 인간 부패의 심각성을 명확하게 보여주기 위한 목적이 있다. 먼저 하나님과 인간 사이가 더욱 더 멀어지게 되면서, 자연스레 인간과 인간 사이의 관계마저도 산산이 부서져 버린 현실을 날카롭게 지적하고 있다. 이 사실은 위에서(6:11-12) 노아 시대의 죄악상을 이야기 할 때 사용된 두 개의 단어를 통해서도 분명히 드러난다. '부패하여'(שָׁחַת 샤하트)가 세 번, 그리고 '포악함'(חָמָס 하마스)이 두 번 사용된다. 특징적으로 '부패하다'라는 단어는 성경의 다른 부분에서 주로 하나님을 떠나 다른 우상을 숭배하여 타락한 경우에 사용되며(출 32:7; 신 4:25; 9:12; 삿 2:19; 시 14:1; 53:1; 겔 16:47; 23:11), '포악함'은 예언자들의 선포에 주로 나타나며 사람이 그 동료 이웃에게 저지르는 폭력을 의미한다(암 3:10; 6:3; 미 6:12; 합 1:2, 3, 9; 습 1:9; 말 2:16). 이와 같이 노아 시대는 아담과 하와, 가인과 아벨이라는 가족의 차원을 넘어서 '하나님과의 관계'와 '이웃과의 관계'가 땅의 모든 사람들이 다 연루되어 깨어진 시대를 의미한다.

이제 하나님께서 기다리는 사람들이 있다. 바로 이 두 가지를 회복할 사람들이다. 불순종을 끊고 순종의 믿음으로 하나님과의 관계를 연결할 사람과 형제 사이의 분열을 오직 하나님의 뜻을 이해하는 믿음으로 극복하고 연합을 이루어 내는 사람을 기다리고 계시는 것이다. 이들을 통하여 세상은 하나님 앞에서 또다시 새롭게 시작할 수 있는 기회를 부여받을 수 있을 것이기 때문이다.

첫 번째 하나님과 인간의 끊어진 관계를 연결시키는 사람은 분명 철저한 순종의 사람이어야 한다. 그럼 창세기에서 그러한 이상에 합한 인물은 누구인가? 마침내 아브라함에게서 그 기다림이 결론에 이른다. 두 번째 사람과 사람 사이의 부서진 관계를 연결시키는 사람은 그 어떠한 여건 속에서도 형제를 지킬 수 있는 사람이어야 한다. 창세기에서 그는 누구인가? 그 인물은 다름 아닌 요셉이라는 것이 창세기의 마지막 결론으로 제시된다.

	아담과 하와	가인과 아벨
죄의 종류	불순종 (하나님 소리 외면 – 하나님의 음성 듣고 두려워 숨음) 하나님과 인간의 관계 파괴	형제살해 (형제의 핏소리 외면 – 내가 내 형제를 지키는 자입니까?) 사람과 사람의 관계 파괴
해결의 길	하나님의 말씀에 대한 철저한 순종 하나님과의 관계 연결	형제를 끝까지 지키는 삶으로 사람과의 관계 연결
해결자	아브라함	요셉과 형제들

이것이 창세기가 이스라엘의 선조 이야기를 믿음의 조상이라 불리는 아브라함으로부터 시작하여(창 12장) 용서와 화해의 사람인 요셉과 그의 형제들의 연합 이야기로 끝을 맺고 있는 이유일 것이다(창 50장). 이들의 삶을 통하여 이러한 회복이 이루어졌으니 이제 새로운 시작으로의 길을 향하여 나갈 수 있게 되었기 때문이다. 창세기 1-11장은 이처럼 우리가 살아가는 세상이 안고 있는 모든 문제점과 죄악상을 그대로 보여주고 있다. 하나님께서 자신의 백성을 그 죄악 된 세상에서 불러내시는 이유는 바로 그들을 구별하여 세워서 이 세상의 죄악을 해결하기 위함이다. 이것은 결코 배타적인 분리를 위함이 아니라 세계의 구속을 위함이다. 아브라함으로 시작되는 믿음은 이제 세상을 회복케 하는 길을 열고, 하나님과 함께 하는 삶이 무엇인지를 보여준다. 그리고 요셉을 통한 형제애의 회복은 세상을 하나로 묶어가는 길을 제시한다. 하나님의 백성이 존재하는 의미가 바로 여기에 있다. 세상의 악을 끊고, 새로운 세상을 열어가는 것이다. 오직 하나님의 이름을 높이고, 사람들이 하나 되게 하는 길을 통해 하나님만 예배하는 세상을 이 땅에 실현하는 것이다. 이제 아브라함과 요셉의 신앙의 길을 세심하게 살펴보는 것이 필요하다. 이 시대에 우리에게도 이와 같은 회복의 소명이 주어져 있기에 이들의 이야기는 곧 우리의 신앙의 본이기 때문이다.

3. 믿음으로 바꾸는 세상(창 12:1-50:26)

모든 것이 파괴된 세상에서 이러한 회복에 대한 하나님의 갈망을 이루어 내기 위해 아브라함보다 먼저 노아가 부름 받았다. 그의 출발은 '당대에 완전한자,' '하나님과 동행하는 자,' 그리고 '의인'(창 6: 9)이라는 칭찬을 받으며 희망적으로 시작한다. 그러나 노아는 포도 농사를 지어 그 포도주에 취하여 옷을 벗고 드러누웠고, 그의 하체를 본 함의 후손을 저주하였다. 이 이야기 속에는 단순히 그의 빗나간 한 행동을 보여주고자 하는 의도를 넘어서 에덴동산에서의 아담의 실패를 연상시키기 때문에 심각하다. 두 사건 모두 다 땅을 경작하는 사람과 연관되고, 한 특정한 나무와 그 나무의 과실을 먹는 것, 그리고 벌거벗음과 연관된다. 그리고 그 결과는 동일하게 저주의 선포로 마감된다. 그렇다면 노아의 이 사건은 아담 이후로 새로운 기회를 부여받은 인간이 또다시 아담이 저지른 범죄의 나락으로 빠져들며, 그 기회를 실패로 마감하는 두 번째 타락(the second fall)이라고 볼 수 있다.[15] 이것은 이 사건 다음으로 나타나는 현상을 살펴보면 분명하게 알 수 있다. 즉각적으로 아비의 하체를 본 함의 후손인 가나안이 노아에게 저주를 받는다: "가나안은 저주를 받아 그 형제의 종들의 종이 되기를 원하노라"(창 9:25). 끊어진 관계를 회복하고 '저주'가 아닌 하나님께서 의도하셨던 '복'을 위해 부름 받은 노아가 오히려 이 땅에 저주를 더욱 가중시키고 있다. 이 저주는 형제간의 사이를 갈라지게 만들며, 결국에는 연합하더라도 하나님을 향한 거대한 반역의 상징인 바벨탑을 건축하는 것으로 그 종국에 이른다(창 11:1-

9). 이와 같이 창세기 1-11장 속에는 하나님을 향한 순종의 믿음에 반하여 인류가 저지른 커다란 실패의 이야기가 동일하게 반복되고 있다. 한 사람의 불순종이 세상을 파멸의 길로 이끈다는 것은 한 사람의 믿음이 세상을 회복의 길로 이끌 수 있다는 것 또한 알려주기에 희망적이다. 이제 또 다른 기회가 아브라함이라는 인물에게 주어지며, 순전한 믿음을 향한 여정을 시작한다.

1) 아브라함을 통한 하나님과의 관계회복

이렇게 아브라함이라는 인물이 나타나기까지의 역사를 장황하게 늘어놓은 이유는 이를 통해 그가 부름 받아 나온 세상이 어떤 문제를 가진 곳이며 그가 서있을 새로운 땅은 어떠해야 하는지를 분명하게 볼 수 있기 때문이다. 과거를 명확하게 이해하는 것은 현재 우리가 서 있는 자리의 의미를 분명히 이해할 수 있고 미래를 향한 소명을 바로 잡을 수 있기 때문이다. 하나님과의 관계가 부서지고, 사람 사이의 관계가 산산 조각난 곳에서 하나님께서는 또 한 사람을 불러내신다. 아담도 노아도 실패했다. 이제 아브라함에게 그 소명이 주어져 있다.

아브라함의 신앙여정은 두 번의 중요한 부르심으로 감싸여 그 시작(창 12:1-9)과 끝(창 22:1-19)을 하나로 연결시키는 신학적인 구조를 이루고 있다. 첫 번째는 갈대아 우르에서 가나안 땅으로 가라는 것이었고, 마지막은 모리아 산으로 가라는 말씀이었다. 이 두 번의 출발명령은 동일한 히브리어 표현인 '가라'(לֶךְ-לְךָ 레크-레카; 창 12:1; 22:2)를 사용하고 있다. 특이하게도 이 명령형태는 구약 성경 전체 속에서 오직 아브라함 이야기에만 나타나며 그의 이야기 중에서도 오직 이 두 문맥 속에서만 나타나는 희귀한 표현이다. 그리고 전자가 '고향, 친척, 아버지의 집'(창 12:1)이라는 삼단계의 부모와의 철저한 단절이라면, 후자는 '네 아들, 네 사랑하는 독자, 이삭'(창 22:2)이라는 삼단계의 자식과의 완전한 결별을 의미한다. 이것은 이 두 사건의 밀접한 연관성을 강조해 주는 효과를 더하고 있다. 그리고 이 두 사건을 이해하는 것은 아브라함이 보여준 믿음의 본질을 밝히는 중요한 요소가 될 것이다.[16)]

먼저 하나님께서는 아브라함에게 고향, 친척, 아버지의 집을 떠나 자신이 지시하실 땅으로 가라고 명령하신다. 이사와 이민을 자유롭게 법적인 보호를 받으며 행할 수 있는 지금 21세기의 문명 속에서 살아가는 우리들에게는 이 명령의 가혹함이 그리 크게 와 닿지 않을 수 있다. 그러나 아브라함 당시 이러한 이주는 생명을 건 일이었다. 그리고 이 세 가지 요소는 아브라함을 지칭하는 모든 것이며, 근본 바탕이며 또한 보호막을 뜻하는 것이었다. 이스라엘에는 '고엘'(גֹּאֵל)제도가 있다. '고엘'은 주로 두 가지 뜻으로 해석되는데 '기업 무를 자'(레 25:23-28, 47-55; 룻 2:20; 3:9, 13, 31; 4:1, 3, 6, 8, 14)와 '피의 복수자' (민 35:12, 19, 21; 신 19:6, 12)이다. 이것은 또한 가장 가까운 친족을 의미하기도 한다. 왜냐하면 한 사람이 가난해 져서 가진 재산을 다 팔아야 할 때 가장 가까운 친족이 기업을 물러주는 역할을 하며, 또한 한 사람이 다른 사람에게 신체적, 물질적 피해를 입었을 때 가장 가까운 친족들이 '눈에는 눈, 이에는 이, 생명에는 생명'(출 21:23-25)이라는 원칙 하에 피의 복수자의 역할을 하기 때문이다. 친족이 많다는 것은 보호막이 든든하다는 것이다. 그러므로 고향, 친척, 아버지의 집이라는 의미는 한 사람이 보호를 받고 안심하고 살아 갈 수 있는 환경이 있다는 것이다. 그에 반해 이방을 떠도는 나그네는 가까운 친족인 고엘의 도움을 전혀 받을 수 없는 고립무원(孤立無援-고립되어 도움을 받을 수가 없음)의 상태가 된다. 힘만 있다면 떠도는 이방인 나그네 한 명쯤은 아무런 문제없이 얼마든지 살해하고 그가 가진 것을 다 빼앗을 수 있는 것이 그 당시의 상황이었다. 여기서 우리는 비록 비굴한 일이기는 하지만 아브라함이 아내 사라를 누이라고 속였던 그 당시의 정황을 조금은 이해해볼 수 있다. 그래서 신명기서는 끊임없이 '나그네와 고아와 과부'를 돌보라고 명령한다(신 10:18-19; 24:17, 19, 20, 21; 27:19). 왜냐하면 이들에게는 고엘이 없기 때문이다. 어느 누구든지 그들을 보는 사람은 그들의 고엘이 되어 주라는 명령이다. 만약 그렇지 못하다면 우리 하나님께서 그들의 '구속자'(고엘)가 되셔서 피의 복수자가 되실 것이다(잠 23:11; 시 19:14; 78:35; 103:4; 사 41:14; 43:14; 47:4). 이 고엘이라는 단어가 하나님께 적용되면 언제나 '구속하다, 구원하다' 혹은 '구속자'라는 뜻으로 사용됨은 의미가 크다.

아브라함은 하나님의 이 명령 한마디에 어떠한 토도 달지 않고 자신의 보호막을 잘라내고, 오직 여호와 하나님이 자신의 고엘이 되실 것을 믿고 소명의 여정을 출발한다. 그의 이 신앙은 단 한마디의 표현으로 부각된다: "이에 아브람이 여호와의 말씀을 좇아 갔고"(창 12:4). 여호와께서 아브라함에게 가라고 말씀하시며 수많은 축복에 대한 약속을 주신다. 그리고 아브라함은 여호와의 말씀에 전폭적으로 순종하며 그 말씀을 그대로 믿고 실행한다. 이것은 천지창조가 아브라함이라는 믿음의 사람을 통해서 새롭게 이루어지고 있는 것과 다름이 없다.[17] 왜냐하면 창조의 신학은 말씀하시면 그대로 이루어지는 순종으로 이 세계가 조성되었음을 보여주고 있기 때문이다. 그리고 이제 아브라함이 그러한 세계를 만들어 가는 그 출발선에서 희망찬 시작을 보이고 있는 것이다.

아브라함이 이런 희망에 찬 약속과 함께 하나님께서 지시하신 땅으로 왔을 때 위기가 닥쳐왔다. 그 땅은 아브라함이 오기를 간절히 기다리며, 환영하는 비어 있는 땅이 아니었다. "그 때에 가나안 사람이 그 땅에 거하였더라"(창 12:6)는 아브라함에게 어쩌면 절망의 선언일 수도 있다. 결코 자신의 것이 될 것 같지 않은 이러한 위기감이 고조된 순간에 하나님께서 아브라함에게 나타나셔서 "내가 이 땅을 네 자손에게 주리라"고 약속하신다(창 12:7). 아브라함이 어떤 자세로 하나님의 이 약속에 응답하느냐가 차후의 이야기를 이끌어 가는 열쇠가 된다. 아브라함은 그곳 세겜에 제단을 쌓고, 또 벧엘과 아이 사이로 옮겨 제단을 쌓는다(12:8). 그리고는 여호와의 '이름'(שֵׁם 셈)을 부른다. 그리고 아브라함은 점점 남방으로 옮겨 헤브론에 또 하나의 제단을 쌓는다(창 13:18). 아브라함이 북쪽의 세겜, 남과 북의 경계인 벧엘과 아이 사이, 그리고 남쪽 헤브론에 제단을 쌓고 여호와의 이름을 부른 것은 무슨 이유일까? 모리아 산의 제단을 제외하면 가나안 땅에서 전략적으로 요충지인 세 곳에 아브라함은 제단을 쌓은 것이다. 결국 여호와의 제단이 서 있는 곳이 여호와의 땅이 아닐까? 아브라함은 가나안 땅을 제외한 다른 지역에는 결코 제단을 쌓지 않았다. 이것은 그가 그곳이 가나안 사람의 땅이건 상관없이, 여호와의 제단을 세움으로 그 땅이 하나님의 땅임을 선포하고, 하나님의 선물로 자신에게 주어질 것이라는 사실을 굳게 믿었다는 것을 증거 한다.[18] 아브라함의 믿음의 여정은 이렇게 순종과 예배와 함께 순조롭게 진행된다.

이러한 믿음의 여정의 최절정에 하나님께서 아브라함을 다시 부르시며 또 가라고 하신다. 네 아들, 네 사랑하는 독자, 이삭을 데리고 모리아 땅으로 가서 내가 네게 지시하는 한 산 거기서 그를 번제로 드리라는 말씀이다. 이것은 청천벽력(靑天霹靂-맑은 하늘에서 치는 날벼락)같은 말씀이다. 하나님의 말씀 한 마디에 자신의 모든 근본 바탕이요 보호막인 과거를 다 잘라내었다. 그런데 이제 하나 밖에 없는 유일한 미래의 희망까지 잘라버리라고 하신다.[19] 완전한 포기를 요구하시는 것이다. 이 잔혹하게 보이는 명령에 아브라함은 그의 출발에서와 똑같은 순종으로 응답하는 것을 통해 하나님을 향한 그의 믿음을 확증하고 있다: "아침에 일찍이 일어나 떠나 하나님의 지시하시는 곳으로 가더니"(창 22:3). 아브라함의 특징은 명령이 떨어지면 단 한 마디의 질문도 없이 모든 것을 신속히 준비하여 그 명령을 실행하기 위하여 간다. 질문이 있을 법도 한데 말이다. 이삭을 약속의 씨로 주시지 않으셨냐고 그리고 그 이삭과 하나님께서 언약을 세우실 것이며 그의 후손에게 영원한 언약이 될 것이라 하시지 않으셨냐(창 17:19)고 최소한 하소연 정도는 할 수 있을 것 같다. 그러나 아브라함은 그 다음날 일찍 일어났다. 그리고 모든 준비를 서둘러 갖추고 자식을 불태울 나무까지 손수 장만한다. 하나님께서도 짓궂

으셔서 아브라함에게 자신을 만난 그 자리에서 이삭을 번제로 드리라고 하지 않으시고, 모리아 산으로 가라고 하신다. 삼일 길이다. 우리는 흔히 말하기를 인생의 결심은 고작 작심삼일 정도 밖에 안 된다고 한다. 그것을 아시는 것일까? 아들을 부둥켜안고 잠도 잤을 테고 손을 꼭 붙잡고 수많은 생각을 하며 걸었을 것이다. 그러나 아브라함은 그 모든 것을 딛고 드디어 모리아 산까지 왔다. 이제 아브라함과 이삭 두 사람만의 등반이 시작된다. 이 마지막 순간에 하나님께서 아브라함의 심장을 도려내는 날카로운 질문을 던지신다. 마지막 포기를 강요하는 것처럼 말이다. 그 질문이 하나님의 것이면 오히려 낫겠지만 잔혹하게도 그 말을 이삭의 입술에 담으신다: "아버지여! 불과 나무는 있거니와 번제할 어린 양은 어디 있나이까?"(창 22:7). 여기에 무너지지 않을 아버지가 어디 있을까! 그러나 아브라함은 그의 응답에 하나님을 담는다: "아들아 번제할 어린 양은 하나님이 자기를 위하여 친히 준비하시리라"(창 22:8). 하나님을 향한 절대적인 신뢰가 없다면 결코 가능할 수 없는 일이다. 아브라함은 하나님을 바로 알고 있다는 것이다. 우리 또한 아브라함이 만난 하나님을 배울 필요가 있다.

아브라함이 오직 믿음으로 이삭을 묶고, 그의 심장에 칼을 내리치려는 그 순간에 하늘에서 음성이 들려온다: "아브라함아 아브라함아!…내가 이제야 네가 하나님을 경외하는 줄을 아노라"(창 22:12). 드디어 하나님께서 한 사람을 찾으셨다. 하나님을 두려워하며(יָרֵא 야레) 숨는 죄인이 아니라 하나님을 경외하는(יָרֵא 야레) 사람을 만나신 것이다. 그 경외의 진정한 의미는 다음과 같다.

> 여호와께서 이르시기를 내가 나를 가리켜 맹세하노니 네가 이 같이 행하여 네 아들 네 독자도 아끼지 아니하였은즉 내가 네게 큰 복을 주고 네 씨가 크게 번성하여 하늘의 별과 같고 바닷가의 모래와 같게 하리니 네 씨가 그 대적의 성문을 차지하리라 또 네 씨로 말미암아 천하 만민이 복을 받으리니 이는 네가 나의 말을 준행하였음이니라(창 22:16-18).

설사 불가능하고 불합리해 보이는 명령일지라도 그 말씀이 하나님께로부터 라면 그대로 준행하는 것이다. 아담이 그 아내의 말을 듣고 여호와의 명령을 헌신짝처럼 버렸다면 이제 하나님의 명령 한 마디에 자신의 모든 것을 포기할 줄 알았던 사람, 그 사람으로 인해 새로운 시대가 열려간다. 하나님의 말씀에 철저히 순종하는 아브라함의 믿음이 저주가 아닌 축복을 이 땅에 다시 회복시키는 역사를 이루어낸다. 자신이 큰 복을 받음은 물론이요, 그 후손이 복을 누리고, 또한 천한 만민이 그의 순종하는 믿음을 통해 복을 누리게 된다. 어느 누가 보아도 아브라함은 복 받은 사람이며 그로 인해 복을 받는 사람들의 이야기이다(창 24: 1, 31, 35; 26:4-5; 30:27). 이제 저주라는 말은 사라지기 시작한다. 한 사람의 철저한 순종이 이렇게 다른 세상을 만들 수 있다.

아브라함 이야기의 이 두 부분들은 하나님의 명령에 대한 아브라함의 완전한 순종과 결단의 모습을 보여주고 있다. 이 똑같은 순종의 이야기가 아브라함의 신앙여정 전체를 둘러싸고 있는 보호막이 되고 있다는 것은 하나님의 백성 이스라엘에게는 물론이요 현재를 살아가는 우리에게도 정말 중요하다. 그 이유는 이러한 철저한 순종이 아브라함이 나타나기 전의 인물이나 사건들 속에서는 결코 이루어지지 않은 것이기 때문이다. 만약 아브라함이 저절로 이러한 신앙을 만들어 냈다면 그 믿음의 조상을 따르는 우리들에게 이 소식은 희망이 아니라 절망일 것이다. 왜냐하면 이러한 절대적인 믿음은 그 흉내조차 내기 어렵기 때문이다. 그러나 아브라함의 이러한 철저한 순종 또한 하나님과의 기나긴 사귐을 통해 만들어져 갔기에 우리에게도 희망이 있다.

그가 75세에 엄청난 약속들과 함께 하나님의 소명을 받았지만 하나님께서 주신 그 약속들은 단 한 가지 조건이 채워지지 않으면 이루어 질 수 없는 것이다. 그것은 바로 후손이다. 큰 민족, 창대한 이름, 복의 근원, 모든 민족이 그로 인해 복을 받음이라는 약속(창 12:2-3)은 아브라함에게 아들이 없으면 이루어질 것이 하나도 없다. 그에게 있어 이 모든 약속들은 허공에 떠 있는 백지수표에 불과한 것이다. 그래서 아브라함은 75세부터 100세에 마침내 약속의 씨인 이삭을 얻을 때까지 세 번에 걸쳐서 상속자를 바꾸게 된다. 먼저, 아브라함이 믿음의 여정을 출발할 때 그는 조카 롯을 대동하고 간다. 이것은 아브라함에게는 최소한의 안전장치이다. 조카 롯과 헤어지고 난 다음에는 그의 집에서 길리운 종인 다메섹 사람 엘리에셀을 그의 상속자로 삼는다. 이에 대해 그는 하나님께 불평을 하고 있기도 하다: "주 여호와여 무엇을 내게 주시려나이까 나는 무자하오니 나의 상속자는 이 다메섹 엘리에셀 이니이다 주께서 내게 씨를 아니 주셨으니 내 집에서 길리운 자가 나의 후사가 될것이니이다"(창 15:2-3). 그러나 그 사람이 후사가 아니라 아브라함의 몸에서 날 자가 후사가 될 것이라는 여호와의 말씀에 사라는 자신의 몸종인 하갈을 아브라함에게 첩으로 준다. 그리고 하갈은 이스마엘을 낳게 된다(창 16:1-4). 아브라함은 이스마엘을 자신의 상속자로 철석같이 믿고 있다. 이제 그의 나이도 백세가 되었고 사라도 구십 세가 되어 모든 것이 불가능한 상황이기 때문이다. 그 때 하나님께서 아브라함에게 나타나셔서 사라가 아들을 낳을 것이며 그와 함께 영원한 언약을 세우시겠다고 하신다. 아브라함이 웃었다(יִצְחָק 이쯔하크/그가 웃었다-삼인칭 남성단수 동사). 비웃음이라 표현하면 불경이 될지 모르겠지만 겉으로 드러내지는 못하고 심중에 육체적인 불가능성을 되뇌이며 하나님을 향해 아브라함은 그렇게 웃었다(창 17:17). 그리곤 이스마엘이나 하나님 앞에 잘 살게 해 달라고 말한다(창 17:18). 그런데 하나님께서 보란 듯이 그 아들의 이름을 '이삭'이라고 하라신다. 그 이름 '이삭'은 히브리어로 '이쯔하크'(יִצְחָק 그가 웃었다)로 그 뜻은 심하게 표현하면 "그가 비웃었다"이다. 물론 사라도 그 이야기를 듣고 속으로 '웃었다'(תִּצְחַק 티쯔하크/그녀가 웃었다). 모두다 불가능 하다고 '비웃었다.' 그렇지만 하나님께서는 질책치 않으시고 한 마디만 선언하신다: "여호와께 능치 못한 일이 있겠느냐"(창 18:14). 그런데 그 다음해 인간의 비웃음을 통렬하게 비웃듯이 하나님의 말씀이 보란 듯이 '육신'이 되었다. 이제 사라는 "하나님이 나로 웃게하시니(צְחֹק 짜하크) 듣는 자가 다 나와 함께 웃으리로다(יִצְחַק 이쯔하크)"라고 고백한다(창 21:6). 인간의 비웃음이 '능치 못함이 없으신 여호와'로 인해 기쁨의 웃음으로 바뀐 것이다.

기다림 속에서의 의심이 의문의 여지가 없는 실체가 되었고, 아브라함은 분명 남은 여생동안 아들의 이름을 부를 때마다 자신의 불신앙을 회개했을 것이다. “이삭아! 이삭아!”라고 부를 때마다 그는 “아! 내가 하나님의 말씀을 비웃었지!”라고 질책했을 것이다. 그리곤 자신의 비웃음이 현실이 되어서 자신의 눈앞에서 자라가는 모습을 보며 “여호와께 능치 못한 일이 있겠느냐”라는 말씀의 의미를 깨달았을 것이다. 이런 하나님의 모습을 만난 사람은 이젠 하나님의 어떠한 명령에도 순종할 수 있는 믿음의 사람으로 거듭날 수 있다. 아브라함은 설사 약속의 씨인 이삭을 달라고 하실지라도 분명 하나님의 뜻이 있으실 것임을 믿었을 것이다. 이러한 하나님과의 신앙의 여정이 없었다면 설사 그가 갈대아 우르는 버렸을지라도 모리아 산으로 향하는 순종의 믿음은 가질 수 없었을 것이다. 모리아 산의 순종의 믿음은 이런 하나님과의 깊은 사귐을 통해 가능했을 것이다. 그리고 아담과 하와의 불순종으로 인해 끊어진 하나님과의 관계가 회복되는 길이 활짝 열렸다. 하나님께서 아브라함을 만난 후에 드디어 자신을 소개하는 방식을 새롭게 하신다. 이삭을 향하여 “나는 네 아버지 아브라함의 하나님이다”(창 26:24) 그리고 야곱을 향하여는 “나는 너의 조부 아브라함의 하나님이다”(창 28:13)라고 하신다. ‘아브라함의 하나님’이라는 표현 속에는 하나님께서 자신의 이름 앞에 붙여도 부끄럽지 않은 사람을 마침내 찾으신 기쁨의 탄성이 들어가 있음을 느낄 수 있다(히 11:16). 이처럼 사람과 하나님이 뗄 수 없이 하나가 되었다. 그것도 하나님께서 사람의 이름을 자신의 이름 앞에 붙여 주신 것이다. 학자들은 아브라함이 나타나기 전에는 이와 같은 표현이 전혀 나타나지 않는 것은 아브라함과 함께 이스라엘 종교사에 새로운 시대가 시작되는 것을 지시하는 것이라고 본다.[20] 누구든지 이 아브라함의 믿음을 따라가는 사람을 통해 새로운 시대가 열릴 것이다. 이제 남은 과업이 있다면 누가 단절된 사람과 사람 사이의 관계를 회복시킬 것인가이다. 아브라함의 순종을 통한 하나님과의 관계회복은 그 다음을 가능케 하는 다리를 놓았기 때문이다.

2) 요셉을 통한 형제사이의 관계회복

아브라함에서 요셉으로 연결되는 선상에 이삭과 야곱이 존재하고 있다. 그들의 중요성 또한 아무리 강조해도 지나치지 않지만, 여기서는 관계의 회복이라는 주제 상 간략하게 축약하기로 한다. 이들의 이야기는 누가 아브라함의 축복을 연결하는 사람이 되며 형제관계의 회복을 온전히 이루어낼 것인가라는 주제로 나아간다. 아브라함의 후손들의 이야기 속에 특히 형제들 사이의 불화가 부각되고 있는 것은 결코 우연이 아닐 것이다. 이것은 또 다른 회복을 향한 관심이라고 여겨진다.

이삭은 아버지 아브라함의 순종으로 인한 복을 맘껏 향유하는 참으로 조용하고 차분한 삶을 살았다. 극심한 흉년의 때임에도 불구하고 하나님은 이삭에게 그 땅을 절대 떠나지 말 것을 당부하시며 복을 주시겠다고 약속하신다. 그 이유는 그의 아버지 아브라함이 하나님의 말씀을 순종하고 그 명령, 계명, 율례와 법도를 지켰기 때문이라 하신다(창 26:5). 그리고 이삭은 그 땅에서 농사하여 그 가뭄의 해에 백배의 소출을 얻었다(창 26:12). 이것은 아담과 가인으로 인해 저주 받았던 땅이 아브라함의 순종으로 다시 그 생명력을 회복하고 있음을 보여준다(창 3:17-18;

4:11-12). 이렇게 저주가 사라져가며, 형제간의 불화 또한 사라지기 시작한다. 이스마엘이 어린 이삭을 희롱하는 것으로 인해 쫓겨나고(창 21:8-21) 비록 이 두 형제가 사는 지역은 다르지만 종국에는 아버지 아브라함의 장례식을 치르기 위해 연합한다(창 25:9). 그리고 이 둘 사이에 어떤 다툼도 없으며 평온한 삶으로 그려지고 있다. 그러나 나라가 분리되는 것은 피할 수 없다.

이삭의 쌍둥이 아들들인 야곱과 에서는 이미 태중에서부터 다투기 시작한다. 야곱이 에서의 장자권과 축복을 탈취하며 두 형제 사이의 불화는 극에 달한다. 에서는 아버지 이삭의 임종이 가까웠으므로 그 죽음을 기점으로 야곱을 살해할 음모를 꾸민다(창 27:41). 선취권을 빼앗긴 형 에서의 분노가 흡사 가인의 분노와 닮아 있고 동일한 형제 살해의 위기를 조성하고 있다. 결국 20년이 넘는 세월의 분열과 두려움의 세월 끝에 야곱은 얍복강 가에서 하나님의 축복을 받음으로 자신이 탈취한 형 에서의 축복을 돌려줌으로 화해를 이루어 낸다. 야곱이 에서를 만나 "하나님이 내게 은혜를 베푸셨고 나의 소유도 족하오니 청컨대 내가 형님께 느리는 예눌을 받으소서 하고 강권하매 에서가 받았다"(창 33:11)라고 전한다. 여기서 '예물'은 문맥을 고려치 않은 아쉬운 번역이며, 본래 히브리어 단어는 '축복'을 뜻하는 '베라카'(בְּרָכָה 축복)이다. 그리고 '받으소서'는 히브리어 '라콰흐'(לָקַח 받다, 취하다)를 쓰고 있다. 야곱의 이 말은 에서가 축복을 빼앗기고 탄식하던 말과 동일하다: "전에는 나의 장자의 명분을 빼앗고 이제는 내 복을 빼앗았나이다(לָקַח בְּרָכָה 라콰흐 베라카/복을 취했다)"(창 27:36).[21] 그렇다면 야곱이 580마리나 되는 가축들을 세 떼로 나누어 에서에게 보내는 것은 자신이 탈취한 에서의 축복을 돌려주는 화해의 행위로 볼 수 있다(창 32:13-15). 결국 화해는 가해자가 자신이 저지른 것을 인정하고 탈취한 것을 돌려줄 때 가능할 수 있다. 그러나 야곱과 에서가 이루어낸 화해는 부분적인 것에 그치고 만다.[22] 그들이 서로 부둥켜안고 재회의 기쁨을 나누며 형제 살해를 극복한 것은 사실이지만 용서와 화해를 통해 궁극적인 연합을 이루지 못했다는 것은 하나의 결핍을 의미한다. 시편 133편의 '성전에 올라가는 노래'는 다음과 같이 노래한다.

> 형제가 연합하여 동거함이 어찌 그리 선하고 아름다운고 머리에 있는 보배로운 기름이 수염 곧 아론의 수염에 흘러서 그 옷깃까지 내림 같고 헐몬의 이슬이 시온의 산들에 내림 같도다 거기서 여호와께서 복을 명하셨나니 곧 영생이로다

이렇게 형제가 연합하여 한 하나님이신 여호와를 동일한 장소에서 같이 예배하는 것 이것이 바로 하나님께서 원하시는 용서와 화해를 통한 온전한 연합인 것이다. 야곱은 이스라엘을, 에서는 에돔 족을 이루는 분리가 일어나며 결국 이 두 나라는 형제의 나라였음에도 역사 속에서 서로 다른 신앙을 좇아감으로 국가간의 다툼이 끊이지 않았다. 연합이냐 아니면 계속 분리되어 서로 동족상잔의 비극을 이루느냐는 늘 숙제로 남아있는 것이다. 이제 그 온전한 연합에 대한 희망은 그 다음 세대에게 주어진다.

요셉과 그의 형제들의 이야기는 그 시작부터 가인과 아벨의 이야기를 연상시킨다. 그 요인은 편애이다. 하나님께서 아벨의

제사는 취하시고 가인의 제사는 받지 않으셨듯이 이제 야곱은 다른 아들들과는 달리 요셉을 특별 취급한다. 거기다 하나님까지 합세하신 듯이 요셉에게만 특별한 왕권을 상징하는 꿈들을 꾸게 하신다. 그러한 차별에서 생기는 것은 형제들의 분노와 시기, 미움이다(창 37:4, 5, 11). 그리고 역시 동일한 형제 살해의 음모가 꿈틀거린다(창 37:18). 요셉과 그의 형제들 사이에 벌어지고 있는 이러한 살해의 위협은 어제 오늘의 일이 아니며 인류가 존재하는 그 순간부터 있어왔던 기나긴 역사를 가지고 있는 것이다. 단지 누가 이 저주스런 흐름을 끊을 것인가가 늘 과제로 남겨져 있다.

다행히도 요셉의 형제들은 자신의 손으로 형제의 피를 흘리는 살해가 아닌, 다른 사람의 손에 요셉의 운명을 맡기기로 했다. 그들은 유다의 선동에 의해 요셉을 이집트로 내려가는 상인들의 손에 팔아치우며 편애에 대한 분노를 해소하려 한다. 이러한 불화로 인해 형제들의 사이는 기나긴 세월 동안 서로의 소식을 모른 채 분리되어 지내게 된다. 그 결과 요셉은 처음에는 어떤 운명이 될지도 모를 두려움으로 이집트로 끌려 내려갔고, 팔려서 종이 되었으며, 종국에는 누명을 쓰고 감옥에서 송살이를 하게 된다. 그의 삶은 점점 더 처절한 나락으로 떨어지고 있는 것이다. 17세에 팔려가 30세에 총리가 되었으니 이 절망의 세월이 무려 13년이다. 그의 가슴 속에 말 그대로 한이 쌓여 극도의 원한이 될 수 있는 충분한 세월이다. 그러나 요셉은 한을 풀기 위함이 아니라, 무언가를 기다리는 사람이 되었다. 그는 총리가 될 때까지 13년, 풍년의 세월 7년, 또 흉년의 기간이 2년 지나, 형들을 만났다. 그 때는 이미 22년의 세월이 흐른 뒤이며, 총리가 된 후에도 9년의 세월이 더 흐른 뒤였다. 곡식을 사기 위해 형들이 애굽에 왔을 때 그의 정체를 전혀 모르는 형들에게 요셉은 "친족에 대해 자세히 질문하며 너희 아버지가 아직 살아 계시느냐, 너희에게 아우가 있느냐"(창 43:7)는 등의 질문을 쏟아 붓는다. 그렇다면 가족에 대한 그리움이 가슴에 사무쳐 있다는 것을 느껴볼 수 있다. 그럼 이런 질문을 해 볼 수 있다. 왜 요셉은 애굽의 총리가 되었을 때 가나안의 가족들에게 기별을 보내지 않았을까? 그의 지위라면 쉽게 사절단을 보내어서라도 가족들을 찾을 수 있을 터이고 자신이 있는 곳으로 초청을 할 수 있었을 것이다. 그러나 그는 그렇게 하지 않고 무언가를 기다리고 있었다.

흉년으로 인해 곡식을 사러온 형제들을 보았을 때 요셉은 자신이 준비해온 일들을 서서히 진행시킨다. 형제들을 정탐꾼이라고 누명을 씌워 감옥에 가두는 것이다. 그리고는 풀어주며 한 사람만 감옥에 갇혀 있고 나머지는 돌아가서 막내 동생을 데리고 와야 정탐이 아니라고 믿어 줄 것이라고 한다. 이 때 형들은 자신들이 과거에 저지른 일을 기억하기 시작한다. 22년이 지난 그 때의 일을 생생하게 아직도 기억하고 있는 것이다.

> 그들이 서로 말하되 우리가 아우의 일로 인하여 범죄하였도다 그가 우리에게 애걸 할 때에 그 마음의 괴로움을 보고도 듣지 아니하였으므로 이 괴로움이 우리에게 임하도다(창 42:21).

요셉은 형들이 과거의 일을 그대로 기억하고 있으며, 자신들의 죄에 대한 후회가 터져 나옴을 듣는다. 요셉은 이들의 이러한 탄식에 슬픔이 복받쳐와 몰래 들어가서 통곡하고 형제들에게 나아와 자신의 계획을 계속 진행한다. 형제들이 집에 돌아와 아버지께 모든 사실을 고했을 때 그들은 아버지 야곱의 입에서 과거 요셉을 잃었을 때 들었던 동일한 탄식을 요셉의 이름과 더불어 듣게 된다(창 42:36-38; 37:33-35). 그들은 계속해서 자신들의 과거를 상기할 수밖에 없었다.

그리고 요셉은 형제들이 베냐민을 데려왔을 때 그를 보고 마음이 타는 듯 감정이 복받쳐서 또 몰래 들어가 울고 나온다(창 43:30). 요셉은 지금 한 풀이를 하는 것이 아니라 분명히 무언가를 확인하고 싶은 마음이 있어 형제들을 살펴보고 있는 것이 틀림없다. 요셉은 베냐민을 볼모로 잡기 위해 자신의 은잔으로 함정을 만든다. 모든 형제들을 곡식과 함께 돌려보내며 베냐민의 자루에 은잔을 집어넣고 요셉은 자신의 하인이 그들을 쫓아가게 만든다. 그리고는 은잔을 훔쳐갔다고 고발하며 누구든지 그 은잔이 발견되는 사람은 이집트에 남아 종이 될 것이고 나머지 형제들은 돌아가도 좋다고 한다(창 44:10). 결국 은잔이 베냐민의 자루에서 발견되고, 형제들은 옷을 찢고, 짐을 나귀에 싣고 비통한 마음으로 요셉에게로 돌아온다. 요셉은 형제들에게 "잔이 그 손에서 발견된 자만 나의 종이 되고 너희는 평안히 너희 아버지께로 도로 올라가도 좋다"(창 44:17)라고 선언한다.

요셉은 형제들이 자신의 대체물이며 또 다른 편애의 대상인 베냐민을 형제들이 자신을 제거했던 것처럼 합법적으로 제거할 수 있는 절호의 기회를 제공하고 있는 것이다. 만약 형제들이 22년 전과 똑같이 변한 것이 없다면 분명히 이 기회를 이용하여 자신들의 목적을 쉽게 달성하려 할 것이다. 아버지 야곱에게 돌아가서도 베냐민의 절도 행각을 비난하면 그만이기 때문이다. 그러나 형들이 변해 있다. 요셉을 파는데 앞장섰던 형제들의 리더격인 유다가 요셉의 앞에 나서서 장문의 호소를 쏟아 붓고 있다. 유다의 호소를 싣고 있는 창세기 44:18-34절에는 '아버지, 아우, 아이'라는 말이 수도 없이 쏟아져 나오며 아버지와 아우(히브리어로 '형제')에 대한 염려로 가득 차 있다. 그리고 마지막에는 자신이 베냐민을 대신하여 요셉의 종으로 남고 베냐민은 형제들과 함께 아버지께 돌려보내 달라고 간청한다(창 44:33). 자신이 저지른 일에 대한 그 대가를 자신이 그대로 받겠다는 각오로 형제를 위하여 호소하는 유다를 바라보며 요셉은 기다리던 그것이 형제들 안에 준비되어 있음을 확인했다. 요셉은 더 이상 지체하지 않고 형제들 앞에 자신의 정체를 밝힌다(창 45:1-4).[23)]

그렇다면 요셉이 형들을 시험하며 기다린 것은 무엇인가? 그것은 바로 화해가 이루어질 수 있는 올바른 시간을 기다리고 있었다. 만약 요셉이 섣부르게 애굽의 총리가 되자마자 가족들에게 사절을 보냈다면 형들이 아버지 야곱과 동생 베냐민과 함께 애굽으로 내려왔을까? 아마도 형제들은 더 멀리 도망을 쳤을 것이 분명하다. 그리고 요셉이 애굽에 곡물을 사러온 형들을 보자마자 자신의 정체를 밝혔다면, 아마도 형들은 죽지 않기 위해 진심이 아닌 마지못해 자신들의 죄를 고백하며 용서를 구했을 것이다. 그렇게 된다면 진정한 용서와 화해가 이루어 질 수 없었을 것이 분명하다. 설사 연합이 된다 해도 그 속에는 과거에 대한 앙금이 잔뜩 끼어 있는 불완전한 것이 될 것이다. 요셉이 인내하며 기다린 결과 형제들은 진정한 화해의 길로 나아가게 되었다.

화해의 첫 번째 조건은 가해자인 형들이 자신들의 잘못을 철저히 회개하는 것이며, 자신들이 저지른 그런 해악을 자신들이 당해도 좋다는 각오와 결단으로 설 때 가능해 진다(창 42:21; 44:33; 50:17-18). 그리고 더욱 중요한 것은 피해자인 요셉이 하나님의 뜻을 깨닫는 것이다. 요셉은 모진 세월의 고통을 겪으면서 그리고 애굽의 총리가 되었을 때 자신의 삶을 그렇게 만드신 하나님의 뜻을 분명하게 깨달았다.

> 당신들이 나를 이곳에 팔았다고 해서 근심하지 마소서 한탄하지 마소서 하나님이 생명을 구원하시려고 나를 당신들보다 먼저 보내셨나이다 이 땅에 이 년 동안 흉년이 들었으나 아직 오년은 밭갈이도 못하고 추수도 못할지라 하나님이 큰 구원으로 당신들의 생명을 보존하고 당신들의 후손을 세상에 두시려고 나를 당신들보다 먼저 보내셨나니 그런즉 나를 이리로 보낸 이는 당신들이 아니요 하나님이시라 하나님이 나를 바로에게 아버지로 삼으시고 그 온 집의 주로 삼으시며 애굽 온 땅의 통치자로 삼으셨나이다(창 45:5-8).

형제들에게 복수하고, 그들을 죽이기 위해서 자신을 세우신 것이 아니라, 생명을 살리기 위해서 자신을 세우셨다는 요셉의 인식은 하나님의 뜻을 신뢰하는 믿음이 없이는 결코 가능할 수 없다. 이 요셉의 하나님의 뜻에 맞춘 인내의 기다림과 형제들의 변화는 드디어 형제 살해를 극복하고 연합을 이루어 낸다. 이스라엘 열두 지파의 연합은 이렇게 용서와 화해를 통해 가능하게 되었다. 그리고 그 선두에는 하나님의 뜻에 자신의 모든 모진 고통의 세월까지도 다 굴복시킨 요셉이라는 순종의 사람으로 인해 가능하게 되었다. 이제 가인이 내 뱉은 “내가 내 아우를 지키는 자니이까?”라는 항변이 유다가 아우를 지키기 위해서 자신의 생명을 기꺼이 내놓는 희생과 요셉의 모진 고난의 세월까지도 하나님의 뜻으로 깨닫고 믿음으로 응답한 용서로 인해 온전히 극복되는 길이 열렸다.[24] 그리고 요셉은 아버지 야곱이 죽은 후에도 변함없이 형제를 돌보는 사람이 된다: “당신들은 두려워하지 마소서 내가 당신들과 당신들의 자녀를 기르리이다 하고 그들을 간곡한 말로 위로하였더라”(창 50:21). 이렇게 하나님의 뜻에 철저하게 순종하는 사람이 있는 곳에는 죽음이 아닌 생명, 소외가 아닌 돌봄, 분열이 아닌 연합이 이루어진다. 설사 그곳에 노아의 홍수 때와 같은 세계적인 대 격변인 사람을 죽이는 대기근이 만연해 있을 지라도 말이다. 이제 이 연합으로 창조 때 주신 소명(vision statement)을 이루는 길로의 전진이 이루어질 수 있을 것이다.

4. 미래를 여는 예배

창세기의 시작인 1-11장에는 하나님같이 되려고 몸부림치는 세상을 볼 수 있다. 그 안에는 하나님의 말씀에 대한 불순종은 물론이고 하나님의 주권의 상징인 인간의 생명까지도 마음대로 좌지우지 하려는 사람들의 이야기가 들어있다. 아담과 하와 그리고 가인과 아벨 이야기는 동전의 양면처럼 이 세상이 안고 있는 죄악의 전형적인 모습을 보여준다. 하나님과 사람사이의 단절 그리고 사람과 사람 사이의 단절이 바로 그것이다. 그 죄악은 줄어드는 것이 아니라 점점 더 확장되며 온 세상이 다 연합하여 하나님께 반기를 드는 사건인 바벨탑 사건으로 창세기의 전반부는 그 결론에 이른다. 이것이 세상이다. 그리고 세상이 안고 있는 문제들이다. 하나님을 모르고, 오히려 하나님처럼 되려고 하고, 그 결과 인간이 동료 인간에게 해를 가하는 모든 것이 파괴되는 세상인 것이다. 그렇지만 하나님을 떠난 세상은 결코 이 문제를 해결할 수 없으며 오히려 그 악을 더 가중시킬 수 있을 뿐이다.

세상이 안고 있는 이러한 고질적인 문제를 해결하기 위해서 하나님의 말씀에 순종하며, 하나님의 숨은 뜻에 절대적인 신뢰를 두는 믿음의 사람들이 반드시 필요하다. 이 믿음의 사람들을 통해 세상이 잃어버린 것을 회복할 수 있기 때문이다. 믿음의 조상 아브라함으로부터 시작되고, 용서의 사람 요셉으로 결론에 이른 하나님의 백성은 이제 하나님과 사람, 그리고 사람과 사람 사이의 관계회복의 길을 활짝 열었다. 그리고 이것이 바로 하나님의 백성이 걸어야 할 길이며, 본래의 정체성이다. 하나님의 천지창조는 이러한 하나님의 백성이 완성됨으로 그 원래 의도했던 목적을 향하여 전진해 나갈 수 있다. 하나님의 백성인 이스라엘 12지파가 바로 그들이다. 아브라함부터 요셉과 형제들까지 이스라엘은 드디어 세상의 죄악을 이기고 이 땅에 선 것이다. 이제 이 백성들이 걸어가는 길과 그들이 서 있는 그곳은 더 이상 세상의 악이 침범할 수 없는 올바른 다스림이 선포되는 공간이 될 것이다. 그 공간은 바로 안식일의 예배를 통해 하나님의 주권이 살아나고, 세상의 평화가 회복되어야 할 장소이다.

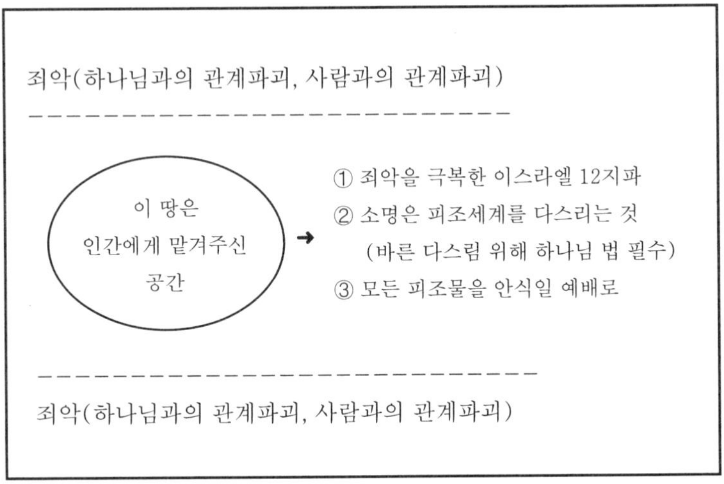

하나님의 백성이 이것을 이룰 수 있는 준비가 갖추어 졌다. 드디어 천지창조의 이상을 이 땅에 실현할 한 백성이 선 것이다. 이 백성은 더 이상 애굽에 머무를 필요가 없다. 소명의 길을 향하여 약속의 땅으로 가야 하는 것이다. 이제 창세기가 마감되고 출애굽의 대 역사가 펼쳐지는 이야기가 전개되는 것은 당연한 순서라 하겠다.

> 요셉이 그의 형제들에게 이르되 나는 죽을 것이나 하나님이 당신들을 돌보시고 당신들을 이 땅에서 인도하여 내사 아브라함과 이삭과 야곱에게 맹세하신 땅에 이르게 하시리라 요셉이 또 이스라엘 자손에게 맹세시켜 이르기를 하나님이 반드시 당신들을 돌보시리니 당신들은 여기서 내 해골을 메고 올라가겠다 하라 하였더라(창 50:24-25).

아담과 하와, 가인의 죄로 인해 인류는 가장 아름답고, 살기 좋은 땅인 에덴으로부터 추방되어 점점 더 멀어져만 갔다. 그러나 하나님의 백성이 이것을 해결하는 삶을 살아감으로 이들이 서 있는 그 땅은 점점 에덴으로 바뀌어 질 것이다. 그 땅에 모든 것이 갖추어 졌기 때문에 에덴이 아니라, 하나님의 백성이 그 땅을 바꾸어 갈 것이기에 에덴으로 변해 가는 것이다. 하나님께서는 이 백성을 통하여 온 세계가 하나님 나라로 변해가길 소망하신다.

비록 가나안 땅이 가나안 7족속의 죄로 더 이상 견딜 수 없어 그들을 뱉어낼 수밖에 없을 만큼 더러워져 있을지라도 괜찮다. 하나님의 백성 이스라엘이 걸어가는 길마다 부서진 하나님과의 관계가 회복되고, 파괴된 인간의 관계가 회복될 것이기에 이들이 거하는 곳은 곧 젖과 꿀이 흐르는 땅으로 변화될 것이기 때문이다. 이스라엘이 걸어가야 할 길은 이 세상 모든 사람들이 오직 하나님만 예배하는 세상을 이 땅에 실현하는 것이다. 창세기는 이처럼 하나님의 백성 이스라엘의 존재 의미를 분명하게 각인시켜 주고 있다. 하나님께서 시작하신 창조의 역사를 완성시킬 창조의 동역자로 이스라엘을 부르셨고, 이제는 그들의 삶이 우리 그리스도인의 소명이 되어 이 땅에 하나님 나라를 이루는 그 완성의 길에 동참하기를 촉구하고 있는 것이다.

:: 주석

10) Gordon J. Wenham, Genesis 1-15 (WBC; Waco, Texas: Word Books, 1987), 6-10쪽.

11) Jon D. Levenson, Creation and the Persistence of Evil: The Jewish Drama of Divine Omnipotence (New Jersey: Princeton University Press, 1988).

12) 왕대일, 『구약신학』 (서울: 감신대성서학연구소, 2003), 384쪽.

13) 게르하르트 폰 라트(G. von Rad), 『창세기(Das erste Buch Mose: Genesis)』 (국제성서주석; 서울: 한국신학연구소, 1983), 97-98쪽.

14) 마르틴 부버(Martin Buber), 『나와 너(Ich und Du)』 (김천배 역) (서울: 대한기독교서회, 1991).

15) A. J. Tomasino, "History Repeats Itself: The 'Fall' and Noah's Drunkenness," VT 42 (1992), 128-130쪽. 아담, 가인, 그리고 노아가 행한 범죄에 대한 상세한 비교 대조표는 다음을 참조하시오; Devora Steinmetz, "Vineyard, Farm, and Garden: The Drunkenness of Noah in the Context of Primeval History," JBL 113 (1994), 197-98쪽.

16) G. A. Rendsburg, The Redaction of Genesis (Winona Lake, Indiana: Eisenbrauns, 1986), 30-35쪽.

17) 김재구, "여성 아브라함들," 「구약논단」 30집 (2008년 12월), 36쪽; Thomas L. Brodie, Genesis as Dialogue: A Literary, Historical, & theological Commentary, (Oxford: Oxford University Press, 2001), 210-11쪽.

18) Nahum M. Sarna, Genesis (JPS Torah Commentary), (Philadelphia: Jewish Publication Society, 1989), 92쪽. 사르나는 이 지역들은 이미 가나안의 신전들이 위치하고 있었으나, 아브라함은 이것을 무시하고 자신의 하나님 여호와께 제단을 지음으로 그 지역들에 새로운 종교 역사를 부여하고 있다고 본다.

19) G. von Rad, Genesis: A Commentary (Philadelphia: Westminster, 1972), 159, 239쪽; Benno Jacob, The First Book of the Bible: Genesis (New York: KTAV Publishing House, 1974), 143쪽; Rendsburg, The

Redaction of Genesis, 31쪽.

20) N. Sarna, Genesis, 396-397쪽; Victor P. Hamilton, The Book of Genesis 18-50 (NICOT; Grand Rapids, Michigan: W. B. Eerdmans Publishing Company, 1995), 205쪽.

21) Jan P. Fokkelman, Narrative Art in Genesis: Specimens of Stylistic and Structural Analysis (Amsterdam: Van Gorcum, 1975), 197쪽.

22) P. D. Miscall, "The Jacob and Joseph Stories as Analogies," JSOT 6 (1978), 28-40쪽; M. Sternberg, The Poetics of Biblical Narrative: Ideological Literature and the Drama of Reading (Bloomington: Indiana University Press, 1985), 242-243쪽; David M. Carr, "Βίβλος γενέσεως Revisited: A Synchronic Analysis of Patterns in Genesis as Part of the Torah (Part Two)," ZAW 110 (1998), 338쪽.

23) B. K. Waltke, Genesis: A Commentary (Grand Rapids, Michigan: Zondervan, 2001), 559쪽. 월트키는 유다의 이 변화와 호소가 요셉의 중심을 만졌고 이를 통해 형제들 사이의 화해가 가능해졌다고 본다.

24) Karel A. Deurloo, "Because You Have Hearkened To My Voice(Genesis 22)," in Voices From Amsterdam: A Modern Tradition of Reading Biblical Narrative (Georgia: Scholars Press, 1994), 125쪽.

제 3 장
출애굽기-신명기가 말하는 것

하나님의 백성이 탄생되었고, 그들의 정체성이 주어졌다. 창세기 이후의 이야기는 이 백성이 있어야 할 장소로 옮겨가는 이동의 이야기이다. 이처럼 창세기를 끝낸 그 다음의 토라의 이야기는 이 백성이 약속의 땅을 향하여 가는 과정을 그리고 있다. 그리고 이들의 출발은 창조의 목적을 이루는 숭고한 사명이 들어가 있다.

> 하나님이 그들에게 복을 주시며 하나님이 그들에게 이르시되 생육하고 번성하여 땅에 충만하라 땅을 정복하라 바다의 물고기와 하늘의 새와 땅에 움직이는 모든 생물을 다스리라 하시니라(창 1:28).

천지창조 때 인류에게 주어졌던 그 축복과 사명을 성취해 나갈 한 백성이 탄생되었고, 그 백성이 이집트에서 하나님의 돌보심 가운데 급성장을 하게 된다(창세기). 출애굽기의 시작에서 제시된 이스라엘의 성장은 천지창조의 소명과 직결된다는 점에서 중요하다.

> 이스라엘 자손은 생육하고 불어나 번성하고 매우 강하여 온 땅에 가득하게(충만하게) 되었더라(출 1:7).

이스라엘이 이집트에서 "생육하고, 번성하고, 땅에 충만하게 되었다." 인간을 향한 이상이 여기까지 이루어진 것이다. 그리고 그 다음 단계를 기대하게 된다. 그 다음은 당연히 '땅을 정복하는 것'이고, 마침내 그 땅에서 '모든 것을 다스리는 사명'을 이루어 내는 것이다. 하나님께서 하늘에서 이루신 뜻이 땅에서도 이루어지게 하기 위해 하나님의 백성은 그 땅을 정복해야 한다. 그 출발선에 출애굽기가 있고, 그 마지막 종착점에 신명기가 있다. 그리고 레위기와 민수기를 통과하여야 한다. 이 모든 과정이 하나님께서 맡겨주신 그 땅에서 바르게 다스리는 사명을 성취하기 위함이기에 그 중요성은 아무리 강조해도 지나침이 없을 것이다.

1. 출애굽기를 통해 세워가는 이스라엘의 정체성

출애굽기는 창세기의 끝에서 완성된 하나님의 백성 이스라엘의 탄생을 바탕으로 출발한다. 창세기가 한 선택된 민족의 창조를 향하여 그 숨 가쁜 경주를 달렸다면, 출애굽기는 두 말할 필요도 없이 그 연속되는 주제로 그럼 "이스라엘은 무엇을 위한 백성인가?"라는 이들의 존재 목적을 다룬다. 그리고 이들의 존재 목적을 놓고 출애굽기에서는 극렬한 전쟁이 벌어진다. 바로 소유권 다툼인 것이다. 이스라엘이 누구의 소유냐에 따라서 그 존재의 용도가 달라지기에 소유권 다툼은 이스라엘의 운명을 가름 짓는 결정적인 요소를 내포하고 있다는 점에서 중요하다. 결국 "이스라엘은 무엇을 위한 백성인가?"라는 목적에 관한 질문은 "이스라엘은 누구의 소유인가?"[25]라는 소유권에 대한 질문과 동일한 것이 된다.

출애굽기의 전반부는 두 거대한 세력의 대결이 그 중심 주제를 이루고 있다. 여호와 하나님과 이집트 바로 왕의 대결이다. 하나님은 이 세상을 창조한 우주의 왕이시며, 만왕의 왕이시다, 그의 맞상대 또한 위력에 있어 만만치 않은 존재로, 최고의 신이라 숭배되는 태양신 레의 아들로 고대 근동에서 이 세상의 질서를 유지하고, 만물을 통치한다고 큰소리치는 성육신한 신격체로 여겨지는 바로 왕이다. 하나님과 자칭 신인 바로, 이 두 신격체의 대결인 것이다. 이 두 존재가 이스라엘의 소유권을 주장하며, 팽팽한 씨름을 벌인다. 여호와께서 이스라엘을 '내 백성'(출 5:1)으로 부르시고, 바로 또한 이스라엘을 '백성'(출 5:4)이라 칭하며 이들을 '노예화'시킨다. 출애굽기는 이 두 왕의 특징을 전하며 이스라엘을 선택 앞에 가져다 둔다. 이제 이스라엘은 어떤 신격체를 자신들의 왕으로 섬길 것인지를 선택하여야 한다. 올바른 결정을 하게 하기 위해서 출애굽기는 이 두 존재의 특징들을 날카롭게 비교하여 제시하고 있다. 분명하게 알아야만 올바른 선택을 할 수 있기 때문이다. 출애굽기가 제시하는 두 존재의 특징은 다음과 같다. 그리고 선택은 이스라엘의 몫으로 남는다. 물론 지금 현재를 살아가는 우리 또한 동일한 선택 앞에 놓여 있기는 마찬가지이다.

1) 이스라엘은 누구의 소유인가?

(1) 바로 왕 밑에서

먼저 바로 왕이 어떤 특징을 가진 존재인지를 알아볼 필요가 있다. 그 특징은 성품과 밀접한 연관이 있을 것이다. 그리고 그 성품 속에는 바로라는 존재가 하나님의 백성 이스라엘이 따를 만한 존재인지를 평가하는 기준이 될 것이기 때문이다. 출애굽기는 두 세대에 걸쳐서 살펴본 바로의 특징을 다음과 같이 평가한다.

① 출 1:8 "요셉을 알지 못하는(לֹא־יָדַע 로-야다) 새 왕이 일어나 애굽을 다스리더니"

② 출 5:2 "바로가 이르되 여호와가 누구이기에 내가 그의 목소리를 듣고 이스라엘을 보내겠느냐 나는 여호와를 알지 못하니(לֹא־יָדַע 로-야다) 이스라엘을 보내지 아니 하리라"

이집트 바로 왕은 언제나 "아무 것도 모른다"라는 것이 그의 특징으로 나타난다. 요셉을 모른다는 것은 이스라엘의 과거를 모른다는 것이다. 요셉이 하나님의 지혜로 어떤 은혜를 이집트에 베풀어 이집트가 생존하게 되었는지에 대한 과거사를 청산해 버린 것이다. 이것은 의도적인 관계청산이다. 그리고 여호와를 알지 못한다는 것은 이스라엘이 걸어갈 미래를 모른다는 것과도 동일하다. 오직 창조주이신 여호와 하나님만이 그의 피조물인 사람을 향한 완전한 미래를 제시할 수 있으시다. 그런데 바로가 그 하나님을 모른다는 것은 이들의 미래의 비전에 대해 무지할 수밖에 없다는 것이다. 자신에게 속해 있는 사람들에 대해 과거의 근본도 모르고, 미래의 비전도 모르는 이런 주인을 만나게 되면 현재의 삶 속에 무슨 일이 벌어지게 될까? 출애굽기는 날카롭게 여러 차례에 걸쳐서 그것을 전하고 있다.

① 출 1:13-14 이스라엘 자손의 일을 엄하게 시켜 어려운 노동으로 그들의 생활을 괴롭게 하니 곧 흙 이기기와 벽돌 굽기와 농사의 여러 가지 일이라 그 시키는 일이 모두 엄하였더라

② 출 2:23 여러 해 후에 애굽 왕은 죽었고 이스라엘 자손은 고된 노동으로 말미암아 탄식하며 부르짖으니 그 고된 노동으로 말미암아 부르짖는 소리가 하나님께 상달된지라

③ 출 5:18 이제 가서 일하라 짚은 너희에게 주지 않을지라도 벽돌은 너희가 수량대로 바칠지니라

아무 것도 모르고, 관심조차 없는 바로 왕 밑에서는 무엇을 하든지 그것은 고역의 노동이 되고 고통이 될 수밖에 없다는 것이다. 왜냐하면 바로 왕은 하나님의 백성이 존재하는 이유를 모

르기 때문에 자기 마음대로 그들을 이용하기 때문이다. 이스라엘 민족은 이와 같이 바로 왕 밑에서는 백성으로서의 지위도 보장 받지 못하는 노예화된 삶을 살아가고 있다. 이들의 가치는 오직 '노동'이라는 단어로 표현될 수 있을 것이다. 사람의 가치가 전인격적인 존재에 의해 측정되는 것이 아닌 오로지 그가 만들어 내는 노동의 양, 즉 생산량으로 계산되는 사회는 분명 실적이나 업적만으로 사람을 평가하고, 그가 현재 가진 지식의 유무 그리고 빈부로 판단하는 경쟁세상을 만들고 말 것이다. 이런 사회 속에서는 인간은 그 노동의 짐에 눌려 신음하는 현실을 경험하며 살아갈 것임에 틀림없다.

그리고 바로 왕이 시키는 '일, 어려운 노동, 고된 노동'이라는 단어들은 모두 동일한 히브리어 단어의 명사형과 동사형을 사용하고 있다. 그 단어는 바로 '아바드'(עָבַד)이다. 즉 바로 왕의 소유가 되면 이스라엘 민족이 해야 될 일은 고역의 노동을 뜻하는 '아바드'인 것이다.

(2) 여호와 하나님 밑에서

이스라엘 민족을 가운데 두고 소유권 분쟁에 나선 첫 번째 당사자인 바로 왕의 특징을 살펴보았으니, 경쟁자인 여호와 하나님의 특징 또한 분명히 할 필요가 있다. 경쟁은 공정해야 하며, 그래야만 어느 누구도 불평할 수 없기 때문이다. 혹여 힘에 의한 강압에 의해 하나님을 선택했다면 누구든 불평의 여지가 있다. 그러나 하나님의 백성은 결코 그렇게 탄생되는 것이 아니다. 하나님께서는 기뻐서 자원하는 마음을 원하신다. 이것은 성막을 지을 때에도 그대로 드러난 것이다(출 25:1-2; 35:21-22). 이러한 기쁨의 자원을 위하여 하나님께서는 자신의 특징을 기꺼이 보여주신다.

① 출 2:24-25 하나님이 그들의 고통소리를 들으시고 하나님이 아브라함과 이삭과 야곱에게 세운 그의 언약을 기억하사 하나님이 이스라엘 자손을 돌보셨고 하나님이 그들을 기억하셨더라(יָדַע 야다/*아셨다*)

② 출 3:7-10 여호와께서 이르시되 내가 애굽에 있는 내 백성의 고통을 분명히 보고 그들이 그들의 감독자로 말미암아 부르짖음을 듣고 그 근심을 알고(יָדַע 야다/*아셨다*)…이제 가라 이스라엘 자손의 부르짖음이 내게 달하고 애굽 사람이 그들을 괴롭히는 학대도 내가 보았으니 이제 내가 너를 바로에게 보내어 너에게 내 백성 이스라엘 자손을 애굽에서 인도하여 내게 하리라"

하나님은 이스라엘의 과거를 아신다. 어떻게 만들어진 존재인지, 아브라함, 이삭, 야곱과 하나님께서 맺으신 언약의 결정체임을 아신다. 그리고 이들의 고통과 근심을 아신다. 하나님은 이들이 이집트에 머물러 고된 노동의 신음 가운데 거해야 할 존재가 아니라 하나님께서 약속하신 그 땅으로 가야 할 존재들이란 사실을 기억하고 계신다. 즉, 이스라엘이 걸어가야 할 미래를 아시는 것이다. 또한 하나님께서는 이스라엘이 약속의 땅에서 어떻게 살아야 할 것인가를 분명하게 아시기에 이들을 바르게 인도하실 수 있으시다. 출애굽기 2:25절에 나타난 '기억하셨더라'는 단어는 기억과 관련된 의미로 번역하기 보다는 '아셨다'라고 번역하는 것이 더 바르다. 왜냐하면 바로 왕의 특징을 말 할 때 사용된 '알지 못한다'(לֹא־יָדַע 로-야다)에서 부정어를 뺀 '야다'(יָדַע 알다)라는 단어를 사용하고 있기 때문이다. 바로 왕의 특징이 "모른다"로 일관하고 있다면, 그와 반대로 여호와 하나님의 특징은 모든 것을 다 "아신다"라는 극적인 차이점을 보이고 있다. 이것은 분명 바로 왕과 하나님의 성품의 차이를 극명하게 대조하기 위해 의도적으로 사용된 단어일 것이다. 바로는 이스라엘에 대하여 아무것도 모르지만, 하나님은 이들의 모든 것을 다 아신다는 것이다. 이렇게 이스라엘의 과거와 미래의 모든 것을 다 아시는 하나님의 손에 쥐어지면 분명 바로 왕과는 다른 결과가 나타날 것이며, 현재의 삶은 다른 옷을 입게 될 것이 분명하다.

이처럼 바로 왕의 특징과는 반대로 우리 여호와 하나님은 늘 "기억하시고, 돌아보시고, 아신다"는 특성이 있으시다. 하나님의 백성이 언제, 어떻게, 왜 탄생 되었는지, 그들의 과거, 현재, 미래를 다 아시고 계신다는 것이다. 이런 주인을 만나게 되면 그 백성의 삶에 어떤 일이 벌어질 것인가? 그것은 분명 아무것도 모르는 바로 왕과 함께 했을 때와는 전적으로 다른 결과일 것임을 추측해 볼 수 있다. 이 사실은 하나님께서 이스라엘을 불러내시는 목적을 강조하는 선언들 속에 반복적으로 나타나는 한 단어 속에 명백하게 드러난다.

① 출 3:12 네가 그 백성을 애굽에서 인도하여 낸 후에 너희가 이 산에서 하나님을 섬기리니 이것이 내가 너를 보낸 증거니라

② 출 4:23 내가 네게 이르기를 내 아들을 보내 주어 나를 섬기게 하라 하여도 네가 보내주기를 거절하니

③ 출 7:16 히브리 사람의 하나님 여호와께서 나를 왕에게 보내어 이르시되 내 백성을 보내라 그러면 그들이 광야에서 나를 섬길 것이니라

④ 출 8:1 여호와께서 모세에게 이르시되 너는 바로에게 가서 그에게 이르기를 여호와의 말씀에 내 백성을 보내라 그들이 나를 섬길 것이니라

⑤ 출 8:20 여호와께서 이와 같이 말씀하시기를 내 백성을 보내라 그러면 그들이 나를 섬길 것이니라

⑥ 출 9:1 히브리 사람의 하나님 여호와께서 말씀하시기를 내 백성을 보내라 그들이 나를 섬길 것이니라

⑦ 출 9:13 바로 앞에 서서 그에게 이르기를 히브리 사람의 하나님 여호와의 말씀에 내 백성을 보내라 그들이 나를 섬길 것이니라

⑧ 출 10:3 네가 어느 때까지 내 앞에 겸비하지 아니 하겠느냐 내 백성을 보내라 그들이 나를 섬길 것이니라

그것은 다름 아닌 '섬김의 예배'이다. 이스라엘은 노동하는 존재가 아닌, 예배하는 존재인 것이다. 이것이 하나님의 백성 이스라엘의 명백한 정체성인 것이다. 하나님과 함께하면 노동이나 고역의 일도, 심지어는 고난이나 역경까지도 기쁨의 찬양이 어우러진 예배로 승화될 수 있다. 왜냐하면 그 모든 것들이 합력하여 우리를 위한 최고의 기쁨을 만들 것을 우리 하나님께서는 이미 아시고 계시기 때문이다. 히브리 사람의 하나님 여호와께서는 바로 왕 밑에서 고역의 '노동'을 하는 이스라엘을 구원하셔서 오직 한 가지 하나님을 '섬기는 것,' 즉 '예배하는 삶'으로 부르신다. 결국 하나님의 백성은 '노동'이 아닌 '섬김의 예배'로의 초대를 받고 있는 것이다. 고역의 노동을 할 것인가, 아니면 기쁨의 예배를 할 것인가? 이것은 지금 우리에게도 늘 주어지는 삶의 본질적인 질문이다.

아무것도 모르는 바로 왕에 의해서 이스라엘 민족이 해야 했던 일, 노동이 '아바드'(עָבַד)였다면, 이제 모든 것을 다 아시는 하나님을 위해서 행하는 '섬김의 예배'는 어떤 히브리어 단어일 것인가? 히브리어를 모르는 사람들일지라도 추측해 볼 수 있는 힌트는 이미 주어졌기에 대답이 가능할 수 있다. 왜냐하면 그 히브리어가 이미 나왔기 때문이다. '섬기다, 예배하다'를 뜻하는 히브리어 단어는 '일, 노동, 고된 노역'을 뜻했던 단어와 동일한 '아바드'(עָבַד)이다.

(3) 이스라엘, 노동하는 존재인가, 예배하는 존재인가?

출애굽기는 이렇게 이스라엘 민족이 살아가는 두 상반된 모습을 보여주고 있다. 전반부에서는 바로 왕의 종으로 그리고 후반부에서는 하나님의 백성으로의 전이를 보여주고 있다. 그런데 이 두 정체성의 차이는 극히 자주 나타나는 표현을 통해서도 극명하게 대조된다. 바로 '노동'과 '예배'의 차이이다.

그렇다면 '노동'과 '예배'는 무엇이 다른가? 출애굽기는 동일한 한 단어를 가지고 언어의 유희를 벌이고 있다. '노동하다.' '일하다'라는 단어와 '섬기다, 예배하다'라는 단어는 히브리어로 동일한 동사형 단어인 '아바드'(עָבַד)이다. 이 단어의 명사형은 출애굽기에 간간이 나타나는 '종'이라는 뜻의 '에베드'(עֶבֶד; 4:10; 5:15, 16; 13:3, 4; 14:31)이다. 이 단어 '아바드'는 출애굽기를 풀어가는 중요한 단어임과 동시에 또한 구원받은 백성이 살아가야 할 길을 명확하게 보여주는 지침서와도 같은 단어이다. 그러나 이 단어는 특이하게 '노동'이나 '섬김'이라는 두 가지로 해석되고 있다. '아바드'가 아무 것도 모르는 무지스런 바로 왕과 연결되면 그 뜻은 늘 '고역의 노동'이 되지만, 이 단어가 이스라엘을 너무나 잘 아시는 하나님과 연결되면 언제나 '섬김의 예배'의 뜻으로 전이된다.[26)]

여기서 중요한 것은 누구를 위해서 일을 하느냐에 따라 그것이 죽기만큼 싫은 고역의 노동이 될 수도 있고, 감사의 축제인 섬김의 예배가 될 수도 있다는 사실이다. 출애굽기 전체의 긴장감은 하나님의 백성인 이스라엘이 바로의 종이 되어 고역의 노동을 할 것인가, 아니면 하나님의 종(백성)이 되어 자발적이고 헌신적인 섬김과 예배의 공동체가 될 것인가라는 선택의 기로 앞에 서게 한다. 자끄 엘룰은 "일의 경쟁, 다른 사람의 제거, 최강자의 승리, 성공했을 때의 시기유발! 이것이 노동이다"라고 정의한다. 그리고 "그것은 결국 인간에게 아무것도 주지 않으며, 어떤 유익도 주지 못하며, 그 업적은 쓸모없음과 부조리다. 헛된 것을 위해 서로 싸우는 인간들 사이에 적개심과 경쟁과 갈등을 불러일으키는 것이 바로 노동이다"라고 선언한다.[27] 결국 노동은 파괴의 지경에 까지 이르게 될 수 있다. 그러나 섬김의 예배는 하나님의 은혜 안에서의 연합을 의미한다.

이스라엘은 이집트의 부요함 가운데 그 성장을 거듭했으니 이집트의 바로 왕을 위해 억압과 착취 가운데 **고역의 노동**(출 1:13,14)을 하는 노예로서의 소유물인가? 아니면 하나님의 축복과 약속 가운데 그 돌보심의 섭리로 성장한 민족이기에 여호와 하나님을 위해 **예배하는**(출 3:12; 4:23) 신앙공동체인가? 바로 이 질문이 출애굽기 전체를 통해 면면히 흐르고 있다. 누구를 위해서 혹은 무엇을 위해서 일을 하느냐에 따라 고역의 의미 없는 노동이 되기도 하고, 또 생명력 넘치는 살아있는 관계를 뜻하는 예배가 되기도 한다. 이것은 한 사람의 특성과 운명이 어디에 혹은 누구에게 소속되느냐에 따라 그 사람의 미래가 좌우 되듯이, 한 민족 또한 어느 편에 소속 되느냐에 따라 흥망성쇠가 결정 되는 것은 불을 보듯이 뻔한 이치이다. 요셉을 알지 못하고(출 1:8) 그리고 여호와를 알지 못하는(출 5:2) 바로 왕이 이스라엘의 소유권을 주장할 때의 이스라엘의 삶과 이스라엘을 너무나 잘 아시는 (출 2:25; 3:7) 여호와께서 이스라엘의 소유권을 주장하실 때의 이스라엘의 삶과의 차이점의 대조는 한 개인이나 한 민족이 어느 편에 속해야 하는 가의 진리를 보여주기에 충분하다. 이것은 똑 같은 신선한 이슬을 뱀이 먹으면 해치는 독이 만들어 지고, 꿀벌이 먹으면 모든 것을 풍요롭게 하는 꿀이 생성 되듯이 누가 그 물건을 소유하느냐에 따라 그것이 악의 도구가 되기도 하고 선을 위한 도구가 되기도 하는 이치와 동일하다.

결국 출애굽기는 이스라엘을 향하여 그리고 시대를 초월하여 어느 세대의 사람에게든지 과거의 사건을 돌아보며 "어느 편에 설 것인가?" 혹은 "누구의 소유가 될 것인가?"를 묻는 신앙의 질문서라고 할 수 있다. 누구의 소유냐에 따라 그 목적 또한 현저하게 달라질 것이기 때문이다. 이러한 선택은 지금 현재를 살아가는 신앙공동체에게도 동일하게 요청되고 있다. 이제 출애굽기는 우리에게 가장 중요한 한 가지 답을 제시해야만 한다. 하나님께서 원하시는 것이 예배하는 백성이라면 그럼 '예배의 본질'은 무엇인가에 대한 답이 필요하다. 왜냐하면 하나님의 백성의 정체성이 예배하는 존재라면, 예배가 무엇인지에 대해서 분명히 알아야 할 필요가 있기 때문이다. 그래야만 올바르게 예배하는 백성이 될 수 있을 것이기 때문이다.

2) 예배의 본질은 무엇인가?

하나님의 백성이 지켜야 할 정체성은 바로 예배하는 존재라는 것은 더 이상 의문의 여지가 없다. 출애굽기의 전반부(출 1-24장)는 하나님의 목소리를 통해 그것을 분명하게 각인시키고 있다. 그리고 이제 그 후반부(출 25-40장)는 하나님의 백성이 행해야 할 예배가 무엇인지에 대해 증거 하기 위해 모든 총력을 집중한다. 예배가 존재의 의미라고 하면서, 정작 예배가 무엇인지에 대해 모른다면 올바른 실행은 기대해 볼 수가 없기 때문이다. 앎과 실천은 반드시 공존해야만 한다. 예배는 결코 작은 일이 아니다. 하나님께서 예배를 통해서 이루고자 하시는 이상을 살펴본다면 우리는 결코 하나님의 백성으로서 예배를 소홀히 할 수 없음을 알게 될 것이다. 출애굽기에서 예배의 이상은 성막건축에 고스란히 농축되어 있다. 출애굽기의 나머지 절반이 성막건축에 할애되는 것이 결코 우연이 아닌 것이다.

(1) 성막건축과 예배

성막건축은 구약성경 속에서 유일한 한 가지 상황을 전개하고 있다. 이 유일한 상황은 성경을 읽고자 하는 이들에게 때로 걸림돌이 되기도 한다. 그것은 바로 하나님께서 성막건축을 지시하는 명령과 이스라엘의 성막건축 실행에 나타난 상관관계이다. 구약성경 속에서 유일하게 하나님이 명령한 내용을 그대로 반복하며, 세세하게 나열하고 있다는 것이다. 그 구조는 다음과 같다.

출애굽기 25-31장	출애굽기 32-34장	출애굽기 35-40장
하나님이 성막건축을 지시하는 상세한 설계도 제시	금송아지 사건 발단과 해결	이스라엘이 성막건축 지시에 따라 실행하는 상세한 나열
하나님의 명령	인간의 의지	이스라엘 민족이 하나님의 명령 실행

도대체 무엇을 가르쳐 주시기 위해서 이렇게 장황하게 나열하는 것일까? 출애굽기 25-31장은 일곱 장에 걸쳐서 성막건축 명령을 전하고 있다. 그리고 그 명령을 세세하게 나열하고 반복하며 출애굽기 35-40장은 여섯 장에 걸쳐 건축실행을 다루고 있다. 여기서 건축실행을 다루고 있는 출애굽기 35-40장까지의 여섯 장은 쓸데없는 반복으로 보이기까지 한다. 단지 한 마디 "모세와 이스라엘은 여호와께서 명령하신 그대로 성막을 건축하였더라"라고 하면 장황한 반복인 출애굽기 35-40장의 여섯 장을 간단히 한 절로 줄일 수 있기 때문이다. 그러나 출애굽기는 그렇게 하지 않는다. 이 속에는 분명 의도적인 이유가 있을 것이 분명하다. 수천 년의 역사 속에 하나님께서 66권의 성경을 주셨다는 것은 간추리고 간추리셔서 꼭 필요한 사항들만 우리에게 주신 것이란 점에서 이 반복 또한 의미를 숙고할 필요가 있을 것이다. 분명 가르치시고자 하는 예배와 관계가 있을 것이기 때문이다. 성막건축 지시와 실행에 나타난 이념을 살펴보면 그것을 분명히 알 수 있을 것이다.

하나님의 성막건축 명령과 이스라엘 민족의 실행이 만나서 이루는 구조적인 일치를 살펴보면 성막건축이 품고 있는 진정한 의미를 분명하게 파악할 수 있게 한다. 이 구조는 하나님의 명령의 7단계와 이스라엘의 실행에 나타난 7단계의 조화를 통해 이루고자 하는 목적에 도달하는 것이다. 그 관계성은 아래의 도표를 통해 비교할 수 있다.

<table>
<tr><th>출 25-31장
성막건축 지시(하나님)</th><th></th><th>출 35-40장
성막건축 실행(이스라엘)</th></tr>
<tr><td>① 출 25:1 여호와께서 모세에게 말씀하여 이르시되</td><td rowspan="7">출 32-34장
금송아지
사건</td><td>① 출 40:19 여호와께서 모세에게 명령하신 대로 되니라</td></tr>
<tr><td>② 출 30:11 여호와께서 모세에게 말씀하여 이르시되</td><td>② 출 40:21 여호와께서 모세에게 명령하신 대로 되니라</td></tr>
<tr><td>③ 출 30:17 여호와께서 모세에게 말씀하여 이르시되</td><td>③ 출 40:23 여호와께서 모세에게 명령하신 대로 되니라</td></tr>
<tr><td>④ 출 30:22 여호와께서 모세에게 말씀하여 이르시되</td><td>④ 출 40:25 여호와께서 모세에게 명령하신 대로 되니라</td></tr>
<tr><td>⑤ 출 30:34 여호와께서 모세에게 말씀하여 이르시되</td><td>⑤ 출 40:27 여호와께서 모세에게 명령하신 대로 되니라</td></tr>
<tr><td>⑥ 출 31:1 여호와께서 모세에게 말씀하여 이르시되</td><td>⑥ 출 40:29 여호와께서 모세에게 명령하신 대로 되니라</td></tr>
<tr><td>⑦ 출 31:12 여호와께서 모세에게 말씀 하여 이르시되
⬇
안식일 준수 명령(출 31:13-18)</td><td>⑦ 출 40:32 여호와께서 모세에게 명령하신 대로 되니라
⬇
모세가 이같이 역사를 마치니라(출 40:33)</td></tr>
</table>

어느 모로 보나 성막건축 지시는 칠일 동안의 천지창조의 이상을 그대로 보여주고 있다. 하나님께서 일곱 번 말씀하시고,

마지막 일곱 번째는 하나님께서 거룩하게 하신 안식일 준수 명령으로 그 결론에 이르고 있다(창 2:3; 출 31:14, 15). 이것은 성막이 천지창조의 이상을 그대로 간직하고 있다는 것이다. 그리고 성막건축 실행의 하이라이트는 모세가 하나님의 명령대로 제작이 완성된 성막의 모든 부속품들을 조립하여 성막을 완성시키는 것인데, 그 조립이 정확하게 일곱 번의 실행으로 이루어져 있다는 것이다. 성막건축은 일곱 번 하나님께서 말씀하시고, 하나님의 백성 이스라엘이 일곱 번 정확하게 하나님께서 명령하신 대로 이루는 것으로 완성된다. 그리고 "모세가 이같이 역사(하던 일)를 마치니라"(출 40:33)는 천지창조에서 하나님께서 일곱 째 날에 "그가 하시던 일을 마치시니"(창 2:2)와 그 단어와 표현에서 일치된다.[28)]

예배가 바로 이런 것이다. 예배는 하나님께서 말씀하신 대로 그대로 이루는 것이다. 하나님께서 말씀하셨고, 우리가 듣는 것이며, 그 들은 말씀을 한 치의 어김도 없이 그대로 이루는 것이다. 그리고 하나님께서는 우리가 그런 예배를 이루어 갈 때 그 예배를 통해서 천지창조의 이상이 이 땅에 실현되는 것이란 사실을 알려주신다. 성막이 존재하는 이유는 망가지고, 무너진 세상을 새롭게 만들고자 하시는 하나님의 숭고한 뜻의 표현이다. 하나님께서 하늘에서 음성을 발하시어, 그 말씀대로 그대로 이루어짐으로 천지가 창조되었다. 하나님께서 말씀하신 대로 그대로 이루어짐으로 천지만물, 우주와 세상이 만들어진 것이다. 이제 그 하나님께서 성막에서 말씀하신다.

> 거기서 내가 너와 만나고 속죄소 위 곧 증거궤 위에 있는 두 그룹 사이에서 내가 이스라엘 자손을 위하여 내게 명령할 모든 일을 네게 이르리라(출 25:22).

성막이 이스라엘의 삶의 중심에 서 있다는 것은 이제 이 백성을 통해 천지를 새롭게 만드시겠다는 하나님의 이상이 들어가 있는 것이다. 누가 하나님의 이 꿈을 가슴에 품을 것인가? 인간은 늘 자신의 꿈을 꾸며, 자신이 세워 놓은 이상을 이루기 위해 안간힘을 써댄다. 그것을 이루기 위해 심지어 하나님까지도 이용하려는 불경스런 짓을 저지르는 것을 주저하지 않기도 한다. 그러나 하나님의 백성은 오직 하나님의 꿈과 이상을 가슴에 품을 줄 알아야 한다. 이 꿈을 이루는 것은 멀리 있는 것이 아니라, 바로 예배하는 백성이 되면 되는 것이다. 하나님께서 말씀하시면, 우리를 통해 그것이 그대로 이루어질 때 예배가 되고, 천지의 질서가 새롭게 창조되는 것이다.

성막은 여기서 한 걸음 더 나아간다. 이스라엘에서 성막이나, 성전이 상징하는 것이 무엇인지를 살펴본다면 성막건축은 또 하나의 이상을 더 품고 있다는 점을 쉽게 살펴볼 수 있다. 먼저 성막이나 성전에는 물이 근원이 있다. 성막에는 물두멍이 있고, 그 물두멍은 상징적으로 근원적인 물을 상징한다. 이것은 에스겔의 성전의 이상과 요한계시록의 회복된 새 하늘과 새 땅에서는 성전 문지방과 하나님과 밑 어린 양의 보좌로부터 물이 흘러나와 강을 이루고 온 땅을 적시는 이상으로 발전한다. 그리고 그 주변에는 갖은 과실을 맺는 나무가 서고, 심지어 생명나무도 자라게 된다(겔 47:1-12; 계 22:1-2). 인간이 잃어버렸고, 가는 길이 막혔던 생명나무로의 길이 성전으로부터 가능해 진다는 것이다. 이것은 에덴동산에서 흘러나온 물이 온 세계를 적신다는 것과 일맥상통하는 것이다. 성막을 짓기 위해 사용되는 갖은 보석들은 에덴동산에서는 땅에 흩어져 있었다(창 2:11-12). 그리고 에덴동산에서 아담의 역할이 그 동산을 '경작하며 지키는' 것이었다. 이 두 단어 '경작하며 지키다'라는 동사들이 동시에 나타나는 경우는 모세오경 속에서 오로지 성막에서 일하는 제사장의 직무를 이야기할 때뿐이다(민 3:7-8; 8:26; 18:5-6). 에덴동산에서 하나님께서 아담을 위해 "옷을 지어 입히다"라는 표현은 오직 성막에서 일하는 제사장들의 "옷을 지어 입히다"라는 표현에 밖에는 더 이상 등장하지 않는다(창 3:21; 출 28:41, 42; 29:8; 40:13, 14). 하나님께서 에덴에서 행하셨던 것처럼, 이스라엘과 함께 행하시는데 오직 성막에서 행하신다(창 3:8; 레 26:12; 신 23:15; 삼하 7:6-7). 그리고 성막과 에덴동산은 동일하게 동쪽에 입구가 있고, 그 길을 그룹들이 지키고 있다는 점에서 또한 동일하다(창 3:24; 출 26:18, 20, 22; 25:18-20; 37:7-9). 이런 치밀한 유비관계는 성막이 에덴동산의 이상을 그대로 품고 있음을 보게 한다. 즉, 하나님과 인간의 긴밀한 영적 교제가 있었던 에덴동산의 이상이 그대로 축소되어 인간의 삶 속에 주어진 것이 바로 성막이요, 성전이라는 것이다.[29]

이처럼 성막과 에덴동산을 비교해 보면 성막에는 하나님의 또 하나의 이상이 숨쉬고 있는 것을 느껴 볼 수 있다. 성막이 서 있다는 것은 거기에 에덴동산의 이상이 서 있다는 것이다. 성막은 바로 에덴의 실체가 되고, 회복이 되는 것이다. 하나님께서는 성막을 통해 천지창조는 물론이요, 에덴의 회복을 꿈꾸시고 계신다. 지금 우리의 예배는 단순한 것이 아니다. 바로 이러한 하나님의 원대하신 꿈을 같이 꾸는 것이다. 이를 통해 인간이 잃어버린 것, 그것을 회복하는 것이다. 그러므로 성막을 통한 예배의 이상은 멀리 있는 것이 아니라, 하나님의 음성을 신실하게 듣는 것에 있다. 들어야만 그 뜻을 그대로 실현할 수 있기 때문이다.

그래서 하나님께서는 이스라엘을 시내 산까지 데려오셔서 언약을 맺으시는데, 그 언약의 핵심은 바로 함께 예배하는 백성이 되자는 것이다.

> 세계가 다 내게 속하였나니 너희가 내 말을 잘 듣고 내 언약을 지키면 너희는 모든 민족 중에서 내 소유가 되겠고 너희가 내게 대하여 제사장 나라가 되며 거룩한 백성이 되리라(출 19:5-6).

이와 같이 하나님의 말씀을 잘 듣는 것에서부터 예배의 본질이 시작되며, 이스라엘의 정체성 실현이 이루어진다. 그러나 그것은 결코 예배의 진정한 출발선이 못된다. 왜냐하면 "왜 우리가 하나님의 말씀을 이렇게 철저하게 들어야만 하는가?"라는 반문을 쏟아부을 수 있기 때문이다. 이 질문에 대한 바른 응답이 예배의 출발선이 될 것이다. 우리가 하나님의 말씀을 들어야만 하는 이유, 바로 그 곳에 우리가 예배해야 할 이유가 있기 때문이다.

(2) 예배하는 이유

왜 우리는 하나님의 말씀을 귀 기울여 듣는 예배를 해야 하는가? 그 해답은 예배에 관하여 우리에게 가르치는 다음 구절이 대답해 줄 것이다.

> 여러 해 후에 애굽 왕은 죽었고 이스라엘 자손은 고된 노동으로 말미암아 탄식하며 부르짖으니 그 고된 노동으로 말미암아 부르짖는 소리가 하나님께 상달된지라 하나님이 그들의 고통 소리를 들으시고 하나님이 아브라함과 이삭과 야곱에게 세운 그의 언약을 기억하사 하나님이 이스라엘 자손을 돌보셨고 하나님이 그들을 기억하셨더라(출 2:23-25).

하나님께서 먼저 들어주셨다. 그렇다. 하나님께서 먼저 우리의 신음소리, 부르짖음, 간구, 요구, 탄식을 들어주셨다. 예배는 결코 우리 인간에게서부터 출발하는 것이 아니다. 하나님으로부터 출발한다. 진실로 듣는 것이 예배라고 한다면, 우리가 아닌 하나님께서 먼저 우리를 예배해 주셨다. 그러므로 섬김의 예배는 인간이 시작한 것이 아니라, 하나님께서 먼저 하신 것이다. 우리가 먼저 하나님을 사랑한 것이 아니라 하나님이 우리를 사랑하사 우리 죄를 속하기 위하여 화목 제물로 그 아들을 주셨다(요일 4:10). 죄 가운데서 신음하는 우리의 부르짖음을 먼저 들으시고 섬김의 역사를 이루어주셨다. 그것이 우리에게 구원으로 실제가 된 것이다. 우리는 이러한 하나님의 선행적인 섬김을 은총이요 은혜라고 표현한다.

이에 반해 바로 왕은 노동의 짐을 조금만 줄여주면 그의 종으로 남겠다는 이스라엘의 간곡한 청탁을 듣는 것을 일언지하에 거절한다. 그리고 거절로만 끝나는 것이 아니라 게으르기 때문이라며 더욱더 가혹하게 채찍을 가한다(출 5:15-17). 이처럼 바로 왕은 이스라엘을 위해서 해 준 것이 아무것도 없다. 그러기에 그는 섬김을 강요할 수밖에 없다. 바로 왕은 먼저 섬기면, 살려준다는 조건을 내건다. 예배하면 그 대가로 뒤를 책임져 주겠다는 것이다. 이렇게 바로는 자신이 가진 화려한 외양과 물질로 섬김을 매매하려 한다. 그리고 그것이 먹히지 않을 때는 채찍을 휘두르며 힘과 권력으로 억압한다. 이런 것은 사탄도 역시 마찬가지다. 예수님을 시험할 때, 사탄은 가장 높은 산으로 예수님을 데려가, 천하만국의 영광을 보여주며, 자신에게 절하면 이 모든 것을 다 주겠노라는 유혹을 한다. 아무것도 해준 것이 없는 자는 결국 섬김을 거래할 수밖에 없는 것이다. 만약 우리 또한 하나님께 예배하기에 하나님께서도 우리가 원하는 무언가를 해 주셔야 한다는 태도를 갖고 있다면 이것은 예배가 아니라 거래가 될 것이다. 거래가 이루어지는 곳에는 늘 대가가 존재한다. 그러나 우리의 예배는 하나님의 은혜로부터 출발하기 때문에 결코 거래가 될 수 없으며, 대가라는 것은 결코 존재하지 않는다. 이렇게 하나님의 은혜를 경험한 자, 그 사람만이 대가를 바라지 않는 진정한 예배를 할 수 있다.

그러므로 서로가 듣지 않는 곳에는 예배란 성립조차 될 수 없는 것이다. 하나님께서 예레미야 선지자를 통하여 다음과 같은 예배의 파기를 선언하신다.

그런즉 너는 이 백성을 위하여 기도하지 말라 그들을 위하여 부

> 르짖어 구하지 말라 내게 간구하지 말라 내가 네게서 듣지 아니하리라(렘 7:16).

> 그러므로 나 여호와가 이와 같이 말하노라 보라 내가 재앙을 그들에게 내리리니 그들이 피할 수 없을 것이라 그들이 내게 부르짖을지라도 내가 듣지 아니할 것인즉(렘 11:11).

하나님께서 예배하지 않으시겠다고 하신다. 그 이유는 동일하다. 하나님께서 "내 목소리를 들으라 그리하면 나는 너희 하나님이 되겠고 너희는 내 백성이 되리라 하였으나" 이스라엘이 순종하지도, 귀를 기울이지도 않고, 거역에 거역으로 일관했다는 것이다(렘 7:21-28; 11:1-10). 이스라엘이 듣지 않으니, 하나님께서도 듣지 않으시겠다는 것이다. 하나님이 듣고, 이스라엘이 듣고, 또 하나님이 들으시는 이것이 예배인데, 하나님은 들으시나, 이스라엘이 듣지 않는다는 것은 예배가 무너지는 것이다. 결국 하나님도 듣지 않으신다.

시편 81편은 이러한 듣고, 듣는 예배의 본질과 그 예배를 통해 이루어질 미래까지도 잘 보여주고 있다.

성경 구절	내용	의미
시 81:1-7	(7절) 네가 고난 중에 부르짖으매 내가 너를 건졌고 우렛소리의 은밀한 곳에서 네게 응답하며 므리바 물 가에서 너를 시험하였도다	하나님이 들으시고 (과거)

시 81:8-13	(8절) 내 백성이여 들으라 내가 네게 증언하리라 이스라엘이여 내게 듣기를 원하노라 ------------------- (13절) 내 백성아 내 말을 들으라 이스라엘아 내 도를 따르라	이스라엘이 듣고 (현재)
시 81:14-16	(14, 16절) 그리하면 내가 속히 그들의 원수들을 누르고 내 손을 돌려 그들의 대적을 치리니…또 내가 기름진 밀을 그들에게 먹이며 반석에서 나오는 꿀로 너를 만족하게 하리라 하셨도다	하나님이 들으신다 (미래)

이렇게 서로가 듣고 행하는 예배가 살아나는 곳, 그곳에는 악이 물러가고, 안식이 찾아오는 세상이 이루어질 것이며, 천지가 새롭게 살아남으로 에덴동산이 회복되는 대 역사가 펼쳐질 것을 기대해 볼 수 있다. 하나님께서 우리의 부르짖음을 들어주심으로 우리의 삶이 혼돈과 공허에서 질서로, 흑암에서 빛으로, 슬픔에서 기쁨으로, 절망에서 희망으로, 죽음에서 생명으로 옮겨지는 새 창조가 이루어 진 것처럼, 이제 우리가 하나님의 말씀을 듣는 예배를 이룰 때 흑암의 세력 가운데 거하고 있는 세상 또한 이와 동일한 새 창조의 역사를 맞이할 것을 기대해 볼 수 있다. 하나님께서는 들음의 예배를 통해 바로 이러한 창조세계의 회복을 기대하시는 것이다. 이 시대에 성막이 아니라, 교회가 서 있다는 것은 이와 같은 이상이 하나님의 교회에 주어져 있다는 것을 의미한다. 교회는 놀라운 십자가의 구원을 체험한 자들이 부르심을 받아 모인 무리이다. 이제 교회 강단을 통하여 하나님의 말씀이 쏟아져 나간

다. 그 말씀이 우리의 삶 속에서 그대로 실행되는 그 순간에 이 천지는 새롭게 질서를 찾아가고, 이 땅이 하나님께서 꿈꾸셨던 그 아름다운 땅 에덴으로 회복되는 것이다. 우리의 예배는 이와 같은 원대한 이상을 그 안에 품고 있다. 우리 하나님께서는 우리와 함께 이러한 예배를 하기를 원하신다.

3) 예배의 성취를 위해 듣고 행해야 할 구체적인 말씀들

그렇다면 예배의 성취를 위해서 반드시 숙고해야 할 것이 있다. 그것은 다름 아닌 듣고 순종해야 할 말씀의 내용이다. 예배의 정의가 "하나님께서 말씀하신 대로 그대로 행하는 것"이라면 하나님의 백성이 듣고 삶 속에 구체적으로 실현해야 할 말씀이 필요한 것이다. 출애굽기는 삶으로 행해야 할 구체적인 말씀 또한 분명하게 주어져 있다. 바로 시내 산에서 주어진 언약법이다.

시내 산 언약법은 십계명(출 20장)을 필두로 그 십계명을 구체화하여 살아갈 수 있게 주어진 세세한 율례와 법도들(출 21-23장)로 구성되어 있다. 그리고 십계명이든지 혹은 세세한 율례와 법도든지 모두 '하나님 사랑과 이웃 사랑'이라는 두 가지의 정신으로 축약된다(마 22:34-40). 언약 법이 이와 같은 두 가지의 정신을 품고 있다는 것은 곧 창세기에서 믿음의 조상들에 의해 회복된 관계를 지키는 길 또한 들어 있다는 것을 깨닫게 한다. 창세기에서 탄생된 이스라엘 12지파는 아브라함이 회복한 하나님과의 사랑의 관계와 그 후손들인 요셉과 형제들에 의해 회복된 사람과의 사랑의 관계를 지키고, 세상으로 확대하여 하나님 나라를 이루는 소명을 갖고 있다. 이제 그 소명을 대대에 이루어갈 구체적인 길로 하나님께서 시내 산에서 하나님 사랑과 이웃 사랑을 구체화 시킨 언약법을 주신 것이다. 이 법을 삶으로 살아간다면 세상은 하나님께서 뜻하신 에덴으로 아름답게 변해 갈 것이다.

이 언약법이 출애굽기 전체의 중심에 위치하고 있다는 것이 그 중요성을 또한 말하고 있다고 할 수 있다.

출 1-18장	출 19-24장	출 25-40장
바로인가, 여호와인가?	시내 산 언약법	성막건축
노동인가, 예배인가? ▶▶ (예배하는 삶으로)	예배의 구체적인 내용 살아야 할 말씀	◀◀ 예배란 무엇인가? (말씀대로 그대로 행하는 것)

전반부인 출애굽기 1-18장은 이스라엘은 바로 왕 밑에서 노동하는 존재가 아니라, 하나님을 예배하는 존재라는 정체성을 향한 방향 전환이 이루어진다. 그리고 후반부인 출애굽기 25-40장은 예배하는 존재라는 정체성으로 전환이 이루어진 이스라엘에게 "예배란 무엇인가?"라는 정의를 가르친다. 그것은 다름 아닌 하나님께서 명령하신대로 그대로 행하는 삶이라는 것이다. 예배자라는 정체성과 명령대로 행하는 예배를 실행하기 위해 중심에 위치한 시내 산 언약법은 필수불가결한 요소이다. 이제 하나님께서 주신 이 말씀대로 삶 속에서 하나님 사랑과 이웃 사랑을 구체적으로 행하며 살아가는 삶이 이스라엘에게 과제로 주어져 있는 것이다. 바로 삶속에서 하나님을 향한 예배를 실행하는 것이다. 이 과제가 결코 버겁지 않은 이유는 이스라엘은 하나님의 예배인 은혜를 받은 존재로서 그 감동이 가슴에 생생하게 새겨져 있기 때문이다.

2. 레위기를 통해 서는 예배자

이러한 예배의 이상을 바르게 이루어가기 위해서 레위기가 존재한다. 그런데 레위기 하면 우리는 보통 제사제도를 떠올리기에 이 제사들을 지금 우리가 드리는 예배와 연결시키는 경향이 대부분이다. 이스라엘이 하나님께 제사를 드리며 예배하는 것으로 생각하기 때문이다. 하지만 레위기는 예배의 본질에 대하여 말하고자 주어진 책이 아니다. 예배의 본질은 이미 출애굽기에 분명하게 주어졌다. 성막 건축을 통해서 진정한 예배는 하나님께서 말씀하신 대로 그대로 행하는 것임을 확고하게 명시한 것이다.

이것은 레위기가 주어지기 전에 시내 산에서 하나님께서 이스라엘과 언약을 맺으실 때 "너희가 내 말을 잘 듣고 내 언약을 지키면 내 소유가 되고, 제사장 나라가 되며, 거룩한 백성이 될 것이라"(출 19:5-6)는 말씀 속에서도 그대로 드러난다. 그러므로 예배는 결코 제의가 우선되는 것이 아니다. 그보다는 하나님의 말씀을 듣는 것에 있다. 여기에 레위기의 존재 의미가 있다. 이스라엘이 예배를 이루기 위해 하나님의 말씀을 듣기 위해서는 하나님의 존전으로 나아가야만 한다. 그러나 모세를 통해 자신을 계시하신 하나님은 거룩하신 하나님이시다. 모세가 하나님의 산 호렙에서 하나님을 만났을 때 하나님께서는 모세에게 "이리로 가까이 오지 말라 네가 선 곳은 거룩한(קֹדֶשׁ 코데쉬) 땅이니 네 발에서 신을 벗으라"고 하신다. 세상의 더러움이 묻은 발로는 결코 범할 수 없는 장소가 바로 하나님의 거룩한 땅이라는 사실을 전하고 있다. 이는 하나님은 거룩하시기에 부정한 상태로는 결코 하나님의 존전에 나아갈 수 없다는 것을 의미한다.

이러한 모세의 경험은 동일한 하나님의 산인 시내 산에서 이스라엘의 경험으로 전이된다. 이스라엘이 시내 산에 도착하여 하나님을 만나기 위한 준비가 바로 그것이다. 하나님께서는 모세를 통해 백성들이 오늘과 내일 성결하게(거룩하게) 하고 하나님 만날 준비를 하라고 명하신다. 그리고 이스라엘이 거룩을 위하여 준비해야 할 사항이 제시된다. 주위에 경계를 정하고 결코 침범하지 말 것(출 19:12-13) 그리고 셋째 날까지 여인을 가까이 하지 말고 옷을 빨 것(출 19:14-15) 등이다. 이렇게 거룩을 준비하여 하나님의 말씀을 들을 준비를 하고 마침내 삼일 째 거룩하신 하나님의 음성이 울려 퍼진다. 그 말씀이 바로 이스라엘 모두가 시내 산에서 들은 십계명의 말씀이다(출 20장).

예배가 이렇게 하나님의 음성을 듣고 그것을 이 땅에 그대로 실현해 나가는 것에 있다면 죄는 이러한 예배를 파괴하는 원흉이 된다. 왜냐하면 죄악에 물든 후의 아담의 반응이 이것을 잘 보여주고 있기 때문이다. 하나님께서 아담을 부르심에도 아담은 그 하나님의 소리를 듣고 실행은 고사하고, 그 앞에 나서지 조차 못한다.

> 여호와 하나님이 아담을 부르시며 그에게 이르시되 네가 어디 있느냐 이르되 내가 동산에서 하나님의 소리를 듣고 내가 벗었으므로 두려워하여 숨었나이다(창 3:9-10).

이처럼 죄는 인간을 하나님 앞에 설수조차 없는 존재로 만들어 버린다. 죄는 하나님의 소리를 듣는 것을 불가능하게 만드는 것이다. 이것이 바로 사탄이 노리는 바이다. 하나님과 인간이 서로 듣지 못하게 만드는 것, 그래서 예배가 이루어질 수 없게 만들어 버리는 것이다. 그리고 예배하는 자라는 정체성을 상실한 인간은 결국 망하고 말 것이다. 그렇게 되면 하나님께서 꿈꾸시는 아름다운 세상은 실현 불가능한 것이기에 사탄은 인간의 예배의 길 자체를 차단해 버리려고 안간힘을 쓰는 것이다.

이처럼 인간이 저지르는 죄는 모든 것을 파괴하는 위력을 가지고 있다. 그것은 악의 세력에게 힘을 실어주는 것으로, 천지창조 때 밀려났던 혼돈과 공허, 흑암의 세력에게 이 땅을 넘겨주는 것이다. 결국 인간의 죄는 천지창조와 인간의 사명을 무효화시키는 악의 실체이다. 이러한 죄를 해결하는 것을 통해 무엇이 실현될 것인가를 기대해볼 필요가 있다. 그리고 죄를 사하는 것은 물론이요, 그와 더불어 전적인 헌신의 의미까지도 내포하고 있는 제의를 통해 회복할 것이 있을 것이다. 에덴동산에서 아담과 하와는 하나님을 향한 헌신은 고사하고 하나님처럼 되려는 욕망으로 악으로 치닫는다. 이제 하나님 처럼이 아닌 하나님께 대한 전적인 헌신은 분명 새로운 세상을 열어갈 것을 기대해 볼 수 있다.

드디어 성막이 완성되었고, 시내 산에 임재하셨던 여호와의 영광이 성막으로 이동한다. 이스라엘은 이제 하나님의 현존 앞에 늘 서 있는 존재가 되는 것이다.

> 구름이 회막에 덮이고 여호와의 영광이 성막에 충만하매 모세가 회막에 들어갈 수 없었으니 이는 구름이 회막 위에 덮이고 여

호와의 영광이 성막에 충만함이었으며(출 40:34-35).

여호와께서 성막으로 그 거처를 옮기셨다는 사실은 이제 성막이 이동하는 시내 산이 되었다는 것과 동일한 것이다. 하나님의 임재가 있고, 하나님의 말씀이 그곳으로부터 주어질 것이기 때문이다. 그 증거로 성막에는 언약궤가 가장 거룩한 장소인 지성소(holy of holies)에 위치한다. 언약궤 안에는 하나님의 말씀을 상징하는 증거판이 놓여지고, 그 위에는 속죄소가 놓이게 되는데 하나님의 임재는 그곳에 임할 것이다. 그리고 하나님께서 그 성막에서 모세와 이스라엘을 부르신다(레 1:1; 8:3). 이제 거룩은 한 순간만 필요한 것이 아니라, 예배자로서 이스라엘이 갖추어야 할 매일의 필수 항목이 된다. 또한 거룩을 파괴하는 어떤 행위도 간과되어서는 안 된다. 삶과 죽음의 갈림길이 이에 달렸기 때문이다.

레위기가 대속의 제사를 가장 먼저 말하고 있다는 것은 죄가 예배자의 삶을 파괴하는 가장 치명적인 것임을 증거하고 있는 것이라 할 수 있다(레 1-7장). 이러한 대속의 제사를 통해 인간이 하나님 앞에 다시 설 수 있고, 그 음성을 들을 수 있는 길을 여는 것이다. 이는 곧 예배자라는 삶의 질서로의 복귀라 할 수 있다.

이러한 관점에서 볼 때, 희생제사는 질서를 유지하고 그 질서가 깨졌을 때 그것을 회복하는 데 결정적인 역할을 한다. 죄와 부정은 무질서를 일으키는 것으로 이해된다. 여기서 무질서는 인간적인 것과 비인간적인 것, 피할 수 없는 것과 고의 적인 것, 개인적인 것과 집단적인 것 모두에 적용될 수 있는 포괄적인 범주이다. 그러므로 이것은 희생제사가 드려진 죄와 부정의 경우들을 바로잡는 한 가지 방법이다. 그것은 또한 죄의 개념과 부정의 개념 간의 실질적인 중복을 이해하게 된다.[30)]

레위기는 이렇게 죄를 대속하는 것을 그 출발선으로 하여, 더 이상 죄를 짓지 않는 삶으로의 길을 제시하고 있는 것이다. 소극적인 것에서 적극적인 것으로의 진행이 이루어지는 것이다. 대속의 제사제도 다음에는 죄와 밀접한 연관이 있는 삶의 부정으로부터 구별되어 정결로 나아가는 길이 제시된다(레 8-16장). 그리고 일 년에 한 번 해결되지 않고 쌓여있는 죄와 부정들을 일시에 정화시키는 대속죄일을 통해 공동체의 죄와 부정을 깨끗하게 씻어낸다(레 16장). 여기까지는 소극적인 거룩이라 할 수 있다. 소극적인 거룩은 공동체를 예배자라는 본래의 상태로 회복시키는 과정이라 할 수 있다. 이렇게 회복된 예배자는 이제 적극적인 거룩의 길을 향해 나아가야 한다. 그것은 다름 아닌 예배자의 삶으로 공동체를 하나님 나라로 바꾸어 가는 것이다. 더 이상 죄와 부정으로 돌아가지 않기 위해 세상의 풍속과 규례가 아닌 하나님의 규례와 법도를 따르는 삶을 이루는 것이다(레 17-27장). 그래야만 하나님 보시기에 심히 좋았던 천지창조의 이상도, 죄가 없었던 에덴의 회복도 기대할 수 있기 때문이다. 그러므로 천지창조와 에덴 회복의 길이 레위기에 달렸다 해도 과언이 아닌 것이다.

천지창조에서 울려 퍼졌던 7번의 “보시기에 좋았더라” 그리고 마지막에는 “보시기에 심히 좋았더라”(창 1:4, 10, 12, 18, 21, 25, 31)라는 감탄이 바로 하나님의 뜻이시다. 이것이 창조의

7일을 지나고, 8일째 이후에도 계속해서 울려 퍼지게 하는 것이 하나님의 형상을 부여받은 인간의 소명일 것이다. 레위기는 죄로 인해 잃어버린 하나님 "보시기에 심히 좋은 그런 세상"을 회복하기 위해 하나님의 백성을 교육하고, 세워나가는 역할을 한다.

그렇다면 레위기는 예배의 본질을 전하는 것이 아니라, 이스라엘이 예배자로 평생을 서 나갈 수 있는 길과 나아가서는 대대로 그렇게 살아갈 수 있는 길을 제시하기 위한 책이라는 것을 살펴볼 수 있다. 즉, 예배하는 백성의 상태를 바르게 세우는 책이다. 이미 출애굽기가 이스라엘은 예배하는 백성이며, 진정한 예배는 하나님의 말씀을 한 치의 어김도 없이 듣고 그대로 행하는 것이라고 정의했다. 레위기는 이와 연결되어서 예배자로서의 정체성을 잃지 않고 지키기 위한 길을 제시하고 있는 것이다. 하나님을 예배하는 백성으로서의 정체성을 상실하지 않기 위해 언약을 유지하는 것이 절대적으로 필요하기 때문이다. 레위기는 바로 그러한 언약을 지키고, 회복하는 길을 제공해 준다. 그래야만 하나님께서 성막에서 부르실 때, 그 앞에 나아가 응답할 수 있는 예배자가 될 수 있기 때문이다. 레위기가 궁극적으로 강조하는 예배자의 길은 한 문장으로 요약된다.

내가 거룩하니 너희도 거룩할지어다(레 11:45; 19:2; 20:26).

레위기는 하나님의 백성이 거룩한 하나님 앞에 예배자로 서기 위해 살아가야 할 거룩이 무엇인지를 제시하고 있다. 그 거룩의 마지막 단계가 절기를 지키는 삶이라는 것이 의미가 깊다(레

23-25장). 유월절부터 시작해 마침내 7년 주기의 안식년을 거쳐 희년까지 이르는 50년의 시간을 하나님의 법도와 규례를 따라 살아간다면 한 사람의 일생은 거룩의 정점에 도달하는 길이 활짝 열릴 것이 분명하다. 그 당시 사람들의 일생을 위하여 하나님께서 거룩을 위한 삶의 시간표를 제시해 주신 섬세한 배려와 돌봄이 느껴진다. 연중 절기들(유월절, 무교절, 초실절, 칠칠절, 나팔절, 대속죄일, 초막절)은 일생을 통해 해마다 거듭된다. 거듭된다는 것은 반복을 의미하며 반복은 곧 습관이 되어 삶으로 형성된다는 점에서 삶의 시간표는 평생을 살아가야 할 거룩의 계단이 되는 것이다.

그러므로 레위기는 이 시대에 하나님을 예배하는 예배자가 되기를 소망하는 사람들이라면 반드시 읽고, 자신의 삶으로 만들어야만 하는 책인 것이다. 왜냐하면 레위기는 우리를 거룩한 예배하는 자가 되게 하기 위한 길을 제시하고 있기 때문이다. 이런 이유로 고대로부터 지금까지 레위기는 유대인 아이들이 책을 읽을 수 있는 나이만 되면 회당에서 맨 처음 배우는 책이다. 그리고 레위기는 신약의 예수 그리스도의 대속의 교리를 이해할 수 있는 근간이 되기에 결코 소홀히 여겨서는 안 되는 책이 분명하다. 그러나 지금은 폐기된 의식을 세세히 살핀다는 점에서 어려움이 여전히 남아 있는 것은 사실이다. 그렇지만 그 속에 심겨져 있는 영적인 교훈은 시대를 초월하여 유대인이든, 그리스도인이든, 이방인이든지 하나님의 뜻을 바르게 분별할 수 있는 길을 제시하고 있다는 것은 분명하다. 이제 레위기를 넘어서 민수기를 통하여 예배의 실행을 살펴볼 필요가 있다. 민수기는 지금까지 시내 산에서 주신 하나님의 말씀인 이론이 실제가 되어야 할 장소라는 점에서 예배의 격전장이 될 것을 짐작해 볼 수 있다.

3. 민수기를 통해 살펴보는 예배의 실제

창세기의 히브리어 제목이 '베레쉬트'(בְּרֵאשִׁית, in the beginning)로 '태초에'라는 뜻이며, 출애굽기의 제목이 '웨엘레 쉐모트'(וְאֵלֶּה שְׁמוֹת, and these are names)로 "그리고 이것은 이름들이다"라는 뜻이다. 그리고 레위기의 제목은 '와이크라'(וַיִּקְרָא, and He called)로 "그리고 그가 부르셨다"인데, 중요한 것은 하나님께서 어디에서 모세를 부르셨는가라는 장소의 변화이다. 출애굽기에서 하나님께서는 모세를 늘 시내 산에서 부르셨다. 그런데 이제 부르시는 장소가 이스라엘의 중심에 위치한 성막이라는 것이다.

이러한 세 권의 흐름은 다음과 같다. 창세기는 '태초에'라는 말로 시작하며, 하나님의 숭고하신 뜻이 무엇인가라는 사실이 나타나고, 그 뜻을 이루어갈 한 백성인 이스라엘이 탄생하는 것으로 마감된다. 그 연결로 출애굽기는 이름들을 나열하는 것으로 시작한다. 그 이름은 다름 아닌 하나님을 예배하는 백성이라는 것이다. 그리고 레위기는 이제 성막에서 부르시는 하나님의 음성을 듣고 숨는 자가 아니라, 그 음성에 응답하는 예배자가 되는 길을 제시하고 있다.

하나님의 백성 이스라엘이 탄생했고(창세기), 예배하는 삶이라는 존재의 목적이 분명해졌고(출애굽기), 평생토록 예배하는 자가 되기 위해 살아가야 할 길도 배웠다(레위기). 모든 것이 준비된 것이다. 그렇다면 이제 남은 것은 이 모든 것을 그 약속의 땅에서 펼치는 것이다. 민수기는 하나님께서 이스라엘이 예배자의 삶을 살아가며, 하나님께서 허락하신 땅을 예배하는 땅으로 만들기 위해 이스라엘의 출발을 지휘하시는 장면으로 시작한다. 그러나 하나님께서는 즉각적으로 이스라엘을 그 땅으로 인도하지 않으신다. 이스라엘이 한 장소를 거쳐 가게 만드신다. 바로 광야이다. 광야는 구분의 장소이다. 강한 불이 정금을 가려내듯이, 광야는 시련의 장소이면서 옥석이 가려지는 신앙의 훈련장이 된다. 즉, 광야에서 예배자와 배교자가 갈라지는 것이다.

1) 예배와 믿음의 관계

민수기의 히브리어 제목이 '베미드바르'(בְּמִדְבַּר, in the wilderness)로 '광야에서'라는 뜻을 가지고 있는 것은 이런 점에서 합당한 것이라 하겠다. 이처럼 광야라는 주제가 민수기를 감싸고, 그 중심에 우뚝 서 있다. 그러나 광야에서 있었던 일이라고만 한다면 단순한 감이 있다. 광야에서 무슨 일이 벌어지고 있는가? 그것이 민수기가 하는 싶은 말이다. 출애굽기 19장에서 레위기를 거쳐, 민수기 10장까지는 이스라엘이 시내 산에 머물며 벌어지는 일이다. 그러나 이스라엘은 민수기 11장부터 드디어 움직이기 시작한다. 그것도 광야라는 열악한 환경 속에서 움직이고 있는 것이다. 이 움직임 속에 출애굽 구세대(민 11-20장)와 광야 신세대(민 21-36장)가 교차한다.[31] 즉, 구세대가 죽고, 신세대가 서는 것이다. 구세대들은 분명 가나안 땅을 약속받은 사람들이다. 그리고 시내 산에서 언약은 물론, 성막건축까지 다 이루고, 레위기의 예배자의 삶이 어때야 하는지도 들은 사람들이다. 그러나 그들이 약속의 땅이 아닌 광야에서 죽어갔다는 것은 분명 확실한 이유가 있을 것이다. 민수기는 그것을 명확히 제시하려는 의도가 있다. 약속의 땅을 향하여 나아가는 순례자들이 그 목표를 이루지 못하고 변두리에서 사라져 갈 수 있다는 경각심을 일깨워준다. 그러므로 광야라는 곳에서 약속을 상실하고 죽어갈 것인가, 아니면 그 약속을 하나님께서 허락하신 땅에서 성취할 것인가라는 양 갈래 길이 존재하고, 또한 죽을 것인가, 존재할 것인가의 질문 앞에 놓이게 된다. 이런 점에서 민수기의 주제를 한 가지 들라고 한다면, "누가 약속의 땅에 들어갈 것인가?"일 것이다. 그 땅에 들어가는 주제는 중요한데, 그 땅에 들어가야 예배자로서의 삶을 살아가며, 그 땅을 천지창조의 이상이 회복되는 에덴동산으로 만들어 갈 것이기 때문이다.

예배의 본질은 하나님의 말씀을 듣는 것이다. 이러한 말씀을 듣는 예배가 바르게 이루어지면 우리에게 확신 있게 생겨나는 것이 있다. 바로 믿음이라는 것이다. 하나님이 우리의 말을 들으시고, 또 우리가 하나님의 말씀을 들으며 예배하는 가운데, 신뢰의 관계가 형성된다. 이 신뢰의 관계는 믿음이라는 는는한 신념의 바탕이 되는 것이다. 그러므로 로마서에서 "믿음은 들음에서 나며 들음은 그리스도의 말씀으로 말미암았느니라"(롬 10:17)는 말씀은 예배의 본질을 건드리고 있는 말이라 할 수 있다. 하나님의 말씀을 들음으로 예배가 이루어지고, 예배를 통해 우리의 믿음은 성장하는 것이다. 이제 우리가 하나님을 예배하는 사람인가, 아닌가는 어려운 질문이 아니라 우리에게 하나님을 향한 믿음이 있는가, 아닌가로 알 수 있다는 것이다. 이런 점에서 아브라함은 진실로 예배하는 자였다고 할 수 있다. 하나님의 말씀을 듣는 그의 자세도 그렇지만, 그 말씀을 실행하는 것이 이것을 증명하며, 그로 인해 아브라함을 믿음의 조상이라 부르는 것은 합당한 것이라 할 수 있다. 이처럼 예배와 믿음은 떼려야 뗄 수 없는 함수관계에 있는 것이다.

인간의 생존을 위해 아무것도 제공해 줄 수 있는 것이 없는 광야는 하나님의 말씀을 듣는 예배와 그로 인해 생겨나는 믿음을 세우는 최적의 장소라 할 수 있다. 이 믿음으로 출애굽 구세대와 광야의 신세대가 그 운명을 달리한다. 여기 이 짧은 지면에서 광야에서 죽어간 출애굽 구세대와 약속의 땅에 들어갈 광야의 신세대의 모든 것을 다 비교할 수는 없다. 단지 한 가지 사건이면 예배가 믿음이 되고, 믿음이 성취되는 길을 분명하게 살펴볼 수 있다. 그 사건은 다름 아닌 슬로브핫의 딸들의 이야기이다.

2) 슬로브핫의 딸들과 믿음의 예배

민수기 26:1절은 "염병 후에 여호와께서 모세와 제사장 아론의 아들 엘르아살에게 말씀하여 이르시되" 이스라엘 자손의 인구를 다시 조사하라는 명령을 주시는 것으로 시작하고 있다. 그리고 26장 전체가 광야 신세대의 인구조사를 행하는 것으로 나타난다.[32] 그런데 인구조사가 마감되자마자 독특한 일이 발생한다. 슬로브핫의 다섯 딸들의 이야기가 나타나는 것이다. 심지어 이 다섯 여인들은 신세대를 이끌 여호수아를 지도자로 세우는 것보다 앞서서 거론된다는 점에서 의미심장하다. 그리고 이 여인들의 이야기는 신세대 이야기의 마감으로 민수기 36장에 또 다시 등장한다. 즉, 구조를 살펴보면 신세대 인구조사가 마감되고, 슬로브핫의 딸들이 나타나고, 신세대의 이야기를 마감하는 곳에서 다시 등장한다는 점에서, 슬로브핫의 딸들은 신세대 이야기 전체를 시작과 끝에서 감싸고 있는 것이다.

▣ 민 26장 신세대의 인구조사

⊙ 민 27:1-11 슬로브핫의 딸 이야기

⊙ 민 27:12-35:34 여호수아와 이스라엘 신세대가 해야 할 일들

⊙ 민 36:1-13 슬로브핫의 딸 이야기

이 여인들이 여호수아보다 더 앞서 거론되는 이유가 분명히 있을 것이다. 그리고 이 여인들의 이야기가 신세대 이야기를 감싸고 있다는 것은 긍정적이든, 부정적이든 간에 신세대에게 주고자 하는 신앙의 본이 있을 것이다. 이들의 이야기를 간략하게 요약하면 다음과 같다. 요셉의 아들 므낫세 지파에 슬로브핫이라는 사람이 있었다. 그런데 이 사람은 광야에서 거역의 세대 속에 끼지 않고, 광야세대가 죽어갈 때 죽어 소멸했다. 그런데 그에게는 아들이 없고, 딸만 다섯 명이 있나. 그들의 이름은 '말라, 노아, 호글라, 밀가 그리고 디르사'다. 이 다섯 명의 딸들이 모세에게 나아왔다. 그 이유인 즉은 신세대에게 약속의 땅을 분배 했는데, 슬로브핫은 아들이 없다는 이유로 약속의 땅을 유업으로 받는 것에서 제외된 것이다. 이제 이 딸들은 과감하게 모세에게 나아가서 어찌 아들이 없다고 아버지의 이름이 제외될 수 있는가에 대해 탄

원하며, 아버지의 형제 중에서 그 땅의 기업을 분배해 달라고 호소하는 것이다. 모세가 이를 하나님께 아뢰니 하나님께서 슬로브핫의 딸들이 옳다 인정해 주시고, 그들에게 땅을 분배해 줄 것을 말씀하신다. 그리고 기업 상속에 대한 법을 개편해 주시기까지 하신다. 이것이 민수기 27:1-11절에 기록된 내용이다.

그런데 이 판결에 의문을 품은 사람들이 있다. 바로 므낫세 지파의 수령들이다. 이들은 슬르브핫의 딸들이 므낫세 지파의 땅을 기업으로 물려받으면 미래에 생길 문제점을 지적하며 모세에게 나아와 탄원한다. 그 사연인 즉은 만약 슬로브핫의 딸들이 므낫세 지파가 아닌 다른 지파의 남자들에게 시집간다면 므낫세 지파의 땅이 다른 지파로 넘어가게 되고, 그 땅은 안타깝게도 희년이 되어도 므낫세 지파로 돌아오지 않는다는 것이다. 왜냐하면 원주인이 슬로브핫의 딸들이기 때문에 영구히 그들이 시집간 지파의 땅이 되어버린 다는 것이다. 그들의 말도 일리가 있는지라 모세가 여호와께 아뢰고, 여호와께서 답을 주시길, 슬로브핫의 딸들은 같은 지파 남자들에게 시집가야 한다는 것이다. 이에 이 다섯 딸들이 다 그들의 숙부의 아들들에게 시집감으로 땅 분배에 대한 논쟁은 일단락이 된다. 그리고 이 두 번째 이야기는 민수기의 마지막인 36장에 기록되어 있다. 어쩌면 의도적으로 슬로브핫의 딸들의 이야기를 신세대의 이야기 시작에 놓고, 그리고 마지막에 두는 배열을 택한 것이다. 땅 분배라는 내용으로 보아 분명 부정적인 측면이 아닌, 긍정적인 측면임을 알 수 있다.

슬로브핫의 딸들의 이러한 이야기들로 신세대 이야기의 시작과 끝을 장식하는 테두리로 두는 이유는 무엇인가? 도대체 어떤 신앙의 본을 보이고 싶어서 이들의 이야기로 신세대의 대표적인 이야기로 삼는 것인가? 이들의 이야기는 분명 구세대의 불신앙과 대비되는 것임에 틀림없을 것이다. 그 극명한 대비는 바로 땅에 대한 이들의 신념이다. 구세대나 지금 다섯 명의 슬로브핫의 딸이나 마찬가지로 기나긴 광야여정을 거쳐 왔으며, 또한 아직도 아무것도 없는 광야에 있기는 마찬가지이다. 그러나 이 여인들은 달랐다. 이들은 아무것도 보이지 않는 그 광야에서 하나님께서 약속하신 말씀을 신뢰하고, 확신하는 믿음이 있다. 이들은 한 번도 보지 못한 땅, 가보지 못한 땅을 확실하게 자신들이 받을 것이라는 확신 가운데 모세에게 나아가 그 땅을 분배해 달라는 것이다. 이들은 하나님께서 약속하신 그 땅이 실제가 될 것인가, 아닌가를 결코 의심하지 않는다. 마치 그 땅이 바로 눈앞에 펼쳐져 있는 듯이, 그 땅을 기업으로 달라는 것이다. 이것은 광야에서 죽어간 구세대와 완전히 다른 신앙의 모습이다.[33]

> 모세가 엘리압의 아들 다단과 아비람을 부르러 사람을 보냈더니 그들이 이르되 우리는 올라가지 않겠노라 네가 우리를 젖과 꿀이 흐르는 땅에서 이끌어 내어 광야에서 죽이려 함이 어찌 작은 일이기에 오히려 스스로 우리 위에 왕이 되려느냐 이뿐 아니라 네가 우리를 젖과 꿀이 흐르는 땅으로 인도하여 들이지도 아니하고 밭도 포도원도 우리에게 기업으로 주지 아니하니 네가 이 사람들의 눈을 빼려느냐 우리는 올라가지 아니하겠노라(민 16:12-14).

> 백성이 모세와 다투어 말하여 이르되 우리 형제들이 여호와 앞에서 죽을 때에 우리도 죽었더라면 좋을 뻔 하였도다 너희가 어찌하여 여호와의 회중을 이 광야로 인도하여 우리와 우리 짐승이 다 여기서 죽게 하느냐 너희가 어찌하여 우리를 애굽에서 나오게 하여 이 나쁜 곳으로 인도하였느냐 이 곳에는 파종할 곳이 없고 무화과도 없고 포도도 없고 석류도 없고 마실 물도 없도다 (민 20:3-5).

출애굽 구세대는 늘 광야에서 젖과 꿀이 흐르는 땅을 달라고 아우성을 쳐댄다. 심지어 이집트 땅이 젖과 꿀이 흐르는 땅이라고 선언함으로 하나님께서 주시겠다는 젖과 꿀이 흐르는 가나안 땅에 대한 약속까지도 무효화시키기를 주저하지 않는다. 그리고 지금 당장 주지 않으면 더 이상 나아가지 않겠다고 선언하기까지 한다. 이들은 눈에 보이는 것에 자신들의 신뢰를 두는 자들이다. 그러나 이에 반해 슬로브핫의 딸들은 하나님의 약속에 자신들의 신뢰를 두는 사람들이다. 이들은 진실로 광야에서 하나님을 예배하는 자들인 것이다. 하나님의 말씀을 실제로 믿고 따라가는 믿음의 여성들인 것이다.

이렇게 믿음을 가지고 행동하는 것은 쉽지 않다. 왜냐하면 당장 눈에 보이는 증거는 그것과는 정반대의 절망적인 상황이기 때문이다. 하지만 눈앞에 펼쳐진 상황이 실제가 아니라, 하나님의 약속이 현실이요, 실제임을 믿는다면 사람은 다르게 살아갈 수 있다. 즉, 광야가 현실과 실제가 아니라, 약속의 땅이 실제요, 진정한 현실이란 사실을 확신하는 믿음이 있을 때 우리는 광야의 상황에서도 젖과 꿀이 흐르는 땅을 살 수 있다. 우리가 살아가는 이 시대가 오늘을 분석해서 내일을 예측하고 살아가는 현재의 상황에 얽매인 삶이라면, 하나님을 예배하는 신념의 사람들은 내일의 빛 아래서 오늘을 해석하는 사람들이다. 즉, 오늘의 상황이 우리의 신앙을 좌우하는 것이 아니라, 비록 미래적 성취를 담고 있을지라도 하나님께서 약속하신 그 말씀이 바로 지금 우리가 살아야 할 현재인 것이다. 이런 행동이 사람들의 인정을 받게 되는 경우는 극히 드물고, 많은 경우 비합리적이고, 비현실적이며, 순진한 낙관주의라는 비웃음과 조롱이 되기 십상이다. 그것을 견디어 내는 용기가 하나님의 미래 소망을 현재화 시킬 수 있는 길이다.[34] 하나님의 약속을 신뢰하는 그 길만이 우리가 아무것도 가진 것이 없어도 당당할 수 있고, 자신감 넘치게 살아갈 수 있는 토대가 된다.

슬로브핫의 딸들은 광야가 현실이고 실제라고 부르짖으며 그 안에서 죽어간 구세대를 뒤로하고, 하나님의 말씀만이 진정한 현실이며, 유일한 실제라는 확신으로 오늘을 담대하게 살아가야 할 신세대의 주역이 되며, 믿음의 대표자들이 된다. 광야에서 무엇을 볼 것인가에 따라, 사느냐, 죽느냐가 결정되며, 하나님을 예배할 것인가, 아니면 상황을 숭배할 것인가가 좌우된다. 구세대는 눈앞에 펼쳐진 상황을 현실로 받아들였다면, 신세대를 대표하는 슬로브핫의 딸들은 하나님의 말씀과 약속만을 유일한 현실로 받아들였다. 그래서 그들은 어떤 상황 속에서도 하나님을 예배하는 믿음의 사람들이 될 수 있는 것이다. 이처럼 슬로브핫의 딸들은 믿음은 바라는 것들의 실상이요 보이지 않는 것들의 증거라는 것을 확실하게 증거 하는 진정한 예배자들임에 틀림없다(히 11:1).

이 다섯 여인들의 이름이 가나안을 정복하고 땅을 분배받은 사람들의 명단에 당당하게 등장하는 것이 결코 우연이 아닌 것이다(수 17:3-6). 이것은 가나안 땅에 들어갈 신세대는 바로 그러한 믿음의 사람들이어야 함을 강조하고 있다. 신세대만큼은 결코 구세대처럼 광야에서 스러지지 말아야만 한다. 이를 위해 신명기에서 모세는 마지막 힘을 다 모아 유언처럼 신세대에게 하나님의 뜻을 전한다.

4. 신명기를 통해 완성되는 예배

신명기는 대부분 모세가 설교 형식으로 전하는 가르침으로 되어 있다. 설교 중에서도 임종을 앞두고 자신의 생의 모든 경험과 신앙을 하나로 모아 전하고 있다는 점에서 '고별설교' 즉 유언장인 것이다. 신명기가 설교문인 까닭에 신명기의 분위기는 이야기보다는 법규 형식의 가르침에 가깝다. 신명기의 중심에는 '신명기 법전'(신 12-26장)이라고 불리는 단락이 있다. 이 신명기 법전은 그 앞과 뒤에 나오는 언약의 다짐, 언약의 갱신을 전하는 이야기와 아주 잘 어울린다. 역사를 회고하고(신 1-4장), 언약을 맺는 일(신 5-11장)이 언약을 수호하기 위해 지켜야 할 구체적인 내용들(신 12-26장 신명기 법전) 앞에 나오고, 언약의 조건을 충실히 이행하는 자에게는 축복을, 그렇지 않은 자에게는 저주를 내리겠다는 단서 조항(신 27-28장)이 언약의 내용 뒤를 따른다. 그리고 이스라엘의 미래상을 제시하고(신 29-33장), 그 말미에 가서는 언약의 중재자 역할을 했던 모세의 퇴장(신 34장)을 다루며 모든 내용이 마감된다.

1) 말씀의 필요성

모세의 퇴장과 함께 구름과 불의 가시적인 현상은 이제 가나안 땅에서 중단될 것이다. 그 이후 여호와 하나님의 출현은 그의 말씀을 담은 언약궤 안에 있게 된다. 신명기는 이스라엘의 이러한 미래를 미리 예견하고 있다. 하나님의 백성 이스라엘의 미래는 바로 하나님의 말씀의 결정체인 율법을 따르는 것에 좌우된다. 그러므로 신명기의 원제목이 '엘레 하데바림'(אֵלֶּה הַדְּבָרִים, these are the words)으로 "이는 말씀들이니라"는 적절한 것이다. 바로 하나님의 백성이 살아갈 길을 제시하고 있기 때문이다. 이 말씀이 가슴에 새겨져 있어야만 젖과 꿀이 흐르는 땅, 그 땅이 유혹의 대상이 아니라, 하나님을 찬양하는 장소가 될 것이다.

신명기는 이러한 미래를 이미 예견하고 있다. 인간이 어떤 존재인지를 알기 때문이리라. 신명기는 광야와 기름진 땅의 접경지대에서 주어진 말씀들이다. 광야를 거쳐본 세대, 그들에게 지금 기다리고 있는 것은 기름진 땅, 그러나 그 땅은 하나님의 약속의 실현이라는 축복의 성취이기도 한 긍정적인 모습과, 또한 수많은 유혹의 길이 주어져 있는 부정적인 모습이 동시에 존재한다. 축복과 유혹, 이 두 가지는 항시 우리 앞에 놓여져 있는 삶의 두 가지 길이다. 신명기가 존재하는 이유는 이러한 하나님의 축복을 어떻게 다룰 것이며, 어떻게 영구히 누릴 것인가를 고민한다. 결국, "쉐마 이스라엘!"(들으라 이스라엘!)처럼 "우리 하나님 여호와는 오직 유일한 여호와이시니 너는 마음을 다하고 뜻을 다하고 힘을 다하여 네 하나님 여호와를 사랑하라"(신 6:4-5)에 순종하는 것이다. 이것을 기억하고 지킬 때 주어진 축복을 바르게 누릴 수 있는 길이 주어진다. 그래서 신명기는 전반부에 하나님께서 행해주신 일들을 기록하고 있다(신 1-11장). 기억하고, 잊지 않기 위해서이다. 그리고 그 하나님의 위대하신 사랑을 기억할 때 주어진 율법 조항들을 마음을 다해 지킬 수 있는 것이다.

2) 하나님의 백성이 지켜야 할 언약법의 결론

하나님의 백성 이스라엘의 정체성은 출애굽의 구원역사에서 밝혀졌듯이 예배하는 백성이다. 그 예배의 본질은 분명하게 제시되었듯이 "내 말을 잘 듣고 내 언약을 지키면"(출 19:4)이라는 말 속에 농축되어 있다. 이것이 이루어 질 때 이스라엘은 '하나님의 소유, 제사장 나라, 거룩한 백성'(출 19:5-6)이 되는 것이다. 그렇다면 하나님의 말씀을 잘 듣고, 언약을 지키는 것이 구체적으로 어떤 것인지에 대한 제시가 주어져야 할 것이다. 그것은 다름 아닌 시내 산에서 주어진 언약법이라 할 수 있다. 바로 출애굽기 20장의 십계명을 시작으로 21-23장에 세세하게 주어진 삶의 규례들을 지키는 것이다. 그 긴 규례들의 정신을 단 한 마디로 줄이라고 한다면 예수님의 말씀을 떠올리면 될 것이다. 한 율법사가 예수님을 시험하여 율법 중에 어떤 계명이 큰가라고 질문 하였을 때, 예수님은 서슴지 않고 대답하신다.

> 네 마음을 다하고 목숨을 다하고 뜻을 다하여 주 너의 하나님을 사랑하라 하였으니 이것이 크고 첫째 되는 계명이요 둘째

도 그와 같으니 네 이웃을 네 자신과 같이 사랑하라 하셨으니 이 두 계명이 온 율법과 선지자의 강령이니라(마 22:37-40; 막 12:29-31).

신명기는 가나안 땅에 들어갈 신세대를 향해서 하나님 사랑과 이웃사랑의 법을 세세하게 펼쳐 놓는다. 출애굽기가 21-23장까지라면, 신명기는 12-26장까지로 더욱 확장된 형태를 보인다. 신명기는 12-14장까지가 하나님을 섬기는 것에 관한 내용이라면, 15-25장까지는 이웃을 섬기는 것에 관한 내용으로 세분화된다. 그리고 26장은 이러한 계명들을 지키는 것에 대한 결론에 해당한다.

여기서는 세세한 계명조항들을 설명하기 보다는 이러한 모든 계명들의 결론에 해당하는 신명기 26장을 통해 율법조항들을 지키는 삶을 통해 결국 하나님께서 이루고자 하시는 것이 무엇인지를 살피는 것에 초점을 맞춘다. 하나님의 법을 지키는 삶은 마침내 이러한 결론에 이르기 위한 목적이 있기 때문이다. 신명기 26장은 세 부분으로 나누어진다.

① 신 26:1-11 땅과 첫 열매를 주신 하나님을 향한 감사의 예배
② 신 26:12-15 사람 사이에 나누어 주는 삶의 실천
③ 신 26:16-19 하나님의 소유, 영광, 성민이 되는 길

이처럼 ① 신 26:1-11절과 ② 신 26:12-15절은 신명기 12-25장까지의 언약법의 결론으로서의 역할을 바르게 하고 있

다. 그 언약법은 하나님을 아는 것에서 시작하여, 그 하나님의 마음을 사람 사이에서 실현하는 것을 다루고 있다. 즉, 하나님의 성품을 배우고, 그것을 그대로 닮아 사람 사이에서 실현해 가는 것이다. 신명기 26장은 바로 이 두 가지가 조화를 이루는 것을 예배의 완성이라고 보고 있다.

신명기 26:5-10	네 하나님 여호와 앞에 아뢰기를(5절) (וְאָמַרְתָּ לִפְנֵי יהוה אֱלֹהֶיךָ/웨아마르타 리프네 야훼 엘로헤이카)	하나님께서 이스라엘에게 땅과 풍성한 소출을 주심(נָתַן)에 대한 감사 - 우리 부르짖음을 들으시고 - 하나님의 구원사(하나님과 사람 사이의 사랑의 관계)
신명기 26:13	네 하나님 여호와 앞에 아뢰기를(13절) (וְאָמַרְתָּ לִפְנֵי יהוה אֱלֹהֶיךָ/웨아마르타 리프네 야훼 엘로헤이카)	성물을 내 집에서 내어 레위인과 객과 고아와 과부에게 주기를(נָתַן) 명령하신 대로 하였다 - (약자의 부르짖음을 듣고 – 암시됨) - 사람이 행해야 할 구원사(사람과 사람 사이의 사랑의 관계)

'여호와 앞에서 아뢴다는 것'은 바로 예배의 행위를 의미한다. 그런데 그 예배는 첫째, 하나님께서 베풀어 '주신 것'에 대한 감사의 찬양으로 이루어진다. 하나님께서 자신의 백성들을 위하여 값없이 베풀어 주셨다. 즉, 하나님께서 백성들의 신음과 탄식, 고통소리를 들으시고, 그들을 구원하사 풍요로운 땅으로 인도하여 축복을 주신 것이다. 그리고 그 다음은 그러한 사랑과 은혜

를 체험한 사람이 하나님께서 주신 것을 나누어 다른 이들에게 베풀어 '주는 것'으로 그 완성에 이른다. 즉, 하나님께서 자신들의 신음소리를 들으셨듯이, 그들 또한 다른 사람들의 신음소리에 귀를 기울여 듣고, 그들의 필요를 채워주는 것이다. 하나님께서 주시고, 사람이 준다. 하나님께서 듣고, 사람이 듣는다. 하나님께서 먼저 사람을 예배해 주시고, 그 다음은 사람의 예배로 하나님께 감사하며, 그 감사를 다른 이들에게 전함으로 예배를 완성하는 것이다. 즉, 하나님의 성품을 그대로 닮아 그것을 이 땅에 실현하는 것이다.[35] 이것이 바로 율법을 주신 목적이다. 율법을 통해 하나님의 성품을 깨닫고, 그 성품을 그대로 이룸으로 세상을 하나님이 원하시는 곳으로 바꾸어 나가는 것이다. 그러므로 우리가 다른 이들을 위하여 행하는 일들은 아무리 큰일이라 할지라도 그것은 결코 선행에 들어가는 것이 아니다. 그것은 바로 예배이다.[36] 하나님께서 행해주신 것에 비하면 아무것도 아닌 것이며, 인간이 행할 수 있는 최소한의 보답 정도일 것이다. 그러므로 하나님의 백성에게 선행이나, 봉사라는 말은 있을 수도 없는 말이며, 하나님의 은혜에 응답하는 삶 밖에는 내 놓을 것이 없다. 그리고 그것이 바로 예배이다.

이러한 예배를 이루어 갈 때 사람들은 하나님께 이렇게 간구할 수 있다.

> 원하건대 주의 거룩한 처소 하늘에서 보시고 주의 백성 이스라엘에게 복을 주시며 우리 조상들에게 맹세하여 우리에게 주신 젖과 꿀이 흐르는 땅에 복을 내리소서 할지니라(신 26:15).

"복을 주소서"라는 간청이 자칫 기복신앙으로 흘러갈 수 있는 위험성이 늘 존재하지만, 신명기 26장은 오히려 그러한 잘못된 길로 가는 것을 막는 길을 제시하고 있는 것이다. 하나님께서 주신 복을, 다른 어려운 사람들에게 흘려보냄으로 복의 종착지가 아닌 통로가 되는 예배하는 삶을 이루어감으로 하나님의 뜻을 이루는 삶을 사는 사람들은 얼마든지 하나님께 복을 구할 수 있다는 것이다. 왜냐하면 그 복이 결코 욕심이 되지 않고 모든 사람이 복을 누리는 세상을 만들 것이기 때문이다.

하나님께서는 자신이 구원한 공동체가 바로 이러한 공동체가 되기를 원하신다. 이것은 이미 출애굽기 18장에도 그대로 보이고 있다. 모세의 장인 미디안 제사장 이드로가 출현하는 출애굽기 18장은 첫째, 하나님의 놀라운 구원사를 이야기하고(출 18:1-12), 그 다음은 역시 하나님께서 주신 율례와 규례를 지키는 행위를 이야기 한다(출 18:13-27). 물론 하나님의 율례와 규례 속에는 하나님의 성품이 담겨 있으며, 인간이 걸어야 할 마땅한 길이 적혀있다. 그 점에서 출애굽기 18장(구세대를 향해)과 신명기 26장(신세대를 향해)은 예배의 의미에 대해 동일한 것을 전하고 있다 하겠다. 그리고 구세대의 실패와 이제 그 실패를 딛고 신세대에게 동일한 사명이 주어져 있다는 점에서 신명기는 더욱 절박한 강조점을 갖고 있다.

이렇게 하나님과의 관계, 이웃과의 관계가 바르게 서면 그 땅에서 하나님께서 주신 소산물이 나왔을 때, 가장 먼저 거둔 것을 하나님의 전으로 가지고 와서 하나님께 감사하며 예배를 드리고, 그 예배는 또한 사람을 향하여 '레위인과 객'과 함께 즐거워하게 된다. 그리고 셋째 해에는 십일조를 모아 레위인과 객과 고아와 과부에게 주어 성읍 안에서 모두 먹고 부족함이 없는 삶을 살아간다. 이렇게 하나님과 사람, 그리고 사람과 사람의 관계가 바르게 서 나가는 것이 바로 하나님께서 원하시는 세상이며, 진정한 예배의 모습이다.

위와 같은 예배가 일어날 때, 신명기 26장은 그 마지막 결론으로 이스라엘은 하나님의 언약 백성, 즉 보배로운 백성(소유), 그리고 성민(거룩한 백성)이 되는 것이다.

출애굽기 19:5-6(구세대)	신명기 26:16-19(신세대)
내 말을 잘 듣고(שָׁמַע 샤마/순종하다), 내 언약을 지키면(שָׁמַר 샤마르/지키다)	여호와의 소리를 듣고(שָׁמַע 샤마/순종하다), 규례와 법도 지키라(שָׁמַר 샤마르/지키다)
내 소유(סְגֻלָּה 세굴라/보배로운 백성)	그의 보배로운 백성(סְגֻלָּה 세굴라/소유)
제사장 나라	찬송과 명예와 영광을 삼으심
거룩한(קָדוֹשׁ 콰도쉬) 백성	여호와의 성민(קָדוֹשׁ 콰도쉬)

이 비교는 시내 산에서 하나님께서 이루고자 하셨던 하나님의 백성에 대한 이상이 신명기의 모압 평야에서 요단강을 눈앞에 두고 다시 선포되고 있다는 것이다. 차이점이라면 시내 산에서는 '제사장 나라'가 되는 것이라 하였는데 신명기에서는 구체적으로 "너를 그 지으신 모든 민족 위에 뛰어나게 하사 찬송과 명예와 영광을 삼으시고"(신 26:19)로 확장되어 나타나고 있다는 것이다. 제사장 나라가 된다는 것은 모든 민족 위에 이런 영광스런 직분을

감당하는 것이기에 가능한 것이다. 이를 통해 하나님의 소망은 늘 동일하다는 것을 분명하게 살펴볼 수 있다. 하나님과 함께 예배하는 백성을 이 땅에 세우시기를 간절히 소망하신다는 것이다. 그리고 그들을 통하여 온 천지가 오직 여호와 하나님을 경외하며, 예배하는 세상을 만들기를 원하시는 것이다. 이것이 바로 구세대의 실패를 넘어, 신세대에게 거는 희망인 것이다. 그리고 지금 현재를 살아가는 우리 모두를 향하신 하나님의 소망이기도 하다.

토라, 즉 모세오경 속에는 이러한 하나님의 간절한 소망이 농축되어 있다. 이 하나님의 꿈을 가슴에 품고 주야로 묵상하는 자, 그는 이 땅을 예배하는 세상으로 만들어 갈 수 있을 것이다. 이 시대를 살아가는 한 사람의 그리스도인으로서 유대인 신학자요, 철학자이며, 사상가인 아브라함 요수아 헤셀의 『누가 사람이냐』의 결론은 깊이 새겨봄직 하다. 하나님의 십자가의 은혜를 체험치 못했음에도 하나님 앞에서 인간의 소명을 분명하게 깨닫고 있었던 그의 고백을 통해, 우리 그리스도인들은 자신의 소명을 더 깊이 자각하여야만 한다.

> 누가 인간이냐? 하나님의 꿈과 계획을 함께 품고 해산의 고통을 겪는 존재, 세계를 구원하고 땅과 하늘을 화해시키는 하나님의 꿈, 그분의 참된 형상이며 그분의 지혜, 정의 그리고 사랑을 반영하는 인류에 대한 그 분의 꿈을 함께 꾸는 존재다. 하나님의 꿈은 그분만의 꿈일 수 없다. 그 꿈은 계속되는 창조의 드라마에서 한 배역을 담당한 인간과 함께 꾸어야 하는 꿈이다. 우리는 무슨 일을 하든 간에 우리의 행동 하나 하나로, 구원의 드

라마를 전개시켜 나가든지 아니면 가로막든지 한다. 악의 힘을 약화시키든지 아니면 강화시키든지 한다.[37)]

:: 주석

25) William H. C. Propp, *Exodus 1-18: A New Translation with Introduction and Commentary* (ABC; New York: Doubleday & Company, Inc., 1999), 34쪽.

26) Propp, *Exodus 1-18*, 37쪽.

27) 자끄 엘룰(Jacques Ellul),『존재의 이유(*La Raison D'être*)』(박건택 역)(서울: 규장, 2005), 65쪽.

28) P. J. Kearney, "Creation and Liturgy: The P Redaction of Exod. 25-40," *ZAW* 89 (1977), 380쪽 이하.

29) Gordon J. Wenham, "Sanctuary Symbolism in the Garden of Eden Story," in *I Studied Inscriptions from before the Flood; Ancient Near Eastern, Literary and Linguistic Approaches to Genesis 1-11*, eds. R. S. Hess & D. T. Tsumura (Winona Lake, Indiana: Eisenbrauns, 1994), 399-404쪽.

30) Philip P. Jenson, "레위기의 제사체계,"『성경에 나타난 제사법 연구』(서울: 도서출판그리심, 1998), 56쪽.

31) 김재구, "민수기의 거시구조에 대한 재조명,"「구약논단」63 (2017), 41-73쪽. 이 논문은 민수기에서 구세대와 신세대의 이야기가 민수기 1-25장과 26-36장으로 나뉜다는 견해를 반박하고, 구세대와 신세대의 이야기가 1-20장과 21-36장으로 나뉜다는 것을 논증한다.

32) 광야 신세대의 범주는 출애굽한 사람들 중에서 민수기 1장의 인구조사 때 20세 미만 이었던 사람들(민 14:29)과 40년의 광야여정 동안에 태어난 사람들이다.

33) Dean R. Ulrich, "The Framing Function of the Narratives about Zelophehad's Daughters," *JETS* 41 (1998), 529-38쪽.

34) 유진 피터슨(E. H. Peterson),『주와 함께 달려가리이다(*Run with the Horses: The Quest for Life at Its Best*)』(서울: IVP, 2003), 199-210쪽.

35) 이러한 예배가 제대로 이루어지지 않을 때 하나님은 예배가 아닌 심판으로 다가오신다: "너는 이방 나그네를 압제하지 말며 그들을 학대하지 말라 너희도 애굽 땅에서 나그네였음이라 너는 과부나 고아를 해롭게 하지 말라 네가 만일 그들을 해롭게 하므로 그들이 내게 부르짖으면 내가 반드

시 그 부르짖음을 들으리라 나의 노가 맹렬하므로 내가 칼로 너희를 죽이리니 너희의 아내가 과부가 되고 너희 자녀는 고아가 되리라"(출 22:21-24). 왜냐하면 여호와는 자비하신 하나님이시기 때문이다(출 22:27).

36) 오택현, "신 26장: 가나안에서 지켜야 할 하나님의 명령," 『신명기 어떻게 설교할 것인가』(서울: 두란노아카데미, 2008), 471쪽.

37) 아브라함 요수아 헤셸(A. J. Heschel), 『누가 사람이냐(Who is Man?)』(이현주 역) (서울: 한국기독교연구소, 2008), 151쪽. 용어의 사용에서 책에는 '하나님'이 아니라 '하느님'으로 번역되어 있으나, 의도적으로 '하나님'으로 바꾸었다.

3부

예언서 이해를 위한 길잡이

하나님의 소리와 사람의 뜻

드디어 지고의 권위를 가지고 있는 토라가 마감되면서, 주고자 하는 가르침이 일단락된다. 하나님의 꿈과 이상이 토라보다 더 강렬하게 표출되는 장소는 없다. 그리고 새로운 신앙의 역사가 시작된다. 이제 바야흐로 예언의 시대가 펼쳐지는 것이다. 누가 이 하나님의 꿈을 안고, 해산의 고통을 통과하며, 이 땅에 생명을 탄생시킬 것인가? 누가 하나님의 말씀을 이 땅에 현실이 되게 할 것인가? 이 질문들은 결국 말씀이 육신이 되는 성육신의 실현을 고대하는 것이다. 이제 누가 이 토라를 주야로 묵상하여 그것을 그대로 지켜 행할 것인가에 따라 이 땅의 역사는 그 방향을 달리할 것이다. 즉, 긍정적이든, 부정적이든 토라의 말씀은 성취를 고대하고 있다는 점에서 그 결과를 다루는 예언서가 뒤 따르는 것은 논리적인 순서라 하겠다.

예언서는 전기예언서(여호수아-열왕기하)와 후기예언서(이사야-에스겔; 호세아-말라기)로 나뉜다. 그 역사적 범위는 전기예언서가 땅을 정복하는 것부터 그 땅에서 쫓겨나 포로가 되는 것까지 다루고 있다면, 후기 예언서는 그 땅에서 포로가 될 수 밖에 없는 상황들을 북이스라엘부터(호세아-요나) 남유다까지(미가-스바냐; 이사야-에스겔) 다루며, 포로기를 거치고 해방되어 돌아와 성전을 짓고, 회복 공동체를 이루나(학개-스가랴) 또 다시 영적인 퇴보를 가져오는 단계까지 나아가는 상황(말라기)을 보여주고 있다.

예언서의 히브리어 명칭은 '느비임'(נְבִיאִים)으로 '예언자'를 뜻하는 '나비'(נָבִיא)의 복수형이다. 히브리어 '나비'는 구약성경에 약 300회 정도 나타나며, '나바'(נָבָא)라는 동사와 밀접히 연관되어 있는데 그 의미는 여러 가지로 해석될 수 있다. 주로 "말하다," 혹은 "알리다"라는 의미를 내포하고 있으며, "거품을 뿜다"라는 의미로까지 확장될 수 있는데, 예언자들이 무아경의 상태에서 거품과 같이 끓어오르는 영감을 전하는 것을 표현한 것으로 보인다.[38] 이처럼 예인자는 자신의 말을 하는 사람이 아니라, 계시로 받은 말씀을 전하는 사람을 의미한다. 이것은 모세와 아론의 역할 분담에서도 살펴볼 수 있다.

> 여호와께서 모세에게 이르시되 볼지어다 내가 너를 바로에게 신 같이 되게 하였은 즉 네 형 아론은 네 대언자(נָבִיא 나비/예언자)가 되리니(출 7:1.)

하나님의 말씀 속에는 모세와 아론의 관계가 하나님과 그 대언자 사이의 관계로 나타난다. 여기서 대언자라고 번역된 히브리어 단어는 '나비' 즉 '예언자'라는 단어와 동일한데, 이로써 예언자는 자신의 말을 하는 자가 아니라 보낸 자의 입으로서의 기능을 한다는 것을 살펴볼 수 있다. 이러한 사실은 신명기에서 예언자의 효시인 모세의 뒤를 잇는 모세 같은 예언자에 대하여 지시하는 구절에서 명확하게 입증된다.

> 내가 그들의 형제 중에 너와 같은 선지자(נָבִיא 나비/예언자) 하나를 그들을 위하여 일으키고 내 말을 그 입에 두리니 내가 그에게 명령하는 것을 그가 무리에게 다 말하리라(신 18:18).

여기서도 역시 예언자는 하나님의 말씀을 대언하는 자로 나타난다. 그렇다면 이제 하나님의 소리와 사람의 뜻의 충돌은 피할 수 없는 일이 될 것이며, 하나님의 소리를 듣는 예언자들과 듣지 못하는 사람들과의 목숨을 담보한 극렬한 전쟁 또한 불가피한 것이 될 것이다. 그러므로 예언서 이해는 하나님의 소리에 사람의 뜻이 어디로 향하는가를 보는 눈을 필요로 한다.

I) 전기 예언서 이해의 길

제 4 장
여호수아–사사기가 말하는 것

이 부분에서는 먼저 전기예언서 중에서 여호수아서와 사사기를 다룰 것이다. 이 두 권의 책은 이스라엘 예언의 역사에서 서로 반대 방향을 비춰주는 거울의 역할을 한다. 이 두 권의 책을 통해서 하나님의 말씀에 순종하는 삶과 그 반대의 삶이 어떤 결과를 가져오는지를 비교할 수 있다. 이를 통해 예언의 역사를 미리 내다볼 수 있게 하는 예기적인(proleptic) 기능을 한다. 즉, 여호수아서는 토라의 실현을 향하고 있다면, 사사기는 토라의 폐기를 보여준다. 물론, 그 결과 또한 정반대의 방향을 향할 것을 직감해 볼 수 있다. 이러한 대조는 곧, 삶의 결단을 촉구하는 역할을 한다. 그렇다면 여호수아서와 사사기는 전기예언서와 후기예언서 모두를 이끌고 가는 서론의 역할을 한다고 해도 과언이 아닐 것이다.

1. 여호수아서가 말하는 것

여호수아서의 구조는 크게 두 부분으로 나눌 수가 있다. 첫째는 1-12장까지로 가나안 땅 정복에 관한 이야기를 다루고, 둘째는 13-24장까지로 가나안 땅 분배에 관한 이야기를 다룬다. 그리고 이 첫째 부분과 둘째 부분은 각각 두 부분으로 나눌 수 있는데, 그 내용을 개관하면 다음과 같다.[39)]

주제	본문	명령의 주도권	핵심단어
정복을 위한 준비	1-5장	**하나님:** 요단을 건너라	건너라 (עָבַר 아바르)
가나안 땅 정복	6-12장	**하나님:** 여리고를 취하라	취하라 (לָקַח 라콰흐)
가나안 땅 분배	13-21장	**하나님:** 땅을 나누라	나누라 (חָלַק 할라끄)
미래에 대한 훈계	22-24장	**여호수아:** 여호와를 섬기라	섬기라 (עָבַר 아바드)

위의 구조가 보여주듯이 하나님께서 약속하신 가나안 땅은 정복과 분배에 의해서 이스라엘 민족의 소유가 되었다. 그 약속의 성취가 여호수아서의 구조에서 중심에 위치하고 있고(수 6-21장), 그 중심을 더욱 중요한 두 가지 사항이 둘러싸고 있다. 그 두 가지는 정복을 위한 정신을 일깨우는 것(수 1-5장)과 하나님의 은혜가 다 이루어졌을 때 영구히 행해야 할 것에 대한 명령(수 22-24장)이다. 즉, 땅을 정복하고 분배하는 것보다도 더 소중한 것이 무엇인가를 전하고자 하는 의도가 테두리를 감싸고 있는바, 이 테두리가 깨지면, 중심은 쏟아져버리고 말 것이다.

여호수아서는 전기예언서의 시작으로 토라(율법=오경)

를 주야로 묵상할 것을 촉구한다(수 1:8). 가나안 땅 정복이라는 대 과업을 눈앞에 두고 있는 지도자 여호수아에게 요구되는 것은 철저한 전쟁준비가 아니라, 예배를 바로세우는 것이다. 왜냐하면 약속의 땅은 인간이 자신의 힘으로 쟁취하는 것이 아니라, 반드시 하나님의 선물이어야 하기 때문이다. 그 땅이 인간의 능력으로 얻어지는 것이라면, 그 땅은 은혜가 사라지는 땅이 될 것이다. 그러므로 시작부터 여호수아서를 온통 뒤덮고 있는 말은 '주다'(נָתַן 나탄)라는 단어이다. 여호수아서에 총 79번이나 등장하며, 가나안 땅은 결코 인간의 힘으로 얻을 수 있는 것이 아니라, 하나님께서 값없이 부여해 주시는 은혜의 선물이라는 것이다.

> 내가 모세에게 말한 바와 같이 너희 발바닥으로 밟는 곳은 모두 내가 너희에게 <u>주었노니</u>(수 1:3).

> 강하고 담대하라 너는 내가 그들의 조상에게 맹세하여 그들에게 <u>주리라</u> 한 땅을 이 백성에게 차지하게 하리라(수 1:6).

여호수아서는 이 약속된 선물을 받기 위하여, 그리고 그 선물을 영구히 누리기 위하여 하나님의 백성 이스라엘이 해야 할 것이 무엇인가를 분명하게 가르친다. 그것은 지금 이 시대를 살아가는 우리에게도 여전히 유효한 것으로, 이를 바르게 깨닫고 있을 때 우리의 삶 또한 바르게 열어갈 수 있다. 이제 하나님께서 주시는 선물이 약속으로 끝나는 것이 아니라, 현실이 되게 하는 길을 살펴볼 필요가 있다.

1) 정복을 위한 준비 - 토라를 주야로 묵상하라(수 1-5장)

하나님의 꿈과 이상이 농축되어 있는 토라는 우리가 무엇을 위해 왔으며, 어디로 가야 하는지를 보여준다. 토라를 주야로 묵상하는 것을 통해 하나님의 능력을 깨닫고, 그 땅을 주신다는 약속이 결코 헛된 맹약이 아님을 되새기는 것이다. 그리고 하나님의 백성이 그러한 하나님의 뜻을 받들어 미래의 약속을 현재화시키기 위해 무엇을 해야 할지에 대한 소명을 새롭게 할 수 있다. 다음의 도표를 살펴보면 결코 퇴색되지 않는 하나님의 꿈이 무엇인지를 느껴볼 수 있다.

천지창조	출애굽 구세대	출애굽 신세대
궁창 위의 물 ------------ 공간 – 인간(다스림) – 안식일 예배 ------------ 궁창 아래 물	홍해의 물 ------------ 마른 땅 –이스라엘 (다스림) –안식일 예배 ----------(만나 통해) 홍해의 물	요단강 물 ------------ 마른 땅 –이스라엘 (다스림) –안식일 예배 ----------(여리고 성) 요단강 물

위의 표에서 느낄 수 있는 것은 순환이다. 똑같은 것이 계속 반복되고 있는 것이다. 이것을 깨닫는 자, 하나님과 함께 꿈을 꾸며, 미래를 향하여 전진할 수 있다. 이처럼 토라를 묵상하노라면 하나님께서는 천지창조 때부터 인간에 대한 이상을 갖고 계신다는 것을 살펴볼 수 있다. 하나님께서 바라시는 인간은 바로 맡겨주신 공간을 다스리는 백성이다. 하나님께서 혼돈의 물을 가르시고, 공간을 만드셔서, 그것을 맡겨주셨을 때, 그 공간을 가장 아

름답게 지키고, 다스리는 백성인 것이다. 인간이 할 수 있는 가장 온전한 다스림은 바로 예배 속에 있다. 하나님의 음성을 듣고, 그것을 그대로 이 땅에 실현해 내는 것이다. 그 핵심은 율법의 중심 계명과 같이 '하나님 사랑'과 '이웃 사랑'이다. 이 두 가지가 실현되는 곳은 가장 이상적인 인간의 다스림이 이루어지는 장소가 될 것이기 때문이다. 태초에 인간에게 주어진 공간은 에덴동산이라는 실체로 나타났고, 인간은 그곳을 상실하는 아픔을 겪었다. 그러므로 예배의 회복은 곧 가장 아름다운 땅 에덴의 회복을 의미하는 것이다.

이제 이러한 이상을 이루어낼 한 민족을 하나님께서 얻으셨다. 아브라함을 통해 '하나님 사랑'을 배우고, 요셉을 통해 '이웃 사랑'을 배운 이스라엘의 탄생인 것이다. 출애굽의 대 역사가 펼쳐졌고, 출애굽 구세대가 홍해를 가르고 마른 땅으로 건넜으며, 천지창조의 이념을 가슴에 새겼다. 그러나 그들은 여호수아와 갈렙을 제외하고, 모두 광야에서 예배의 반대인 불순종으로 일관하다 죽어갔다. 이제 출애굽 신세대, 즉 광야세대가 요단강을 가르며, 마른 땅을 건너 가나안 땅에 들어간다. 해야 할 것은 한 가지 예배하는 백성이 되는 것이다. 토라를 묵상하노라면 소명이 보인다. 안식일을 준수하는 것은 늘 하나님의 백성이 이루어야 할 예배의 핵심이 된다. 안식일을 구별하여, 거룩하게 지킨다는 것은 6일 동안의 순종이 없이는 결코 가능할 수 없다. 만나와 함께하는 삶은 6일 동안 "많이 거둔 자도 남음이 없고, 적게 거둔 자도 모자람이 없는 세상"을 만들 때에만 7일째의 안식일을 백성 모두가 거룩하게 구별하여 지킬 수 있는 것이다(출 16:1-29; 고후 8:1-15).

안식일 예배는 하나님께서 값없이 베풀어 주신 것에 감사하며, 우리도 하나님께 받은 것을 매일의 삶 속에서 나누어 주었노라고 고백하는 것에서 절정에 이를 것이다(신 26장).

이것을 묵상하는 백성은 요단강을 가르며 건너간 그 땅에서 무엇을 이루어야 할지를 깨달을 수 있다. 천지창조와 같이 물과 물이 갈라지며, 공간이 만들어지고, 그 마른 땅으로 하나님의 백성 이스라엘의 신세대가 물밀 듯이 가나안 땅으로 진군해 들어간다. 이들이 해야 할 것은 다름 아닌 하나님의 음성에 철저히 순종하는 예배하는 삶이다. 그것을 정확하게 가르치기 위해 가장 첫 번째로 벌이는 여리고성 전투는 창조의 첫날부터 안식일까지를 뜻하는 7일이라는 기간의 순종을 요구한다. 하나님의 백성이 해야 할 일은 이렇게 계속되는 역사의 동일한 반복을 끝내는 것이다. 불순종으로 야기된 역사의 무의미한 순환을 끝내는 순간 하나님께서 뜻하셨던 그 목표를 향하여 전진할 수 있기 때문이다. 그것은 죄악으로 가득 찼던 가나안이 에덴의 이상으로 회복되는 것이다.

2) 가나안 땅 정복(수 6-12장)

가나안 땅 정복 준비는 대단히 낯선 방식으로 진행된다. 철저히 무장한 가나안의 적들과의 전투를 위해 무기를 만들어 중무장하고, 특수훈련으로 단련하여 일당백의 군인정신을 키우는 것이 아니라, 할례를 행하고, 유월절을 지키는 축제를 벌인다. 어느 누가 보아도 자살행위와 같다. 그 당시의 할례가 부싯돌로 칼을 만들어 행했다면, 제대로 된 응급처치도 이루어지지 않았을 것 같은 느낌이 든다(수 5:2). 기후조건과 상황으로 봐서 상처가 아무는데 만도 한달은 족히 걸릴 것으로 예상된다. 할례는 분명 유월절을 지키기 위한 시작단계였을 것이다. 전쟁준비와 유월절 기념은 어떤 의미가 있을까? 토라 묵상 속에 그 의미가 분명하게 각인되어 있다.

> 그 백성은 우리보다 장대하며 그 성읍들은 크고 성곽은 하늘에 닿았으며 우리가 또 거기서 아낙 자손을 보았노라 하는도다 하기로 내가 너희에게 말하기를 그들을 무서워하지 말라 두려워하지 말라 너희보다 먼저 가시는 너희의 하나님 여호와께서 애굽에서 너희를 위하여 너희 목전에서 모든 일을 행하신 것 같이 이제도 너희를 위하여 싸우실 것이라(신 1:28b-30).

하나님께서 이집트인들과 전쟁을 치르시고, 결국은 영광스런 승리를 얻으시고, 이스라엘에게 구원의 기쁨을 안겨주신 날을 기념하는 것이 바로 유월절이다. 유월절을 기념하는 것은 곧 하나님의 능력을 기억하고 기념하는 것이다. 전쟁이 사람에게 달린 것이 아니나, 바로 하나님께 달렸다는 것을 고백하는 날인 것이다. 그 유월절을 기념하자마자 여호수아에게 하나님의 군대 대장이 나타난다.

여호수아가 여리고에 가까이 나아갔을 때에 한 사람이 칼을 빼서 손에 들고 마주 서 있는 것을 본다(수 5:13-15). 여호수아가 그에게 나아가 의미심장한 질문을 던진다. “너는 우리를 위하느냐, 우리의 적들을 위하느냐?” 그 대답은 분명 둘 중 하나이다. "네 편이다" 혹은 "적의 편이다"일 것이다. 그러나 그의 대답은 "아니다"이다. 전혀 예상치 못했던 대답이다. 즉, 이도 저도 아니라는 것이다. 영어로 하면 "No"라는 대답이기보다는 "Neither"가 될 것이다. 이것은 무슨 의미인가? 그의 다음 말에서 의미를 찾을 수 있다. "나는 여호와의 군대 대장으로 지금 왔느니라." 이것은 여호수아의 질문이 틀렸다는 것을 지적하는 것이며, 인간의 힘이 아닌 제3의 힘, 즉 군대 대장이 대표하고 있는 신의 힘이 전쟁의 결과를 좌우할 것이란 사실을 천명하는 것이다.[40] 이는 자신은 그 어느 편도 아닌 여호와의 편이라는 것이다. 이것은 여호수아와 이스라엘에게 도리어 질문하는 것이다: "너희들은 누구의 편이 될 것이냐?" 우리는 하나님이 우리 편이 되기를 소망하지만, 하나님은 자신의 편에 설 사람을 찾으신다. 하나님도 제 맘대로 자신의 편에 가담시켜 자신의 욕심을 이루려는 사람이 아니라, 하나님의 뜻에 철저하게 순종하는 사람이 필요하시다.

이것은 이스라엘이 시내 산에서 금송아지 숭배를 할 때에도 동일했다. 그 우상숭배자들을 척결하기 위하여 모세는 목소리를 높였다.

> 이에 모세가 진 문에 서서 이르되 누구든지 여호와의 편에 있는 자는 내게로 나아오라 하매 레위 자손이 다 모여 그에게로 가는지라(출 32:26).

여호수아가 군대 대장의 그 말에 얼굴을 땅에 대고 엎드려 절한다. 이것은 하나님의 뜻에 순종하겠다는 의지의 표현이다. 그리고 군대 대장은 말한다. "네 발에서 신을 벗으라 네가 선 곳은 거룩한 곳이니라." 하나님께서 싸우시는 이 거룩한 전쟁에 인간적인 힘과 의지로 오염된 신을 벗어던지고, 오직 하나님의 거룩하신 뜻을 전심을 다해 받드는 자가 되라는 것이다. 여호수아가 겸손히 그대로 받든다. 이제 "너는 우리 편이냐, 적의 편이냐?"는 편 가르기가 아니라, 오직 하나님의 뜻을 받드는 하나님의 편이 되겠다는 것으로, 인간적인 용맹을 전적으로 하나님의 뜻에 복종시키는 것이다. 그리고 여리고 성부터 정복전쟁이 시작된다.

가나안 땅 정복의 이념은 여리고 성과 아이 성을 쟁취하는 사건들 속에 가장 크게 부각되어 나타나고 있다. 그 외의 사건들은 대부분 간략한 보고의 형태를 취하고 있을 뿐이다. 그 이유는 이 두 성들이 가나안의 대표적인 성들이기 때문이 아니라, 이 두 성에서의 전투가 여호수아서가 보여주고자 하는 정복전쟁의 중요한 신학적인 주제를 포함하고 있기 때문이다.

(1) 여리고 성 전투(수 6장)

여리고성은 난공불락의 요새로 그려지고 있나. 문을 싹 닫고, 어느 누구도 출입할 수 없게 되어서, 정복하기에는 불가능해 보이는 그런 성이다. 정탐꾼들이 보고한 가나안 땅의 장대한 성의 전형적인 모습이 여리고 성으로 실체가 된다(민 13:28). 그러나 여리고성 점령이 보여주는 신학적인 메시지는 극히 단순하다. 전쟁은 하나님께 속한 것이고, 여호와께서 약속하셨듯이 자신이 앞장 서셔서 모든 민족들을 치시겠다는 약속을 신실하게 지키시는 하나님의 모습을 보여주는 것이다. 사람이 할 일이란 단지 여호와께서 명령하신 것을 그대로 준행하면 되는 것이다. 설사 그것이 아무리 바보스럽고, 우스꽝스러운 일일지라도 명하신 그대로 행하는 것이다. 여리고 성을 향한 전쟁의 주 내용은 다음과 같다.

명령과 실행	실행할 주 내용
여호와의 명령 (수 6:3-5)	성을 돌되, 성 주위를 매일 한 번씩 엿새 동안 돌고, 일곱 제사장들은 법궤 앞에서 일곱 나팔을 불며 돌고, 일곱 째 날에는 일곱 번 돌고, 마지막에 나팔을 길게 울려 불 때 외치면 성벽이 무너지리라
여호수아의 명령전달 (수 6:6-7)	제사장들에게 언약궤를 메고 제사장 일곱은 나팔을 잡고 궤 앞에서 나아가고, 백성들은 성을 돌되 무장한 자들이 궤 앞에서 돌지니라
백성들의 실행 (수 6:8-20)	제사장 일곱이 나팔을 잡고, 언약궤 앞서 나아가며 나팔을 불고, 무장한 자들은 나팔 부는 제사장 앞서 행진하며, 후군은 궤 뒤에서 따르고, 여호수아는 백성들에게 외치지 말고, 어떤 음성도 입에서 내지 말고, 마지막에 외치라 하면 외치라고 명령함. 그리고 일곱째 날에는 일곱 번 돌고, 제사장들이 나팔 불 때 외치니 성벽이 무너져 내림

이 과정을 살펴보면 여호와의 명령, 여호수아의 명령전달 그리고 백성들의 실행 사이에 그 어떠한 단절도 존재하지 않음을 살펴볼 수 있다. 여호와의 명령이 지도자를 통과하여, 백성들에게 일사불란하게 전달된다. 그리고 그 어디에도 하나님의 명령에 대한 각색이 없다. 명령하신대로 그대로 이루어진다. 즉, 여호와께서 명령하신 대로 그대로 전달되고, 실행되는 것이다. 이런 점에서 여리고 성 점령은 순종과 그 결과가 어떤 것인가를 보여주는 모범

적인 이야기이다. 이 여리고 성 점령이 정복 전쟁의 시작을 열었다는 것은 앞으로 있게 될 전쟁의 승패가 어떻게 이루어질 것인지를 보여주는 시금석이다. 바로 철저한 순종만이 승리의 비결이라는 교훈인 것이다. 여호와께서 명하신 대로 그대로 하는 것이 예배란 점에서 여리고 성 전투는 바로 전쟁을 치르는 최고의 방법이 예배라는 사실을 보여주는 것이다. 이점은 여리고 성이 무너졌다는 사실에 대한 환호성보다(수 6:20), 전쟁을 치르는 방식에 모든 초점을 맞추고 있다(수 6:1-19)는 점에서 하나님의 백성이 마땅히 행해야 할 것이 무엇인지를 강조하고 있다는 것을 알 수 있다. 성이 무너지든, 아니든 그 결과는 하나님의 몫이로되, 하나님의 백성의 몫은 명령하신 대로 행하는 것이다.

하나님께서 꿈꾸셨던 천지창조 때의 그 안식일 예배가 바로 하나님께서 명하신 대로 행하는 결단의 시간이라면, 여리고 성 전투는 그 예배의 가장 실천적인 모습이다. 하나님의 명령대로 이루는 7일의 순종이 없이는 승리도 승리가 아니다. 그리고 하나님의 뜻대로 이루는 7일의 예배를 이루었음에도 패배한 것은 결코 패배가 아니다. 하나님의 뜻이 이루어졌기 때문이다. 수치뿐인 승리 보다는 정정당당한 패배가 백배 낫다. 어느 누구든지 이 순종의 예배를 드리는 자는 이스라엘이든, 가나안 원주민이든 구원의 기쁨을 누릴 수 있다. 이것은 이미 진멸이 내정된(신 7:2, 26; 20:16-20) 가나안 원주민인 라합과 그의 가족이 하나님을 향한 예배로 구원의 반열에 들어간다는 점에서 입증된다(수 2:8-11, 15-21).

(2) 아이 성 전투(수 7-8장)

여리고 성 점령과 아이 성 점령 사이에 있지 말아야 할 이물질이 끼어있다. 그것은 아간의 범죄이다. 아간의 범죄의 특징은 불순종이다. 하나님의 명령을 말씀 그대로 준행치 않은 것이다. 다 불태워야만 할 전리품들을 욕심에 이끌려 숨겨둔 것이다. 불순종은 아이 성 같이 조그마한 성도 점령할 수 없게 만드는 요인이 된다. 하지만 이 패배 안에는 단지 아간의 범죄만 들어 있는 것은 아니다. 이스라엘의 불순종 또한 한몫을 하고 있다는 것이다. 아이 성 전투를 준비하는 여호수아와 이스라엘의 이야기를 읽어보면 여리고 성 전투와 사뭇 달라진 양상을 느껴볼 수 있다.

> 여호수아가 여리고에서 사람을 벧엘 동쪽 벧아웬 곁에 있는 아이로 보내며 그들에게 말하여 이르되 올라가서 그 땅을 정탐하라 하매 그 사람들이 올라가서 아이를 정탐하고 여호수아에게로 돌아와 그에게 이르되 백성을 다 올라가게 하지 말고 이삼천 명만 올라가서 아이를 치게 하소서 그들은 소수이니 모든 백성을 그리로 보내어 수고롭게 하지 마소서 하므로 백성 중 삼천 명쯤 그리고 올라갔다가 아이 사람 앞에서 도망하니 아이 사람이 그들을 삼십육 명쯤 쳐죽이고 성문 앞에서부터 스바림까지 쫓아가 내려가는 비탈에서 쳤으므로 백성의 마음이 녹아 물 같이 된지라(수 7:2-5).

여리고 성 전투에서는 오직 한 목소리만 울려 퍼졌다. 바로 여호와 하나님의 명령이었다. 그런데 아이 성 전투에서는 하나님의 목소리는 전혀 들리지 않고, 오직 인간의 계획만이 가득하다. 인간이 보고, 판단하고, 결정한다. 그 어디에도 하나님께서 끼어들 여지가 없다. 여리고 성에서 대대적인 승리를 거둔 이스라엘은 예상치 못한 승리에 교만해 졌음에 틀림없다. 아이 성이라는 조그만 성을 보자 마음이 교만해졌다. 그들은 하나님의 명령을 기다리지도 않았고, 하나님께 묻지도 않았다. 만약 묻고, 들었다면, 무엇이 잘못되었는지를 알았을 테고, 먼저 교정을 했을 것이다.[41] 그러나 흡사 여리고 성의 승리가 자신들의 힘으로 된 듯이, 아이 성을 향하여 얕잡아 보고 3,000명 정도만 보내면 충분히 이기고도 남겠다는 생각으로 전쟁에 임했다. 그런데 그렇게 작은 성 주민들에게 쫓겨서 도망가는 것은 물론이요, 심지어 삼십육 명이 살육을 당하기까지 한다. 전쟁은 결코 사람의 힘으로 하는 것이 아님을 분명히 보여주는 명확한 증거라 할 수 있다.

하나님의 백성에게 전쟁의 승패는 사람의 많고 적음도 아니요, 적들의 강하고 약함도 아니다. 오직 한 가지 하나님 편이 되는 것이다. 그러할 때 승리도 빛이 나고, 패배도 패배가 아닌 것이다. 하나님의 뜻에 전폭적으로 순종하며 나아갈 때, 가장 장대한 성인 여리고가 무너졌다. 하나님의 뜻을 거역할 때, 인간의 눈에 보기에도 허술하기 그지없는 아이 성 조차도 정복하기에는 너무나 강대한 적이 된다. 그리고 이러한 불순종은 구원이 확정되어 있는 이스라엘의 가족도 구원에서 제외되어, 멸망으로 끝날 수 있다는 것을 보여준다. 유다지파의 아간과 그의 가족은 구원이 내정되어 있었음에도 불구하고 불순종으로 인한 범죄로 말미암아 가나안 원주민에게 예정되어 있는 진멸의 대상이 되고 만다. 그러므로 여호수아서에서의 정복전쟁은 인종에 따라 죽고 사는 인종청소가 아니라, 믿음에 따라 죽고 사는 믿음의 격전인 것이다. 이스라엘 백성도, 가나안 원주민도 모두 "의인은 믿음으로 말미암아 살리라"(합 2:4)는 그 선언에 차별이 없다. 이는 곧 예배와 헌신의 문제인 것이다.[42)]

여리고 성 전투(수 6장)	아이성 전투(수 7장)
하나님의 뜻대로 전투(승리)	인간의 뜻대로 전투(패배)
하나님의 편에 선 라합 가족의 구원(가나안 족속도 진멸에서 구원될 수 있다)	인간적인 욕심에 넘어간 아간 가족의 멸망(이스라엘 가족도 구원이 아닌 진멸 될 수 있다)(신 13:12-18)

여리고 성 전투와 아이 성 전투는 우리가 살아가는 현재 또한 다를 바가 없다는 교훈을 전해준다. 각 나라들이 첨단 무기를 앞세우며 전쟁을 치르지만, 이미 정의가 사라진지 오래이다. 이제는 왜 전쟁을 하는지의 명분조차 사라진 세상이 되었다. 국교가 기독교인 나라들조차도 이득에 따라 좌우되는 전쟁을 치르고 있다. 서로 누가 우리 편이냐고 편 가르기를 해대지만, 그 어디에서도 하나님 편을 찾아보기가 힘들다. 거룩한 전쟁은 사라지고, 사악한 이권다툼만 남은 것이다. 이런 곳에서는 승리도 추하고, 패배도 교훈이 되지 않는다.

이것은 개인의 전쟁에서도 마찬가지다. 그리스도인들이 행하는 매일 매일의 삶의 전쟁터에서 하나님의 방법대로라면 결코 인생의 승리를 보장받을 수 없기에 수많은 인간적인 타협이 일어난다. 하나님 편이 되어, 패배까지도 정정당당하게 받아들이려는 용기보다는 타협을 통해 비록 순간적일지언정 승리의 기쁨을 누려보려는 불순종이 난무한다. 그러기에 진정한 승리를 찾아보기 드문 세상이 되었다. 우리에게 진정으로 필요한 것이 있다면, 오직 하나님의 "목소리가 우리에게 좋든지(선) 좋지 않든지(악)를 막론하고 순종하는 것이다. 우리가 우리 하나님 여호와의 목소리에 순종하면 우리에게 복이 되는 것이기 때문이다"(렘 42:6).

3) 가나안 땅 분배(수 13-21장)

여호수아 11:23절은 "이와 같이 여호수아가 여호와께서 모세에게 말씀하신 대로 그 온 땅을 점령하여 이스라엘 지파의 구분에 따라 기업으로 주매 그 땅에 전쟁이 그쳤더라"고 전한다. 그리고 12장에는 정복한 왕들의 명단이 장황하게 펼쳐진다. 이제 남은 것이 있다면 정복한 땅을 분배하는 것이다. 땅 분배는 일사불란하게 이루어졌다. 비록 땅을 아직 분배 받지 못한 지파일지라도 두려워하지 말 것은 하나님께서 함께 하심으로 넉넉한 지경을 얻는 것이 언제나 가능하기 때문이다. 땅 분배에도 마찬가지로 두 개의 이야기가 중요한 이념을 전달한다. 바로 유다지파의 명장 갈렙의 이야기와 요셉지파의 이야기가 땅 분배에 대한 대조적인 정신을 보여준다. 분배받은 땅을 온전히 차지하고 누릴 수 있는 길과 분배받은 땅마저 잃어버릴 수 있는 길이 비교되며, 어느 길을 따를 것인지를 촉구하고 있는 것이다.

하나님께서 함께하심으로 공동체를 통한 대대적인 승리가 이루어졌지만, 아직 가나안의 잔류민들은 여전히 존재하고 있다. 이제 주어진 사명은 각자에게 할당된 지역을 최선을 다해 하나님의 땅으로 만들어가는 것이다. 각자에게 주어진 공간을 지켜 나가지 못한다면 하나님의 놀라운 구원역사는 곧 빛이 바래고 말 것이다.

(1) 유다지파의 명장 갈렙 – "이 산지를 내게 주소서"(수 14:6–15)

갈렙은 가나안 땅을 정탐한 사람 중의 한 명으로 유명하다. 가나안 땅을 분배할 때 갈렙은 85세의 나이로 이제 뒤로 물러나야 할 나이 임에 틀림없다. 그러나 그가 가진 신앙적 열정은 식을 줄 몰랐다. 그에게는 아직 끝나지 않은 과업이 있기 때문이다. 하나님께서 그에게 약속하셨고, 모세 또한 말하기를 "네가 내 하나님 여호와를 온전히 좇았으므로 네 발로 밟는 땅은 영원히 너와 네 자손의 기업이 되리라"(민 14:24; 수 14:9)는 것이다. 그에게는 이 약속을 맛볼 축복이 남아 있다.

그에게 이런 축복이 주어지는 이유는 "여호와를 온전히 좇았기(충성하였기)"(מִלֵּא אַחֲרֵי יהוה 말레 아하레이 야훼; 수 14:8, 9, 14) 때문이다. 이 표현은 구약성경에 그리 흔히 등장하지 않는다. 8번 정도 나타나는데 그 중에 6번이 갈렙과 연결 되어 있고 (민 14:24; 32:12; 신 1:36; 수 14:8, 9, 14), 여호수아와 다윗에게 각각 1번씩 사용 된다(민 32:12; 왕상 11:6). 그렇다면 이 표현은 대부분 갈렙의 신앙을 강조하기 위해 주로 사용 되고 있는 독특한 표현이다. 갈렙이라는 인물로 봤을 때는 무척이나 영광스러운 일이 아닐 수 없다. 더군다나 이 영광스런 칭호가 모두 갈렙이 보여준 단 한 번의 확신에 찬 신앙으로 인해 주어지고 있다면 여기에는 깊이 생각해 보아야 할 믿음의 암호가 들어 있음에 틀림없다. 이 암호를 올바로 해독한다면 우리 또한 이 시대에 하나님을 온전히 좇아가는 확신에 찬 신앙인의 모습으로 살아갈 수 있을 것이기 때문이다.

"온전히 좇았다(충성하였다)"라는 히브리어 표현은 좀 특이한 단어를 쓰고 있다. 그 단어는 결코 "걷는다" 혹은 "따른다"라는 의미의 동사형이 아니다. 히브리어 "말레"(מָלֵא)라는 단어로 창조 때 하나님께서 인간에게 주셨던 축복의 명령인 "땅에 충만하라"(창 1:28)라는 표현에 사용된 것과 같다. 그리고 그것의 성취인 "이스라엘 자손은 온 땅에 가득하게 되었더라"(출 1:7)의 문장에 쓰인 동사와 동일한 것이다. 그러므로 이 동사는 주로 "빈틈없이 가득 채워지고, 들어 찬" 모습의 상태를 나타내는데 사용된다. 이 동사가 전치사인 "~을 따라서"를 뜻하는 "아하레이"(אַחֲרֵי)와 연결되어 사용되고, 이 전치사의 목적어가 여호와로 나타나면 이 문장은 늘 "하나님을 온전히 좇았다(충성하였다)"라고 번역된다. 이 문구를 있는 그대로 직역하면 "여호와를 따라서 가득 찼다"(to fill one's heart after YHWH)라는 뜻이 될 것이다. 그럼 "여호와를 온전히 좇았다(충성하였다)"(following YHWH with one's whole heart)라는 표현은 더 쉽게 "여호와를 향하는 마음으로 빈틈없이 가득 찬 상태"라고 말할 수 있겠다. 그 어떤 다른 것도 이 사람의 마음을 비집고 들어올 틈이 없다는 것을 뜻한다. 이것을 우리는 솔로몬의 부정적인 예를 통해 잘 살펴볼 수 있다.

> 솔로몬이 여호와의 눈앞에서 악을 행하여 그의 아버지 다윗이 여호와를 온전히 따름 같이 따르지 아니하고 모압의 가증한 그

모스를 위하여 예루살렘 앞 산에 산당을 지었고 또 암몬 자손의 가증한 몰록을 위하여 그와 같이 하였으며(왕상 11:6-7).

다윗과 솔로몬의 차이는 다윗은 여호와를 좇는 마음으로 가득 찼고, 솔로몬은 여호와 외에 수많은 다른 것들로 그의 마음을 채우고 있다는 것이다. 이와 같이 온전함(충성함)이란 한 대상을 향하여 일심(一心)을 품는 것을 의미한다.

그런데 갈렙의 전형적인 하나님을 향한 온전함의 모형은 우리에게 시사하는 바가 더 있다. 여호수아 14장에서 갈렙의 온전함을 이야기하는 문장의 주어가 갈렙을 표현할 때 일인칭, 이인칭, 삼인칭이 다 동원 되어서 사용되고 있다는 사실이다. 갈렙 그 자신도, 갈렙을 가장 가까이에서 보고 있는 이인칭 상대방도, 또 갈렙의 이야기를 전하는 제 삼자도 모두 갈렙은 '하나님을 좇는 일심으로 가득 찬 사람'이었음을 증언하고 있다.

① (갈렙) 나는 내 하나님 여호와를 온전히 좇았으므로(충성하였으므로)(수 14:8)
② (모세) 네가 내 하나님 여호와를 온전히 좇았으므로(충성하였으므로)(수 14:9)
③ (후손) 그가 이스라엘의 하나님 여호와를 온전히 좇았으므로(충성하였으므로)(수 14:14)

이것은 그의 온전함은 어느 누가 보아도 동일한 모습으로 비쳐졌다는 것이다. 지금 현재를 살아가는 우리에게도 바로 이런 온전함이 있어야만 할 것이다. 나만의 주장이 아니라, 너도, 그도 다 동일하게 이구동성으로 동감할 수 있는 것이어야만 한다.

그의 온전함은 여기에서 멈추지 않는다. 그가 하나님을 좇는 마음으로 가득 차 있음에도 갈렙은 "여호와께서 나와 함께 하시면 내가 필경 여호와의 말씀하신 대로 그들을 쫓아 낼 수 있다"라고 말한다(수 14:12). 이것은 하나님의 전능하심에 자신의 모든 신뢰를 두고 살아가는 갈렙의 신앙을 보여준다. 그는 "내가 여호와를 온전히 좇았으니 당연히 하나님께서 나를 승리케 하셔야만 한다"라고 말하지 않는다. 갈렙이 하나님을 온전한 마음으로 좇는 것은 그가 걸어가야 할 당연한 길이다. 그러므로 여호와만 따르는 그 믿음이 결코 하나님의 행동을 조종할 수 있는 도구가 될 수 없다는 신앙고백이 그 안에는 들어있다. 하나님은 인간이 가져오는 제물이나, 그의 옳은 행동으로 인해 반응하는 신이 아니라, 절대 주권을 가지고 계신 분이라는 사실을 선언하는 것이다. 갈렙은 자신이 하나님을 온전한 마음으로 좇는 것은 자신이 행해야 할 최상의 길임을 고백하며, 그럼에도 이루시든지, 아닌지는 오로지 하나님의 뜻에 달렸다는 신앙의 길을 보이고 있는 것이다. 이처럼 그는 결코 예배를 거래로 만드는 어리석음을 범하지 않는다.

이러한 믿음의 사람이 가는 곳에는 아무리 강대한 적이 버티고 있을 지라도 결코 문제가 되지 않는다. 85세의 갈렙이 상대해야 할 적은 결코 만만치 않다. 갈렙이 달라고 한 그 산지는 헤브론으로 원래 가나안식 지명은 '기럇 아르바'(아르바의 성채)이다. 그런데 아르바는 거인족인 아낙 자손 중에서도 가장 큰 사람이었다고 한다(수 14:15). 그렇다면 그곳에는 가장 강대한 적이 버티고 있는 것이다. 그러나 여호와 한 분만으로 가득 채워져 있는 갈렙에게는 결코 문제 거리도 아니다. 이와 같이 여호와를 향한 믿음이 가득한 사람은 하나님께서 허락하신 축복의 열매를 맛보고, 누릴 수 있는 삶을 살아간다.

하나님을 온전히 좇는 사람은 바로 여기까지 나아가야만 한다. 그러므로 우리의 신앙의 온전함은 하나님의 모습을 온전하게 깨달은 사람에게만 주어지는 축복임을 알 수 있다. 갈렙은 하나님의 어떠하심을 정확하게 깨닫고 있었다(민 13:30; 14:6-9). 그것은 분명 그의 삶의 여정가운데서 보여주셨던 하나님의 신실하심이다. 그 신실하심 안에는 그 분의 모든 능력 또한 포함되어 있다. 힘이 없는 정의는 무력하고, 정의 없는 힘은 폭력이 되기 십상이다. 그러나 우리 하나님은 힘과 정의가 조화를 이루시고 계시기에 우리가 갈렙처럼 하나님을 따르는 마음으로 가득 채워지면, 우리의 승리는 맡겨주신 공간에 정의와 공의까지 이루는 길을 열어갈 것이다.

(2) 요셉지파의 불평(수 17:14-18)

갈렙의 신앙에 반해 요셉지파는 땅 분배에 관해 불평으로 일관한다. 요셉의 자손들인 에브라임과 므낫세 지파가 자신들이 분배받은 땅이 너무 좁다고 불평하고, 이에 대해 여호수아는 그 산지가 좁다면, 브리스 족속과 르바임 족속의 땅 산지로 가서 그곳을 정복하라고 독려한다. 그러나 이들이 또 다시 불평하기를 골짜기든지, 산지든지, 마을에 거주하는 가나안 족속들이 모두 다 철 병거를 가지고 있기에 불가능하다는 것이다. 여호수아는 이들의 하소연에 대해서 일언지하에 "그 산지도 네 것이 되리니 비록 삼림이라도 네가 개척하라 가나안 족속이 비록 철 병거를 가졌고 강할지라도 네가 능히 그를 쫓아내리라"(수 17:18)고 강권한다.

이렇게 불신앙으로 머뭇거리면, 어떠한 약속도 현실로 만들 수 없다. 갈렙과 이들의 차이점은 무엇을 바라보느냐의 차이일 것이다. 이들은 묵상하는 것이 다르다. 갈렙은 여호와 하나님으로 가득 찬 신앙의 사람이었으며, 그 어떤 것도 그의 믿음을 뒤흔들 수 없다. 그러나 요셉자손들은 하나님이 아닌 가나안 대적들이 가진 철 병거의 위력으로 마음속이 가득 차 있다. 즉, 토라를 묵상하느냐, 눈앞에 펼쳐진 상황을 묵상하느냐에 따라 그 행동은 달라진다. 이들이 싸워야 할 대상은 똑같이 강대한 가나안의 거인 족들이다. 그러나 하나님을 따라가느냐, 자신의 미약한 힘을 바라보느냐에 따라 그 누림은 현격하게 달라진다. 결국 요셉족속은 브리스와 르바임 족속이 철병거를 거느리고 거주하고 있는 벧 스안과 그 주변의 땅을 점령하지 못한 것으로 결론에 이른다(수 17:16; 삿 1:27).

여호와 하나님께서는 이미 보는 것을 다 이루어 주셨고, 또 이루어 주실 것을 약속하셨다.

> 여호수아가 나이가 많아 늙으매 여호와께서 그에게 이르시되 너는 나이가 많아 늙었고 얻을 땅이 매우 많이 남아 있도다 이 남은 땅은 이러하니 블레셋 사람의 모든 지역과…또 가나안 족속의 모든 땅과…또 그발 족속의 땅과…또 레바논에서부터 미스르봇마임까지 산지의 모든 주민 곧 모든 시돈 사람의 땅이라 내

가 그들을 이스라엘 자손 앞에서 쫓아내리니 너는 내가 명령한 대로 그 땅을 이스라엘 자손에게 분배하여 기업이 되게 하되(수 13:1-6).

우리에게 남은 것이 있다면, 하나님께서 이미 다 이루시고자 결정하신 일을 우리의 삶을 통해 누리는 것이다(신 2:11, 20). 그 누림은 결코 저절로 이루어지는 것이 아니라 믿고, 신뢰하며 나아갈 때 누릴 수 있는 것이다. 갈렙처럼 믿고 달려갈 것인가, 아니면 요셉 자손처럼 두려워서 뒤로 물러설 것인가에 따라 저 산지가 축복의 누림이 될 것이냐, 평생의 두려움으로 남을 것이냐가 결정된다. 왜냐하면 가나안 족속이 결코 완전히 사라지지 않듯이, 우리의 삶 속에서도 강력한 죄악으로 가득한 세상이 늘 도사리고 있을 것이기 때문이다.

4) 미래에 대한 훈계 - 다스림과 예배하는 삶으로의 초대(수 22-24장)

여호수아서 속에는 '이미 이루었다'(already)(수 11:21-23)와 '아직 아니다'(not yet)(수 13:1)의 두 가지 신학이 긴장을 제공하고 있다. 여호수아 1-12장은 이스라엘 12지파가 일사불란하게 연합하여 이루어낸 위업을 보고한다. 르우벤, 갓 그리고 므낫세 반지파가 요단강 동편에 이미 그들의 정착지를 얻었음에도 불구하고, 그들은 거기에 안락하게 머물지 않고, 전쟁에 나갈 수 있는 장정들은 다른 아홉 지파 반의 앞장에 서서 정복전쟁을 성공리에 수행할 수 있는 연합의 힘을 발휘한다. 여기에는 분명히 12지파 연합에 대한 이상이 들어 있다. 한 지파도 흩어져서는 안

된다. 이스라엘은 12지파로 이루어진 공동체라는 것이다.

그런데 여호수아 13장을 넘어가게 되면 서서히 연합의 이상이 무너지고 있음을 살펴볼 수 있다. 유다 지파인 갈렙은 독립적으로 헤브론이라 명명된 기럇 아르바를 점령한다. 여호수아 17장에는 요셉 자손이 스스로 삼림을 개척해야하는 처지에 놓였다. 여호수아 18장에는 아직 땅을 분배 받지 못한 지파가 일곱이나 있다고 한다. 그리고 심지어는 정복과 분배가 다 막을 내린 뒤에도 여전히 그들 중에 남아 있는 가나안 민족들이 있음을 지적하고 있다(수 23:7).

이것은 모순이 아니라 우리의 삶 속에 늘 존재하는 신앙의 한 양상이다. 이미 구원은 이루어졌다. 그러나 구원을 완성시켜가야 할 책임이 있기에 아직 아닌 것이다. 온 인류의 구원은 이루어졌으나, 각 개인의 구원은 완성되어 가고 있다. 또한 개인의 구원은 이루어졌으나, 온 인류가 속한 세상의 구원은 아직 진행 중이다. 악은 언제나 도사리고 있다. 우리의 개인적인 삶은 악과 관계없을 수 있다. 그러나 이 세상에는 아직 악이 존재한다.

'이미 이루었다'와 '그러나 아직 아니다'의 긴장 관계를 극복할 수 있는 유일한 길이 여호수아서에는 주어져 있다. 그것은 다름 아닌 여호와의 명령을 힘써 지키는 것이다.

> 그러므로 너희는 크게 힘써 모세의 율법 책에 기록된 것을 다 지켜 행하라 그것을 떠나 우로나 좌로나 치우치지 말라 너희 중에 남아 있는 이 민족들 중에 들어가지 말라 그들의 신들의 이름을 부르지 말라 그것들을 가리켜 맹세하지 말라 또 그것을 섬겨서

> 그것들에게 절하지 말라 오직 너희의 하나님 여호와께 가까이 하기를 오늘까지 행한 것 같이 하라 이는 여호와께서 강대한 나라들을 너희의 앞에서 쫓아내셨으므로 오늘까지 너희에게 맞선 자가 하나도 없었느니라 너희 중 한 사람이 천 명을 쫓으리니 이는 너희의 하나님 여호와 그가 너희에게 말씀하신 것 같이 너희를 위하여 싸우심이라 (수 23:6-10).

여호와의 율법을 지키는 선(善)이 활개를 치고 있는 곳에서는 악(惡)은 어떠한 영향력도 행사할 수 없다. 하나님께서 천지창조 때 혼돈과 공허, 흑암의 깊은 물을 궁창 위의 물과 궁창 아래의 물로 그 경계를 정하고, 그 사이에 사람이 거주할 수 있는 장소를 만드셨다. 인간에게 주어진 책임이란 이 경계가 무너지지 않게 하는 것이다. 만약 인간이 제 역할을 하지 못한다면, 이 양쪽으로 갇혔던 물들이 서로 만나서 또다시 혼돈의 세상을 만들고 말 것이다. 노아의 홍수 때 하늘의 창이 열리고, 깊음의 샘이 터졌다는 말은 그 경계가 무너진 것을 의미한다(창 7:11). 이스라엘의 주변에 가나안 주민들이 도사리고 있다. 그러나 하나님의 백성 이스라엘이 자신들의 책임을 다할 때 이방인과 이스라엘의 경계는 절대로 무너지지 않을 것이다. 하지만 그렇지 않을 때 이스라엘은 이방인의 압제를 또다시 받는 일을 겪게 될 것은 불을 보듯이 뻔하다. 이것이 바로 '이미 이루었다'와 '그러나 아직 아니다'의 긴장의 신학이다. 이런 긴장과 갈등은 우리가 이 세상에 발을 딛고 살아가는 한 늘 공존할 것이다. 남겨진 질문은 하나님께서 맡겨주신 이 공간을 어떻게 지켜나갈 것인가이다. 이 질문에 여호수아서의 결론은 그것을 극히 선명하게 우리에게 가르쳐 주고 있다.

여호수아 22-24장은 여호수아서의 결론이 된다. 특별히 여호수아 24장을 읽으면 하나님의 백성이 하나님의 은혜의 선물을 어떻게 지킬 것인가라는 주제에 대한 해답을 내릴 수 있다. 선물인 땅을 지키는 길이 거기에 있다. 그리고 이것은 하나님께서 자신의 백성을 불러내실 때, 아니 창조의 그 때부터 마음속에 품고 계시던 계획인 것이다. 여호수아 24:1-13절까지는 하나님의 백성의 기나긴 역사를 회고하고 있다. 아브라함을 불러내심으로부터 땅을 정복한 현재까지의 모든 역사를 요약하고 있는 것이다. 그 회상 속에 계속해서 나타나는 단어가 있다. 그것은 바로 하나님의 '내가'라는 지칭이다(수 24:3, 5, 6, 7, 8, 10, 11, 12, 12). 이 '내가'를 착각하면 신학을 굽힐 수 있다. 그러나 이 '내가'는 언제나 하나님이시다. 이 과거 역사의 회상의 핵심은 모든 것이 100% 하나님의 은혜라는 것이다. 이 은혜의 회상은 기나긴 세월 동안 하나님께서 이스라엘을 위하여 직접 전쟁을 치르시며, 이스라엘의 선조에게 약속하신 맹세를 하나도 어김없이 다 이루어 주셨다는 고백이다. 이러한 은혜의 고백은 마침내 한 가지를 요구하는데 그것은 바로 사람의 응답이다. 모든 것을 다 행해주신 하나님께 어떤 응답을 드릴 것이냐는 질문인 것이다.

여호수아서의 마지막 부분인 22-24장에는 여호수아서의 다른 부분에서는 나타나지 않고, 이곳에서만 나타나는 특별한 동사가 있다. 그것은 '섬기다, 예배하다'를 뜻하는 히브리어 동사 '아바드'(עָבַד)라는 단어이다. 이 부분에서만 무려 20회에 걸쳐 나타나고 있다(수 22:5, 27; 23:7, 16; 24:2, 14[3번], 15[4번],

16, 18, 19, 20, 21, 22, 24, 31). 여호수아는 먼저 자신들의 책임을 다하고 요단강 동편으로 떠나가는 르우벤, 갓, 므낫세 반 지파 사람들에게 섬김의 예배를 촉구하고, 그리고 마지막으로 모든 지파를 세겜으로 모으고 하나님의 은혜의 역사를 회상한 후에 동일한 것을 반복적으로 강조한다.

> 그러므로 이제는 여호와를 경외하며 온전함과 진실함으로 그를 섬기라 너희의 조상들이 강 저쪽과 애굽에서 섬기던 신들을 치워 버리고 여호와만 섬기라(수 24:14).

'그러므로 이제는' 하나님의 '내가'라는 은혜를 값없이 체험한 사람들이 '섬김의 예배'를 행해야 할 때이다. 이처럼 이스라엘은 예배하는 사람들이다. 예배가 맡겨주신 공간을 지키는 최선의 길이며, 그 공간은 모든 부분에서 구별되어야 한다. 가나안 원주민들의 죄 된 삶으로부터 구별되어야 한다. 그리고 먹는 것, 입는 것, 살아가는 거주지, 시간 또한 성별되어야 한다. 왜냐하면 "여호와 너희 하나님이 거룩하시기 때문이다"(레 19:2). 거룩은 구별이요 성별이다. 이것을 이루어 나간다면 위대한 지도자들인 모세가 사라지고, 여호수아가 사라지며, 그들과 같은 세대 사람들이 다 사라져 간다 해도 이 땅에는 하나님의 사람들이 든든하게 서 있을 것이다.

2. 창세기부터 여호수아서까지 이루어진 것

이렇게 하나님은 마침내 예배의 의미를 깨달은 한 백성을 약속의 땅에 세우셨다. 태초의 천지창조부터 여호수아의 진두지휘 아래 가나안을 정복하고 새로운 언약을 맺은 지금까지 벌어진 일을 도표화 하면 다음과 같은 비교를 살펴 볼 수 있다.

천지창조와 에덴동산(창 1-2장)	가나안 정복과 약속의 땅(수 1-24장)
(천지창조) 궁창 위의 물(혼돈의 물) --------------------- 궁창은 인간에게 맡겨주신 공간 ➜ 안식일을 지키는 인간의 다스림 (예배하는 삶) --------------------- 궁창 아래의 물(혼돈의 물)	**(가나안 정복)** 가나안 족속들(혼돈의 세력) --------------------- 가나안 땅은 이스라엘에게 맡겨주신 공간 ➜ 안식일을 지키는 이스라엘의 다스림 (예배하는 삶) --------------------- 가나안 족속들(혼돈의 세력)
(에덴동산) 1. 창조(구원) 2. 아담(동산을 선물로 주심) - 보기에 아름답고 먹기에 좋은 나무 **3. 두 나무** **①생명나무(עץ חיים)(창2:9) (생명)** **②선악을 알게하는 나무 (사만)(עץ הדעת טוב ורע)** (창 3:6) a. 먹음직도 하고 b. 보암직도 하고 c. 지혜롭게 할 만큼 탐스러움 4. 어기면 죽으리라 5. 어겼을 때 - 추방 6. 에덴의 동쪽으로 추방 놋(방랑, 방황, 쫓겨남) 땅으로 추방	**(가나안 땅)** 1. 새 창조(구원) 2. 이스라엘(땅을 선물로 주심) - 성읍, 집, 우물, 포도원, 감람나무 (수 24:13; 신 6:10-12) **3. 율법(두 갈래 길)** **①생명과 선(신 30:15) (חיים, טוב)** **②사망과 악(מות, רע)** (시 19편) a.송이 꿀보다 달고(영혼을 소성) b. 눈을 밝게 하고 c. 우둔한 자로 지혜롭게 4. 어기면 반드시 망하리라 5. 어겼을 때 - 추방 6. 약속의 땅의 동쪽인 바벨론으로 추방됨

이 비교를 통해서 얻을 수 있는 결론은 새로운 출발선에 와 있다는 사실이다. 태초에 하나님께서 천지창조와 에덴동산을 만드시고, 인간에게 허락하시며, 이루시고자 하셨던 세상을 향하신 꿈이 인간의 죄 때문에 무너지고 말았었다. 창조세계는 타락하고, 에덴동산은 상실되었다. 그런데 이제 천지창조의 이상과 에덴동산의 이상이 가나안 땅에서 이스라엘 민족의 삶에 회복되었다. 새롭게 출발할 수 있는 길이 열린 것이다. 이제 예배하는 삶을 통해 세상을 하나님의 땅으로 만들어 가는 지고의 사명이 후세들에게 주어져 있다. 그리고 사사기는 그 새로운 시작이 어떻게 진행되는지를 보여주는 장소가 된다.

3. 사사기가 말하는 것

1) 사사기의 서론(삿 1:1-3:6) - 여호수아가 죽은 후에

'여호수아가 죽은 후에'(삿 1:1)로 시작하는 사사기는 '여호와의 종 모세가 죽은 후에'(수 1:1)로 시작하는 여호수아서와 사뭇 다른 출발을 보인다. 여호수아와 그의 세대가 이루어 놓은 영광스러운 정복의 승리는 모두 실패의 역사로 얼룩지기 시작한다. 여호수아를 중심한 통일된 리더십이 붕괴되고 이스라엘은 개개의 부족들이 단일체로 혹은 한두 부족의 연합체로 정복사업을 계속해서 진행하는 것으로 나타난다. 여호수아서에서 보여주었던 통일된 정복신학은 이미 사라져 버렸다. 여호수아서가 완전정복의 이념을 앞세우며, 비록 남겨진 가나안인들이 주변에 도사리고 있을지라도 완전히 지배, 통치할 수 있다는 확신에 찬 선언을 하고 있다면, 사사기는 유다에서 단까지의 지파들을 총망라하며, 그들의 성공과 실패를 기록하고 있으며, 성공적인 정복보다는 실패의 이야기에 그 초점이 맞추어진다(삿 1:1-36). 유다는 비교적 성공적인 정복을 이룬 지파로 기록되나(삿 1:19 제외), 북으로 올라갈수록 점점 실패의 역사가 부각되며(삿 1:21, 26, 27, 29, 30, 31, 32, 33), 결국 단 지파에 가서는 실패의 차원을 넘어서서 오히려 단 지파가 아모리 사람들에게 쫓겨 가는 비극적 사건을 기록하고 있다(삿 1:34-36).

그 원인으로는 사사기 2:1-5절에 기록되어 있듯이 모세를 통하여 준 명령을 순종치 아니하고, 가나안 주민들과 언약을 맺고 뒤섞여서, 그들의 신과 풍습을 좇은 일들이 올무가 되었음을 보여주고 있다. 여호수아서와 사사기의 현저한 차이점을 들라고 한다면 모세의 율법에 대한 헌신의 차이라 하겠다. 여호수아서 속에는 모세는 죽었으나, 그의 정신은 그대로 살아서 움직인다. 이 사실은 죽은 사람인 모세의 이름이 여호수아서에 58번이나 나타난다는 점에서 증명된다.[43] 그리고 모세의 이름이 나타날 때면 대개 "여호수이가 여호와께서 모세에게 명하신 내로 하였다"(수 8:30-35; 11:12, 15, 20)라는 선언이 등장한다. 이처럼 여호수아와 그의 세대는 '모세의 율법 책'을 주야로 묵상하며, 그것을 그대로 지켜 행하는 삶을 살았다는 것을 느껴볼 수 있다. 그러나 사사기는 이에 대한 반전이라고 하기에 충분하다. 사사기는 "모세의 율법 책에 기록된 것을 다 지켜 행하여 그것을 떠나 우로나 좌로나 치우치지 말라"(수 23:6)는 여호수아의 고별설교를 철저히 무시하는 방향으로 나아가고 있다. 사사기에는 모세의 이름이 4번

밖에 등장하지 않고(삿 1:20; 3:4; 4:11; 18:30), 더군다나 모세를 통하여 주신 명령에 관해서는 오직 두 번만 거론하고 있을 뿐이다(삿 1:20; 3:4). 그 외의 모세의 출현은 족보적인 연관관계를 나타내기 위함이다. 그리 오래지 않은 시간에 모세의 이름이 사라지고 있다는 것은, 그의 정신이 사라진다는 의미가 내포되어 있는 것이다.

여호수아의 고별설교(수 22-24장)에는 다가올 미래는 비록 심판과 저주라는 위험이 도사리고 있을지라도 희망과 축복을 제시하는 것으로 마감되었다. 그러나 '모세의 율법 책'을 묵상함이 사라지며 그들의 삶에서 영광스러운 여호와 하나님의 이름이 잊혀지기 시작한다. 그리고 사사기의 이스라엘은 오롯이 절망과 죽음, 저주로 자신의 발걸음을 향한다.

> 여호와의 종 눈의 아들 여호수아가 백십 세에 죽으매…그 세대의 사람도 다 그 조상들에게로 돌아갔고 그 후에 일어난 다른 세대는 여호와를 알지 못하며 여호와께서 이스라엘을 위하여 행하신 일도 알지 못하였더라(삿 2:8-10).

여기서 주목할 것은 암시적인 두 행태이다. 첫째가 여호와를 알지 못한다는 것이고, 그 다음은 여호와께서 이스라엘을 위해 행하신 일을 알지 못한다는 것이다. "알지 못한다"(לֹא־יָדַע 로-야다)라는 특징은 이미 이스라엘의 역사에서 경험한 바가 있다. 이집트의 왕 바로의 특징이다. 여기서 여호와께서 이스라엘을 위해 행하신 일을 알지 못한다는 것은 과거, 즉 은혜를 다 잊었다는 것이며, 여호와를 알지 못한다는 것은 미래, 즉 나아갈 방향을 잃었다는 것이다. 그러면 결국 제 맘대로 사는 현재밖에는 남는 것이 없다. 사사기의 악순환인 '이스라엘의 배반 – 여호와의 재앙 – 이스라엘의 고통과 부르짖음 – 사사를 세우셔서 구원하심 – 사사가 사는 동안 평화 – 사사가 죽은 후에는 그들의 선조보다 더욱더 타락함'이 계속 될 수밖에 없는 이유가 거기에 있다. 하나님을 잃은 세대가 무슨 희망을 가질 수 있을 것인가? 끊임없는 절망의 악순환만이 계속되는 미래가 기다리고 있을 것이 분명하다. 이스라엘이 사사기에서 희망을 잃어가는 과정은 다음과 같다.

사사기는 크게 세 부분인 서론(the prologue, 1:1–3:6), 본론(the main body, 3:7–16:31), 그리고 결론(the epilogue, 17:1–21:25)으로 나누어진다.[44] 중심인 본론에서는 6명의 대사사와 6명의 소사사, 이렇게 열두 명의 사사들이(아비멜렉을 포함시키면 13명이 됨) 차례차례 나타나는 것으로 기록되어 있으며, 사사기의 서론에서 예고한 역사의 악순환이 그대로 반복됨과 동시에 더욱더 심각한 타락의 길로 들어가고 있음을 보여준다. 그 타락의 깊이는 사사로 불리는 사람들의 행동을 통해서 더욱 뚜렷이 부각된다. 그리고 이렇게 진행되는 악순환의 결과는 서론과 결론에 나타나고 있는 여호와를 향한 이스라엘의 동일한 질문과 여호와의 동일한 응답으로 이미 예고되고 있다. 이러한 구조가 사사기 전체가 걸어갈 방향을 지시하는 신학적인 테두리를 형성하고 있다(삿 1:1–2; 20:18).[45]

삿 1:1-2	우리 중에 누가 먼저 올라가서 <u>가나안 족속</u>과 싸우리이까 ▶ 여호와께서 이르시되 유다가 올라갈지니라

	(삿 3-16장) 사사들의 이야기
삿 20:18	우리 중에 누가 먼저 올라가서 베냐민 자손과 싸우리이까 ▶ 여호와께서 말씀하시되 유다가 먼저 갈지니라

이 두 부분에서 눈여겨보아야 할 부분은 땅을 차지하기 위한 가나안 족속과의 대결이 사사기의 마지막에 가서는 같은 이스라엘의 한 지파인 베냐민과 동족상잔의 비극을 일으키고 있다는 사실이다. 똑같은 이스라엘의 질문과 하나님의 응답이 누구를 향하여 칼날이 겨누어지고 있는가가 바로 사사기가 가고 있는 방향이다. 이방인들을 향한 정복 전쟁이 왜 결국에는 동족을 향한 전쟁으로 탈바꿈되며 이스라엘이 자멸의 길을 걷고 있는지는 그 중심에 위치한 본론(삿 3:7-16:31)인 사사들의 이야기에서 그 이유를 찾아볼 수 있을 것이다.

2) 사사기의 본론(삿 3:7-16:31) - 동족상잔의 비극을 향하여

가나안 대적과의 전쟁이 마지막 순간에는 동족상잔의 비극으로 그 막을 내리고 있다. 지금 하나님의 백성 이스라엘은 사사기에서 약속의 땅을 정복하기는커녕, 자멸의 길을 걸어가고 있는 것이다. 이것은 하루아침에 벌어진 일이 아닐 것임을 짐작해 볼 수 있다. 분명 어디에선가 대대적인 반전이 벌어지는 장소가 있었을 것이다. 그 대반전의 원인은 사사기의 본론인 여러 사사들의 이야기 중에서, 기드온과 입다의 이야기만 비교해 보아도 쉽게 파악해 볼 수 있다. 이 두 사사의 이야기들 속에는 동일한 사건이 나타나고 있는데, 그 사건을 해결하는 방법이 서로 극적인 정반대

방향을 향하고 있다는 점에서 비교 분석해 볼 필요가 있다.

기드온과 입다의 이야기에는 다른 사사들의 이야기에는 찾아볼 수 없는 에브라임 지파와의 갈등이 소개된다. 그런데 이 두 사람은 그 갈등을 다루는 방법이 다르다. 그래서 그 결과 또한 전혀 다른 방향을 향한다.

기드온과 에브라임	입다와 에브라임
에브라임이 기드온에게 시비를 걺 (삿 8:1) 에브라임 사람들이 기드온에게 이르되 네가 미디안과 싸우러 갈 때에 우리를 부르지 아니하였으니 우리를 이같이 대접함은 어찌 됨이냐 하고 그와 크게 다투는지라	**에브라임이 입다에게 시비를 걺** (삿 12:1) 에브라임 사람들이 모여 북쪽으로 가서 입다에게 이르되 네가 암몬 자손과 싸우러 건너갈 때에 어찌하여 우리를 불러 너와 함께 가게 하지 아니하였으냐 우리가 반드시 너와 네 집을 불사르리라 하니
기드온이 에브라임을 높여줌(평화) (삿 8:2-3) 기드온이 그들에게 이르되 내가 이제 행한 일이 너희가 한 것에 비교되겠느냐 에브라임의 끝물 포도가 아비에셀의 만물 포도보다 낫지 아니하냐 하나님이 미디안의 방백 오렙과 스엡을 너희 손에 넘겨 주셨으니 내가 한 일이 어찌 능히 너희가 한 것에 비교가 되겠느냐 하니라 기드온이 이 말을 하매 그 때에 그들의 노여움이 풀리니라	**입다가 에브라임을 질책함(전쟁)** (삿 12:2-3) 입다가 그들에게 이르되 나와 내 백성이 암몬 자손과 크게 싸울 때에 내가 너희를 부르되 너희가 나를 그들의 손에서 구원하지 아니한 고로 나는 너희가 도와주지 아니하는 것을 보고 내 목숨을 돌보지 아니하고 건너가서 암몬 자손을 쳤더니 여호와께서 그들을 내 손에 넘겨주셨거늘 너희가 어찌하여 오늘 내게 올라와서 나와 더불어 싸우고자 하느냐 하니라 입다가 길르앗 사람을 다 모으고 에브라임과 싸웠으며 길르앗 사람들이 에브라임을 쳐서 무찔렀으니 - 에브라임 사람 42,000명이 살해됨

에브라임 지파는 이 이야기들 속에서 공통적인 특징이 있다. 시비 걸기를 좋아한다는 것, 남의 영광을 가로채려고 한다는 것이 이들의 특징이다. 우리 속담처럼 "밥상 다 차려지니까 숟가락만 얹으려 한다"는 격이라 할 수 있다. 이렇게 동일한 에브라임 지파의 트집에 기드온은 허허 웃으며, 그들의 공을 더 치하해 주고 영광을 돌리는데, 입다는 그렇지 않다. 어떤 공적도 나누어 주고 싶지 않기에, 살육 전쟁이 벌어진다. 왜 그럴까? 동일한 대상에, 동일한 시비인데, 왜 그 결과는 완전히 다른 방향으로 나가는 것일까? 기드온이 입다보다 인품이 좋아서일까, 혹은 기드온은 용기가 없고, 입다가 더 용감해서 일까? 사사기에서 오직 기드온과 입다만 동일한 칭호를 받는다는 점에서 용기나 인품의 차이는 아니라는 것을 짐작해 볼 수 있다.

기드온 (삿 6:12)	여호와의 사자가 기드온에게 나타나 이르되 큰 용사(גִּבּוֹר חַיִל 기보르 하일)여 여호와께서 너와 함께 계시도다
입 다 (삿 11:1)	길르앗 사람 입다는 큰 용사(גִּבּוֹר חַיִל 기보르 하일)였으니 기생이 길르앗에게서 낳은 아들이었고

이렇게 기드온이나, 입다나 그들이 아직 대대적인 승리를 얻기 전에 똑 같이 '큰 용사'(גִּבּוֹר חַיִל 기보르 하일)라는 칭호를 받는 것은 보면 이 두 사람은 그 능력 면에서 결코 뒤지지 않는 사람들임을 살펴볼 수 있다. 그렇다면 이렇게 다른 방향으로 결과가 나타날 수 있는 이유가 있을 것이 틀림없다. 그 이유를 살펴보면 하나님을 향한 우리의 예배와 밀접하게 관련이 있다는 것을 발견하게 될 것이다.

(1) 기드온 이야기

기드온이 미디안과의 전쟁을 치르기까지 몇 번이나 주저하고 망설였을까? 그것이 기드온 이야기를 풀어가는 시작점이 될 수 있을 것 같다. 기드온은 큰 용사라는 호칭에 걸맞지 않게 많이도 주저하는 사람이었다. 인간의 망설임, 그리고 하나님의 승리 이 두 가지가 기드온 이야기의 핵심이 될 것이다.

기드온 이야기의 배경은 이스라엘이 악을 행함으로 하나님께서 7년 동안 미디안의 손에 넘겨주시는 것으로 시작한다. 이스라엘이 파종을 하고 나면 미디안과 아말렉 그리고 동방사람들이 짐승들과 함께 치고 올라와서 메뚜기 떼 같이 이스라엘을 뒤덮어 버린다. 이로 인해 이스라엘의 고통이 말로다 할 수 없었다. 이때 기드온이 미디안 사람들이 두려워서 몰래 밀을 포도주 틀에서 타작하고 있었다.

① 여호와의 첫 번째 소명 주심(삿 6:14-16)-기드온이 제물의 열납 여부로 시험

몰래 밀을 타작하고 있는 기드온에게 여호와께서 나타나 소명을 주신다. 여호와께서 "가서 너의 힘으로 이스라엘을 미디안의 손에서 구원하라"고 하시고, 기드온은 "내가 무엇으로 이스라엘을 구원하느냐"고 반문하며, "자신의 집안은 므낫세 중에 극히 약하고, 자신은 자기 아버지의 집에서 가장 작은 자"라고 하소연 한다. 이에 대해서 하나님께서는 "내가 반드시 너와 함께 하리니 네가 미디안 사람 치기를 한 사람을 치듯 하리라"고 하신다. 기드온은 이에 대하여, 말씀하시는 이가 주되신 표징을 보여 달라고 말하며, 자신이 제물을 드리겠으니, 기다려 달라고 한다. 기드온이 제물을 바위에 차려놓자, 여호와께서 손의 지팡이로 국을 부은 고기와 무교병에 대니 불이 나와 다 살라버렸다. 죽음이 두려워 떠는 기드온을 향하여 여호와께서는 죽지 않을 것이라 위로하고, 기드온에게 아버지의 집에 있는 바알과 아세라 상을 찍어 버리고, 여호와께 제단을 쌓고, 그의 아버지의 수소 중에 칠년 된 둘째 수소를 잡아 번제를 드리라고 명령하신다.[46] 그리고 기드온은 그 성읍 사람들이 두려워서 감히 낮에 하지 못하고 밤에 몰래 그 일을 행한다. 그리고 그 사건을 수소문하는 사람들에게 침묵을 지킨다. 이상에서 볼 수 있듯이 기드온은 증표를 보아야만 한 가지를 행하는 사람이다.

② 여호와의 두 번째 소명주심(삿 6:33-40) - 여호와의 영이 임함에도 양털로 시험함

미디안과 아말렉과 동방사람들이 다 함께 요단강을 건너와서 이스르엘 골짜기에 진을 쳤다. 이 사건이 있자마자 여호와의 영이 기드온에게 임한다. 기드온은 여러 지파들에게 전갈을 보내어 모이게 한다. 그러나 기드온은 더 이상 전진하지 않는다. 그는 여호와의 영이 임했음에도 불구하고 주저하며, 하나님께서 자신의 손으로 이스라엘을 구하시려고 결심하셨거든 그 확실한 표징을 보여 달라고 한다. 그 표징은 양털 시험을 통해서 이루어진다. 그 내용은 아침에 이슬이 양털에만 있고, 주변 땅은 다 말라 있어야 한다는 것이다. 하나님께서 그와 같이 해 주셨다. 그러나 이런 현상은 흔히 나타날 수 있다. 땅은 해가 뜨면 빨리 마를 수 있고,

양털은 늦게 마르니 이슬이 양털에만 남아 있을 수 있기 때문이다. 이것을 직감했는지, 기드온은 한 번 더 하나님께 요청한다. 이번에는 이슬이 주변 땅에만 있고, 양털은 바싹 말라 있어야 한다는 것이다. 그 시험도 쾌히 들어주셨다. 이 두 번의 시험 다 하나님께서 응답하여 주셨다. 이에 용기를 얻어 기드온은 백성들을 이끌고 일찍이 일어나 하롯 샘 곁에 진을 치고 미디안의 진영은 맞은편에 있게 된다(삿 7:1). 이처럼 기드온이란 인물의 특징은 한 번의 기적이나, 징표를 통해 확신이 생기면, 정확하게 한 단계만 나아간다. 그리고는 거기에 머물러서 더 이상 나아가지 않는다. 하롯 샘이란 이름만 보아도 기드온의 상태를 짐작해 볼 수 있다. '하롯'(חֲרֹד)은 "두려워 떨다, 전율하다"라는 뜻의 어원을 가지고 있다는 점에서 기드온은 적의 위용에 이미 압도되었을 것임을 짐작해 볼 수 있다.

③ 여호와의 세 번째 소명주심(삿 7:2-8) - 숫자를 줄임에 기드온은 두려워서 나서지 못함

시금 두려워 선신하지 못하는 기드온에게 여호와께서 그에게 모여든 사람들의 숫자가 너무 많다고 하신다. 그래서 미디안을 이스라엘의 손에 넘기지 못하겠다고 하신다. 그 이유는 "이스라엘이 나를 거슬러 스스로 자랑하기를 내 손이 나를 구원하였다 할까"(삿 7:2) 염려스럽기 때문이다. 이것은 곧 인간의 교만으로 이어지고, 그 결국은 멸망이 될 것이 뻔하기 때문이다. 교만이란 인간이 하나님 없이도 살 수 있다고 큰 소리 치는 것이기에 곧 하나님 없는 세상을 만들고 말 것이기 때문이다. 하나님의 마음이 없는 세상은 잔인하고, 무정하며, 가혹한 세상이 될 것이 분명하다. 하나님의 백성에게 그것은 곧 세상의 끝을 의미하기도 한다. 그래서 하나님께서는 이스라엘의 숫자를 줄이려 하신다. 교만을 겸손으로 바꾸기 위해서인 것이다.

먼저 두려워 떠는 자들은 돌아가라고 하였더니, 돌아간 백성이 22,000명이고, 남은 백성이 10,000명이었다. 그런데 하나님께서 여전히 많다고 하신다. 미디안 숫자에 비하면 턱없이 부족하고, 겁쟁이들일지언정 22,000명이 더 있어도 될까 말까한 전쟁에서 10,000명도 많다는 것이다. 그리고 시냇가로 데려가 그들로 물을 마시게 하라신다. 무릎을 꿇고, 머리를 쳐 박고, 물을 마시는 사람들과 손으로 떠서 핥는 자들을 가르니 9,700명대 300명이다. 하나님께서 300명을 택하라 하시고, 일어나 진영으로 내려가 미디안을 치라는 명령을 주신다(삿 7:9). 그러나 기드온은 이미 전의를 상실했다. 적진을 향해 내려갈 마음조차 먹을 수 없는 것이다. 기드온은 아예 표징을 구하는 것조차 포기하고 말았다. 300명으로 수도 셀 수없는 적을 상대하는 것은 전적으로 자살행위와 같기 때문이다.

④ 여호와께서 직접 표징을 주심(삿 7:10-25) - 기드온에게 적 초병의 꿈을 듣게 하심

하나님께서도 기드온이 적진을 향해 못 내려 갈 줄을 이미 아시고 계신다. 그것이 인간의 허약성임을 아시기 때문이다. 300명으로 수만 명의 군대를 당해낼 수 없다는 것이 인간의 계산인 것쯤은 아신다는 것이다. 하나님께서 보시고 싶으신 것은 자신의 능력에 의지하는 자가 아니라, 바로 하나님의 능력에 의지하는 자이다. 이렇게 주저하고 있는 기드온에게 하나님께서는 "네가 내려가기를 두려워하거든 네 부하 부라와 함께 그 진영으로 내려가서 그들이 하는 말을 들으라"(삿 7:10-11)고 하신다.

적들의 수는 가히 대단하다. 사람의 수는 메뚜기 떼 같고, 낙타의 수는 해변의 모래 같이 많다고 한다. 기드온이 적진에 이르니 초병 둘이 이야기를 나누는데 한 초병이 꿈에 보리떡 하나가 미디안 진영으로 굴러들어와 한 장막에 이르러 쳐서 무너뜨려 위쪽으로 엎으니 그 장막이 쓰러졌다고 한다. 이를 들은 다른 초병이 해석하기를 "이는 이스라엘 사람 기드온의 칼이라 하나님이 미디안과 그 모든 진영을 그의 손에 넘겨 주셨느니라"(삿 7:13-14)고 하는 것이 아닌가? 기드온이 그 말에 용기를 얻어 선언하기를 "여호와께서 미디안과 그 모든 진영을 너희 손에 넘겨 주셨느니라"고 선언하며 300명의 용사들에게 진격을 명령한다. 그리고 승리한다. 그 방법은 삼백 명의 용사들은 그저 미디안을 둘러싼 후 자신들의 위치에서 움직이지 않고, 항아리를 깨뜨리고, 횃불을 쳐들고 여호와와 기드온의 칼이라고 외쳤을 뿐이다. 그런데 적들이 혼비백산 하여 자기들끼리 서로 칼로 치고, 스스로 자멸하게 된 것이나. 그렇게 되게 하신 이가 바로 여호와이시다.

> 삼백 명이 나팔을 불 때에 여호와께서 그 온 진영에서 친구끼리 칼로 치게 하시므로 적군이 도망하여 스레라의 벧 싯다에 이르고 또 답밧에 가까운 아벨므홀라의 경계에 이르렀으며(삿 7:22).

이처럼 기드온 이야기에는 하나님께서 의도적으로 인간의 힘과 영향력을 제거하시는 것을 볼 수 있다. 그럴 때마다 두려워하며, 주저하는 기드온의 모습이 부각되며, 강조되고 있다. 기드온은 여호와를 제물로 시험하고, 양털로 시험하며 전장에 나서는 것을 꺼려한다. 마지막에 군사들이 300명밖에 남지 않았을 때는 아예 전의를 상실하기도 했다. 결국 미디안 진중에 정찰 나가 미디안 초병들의 꿈 이야기를 듣고서야 전투에 임한 것이다. 여호와께서 군인의 수를 300명으로 줄이신 것은 이스라엘이 자신의 능력으로 구원하였다고 자랑할까봐 염려하셨기 때문이다(삿 7:2, 4). 그리고 그 승리도 여호와께서 그 적들끼리 서로 칼날로 치게 하셔서 미디안 군대를 물리치셨다(삿 7:22). 기드온과 300명에게서 칼은 전혀 찾아볼 수 없고, 그들이 횃불, 항아리, 나팔을 들고 전쟁에 임하게 하신 것 이것은 오직 전쟁의 승패가 하나님께 달렸다는 것을 가르치기 위한 것임을 알 수 있다. 그리고 전쟁무기와는 거리가 먼 기구들을 손에 들고 있을지라도 전적으로 하나님의 명령 따라 믿고 나아가는 사람이 가장 강하다는 사실을 보여주는 것이다. 이처럼 인간은 하나님의 명령으로 무장될 때 가장 강한 것이며, 그 입에서 나가는 말이 칼이 되는 것이다.

이 사실들을 반복하는 이유는 기드온 이야기를 통해 느껴야 할 것이 무엇인지를 보자는 것이다. 기드온은 분명히 깨달았을 것이다. 자신의 힘이 아닌, 여호와의 능력으로 되어진 승리임을 말이다. 이와 같은 철저한 하나님의 은혜 체험은 그 다음의 삶을 다르게 만들 수 있다. 그리고 그것이 바로 하나님께서 인간의 힘을 전적으로 빼시는 까닭이며, 기드온의 이야기를 통해서 알려 주시고자 하시는 교훈인 것이다. 인간은 그저 하나님의 명령을 따라 있으라 하는 곳에 서 있으면 되는 것이며, 하나님의 놀라운 능력을 보면 된다. 그리고 모든 것이 전적인 하나님의 은혜로 이루어진 선물이라는 것을 깨닫고, 예배하는 삶을 살아가는 것이다. 하나님께서 주신 것을 동료 인간에게 기꺼이 나누어 줌으로 예배를 완성해 가는 삶인 것이다.

⑤ 하나님의 은혜를 기억하는 삶(삿 8:1-3) - 동족상잔의 전쟁을 막는다

뒤늦게 나타난 에브라임이 미디안 방백 오렙과 스엡을 죽인 후에 그들 특유의 불만을 토로하며 미디안과 싸우러 갈 때 왜 부르지 않았느냐고 기드온에게 시비를 건다(삿 8:1). 이것은 어처구니가 없는 일이다. 목숨을 걸고 싸운 게 누군데 다 끝난 다음에 참여 했으면, 최소한 미안한 마음은 가져야 하는 것이 정상일 것이다. 그럼에도 기드온은 미디안 두 방백을 잡아 죽인 에브라임을 한껏 칭찬하며, 그들을 최고로 높여주고, 모든 공로를 에브라임에게 양보했다(삿 8:2-3): "내가 이제 행한 일이 너희가 한 것에 비교되겠느냐 에브라임의 끝물 포도가 아비에셀의 만물 포도보다 낫지 아니하냐"(삿 8:2). 이 말은 너희가 전쟁의 최고의 수훈감이라고 추켜세우며, 기드온 자신의 공로를 다 넘긴 것이다. 이렇게 영광스러운 승리를 어떻게 그렇게 쉽게 아무런 위험도 감수하지 않은 사람들에게 넘겨줄 수 있을까? 이런 경우 우리 같으면 어떻게 행동할까? 삶을 살아가다보면 억울하게 자신의 피땀 어린 노력과 공을 빼앗기는 경우가 있다. 기드온의 이야기는 우리에게 그런 삶의 정황 속에서 어떻게 행동해야 할 것인가를 가르치고 있다. 그리고 그러한 길이 바로 하나님의 사람들이 걸어가야 할 길이라는 것을 부각시키고 있는 것이다.

기드온은 뒤늦게 나타나 승리의 영광을 자신들에게 넘기라는 에브라임 사람들의 그 말에 한 번의 망설임도 없이 그 자리에서 다 양보한다. 기드온이 이렇게 할 수 있었던 것은 그의 승리는 결코 자신의 것이 아니라 하나님의 은혜라는 것을 알기 때문이다. 은혜를 체험한 사람은 교만할 수도, 또 권리를 주장하지도 않는다. 그 결과는 에브라임과의 싸움을 피하는 것이다. 이로 인해서 '동족상잔'의 비극이 발생하지 않았다는 것이 획기적으로 중요하다. 자신이 모든 영광을 다 차지하고, 최고가 되려고 한다면 결코 맛볼 수 없는 결과인 것이다. 서로를 높여주고, 인정해 줄 수 있는 길, 그것은 바로 하나님의 절대적인 은혜의 체험 밖에는 없다. 그리고 그 은혜를 잊지 않고, 기억하며, 삶에 그대로 적용하는 것이 필요하다. 이 땅에서의 영광은 다른 사람과 나누어도 괜찮다. 모든 것이 하나님의 은혜로 되어진 것이기 때문이다. 하나님께서 값없이 주신 것이니, 기꺼이 줄 수 있는 것이다. "너희가 거저 받았으니, 거저 주라"(마 10:8)는 예수님의 말씀도 동일한 것이다. 하나님의 은혜를 체험한 사람은 이렇게 진정한 예배를 행할 수 있다.

나중에 기드온은 온 이스라엘이 "당신이 우리를 미디안의 손에서 구원하셨으니 당신과 당신의 아들과 당신의 손자가 우리를 다스리소서"라고 하며 자신에게 구원의 영광을 돌리며, 지속적인 왕권을 부여하려 할 때에도(삿 8:22), 단호하게 거절할 수 있

었다: "내가 너희를 다스리지 아니하겠고 나의 아들도 너희를 다스리지 아니할 것이요 오직 여호와께서 너희를 다스리시리라"(삿 8:23). 그 이유는 간단하다. 자신이 아닌, 하나님께서 하셨다는 것을 너무도 분명하게 알고 있기 때문이다. 이처럼 기드온의 이야기가 인간적으로 볼 때에는 무능의 소치요, 어리석은 인간의 모습이 드러난 것처럼 보일지라도, 하나님의 뜻 가운데 거할 때에 하나님의 은혜를 더 깊이 느끼는 길이 된다(고후 12:9-10). 그렇다고 기드온처럼 늘 주저하는 신앙인이 되자는 것이 아니라, 그보다는 항상 하나님의 은혜를 깊이 기억하는 삶이 되자는 것이다. 우리는 은혜로 살아가는 사람들이다. 우리에게 하나님의 은혜가 조금 더 역사하면 교만이 아닌 겸손으로 서게 되므로 수많은 다툼을 막을 수 있을 것이다. 그렇다면 이제 이와 반대의 결과가 나타난 입다의 이야기는 은혜와 반대되는 이야기일 것임을 직감해 볼 수 있다.

(2) 입다 이야기[47)]

입나의 이야기는 배경이 되는 긴 서론을 가지고 있다. 우선 긴 서론(삿 10:6-16)을 살펴보면 사건의 정황은 그 이전의 사사들의 이야기와 유사하게 시작하나, 도중에 급반전이 일어난다. 이스라엘이 다시 여호와의 목전에서 악을 행하여 "바알들과 아스다롯과 이방의 여러 신들을 섬기고 여호와를 버려 그를 섬기지 아니하였다"고 한다(삿 10:6). 여호와께서 진노하사 이스라엘을 암몬과 블레셋에 넘기셔서 18년 동안 압제를 당하게 하신다. 그리고 이스라엘은 또다시 여호와께 부르짖는다. 이제 이쯤이면 늘 그렇듯이 여호와께서 사사를 한명 세우시는 사건이 시야에 들어와야 한다(삿 3:9, 15; 4:4; 6:11). 그러나 그런 일은 발생하지 않는다. 여호와께서 예전 같지 않으시다. 단호하게 거절하시며, "내가 다시는 너희를 구원하지 아니하리라 가서 너희가 택한 신들에게 부르짖어 너희의 환난 때에 그들이 너희를 구원하게 하라"(삿 10:13-14)고 선언하신다. 그럼에도 이스라엘이 이방신들을 제하고 더욱 간구하며 매달리자 "여호와께서는 이스라엘의 곤고로 인해 마음에 근심하신다"(삿 10:16). 그리고 입다의 이야기가 펼쳐진다.

입다는 한이 많은 사람이다. 그에게는 그러한 인간적인 원한과 분노를 바르게 삭혀야 할 과제가 남겨져 있다. 입다는 큰 용사였지만, 첩인 기생의 아들이었다. 본처의 아들들이 성장하자 자신들의 아버지의 가업을 잇지 못하게 입다를 강제로 쫓아내 버린다. 입다는 돕 땅에 거하면서 잡류가 모여와 그와 함께 거하게 되었다고 한다. 이런 내력에서 입다는 권력과 힘에 대한 갈망이 상당히 큰 사람이었을 것임을 직감해 볼 수 있을 것이다. 그런데 이렇게 기회만 노리고 있던 입다에게 드디어 때가 왔다. 암몬 족이 이스라엘을 치려고 쳐들어 온 것이다. 이때 길르앗 장로들이 아무리 둘러보아도 이 전쟁을 이끌 장수가 없다. 그리고 자신들이 쫓아낸 큰 용사인 입다가 생각나는 것이다. 입다라면 이 위기를 충분히 극복할 수 있을 장수라는 것을 판단하고, 입다에게 찾아가서 청탁을 한다. 자신들이 암몬족과 싸우려 하니 와서 '자신들의 장관'이 되어 달라는 것이다. 그리고 여기에 덧붙여서 이 전쟁을 싸워준다면, 입다에게 길르앗 모든 주민들의 '머리', 즉 '왕'이 되게 하여 주겠다는 제안을 한다. 입다는 기다리던 기회를 놓치지 않으려 확답을 받는다. 이 싸움을 싸우고 승리하면 진실로 길르앗의 머리가 되게 하겠다는 약속에 확답을 요구하고, 길르앗 장로들은 “여호와는 우리 사이에 증인이시라”(삿 11:10)고 여호와 하나님을 앞세워 서약을 한다. 그리고 입다를 자신들의 머리와 장관으로 세운다.

이미 여기까지만 해도 사사기의 내용에서 많은 반전이 일어나고 있다. 지금 사사기의 역사에서 전혀 다른 역사가 펼쳐지고 있는 것이다. 그것은 입다는 결코 하나님께서 세우신 사사가 아니라, 인간의 거래에 의해서 세워진 사사라는 점이다. 길르앗 장로들도 하나님께 기도하지 않고, 입다도 하나님의 뜻이 아닌 머리와 장관이 된다는 대가에 전쟁터에 나서는 것이다. 그럼에도 하나님의 은혜는 대단한 것이다. 이렇게 인간의 거래로 세워진 사사임에도 여호와의 영이 임하는 것이다(삿 11:29). 그러나 입다에게 여호와의 영은 거추장스러운 것이다. 이유가 무엇일까? 여호와의 영이 임하셔서 입다가 그 전쟁에서 승리한다면 그 승리는 누구의 것인가? 바로 여호와의 것이 틀림없다. 그것은 은혜이지, 인간의 업적이 될 수없기 때문이다. 그렇다면 입다가 왕이 되는 것이 아니라, 기드온의 고백처럼 “여호와께서 너희를 다스리실 것이라”는 고백을 해야만 하는 것이다. 자신의 한 풀이가 될 수 있는 최고가 되어서 호령하며, 통치해야 하는데 여호와의 영은 거추장스런 은혜일뿐인 것이다. 여호와의 영이 임하자마자 입다는 하나님과 거래를 한다. 자신이 거래로 사사가 된 것처럼, 하나님과도 거래를 하는 것이다. 승리하고 돌아오게 해 주시면 집 문에서 가장 먼저 자신을 영접하는 그는 여호와께 번제로 드릴 것이라고 서원한다. 하나님께 대가를 지불할 터이니 승리를 보장해 달라는 것이다. 이 거래가 성사되어야만 입다는 이 승리를 자신의 것으로 만들 수 있는 것이다.[48] 그래야만 하나님이 왕이 아니라, 자신이 왕이 되어서 호령하며 통치할 수 있는 것이다.

입다가 드디어 전쟁에 승리하고, 개선장군으로 집으로 돌아온다. 환영인파가 몰려들고, 대대적인 축하가 베풀어진다. 그러나 이 흥겨움이 산산조각 나는 것은 입다가 집에 도착했을 때이다. 집 문에서 소나, 양, 염소가 뛰어나오든지, 아니면 종들 중의 한 명이 뛰어 나와 영접하여야 하는데 이게 웬일인가? 아버지의 승리를 가장 먼저 축하하고, 치하하고자 입다의 딸이 소고를 잡고 춤을 추며 달려 나오는 것이 아닌가! 그에게 그 딸은 무남독녀 외딸이다. 예상치 못한 상황에 입다는 넋을 잃고 만다. 그리고 그는 결국 무남독녀인 자신의 딸을 번제로 바치는 인간 희생제로 결말이 난 서원으로 '승리의 대가' 즉 '왕이 되는 대가'를 지불했다. 입다에게 가장 소중한 딸은 입다 자신이 머리가 되기 위해 희생할 수 있는 수단일 뿐이다. 입다는 이 땅에서 가장 소중한 것을 대가로 지불하고, 최고가 되는 권리를 얻은 것이다. 최고가 되기 위해 그 어떤 것이든지 희생할 수 있다는 사고방식은 많은 것을 파괴한다. 하나님의 뜻을 저버리기에 하나님과의 관계가 파괴되고, 그 희생이 자신이 아니라, 다른 사람이라는 점에서 사람과 사람 사이가 파괴되는 잔혹한 세상이 되는 것은 시간문제일 뿐이다. 이러한 신앙의 원리를 따라갈 때 힘이 지배하는 세상이 되고, 그것을 지키기 위해 어떠한 희생도 감수할 수 있는 정의와 공의가 무너진 세상을 만들게 될 것임은 불을 보는 듯이 뻔한 이치이다. 특히나 더 큰 대가를 치르고 얻은 자리일수록 더욱 그렇다. 이렇게 얻은 자리는 결코 어느 누구에게도 양보할 수 없는 자신만의 전리품이 되는 것이다.

동족인 에브라임과의 전쟁은 그 당연한 결과로 나타나는 주도권을 지키려는 몸부림이다. 이전의 기드온은 모든 승리가 자신의 힘으로 된 것이 아닌, 하나님의 은혜라는 것을 알고 있었다. 하지만 입다는 다르다. 그는 너무도 엄청난 값을 치루고 승리를 일구어 내었다. 그는 그 전쟁에 자신의 목숨을 걸었고, 거기에 덧붙여 무남독녀 외동딸을 희생제물로 바쳤다. 사사기에는 그의 자손에 대한 더 이상의 이야기가 없다. 미래를 상징하는 유일한 혈육이 끊어진 것이다.[49] 즉, 자신의 미래를 다 바쳐 왕권을 얻은 것이다. 희생된 딸을 향한 애곡도 아직 끝나지 않았고, 슬픔의 고통이 그의 가슴속에 메아리치고 있는 그 순간에(삿 11:40) 에브라임이 습관대로 그 영광을 빼앗으려고 슬쩍 손을 집어넣는 것이다. 입다는 결코 양보할 수 없다. 어떤 대가를 치른 자리인데 감히 탐을 낼 수 있단 말인가? 입나는 에브라임을 향해 단호하게 선포한다.

> 나는 너희가 도와주지 아니하는 것을 보고 내 목숨을 돌보지 아니하고 건너가서 암몬 자손을 쳤더니 여호와께서 그들을 내 손에 넘겨주셨거늘 너희가 어찌하여 오늘 내게 올라와서 나와 더불어 싸우고자 하느냐 하니라(삿 12:3).

에브라임 사람들은 입다의 승리가 기드온의 것과 다르다는 것을 알지 못했다. 결국 동족상잔의 비극이 일어나고, 에브라임 사람 42,000명이 죽임을 당한다. 입다가 아무리 많이 여호와의 이름(7번–삿 11:9, 21, 23, 24, 31, 35; 12:3)을 부를지라도 그의 신앙은 여호와의 신앙을 떠났으며, 다른 신앙을 자신의 삶으로 그대로 실천하고 있는 것이다. 입다의 시대에 여호와라는 이름은 껍질만 남고, 본질인 알맹이는 다 변해 버린 것이다. 하나님의 백성이 하나님의 은혜를 벗어나는 순간 그 신앙은 이미 여호와의 신앙을 떠난 것이다. 결국 입다의 이야기는 어느 누구도 평화를 누리지 못했고, 단지 입다의 통치기간만 나타난다(삿 12:7). 그리고 그 통치기간도 기껏해야 6년밖에는 안 된다(삿 12:7). 고작 6년을 자신이 원하는 대로 살겠다고, 가장 소중한 무남독녀 외동딸까지 희생할 필요가 있을까를 생각해보면 이것이 인간의 어리석음이라는 것을 살펴볼 수 있다.

우리가 하나님의 은혜 안에 거하지 않는다면, 이렇게도 잔인한 결론이 나고 말 것이다. 모든 것이 우리의 능력으로 된 줄 아는 것은 이렇게 경쟁의 세상을 만들어 최고로 올라가기만을 추구함으로, 다른 이들을 멸시하고, 짓밟는 일들이 생긴다. 그래서 하나님께서는 결코 하나님의 일을 스스로의 힘으로 하지 못하게 하신다. 성령께서 임하실 때까지 기다리라고 하시는 것이다(눅 24:49; 행 1:8). 하나님께서 함께하심으로 무슨 일이든지 시작하라고 하신다. 그것이 우리에게 제일 안전하기 때문이다. 내가 하나님 앞에 바로 서서 살 수 있고, 또 다른 이들을 돌볼 수 있고, 양보하고, 나눌 수 있게 되는 것이다. 우리가 하나님의 그 뜻을 올바로 받들 때 우리가 살아가는 세상은 더 따뜻하고, 포근하며, 서로를 돌보고, 지켜주는 세상이 될 것이다. 세상 사람들은 그렇게 살지 않는데 우리만 그렇게 살아서 되겠는가라고 볼멘소리로 하소연 할 수도 있지만, 그 사람들은 그렇게 살라하고, 우리는 우리 주님의 뜻을 알았으니, 그렇게 살아야 하는 것이다. 세상 사람들의 방식이 좋아 보이고, 더 나아보여서 유혹된다면, 여호수아의 말을 기억할 필요가 있다: "강 저편에서 조상들이 섬기던 신들이든지, 아모리 족속의 신들이든지 너희가 섬길 자를 오늘 택하라 오직 나와 내 집은 여호와를 섬기겠노라"(수 24:15). 선택의 길은 늘 우리 앞에 놓여있다. 하지만 다른 길을 선택하고, 다른 신을 섬기는 것은 결국 그 결말이 이렇게 입다의 이야기처럼 잔인하게 끝나고 말 것임을 기억한다면 선택을 바르게 할 수 있을 것이다. 우리가 끊임없이 기억해야 할 것은 우리는 성령의 사람, 즉 하나님의 사람이며, 하나님의 은혜로 살아가는 존재란 사실이다. 이것을 기억한다면 우리는 우리 주변을 더욱 아름답게 하나님께서 통치하시는 세상으로 열어갈 수 있을 것이다.

입다 이야기를 통해 사사기의 흐름이 가나안 족속과의 전쟁이 동족상잔의 비극으로 바뀐 이유는 바로 여호와의 은혜의 신앙을 잃어버리고, 우상종교로 빠져들며 성공과 승리주의라는 대가의 신앙으로 돌아선 이스라엘로 인한 것임을 명확하게 밝혀낼 수 있다. 대가를 바라고 헌신하는 것은 결코 예배가 아니라, 거래일뿐임을 명심해야 한다. 그리고 그 거래가 치명적인 것은 그 대가가 하나님의 은혜의 선물이 아니라, 자신의 노력에 의한 업적이라는 의식이며, 결국은 나눔이라는 예배하는 삶에 심각한 장애를 가져다주기 때문이다. 하나님께서 들으시고, 베풀어 주신 은혜를 누리고, 우리 또한 다른 사람들의 호소를 듣고, 값없이 받은 것을 나누는 삶을 이룸으로 예배가 완성되는데, 거래를 통한 대가주의는 들음과 나눔으로 나아가지 않는다는 점에서 결코 여호와 신앙이라 할 수 없다. 기드온과 입다가 걸어간 길에 에브라임과의 동족상잔의 비극이 발생하느냐, 아니냐의 차이가 나는 것은 바로 이 은혜의 예배가 있느냐, 아니면 대가를 바라는 거래가 있느냐의 차이이다.

입다 이야기를 마무리 짓기 전에 기드온에 대해서 한 가지 분명하게 해야 할 부분이 있다. 기드온은 전반부에서는 하나님의 은혜를 인정하는 삶이었지만, 그의 후반부에서는 자신의 개인적인 복수심에 불타 지친 병사들을 이끌고 미디안 왕들인 세바와 살문나를 요단 건너까지 쫓아가서 죽였다(삿 8:4, 18-19). 그리고 자신을 돕지 않은 동족인 숙곳과 브누엘 사람들을 잔인하게 살해하기도 한다(삿 8:13-17). 이처럼 은혜를 떠나가면 동족상잔의 비극이 발생한다는 것은 이미 기드온 이야기의 후반부에서부터 펼쳐지고 있었으며, 입다 이야기에는 더욱 확대되어 등장하고, 사사기의 마지막에서는 이스라엘의 내전으로까지 확장되어 민족의 안녕을 위협하게 되는 지경까지 이르게 된다(삿 20-21장).

3) 사사기의 결론(삿 17-21장) - 그 때에는 이스라엘에 왕이 없으므로

사사기의 결론(삿 17:1-21:25)은 두 가지의 이야기가 제시되는데, 공통적으로, 물론 의도적이었겠지만, 레위인이 등장하며, 지극히 부정적인 모습으로 나타난다. 첫째 이야기(삿

17:1-18:31)는 어떻게 모세의 손자가 이스라엘의 최북단 단에서 우상숭배의 중심지를 세우게 되었는지를 보여주고 있다. 에브라임 산지의 미가라는 사람이 어머니에게서 훔친 은으로 신상을 만들고 한 떠도는 레위인을 제사장으로 삼는다. 이 때 분배 받은 땅에서 쫓겨나 최북단으로 향하던 단 지파 사람들이 미가의 집을 지나다가 그 집의 신상을 훔치고 모세의 후손인 그 레위인을 데리고 올라가 제사장으로 삼고 자신들의 땅에 그 새긴 신상을 두었다. 한 가족의 새긴 우상이 한 지파의 우상숭배로 확장된 것이다.

두 번째 이야기(19:1-21:25)는 여행하는 한 레위인과 그의 첩 그리고 그를 영접하지 않는 기브아의 베냐민 사람들과, 그를 환대하는 그곳에 우거하는 에브라임의 노인이 등장하며, 흡사 제2의 소돔과 고모라 이야기를 펼쳐나가고 있다.[50] 베냐민의 도시 기브아가 가장 악명 높은 죄악의 도시, 그리고 그 죄악으로 멸망한 이방의 소돔과 고모라에 비교되며, 이스라엘이 이러한 악으로 치닫고 있음을 폭로하고 있다. 결국은 레위인의 첩을 윤간으로 살해한 베냐민에 대하여 유다를 선두로 전 이스라엘이 일체가 되어 총공격을 감행하고 베냐민은 거의 멸족의 단계까지 간다. 가나안족속에게 행해야 할 진멸의 법이 같은 동족에게 실행되고 있는 것이다. 한 가정의 문제가 국가적인 불화로 성장했다. 사사기는 이와 같이 하나님의 백성이 어떻게 해체되고 있는지를 역력히 보여준다. 그리고 이러한 절망적인 상황이 해결될 날을 기대하며 그 일을 이룰 왕을 고대하는 네 번의 갈망으로 그 결론에 이른다.

> 그 때에 이스라엘에 왕이 없으므로 사람이 각기 자기의 소견에 옳은 대로 행하였더라(삿 17:6; 18:1; 19:1; 21:25).

4. 무너지는 예배

이 모든 정황을 살펴볼 때 이스라엘이 이러한 극심한 고통을 겪고, 결국은 동족상잔의 비극을 일으킬 수밖에 없는 사사기가 제시하는 유일한 악의 근원을 들라고 한다면 단연 여호와 하나님을 버리고, 가나안의 신들을 섬기는 '우상숭배'이다. 가나안의 신들을 섬기는 우상숭배의 원인은 가나안 원주민들과 언약을 맺고(삿 2:2), 그들의 딸들을 아내로, 자기 딸들을 그들의 아들들에게 주는 혼합에 있다(삿 3:5-6). 이러한 정황은 여호수아서와는 정반대의 결과를 야기한다.

여호수아서의 신학(수 1-24장)	사사기의 신학(삿 1-21장)
(가나안 정복의 길) 가나안 족속들(혼돈의 세력) ------⬆(밀어냄)--- 가나안 땅은 이스라엘에게 맡겨 주신 공간 ➜ 안식일을 지키는 이스라엘의 다스림 (여호와를 예배하는 삶) ------⬇(밀어냄)--- 가나안 족속들(혼돈의 세력)	**(가나안 상실의 길)** 가나안 족속들(혼돈의 세력) --------⬇(혼합됨)--- 가나안 땅이 죄악(혼돈과 흑암)으로 가득함 ➜ 안식일이 무너짐 이스라엘은 (우상을 예배하는 삶) --------⬆(혼합됨)--- 가나안 족속들(혼돈의 세력)

이것은 흡사 사사들의 시대에 이스라엘은 또다시 창조 전의 '혼돈과 공허, 흑암이 깊음 위에 있던 시절'로 돌아간 듯하다. 구별되고,

성별되지 않은, 거룩함을 상실한 백성은 세상의 악을 이겨낼 여력이 없다. 선물로 부여받은 약속의 땅을 지킬 신앙의 힘을 상실한 것이다.

이러한 신앙적인 추락형태에서 입다의 이야기는 중요한 전환점이 될 수 있다. 왜냐하면 사사기가 그의 이야기에 다다르면 수많은 반전이 일어나기 때문이다. 입다는 하나님이 세우지 않은 사사이며, 사람을 제물로 바치는 제사는 그 전에는 전혀 나타나지 않았고, 에브라임과의 전쟁은 기드온 때도 불씨가 당겨졌으나 무마되었고(삿 8:1-3), 요단 나루턱은 동족을 살해하던 장소가 아니라 이방인 모압과 미디안을 파멸시킨 장소였다(삿 3:28; 7:24). 그렇다면 입다의 이야기 속에 나타나는 사건들인 암몬과의 전쟁, 그의 딸을 제물로 바치는 것, 그리고 에브라임과의 동족상잔의 전쟁, 이 모두가 하나님을 벗어나 우상숭배에 빠져서, 여호와 하나님을 예배하는 삶을 잃어버림으로 인한 것임을 살펴볼 수 있다.

하나님의 뜻에 철저하게 순종하는 예배가 사라지는 그 순간에, 이스라엘의 적은 더 이상 가나안 족속이 아니요, 점점 자기 동족들이 되고, 이스라엘은 자신의 땅에서 더할 수 없는 고난과 저주와 죽음의 혹독한 시련을 겪는다. 그리고 율법적인 공백기와 윤리적인 타락을 맞이하게 된다. 그럼에도 희망은 있다. 사사기는 그 결론에 이스라엘에 왕이 생기면 희망이 있지 않겠느냐는 기대를 제시하며 마감하고 있다. 물론 사사기가 꿈꾸는 왕정은 반드시 주변의 다른 나라들과는 다른 오직 하나님의 뜻에 따른 왕정이어야 한다는 전제가 들어가 있다(신 17:14-20). 스스로 머리가 되기 위해 나선 입다의 그것과 달라야 하며, 기드온의 "여호와께서 너희를 다스리시리라"(삿 8:23)는 선언처럼 하나님의 다스리심에 일치하여 이 땅에서 주의 통치를 행할 사람이 필요한 것이다. 죄악과 혼돈의 어둠을 이 땅에서 몰아내고, 하나님의 영광이 드러나는 세상을 열어갈 사람이 절실히 요구된다. 다음에 펼쳐질 사무엘상·하는 하나님 마음에 합한 왕을 찾는 이야기가 될 것을 예고하고 있는 것이다.

:: 주석

38) 레온 우드(Leon J. Wood), 『이스라엘의 선지자(*The Prophets of Israel*)』(김동진 역) (서울: 기독교문서선교회, 1990), 80-84쪽.

39) 김지찬,"여호수아서를 어떻게 설교할 것인가," 『여호수아 어떻게 설교할 것인가』(서울: 두란노, 2004), 18쪽.

40) 제롬 F. D. 크리치(Creach), 『여호수아(*Joshua*)』(조용식 역) (Interpretation; 서울: 한국장로교출판사, 2010), 111-12쪽.

41) 욥기 1:5절에는 욥이 자식들이 잔치를 끝내고 나면 불러다가 성결하게 하고, 그 명수대로 하나님께 번제를 드렸다. 그 이유인 즉은 "혹시 아들들이 죄를 범하여 마음으로 하나님을 욕되게 하였을까" 염려하였기 때문이다. 이런 마음 자세라면 매 순간을 다르게 살아갈 수 있을 것이다.

42) Susan Niditch, *War in the Hebrew Bible: A Study in the Ethics of Violence* (New York: Oxford University Press, 1993), 56-61쪽.

43) 수 1:1, 2, 3, 5, 7, 13, 14, 15, 17(2번); 3:7; 4:10, 12, 14; 8:31(2번), 32, 33, 35; 9:24; 11:12, 15(3번), 20, 23; 12:6(2번); 13:8(2번), 12, 14, 15, 21, 24, 29, 32, 33; 14:2, 3, 5, 6, 7, 9, 10, 11; 17:4; 18:7; 20:2; 21:2, 8; 22:2, 4, 5, 7, 9; 23:6; 24:5. 대표적인 예는 여호수아 11:15절로 모세의 이름이 세 번이나 등장하며 명령실행의 온전함을 보인다: **"여호와께서 그의 종 모세에게 명령하신 것을 모세는 여호수아에게 명령하였고 여호수아는 그대로 행하여 여호와께서 모세에게 명하신 모든 것을 하나도 행하지 아니한 것이 없었더라."**

44) B. S. Childs, *Introduction to the Old Testament as Scripture* (Philadelphia: Fortress Press, 1979), 254-62쪽; D. W. Gooding, "The Composition of the Book of Judges," *Eretz-Israel* 16 (1982), 70-79쪽; Marc Zvi Brettler, "The Book of Judges: Literature as Politics," *JBL* 108 (1989), 395-418쪽.

45) D. A. Dorsey, *The Literary Structure of the Old Testament: A Commentary on Genesis-Malachi* (Grand Rapids, Michigan: Baker Books, 1999), 105, 특히 각주 1번을 참고하라; G. J. Wenham, *Story as Torah: Reading the Old Testament Ethically* (Edinburgh: T&T Clark, 2000), 47.

46) 여기서 정확하게 기드온의 아버지의 수소 중에서 칠년 된 둘째 수소를 잡으라고 지시하신 것은 보면 분명 기드온의 아버지의 바알제단과 밀접한 연관이 있을 것으로 보인다. 즉, 바알숭배와 연관이 있는 바알을 상징하는 특별한 황소였을 것임을 짐작해 볼 수 있다.

47) 김재구, “입다의 딸, 누구를 위한 희생인가?” 「한국기독교신학논총」 64 (2009), 29-51쪽.

48) Phyllis Trible, *Texts of Terror: Literary-Feminist Readings of Biblical Narratives* (Philadelphia: Fortress Press, 1984), 97쪽. 트리블(Trible)은 입다는 영의 선물을 수용하기보다는 신을 얽어매려 했으며, 은혜로 주어질 것을 수고해서 얻으려고 애썼고, 이러한 태도는 분명 신앙이 아니라 의심이며, 용기가 아니라 지배욕이라고 단정한다.

49) J. Cheryl Exum, "The Center Cannot Hold: Thematic and Textual Instabilities in Judges," *CBQ* 52 (1990), 420쪽.

50) Susan Niditch, "The 'Sodomite' Theme in Judges 19-20: Family, Community, and Social Disintegration," *CBQ* 44 (1982), 365-78쪽.

제 5 장
사무엘 상.하가 말하는 것

사무엘상·하는 혼돈으로 가득 찬 이스라엘을 새로운 시대로 이끌어갈 인물을 기다리는 이야기이다. 이 속에는 크게 4명의 인물들과 그들의 집안에 대한 기대와 실망을 다룬다. 결국 어떤 인물에게 하나님의 초점이 맞춰 질 것인가가 사무엘서의 중심주제이다. 그리고 하나님께서 마침내 찾은 그 인물이 펼쳐가는 신앙의 드라마는 하나님의 백성 이스라엘은 물론이요, 지금 현재를 살아가는 우리에게도 대단히 중요한 삶의 길을 제시하고 있다.

사사기는 거대한 숙제를 사무엘서에 넘겨준다. 블레셋이라는 강적을 태어나기 전부터 나실인으로 서원된 마지막 사사인 삼손이 해결하지 못하고, 오히려 그들의 손에 붙잡혀 죽음의 길로 갔다. 그리고 이스라엘은 외부적으로는 블레셋의 압박 가운데 신음하고, 내부적으로는 신앙적인 퇴보로 고통을 겪는다. 이제 누가 이러한 블레셋의 위력을 잠재우고, 이스라엘의 신앙을 회복의 길로 이끌 것인가? 이 질문에 대한 답을 찾아가노라면, 우리는 한 인물을 만나게 된다. 사무엘서는 그 인물을 찾기까지 멈추지 않으시는 하나님의 열심을 전한다. 그리고 하나님의 기나긴 갈망이 무엇인지를 그 인물을 통하여 살펴볼 수 있다.

사사기에서 하나님께서는 왜 마지막 사사로 평생이 서원된 나실인을 세우셨을까? 삼손은 이미 탄생부터 하나님께서 무척이나 공을 들인 인물이다. 그는 평생 결코 머리에 삭도를 대어서는 안 되는 나실인이다(삿 13:5). 즉, 구별된 삶을 평생을 통해 이루어야 할 사명인 것이다. 사사기의 끝 무렵 이스라엘은 단순히 이방인의 손에서 구원되는 것으로 모든 것이 해결되는 시절이 아니었다. 신앙적인 퇴보 또한 극점을 향하고 있었다는 점에서 구원된 후의 신앙적 회복이 더욱 중요한 시기였던 것이다. 삼손이 마지막 사사답게 능력에 있어 가장 출중한 위력을 갖추고 있고, 구별된 나실인이라는 점은 이 두 가지를 충족할 수 있는 지도자라는 것을 말해준다. 하지만 그는 실패했고, 사사기의 마지막은 자신이 지켜야 할 아내를 12조각으로 난도질 한 타락한 레위 사람, 그 레위 사람을 보호하려는 한 에브라임 사람 그리고 악의 극을 치닫는 베냐민 사람들과 그들을 선두에서 멸족의 단계로 이끄는 유다 사람들의 이야기로 해결점 없이 혼돈으로 마감된다. 이렇게 끝이 난 그 지점에서 사무엘서는 모든 조각난 파편들을 끌어 모아 새로운 시대를 열어가려고 한다. 태어나기 전부터 평생이 나실인으로 서원되어 삭도를 머리에 대지 말아야 할 한 사람이 서고(사무엘), 타락으로 이스라엘을 분열시키는 레위지파의 엘리 제사장 가문이 있고, 이를 보호하려는 에브라임 지파의 사무엘이 서고, 하나님의 뜻을 거슬러 가는 베냐민의 사울이 등장하고, 그 베냐민 사람과 뒤얽혀 복수와 섭리 사이에서 고통의 세월을 보내는 유다지파의 다윗이 나타나 역사를 펼쳐간다. 이들 모두가 사사시대를 뒤로하고, 새로운 시대를 만들어야 하는 것이 주어진 사명이다. 그러나 모든 상황이 사사기의 결론과 동일하게 시작하며 누가 이 모든 역행에 반전을 가져올 것인가를 기대하고 있다는 점에서 사무엘서는 해산의 진통을 통과해야만 하는 과제가 놓여있음을 짐작해 볼 수 있다.

네 가문이 흥망성쇠를 거듭하며, 역사의 무대에 등장하고, 그 뒤안길로 사라져간다. 엘리 가문, 사무엘 가문, 사울 가문 그리고 다윗 가문이 차례로 등장한다. 그러나 이 가운데서 오직 다윗만이 왕조를 형성하는 최초의 인물이 된다는 것은 그가 이 역사의 악순환을 끊을 수 있을 것이란 기대를 가져볼 수 있게 한다.

1. '한나의 기도'가 '다윗의 노래'가 되다

사무엘서 전체가 두 개의 시편으로 그 시작과 끝을 구성하고 있는 '고리구조'(Ring Structure)로 만들어져 있다는 것은 이미 잘 알려진 사실이다.[51] 시작은 사무엘상 2장에 나타나는 '한나의 기도'이고, 마지막은 사무엘하 22장에 기록되어 있는 '다윗의 노래'이다. 사무엘서의 처음과 끝부분에 나타나는 이 두 편의 시들을 비교해보면 수많은 언어적 공통점들을 발견할 수 있고 이를 통해 의도적인 문학적 평행을 통한 긴밀한 관련성을 파악해 볼 수 있다. 먼저 이 두 시편 속에 사용된 공통적인 단어들을 비교해 보면 다음과 같다.

‘높이다’(רום 룸; 2:1, 7, 10; 22:28, 47, 49); ‘뿔’(קֶרֶן 케렌; 2:1, 10; 22:3); ‘넓히다’(רָחַב 라함; 2:1; 22:20, 37); ‘입’(פֶּה 페; 2:1; 22:9); ‘원수’(אוֹיֵב 오예브; 2:1; 22:4, 18, 38, 41, 49); ‘구원하다’(יָשַׁע 야사; 2:1; 22:3[3번], 4, 28, 36, 42, 47, 51); ‘반석’(צוּר 쭈르; 2:2; 22:3, 32, 47[2번]); ‘크게 되다’(רָבָה 라바; 2:3; 22:36); ‘나가다’(יָצָא 야짜; 2:3; 22:20, 49); ‘하나님’(אֵל 엘; 2:3; 22:31, 32, 33, 48); ‘활’(קֶשֶׁת 퀘세트; 2:4; 22:35); ‘용사’(גִּבּוֹר 기보르; 2:4; 22:26); ‘무장하다’(אָזַר 아자르; 2:4; 22:40); ‘힘’(חַיִל 하일; 2:4; 22:33, 40); ‘죽음, 죽다’(מות 모트; 2:6; 22:5, 6); ‘삶, 살다’(חָיָה 하야; 2:6; 22:47); ‘낮아지다’(יָרַד 야라드; 2:6; 22:48); ‘음부’(שְׁאוֹל 셰올; 2:6; 22:6);[52] ‘올라가다’(עָלָה 알라; 2:6; 22:9); ‘낮추다’(שָׁפֵל 사팔; 2:7; 22:28); ‘일어나다’(קום 쿰; 2:8; 22:39, 40, 49); ‘먼지’(עָפָר 아파르; 2:8; 22:43); ‘세우다’(שִׁית 시트; 2:8; 22:12); ‘세계’(תֵּבֵל 테벨; 2:8; 22:16); ‘발’(רֶגֶל 레겔; 2:9; 22:10, 34, 39); ‘인자하심’(חֶסֶד 헤세드; 2:9; 22:26[2번], 51); ‘사악한’(רָשָׁע 라샤; 2:9; 22:22); ‘어둠’(חֹשֶׁךְ 호세크; 2:9; 22:12, 29); ‘남자’(אִישׁ 이쉬; 2:9; 22:49); ‘소송자’(מְרִיב 메리브; 2:10; 22:44); ‘하늘’(שָׁמַיִם 샤마임; 2:10; 22:8, 10, 14); ‘천둥치다’(רָעַם 라암; 2:10; 22:14); ‘땅’(אֶרֶץ 에레쯔; 2:10; 22:8, 43); ‘주다’(נָתַן 나탄; 2:10; 22:14, 36, 41, 48); ‘능력’(עֹז 오즈; 2:10; 22:18); ‘그의 왕’(מַלְכּוֹ 말코; 2:10; 22:51); ‘그의 기름부

음을 받은 자'(מְשִׁיחוֹ 메쉬호; 2:10; 22:51).[53]

두 시편이 보여주고 있는 이러한 밀접한 언어적인 연관성은 결코 우연이라 하기에는 과할 정도의 단어적인 중복을 가지고 있다. 그리고 단어적인 공통성뿐만 아니라 몇몇 구절들은 동일한 문장구성을 사용하여 주제적인 통일성 또한 갖추고 있음을 증거하고 있다. 그 예들은 다음과 같다.[54]

삼상 2:2 **삼하 22:32**	우리 하나님 같은 반석도 없으심이니이다 (אֵין צוּר כֵּאלֹהֵינוּ 에인 쭈르 켈로헤누) 우리 하나님 외에 누가 반석이냐 – 다윗의 고백으로 확장됨 (מִי צוּר מִבַּלְעֲדֵי אֱלֹהֵינוּ 미 쭈르 밉발아데 엘로헤누)
삼상 2:7 **삼하 22:28**	여호와는…낮추기도 하시고 올리기도 하신다 (יהוה…מַשְׁפִּיל אַף–מְרוֹמֵם 야훼…마시필 아프–메로멤) 교만한 자를 살피사 낮추시리이다 – 다윗의 삶에 실현 (עֵינֶיךָ עַל–רָמִים תַּשְׁפִּיל 에네카 알–라밈 타쉬필)
삼상 2:10 **삼하 22:14**	하늘 우레로 그들을 치시리로다 (עָלָו בַּשָּׁמַיִם יַרְעֵם 알라브 바사마임 야르엠) 여호와께서 하늘에서 우렛소리를 내시며 – 다윗의 삶에 실현 (יַרְעֵם מִן–שָׁמַיִם יהוה 야르엠 민–샤마임 야훼)
삼상 2:10 **삼하 22:51**	자기 왕에게…자기의 기름 부음 받은 자 (לְמַלְכּוֹ…מְשִׁיחוֹ 레말코...메쉬호) 여호와께서 그 왕에게…기름 부음 받은 자에게 –그 왕이 다윗과 후손들 (מַלְכּוֹ…לִמְשִׁיחוֹ 말코…림쉬호)

한나의 기도가 간구를 담고 있다면, 다윗의 노래는 그 간구의 성취를 찬양하고 있다. 그리고 그 성취가 다윗이라는 인물의 삶 속

에서 모두 실현되었다는 점에서 한나의 기도가 고대하던 한 인물이 바로 다윗이라는 결론에 이른 것이다. 이 같은 깊은 연관성들로 인해 '한나의 기도'를 '다윗의 노래의 축소판'(an abbreviated version)이라고 부르기도 한다.[55] '한나의 기도'는 이렇게 우연이라 할 수 없는 수많은 공통적인 단어들과 동일한 표현들을 통해 '다윗의 노래'를 기대하고 있음을 살펴볼 수 있다. 한나가 기도한 내용들이 다윗이라는 인물을 통하여 다 실현되었기에 다윗은 찬양을 올려드린다. 다윗이 하나님께서 기름 부어 세우기를 원했던 바로 그 왕이라는 사실이 부각되기까지 한나의 기도는 그 인물을 가리는 시금석이 된다. 이처럼 '한나의 기도'는 사무엘서 전체 속에서 '다윗의 노래'가 나타나기까지의 과정을 미리 보여주는 '예시적인 기능'(proleptic function)을 하고 있는 것이다.[56] 그 주요한 주제는 다음의 구절에 축약되어 있다.

> 심히 교만한 말을 다시 하지 말 것이며
> 오만한 말을 너희 입에서 내지 말지어다
> 여호와는 지식의 하나님이시라
> 행동을 달아 보시느니라
> ....
> 여호와는 가난하게도 하시고 부하게도 하시며
> 낮추기도 하시고 높이기도 하시는도다(삼상 2: 3, 7)

오만하고, 교만한 자들은 낮추시고, 낮은 자들은 높이시는 하나님의 권능은 사무엘서에서 여러 인물들의 삶을 뒤바꾸는 역할을 한다. 이러한 원칙에는 전혀 예외가 없다. 사무엘서 전체는 엘리 가문의 추락과 맞물려 사무엘이 상승하고, 사무엘 가문의 추락과 더불어 사울이 상승하고, 사울 가문의 추락과 더불어 다윗이 상승하며 또한 다윗의 교만과 죄악이 그의 추락을 몰고 오는 지그재그식의 구조를 보이며 '한나의 기도'를 반영하고 있다.[57] 엘리 가문도, 사무엘 가문도, 사울 가문도, 그리고 다윗 가문도 역시 마찬가지이다. 다음은 이러한 가문들의 흥망성쇠를 보기 쉽게 간추린 것이다.

▣ 엘리가문의 추락(A)과 사무엘 가문의 상승(B)

A. 엘리의 두 아들 홉니와 비느하스가 제사장으로 섬김(삼상 1:3)

B. 사무엘의 출생과 봉헌(삼상 1:1-2:11) - 여호와를 섬기기 시작

A. 엘리의 불량한 아들들(삼상 2:12-17) - 여호와 앞에서의 사악함

B. 사무엘이 세마포를 입고 여호와 앞에서 섬김, 여호와 앞에서 자람 (삼상 2:18-21)

A. 엘리의 아들들에 대한 심판 선언(삼상 2:22-36)

B. 여호와께서 사무엘을 부르심, 엘리 집의 심판 선언(삼상 3:1-21)

A. 엘리의 아들들, 엘리, 며느리가 한날에 죽음(언약궤 이야기) (삼상 4:1-7:2)

B. 사무엘의 승리(여호와의 도우심으로 블레셋에 대한 승리를 이끎 (삼상 7:3-17)

▣ 사무엘 가문의 추락(A)과 사울 가문의 상승(B)

A. 사무엘의 아들들의 타락상(삼상 8:1-3) - 사무엘 가문의 추락

B. 왕을 요구하는 백성들(삼상 8:4-6) - 사무엘 가문을 믿지 못함

A. 사무엘이 백성들을 설득하나 백성들 그 말을 무시함(삼상 8:7-22)

B. 사울의 등장과 전쟁에서의 승리(삼상 9-11장)

▣ 사울 가문의 추락(A)과 다윗 가문의 상승(B)

A. 사울이 여호와의 명령을 거역함(삼상 13-15장)

B. 다윗의 기름부음과 여호와의 신에 크게 감동됨(삼상 16:1-13)

A. 사울에게서 여호와의 신이 떠나고 악신이 지배(삼상 16:14-17)

B. 다윗이 수금으로 사울의 악신을 쫓아내고, 병기 드는 자가 됨 (삼상 16:18-23)

A. 사울이 블레셋 골리앗을 당해내지 못하고 두려워함(삼상 17:1-11)

B. 다윗이 골리앗을 물리치고 요나단이 자기의 입었던 겉옷, 군복, 칼, 활과 띠를 다윗에게 줌(삼상 17:12-18:5)

A. 사울이 다윗을 시기하여 죽이려함(삼상 18:6-16)

B. 다윗이 사울의 사위가 됨(삼상 18:17-30)

A. 사울이 다윗을 죽이려함(삼상 19:1-24)

B. 요나단이 다윗을 도움(삼상 20:1-42)

A.사울이 놉의 제사장들을 살해함(21-22장)-'진멸의 법'[58]실행함 (삼상 22:18-19)

- 사울이 거듭 다윗을 추적하나 다윗은 사울을 살려줌
- 사울은 생명의 속함을 받은 후에 다윗의 왕권을 선언함 (삼상 24:19-21; 26:25)

B. 다윗은 계속 하나님께 묻고 응답받음(삼상 23:2,11-12; 30:8)

A. 사울에겐 꿈으로도, 우림으로도, 선지자로도 대답지 않으심 (삼상 28:6)

- 결국 엔돌의 신접한 여인에게로 감(삼상 28:7)
- 사울이 전에는 신접한 자와 박수를 이 땅에서 멸절시켰으나 이제는 여호와로 맹세하며 벌을 당치 않을 것이라 위로함(삼상 28:9-10)

B. 다윗이 아말렉을 물리침(삼상 30장)

(사울의 블레셋 전쟁 사이에 기록; 삼상 29장과 31장)

A. 블레셋과의 전투에서 사울과 그의 아들들이 죽음(삼상 31장)

B. 다윗은 온 이스라엘의 왕이 되어 결국 블레셋을 물리침 (삼하 5:1-25)

▣ 다윗 가문의 상승(A)과 추락(B)

A. 다윗이 온 이스라엘의 왕이 되어 적들을 물리치고 하나님의 궤를 옮기고, 하나님과 영원한 계약을 맺고, 선정을 베품(삼하 5-10장)

B. 다윗과 밧세바 사건 이후 다윗과 그의 가문에 칼과 반역 등 전쟁이 끊임이 없음(삼하 11-21:14)

. 한나라는 한 여인의 기도가 하나님의 백성 이스라엘의 흥망성쇠를 좌우한다. 이 중요한 시점에서 왜 하필이면 여인인가? 늘 여인들이 역사의 시작에서 중요한 역할을 담당하는 것은 이미 출애굽이라는 구원사에서도 밝혀진 바다. 모든 남자들이 혹독한 노동에 시달리며, 신음하는 그 순간에 다섯 명의 여성들이 진취적으로 하나님의 구원사를 열어갈 인물인 모세를 구해내고, 키우는데 앞장선다(두 히브리 산파 십브라와 부아, 모세의 어머니 요게벳. 누이 미리암, 그리고 바로의 딸). 이스라엘의 구세대들이 불신앙으로 죽어간 광야의 그 자리에서 또 다섯 명의 여인들이 하나님께서 약속하신 땅에 대한 확신으로 충만하여 가나안 땅을 점령하는 신세대의 믿음의 대표자들이 된다(슬로브핫의 딸들인 말라, 디르사, 호글라, 밀가, 노아). 이처럼 구원사의 시작과 끝을 여인들이 장식한다. 흡사 한 여인으로 인해 에덴동산이라는 땅을 잃은 그것을 만회라도 하는 듯하다. 이것은 곧 여인들을 향한 하나님의

뜻 깊은 배려라 할 수 있을 것이다.

또 새로운 시작이 필요한 이 시점에서 하나님은 한 여인과 동역하신다. 눈을 씻고 찾아보아도 마음을 합할 사람(남자)이 없기 때문인지도 모른다. 한 연약한 여인의 태를 부여잡고 하나님께서 고통의 세월을 보내게 하시며, 그 여인의 입술에서 서원이 나오기까지 기다리신다. 하나님의 뜻을 이룰 한 사람을 기다리시는 것이다. 평생이 서원된 사람으로 오직 하나님의 일을 위하여 구별된 사람을 찾으시는 것이다. 그와 함께 하나님께서는 새 역사를 열어가는 꿈을 꾸고 계시는 것이다. 마침내 한나의 입에서 "주의 여종에게 아들을 주시면 내가 그의 평생에 그를 여호와께 드리고 삭도를 그의 머리에 대지 아니하겠나이다"(삼상 1:11)라는 서원이 쏟아져 나왔고, 하나님께서는 한나의 태를 활짝 여시고 아들을 주셨다. 하나님께서 부르짖어 기도한 것을 들으시고, 소원을 이루어 주셨다면 그 다음은 무엇인가? 그것은 한나의 행동으로 분명하게 알 수 있다.

* 하나님께서 주셨다: "이 아이를 위하여 내가 기도하였더니 내가 구하여 기도한 바를 여호와께서 내게 허락하신지라"(삼상 1:27).

* 인간이 드린다: "그러므로 나도 그를 여호와께 드리되 그의 평생을 여호와께 드리나이다 하고 그가 거기서 여호와께 경배하니라"(삼상 1:28).

한나를 통하여 끊어졌던 예배가 살아난다. 하나님을 진정으로 예배하는 이 여인이 하나님께 또 간구한다. "여호와께서 땅 끝까지 심판을 내리시고 자기 왕에게 힘을 주시며 자기의 기름 부음을 받은 자의 뿔을 높이시기"(삼상 2:10)를 기도한다. 그리고 그 기도는 결국 '다윗의 노래'(삼하 22장)를 살펴볼 때 다윗이라는 인물의 삶에 그대로 실현된 것으로 나타난다. 즉, '한나의 기도'에 나타난 간구가 '다윗의 노래'라는 응답이 되어 실현된 것이다. 그렇다면 사무엘서는 한나의 기도로 시작하여 다윗의 노래로 그 결론에 이르며 하나님께서 찾는 사람이 바로 다윗임을 천명하고 있는 것이다.

그렇다면 왜 이스라엘의 초대 왕이었던 사울은 안 되고, 다윗은 되는 것인가를 규명할 필요가 있다. 한나의 기도가 초대 왕인 '사울의 노래'로 그 성취에 이를 수도 있었기 때문이다. 다윗이 선택됨에 차별과 편애가 작용하고 있는 것은 아닌지를 살펴볼 필요가 있다. 그 이유는 하나님의 선택에 대한 진의가 무엇인지를 깨달으면, 우리 또한 지금 이 순간에 우리의 소명을 바르게 할 수 있는 길을 열 수 있을 것이기 때문이다.

2. 하나님 마음에 합한 사람을 찾기까지(행 13:22)

사무엘서의 곳곳에서 하나님께서 간절히 사람을 찾고 계시다는 것을 느껴볼 수 있다. 여러 가문들의 운명이 교차하며, 하나님은 누군가를 기다리시며, 무언가를 이루기를 소망하신다. 여기 엘리 가문과 사울 가문을 비교하며, 하나님께서 찾고 있는 사람은 어떤 사람인가를 살펴볼 필요가 있다. 이는 시대를 초월하여 하나님의 백성으로 바르게 서기 위함인 것이다.

1) 엘리 가문의 흥망

또다시 절망적인 상황이 전개되고 있다. 하나님의 백성의 이야기 속에서는 사라져야만 할 선언이지만, 수시로 등장하는 것을 보면, 뼈아픈 자책이지만 인간이란 존재는 늘 기억상실을 살아가는 존재라는 것을 증거 하는 것이리라.

> 엘리의 아들들은 행실이 나빠 여호와를 '알지 못하더라'(לֹא־יָדַע 로–야다/알지 못한다)(삼상 2:12).

"여호와를 알지 못한다"라는 상황이 전개되면 이방인이든, 하나님의 백성이든 상관없이 하나님의 심판이 눈앞에 놓여있다. 이렇게 위기의 순간을 살아가고 있음에도 엘리는 타락한 아들들인 홉니와 비느하스에게 강력한 회개의 촉구조차 하지 않는다. 결국 그 시대는 "여호와의 말씀이 희귀하여 이상이 흔히 보이지 않았다"(삼상 3:1). 이것은 하나님의 마음과 뜻을 전해줄 사람이 없다는 것을 의미하는 것이다. 이런 시대에는 하나님께서 적극적으로 사람을 세우신다는 사실을 기억해야한다. 어떤 사람일까? 그것은 엘리 가문에 심판을 전하시는 하나님의 말씀을 통해 알아볼 수 있다.

엘리의 아들들이 죄악의 길을 걸어가며 권면과 경고 속에서도 돌이키지 않자 하나님께서는 다음과 같은 심판 선언을 하나님의 사람을 통하여 주신다.

> 그러므로 이스라엘의 하나님 나 여호와가 말하노라 내가 전에 네 집과 네 조상의 집이 네 앞에 영원히(עוֹלָם 올람) 행하리라 하였으나 이제 나 여호와가 말하노니 결단코 그렇게 하지 아니하리라 나를 존중히 여기는 자를 내가 존중히 여기고 나를 멸시하는 자를 내가 경멸하리라(삼상 2:30).

엘리 가문은 영원한 하나님의 언약을 받았다. 이 영원함에 대한 약속은 엘리의 선조인 아론의 손자 비느하스가 싯딤에서 모압 여인들과 음행하며, 우상숭배의 죄악에 빠진 이스라엘 백성들 앞에서 여호와의 열심을 드러냄으로 주어진 것이었다(민 25:10-13).[59] 그러나 이제는 그 약속이 파기되었다는 것을 선언하신다. 여기서 경각심을 가져야 할 것은 영원한 약속이 파기될 수 있다는 것이다. '영원한 약속'은 한번 받아 놓으면 불변하는 보증서라 생각하고 있다면, 애초에 신앙인이라 할 수 없다. 그것은 신앙의 대가로 영원을 부여받았다는 착각을 일으키기 때문이다. 대가라면 결코 잃을 수 없는 것이 영원이다. 그러나 대가가 아니기에 잃을 수 있다는 것이다. 영원이란, 우리 인간이 받을 자격이 없지만 값없이 받은 은혜의 선물이다. 선물은 가치 있게 여기는 자에게는 값진 보물이 되지만, 그것을 무가치하게 여긴다면 회수하는 것이 당연하다. 영원한 생명을 약속하는 구원이라는 은혜의 선물 또한 동일하다. 선물이기에 가치 없이 다룰 때 회수라는 문은 언제든지 열려있는 것이다. 한번 부여해 주신 것이기에 그 후에는 하나님도 결코 번복할 수 없다는 주장은 하나님의 절대주권을 인간 자신의 주권으로 돌려서 하나님까지도 조종하겠다는 간악한 술수가 될 수 있다. 하나님의 주권까지도 빼앗아서 자신의 안전을 영원히 보장받으려는 속셈이 느껴지기에 간악하다고 할 수 있다.

영원은 오직 하나님께 속한 것이다. 영원은 아름다움과 완전함으로 가득한 하나님의 뜻과 계획이다. 즉, 영원히 퇴색되지 않고, 변치 않으시는 하나님의 갈망이 있으신 것이다. 어느 누구든지 하나님의 이 영원하신 뜻에 동참하는 자, 그 영원이라는 선물에 연결되는 것이다. 그러나 이 땅에는 이와 반대되는 것이 있다. 바로 인간의 뜻과 계획인 것이다. 시편은 다음과 같이 인간의 헛됨을 말하고 있다.

> 귀인들을 의지하지 말며 도울 힘이 없는 인생도 의지하지 말지니 그의 호흡이 끊어지면 흙으로 돌아가서 그 날에 그의 생각이 소멸하리로다(시 146:3-4).

인간이 아무리 좋은 계획과 뜻을 펼칠지라도 그것은 그의 호흡이 끊어지면 사라져 버릴 무의미한 것이란 사실이다. 수많은 정치가들이 대단한 업적을 과시하려 자신의 임기 중이나, 살아있는 동안 거대한 일들을 실행하나, 그 자리에서 물러나거나, 혹은 죽으면 그 일들은 대폭 수정되거나, 백지화되기도 한다. 이것이 유한한 인간의 계획이다. 그러나 우리 하나님은 그렇지 않으시다. 하나님은 영원한 계획을 갖고 계신다. 그러므로 하나님을 알지 못하는 자, 그는 결코 영원이 무엇인지를 깨달을 수조차 없는 것이다. 그는 항상 자신의 욕망에 사로잡혀 호흡이 끊어지면 사라져버릴 유한한 것을 붙들고 안간힘을 써대는 것이다. 영원은 우리가 죽을 때 같이 사라지는 것이 아니라, 우리가 몇 번을 죽어도 그대로 남아 있는 것이며, 계속 연결되어야 하는 것이다. 그것을 이사야서의 말씀은 인간을 상징하는 풀은 마르고, 꽃은 시들지만 우리 하나님의 말씀은 영원히 서리라고 확신 있게 선포한다(사 40:8). 누가 이 하나님의 영원하신 뜻을 가슴에 품을 것인가? 하나님의 그 뜻을 품는 자, 그는 이미 영원한 언약의 의미가 무엇인지를 깨달은 사람이다. 그러므로 '여호와를 알지 못하는 자'는 결코 이 영원을 알 수조차 없는 것이다.

그래서 하나님께서는 이렇게 단호하게 영원한 언약의 파기를 선언하신 후에, 자신이 기다리는 인물이 어떤 사람인지를 말씀하신다.

> 내가 나를 위하여 충실한 제사장을 일으키리니 그 사람은 '내 마음, 내 뜻대로'(כַּאֲשֶׁר בִּלְבָבִי וּבְנַפְשִׁי 카아세르 빌바비 우베나프시) 행할 것이라 내가 그를 위하여 견고한 집을 세우리니 그가 나의 기름 부음을 받은 자 앞에서 영구히 행하리라(삼상 2:35).

하나님께서 세우시길 원하는 사람은 '그의 마음, 그의 뜻대로 행하는 사람'이다. 이것을 히브리어 원문 그대로 복원해 보면 '하나님의 마음 안에 있는 것 같고, 하나님의 영혼 안에 있는 것 같은 사람'을 의미한다. 즉, '하나님의 마음을 따라서 사는 사람,' '하나님의 마음과 같은 마음을 가지고 행하며 살아가는 사람'을 의미한다. 이것은 첫째로 하나님의 마음속에 있는 그 뜻이 무엇인지를 모른다면 결코 이루어 낼 수 없는 사명이다. 둘째로 그 하나님의 마음의 갈망을 자신의 갈망으로 받들지 못한다면 결코 행할 수 없는 것이다. 엘리 가문은 이것에 실패한 것이다. 엘리 가문의 선조였던 아론의 손자 비느하스가 영원한 제사장 직분을 약속 받은 것은 그가 하나님의 '질투심으로 질투하여' 주의 뜻을 이루었기 때문이었다(민 25:11). 여호와의 '질투'(קִנְאָה 퀸아)라는 단어는 다른 곳에서는 여호와의 '열심, 열성'(사 26:11; 37:32; 참조, 왕하 10:16; 시 69:9)이라는 뜻으로 해석된다. 즉, 비느하스의 마음속에는 하나님의 열심이 가득 차 있었기에 하나님과 한 마음 되어 그 영원하신 뜻을 이룰 것이란 확신이 있으셨던 것이다. 이처럼 하나님께서는 자신 안에 품고 계신 영원하신 뜻이 무엇인지를 깨닫고, 그 영원한 계획에 동참할 사람을 간절히 원하신다. 하나님의 마음속에 어떠한 갈망이 있는지는 관심도 없이 그저 영원히 자기 마음대로 즐기려고만 하는 사람과 어찌 아름다운 영원을 세울 수 있을까? 그랬다면 그 옛날 아담과 하와가 선악과를 따먹은 다음에, 생명나무 열매도 따먹고 영생(עוֹלָם 올람) 할까 염려하여 에덴에서 쫓아내지도 않으셨을 것이다(창 3:22-24). 하나님의 뜻을 바르게 이해하지 못한다면, 영생을 살며 세상을 죄악의 구렁텅이로 몰아갈 것이 분명하다. 하나님은 이러한 순환을 끊기를 원하신다. 그리고 하나님의 그 숭고한 마음의 갈망을 이루며, 영원을 가꾸어갈 인물을 원하시는 것이다.

2) 사울 가문의 흥망

사울 가문은 어떠한가? 사울이 블레셋과의 전투에서 일주일의 시험을 통과하지 못하고 맥없이 무너지는 불순종의 죄악을 저질렀을 때 하나님께서 사무엘을 통하여 심판의 말씀을 선언하신다.

> 사무엘이 사울에게 이르되 왕이 망령되이 행하였도다 왕이 왕의 하나님 여호와께서 왕에게 내리신 명령을 지키지 아니하였도다 그리하였더라면 여호와께서 이스라엘 위에 왕의 나라를 영원히(עוֹלָם 올람) 세우셨을 것이어늘(삼상 13:13).

여기서도 동일하게 '영원'이라는 말이 나타난다. 사울의 순종여부에 따라 영원한 언약이 내정되어 있었다. 즉, 사울이 엘리 가문의 선조인 비느하스처럼 하나님의 영원한 언약을 가능케 하는 기스가문의 선조가 될 뻔한 것이다(삼상 9:1). 그러나 그의 실패는 영원으로 향하는 길목에서 제동을 건다. 그리고 다시 한 번 하나님의 갈망이 표출된다.

> 지금은 왕의 나라가 길지 못할 것이라 여호와께서 왕에게 명령하신 바를 왕이 지키지 아니하였으므로 여호와께서'그의 마음에 맞는 사람'(אִישׁ כִּלְבָבוֹ 이쉬 킬바보)을 구하여 여호와께서 그를 그의 백성의 지도자로 삼으셨느니라 하고(삼상 13:14).

여기서도 역시 '하나님의 마음'이 등장하며, '그의 마음에 맞는 사람,' 즉 '그의 마음 같은 사람'을 찾으신다.[60] 이와 같이 하나님께서 찾으시는 사람은 언제나 동일하다. 하나님 마음에 맞는 사람이며, 하나님의 영원한 약속의 의미가 무엇인지를 분명히 깨달아서 그것을 이 땅에서 현실이 되게 만드는 사람이다. 여기에서 '영원'이란 단어는 결코 '시간의 무한정한 연속'을 의미하는 것이 아니다. 인간이 영원하지 않다는 것은 자명한 사실이다. 그런 유한한 인간에게 영원한 약속을 주신다는 것은 하나님께서 그 가문에 계속적인 은총으로 함께하시겠다는 선언임에 틀림없다. 즉, 이것은 영원하신 하나님께서 함께하시는 것을 의미하는 표현일 것이다. 영원하신 하나님의 마음에 맞추는 사람, 그를 통해 드디어 무의미했던 일상이 영원에 일치되는 것이다. 그가 왕이든 한 사람의 자연인이든 상관없이 그 사람은 하나님의 중심(中心)을 따르는 사람이 되어야만 한다. 그러므로 영원은 하나님의 마음과 우리의 마음이 일치되어 살아가는 것을 의미하며, 이것은 이 땅위에서도, 저 하늘에서도 동일할 것이다. 그렇다면 우선순위는 분명 하나님 중심의 갈망이 무엇인지를 아는 것이 될 것이다.

3) 다윗 가문에 거는 기대

사울 가문 또한 하나님의 눈 밖에 나며 또다시 역사가 원점으로 돌아간다. 한 사람이 실패할 때마다 겪어야만 하는 통증이 바로 이것이다. 인간은 결코 영원하지 못하다. 영원하지 못하기에 혼자서는 결코 영원하신 뜻을 다 이룰 수 없다. 그리고 한 세대만으로는 하나님의 영원하신 뜻을 온전히 세울 수 없다. 그래서 인간의 호흡은 세대를 거쳐 가며 이어져야 할 필요가 있다. 유한한 인간이 영원하신 하나님과 호흡을 맞추는 길은 결국 한 세대가 다음 세대에게 하나님의 뜻을 연결시키는 것이 필요한 것이다. 그러므로 하나님께서는 한 개인만이 아니라, 한 가문이 필요하며, 한 사람이 아니라 가족, 친지, 후손들로 뜻을 전할 수 있는 가문의 계보가 필요한 것이다. 그것이 성경에서 특히 족보를 중요하게 여기는 이유 중 하나일 것이다. 창세기에 나타난 족보가 우리가 보기에는 지루한 이름의 나열로 보일지 모르겠지만 하나님께는 영원하신 뜻이 연결되는 통로인 것이다. 그리고 그 족보에는 인간의 책임 또한 들어가 있다. 족보에 연결된 한 사람이 실패로 생을 마감해 버리면 하나님의 영원하신 계획이 일순간에 물거품이 되고 마는 것이다. 그리고 모든 것이 다시 원점에서 시작해야 될 수도 있다. 그러므로 영원하신 하나님께서 인간을 창조하신 그 순간부터 인간의 유한성이라는 어려움을 극복해야만 하신다. 이를 위해 하나님께서는 자신의 마음속에 가득한 소망이 흘러내려갈 가문을 찾는 것이다. 사무엘상·하는 그 영원한 뜻에 맞출 한 사람을 찾는 이야기이며, 그 다음에 이어지는 열왕기상·하는 그 사람의 후손들로 연결되는 족보를 통해 하나님의 그 영원하신 뜻이 어떻게 연결될 것인가에 모든 관심을 집중한다.

하나님께서 다윗을 만나셨다. 그리고 그를 통하여 이스라엘이라는 나라를 공고히 하셨다. 그리고 그에게 다음과 같은 약속을 주신다.

> 그러므로 이제 내 종 다윗에게 이와 같이 말하라 만군의 여호와께서 이와 같이 말씀하시기를 내가 너를 목장 곧 양을 따르는 데

에서 데려다가 내 백성 이스라엘의 주권자로 삼고……여호와가 너를 위하여 집을 짓고 네 수한이 차서 네 조상들과 함께 누울 때에 내가 네 몸에서 날 네 씨를 네 뒤에 세워 그의 나라를 견고하게 하리라 그는 내 이름을 위하여 집을 건축할 것이요 나는 그의 나라 왕위를 영원히(עוֹלָם 올람) 견고하게 하리라……내가 네 앞에서 물러나게 한 사울에게서 내 은총을 빼앗은 것처럼 그에게서 빼앗지는 아니하리라 네 집과 네 나라가 내 앞에서 영원히(עוֹלָם 올람) 보전되고 네 왕위가 영원히(עוֹלָם 올람) 견고하리라 하셨다 하라(삼하 7:8-16).

하나님과 다윗이 언약을 맺는 사무엘하 7장처럼 '영원'이라는 단어가 집중적으로 나타나는 곳은 성경에서 찾아보기 힘들 것이다. '영원'이라는 단어가 8번 등장하며 하나님께서 3번 먼저 말씀하시고, 다윗이 5번 거론하며, 영원한 언약에 대한 감사와 영광을 주께 돌린다(삼하 7:13, 16[2번], 24, 25, 26, 29[2번]).

이제 우리는 '영원'이라는 단어가 무한정으로 누리는 시간의 연속이 아니라, 하나님의 은혜의 선물이라는 사실을 보았다. 하나님께서 다윗에게 영원의 의미를 가르쳐 주시는데 그것은 인간의 유한성을 극복하는 해답이 된다. 인간은 생명의 수한이 다하면 이 땅에서 떠나야 하는 존재이며, 후손들이 그 뒤를 바르게 이어야 한다는 것이다. 이제 다윗과 그의 가문에게 남아 있는 숙제가 있다. 다윗보다 먼저 영원한 언약을 받았던 엘리 가문, 그리고 영원한 언약을 받을 뻔했던 사울 가문의 교훈을 마음에 새기고, 영원의 의미를 바르게 해석하여 적용하는 것이다. 하나님께서 말씀하실 때 '영원'이라는 단어와 뗄 수 없는 관계로 등장하는 것이 무엇인지를 이미 살펴보았다. '영원'은 늘 '하나님의 마음'과 '하나님의 뜻'과 직결되어 있다. 즉 영원이라는 단어와 하나님의 마음과 뜻이라는 단어는 동전의 양면처럼 결코 분리되어서는 안 되는 것이다. 그리고 영원과 하나님의 뜻을 통하여 하나님과 인간이 하나되는 길이 열린다. 영원은 선물이며 오직 하나님만이 주실 수 있고, 또한 회수할 수 있는 것이다. 그러므로 전적인 하나님의 주권 가운데 있는 것이며, 인간이 결코 손댈 수 없는 것이다. 그러나 전적으로 인간에게 달려 있는 것이 있다. 그것은 바로 하나님의 마음과 뜻을 살아가는 삶이다. 그러므로 지금 우리가 더욱 초점을 맞추어야 할 부분은 전적으로 하나님의 주권에 달려있는 영원이 아니라, 우리 손에 달려 있는 하나님 마음에 합한 삶을 사는 것이다. 그길 만이 하나님의 영원과 우리가 만날 수 있는 길이기 때문이다.

이제 영원한 약속을 부여받은 다윗 가문이 해야 할 일은 하나님의 마음속에 간직되어 있는 그 영원하신 뜻이 무엇인지를 깨달아 그것을 이 땅에서 실현해 내는 것이나. 그리고 지금 현재를 살아가고 있는 우리 그리스도인들 또한 동일한 사명 앞에 놓여져 있다.

> 너희가 성경에서 영생을 얻는 줄 생각하고 성경을 연구하거니와 이 성경이 곧 내게 대하여 증언하는 것이니라 그러나 너희가 영생을 얻기 위하여 내게 오기를 원하지 아니하는도다(요 5:39-40).

이 세상에 예수 그리스도의 이름 외에는 구원 얻을 이름을 준 바가 없다(행 4:12)는 말씀처럼 예수님의 뒤를 따르는 삶의 길이 우리 앞에 놓여진 하나님의 마음이요 뜻인 것이다. 그 십자가의 길을 통하여 이 땅에 하나님 나라가 이루어지는 것이다. 우리는 그 하나님 나라의 이상을 위해 잠시 더 구약에 머무르며 하나님 마음에 합한 삶을 살았던 다윗을 배워야 할 필요가 있다.

3. 하나님 마음에 합한 삶을 사는 것

사울이 불순종으로 응답했을 때 사무엘 선지자는 하나님께서 사울을 폐하시고, "그 마음에 맞는 사람을 구하여 그 백성의 지도자를 삼으셨다"(삼상 13:14)라고 선언한다. 이것은 분명 다윗을 염두에 두고 말하는 것이 분명하다(삼상 15:28; 28:17). 사도행전 13:21-22절은 사울과 다윗의 이러한 엇갈린 운명을 전하고 있다.

> 그 후에 그들이 왕을 구하거늘 하나님이 베냐민 지파 사람 기스의 아들 사울을 사십 년간 주셨다가 폐하시고 다윗을 왕으로 세우시고 증언하여 이르시되 내가 이새의 아들 다윗을 만나니 내 마음에 맞는 사람이라 내 뜻을 다 이루리라 하시더니

이처럼 사울과 다윗은 다른 운명의 길을 걸어간다. 사무엘하 7장에서 다윗과 영원한 언약을 맺으실 때도 하나님께서는 사울에게서 은총을 빼앗은 것처럼 그렇게 다윗 가문에게는 행하지

않으실 것이라 하셨다. 이것은 다윗의 전체적인 삶을 통하여 나타난 신앙의 모습이 반영되어 있는 언급임에 틀림없다. 그렇다면 다윗 왕의 어떤 모습이 하나님의 마음에 맞으셨는지를 살펴볼 필요가 있을 것이다. 이것은 사울과 다윗의 비교를 통해 더 정확히 알 수 있을 것이다.

사울과 다윗을 비교하기 전에 먼저 분명히 해둘 것이 있다. 이 두 사람은 그 용맹에 있어서나, 업적에 있어서 결코 우열을 가릴 수 없는 사람들이다(삼상 14:47-48; 삼하 7:1). 그리고 사울과 다윗은 그 저지른 죄에 있어서도 어느 누가 더 낫다고 평가할 수 없다. 사울은 명백한 불순종의 죄이고, 다윗은 밧세바를 범하고 우리야를 죽인 것이라는 점에서 죄의 종류는 다를지언정 이 둘을 향한 심판선고에서 이들의 죄목은 동일한 것으로 나타난다.

사울의 죄목	다윗의 죄목
* **삼상 15:26** 사무엘이 사울에게 이르되 나는 왕과 함께 돌아가지 아니하리니 이는 왕이 여호와의 말씀(דָּבָר 다바르)을 버렸으므로 여호와께서 왕을 버려 이스라엘 왕이 되지 못하게 하셨음이니이다 하고	* **삼하 12:9** 그러한데 어찌하여 네가 여호와의 말씀(דָּבָר 다바르)을 업신여기고 나 보기에 악을 행하였느냐 네가 칼로 헷 사람 우리아를 치되 암몬 자손의 칼로 죽이고 그의 아내를 빼앗아 네 아내로 삼았도다

이 두 사람 다 하나님의 명령, 즉 말씀을 어겼다는 점에서 공통점이 있다. 하나님의 마음속의 갈망을 이루기 위해 부름 받

았다는 점에서 죄의 경중(輕重)보다도, 하나님의 말씀을 어겼다는 것에 더 초점이 맞춰져야 할 것이다. 이렇게 사울과 다윗은 그들의 장점과 단점에서 특별하게 우열을 가릴 수는 없다. 그렇다면 도대체 무엇이 이 두 사람의 운명을 갈라놓은 것인가? 그것을 바르게 이해한다면, 하나님의 영원하신 꿈을 품을 수 있는 길을 열어갈 수 있을 것이기에 중요하다. 업적에서도, 죄를 저지르는 면에서도 유사하다면, 이들의 커다란 갈림길은 분명 죄를 저지른 다음의 반응과 연관이 있을 것이 분명하다. 여기서는 이들이 죄를 저지르고 난 다음, 하나님의 심판 선고에 대해 어떻게 반응하는지를 비교하는 것에 주안점을 둘 것이다.

1) 사울과 다윗의 회개

죄를 저지르는 것은 유사하되, 하나님의 사람으로서 그 결과를 어떻게 받아들이는가는 회개라는 것으로 드러난다. 이미 엎질러졌으니 그것을 최선을 다해 수습하는 것이 필요하기 때문이다. 사울은 번제나 다른 제사보다 하나님께서는 그의 목소리를 청종하는 것을 더 좋아하신다는 것을 알아야 했다. 사울의 실패는 예배에 대한 영원한 표어가 될 "순종이 제사보다 낫고, 듣는 것이 숫양의 기름보다 낫다"(삼상 15:22)는 선언이 만들어지는 계기가 되었다. 이처럼 사울은 분명 예배에 실패했다. 사무엘은 이런 사울에게 "왕이 여호와의 말씀을 버렸으므로 여호와께서도 왕을 버려 왕이 되지 못하게 하셨다"(삼상 15:23)라는 선고를 전달한다. 다윗은 나단 선지자에게 자신이 저지른 것과 동일한 일들이 그의 집안에 가득 할 것이라는 심판 선고를 듣는다(삼하 12:7-12). 이렇게 두 사람은 죄의 고발과 더불어 하나님의 심판 선고를 선지자 들로부터 듣는다. 그러나 이들의 반응은 다른 방향을 향한다.

사울의 반응(삼상 15:24-30)	다윗의 반응(삼하 12:13)
사울이 사무엘에게 이르되 "내가 범죄하였나이다"(חָטָאתִי 하타티) 내가 여호와의 명령과 당신의 말씀을 어긴 것은 내가 백성을 두려워하여 그들의 말을 청종하였음이니이다 청하오니 지금 내 죄를 사하고 나와 함께 돌아가서 나로 하여금 여호와께 경배하게 하소서 하니…… 사울이 이르되 내가 범죄하였을지라도 이제 청하옵나니 내 백성의 장로들 앞과 이스라엘 앞에서 나를 높이사 나와 함께 돌아가서 내가 당신의 하나님 여호와께 경배하게 하소서 하더라	다윗이 나단에게 이르되 "내가 여호와께 죄를 범하였노라"(חָטָאתִי 하타티) 하매 나단이 다윗에게 말하되 여호와께서도 당신의 죄를 사하셨나니 당신이 죽지 아니하려니와 * 시편 51편 - 다윗이 밧세바와 동침한 후 선지자 나단이 그에게 왔을 때에

사울과 다윗은 동일한 히브리어 표현을 쓰며 죄를 회개하고 있다: "내가 죄를 범하였나이다." 그러나 그 본심은 정반대이다. 사울은 자신이 주도권을 잡고 죄를 사해달라고 사무엘에게 말한다. 그에 반해 다윗은 자신의 범죄를 철저히 인정하는 선에서 멈춘다. 죄 사함은 자신의 몫이 아니라, 하나님의 전적인 의지이기 때문이다. 사울은 죄를 사하라는 것에서 멈추지 않고, 사무엘에게 자신과 함께 가서 여호와를 예배하자는 것이다. 그 이유인 즉은 백성의 장로들과 이스라엘 앞에서 자신과 하나님의 관계가 든든하다는 것을 보여 달라는 것이다. 하나님을 향한 예배보다는 자신의 위신과 권위에 더 관심을 가지고 있는 것이다. 그러나

다윗은 사무엘서에서 더 이상의 말이 없다. 그럼에도 그의 회개가 진심임을 알 수 있는 근거는 그의 이름으로 주어진 시편 51편으로 인해서이다. 150편의 시편 중에서 회개로 가장 유명한 시 한 편이 다윗의 이름으로 주어져 있다. 그것도 '밧세바와 동침한 다음 선지자 나단이 왔을 때'라는 의미심장한 제목을 가지고 있다. 이것이 다윗이 직접 지은 것이냐, 아니냐는 별 문제가 아니다.[61] 회개 시의 전형이 된 시 한편이 다윗의 이름으로 헌정되었다는 것은 이미 다윗은 그 정도로 회개에 있어서 전설적인 인물이라는 사실을 입증하는 것이기 때문이다. 이렇게 사울과 다윗은 회개의 진심에서 달랐다. 회개가 달랐다는 것은, 분명 하나님의 심판을 받는 자세에서도 뚜렷한 차이점을 보일 것이 분명하다. 왜냐하면 진정한 회개는 죄에 대한 벌까지도 달게 받는 자세를 포함하는 것이기 때문이다(출 34:6-7; 레 26:40-42).

2) 사울과 다윗이 징벌을 받는 자세

출애굽기 34:6-7절은 금송아지 숭배의 죄를 저지른 이스라엘을 향하여 여호와 하나님의 성품에 대하여 명쾌하게 전하고 있다.

> 여호와라 여호와라 자비롭고 은혜롭고 노하기를 더디하고 인자와 진실이 많은 하나님이라 인자를 천대까지 베풀며 악과 과실과 죄를 용서하리라 그러나 벌을 면제하지는 아니하고 아버지의 악행을 자손 삼사 대까지 보응하리라

우리를 놀라게 하는 것은 용서에 대한 개념차이이다. 자비롭고, 은혜롭고, 인자와 진실이 많으신 하나님이시라면, 그 죄에 대한 징벌까지도 사해주셔야 하는 것이 아닌가라는 의구심이 들기 때문이다. 그러나 그렇지 않다. 용서가 하나님과의 관계에 대한 부분이라면 그 죄로 인해 파생되는 문제들은 저지른 자가 감당해야 할 몫이 된다. 그 죄에 대한 벌은 심지어 자손의 삼사 대까지도 그 영향력과 파급효과를 미칠 수 있음을 간과해서는 안 된다. 죄를 지음으로 인해 파괴된 인간관계와 물질적 손해, 불명예, 수치 등은 하나님의 용서가 선포될지라도 회복에 상당한 세월이 소요된다는 점에서도 죄에 대한 징벌은 스스로 짊어져야만 한다. 그러기에 자신과 가족, 타인을 위해서 죄는 그 모양이라도 버리는 것이 가장 좋은 길이다. 여기 사울과 다윗이 받은 징계의 내용을 비교해 보면 다음과 같다.

사울의 징계(삼상 15:23)	다윗의 징계(삼하 12:10-12)
이는 거역하는 것은 점치는 죄와 같고 완고한 것은 사신 우상에게 절하는 죄와 같음이라 왕이 여호와의 말씀을 버렸으므로 여호와께서도 왕을 버려 왕이 되지 못하게 하셨나이다	이제 네가 나를 업신여기고 헷 사람 우리아의 아내를 빼앗아 네 아내로 삼았은즉 칼이 네 집에서 영원토록 떠나지 아니하리라 하셨고 여호와께서 또 이와 같이 이르시기를 보라 내가 너와 네 집에 재앙을 일으키고 내가 네 눈앞에서 네 아내를 빼앗아 네 이웃들에게 주리니 그 사람들이 네 아내들과 더불어 백주에 동침하리라 너는 은밀히 행하였으나 나는 온 이스라엘 앞에서 백주에 이 일을 행하리라

사울은 하나님께서 내리신 심판인 왕이 되지 못하게 하신다는 것을 거스르기 위해 안간힘을 쓴다. 하나님께서 자신을 폐하고, 다윗을 왕으로 세우셨다는 것을 알고 있음에도 포기할 줄 모른다(삼상 24:20). 만약 사울이 하나님의 징계를 달게 받고 왕좌에서 기꺼이 내려왔다면 그와 그의 세 아들들 그리고 이스라엘 백성들이 전쟁터에 나가 생명을 잃는 일은 없었을 것이다. 그러나 사울은 결코 포기하지 않는다. 결국 하나님께서 강제로 사울을 왕좌에서 끌어내리시려고 블레셋 군대를 동원하신다(삼상 28:1; 29:1). 그럼에도 사울은 개의치 않고, 오히려 그 심판을 벗어나려고 갖은 수단을 다 동원한다(삼상 28:5-6). 그러나 하나님께서는 꿈으로도, 우림으로도, 선지자로도 그에게 어떤 응답도 주시지 않는다. 이에 사울은 급기야 신접한 여인까지 찾게 된다. 죽은 사무엘의 영까지도 불러올려 이 위기를 모면할 방법을 찾고 싶은 것이다(삼상 28:7-25). 엔돌의 신접한 여인은 사울의 요청대로 사무엘의 영을 불러올리는데 성공한다. 이 이야기는 자칫 위험할 수 있다. 왜냐하면 죽은 자의 영을 불러오는 영매술은 하나님의 백성에게 절대적인 금물이기 때문이다(신 18:11-14). 그런데 죽은 자의 영이 영매술을 통해 올라 올 수도 있다는 사실이 이 사건을 통해 입증되면 사람들이 그러한 일에 빠져들 수도 있기 때문이다. 그러나 이 사건은 오히려 그 반대로 영매술을 배격하는 목적이 더 강하다.

사울은 하나님의 심판선언까지도 거부하며, 자신의 운명을 바꿔보려는 목적으로 죽은 사무엘까지 불러올리려 하고 있다. 그리고 그의 원대로 사무엘의 영이 올라온다. 그러나 여기부터가 사건의 반전이다. 사무엘의 영이 올라왔으되 사울이 들은 말은 전혀 기대한 바가 아니다.

> 사무엘이 이르되 여호와께서 너를 떠나 네 대적이 되셨거늘 네가 어찌하여 내게 묻느냐 여호와께서 나를 통하여 말씀하신 대로 네게 행하사 나라를 네 손에서 떼어 네 이웃 다윗에게 주셨느니라 네가 여호와의 목소리를 순종하지 아니하고 그의 진노를 아말렉에게 쏟지 아니하였으므로 여호와께서 오늘 이 일을 네게 행하셨고 여호와께서 이스라엘을 너와 함께 블레셋 사람들의 손에 넘기시리니 내일 너와 네 아들들이 나와 함께 있으리라 여호와께서 또 이스라엘 군대를 블레셋 사람들의 손에 넘기시리라 하는지라(삼상 28:16-19).

죽은 자가 올라온들 무슨 소용이 있는가? 이미 하나님께서 하신 말씀 밖에는 할 수 있는 말이 없다. 사울이 깨달아야 할 것이 바로 이것이며, 우리가 느껴야 할 것도 바로 이것이다. 하나님의 말씀은 그 누구도 변개할 수 없다. 죽은 자를 불러 올려노, 어떤 내단한 영적 존재가 하늘에서 내려와도 불가능 하다는 것이다. 그래서 이스라엘에서 영매술, 초혼술 등은 하나님의 뜻을 뒤바꾸려는 인간의 간악한 술수 정도 밖에는 안 된다. 사울은 이렇게 죽음의 세계까지 자신의 손에 넣어, 하나님의 뜻을 꺾으려고 마지막 순간까지 안간힘을 써댄다. 그러나 하나님처럼 되려는 그의 노력은 수포로 돌아갔고, 결국은 하나님의 뜻이 이루어 졌다.

다윗이 받은 징계는 사울의 징계와 연속선상에 있다. 사울에게서 빼앗은 왕좌는 그의 이웃인 다윗에게 주어졌다. 이제 하나님의 말씀을 거역한 다윗 또한 그의 왕좌에서 내려와야 한다. 다윗의 왕좌와 그의 아내들 또한 그의 이웃에게 주어진다. 그런데 그 이웃이 안타깝게도 그의 아들인 압살롬이 된다(삼하 16:22). 다윗은 자신이 저지른 죄의 징벌을 받으며, 요단강을 건너서 약속의 땅으로부터 추방되기까지 한다. 요단강을 건너는 과정에서 다윗에게 한이 많은 사울과 같은 지파인 베냐민의 시므이가 돌을 던져대며, 극렬하게 저주를 퍼붓는다. 그러나 아무리 왕궁을 버리고, 피난 가는 처량한 왕이지만 다윗의 좌우에는 모든 백성과 용사들이 즐비하다(삼하 16:6). 시므이 한 명 죽이는 것은 일도 아니다. 이때 맹장 중의 한 명인 스루야의 아들인 아비새가 나선다.

> 스루야의 아들 아비새가 왕께 여짜오되 이 죽은 개가 어찌 내 주 왕을 저주하리이까 청하건대 내가 건너가서 그의 머리를 베게 하소서 하니(삼하 16:9).

그러나 다윗은 이에 대해 단호하게 응답한다.

> 왕이 이르되 스루야의 아들들아 내가 너희와 무슨 상관이 있느냐 그가 저주하는 것은 여호와께서 그에게 다윗을 저주하라 하심이니 네가 어찌 그리하였느냐 할 자가 누구겠느냐 하고 또 다윗이 아비새와 모든 신하들에게 이르되 내 몸에서 난 아들도 내 생명을 해하려 하거든 하물며 이 베냐민 사람이랴 여호와께서 그에게 명령하신 것이니 그가 저주하게 버려두라 혹시 여호와

> 께서 나의 원통함을 감찰하시리니 오늘 그 저주 때문에 여호와께서 선으로 내게 갚아주시리라 하고(삼하 16:10-12).

이제 다윗은 더 이상 우리아를 죽였을 때처럼 삶과 죽음을 주관하는 폭군이 되려 하지 않는다. 죽일 힘이 없기 때문이 아니라, 생명과 죽음의 세계는 오직 하나님의 주권 안에 있는 것이기에 인간은 그 주의 뜻을 걸어가야만 한다는 것을 깨달았기 때문이다. 다윗은 독설을 퍼붓는 시므이를 보는 것이 아니라, 그의 뒤에서 역사하시는 하나님의 손길을 본다. 자신이 지금 하나님의 징계를 받고 있다는 것을 분명하게 깨닫고, 그 하나님의 뜻에 철저하게 복종한다. 회개는 이처럼 징벌까지를 포함한다. 다윗은 하나님 앞에 더욱더 처절하게 머리를 숙임으로 하나님의 자비와 긍휼을 기대하고 있다. 가장 불쌍하고 처참한 모습이 부모의 마음을 자극하듯 그렇게 하나님의 마음을 동하게 하려는 것이다. 인간의 의로움이나 회개로 인한 열매가 아닌 오직 하나님의 전적인 주권에 의해 주어지는 긍휼과 자비만이 미래의 희망임을 익히 잘 알기 때문이다. 다윗은 이제 인간과 하나님의 차이를 선적으로 인정하며, 하나님처럼 되려는 삶을 내려놓는다.

이와 같이 저지른 죄의 유사성에도 불구하고, 사울의 신심이 없는 회개와 다윗의 철저한 회개의 차이는 두 사람이 걸어가는 삶의 갈림길을 만든다. '하나님 마음에 합한 사람'은 결단코 죄가 없이 무흠한 사람을 의미함이 아니라, 하나님 앞에서 자복하는 심령을 통해 그 죄의 용서함을 받은 사람이다(시 32편). 그리고 그 죄의 결과까지도 침묵으로 기꺼이 받는 하나님을 경외하는 사람을 말한다. 이렇게 다윗은 징벌을 받으면서도 예배를 배우고, 하나님의 뜻을 마음에 새긴다. 이제 하나님 마음에 합한 다윗을 통하여 우리는 어떠한 예배자의 삶을 배워야 할 것인가를 생각해 봐야 할 필요가 있다. 그래야만 사사기의 암울한 혼돈과 흑암의 세계를 하나님의 뜻이 이루어지는 예배하는 공간으로 만들어갈 수 있기 때문이다

4. 삶의 중심을 예배로

1) 사울에서 다윗으로

다윗을 이야기하기 전에 먼저 사울이라는 인물의 실패를 다루는 것이 회복해야 할 예배가 무엇인지를 분명히 할 수 있는 길을 보일 수 있다. 일반적으로 사울을 생각하면 다윗과 비교조차 할 수 없는 무능한 인물로 생각할 때가 많다. 그만큼 그에 대한 오해가 있다. 물론 그의 신앙적인 측면을 생각할 때 충분히 가능한 발상이기 때문이기도 하다. 그러나 왕이라는 위치와 그 업적으로 따진다면 사울도 결코 다윗에 뒤지지 않을 만큼의 대단한 인물이라는 사실은 이미 언급한바가 있다. 그리고 그 증거는 사울의 위용을 자랑하는 문구를 통해 살펴볼 수 있다.

> 사울이 이스라엘 왕위에 오른 후에 사방에 있는 모든 대적 곧 모압과 암몬 자손과 에돔과 소바의 왕들과 블레셋 사람들을 쳤는데 향하는 곳마다 이겼고 용감하게 아말렉 사람들을 치고 이스라엘을 그 약탈하는 자의 손에서 건졌더라(삼상 14:47-48).

아마 이 내용은 '사울 왕 역대지략' 쯤에서 발췌한 것이 아닐까 추측해 본다.[62] 그런데 이런 대단한 위용도 아무 쓸데없는 배설물 밖에 되지 않는 길이 있다. 이 내용이 위치해 있는 자리를 살펴보면 그 이유를 분명히 알 수 있다. 사울의 왕위가 단명할 수밖에 없다는 심판과 사울을 버려 왕이 되지 못하게 하셨다는 심판 사이, 즉 하나님 앞에서의 두 불순종 사이에 사울의 이 위대한 업적들이 자리를 차지하고 있는 것이다(삼상 13:1-14:46; 15:1-35). 하나님을 떠난 인간의 대단한 위용이 무슨 의미가 있는가? 단지 자신을 과시하는 도구밖에는 되지 않을 것임이 너무도 분명하기 때문이다.

A. 첫 번째 불순종: 블레셋과의 전투(13:1-14:46)
B. 사울의 업적과 집안(14:47-52)
A'. 두 번째 불순종: 아말렉과의 전투(15:1-35)

첫 번째 불순종은 블레셋과의 전투에서 드러난다. 블레셋이 이스라엘과 싸우려고 모였는데 병거가 삼만, 마병이 육천, 그리고 백성들은 해변의 모래 같이 많았다. 가히 상상을 초월하는 총공격이다. 이것은 생사를 건 싸움이다. 블레셋은 그들의 영토를 해변지역에서 점점 내륙으로 확장하는 단계에 있는데 이스라엘의 왕권은 그것을 위협하는 것이었기에 조기에 뿌리 뽑아야한다는 심산이다. 지파체제와 왕권체제는 이미 그 기동력에서 차이가 있다는 계산이기 때문이다. 이스라엘의 왕권이 공고해지기 전에 근절하는 것이 화근을 없애는 것이라는 생각이 블레셋 인들에게 가득했을 것이다. 그러나 하나님이 생각하시는 것은 이와 다르다. 이스라엘의 초대 왕 사울에게서 보고 싶은 것이 있으시기 때문이다. 그가 왕으로서 기름부음을 받고 소명을 받을 때의 그 정신을 살피고 싶으신 것이다. 그러나 그는 하나님의 말씀을 있는 그대로 받드는 것에 실패했다. 그리고 아말렉과의 전투에서도 역시 하나님의 말씀을 들은 대로 이루는 것에 실패하고 만다. 영원하신 하나님의 뜻이 계속해서 꺾여 나가고, 인간의 뜻만이 서는 것이다. 하나님의 영광은 사라지고, 인간의 기념비가 그 영광을 차지한다(삼상 15:12).

승리했음에도 인간의 이러한 위대한 업적들이 무용지물이 되는 때가 있다. 그 업적이 인간의 자랑과 교만의 도구밖에는 되지 않을 때이다. 사람들에게는 위대해 보일지 모르지만, 하나님께는 아무 쓸모없는 것이 인간의 업적이라는 것이다. 이것은 다윗의 승리 속에 항상 나타나는 '하나님께서'(삼상 17:46; 18:14; 삼하 5:12, 20, 24; 7:1)라는 승리의 주역을 사울의 위용과 업적을 자랑하는 내용 속에는 전혀 찾아볼 수가 없다는 점에서 그의 이야기는 인간의 이야기임을 알 수 있다. 결국 하나님의 역사에서 편집은 불가피하며, 다른 사람에게 예배하는 삶을 내 줄 수밖에 없다.

2) 법궤와 예배(삼하 6장)

다윗이 드디어 온 이스라엘의 왕이 되었다. 사울도 죽었고, 그 아들인 이스보셋도 죽고, 이스라엘 모든 지파가 연합하여 다윗을 왕으로 추대한다(삼하 5:1). 그리고 통치의 중심이 될 수도를 예루살렘에 세우고(삼하 5:6-10), 궁전을 지었고(삼하 5:11-12), 숙적인 블레셋과의 전투를 승리로 마감한다(삼하 5:17-25). 이렇게 나라의 외형이 갖추어 지고, 질서가 만들어 졌다. 그러나 아직 부족한 것이 한 가지 있다. 그것은 바로 나라의 내면이 될 통치이념이다. 즉, 나라를 이끌어갈 '정신'(spirit)이 필요한 것이다. 컴퓨터로 치면 하드웨어(본체)는 다 완성되었다. 그러나 하드웨어는 목적이 아니다. 하드웨어는 소프트웨어(프로그램)를 운용하기 위한 도구에 불과한 것이다. 하지만 이 둘의 유기적인 연합이 반드시 필요하듯이 하나님은 다윗을 통해 이스라엘이라는 하드웨어를 마련하셨다. 남은 것이 있다면 이 조직에 정신, 즉 생명을 부여하는 것이다.

다윗은 그 '정신'(Spirit 성령)을 찾아 나선다. 그것은 법궤를 모셔오는 것이다. 법궤는 하나님의 임재를 상징하는 가장 신성한 것으로 지성소 가장 깊숙한 곳에 놓여져 있는 것이다. 그리고 법궤의 중요성은 외형적인 화려함이 아니라, 내면적인 특별한 기능에 있다.

> 거기서 내가 너와 만나고 속죄소 위 곧 증거궤 위에 있는 두 그룹 사이에서 내가 이스라엘 자손을 위하여 네게 명령할 모든 일을 네게 이르리라(출 25:22).

그렇다. 법궤는 하나님의 임재, 하나님께서 세우신 대표자와의 만남, 하나님의 백성 이스라엘을 위한 말씀이 쏟아져 나오는 장소이다. 법궤를 옮겨오는 것은 단순히 나무상자를 자신의 삶의 주변에

갖다 놓는 것이 아니라, 그 법궤 속에 주어진 정신을 살려내기 위한 목적이 주어져 있기 때문이다. 무슨 일을 하든지 하나님께 여쭙고, 그의 말씀을 듣기위한 것이며, 또한 들은 말씀을 그대로 실행하기 위하여 법궤를 중심에 모시는 것이다(대상 13:3). 말 그대로 평생을 하나님을 중심에 모시고 예배하는 삶을 살겠다는 각오인 것이다. 그리고 법궤를 옮기는 이야기는 단순히 하나님을 중심에 모신다는 의미를 넘어서서, 이 사건을 통하여 하나님께서는 사람과 함께 이루고 싶으신 예배가 무엇인가를 알려주시려는 의도가 있기에 중요하다.

다윗이 삼만 명을 거느리고 사울 때에 방치된 법궤를 찾아 바알레유다로 간다(삼하 6:1-2). 아비나답의 집에 보관되어 있던 것을 나라의 중심에 모시는 것이다. 아비나답의 아들들인 웃사와 아효가 보란 듯이 소들이 끄는 새 수레에 법궤를 싣고, 다윗은 갖은 악기로 연주하며 여호와 앞에서 당당하게 행진한다. 그러나 그 대단한 장관도 금방 끝이 나고 만다. 소들이 한 타작마당에 이르렀을 때 갑작스럽게 날뛴다. 이유는 분명치 않지만 하나님의 계획이 있으셨을 것을 직감해 볼 수 있다. 소들이 뛰므로 하나님의 궤가 수레에서 떨어질 것을 염려하여 웃사가 궤를 붙들었다. 그때 웃사가 잘못함을 보고 여호와께서 노하사(וַיִּחַר 와이하르) 웃사를 치셨고, 그가 그 자리에서 죽었다. 그런데 다윗 또한 여호와께서 웃사를 치심을 보고 노한다(וַיִּחַר 와이하르).

> 여호와께서 웃사를 치시므로(נָכָה 나카) 다윗이 분하여(וַיִּחַר 와이하르) 그 곳을 베레스 웃사라 부르니 그 이름이 오늘까지 이르니라(삼하 6:8).

하나님께서 진노하시고(삼하 6:7), 다윗 또한 진노한다(삼하 6:8). 이 무슨 불경인가? 다윗은 하나님을 위하여 행하는 일인데 왜 치시는가에 대한 분노를 발하는 것이다. 그리고는 이 하나님과 함께 사는 것이 두려워서 법궤를 삶의 중심에 모시기를 즐겨하지 않는다. 그래서 법궤는 오벧에돔이란 사람 집에 무심하게 방치된다(삼하 6:9-11). 그런데 다윗에게 소문이 들리기 시작한다. 오벧에돔의 집에 법궤가 석 달밖에 있지 않았음에도 여호와께서 그와 그의 온 집에 복을 쏟아 부어 주셨다는 것이다. 심지어 그 소문이 다윗의 귀에까지 들어왔다(삼하 6:12). 다윗은 하나님의 성품에는 결코 변함이 없으시다는 것을 느꼈다. 그리고 분명 무엇이 잘못되었는가를 되짚어 보았을 것이다.

그렇다 이미 시작부터 잘못되었다. 법궤를 중심에 모시는 것은 하나님의 말씀대로 살겠다는 결단인 것이다. 그 말씀대로 나라를 다스리며, 하나님의 뜻을 세우겠다는 평생의 각오가 반영되는 것이다. 그런데 그 출발선에서부터 여호와의 말씀은 무시되고 있었다. 법궤를 다루는 법, 즉 하나님의 명령이 이미 토라에 주어져 있다.

> 고핫 자손이 회막 안의 지성물에 대하여 할 일은 이러하니라 진영이 전진할 때에 아론과 그의 아들들이 들어가서 칸 막는 휘장을 걷어 증거궤(법궤)를 덮고 그 위를 해달의 가죽으로 덮고 그 위에 순청색 보자기를 덮은 후에 그 채를 꿰고(민 4:4-6).

> 진영을 떠날 때에 아론과 그의 아들들이 성소와 성소의 모든 기

> 구 덮는 일을 마치거든 고핫 자손들이 와서 멜 것이니라(נָשָׂא 나싸) 그러나 성물은 만지지 말라 그들이 죽으리라 회막 물건 중에서 이것들은 고핫 자손이 멜 것이며(נָשָׂא 나싸)(민 4:15).

레위 자손들이 메게 되어 있는 것이 법궤운반의 원칙이다. 그래서 법궤에는 채가 늘 끼워져 있어야만 한다(출 25:13-16). 시작부터 하나님의 말씀을 무시한다는 것은 이미 그 결과를 예측할 수 있게 한다. 만약 하나님께서 이러한 다윗의 행태를 그대로 좌시하신다면 다윗은 하나님을 등에 업고, 자신의 권력을 휘두르는 전제정치를 행하고 말 것이다. 미리 치시는 것이 다윗에게도, 하나님의 백성에게도 유익하다. 고난당한 것이 유익이 된다. 왜냐하면 주의 율례를 바르게 배울 수 있기 때문이다(시 119:71).

이 사건에서 웃사는 하나님이 치심으로 죽는다. 그러나 오벧에돔은 여호와의 축복(בָּרַךְ יהוה 베라크 야훼)을 누린다(삼하 6:11). 다윗이 웃사가 죽은 그 장소를 '베레스웃사'(פֶּרֶץ עֻזָּה 페레쯔 우자/웃사의 파멸) 라고 명명한다. 히브리어 웃사(עֻזָּא)라는 이름은 '인간의 힘, 능력, 권세'라는 뜻이다. 반면 오벧에돔(עֹבֵד־אֱדוֹם)은 '에돔의 종'이라는 뜻으로 종중의 종을 상징한다. 즉, 낮아짐의 상징인 것이다. 다윗은 이 두 이름 사이에 놓여있다. 다윗이 웃사가 상징하는 '인간적인 힘과 권력'에 의지하면 죽을 것이로되, '오벧에돔'이 상징하는 종의 길을 걸을 때에는 그와 그의 집은 물론이요, 이스라엘이 축복의 길을 갈 것이다. 다윗은 자신이 서 있는 장소를 '베레스 웃사'라는 '웃사를 치심'으로 만들어갈 것인가 아니면 '바라크 야훼(בָּרַךְ יהוה)'라는 '여호와의 축복'으로 만들 것인가의 기로에서 결국 하나님의 뜻에 자신을 온전히 굽힌다. 즉, '하나님처럼'이 아닌, 피조물인 종의 위치로 돌아가는 것이다.

⇐ **다윗의 선택** ⇒	
웃사 ←――――――――――――――――――――――――→ 오벧에돔	
(인간의 힘, 능력, 권위)	(인간의 종)
[하나님의 치심(베레스 웃사)]	[하나님의 축복(바라크 야훼)]

이것은 다윗을 초심으로 돌려놓는 것이다. 사울에게 쫓기는 광야 여정 동안에 다윗은 늘 하나님의 뜻에 맞추는 삶을 살려 애썼다. 그는 늘 하나님께 여쭙고, 그대로 행동했다. 그의 이러한 행적을 과거로 거슬러 올라가면 그의 초심을 읽을 수 있다.

> 그 후에 다윗이 여호와께 여쭈어 아뢰되 내가 유다 한 성읍으로 올라가리이까 여호와께서 이르시되 올라가라 다윗이 아뢰어 어디로 가리이까 이르시되 헤브론으로 갈지니라(삼하 2:1).

> 다윗이 아히멜렉의 아들 제사장 아비아달에게 이르되 원하건대 에봇을 내게로 가져오라 아비아달이 에봇을 다윗에게로 가져가매 다윗이 여호와께 묻자와 이르되 내가 이 군대를 추격하면 따라 잡겠나이까 하니 여호와께서 그에게 대답하시되 그를 쫓아가라 네가 반드시 따라잡고 도로 찾으리라(삼상 30:7-8).

그일라 사람들이 나를 그의 손에 넘기겠나이까 주의 종(עֶבֶד 에베드)이 들은 대로 사울이 내려 오겠나이까 이스라엘의 하나님 여호와여 원하건대 주의 종(עֶבֶד 에베드)에게 일러 주옵소서 하니 여호와께서 이르시되 그가 내려오리라 하신지라(삼상 23:11).

광야에서 다윗은 자신을 여호와 앞에서 '주의 종'이라고 낮추었다. 종은 주인에게 묻고, 그 말을 듣는다. 그러나 왕은 듣기 보다는 명령한다. 다윗은 이러한 초심을 회복해야 한다. '주의 종'으로서 무슨 일이든지 여호와께 묻고, 행동하는 예배하는 삶인 것이다. 이렇게 예배하는 삶을 살아갈 때 다윗의 삶에서 벌어질 일이 무엇인지를 법궤를 옮기는 사건 바로 전에 이미 미리 보여주고 있다. 다윗은 그러한 삶을 회복해야 한다.

그 사건은 다름 아닌 다윗이 블레셋과 두 번의 전투를 치르는 내용이다(삼하 5:17-25). 이 속에는 '베레스웃사'(פֶּרֶץ עֻזָּה 페레쯔 우자/웃사의 파멸)를 완전히 뒤엎는 신학이 꿈틀거리고 있다. 그 시작점은 이스라엘이 다윗에게 기름을 부어 이스라엘 왕을 삼았다는 소식을 블레셋 사람들이 듣고, 그 연합된 힘을 흩어버리려고 총공격을 시도할 때이다(삼하 5:17). 흡사 사울의 때와 같은 유사한 전투가 벌어지고 있다. 블레셋 사람들이 신속히 전열을 정비하여 르바임 골짜기를 가득 메우고 있다. 이때 다윗은 자신이 광야에서 늘 하였던 것처럼 동일한 믿음을 가지고 행동한다.

다윗이 여호와께 여쭈어(שָׁאַל 사알/묻다) 이르되 내가 블레셋 사람에게로 올라가리이까 여호와께서 그들을 내 손에 넘기시겠나 이까 하니(삼하 5:19a).

여호와께서 다윗에게 말씀하시되 올라가라 내가 반드시 블레셋 사람을 네 손에 넘기리라 하신지라(삼하 5:19b).

다윗은 먼저 행동하지 않는다. 여호와를 앞서지 않는다. 그는 여호와께 묻고, 응답을 기다린다. 그리고 여호와께서 말씀하신다. 다윗은 그 말씀을 따라 흔들림 없이 그대로 행동하며 그 결과는 위기의 상황을 완전히 반전시킨다.

다윗이 바알브라심에 이르러 거기서 그들을 치고(נָכָה 나카) 다윗이 말하되 여호와께서 물을 흩음(פֶּרֶץ מַיִם 페레쯔 마임) 같이 내 앞에서 내 대적을 흩으셨다(פָּרַץ 파라쯔) 하므로 그 곳 이름을 바알브라심(בַּעַל פְּרָצִים 바알 페라찜)이라 부르니라(삼하 5:20).

이 구절에 나타나는 모든 단어들은 웃사 사건에 사용된 단어들의 총출동이다: '치다'(נָכָה 나카), '흩어버리다, 파괴하다'(פָּרַץ 파라쯔) 그리고 '흩음, 충돌, 파괴'(פֶּרֶץ 페레쯔). 이러한 단어의 중복은 분명 뚜렷한 목표를 가지고 있다.[63] 다윗과 웃사가 뒤얽힌 사건과 지금 이 블레셋과의 전투 장면에서의 차이점이 있다면 그 파괴의 대상이 누구인가이다. 다윗이 하나님께 묻지 않았을 때에는 하나님께서 다윗의 사람을 치시고 파괴하신다. 바로 웃사를 치시고, 파괴하시는 것이다. 그리고 치욕적인 지명이 다윗의 삶 속에 지워지지 않는 고통으로 남게 된다. 오늘날까지 남아있는 치욕의 이름 '베레스웃사'(פֶּרֶץ עֻזָּה 페레쯔 우자)가 그 증거이다(삼하 6:8). 그러나 다윗이 하나님께 신실함으로 묻고 행동하게 되면 하나님께서 다윗의 대적을 물을 흩음같이 치시고, 파괴시켜 버리신다. 한 걸음 더 나아가 하나님께서 다윗의 대적을 치시는 강도가 어찌나 강한지 다윗에게는 '베레스웃사'(פֶּרֶץ עֻזָּה 페레쯔 우자)였지만 다윗의 대적인 블레셋에게는 '바알브라심'(בַּעַל פְּרָצִים 바알 페라찜)이 된다. 여기서 '베레스'(פֶּרֶץ)와 '브라심'(פְּרָצִים)은 동일한 단어의 단수형과 복수형의 차이이다.[64] 베레스의 복수형이 브라심인 것이다. 그러므로 베레스는 한 번의 파괴를 뜻한다면, 브라심은 여러 번의 파괴를 의미한다. 이것은 거의 재기하기 힘들 정도의 파멸을 뜻하는 것이다. 그리고 이 속에는 블레셋이 아무리 자주 그리고 거대한 숫자로 쳐들어올지라도 결코 두려워 할 필요가 없다는 확신이 들어가 있다. 여호와께서 다윗의 삶 속에 결코 사라지지 않을 영광스러운 지명인 '바알브라심'(בַּעַל פְּרָצִים)을 만들어 주셨기 때문이다. 이것은 여호와가 아닌 바알로 대표되는 우상을 섬기는 이방인들을 끊임없이 격파하시겠다는 여호와의 단호한 의지가 들어가 있는 지명이다. 블레셋 사람들은 자신들이 믿는 우상들까지 버리고 도망한다(삼하 5:21). 다윗과 그의 사람들이 그것들을 제거해 버린다. 그 우상들은 살아계신 하나님의 법궤와는 달리 그 어떠한 해도 이스라엘에 끼치지 못한다. 그러므로 어떤 상황 속에서도 다윗은 여호와께 묻기만 하면 된다. 하나님께서 응답하실 것이기 때문이다. 그 다음에 연속으로 나타나는 사건이 끊임없이 다윗의 대적을 파괴하시겠다는 하나님의 약속을 증거하고 있다.

블레셋 사람들이 다시 쳐들어와 르바임 골짜기에 진을 쳤다. 다윗은 동일하게 행동한다. 하나님께 묻고 응답을 기다린다. 그리고 행동을 취한다.

> 다윗이 여호와께 여쭈니(שָׁאַל 샤알/묻다) 이르시되 올라가지 말고 그들 뒤로 돌아서 뽕나무 수풀 맞은편에서 그들을 기습하되 뽕나무 꼭대기에서 걸음 걷는 소리가 들리거든 곧 공격하라 그 때에 여호와가 너보다 앞서 나아가서 블레셋 군대를 치리라(נָכָה 나카) 하신지라(삼하 5:23-24.

저번에는 올라가라 하셨으나, 이번에는 올라가지 말라고 명하신다. 이것은 여호와의 음성에 민감하게 귀 기울일 때에 들을 수 있다. 설사 저번과 동일한 상황에서 올라가서 이겼던 경험이 있을지라도 우리의 경험에 의존하지 않고 하나님께 묻는 의뢰와 순종이 필요한 것이다. 하나님의 상세한 작전 명령이 내려진다. 뽕나무 꼭대기에서 걸음 걷는 소리가 난다는 것은 하나님께서 먼저 걸어가시는 증거이다. 앞서 가시는 하나님께서 블레셋 진영을 치실 것이다. 다윗이 이 명령대로 그대로 행하여 블레셋 사람을 쳐서(נָכָה 나카) 게바에서부터 게셀까지 이르는 대승리를 일구어낸다(삼하 5:25). 다윗의 삶에서 바알브라심(בַּעַל פְּרָצִים)은 지워지지 않을 것이다. 하지만 이를 위해 반드시 선행되어야 할 것이 있다. 그것은 바로 “여호와께 묻고, 말씀을 듣고, 그대로 행하는 것”이다. 다윗은 바알브라심을 먼저 경험했고, 그 다음에 베레스웃사를 경험했다. 그러나 이제 그의 삶은 다시 초심으로 돌아가 바알브라심을 회복하는 것이다. 한 가지를 잊지 않으면 평생의 삶을 그렇게 살아갈 수 있다. '오벧에돔'을 기억하는 것이다. 바로 여호와의 종 된 자신의 위치이다. 모든 주권이 여호와 하나님께 있다는 사실을 상기하는 것이다. 그리고 그 하나님께 묻고, 받은 응답대로 행하는 예배자의 삶을 살아가는 것이다. 그 곳에 삶의 결과를 바꾸는 길이 있다.

⇐ **다윗의 선택** ⇒
베레스웃사 ←-------------------------→ 바알브라심

다윗이 웃사의 길을 버리고 오벧에돔의 삶을 따라가는 한 이제 더 이상의 베레스웃사는 없다. 베레스웃사는 삶 속에서 사라지고, 신속하게 바알브라심으로 변할 것이다. 이스라엘에서 왕은 결코 군림과 억압의 상징이 아니다. 다윗은 여호와의 뜻을 이루어 나갈 그의 종일 뿐이다: "내가 내 종(עַבְדִּי 아브디) 다윗의 손으로 내 백성 이스라엘을 구원하여 블레셋 사람의 손과 모든 대적의 손에서 벗어나게 하리라"(삼하 3:18). 이것은 마치 모세가 이스라엘을 이집트로부터 이끌어내어 여호와의 구원을 성취하듯이 다윗이 이스라엘을 블레셋의 억압으로부터 구해내는 새로운 모세의 역할을 맡았음을 보여준다. 이스라엘이 가나안에 안착하듯, 그렇게 법궤를 예루살렘으로 옮기는 것은 그 구원의 성취를 의미한다.[65] 모세가 늘 '여호와의 종'이라는 정체성을 지키듯, 다윗 또한

다시 종의 위치를 회복했다. 이 종이라는 단어가 법궤를 옮기는 사건 다음 장인 사무엘하 7장 "여호와께서 다윗과 영원한 언약을 맺으시는 이야기" 속에 넘쳐나는 것이 결코 우연은 아닐 것이다 (삼하 7장). 여호와께서도 다윗을 '내 종'이라 부르시고(삼하 7:5, 8), 다윗 또한 여호와의 종이라는 자신의 정체성을 감격스럽게 거듭거듭 인정한다(삼하 7:19, 20, 21, 25[2×], 26, 27[2×], 28, 29[2×]). 영원한 언약은 이렇게 인간이 피조물인 종의 위치를 지킬 때, 그 영원은 계속될 것이다. 엘리의 아들들이나, 사울처럼 자신들을 예배하는 것이 아니라, 오직 하나님을 예배하는 위치인 종의 자리를 지킬 때 하나님께서 약속하신 영원한 언약은 부서지지 않을 것이며, 이 정신이 그 후손들에게 계속 이어질 때 하나님의 영원은 인간의 영원과 하나 되어 이 땅에 하나님의 나라가 이루어질 것이다.

이렇게 영원한 하나님의 언약을 받기 전에 다윗이 '베레스 웃사' 사건을 통해 이 종의 위치를 배우고 있다는 것은 의미가 깊다. 이것은 단순히 다윗이 종의 위치를 회복했다는 정도에서 끝나는 것이 아니라 다시 또 하나님의 역사를 새롭게 엮어갈 수 있는 시작점을 만들었다는 점에서 중요하다. 다음의 비교에 나타나는 동일한 단어들은 다윗이 이러한 이상을 그대로 이어받고 있는 사람임을 분명히 알 수 있게 한다.

창세기 2장 (에덴동산)	여호수아 23-24장 (정복후)	삼하 7장 (다윗왕조)
* 2:8 여호와 하나님이 동방의 에덴에 동산을 창설하시고(נָטַע 나타) 그 지으신 사람을 거기 두시고 * 2:15 여호와 하나님이 그 사람을 이끌어(לָקַח 라콰흐) 에덴동산에 두사(נוּחַ 누아흐), 경작하며(עָבַד 아바드), 지키게(שָׁמַר 샤마르) 하셨다.	* 24:3 내가 너희 조상 아브라함을 강 저편에서 이끌어내어(לָקַח 라콰흐) 가나안으로 인도하여 온 땅을 두루 행하게 하고 * 24:13 너희가 또 자기의 심지(נָטַע 나타) 아니한 포도원과 감람원의 과실을 먹는다 하셨느니라 * 23:1 여호와께서 이스라엘 사방 대적을 다 멸하시고 안식을(נוּחַ 누아흐) 이스라엘에게 주셨다. * 23:6 다 지켜(שָׁמַר 샤마르) 행하라 * 23-24장 섬기라(עָבַד 아바드)	* 7:1 여호와께서 사방의 대적을 파하사 왕으로 궁에 평안히 거하게(נוּחַ 누아흐) 하신 때에 * 7:8 내 종(עֶבֶד 에베드) 다윗에게 내가 너를 목장 곧 양을 따르는데서 취하여(לָקַח 라콰흐) 내 백성 이스라엘의 주권자를 삼고 * 7:10 내가 또 내 백성 이스라엘을 위하여 한 곳을 정하여 저희를 심고(נָטַע 나타) *** 이제 다윗왕조에게 주어진 책임은 여호와의 말씀을 지키고(שָׁמַר 샤마르), 여호와만 섬기는(עָבַד 아바드) 것이다

그리고 사무엘상 2장의 '한나의 기도'의 성취를 보여주는 사무엘하 22장의 '다윗의 노래'는 다윗을 통해 새로운 출발이 준비되었음을 보여주기에 충분하다.

이방인(삼하 22:1-34; 혼돈의 물, 악)

이스라엘 땅
다윗과 그의 후손에게 맡겨주신
공간

→

하나님의 뜻을 따르는
다윗과 그의 후손이
영원토록 다스림
(삼하 22:35-51)

이방인(삼하 22:1-34; 혼돈의 물, 악)

이처럼 다윗의 시대에 또 다시 하나님께서는 모든 것을 새롭게 시작할 수 있는 길을 열어놓으셨다. 이것을 바라보는 자 하나님의 뜻을 굽히는 반복이 아니라, 그 뜻을 따라 전진할 수 있다. 이러한 섬김의 예배에 대한 이상은 법궤를 옮기는 이야기 속에 들어있다. 그리고 사무엘서는 다윗의 뒤를 잇는 왕들의 이야기로 그 자리를 내어 준다. 모세가 그의 이후에 등장하는 사람들의 삶을 평가하는 모델이 되었다면, 이제 다윗 또한 그의 뒤를 잇는 왕들을 평가하는 기준이 되고 있다는 점에서 다윗의 삶과 신앙을 바르게 이해하는 것은 어느 누구에게나 소중한 것이 된다.

이스라엘 왕국시대의 연대기

이스라엘 통일 왕국 시대 (BC 1051-931)	
사울	1051-1011 (40년)
다윗	1011-971 (40년)
솔로몬	971-931 (40년)

이스라엘 분열왕국 시대(BC 931-587)

북이스라엘	연대표			남유다	연대표
여로보암 1세	931-910(22년)			르호보암	931-913(17년)
나답	910-909(2년)			아비얌	913-911(3년)
바아사	909-886(24년)			아사	911-870(41년)
엘라	886-885(2년)				
시므리	885(7일)			여호사밧	873-848(25년)
오므리	885-874(12년)				
아합	874-853(22년)			여호람	854-841(8년)
아하시야	853-852(2년)				
여호람(요람)	852-841(12년)	**앗시리아**	**연대표**	아하시야	841(1년)
예후	841-814(28년)	살만에셀 Ⅲ세	858-824	아달랴	841-835(7년)
여호아하스	814-798(17년)	삼시아다드Ⅴ세	824-810	요아스	835-796(40년)
요아스	798-782(16년)	아다드니라리Ⅲ세	810-782	아마샤	796-767(29년)
여로보암 2세	793-753(41년)	살만에셀 Ⅳ세	782-773	웃시야	790-740(52년)
스가랴	753-752 (6달)	앗슈르단 Ⅲ세	773-754	요담	750-731(16년)
살룸	752 (1달)	앗슈르니라리Ⅴ세	754-745		
므나헴	752-742(10년)	디글랏빌레셀Ⅲ세(왕하15:19의 앗수르왕 불)	745-727 (ANET, p. 272)		
브가히야	742-740(2년)				
베가	752-732(20년)				
호세아	732-722(10년)	살만에셀Ⅴ세	727-722	아하스	735-727(16년)
		사르곤 Ⅱ세	721-705	히스기야	727-686(29년)
		산헤립	704-681	므낫세	695-642(55년)
		에살핫돈	681-669		
		앗슈르바니팔	669-633		
신바벨론	**연대표**	앗슈르에틸일라니	633-622	아몬	642-640(2년)
나보폴라살	625-605	신슈르이시쿤	621-612	요시야	640-609(31년)
		앗슈르우발리트	612-608	여호아하스	609 (3달)
느부갓네살	605-562	니느웨의 멸망 612		여호야김	609-598(11년)
		하란의 멸망 610		여호야긴	598 (3달)
		갈그미스의 멸망 605		시드기야	598-587(11년)

* 위의 연대표에서 왕들의 연대기가 겹치는 부분이 발생한다. 어떤 부분은 왕궁의 사정에 의해 공동섭정을 한 기간이 포함되고(예: 웃시야, 요담의 통치기간[대하 26:16-23]); 또 어떤 부분은 연대기적인 오차도 보이는 경우가 있다(예: 므나헴과 베가의 통치기간).

:: 주석

51) James W. Watts, *Psalm and Story: Inset Hymns in Hebrew Narrative* (JSOTSup. 139; Sheffield: JSOT Press, 1992), 19-40, 99-117쪽.

52) K. L. Noll, *The Faces of David* (JSOTSup. 242; Sheffield: Sheffield Academic Press, 1997), 144쪽. 놀은 '스올'이라는 용어는 오경에는 7번 나타나고 (창 37:35; 42: 29, 31; 민 16:30, 33; 신 32:22), 전기 예언서 묶음인 여호수아서에서 열왕기까지는 오직 "한나의 기도" (삼상 2:6)와 "다윗의 노래" (삼하 22:6)에만 나타나며 이것은 그 어근을 살펴볼 때 사울(שׁאול 사울/세올)을 암시하고 있다고 본다.

53) Watts, *Psalm and Story*, 23쪽, n. 3.

54) Watts, *Psalm and Story*, 24쪽; Childs, *Introduction to the Old Testament as Scripture*, 272쪽; Robert Polzin, *Samuel and the Deuteronomist* (New York: Seabury, 1988), 33-34쪽.

55) Polzin, *Samuel and the Deuteronomist*, 31쪽.

56) P. Kyle. McCarter, Jr, *I Samuel* (AB 8; Garden City; New York: Doubleday, 1980), 76쪽.

57) W. Lee Humphreys, "The Tragedy of King Saul: A Study of the Structure of ISamuel 9-31," *JSOT* 6 (1978), 18-27쪽; idem, "The Rise and Fall of King Saul: A Study of an Ancient Narrative Stratum in 1Samuel," *JSOT* 18 (1980), 74-90쪽; Niels Peter Lemche, "David's Rise," *JSOT* 10 (1978), 2-25쪽.

58) '진멸의 법'(חֵרֶם 헤렘)은 전시에 전리품을 하나도 남김없이 사람에서부터 짐승, 물건에 이르기까지 모조리 다 태워서 하나님께 올려 드리는 방식이나 혹은 개인적인 사용은 금지되고 하나님께만 구별되어 사용되어지는 물건을 뜻한다. 사울은 이방인 아말렉 족속에게는 하나님의 명령을 거역하고 '헤렘'을 실천하지 않고, 오히려 자신의 동족 제사장에게는 잔혹하게 '헤렘'을 실천하는 악행을 저지른다: "제사장들을 쳐서 그 날에 세마포 에봇을 입은 자 팔십 오인을 죽였고 제사장들의 성읍 놉의 남녀와 아이들과 젖먹는 자들과 소와 나귀와 양을 칼로 쳤더라" (삼상 22:18-19). 이것은 사울의 추락을 더욱더 강조하는 요소가 되기도 한다.

59) **"제사장 아론의 손자 엘르아살의 아들 비느하스가 내 질투심으로 질**

투하여 이스라엘 자손 중에서 내 노를 돌이켜서 내 질투심으로 그들을 소멸하지 않게 하였도다 그러므로 말하라 내가 그에게 내 평화의 언약을 주리니 그와 그의 후손에게 영원한 제사장 직분의 언약이라 그가 그의 하나님을 위하여 질투하여 이스라엘 자손을 속죄하였음이니라"(민 25:11-13)

60) Moshe Garsiel, *The First Book of Samuel: A Literary Study of Comparative Structures, Analogies and Parallels* (Ramat-Gan: Revivim Publishing House, 1985), 101쪽

61) 시편 51편은 18절에 "주의 은택으로 시온에 선을 행하시고 예루살렘 성을 쌓으소서"라는 내용을 통해 예루살렘 성전이 무너진 시대를 암시하고 있는 듯 하다. 이것은 이 시편이 다윗의 것이 아니라는 사실보다는 이스라엘이 회개의 전형인 다윗의 시편으로 동일한 죄로 인해 포로가 된 상황에서 다윗과 함께, 다윗처럼 하나님께 기도하는 것으로 볼 수 있다. 즉, 시편 51편은 다윗의 것으로 멈추지 않고, 죄로 인해 하나님과의 관계가 멀어진 모든 사람이 하나님께 나아가는 회개 기도의 전형적인 모범이 되었다는 것이다.

62) 월터 브루거만(W. Brueggemann), 『사무엘상·하(*First and Second Samuel*)』 (차종순 역) (서울: 한국장로교출판사, 2000), 161쪽. 브루거만은 사무엘서가 다윗편향적인(pro-David) 책으로 묶여지기 전에는 사울편향적인(Saulide) 문서였을 가능성이 있다고 본다.

63) A. A. Anderson, *2 Samuel* (WBC 11; Dallas, Texas: Word Books, 1989). 104쪽. 앤더슨은 '베레스웃사'가 '바알브라심'을 상기시키기는 하지만 더 이상의 연관은 의심스럽다고 본다.

64) 히브리어는 모음을 쓰지 않는 자음만으로 이루어진 언어이다. '베레스'와 '브라심'은 동일한 자음인 'ㅂ, ㄹ, ㅅ'을 가지고 있다는 점에서 동일한 단어임을 알 수 있다. 브라심은 베레스의 복수형이다.

65) Aage Bentzen, "The Cultic Use of the Story of the Ark in Samuel," *JBL* 67 (1948), 45-46쪽.

제 6 장

열왕기 상.하가 말하는 것

하나님께서 찾으시던 '하나님 마음에 합한 사람'이 다윗으로 결론이 났다. 다윗이 죄악과 무관한 흠 없는 사람이기 때문이 아니라, 하나님께서 그 잘못을 지적하실 때마다 그것을 철저히 인정하고, 다시 시작하는 그의 회복력으로 인한 것이다. 그것은 법궤를 모셔오는 삶에서 절정에 이르렀다. 그 속에는 '베레스 웃사'(웃사를 치심)의 길을 갈 것인가, '바알브라심'(바알을 여러 번 치심)의 길을 갈 것인가의 질문이 들어있다. 자신의 생각대로 행동할 것인가, 아니면 하나님께 묻고, 듣고, 행동할 것인가에 대해 다윗은 마침내 후자를 택한다. 그리고 그 길이 바로 생명의 길임을 제시하고 있다. 모든 것을 묻고, 듣고, 그대로 행하는 삶은 어떤 위치의 삶인가? 종인가, 주인인가? 다윗이 왕으로서의 권력을 휘두르려고 할 때마다 하나님께서 치신다. 그리고 그 때마다 다윗은 하나님께 철저히 무릎을 꿇는다. 이것이 다윗과 사울의 차이이다. 사울은 하나님께서 치심에도 돌이키지 않고 끝까지 자신의 길을 간다. 제왕의 위치에서 내려오지 않으려는 것이다. 하나님이 왕이 아니라, 자신이 왕이 되어 호령하는 삶인 것이다. 그러나 '하나님 마음에 합한 사람'은 결코 왕이라 할지라도 하나님 앞에서나, 사람들 앞에서 종이라는 사실을 잊지 않는 사람이다.

그래서 사무엘하 7장의 하나님과 다윗이 영원한 언약을 맺는 곳에서는 '영원'이라는 단어보다도 더 많이 등장하는 단어가 바로 '종'이라는 단어이다. 법궤를 모셔오는 과정에서 진정한 정신이 무엇인지를 배운 다윗은 하나님 앞에서 자신을 종으로 내려놓는다. 그리고 경배의 대상이 아니라, 예배하는 자가 된다. 그렇다면 인간이 하나님 앞에서 종으로서의 위치를 지킬 수 있는 길은 어디에 있는가? 그것은 여호와의 율법, 즉 말씀 앞에 자신을 겸손히 낮추는 것이다. 다윗은 일생을 통해 그것을 배웠다. 자신의 방법대로 법궤 옮기기, 밧세바–우리아 사건 그리고 인구조사 등 이 모든 것들이 하나님의 말씀을 벗어난 것이란 사실을 인정했고, 그래서 말씀을 가까이 하는 것이 복이라는 사실을 일생을 통해 깨달은 것이다. 무흠한 자가 아니라, 용서받은 다윗이 그의 뒤를 잇는 모든 왕들의 평가 기준이 된다는 것은 그 때나 지금이나 하나님의 백성으로 서 있는 사람들에게 희망을 제시해 준다.

이제 무엇을 이어갈까? 바로 그 정신을 이어가야 한다. 영원한 약속을 부여받았으니 그 약속을 이루기 위해서는 결코 한 사람만으로는 안 된다. 인생은 유한하고, 하나님의 말씀은 영원하기에 유한한 인생의 호흡은 그 다음 대로 연결되어야 하는 것이다. 다윗이 유언을 한다. 이것은 단순히 그 아들 솔로몬에게만 하는 것이 아니라, 그 뒤를 잇는 모든 왕들이 경각심을 가지고 행해야 할 삶의 길인 것이다. 한나의 기도가 다윗의 삶 속에 그대로 실현되어 다윗의 노래로 완성되었다. 다윗의 노래는 곧 하나님의 응답에 대한 찬양인 것이다. 예배가 시작되었다. 그렇다면 이제 예배의 완성을 향하여 전진해야 한다. 그것은 하나님의 말씀에 대한 인간의 응답으로 이루어질 것이다. 인간의 응답은 하나님께서 세우신 대표자들을 통하여 모범적으로 이루어져야 한다. 다윗이 선택되었고, 다윗의 노래 속에 나타난 마지막 말처럼 "영원하도록 다윗과 그 후손에게"(삼하 22:51) 하나님의 뜻이 이루어져야 한다. 선택은 특권이 아닌 책임에 더욱 초점이 맞추어져야 하는 것이다. 이제 중요한 것은 다윗의 아들 솔로몬과 그 이후의 왕들이 어떤 길을 열어갈 것인가이다. 하나님의 뜻을 펼치는 예배인가, 아니면 인간의 자기주장이 들어 있는 우상숭배인가?[66] 그 질문의 선두에 솔로몬이 서 있다.

솔로몬의 이야기를 시작으로 열왕기서는 남과 북이 갈라지고, 북이스라엘이 먼저 앗시리아에 망하고, 그리고 명맥을 유지하던 남유다마저 바벨론의 칼날에 무참하게 무너지는 역사를 그려가고 있다. 갈라지고, 무너지는 이야기가 중요한 기점들마다 등장하고 있다는 것은 왕국의 역사가 어둠으로 짙게 깔려 있다는 것을 보여주는 극단적인 증거들이다. 그럼에도 곳곳에서 등장하는 불꽃같은 신앙의 회복들은 하나님의 백성이 길을 잃지 않을 만큼의 이정표가 되고, 가야 할 마땅한 길을 지시해 주는 역할을 한다.

여기서는 열왕기서 전체의 배열을 살피며, 중요하게 다루어야 할 사항이 무엇인지를 먼저 점검해 보는 것이 필요하다. 장황하게 펼쳐지는 모든 이야기들이 다 중요하지만 열왕기서가 보여주고자 하는 신학과 신앙의 교훈을 한 장에 펼치기 위해서는 요약정리가 중요하기 때문이다. 구조를 한 눈에 볼 수 있게 정리하는 것은 어디에 초점을 맞추어야 할지를 제시해 줄 수 있기 때문에 요긴하다. 먼저 지면이 할애된 분량에 따라 왕들의 이야기를 나열하면 다음과 같다.

열왕기상			
(통일왕국 시대)	(분열왕국-북이스라엘 중심시대)		
1-11장	12-14장	15-16:14	16:15-22장
솔로몬 왕	여로보암 왕 (북이스라엘 초대 왕)	여로보암에서 아합(오므리) 왕조까지	아합(오므리) 왕조
			엘리야 선지자

열왕기하						
(분열왕국-북이스라엘 중심시대)			(남유다 시대)			
1-8장	9:1-15:12	15:13-17장	18-20장	21장	22-23:30	23:31-25장
아합(오므리) 왕조	예후 왕조	북이스라엘의 멸망	히스기야 왕 (남유다)	므낫세 왕	요시야 왕	남유다의 멸망
엘리사 선지자						

위의 도표를 살펴볼 때 열왕기상에서는 솔로몬, 여로보암 그리고 아합 왕이 강조되고, 열왕기하에서는 예후왕조의 흥망성쇠와 북이스라엘이 망하고 난 뒤의 남유다 왕들에 대한 기대를 살

펴볼 수 있는데 히스기야 왕과 요시야 왕에 대한 관심을 살펴볼 수 있다. 특히 북이스라엘에서 열왕기상과 열왕기하를 이으며 가장 긴 지면이 할애되어 있는 아합(오므리) 왕조에 대한 이야기가 전체의 중심을 차지하고 있다는 것이 눈여겨 볼 점이다. 북이스라엘 아합 왕조의 중심성은 열왕기서 전체의 문학적인 구조를 살펴보면 분명하게 드러난다.

열왕기상·하				
왕상 1-11장	왕상 12-16:14	왕상 16:15 - 왕하 10장	왕하 11-17장	왕하 18-25장
다윗-솔로몬	북이스라엘에 대한 기대감	북이스라엘 아합 왕조 40년 아합 왕조에 거는 기대 엘리야-엘리사 활동	북이스라엘에 대한 기대의 좌절 (북이스라엘 멸망)	히스기야 | 요시야
통일왕국 시대	**남북분열시대** (냉전시대)	**남북혼합시대** (공동운명의 위험)	**남북분열시대** (냉전시대)	**통일왕국 회복열망 시대**
A	B	C	B′	A′

열왕기서 전체의 배열을 볼 때 교차대칭구조(A-B-C-B′ -A′)를 이루고 있음을 알 수 있다. 전체의 중심에 열왕기서의 삼분의 일(16장)에 해당하는 분량을 자랑하는 아합 왕조가 자리 잡고 있다는 것은 열왕기서의 강조점을 가늠해 볼 수 있는 좋은 잣대가 된다. 왕조사 전체가 약 400년이 넘는 기간이라고 한다면 그 기간의 10분의 1도 안되는 기간인 40년 정도가 중

심을 차지하고 있다는 것은 분명 의미가 있을 것이다. 선지자로도 최고의 연합이라 할 수 있는 엘리야-엘리사가 연이어 활동했다는 점 또한 이 시대의 특징이기도 하다. 분명 예배라는 측면에서 남과 북에 아합 왕조를 통해 주고자 하는 메시지가 있을 것이며, 남과 북이 망국으로 가게 된 근본 원인 또한 아합 왕조를 통해 찾아볼 수 있을 것이다.

여기서는 통일왕국 시대의 막을 내리게 된 솔로몬을 다루고, 북이스라엘의 여로보암을 거쳐 북이스라엘을 망국으로 향하게 한 죄악의 원흉인 아합을 다루고, 북이스라엘 멸망 후에 남유다를 재건하려는 움직임인 히스기야 왕과 요시야 왕을 다룰 것이다.

1. 솔로몬과 여호와의 말씀

1) 솔로몬의 시작

다윗에서 솔로몬으로 연결되는 왕위 계승은 다윗이 사울 가문의 왕권을 취하는 것 이상으로 험난한 길이다. 다른 지파나 가문에서 또 다른 지파나 가문으로의 정권이양이 아닌 다윗 가족 내에서 피비린내 나는 왕위계승 다툼이 벌어지고 있는 것이다. 사람들은 솔로몬의 왕위계승 이야기, 즉 사무엘하 11장부터 열왕기상 2장까지의 기나긴 이야기를 실제적인 다윗 왕가의 역사를 담은 실화에 바탕을 둔 독립적인 이야기라고 보기도 한다.[67] 그것이 실제의 역사라는 추측을 낳게 하는 가장 큰 이유는 다른 대부분의 이야기와는 판이하게 다르게 이 '왕위계승 이야기'에는 하나님의 모습은 완전히 사라지고, 오로지 인간의 계략과 권모술수만이 왕가의 역사를 이끌어 가는 것으로 기록하고 있기 때문이다.

특히 솔로몬이 왕이 되는 과정은 하나님의 어떠한 간섭도 없이 오로지 선지자 나단과 밧세바의 주도권에 이끌린 이제는 너무 늙어버려 아무것도 알지 못하는 다윗(왕상 1:11, 18)의 승낙에 의해 이루어진다. 그리고 다윗이 말하기를 이것은 자신이 여호와께 맹세한 일이라고 하지만(왕상 1:29-30) 그 어디에도 여호와의 인준은 나타나지 않는다. 솔로몬을 이미 하나님께서 선택하신 듯이 보이는 부분은 있으나(삼하 12:24-25), 정작 그가 왕이 되는 과정은 오롯이 인간의 주권만이 보이기 때문이다. 솔로몬의 왕위계승은 이처럼 하나의 긴장감을 형성한다. 신권과 인권 사이의 이러한 긴장감은 다윗의 솔로몬을 향한 유언 속에도 그대로 드러나고 있다. 그의 유언은 전반부와 후반부로 나뉘며 이것은 왕권의 긍정적인 면과 부정적인 면의 극적인 대비를 보여주는 또 다른 좋은 예라 하겠다(왕상 2:1-9).

솔로몬을 향한 다윗의 유언(왕하 2:3-9)	
전반부(왕상 2:3-4)	**후반부**(왕상 2:5-9)
모세의 율법을 준수할 것을 강조하고 있다. 이 부분은 흡사 다윗이 모세가 여호수아에게 그리고 여호와께서 여호수아에게 사명을 위임하는 형태를 그대로 따르고 있다(신 31:7-8; 수 1:7-9). 이 부분에서 다윗은 모세가 되고 솔로몬은 여호수아가 된 듯하다.	정치적인 보복과 보답을 행하라는 것이다. 다윗은 솔로몬에게 정치적인 보복을 가할 때 솔로몬은 지혜로운 사람(אִישׁ חָכָם 이쉬 하캄)(왕상 2:9)인즉 그의 지혜(חָכְמָה 호크마)(왕상 2:6)를 사용하라고 권고한다. 이 숙청작업에는 다윗의 군대장관 요압과 베냐민의 시므이가 거론된다.

솔로몬은 하나님께로부터 신적 지혜를 부여받기 전에 이미 인간적인 지혜가 출중했던 것으로 나타난다. 아버지 다윗이 솔로몬에게 "너는 지혜로운 사람인즉" 그 지혜를 사용하여 숙청작업을 행하라고 권면하는 것을 보면 알 수 있다. 솔로몬의 치세의 시작은 다윗이 제시한 유언의 내용 중에 왕권의 부정적인 측면이라 할 수 있는 죽음으로 그 막을 열고 있다. 첫 번째로 왕권의 경쟁자였던 아도니야를 죽이고(왕상 2:13-25), 그 다음으로 아도니야 편에 붙었던 제사장 아비아달을 추방하고(왕상 2:26-27), 다윗의 문제 거리였던 요압을 처형하고(왕상 2:28-35) 그리고 다윗을 극렬히 저주한 시므이를 처형한다(왕상2:36-46). 솔로몬은 이렇게 자신의 왕권을 수많은 죽음을 통해 공고히 한다.

그리고 솔로몬은 하나님께 일천번제를 드리고, 하나님께서 그의 소원을 물을 때 그는 하나님께서 맡기신 백성을 잘 다스릴 지혜를 구한다. 하나님께서는 그의 아버지 다윗과 같이 하나님의 법도와 명령을 지키면 그의 날을 길게 할 것이라고 약속하신다(왕상 3:12-14). 그 다음의 이야기는 솔로몬이 하나님께서 주신 그 신적 지혜를 가지고 두 여인의 분쟁 속에서 한 아기를 살리는 사건이 전개된다(왕상 3:16-28). 그가 하나님의 명령을 벗어나 인간의 지혜를 휘둘렀을 때는 죽음이, 하나님의 명령 안에서 신적 지혜를 가지고 행할 때에는 생명이 살아난다. 이것은 선택에 따라 펼쳐질 미래를 미리 예고하고 있다. 이제 차후의 이야기 전개는 솔로몬이 어떤 지혜에 의지하여 그의 길을 걸어갈 것인가에 초점이 맞추어질 것이다. 하나님의 법을 준수하며 신정정치를 펼쳐갈 것인가, 아니면 자신의 유익을 위해 전제정권을 휘두르는 길을 갈 것인가이다. 이것을 도표로 나타내면 다음과 같다.

<table>
<tr><th>여호와의 법
(왕상 2:1-4)</th><th>인간의 지혜
(왕상 2:5-46)</th><th>솔로몬의
선택</th><th>하나님의 지혜
(왕상 3:12)</th><th>여호와의 법
(왕상 3:14)</th></tr>
<tr><td>(3절)네 하나님 여호와의 명령을 지켜 그 길로 행하여 그 법률과 계명과 율례와 증거를 모세의 율법에 기록된 대로 지키라 그리하면 네가 무엇을 하든지 어디로 가든지 형통할지라</td><td>(6절)네 지혜대로 행하여 그의 백발이 평안히 스올에 내려가지 못하게 하라
(9절) 그러나 그를 무죄한 자로 여기지 말지어다 너는 지혜 있는 사람이므로 그에게 행할 일을 알지니 그의 백발이 피 가운데 스올로 내려가게 하라</td><td>솔로몬이 어느 쪽을 택할 것인가?
◀◀ ▶▶</td><td>내가 네 말대로 하여 네게 지혜롭고 총명한 마음을 주노니 네 앞에도 너와 같은 자가 없었거니와 네 뒤에도 너와 같은 자가 일어남이 없으리라</td><td>네가 만일 네 아버지 다윗이 행함 같이 내 길로 행하며 내 법도와 명령을 지키면 내가 또 네 날을 길게 하리라</td></tr>
<tr><td><모세의 길>
* 그 후에 모세와 같은 선지자가 일어난 바가 없다 (신 34:10)</td><td>인간의 지혜를 따라가면- 죽음이 일어남(아도니야, 요압, 시므이 죽임)</td><td></td><td>하나님의 지혜를 따라 가면- 살림이 일어남(창기의 아들 살림)</td><td><다윗의 길>
* 하나님 마음에 합한 사</td></tr>
<tr><td colspan="5">모세의 길에서 ------------------------------→ 다윗의 길까지
연결이 끊어지지 않고 이어져야 한다</td></tr>
</table>

인간의 삶은 위의 도표처럼 여호와의 법으로 둘러싸여야 한다. 모세가 보여준 삶의 길과 그가 전해준 하나님의 법을 삶의

시작으로 삼고, 다윗이 그 법을 따라 살아가며, 하나님 마음에 합한 자라는 칭함을 받았듯이 우리도 그렇게 생을 마감해야 할 것이란 소명이 느껴진다. 그러나 그렇게 시작과 끝이 일치되기 위해서는 삶의 중심에서 인간의 지혜가 아닌 하나님의 지혜로 선악을 올바로 분별하며 걸어가는 여정이 필요하다. 그렇지 않고 자신의 유익을 구하는 인간의 지혜에 의지하면 죽음으로 모든 것이 끊어질 위험에 처하기도 한다. 이를 위해 '듣는 마음'(왕상 3:9)이 절실히 필요하며, 바르게 듣기 위하여 여호와의 율법을 주야로 묵상하는 삶이 요구된다. 그러할 때 주신 말씀을 지키며 행하는 것이 가능하게 되기 때문이다(수 1:1-10; 시 1편; 왕상 2:3). 그러나 이상이 현실이 되기는 결코 쉽지 않다.

2) 솔로몬의 길 - 여호와의 율법 vs 바로의 딸

솔로몬이 행한 일 중에 가장 중요한 것을 한 가지 들라고 한다면 단연 여호와를 위하여 성전을 건축한 것이다. 솔로몬의 성전 건축이야기 속에는 모세의 출애굽 정신이 살아서 흐르고 있음을 살펴볼 수 있다. 우선 성전 건축 시기가 이스라엘 자손이 이집트 땅에서 나온지 사백팔십 년 만이라고 보고하는 것을 통해 성전 건축이 이스라엘의 출애굽을 완성하는 사건으로 보고 있다는 점을 들 수 있다(왕상 6:1). 이 480년은 정확한 년도를 의미하기 보다는 하나님의 때가 충만한 정점에 이르렀다는 의미로 12× 40의 조합이라 할 수 있다. 하나님께서 모세에게 "네가 백성을 애굽에서 인도하여 낸 후에 너희가 이 산에서 하나님을 섬기리니"(출 3:12)라는 말씀을 통해 그 첫 번째 산이 시내 산이 되었고, 이제 마침내 그 산은 솔로몬이 성전을 세운 예루살렘의 시온 산이 된다. 이러한 과정은 이미 이스라엘이 홍해를 건너자마자 최초의 찬양과 함께 예배를 드렸던 것에서 분명하게 드러난다. 모세와 이스라엘이 하나님께 올려드렸던 노래는 승전가로 이스라엘을 구원하신 하나님을 영원토록 왕으로 섬기겠다는 결단이 들어있다. 그리고 그 예배의 장소까지도 암시되어 있다.

> 주의 인자하심으로 주께서 구속하신 백성을 인도하시되 주의 힘으로 그들을 주의 거룩한 처소에 들어가게 하시나이다……주께서 백성을 인도하사 그들을 주의 기업의 산에 심으시리이다 여호와여 이는 주의 처소를 삼으시려고 예비하신 것이라 주여 이것이 주의 손으로 세우신 성소로소이다 여호와께서 영원무궁하도록 다스리시도다(출 15:13, 17-18).

출애굽 때부터 하나님께서 택하신 산에 세우기를 원하셨던 여호와의 성소가 이제 역사의 정점에서 세워지게 된다. 그리고 그것을 성취하는 영광스러운 역할을 솔로몬이 맡는 것이다.

그러나 이러한 대단한 일이 무용지물이 되는 수도 있다. 성전을 세우는 것은 예배를 바로하기 위한 목적이 있다. 만약 성전을 세웠음에도 예배가 바르게 살아나지 않는다면 허사이기 때문이다. 솔로몬의 통치는 선과 악의 두 가지의 갈림길에서 시작한다. 선과 악이 공존하는 것이 우리 인생이라면, 그 결국은 어디에 머물러야 할 것인가가 삶의 과제로 남는다. 솔로몬의 통치 전체는 하나의 테두리를 만들 수 있다. 그의 시작과 끝이 명확하게 연결되고 있기 때문이다.

시작(왕상 3:9)	끝(왕상 11:6)
"누가 주의 이 많은 백성을 재판할 수 있사오리이까 지혜로운 마음을 종에게 주사 주의 백성을 재판하여 선악(בֵּין־טוֹב לְרָע 벤-토브 레라)을 분별하게 하옵소서"	"솔로몬이 여호와의 눈앞에서 악(רַע 라)을 행하여 그의 아버지 다윗이 여호와를 온전히 따름 같이 따르지 아니하고"

분명히 솔로몬은 야심 차게 '선악'을 분별할 수 있는 왕이 되게 해 달라는 간구로 시작하였다. 그리고 그의 간구는 하나님의 마음을 기쁘게 하여 응답을 받았다. 그러나 그의 생의 마지막에 가서는 '선'은 사라지고, '악' 밖에는 남은 것이 없다. 하나님을 위하여 성전까지 지은 그가 어떻게 이렇게 무너지고 말았을까? 그 이유는 분명 열왕기상 3장과 11장 사이에 나타나 있을 것이다.

솔로몬의 삶 속에 이름(first name)도 없고, 성(last name)도 없이 주기적으로 나타나는 한 여인이 있다. 이 여인은 이름은 없지만 그 호칭만으로도 위험성을 충분히 내포하고 있다. 그 여인은 다름 아닌 '바로의 딸'이다. 바로의 딸은 솔로몬의 삶 속에서 적재적소에 다섯 번 나타나며 솔로몬의 삶의 선택을 흐려 놓는다.

횟수	성경	위치의 심각성
1	왕상 3:1	"솔로몬이 애굽의 왕 바로와 더불어 혼인 관계를 맺어 그의 딸을 맞이하고 다윗 성에 데려다가 두고 자기의 왕궁과 여호와의 성전과 예루살렘 주위의 성의 공사가 끝나기를 기다리니라" 솔로몬이 여호와께로부터 선악을 바르게 분별할 수 있는 지혜를 부여받기 전에 먼저 바로의 딸은 솔로몬의 삶에 결혼관계로 밀착해 있다. 그리고 솔로몬의 중심으로 파고들기 위해 왕궁의 건축이 끝나기를 기다리고 있다.
2	왕상 7:7-8	"또 심판하기 위하여 보좌의 주랑 곧 재판하는 주랑을 짓고 온 마루를 백향목으로 덮었고 솔로몬이 거처할 왕궁은 그 주랑 뒤 다른 뜰에 있으니 그 양식이 동일하며 솔로몬이 또 그가 장가든 바로의 딸을 위하여 집을 지었는데 이 주랑과 같더라" 바로의 딸을 위하여 솔로몬이 집을 지었는데, 그 내용이 열왕기상 7:1–12절(솔로몬의 궁전건축)의 중심에 위치한다는 사실로 인해 심각하다. 의도적인 배열의 원리를 보면 '성전 건물 건축'(왕상 6:1–38)과 '성전 기물 제작'(왕상 7:13–51)의 완성 사이에 솔로몬의 궁전건축 이야기가 작은 부분 삽입된다. 그리고 궁전의 중심에는 "심판하기 위한 보좌 의 주랑 곧 재판하는 주랑을 지었다"(왕상 7:7)는 말과 바로의 딸을 위한 집이 연이어 중심을 같이 차지하고 있다. A. 왕상 6:1–38 성전 건물 건축(7년) B. 왕상 7:1–12 솔로몬의 궁전(13년) * 중심: 재판하는 주랑과 바로의 딸의 집 A'. 왕상 7:13–51 성전 기물 제작 이 구조로 보았을 때, 솔로몬이 어디로 집중할 것인지가 의문시된다. 여호와의 성전을 향함으로 선악을 바르게 재판할 것인지, 아니면 바로의 딸에게 향함으로 예배하는 삶을 버릴 것인지가 차후의 핵심 주제가 될 것이다('성전은 하나님과의 관계'를 '재판은 사람과의 관계를 의미'한다는 점에서 바로의 딸을 택하는 것은 곧 예배를 버리는 것이 된다).

3	왕상 9:16- 17	"전에 애굽 왕 바로가 올라와서 게셀을 탈취하여 불사르고 그 성읍에 사는 가나안 사람을 죽이고 그 성읍을 자기 딸 솔로몬의 아내에게 예물로 주었더니 솔로몬이 게셀과 아래 벧호론을 건축하고" 바로가 솔로몬에게 시집간 자기의 딸을 위하여 게셀을 탈취하여 솔로몬의 아내에게 주었고, 그것을 솔로몬이 취하여 새롭게 건축한다. 바로는 솔로몬에게 딸을 위한 신부지참금(dowry)을 다 지불한 것이다.[68] 이러한 지참금의 의미는 물질적인 의미보다는 두 가문의 관계성을 돈독히 한다는 의미가 크며, 신랑이 신부에 대한 책임을 적극적으로 수행해야 한다는 의무를 강하게 한다. 이제는 이 결합의 합법성을 끊을 수 없다는 것을 의미하는 것이다.
4	왕상 9:24	"바로의 딸이 다윗 성에서부터 올라와 솔로몬이 그를 위하여 건축한 궁에 이를 때에 솔로몬이 밀로를 건축하였더라" 바로의 딸이 드디어 자신을 위하여 솔로몬이 건축한 궁에 입주한다. 이제 바로의 딸은 솔로몬의 삶 중심에 파고들었다(참조; 대하 8:11). 이처럼 바로의 딸은 솔로몬의 삶에 단계적으로 들어오며, 솔로몬이 변해가는 것을 보여주는 역할을 하고 있다.
5	왕상 11:1, 3	"솔로몬 왕이 바로의 딸 외에 이방의 많은 여인을 사랑하였으니 곧 모압과 암몬과 에돔과 시돈과 헷 여인이라…왕은 후궁이 칠백 명이요 첩이 삼백 명이라 그의 여인들이 왕의 마음을 돌아서게 하였더라" 솔로몬이 바로의 딸 외에 이방의 많은 여인을 사랑하여, 그 마음이 하나님께로부터 돌아서 그 여인들이 믿는 신들에게로 향했다. 이렇게 솔로몬의 마음이 우상숭배로 나아가는데 가장 선두를 이끈 여인이 바로의 딸인 것이다.

그렇다면 '바로의 딸'이라는 명칭이 왜 그렇게도 심각한 것이며, 이 여인의 존재는 무엇을 의미하는 것인가? 단순히 한 여

인을 의미하는 것은 아닐 것이다. 이 여인이 이름으로 등장하지 않고, 호칭으로만 나타난다는 것에 그 해답이 있을 것이다. 솔로몬이 바로의 딸을 따라간다는 것은 결국 그가 나라를 다스리는 통치의 이념, 즉 정신을 하나님의 뜻(여호와의 법-법궤)에 두는 것이 아니라, 이집트 바로의 길을 따른다는 것이기에 심각한 것이다. 왜냐하면 이념의 변화는 행동과 삶의 변화를 의미하기 때문이다. 이 경우에는 긍정적인 변화를 뜻하기 보다는 부정적인 변질이라고 하는 것이 더 정확할 것이다. 왜냐하면 하나님의 백성 이스라엘은 이미 오래 전에 바로 왕의 통치 밑에서 신음해 보았던 적이 있기 때문이다. 솔로몬이 바로의 길을 선택했다는 것은 이제 이스라엘은 자신들이 세운 왕 밑에서 노예화되어 강제노동에 시달리게 될 것임을 의미하는 것이다.[69)]

그 구체적인 예가 바로가 이스라엘을 강제 노역시키고, 그들 위에 감독관을 세워 억압한 것 같이, 솔로몬 또한 동일한 '강제노역'(מַס 마쓰)을 이스라엘 사람들에게 부과하고, 그들 위에 감독관(שָׂרֵי מִסִּים 사레 마씸)을 세워 관리하게 하였다(출 1:11; 왕상 4:6-7; 5:13-14)는 점에서 드러난다. 그리고 이러한 단어들은 창세기부터 열왕기하까지에서 다른 곳에서는 전혀 등장하지 않고, 오직 이집트의 바로와 솔로몬에게만 공통적으로 나타나는 단어들이다.

> 감독들을(שָׂרֵי מִסִּים 사레 마씸) 그들 위에 세우고 그들에게 무거운 짐(סִבְלָה 씨브라; 2:11; 5:4,5; 6:6)을 지워 괴롭게 하여 그들로 바로를 위하여 국고성 비돔과 라암셋을 건축하게 하니라(출 1:11).

> 이에 솔로몬 왕이 온 이스라엘에서 역군 (מַס 마쓰)을 불러 일으키니 그 역군의 수가 삼만이라 한달에 일만 인씩 번갈아 레바논으로 보내니 한달은 레바논에 있고 두 달은 집에 있으며 솔로몬에게 또 담군 (סַבָּל 싸발)이 칠만 인이요(왕상 5:13, 15).

그리고 열왕기상 9:17-19절에는 솔로몬을 위한 국고성(출 1:11 - 바로의 국고성과 동일한 단어)을 지었다라고 하고, 이 일에 이스라엘은 제외하고, 가나안 원주민들만 동원되었다고 하지만, 나중에 밀로 성 건축에 요셉족속을 동원하여 노동을 시켰다는 것이 드러난다(왕상 11:26-28). 솔로몬이 자신의 형제인 이스라엘 백성은 강제노동에 동원하지 않았던 시기와 이스라엘 백성까지도 가차 없이 노예화 시킨 시기의 전환이 공교롭게도 바로의 딸이 솔로몬이 그녀를 위해 지은 궁에 입주한 시점과 맞물린다.

> 바로의 딸이 다윗 성에서부터 올라와 솔로몬이 그를 위하여 건축한 궁에 이를 때에 솔로몬이 밀로를 건축하였더라(왕상 9:24).

그 전까지는 가나안 잔류민만을 노동에 동원하였으나(왕상 9:15-22), 솔로몬이 밀로를 건축할 때는 에브라임 족속인 여로보암을 노동 '감독'(סֵבֶל 쎄벨)으로 세워, 요셉 속속의 노동을 감독하게 하였다고 한다(왕상 11:26-28). 추측컨대 시작은 이방인만으로 했을지라도 노동력이 점점 더 필요해 짐에 따라 북쪽지파들이 강제로 동원된 것으로 보인다. 그리고 그 시점이 바로의 딸이 완전히 솔로몬의 삶에 파고든 때라는 점에서 솔로몬의 바로화(이집트화)가 돌이킬 수 없는 상태에 다다른 시기임을 알 수 있다. 결국 솔로몬의 이집트화는 성전건축이 이스라엘을 예배하는 백성으로 정예화 시키는 출애굽의 완전한 성취라는 신학을 무효화시키기에 이른다.

솔로몬의 악행은 여기서 끝나지 않고, 그는 약속의 땅을 열두 구역으로 나누는데, 그 이유는 자신의 왕궁에 조달할 물품과 세금을 부과하기 위한 목표였다. 그런데 이 열두 구역에 유다 지파는 빠져 있고 과중한 세금이 모두 북쪽 지파들에게 부과된 불공평한 처사였다(왕상 4:7-28). 더 나아가 솔로몬은 약속의 땅의 한 부분인 북쪽 갈릴리 지역의 성읍 20개를 두로 왕 히람에게 성전과 궁전 건축 물품을 조달해 준 대가로 제공하기도 했다(왕상 9:10-14). 이처럼 바로의 딸과의 연합은 결국 솔로몬이 바로의 통치이념을 자신의 왕국을 다스리는 정신으로 채택했다는 것이며, 이것은 곧 그의 아버지 다윗의 길을 버리는 것이고, 여호와의 율법을 떠나는 것이기에 하나님과의 결별을 뜻한다.

3) 이집트화를 막는 길

이렇게 변해가는 것은 당연한 것인가? 이것을 막을 방법은 없는 것인가? 하나님께서는 솔로몬이 바로의 딸을 따라가는 것을 막기 위해 최선을 다하셨다. 그것이 솔로몬의 삶 속에 분명하게 드러나 있다. 바로의 딸이 나타나는 횟수만큼 하나님께서도 자신의 뜻을 선명하게 전해주셨다. 그러나 선택은 늘 인간의 몫으로 남아 있다. 솔로몬의 삶에서 바로의 딸이라는 명칭이 다섯 번 등장하고 있다면, 하나님의 말씀에 대한 강조 또한 동일하게 다섯 번 나타난다는 점에서 인간은 결코 자신의 선택에 대해 하나님을 비난할 자격이 없다.

횟수	성경구절	유혹을 극복하는 길
1	왕상 2:3	여호와의 명령을 지켜 그 길로 행하고 그 법률과 계명과 율례와 증거를 모세의 율법책에 기록된 대로 지키라
		(1) 왕상 3:1 바로의 딸
2	왕상 3:14	내 길로 행하여 내 법도와 명령을 지키면 네 날을 길게 하리라
3	왕상 6:11-13	네가 만일 내 법도를 따르며 내 율례를 행하며 내 모든 계명을 지켜 그대로 행하면 내가 네 아버지 다윗에게 한 말을 네게 확실히 이룰 것이요
		(2) 왕상 7:8 바로의 딸
4	왕상 9:4-6	마음을 온전히 하고 바르게 하여 내 앞에서 행하며 내가 네게 명령한 대로 온갖 일에 순종하여 내 법도와 율례를 지키면
		(3) 왕상 9:16 바로의 딸
		(4) 왕상 9:24 바로의 딸
		(5) 왕상 11:1 바로의 딸
5	왕상 11:9-13	네가 내 언약과 내가 네게 명령한 법도를 지키지 아니하였으니

이처럼 바로의 딸이 등장하는 과정 중에 여호와께서도 나타나셔서 말씀으로 계속해서 경고해 주셨다. 그러나 솔로몬은 이

집트의 왕권으로 기울고, 이스라엘은 결국 이집트화 되어 버리고 만다. 그는 모세의 입을 통해 주어진 신명기 17장 14-20절의 '왕의 법도'를 철저하게 뒤집는 삶을 살았다. 그는 왕이 행하지 말아야 할 것인 ① 말을 많이 얻으려 애굽으로 돌아가지 말 것, ② 아내를 많이 두어 마음이 미혹되게 말 것, ③ 은금을 많이 쌓지 말 것, ④ 율법서를 옆에 두고 평생에 읽어 하나님 경외를 배우고, 형제 위에 교만하지 말 것이라는 금지명령을 다 어겼다. 하지 말아야 할 것은 하고, 해야 할 것은 하지 않으며, 이집트 쪽으로의 전향이 일어난 것이다. 특히 반드시 행해야 할 일인 여호와의 율법을 평생 옆에 두고 읽으며, 지키는 삶을 어겼다.

이와 같이 인간이 삶을 살아가며 끊임없이 부딪치는 것은 바로 하나님의 뜻과 인간의 뜻 사이에서 벌어지는 갈등과 전쟁이다. 말, 아내, 은금을 많이 두는 것은 인간의 육체, 눈, 마음의 욕구를 충족시킬 수 있는 유혹적인 것임에 틀림없다. 하지만 이러한 눈에 보이는 것에 대한 추구는 결국 자기주장적인 우상숭배와 결탁하게 될 것이며, 소수의 누림을 위해 다수가 희생되는 체제를 만들어 갈 것이 분명하다. 왜냐하면 우상숭배는 "더욱 성공적인 생산자가 덜 성공한 사람들을 지배하는 계급적으로 조직된 사회로 결론이 날 것"이기 때문이다.[70] 이것을 막는 길은 우리에게는 없고, 오직 여호와의 말씀을 주야로 상기함으로 하나님께서 꿈꾸시는 그 아름다운 나라가 우리 삶에 충만하게 하는 길 밖에는 없다.

4) 하나님의 대응

이렇게 바로처럼 변하고, 이집트 화 되어버린 솔로몬에게 다가올 미래는 이미 역사 속에 선명하게 주어져 있다. 하나님은 자신의 백성이 노예화 되는 것을 못 견뎌하신다. 예배하는 백성으로 창조하셨는데, 노예화되어 찬양이 아닌 신음소리를 내고 있다는 것은 하나님의 백성이라는 본연의 정체성을 상실한 것이다. 그렇다면 이제 새로운 해방의 역사가 펼쳐져야만 한다. 하나님께서 이 해방의 역사를 일으키기 위해 사람을 세우신다. 솔로몬의 대적으로 세움 받은 두 인물의 이야기를 살펴보면 그 옛날 누군가가 생각날 것이다.

에돔 사람 하닷의 생애 (왕상 11:14-22)	**에브라임 사람 여로보암의 생애** (왕상 11:26-12:24; 12:25-33)
① 다윗이 요압에게 에돔의 남자들을 다 죽일 것을 명령함 ② 어린 아이 하닷이 죽음을 면함 ③ 하닷이 미디안을 통과하여 애굽 왕 바로에게로 피함 ④ 바로가 하닷을 양육함 (집, 먹을 양식, 토지를 줌) ⑤ 바로가 자신의 처제를 하닷의 아내로 맞게 함 ⑥ 하닷의 아내가 아들을 낳음 ⑦ 하닷이 애굽에서 다윗이 죽은 소식을 듣고 고국으로 돌아가려함	① 솔로몬이 여로보암을 죽이려함 ② 여로보암이 애굽 왕 시삭에게 피함 ③ 솔로몬이 죽기까지 애굽에 거함 ④ 솔로몬의 아들 르호보암이 왕이 됨 ⑤ 여로보암이 백성과 함께 르호보암에게 짐과 멍에를 덜어줄 것 요청 ⑥ 르호보암이 멍에를 더 무겁게 할 것을 선언 ⑦ 여로보암의 지휘 하에 북이스라엘이 해방됨

먼저 에돔 사람 하닷에 대하여는 그 후의 정황이 기록되어 있지 않아, 하닷이 정말 그의 의향대로 고국으로 돌아갔는지 그리고 어떻게 솔로몬을 괴롭게 했는지는 알 길이 없다. 하지만 에돔 사람 하닷이 이스라엘을 해방시키지 않은 것은 오히려 다행이다.

하나님의 백성을 이방인이 해방시킨 다는 것은 있을 수 없기 때문이다. 그러나 이것은 또한 경고를 담고 있기도 하다. 하나님의 백성이 제 역할을 하지 못하면 이방인도 해방자로 쓰임 받을 수 있다는 것을 보여주는 것이다. 이러한 사실은 미래에 바벨론에 포로로 잡혀서 재기의 기회조차 갖기 힘든 이스라엘을 위해 하나님께서 페르시아의 고레스를 해방자로 사용하셨다는 점에서 증명된다(사 44:28; 45:1).

북이스라엘 에브라임 지파의 여로보암 이야기에서는 그는 모세가 되고, 솔로몬은 폭정과 억압을 행하는 바로의 역할을 하게 되며, 솔로몬의 아들 르호보암은 새로운 바로의 역할을 하게 된다. 아이러니 하게도 이제 이집트는 더 이상 억압의 나라가 아니라, 오히려 억압적인 이스라엘의 왕들을 징계하기 위해서 여호와께서 구원자들을 양육하고 보호하기 위해서 사용하는 도구가 된다. 그리고 이스라엘의 왕이 오히려 그 옛날 폭정을 일삼던 이집트의 바로로 변해 있는 것이다. 하나님께서 여로보암에게 새로운 희망을 거시고 이스라엘 열 지파를 그의 손에 맡기신다. 바야흐로 새로운 출애굽의 해방사건이 약속의 땅 안에서 펼쳐지는 것이다. 여로보암이 받은 약속은 다윗의 뒤를 잇는 것이다.

> 내가 너를 취하리니 너는 네 마음에 원하는 대로 다스려 이스라엘 위에 왕이 되되 네가 만일 내가 명령한 모든 일에 순종하고 내 길로 행하며 내 눈에 합당한 일을 하며 내 종 다윗이 행함 같이 내 율례와 명령을 지키면 내가 너와 함께 있어 내가 다윗을 위하여 세운 것 같이 너를 위하여 견고한 집을 세우고 이스라엘을 네게 주리라(왕상 11:37-38).

북이스라엘은 이처럼 하나님의 승인을 받은 합법적인 정부로 하나님의 뜻을 이어가야 할 나라로 세워진 것이다. 이제 또 다시 과제는 여로보암과 북이스라엘이 예배하는 백성으로서의 길을 걸어갈 것인가, 아닌가이다.

2. 북이스라엘과 예배

이제 역사의 초점이 새로운 출애굽을 이룬 여로보암과 북이스라엘에게 맞추어진다. 하나님께서 기대를 거셨던 것처럼, 북이스라엘이 망하는 순간까지 모든 사건의 초점은 남쪽이 아닌 북쪽에 맞추어진다. 열왕기상 12장부터 열왕기하 17장까지는 전적으로 북이스라엘에게 주어진 기회를 나열하고 있으며, 북이스라엘이 그 기회를 어떻게 상실해 가고 있는지를 낱낱이 전하고 있다. 북이스라엘이 무너진 다음에야 다시 모든 초점이 남유다로 넘어온다는 점에서 북이스라엘 또한 하나님의 기대 안에 있었다는 것을 느껴볼 수 있다. 여기서는 여로보암과 아합의 이야기를 살펴보는 것을 통해 하나님의 계획이 어떻게 인간에 의해 좌절되었는가를 살펴보며 북이스라엘의 실패를 살펴볼 필요가 있다. 그 실패는 곧 남유다의 과제로 제시될 것이기 때문이다

1) 여로보암의 길(왕상 12장)

다윗 왕가의 폭정으로부터 해방의 역사를 체험한 북이스라엘은 여로보암의 통치 아래 새로운 시작을 가진다. 그러나 새로운 출애굽이라는 역사의 시작은 곧 과거의 죄악으로의 복귀로 그 끝에 이르고 만다. 여로보암은 북이스라엘 백성들이 예루살렘 성

전을 그리워하며 그곳으로의 예배순례를 할 것을 두려워하여 남쪽 끝인 벧엘과 북쪽 끝인 단에 예루살렘과 경쟁할 신전을 세운다. 그리고 그 두 곳에 금송아지 상을 만들어서 세운다. 이 금송아지 상이 신 자체를 의미하든, 아니면 신이 임재 하여 좌정하는 보좌를 상징하든 그 형상이 금송아지라는 것에서 심각하다. 이집트화 된 솔로몬의 손아귀에서 벗어나자마자 이미 출애굽의 역사에서 예배가 아닌 것으로 폐기된 금송아지 숭배가 다시 살아나고 있다는 점 때문이다. 그러므로 금송아지는 단순한 하나의 우상을 의미하는 것이 아니라 하나님을 벗어난 모든 우상숭배의 원형을 상징하는 것이다. 여로보암은 매년 8월 15일을 이스라엘을 위하여 절기로 정하고, 레위인이 아닌 다른 일반 백성으로 제사장을 삼기도 한다(왕상 12:25-33). 이것은 하나님의 구원사를 통해 탄생된 절기를 바꾸고, 시내 산에서 보여준 레위인들의 신앙의 결단을 제거함으로 우상타파의 길을 막고(출 32:26-29), 또한 해마다 이 절기가 지켜짐으로 우상숭배가 결코 북이스라엘에서 사라지지 않게 한다.

이러한 상황을 시내 산에서 금송아지를 만든 사건과 연계시켜 비교하면 북이스라엘이 걸어갈 길이 무엇인지를 미리 볼 수 있다. 출애굽기에서 금송아지 숭배는 교묘하게 예배를 깨는 위치에 자리한다. 하나님의 성막건축 지시와 이스라엘의 성막건축 실행 사이에 끼어드는 것이다.

성막건축 지시 (하나님의 명령) (출애굽기 25-31장)	금송아지 숭배 (출애굽기 32-34장)	성막건축실행 (이스라엘 실행) (출애굽기 35-40장)

하나님께서 세세하게 명령하심	예배의 길을 단절시킴-금송아지가 없어졌기에 예배의 연결이 가능	이스라엘이 하나님의 명령 따라 그대로 준행함

금송아지의 위치는 이처럼 예배의 실행을 끊어버린다. 하나님께서 말씀하시고, 그 말씀을 그대로 이루어 내는 것이 예배라면 우상숭배는 하나님의 명령이 실행되는 길을 막아서고, 다른 길로 가게 만드는 것이다. 즉, 좁은 길로의 여정을 틀어막고, 넓은 길로 향하도록 유혹하는 것이다. 이 금송아지가 이스라엘의 삶 속에서 사라지지 않는 한 진정한 예배의 실행은 기대할 수 없다. 모세라는 지도자의 위대함은 이것을 바르게 직시했다는 점에 있다. 그는 금송아지를 갈아서 가루로 만들어 그 가루마저도 백성들이 모두 물에 타서 마시게 함으로 우상은 그 흔적조차 보이지 않게 만들어 버렸다(출 32:20). 그 길만이 진정한 예배를 회복하는 길이기 때문이다. 하나님의 성전은 그렇게 만들어 지는 것이며, 든든하게 서는 것이다.

하지만 여로보암과 북이스라엘의 이야기는 이러한 역사의 교훈을 바르게 깨닫지 못하고 있다는 점에서 불행으로의 여정을 향하고 있다.

여로보암의 시작 (하나님의 약속) (왕상 11:37-38)	**금송아지 만듦** (왕상 12:25-33)	**북이스라엘의 왕들** (왕상 13-왕하 17장)
하나님께서 명령한 모든 일에 순종하고, 그의 길로 행하며, 그의 율례와 명령을 지키라	예배의 길을 단절시킴-북이스라엘 역사 속에서 금송아지가 결코 사라지지 않음	북이스라엘은 결코 단 한 번도 진정한 예배가 살아나지 못함(결국은 망하는 길)

이제 북이스라엘에 남겨진 과제가 있다면 그 뒤를 잇는 왕들 중에 누가 이러한 우상숭배를 철폐하고, 하나님을 향한 예배를 바르게 이루어 낼 것인가이다. 그러나 여로보암이 만들어 세운 금송아지 상은 북이스라엘이 앗시리아에 망할 때까지 결코 사라진 적이 없다. 역사의 비정함은 이 타락의 길이 멈추지 않고, 그 속도가 오히려 더욱 급박하게 흘러가며, 강도를 더해 간다는 것이다. 여로보암의 이야기는 그 뒤를 잇는 몇몇 왕들의 이야기를 간단하게 스쳐지나가며, 신속하게 북이스라엘 멸망의 원흉이 된 아합의 이야기로 연결된다.

2) 아합 왕가와 바알숭배(왕상 16:29-22:53)

아합 왕의 이야기는 북이스라엘이 망국으로 향하느냐, 새로운 회복의 기회를 부여받느냐는 갈림길이라는 점에서 중요하다. 그러나 아합의 이야기는 북이스라엘이 회복의 길을 향하기보다는 오히려 멸망을 향하여 더욱 가속화되는 것을 보여주고 있다는 점에서 비극적이다. 그에 대한 신랄한 평가가 이것을 입증하고도 남는다.

> 오므리의 아들 아합이 그의 이전의 모든 사람보다 여호와 보시기에 악을 더욱 행하여 느밧의 아들 여로보암의 죄를 따라 행하는 것을 오히려 가볍게 여기며 시돈 사람의 왕 엣바알의 딸 이세벨을 아내로 삼고 가서 바알을 섬겨 예배하고 사마리아에 건축한 바알의 신전 안에 바알을 위하여 제단을 쌓으며 또 아세라 상을 만들었으니 그는 그 이전의 이스라엘의 모든 왕보다 심히 이스라엘 하나님 여호와를 노하시게 하였더라(왕상 16:30-33).

아합의 시대는 여로보암이 만든 금송아지 숭배는 가벼운 죄에 속하는 것이란 점에서 우상숭배가 극대화되는 시점임을 알 수 있다. 그렇다면 분명 아합 왕의 이야기 속에는 우상숭배의 위험성에 대한 경고가 들어가 있을 것임을 느껴볼 수 있다. 그리고 우상숭배와 여호와 신앙의 대결 또한 가장 극렬하게 펼쳐질 것을 예상할 수 있다. 이제 우상은 아합의 시절에 금송아지라는 물질적인 형상에서 그 고유한 이름으로 맹위를 떨치게 된다. 바알이라는 이름은 민수기부터 사무엘서까지 간간히 등장하던 이방신 중의 하나였다(민 25:3, 5; 신 4:3; 삿 2:13; 6:25, 28, 30, 31, 32; 삼상 7:4; 12:10). 그러나 이스라엘의 왕정체제 속에서 바알이라는 존재가 대대적인 명성을 갖게 된 것은 아합 왕 시절이란 점에서 극적인 전환점이 된다. 전국가적으로 그 이름을 인정받는 다는 것은 가치와 권위에서 무소불위의 위력을 휘두른다는 것이며, 이것은 또한 동일한 가치체계와의 대결이 벌어질 것을 시사하는 것이다. 그러므로 우상숭배의 최고 정점이라 할 수 있는 가나안 주신인 바알과 여호와의 대결은 아합 이야기의 가장 중심 되는 주제가 될 것이며, 그와 더불어 바알숭배의 폐해가 무엇인지에 대한 날카로운 규명이 아합의 이야기 속에 제시될 것이 분명하다. 우상에 대한 이러한 철저한 폭로가 있어야만 하나님의 백성이 경각심을 가질 것이기 때문이다.

먼저 바알과 여호와의 대결은 바알신앙의 대표자들인 바알의 제사장들과 여호와 신앙의 대표자인 엘리야의 대결로 그 승패가 판가름 난다. 갈멜 산에서의 대결은 진정으로 이 땅의 유일한 하나님은 누구인가라는 질문에 대한 응답이다. 바알이냐, 여호와냐? 엘리야(אֵלִיָּהוּ 엘리야후/여호와가 나의 하나님이다)는 그 이름의 뜻처럼 "오직 여호와만이 나의 하나님이다"라는 신념으로 이 대결에 나선다. 바알의 선지자들은 바알만이 하나님이라는 주장이다. 이제 진정한 신은 불로 응답하는 신이며, 또한 하늘을 열기도 하고, 닫기도 함으로 비를 마음대로 조절하는 신이어야 한다. 비를 주관한다는 것은 땅에 농업과 목축의 풍요를 보장하는 신이라는 것이다. 결국 갈멜 산에서 바알은 비를 내리게 하는데도, 또한 불을 내리게 하는데도 실패함으로 무용지물이라는 것이 드러났고, 오직 여호와만이 이 세상의 진정한 주관자요, 유일하신 하나님이심을 증명했다(왕상 17-18장). 하늘에서 비를 내리게 하는 것과 화염을 뿜는 번개를 치게 하는 것은 바알 고유의 능력으로 믿어졌으나, 실상은 그 모든 것이 다 여호와의 능력이라는 사실이 입증된 것이다.

그렇다면 이렇게 아무것도 아닌 무용지물인 우상숭배, 그 중에서도 가장 강력하게 이스라엘을 괴롭혔던 바알신앙은 도대체 무엇이 문제인가? 우상은 살아있는 것이 아니라 죽은 것으로 화를 주지도 복을 주지도 못하는데(렘 10:5) 무엇이 그렇게도 두려워 하나님께서는 이스라엘이 철저하게 우상을 타파하고 이방신앙을 따르지 말라고 하는 것인가? 여기서 바알 신앙을 중심으로 우상숭배의 치명적인 문제점이 무엇인지를 살펴볼 필요가 있다. 바알에 대한 신화를 살펴보면 그 종교의 정신과 이념을 쉽게 파악해 볼 수 있으며, 그 종교를 따라가는 사람들의 삶의 행태 또한 분명하게 알 수 있다.

> 바다와 강물의 신인 얌이 신들의 최고 실력자로 부상하게 된다. 그리고 명맥상의 주신인 엘 신에게 가서 자신의 신전을 지을 것을 요구한다. 그러나 바다와 강물의 신인 얌이 대지까지 주관하려는 것에 분노를 느낀 비와 땅의 풍요를 책임진 바알이 얌의 권위에 도전하게 된다. 얌은 이에 심부름꾼을 보내어 바알을 내어놓으라고 으름장을 놓는다. 이렇게 해서 바알과 얌의 대결이 이루어진다. 바알은 전쟁터에 나서면서 얌을 물리치고 돌아오게 되면 신들의 의회에서 영원한 왕권이 부여 된다는 약속을 받는다. 그리고 결국 얌을 물리치고 "바알이 왕이라는 선포"가 이루어지며, 바알은 짜폰 산(북방 산)에 자신의 궁전인 신전을 건축하게 하고 영원한 왕권을 휘두르며 군림한다.[71)]

바알의 이념은 힘이 지배하는 세상, 즉 힘이 최고인 세상을 추구한다는 것을 알 수 있다. 이것은 가나안 인들뿐만 아니라, 바벨론의 갈대아 인들도 마찬가지이다. 이들은 "자기들의 힘을 자기들의 신으로 삼는 자들이다"(합 1:11). 우상숭배는 결국 어떤 형태든지 동일한 결론에 이른다는 것이다. 바알 신화 자체는 이처럼 승리한 자가 모든 것을 차지하는 이념이다. 왕이 되는 것, 지배하고, 군림하며, 통치하는 것이 정의가 아닌 힘에 의해서 좌우되는 것이다. 이런 바알 신앙을 숭배하면 어떤 현상이 벌어질까? 이미 그와 유사한 현상은 이스라엘이 이집트화 되었을 때부터 예고되었던 것이기도 하다. 하나님의 백성이 여호와의 말씀을 벗어나는 순간에 우상숭배에 바탕을 둔 이방화, 세속화는 걷잡을 수 없이 인간 삶을 피폐하게 만들고 말 것이다.

바알 신을 숭배하던 아합 왕의 시절에 벌어진 한 사건은 이러한 우상숭배의 문제점을 철저하게 보여주고 있는데 그것이 바로 나봇의 포도원 사건이다(왕상 21:1-16). 이 사건은 여호와 신앙과 바알 신앙의 대조를 극명하게 보여주기 위한 목적이 있다. 나봇이라는 사람의 포도원이 아합 왕의 궁전에 가까웠고, 아합은 이것을 갖고 싶어 한다. 아합이 나봇을 설득하기를 더 아름다운 포도원이든지 혹은 후한 값이든지 원하는 것은 다 해주겠다고 하나 나봇은 일언지하에 거절한다. 왜냐하면 "내 조상의 유산을 왕에게 주기를 여호와께서 금하실 것"이기 때문이라는 것이다. 땅은 여호와의 것이라는 신앙이다. 이러한 전통을 익히 잘 알고 있기에 아합은 왕일지라도 어찌할 수 없어 식음을 전폐하고 그저 몸져누울 수밖에 없다. 이것은 아합이 힘이 없거나, 마음이 약한 사람이란 점을 강조하기 위한 것이 아니라, 그도 여호와 신앙의 전통 가운데 있는 사람이라는 점을 강조하고 있는 것이다. 그러나 그의 아내인 왕비 이세벨은 다르다. 그녀는 바알 신앙의 본고장이기도 한 시돈 땅에서 시집온 여인이며, 그녀의 아버지는 의미심장하게도 '바알과 함께'라는 뜻을 가진 '엣바알'(אֶתְבַּעַל)이라는 이름을 가졌다. 이세벨은 몸져누운 아합 왕을 찾아가서 사연을 듣고 어이없다는 듯이 "왕이 지금 이스라엘 나라를 다스리시나이까"(왕상 21:7)라고 반문한다. 힘으로 지배하고, 통치하며, 군림하는 바알 신앙에 물들어 있는 자신의 본국에서는 결코 일어날 수 없는 어처구니없는 일이기 때문이다. 이세벨은 여호와의 법을 교묘하게 굽혀서, 음모를 꾸며 나봇이 "하나님과 왕을 저주하였다"고 거짓 증인을 두 사람 세워 그를 돌로 쳐 죽이게 한다. 그리고는 아합이 나봇의 포도원을 차지하게 한다.

이러한 힘과 권력의 우상화로 인한 폐단을 하나님의 백성 이스라엘은 과거에 이미 뼈저리게 체험했던 것임에도 이렇게 쉽게 우상화에 빠져든다는 것은 인간의 어리석음을 실증하는 것이라 할 수 있다. 이스라엘은 우상숭배로 가득한 이집트에서 모진 시련의 기간을 거쳤다. 이집트와 이스라엘은 삶의 환경이 전적으로 다르다. 이집트 땅은 파종한 후에 나일 강에서 발로 물을 대어 채소밭을 가꾸고 농사를 짓는 곳이었다면, 이스라엘 땅은 산과 골짜기가 있어서 하늘에서 내리는 비를 흡수하는 땅으로 하나님께서 연초부터 연말까지 이른 비와 늦은 비를 적당한 때에 내려주셔야만 생존이 가능한 땅이다(신 11:10-15). 이로 인해 이집트는 나일 강이 의지의 대상이라면, 이스라엘은 오직 여호와만이 삶의 의지처라는 것이다. 이러한 삶의 차이점은 이집트가 자신의 생존을 보장해 주는 나일 강을 신격화시켜 숭배의 대상으로 만들었고(나일 강의 신 하피; 출 7:15; 8:20), 곧이어 그로 인해 파생된 곡식의 풍요까지도 자신들의 생존의 보장으로 신격화시키기에 이른다(초목의 신 오시리스; 출 9:31-32; 10:15). 그러나 이스라엘은 오직 하나님만이 자신들의 생존을 책임지는 존재임을 믿어야 했으나, 인간은 눈으로 볼 수 없는 존재를 따르는 불안을 택하기 보다는 눈에 보이는 안전을 택하는 경향이 있기에 그 최종적인 결과의 비참함에도 불구하고 순간적인 안전을 택하게 된다. 인간은 이렇게 늘 자신의 생존을 보장해 주는 것을 숭배하려는 의식이 있기 때문이다. 이집트의 대부분의 신들이 현세나 내세에서까지 인간의 생존과 직결되는 것으로 믿어진다는 점에서 인간의 허약성을 드러낸다. 이러한 우상화의 파급효과는 지대하다. 생존과 직결되는 물질적인 것들이 곧 신격화 될 것이며, 절대화되기 시작할 것이다. 그리고 그 물질을 더 가진 자가 곧 힘과 권력을 거머쥐게 될 것이고, 다른 이들을 억압하고, 빼앗아 축적하기 시작할 것이다. 이것은 블레셋의 다곤 신도 마찬가지이다. '다곤'이라는 뜻이 '곡식'이라는 점에서 인간의 생존을 보장해 주는 물질이 신격화 되었다는 것을 분명하게 알 수 있다.[72] 가나안 땅의 주 신인 바알 또한 다를 바가 없다. 바알은 폭풍으로 비구름을 몰고와 비를 내려줄 수 있는 신이므로 농사에 풍요는 물론이요, 목축에 필요한 풀을 제공해 주는 신이라고 믿어졌으므로 바알은 곧 풍요와 직결되는 존재가 된다. 이는 곧 풍요의 우상화로 이어질 것이다. 즉, 물질이 절대화 되어 인간의 삶을 지배하기 시작하는 것이다. 인간이 물질을 다스리는 것이 아니라, 물질이 인간을 다스리는 뒤집힌 세상이 되는 것이다.

바로 이것이 우상을 숭배할 때 벌어지는 결과이다. 이러한 삶의 논리는 사람을 돌보고 위하는 은혜와 긍휼의 삶이 아니라, 경쟁과 보상 그리고 탈취라는 힘의 논리가 지배하는 세상이 되고 말 것이다. 여기에는 이웃을 도울 하등의 이유가 없다. 내 힘으로 얻은 것을 다른 이에게 나눠줄 필요가 없기 때문이다. 모는 것이 다 내 것이 된다. 이런 아합에게 엘리야는 과감하게 선포한다: "네가 죽이고 또 빼앗았느냐?"(왕상 21:19). 이에 반해 여호와 신앙은 전적으로 다르다. 하나님의 백성이 누리는 모든 것은 하나님의 은혜로 값없이 선물로 주어진 것이라는 신앙이다(신 8장). 이처럼 바알을 필두로 한 우상숭배는 긍휼보다는 생존을 강조한 반면,

여호와 신앙은 생존보다 긍휼을 우선시 한다.[73] 결국 이 두 종교가 양극단의 다른 길을 걸으며, 정반대의 결과를 만들어 낼 것이라는 사실은 불을 보듯 자명하다. 이처럼 아합 왕조 시절에 행해진 대표적인 우상숭배인 바알주의는 하나님의 백성이 저절로 붕괴되고 무너지는 자멸의 길을 걷게 할 것이란 점에서 치명적이다. 북이스라엘이든, 남유다이든 이것을 철저하게 진멸하지 않는다면 그 결과는 이미 드러난 것이다.

3) 아합과 북이스라엘의 멸망

끝내 돌이키지 않는 아합 왕가에 대한 대대적인 심판이 단행된다. 그 사명을 위해 예후가 선택된다. 예후는 엘리사가 보낸 사환에 의해 기름부음을 받고 북이스라엘의 개혁을 단행하는 인물이 되고, 새로운 왕조의 시작을 열어간다(왕하 9-10장). 그러나 그도 결국 완전한 개혁 작업에 실패하고, 북이스라엘 초대 왕이었던 여로보암의 금송아지 숭배를 그대로 좌시한다(왕하 10:25-29). 아합의 시절에는 엘리야가, 예후 왕조의 시절에는 엘리사가 그 뒤를 이어 활동했음에도 우상숭배에 빠져 거꾸로 가는 역사의 수레바퀴를 멈출 수 없었다.

열왕기하 17장에는 북이스라엘이 멸망하게 된 이유를 세세히 열거하고 있다. 그런데 특기할 사항은 많은 부분에서 아합 왕이 저지른 죄들이 여로보암의 죄에 덧붙여져서 심각한 영향을 제공하고 있다는 사실을 쉽게 발견할 수 있다는 사실이다.

아합 왕의 죄악 (왕상 16:30-33; 21:20, 25-26)	북이스라엘 멸망의 죄악 (왕하 17:16-17)
여로보암의 죄를 오히려 가볍게 여김	여호와의 명령을 버리고 두 송아지 형상을 만듦
바알을 섬기고, 아세라 상을 만들고	아세라 목상, 하늘의 일월성신, 바알을 섬김
	자녀를 불 가운데, 복술과 사술
스스로 팔려 여호와 보시기에 악을 행함	스스로 팔려 여호와 보시기에 악을 행함

여기서 구약성경에서 흔치 않은 표현인 "스스로 팔려 여호와 보시기에 악을 행했다"(왕상 21:20, 25; 왕하 17:16-17)라는 것은 오직 아합의 경우와 북이스라엘의 멸망 이유를 설명하는 이 두 경우에만 사용되는 구절이라는 점이 아합의 죄와 북이스라엘의 죄를 동일시하고 있음을 쉽게 짐작해 볼 수 있다. 결국 예후를 통한 아합 왕조에 대한 징계와 파멸은 동일한 죄를 범한 이스라엘에 대한 징계와 파멸을 이미 예고하고 있는 것으로 볼 수 있다. 그리고 하나님의 백성으로 홀로 남겨진 유다에 대한 교훈과 경고의 의미 또한 담고 있다. 유다가 북이스라엘이 걸었던 동일한 길을 멈추지 않고 계속 간다면 그 결과도 분명 동일하게 마감되고 말 것이다.

3. 남유다와 예배

이렇게 여호와를 향한 예배가 살아나지 못한 북이스라엘이 그 반대인 우상숭배의 길을 걷다가 망국으로 가고 만다. 이제 남은 것은 남유다 뿐이다. 그리고 남유다에 남겨진 과제는 분명하다. 북이스라엘을 망국으로 가게 만든 우상숭배를 철폐하고, 여호와 신앙을 회복함으로 진정으로 예배하는 백성이 되는 것이다. 그러기 위해서는 먼저 증명되어야 할 것이 있다. 끝까지 우상숭배를 따르다 망한 북이스라엘의 전철을 밟지 않기 위해 어느 누군가가 죽은 우상이 아닌, 살아계신 여호와 하나님만을 섬기는 신앙과 예배로의 전환점을 이루는 것이다. 이것을 이루기 위해서는 우상은 무용지물이며 오직 여호와만이 이 세상을 창조하신 살아계신 하나님이시라는 믿음을 회복하는 것이 선행되어야 한다. 이는 오직 여호와만을 향한 절대적인 신뢰를 회복하는 것이다(히스기야). 그러할 때 그 다음으로 우상을 철폐하는 대대적인 종교개혁이 단행될 것이기 때문이다(요시야). 그러나 북이스라엘이 망하는 시점에서 남유다 또한 여호와 하나님의 명령을 지키지 아니하고 북이스라엘이 만든 관습을 행하였다(왕하 17:19). 누가 이 위기를 끊어낼 것인가? 북이스라엘이 남유다의 히스기야 왕 6년에 망했다는 것은 이제 히스기야 왕에게 처음으로 그 과제가 주어져 있다는 것을 말한다(왕하 18:9-12).

1) 히스기야 왕과 여호와를 향한 신뢰의 회복

히스기야가 왕이 된지 14년에 드디어 앗시리아 왕 산헤립이 유다를 침공한다. 북이스라엘이 망한지 8년 만에 남유다까지 손아귀에 넣으려는 앗시리아의 야심이 발동한 것이다. 하지만 위기는 기회가 될 수 있다. 천하를 호령하며 자신의 힘을 믿고 세상을 혼돈에 빠뜨리는 악의 세력에 대해 하나님의 위대하신 능력을 증명할 수 있는 시간이기에 오히려 신앙의 회복을 기할 수 있는 절호의 기회가 될 수 있는 것이다. 왜냐하면 세상의 힘이 가장 강력해 보이는 그 때 신앙의 진실이 드러나기 때문이다. 위기가 있는 곳에는 항상 두 개의 음성이 울려 퍼질 것이며, 언제나 선택은 인간의 편에 놓여져 있다. 어떤 선택을 하느냐에 따라 그 결과는 파격적으로 달라진다. 바로 세상의 호령과 그 호령에 비하면 미세하게 들리는 하나님의 음성이다. 히스기야 이야기 속에도 이 두 개의 음성은 동일한 구조를 가지고 등장한다.

인간의 말(왕하 18:19, 31)	**하나님의 말씀**(왕하 19:6, 20)
대왕 앗수르 왕이 말씀하시기를 (כֹּה־אָמַר הַמֶּלֶךְ הַגָּדוֹל מֶלֶךְ אַשּׁוּר) (코-아마르 함멜레크 학가돌 멜레크 아슈르)	여호와께서 말씀하시기를 (כֹּה־אָמַר יהוה) (코-아마르 야훼)

여기서 '코-아마르…'(כֹּה־אָמַר…)는 '…께서 이와 같이 말씀하시기를'이라는 뜻으로 예언자들의 선포에서 '여호와께서 이와 같이 말씀하시기를' 이라는 형태로 주로 쓰이는 예언양식이다. 이처럼 한 표현이 양식으로 분류된다는 것은 전형적인 표현법이라는 것이다. 그런데 감히 인간이 하나님의 말씀 선포의 양식을 도용하여 자신의 말을 선포하고 있는 것이다. 옛날에 이렇게 하나님의 선포양식을 도용하여 오만함의 극을 달리다 망한 존재가 있다. 이집트의 바로 왕이 그 어리석은 존재다. 여호와께서 모세를 통하여 바로 왕에게 "이스라엘의 하나님 여호와께서 이렇게 말씀하시기를(כֹּה־אָמַר יהוה 코-아마르 야훼) 내 백성을 보내라"(출 5:1)는 명령을 전함에도, 그는 도리어 "바로가 이렇게 말하기를(כֹּה־אָמַר פַּרְעֹה

כֹּה 코-아마르 파르오) 내가 너희에게 짚을 주지 아니하리니"(출 5:10)라고 하며 더 강력하게 응수했다.

이렇게 두 존재가 부딪칠 때 그 사이에 서 있는 인간의 갈등이 일어난다. 이스라엘은 자신들이 섬길 자를 택하여야 하는 선택의 기로에 서는 것이다. 그 옛날에 바로인가, 여호와인가라는 선택 앞에 섰던 것처럼, 지금은 앗시리아 왕인가, 아니면 여호와인가라는 선택 앞에 놓여있는 것이다. 선택은 곧 예배의 대상을 의미하기에 두 존재의 선언 내용을 들어보는 것이 공정할 것이다. 앗시리아 왕의 선포는 그 대리자인 랍사게를 통하여 전해진다.

> 또한 히스기야가 너희에게 여호와를 의뢰하라 함을 듣지 말라 그가 이르기를 여호와께서 반드시 우리를 건지실지라 이 성읍이 앗수르 왕의 손에 함락되지 아니하게 하시리라 할지라도…… 민족의 신들 중에 어느 한 신이 그의 땅을 앗수르 왕의 손에서 건진 자가 있느냐 하맛과 아르밧의 신들이 어디 있느냐 스발와임과 헤나와 아와의 신들이 어디 있느냐 그들이 사마리아를 내 손에서 건졌느냐 민족의 모든 신들 중에 누가 그의 땅을 내 손에서 건졌기에 여호와가 예루살렘을 내 손에서 건지겠느냐 하셨느니라(왕하 18:30, 33-35).

> 너희는 유다의 왕 히스기야에게 이같이 말하여 이르기를 네가 믿는 네 하나님이 예루살렘을 앗수르 왕의 손에 넘기지 아니하겠다 하는 말에 속지 말라 앗수르의 여러 왕이 여러 나라에 행한 바 진멸한 일을 네가 들었나니 네가 어찌 구원을 얻겠느냐 내 조상들이 멸하신 여러 민족 곧 고산과 하란과 레셉과 들라살에 있

는 에덴 족속을 그 나라들의 신들이 건졌느냐 하맛 왕과 아르밧 왕과 스발와임 성의 왕과 헤나와 아와의 왕들이 다 어디 있느냐 하라 하니라(왕하 19:10-13).

앗시리아 왕의 선포에는 이미 자신을 신들 중에 최고의 위치에 올려놓은 극도의 자만심이 들어 있음을 살펴볼 수 있다. 여호와도 자신이 정복한 하찮은 신들 중의 하나로 멸시하고 있다. 이것은 앗시리아 왕이 여호와의 위치를 차지하고 있는 반전된 세상을 보여주고 있는 것이다.

이에 대하여 히스기야는 여호와의 성전에 들어가 오직 하나님만 신뢰하며, 선지자 이사야에게 전갈을 보낸다(왕하 19:1-2). 그리고 여호와의 선언이 그의 대리자인 선지자 이사야를 통하여 울려 퍼진다.

이사야가 그들에게 이르되 너희는 너희 주에게 이렇게 말하라 여호와의 말씀이 너는 앗수르 왕의 신복에게 들은 바 나를 모욕하는 말 때문에 두려워하지 말라 내가 한 영을 그의 속에 두어 그로 소문을 듣고 그의 본국으로 돌아가게 하고 또 그의 본국에서 그에게 칼에 죽게 하리라 하셨느니라 하더라(왕하 19:6-7).

히스기야는 이러한 여호와의 선포에 절대적인 신뢰를 보내며, 오직 여호와만을 향한 신앙을 고백한다. 그의 신앙고백 속에는 여호와 하나님이 어떤 존재인지가 분명하게 드러나 있다는 점에서 회복의 역사를 살펴볼 수 있다.

> 히스기야가 사자의 손에서 편지를 받아보고 여호와의 성전에 올라가서 히스기야가 그 편지를 여호와 앞에 펴 놓고 그 앞에서 히스기야가 기도하여 이르되 그룹들 위에 계신 이스라엘의 하나님 여호와여 주는 천하만국에 홀로 하나님이시라 주께서 천지를 만드셨나이다 여호와여 귀를 기울여 들으소서 여호와여 눈을 떠서 보시옵소서 산헤립이 살아 계신 하나님을 비방하러 보낸 말을 들으시옵소서 여호와여 앗수르 여러 왕이 과연 여러 민족과 그들의 땅을 황폐하게 하고 또 그들의 신들을 불에 던졌사오니 이는 그들이 신이 아니요 사람의 손으로 만든 것 곧 나무와 돌 뿐이므로 멸하였나이다 우리 하나님 여호와여 원하건대 이제 우리를 그의 손에서 구원하옵소서 그리하시면 천하만국이 주 여호와가 홀로 하나님이신 줄 알리이다 하니라(왕하 19:14-19).

히스기야의 기도 속에는 남유다가 필요로 하는 회복의 신앙이 고스란히 농축되어 있다. 북이스라엘이 우상숭배에 빠져서 허덕이다 결국 망하였다. 남유다에 남겨진 과제는 누가 이러한 우상들이 무용지물이라는 것과 오직 여호와 하나님만이 이 세상에 유일하신 창조주요, 구원자란 사실을 증명함으로 절대적인 여호와 예배를 이루어 낼 것인가이다. 히스기야는 앗시리아 왕이 정복하고, 파괴했다고 자랑하는 신들은 다 인간이 나무와 돌로 만든 죽은 것들이요, 오직 하나님만이 들으실 수 있고, 보실 수 있는 천하만국에 홀로 하나님이신 존재라는 신앙을 토로한다. 세상의 위력 앞에서 결코 굴하지 않고, 하나님의 성전에서 여호와의 존전에 무릎

꿇은 이러한 철저한 신뢰에 대하여 여호와께서 응답하사 히스기야의 신앙이 참이라는 사실을 증명해 주셨다. 앗시리아의 십팔만 오천의 군대가 하루아침에 전멸하고, 오만함의 극을 달리던 앗시리아 왕 산헤립은 하나님의 말씀대로 본국에 돌아가 신전에서 경배할 때에 암살을 당하고 만다(왕하 19:35-37).

히스기야 이야기는 하나님의 백성이 잃었던 여러 가지 신앙의 모습을 회복하는 길을 제공한다. 첫째로 하나님과 우상은 전적으로 다르다는 것을 강조하며, 열방의 신들은 우상들로, 앗시리아 왕이 그들을 정복한 것은 그들은 신이 아니라, 사람의 손으로 만든 것이며 나무와 돌뿐이기 때문이라는 것이다. 둘째로 하나님은 천하만국에 홀로 하나님이시며, 천지를 만드신 살아계신 하나님이시라는 사실의 입증이다. 즉 하나님께서 어떠한 삶의 정황 가운데서도 천하의 주가 되실 수 있다는 것이 증명된 것이다. 셋째로 이러한 사실을 통해 하나님을 향한 전적인 신뢰가 살아난다는 것이다.

이러한 회복은 그 다음 단계로의 전진을 기대할 수 있다. 우상이 아닌 하나님만이 참 신이라는 사실이 확증되었으니, 곧바로 대대적인 우상철폐작업과 함께 종교개혁이 일어나는 것이 순서일 것이다. 히스기야 왕의 이야기가 여기에서 대대적인 종교개혁으로 이어졌다면, 혹은 히스기야 왕 다음 대에 요시야가 그 뒤를 바로 이어서 대대적인 우상철폐를 행하고, 다시 모세의 율법으로 돌아가는 종교개혁을 이루었다면 하나님의 백성 유다의 역사는 어떻게 되었을까? 하지만 히스기야 이야기의 결론은 미래에 대한 절망적 심판선고로 끝이 나고, 히스기야 다음 대는 그 심판이 반드시 실행되게 만드는 므낫세로 연결된다(왕하 20:21).

히스기야 왕의 마지막 이야기는 여호와만 의지하는 삶이 무너진 것을 증거한다. 히스기야는 바벨론의 사절단이 왔을 때 자신이 가지고 있는 모든 부귀영화, 권력, 군사력 등을 자랑하는 우상숭배적인 태도로 일관한다(왕하 20:12-19). 그는 바벨론의 사절단 앞에서 오직 여호와의 능력으로 앗시리아를 물리치고, 하나님의 긍휼하심의 은혜로 자신이 병에서 나았다는 선언을 통해 이방에 여호와의 능력을 찬양하는 예배를 행해야 했다. 그러나 그는 자신의 힘과 능력을 드러내는데 혈안이 된 사람이 되었다. 하나님께서 이사야를 통해 바벨론에 의한 망국이 눈앞에 놓여져 있다는 심판선언을 함으로 히스기야의 생이 마감된다(왕하 20:16-18). 아하스가 외세인 앗시리아를 통한 구원을 기대했다면, 이제 히스기야 또한 또 다른 강력한 외세인 바벨론과 힘을 합하여 앗시리아의 마지막 숨통을 끊으려 한다. 하나님께서 일으키신 놀라운 구원사를 인간의 힘으로 장식하려는 것이다. 그 결말은 동일할 것이다. 결국은 그 인간적인 의지가 망국으로 가게 하는 도구가 되는 것이다.

이처럼 히스기야의 말년에 이미 바벨론에 의한 멸망은 예고되었다. 멸망을 눈앞에 두고 살아가는 것이다. 누가 이 멸망 선고를 무효화 시킬 것인가? 그것이 후대에 주어진 과제이다. 이것은 지금 이 시대를 살아가는 우리에게도 동일한 질문이며, 과제이다. 지금 우리 시대 또한 계속적인 종말에 대한 강박관념이 쌓일대로 쌓인 시대에 살고 있다. 시대적인 비교를 통해 볼 때 히스기야처럼 인간적인 힘과 세상의 힘을 결합하여 구원을 얻으려는 몸부림이 교회에도 만연하고, 인간의 자기주장인 우상숭배가 세상은 물론이요, 하나님의 교회에까지 그 영향력을 강하게 행사하고 있다. 우리 또한 이미 멸망이 예고된 삶을 살아가고 있는 것이다. 이제 주어진 과제는 누가 이 멸망을 연기할 것인가이다. 이것이 바로 하나님의 사람들이 자각하고 걸어가야 할 길이다. 하나님의 뜻을 철저하게 받드는 한 사람을 통하여 하나님의 교회가 살아나고, 세상까지도 희망을 가질 수 있다는 신념이 절실히 필요한 때이다.

열왕기하 18–20장까지의 히스기야 이야기의 전체적인 구조는 히스기야 왕이 보인 여호와를 향한 '전폭적인 신뢰'를 무의미하게 만드는 의미심장한 구조를 띠고 있다.

A. 앗시리아의 침공: 실패–히스기야의 인간과 물질에 대한 신뢰(왕하 18:13–16)

B. 앗시리아의 계속되는 침공: 성공–히스기야의 여호와 신뢰(왕하 18:17–20:11)

A' 바벨론 사절단: 실패–히스기야의 인간과 물질에 대한 신뢰(왕하 20:12–21)

이것은 '여호와를 신뢰하는 신앙'(여호와 예배)과 '정치적인 술수를 의지하는 불신앙'(우상숭배)의 대립은 결국 평생의 선택으로 남아있는 과제라는 점을 잊어서는 안 된다는 교훈을 제공한다. 히스기야는 앗시리아로부터는 구원을 경험했지만, 이제 곧 바벨론에 의해서 멸망할 미래를 열어놓고 있는 것이다. 그의 여호와께로 향하는 신뢰가 퇴색되고, 인간적인 술수와 물질을 의지함으로 유다의 미래는 다시 불투명해지고 말았다. 이러한 불투명한 운명의 시기에 그 불운한 운명에 쐐기를 박고 마는 왕이 등극한다. 그가 바로 히스기야의 아들 므낫세이다.

2) 므낫세와 유다의 운명의 결정

하나님께서 원하시는 역사는 유다가 여호와를 향한 신뢰를 회복한 후, 반드시 우상들을 철폐하고, 대대적이 종교개혁으로 모세의 율법을 향하는 길을 걷는 것이다. 그러나 히스기야는 그 초심을 잃고, 다시 여호와가 아닌 자신의 힘이라는 우상을 향한다. 므낫세는 바로 그러한 시기에 탄생한 히스기야의 아들이다. 히스기야가 15년의 생명을 연장 받은 그 시기는 히스기야의 신앙의 변절이 일어난 시기이면서, 동시에 므낫세가 탄생한 시기이기도 하다. 이것은 므낫세가 히스기야의 뒤를 이어 왕으로 등극할 때 나이가 12세라는 점에서 알 수 있다(왕하 21:1). 므낫세는 자라며 선한 영향력을 받지 못했을 것임을 직감해 볼 수 있다. 그의 아버지 히스기야가 여호와를 향한 신뢰에서 벗어난 시기였기 때문이다.

안타깝게도 므낫세의 사적은 북이스라엘을 멸망의 길로 이끌었던 모든 죄악들이 가득한 시대였다. 남유다와 북이스라엘의 왕들을 통틀어서 므낫세 만큼 장기집권을 한 왕은 없었다. 그는 무려 55년을 치리하며 남유다를 타락의 길로 몰아갔다. 북이스라엘의 멸망의 이유를 기록한 열왕기하 17장의 내용과 므낫세의 통치 동안의 타락을 기록한 열왕기하 21장의 죄악의 내용은 거의 다 동일하며, 유다의 경우는 오히려 가나안 땅에서 여호수아 세대에게 쫓겨난 이방인들보다 더 극악한 행동을 했다는 지적처럼 북이스라엘의 타락상보다 더 극했음을 시사하고 있다.

므낫세는 아합의 행위를 따라 바알과 아세라를 위하여 제단을 만들어 섬기고, 하늘의 일월성신을 숭배하며, 자기의 아들들을 불 가운데로 지나게 하고, 무죄한 자의 피를 흘려 예루살렘 끝에서 끝까지 가득 채웠다(왕하 21:2-17). 그리고 그 땅에서 쫓겨난 아모리 사람들의 행위보다 더욱 악하였다. 므낫세의 이야기는 그가 왕이 되었다는 소개의 말 한 절(왕하 21:1)과 그리고 그가 죽었다는 내용의 한 절(왕하 21:18)을 제외하고 모두 다 그의 죄에 대한 고발로 가득 차 있다(왕하 21:2-17). 즉, 왕이 되어 죽을 때까지 저지른 것은 오로지 죄밖에 없다는 것이다. 그리고 마침내 사마리아를 심판한 측량줄과 아합의 집의 죄악을 측정하던 줄이 예루살렘에 베풀어진다(왕하 21:13). 이제 히스기야의 말년에 선포된 바벨론을 통한 심판의 실행이 눈앞에 다가왔다는 것이다.

이처럼 단 한 세대 만에도 모든 것이 무너지고, 기회를 상실하는 단계까지 갈 수 있다. 북이스라엘이 아합의 죄가 누석되어 더 이상 돌이킬 수 없는 단계까지 갔을 때 결국 망했던 것처럼, 므낫세는 더 이상 약속의 땅이 견뎌낼 수 없을 만큼 죄를 땅에 쌓았다. 심지어 그 땅에서 쫓겨난 아모리 족속보다도 더한 죄악을 저질렀다는 것은 기회를 다 상실했다는 것이다(창 15:16). 누가 곧 쏟아질 죽음의 운명에 반전을 가져올 것인가? 그것이 미래의 과제로 남겨져있다. 이제 대대적인 종교개혁은 므낫세 다음 대로 옮겨진다. 그 아들 아몬 또한 그 아비 므낫세의 행함 같이 여호와 보시기에 악을 행했다는 것은 그도 그 역할을 해내지 못했다는 것이다(왕하 21:20). 그 다음으로 왕이 된 사람이 바로 온 이스라엘이 기다리던 의로운 왕 '요시야'이다. 드디어 요시야 왕 때에 개혁의 불꽃이 살아난다.

3) 요시야와 철저한 종교개혁

이렇게 어수선한 시기에 요시야가 왕이 되었다. 이제 유다의 역사는 최종적인 국면에 당도해 있으며, 마지막 불꽃이 피어오르는 시기였다. 요시야 왕을 필두로 다시 한 번 잃어버린 이스라엘의 영광을 회복하려는 움직임이 바로 그것이다. 요시야 왕은 남유다만의 개혁이 아니라 북이스라엘에까지 미치는 그래서 잃어버린 땅 북이스라엘까지 회복하고자 하는 열망으로 대대적인 여호와 신앙을 중심한 종교개혁을 단행한다. 그의 개혁의 동력은 성전수리 중에 발견된 모세의 율법서이다(왕하 22:8-20). 성전을 수리하던 중 발견된 율법서는 대부분의 학자들이 주장하는 것처럼 현재 우리가 가지고 있는 신명기서의 중요 부분들을 의미하는 것이라 여겨진다. 신명기는 약속의 땅을 눈앞에 두고 행해진 모세의 고별연설의 형태로 나타나며 그리고 의미심장하게도 약속의 땅을 다시 회복하려고 몸부림치던 요시야의 시대에 다시 등장한다. 그러므로 요시야는 남과 북을 아우르는 약속의 땅 전체를 정복한 모세의 율법에 충실한 여호수아가 되고, 그 땅을 회복한 하나님 마음에 합한 왕인 다윗의 진정한 후손의 길을 걷는다.

요시야의 종교개혁은 어느 모로 보나 북이스라엘을 멸망시켰고, 남유다를 멸망의 길로 몰아 가고 있는 선왕들의 모든 죄악들을 일소해 버리고자 하는 열망들이 가득 담겨 있다. 산당들, 바알과 아세라 상들, 하늘의 일월성신들과 그 앞에서 분향하는 자들, 태양상(왕하 23:4-11), 아하스의 제단들(왕하 23:12a), 므낫세가 세운 제단들(왕하 23:12b), 솔로몬이 세운 이방신들을 위한 산당들(왕하 23:13), 여로보암이 벧엘에 세운 단과 산당들(왕하 23:15) 그리고 북이스라엘의 수도인 사마리아에 있는 산당들(왕하 23:19)까지 철저하게 분쇄해 버린다. 이렇게 율법에 기초한 철저하고, 대대적인 종교개혁을 통한 돌이킴은 요시야 전에도 없었고, 후에도 없었다. 요시야의 이러한 행위들은 그 옛날의 이스라엘 통일 왕국의 영광을 다시 회복하고, 하나님을 향한 예배를 바르게 세우고자 하는 염원이 서린 것이다. 이것은 남과 북을 연합하여 유월절을 기념한 것에서 더욱더 강하게 드러나고 있다(왕하 23:21-23). 창세기-열왕기까지 오직 모세와 여호수아 그리고 요시야 왕만이 유월절을 기념한 것으로 전해지고 있다. 이러한 요시야의 행위는 극찬을 받는다.

> 요시야와 같이 마음을 다하며 뜻을 다하며 힘을 다하여 모세의 모든 율법을 따라 여호와께로 돌이킨 왕은 요시야 전에도 없었고 후에도 그와 같은 자가 없었더라(왕하 23:25).

그러나 요시야의 이렇듯 철저한 종교개혁에도 불구하고, 하나님께서는 유다에 선포된 멸망선고는 결코 돌이킬 수 없는 것임을 강조한다. 그 다음 구절이 그러한 사실을 강조하고 있다. 남유다의 멸망은 히스기야 때에 이미 선고되었으며, 그 쐐기는 요시야의 할아버지인 므낫세에 의해 고정되어버렸고, 이러한 사실은 두 번에 걸쳐서 나타나고 있는 음울한 선포에 의해서 증명된다.

> 그러나 여호와께서 유다를 향하여 내리신 그 크게 타오르는 진노를 돌이키지 아니하셨으니 이는 므낫세가 여호와를 격노하게 한 그 모든 격노 때문이라 여호와께서 이르시되 내가 이스라엘을 물리친 것 같이 유다도 내 앞에서 물리치며 내가 택한 이 성 예루살렘과 내 이름을 거기에 두리라 한 이 성전을 버리리라 하셨더라(왕하 23:26-27).

> 이 일이 유다에 임함은 곧 여호와의 말씀대로 그들을 자기 앞에서 물리치고자 하심이니 이는 므낫세의 지은 모든 죄 때문이며 또 그가 무죄한 자의 피를 흘려 그의 피가 예루살렘에 가득하게 하였음이라 여호와께서 사하시기를 즐겨하지 아니하시니라(왕하 24:3-4).

그렇다면 더 이상의 희망은 없는 것인가? 요시야의 철저한 종교개혁이 아무 의미 없는 물거품이라면 그의 이야기를 읽고, 듣는 이들에게 충격을 제공하기에 충분하다. 왜냐하면 어차피 망할 것이었다면 그러한 신앙의 개혁이 무슨 소용이며, 그렇게 할 이유가 없지 않느냐는 항변이 쏟아져 나올 것이기 때문이다. 그러나 희망은 있다. 요시야의 삶과 행적은 결코 무가치한 것이 아니다. 그가 행한 회개와 그 회개의 열매를 하나님께서는 기쁘게 받으셨으며, 그러한 요시야에게 희망찬 위로의 메시지를 전해 주신다. 그 말씀은 요시야뿐만 아니라 그 후대를 이어갈 왕들과 백성들에게 제시하는 생명의 길이 된다는 점에서 중요하다. 여호와의 율법을 듣고 올바로 처신한 요시야의 회개에 대해 하나님께서는 여선지자 훌다를 통하여 말씀을 주신다.

> 내가 이곳과 그 주민에게 대하여 빈 터가 되고 저주가 되리라 한 말을 네가 듣고 마음이 부드러워져서 여호와 앞 곧 내 앞에서 겸비하여 옷을 찢고 통곡하였으므로 나도 네 말을 들었노라 여호와가 말하였느니라 그러므로 내가 너로 너의 조상들에게 돌아가서 평안히 묘실로 들어가게 하리니 내가 이곳에 내리는 모든 재앙을 네 눈이 보지 못하리라 하셨느니라 하니 사자들이 왕에게 보고하니라(왕하 22:19-20).

여기서 제시하는 미래의 희망은 말씀을 듣고, 행하는 회개의 몸짓은 이미 선포된 멸망의 시간을 한 세대 미루는 역할을 한다는 것이다. 요시야의 대가 아닌 다음으로 연기된다는 것이다. 즉, 멸망의 시점을 계속해서 뒤로 연기할 수 있는 길이 주어진 것이다. 어느 누구든지 요시야와 같이 행하는 자는 멸망을 뒤로 할 수 있다는 것이다.

이러한 사실은 이미 북이스라엘의 멸망의 원흉이었던 아합 왕의 이야기 속에도 주어져 있다. 아합이 나봇의 포도원 사건 이후에 엘리야를 통하여 하나님의 극렬한 멸망의 심판선언을 듣는다. 재앙을 내려서 아합을 쓸어버리고, 그에게 속한 남자는 이스라엘 가운데서 매인 자나 놓인 자를 다 멸할 것이라고 선포하셨다(왕상 21:21-22). 아합이 그 심판의 말씀을 듣고, 회개한다.

> 아합이 이 모든 말씀을 들을 때에 그의 옷을 찢고 굵은 베로 몸을 동이고 금식하고 굵은 베에 누우며 또 풀이 죽어 다니더라 여호와의 말씀이 디셉 사람 엘리야에게 임하여 이르시되 아합이 내 앞에서 겸비함을 네가 보느냐 그가 내 앞에서 겸비하므로 내가 재앙을 저의 시대에는 내리지 아니하고 그 아들의 시대에야 그의 집에 재앙을 내리리라 하셨더라(왕상 21:27-29).

아합도 요시야와 같은 용서를 받았다. 남북을 통틀어 왕들 중에 가장 극악한 인물인 아합도 용서를 받고, 멸망을 한 세대 연기했다. 이것은 희망이다. 그렇다면 하나님께서는 북이스라엘에게도 이미 아합의 시대에 다가올 멸망을 계속 연기할 수 있는 길을 제시해 주셨음을 알 수 있다. 멸망의 원흉인 아합이 희망의 아이콘 또한 된다는 것은 죄에 빠진 민족에게는 더할 나위 없는 위로일 것이다. 요시야의 후손들도 아합처럼 극악한 왕일지라도 이렇게 회개하면 계속해서 하나님의 용서를 받을 수 있다는 것이기 때문이다. 누가 이 두 왕들처럼 계속해서 하나님 앞에 겸비하여 회개할 수 있을 것인가, 그것이 과제이다.

요시야 (왕하 22:19-20)	**아합** (왕상 21:27-29)
옷을 찢음	옷을 찢고, 굵은 베를 입음
통곡함	금식함
겸비함	겸비함
재앙을 눈으로 보지 못하리라	재앙을 저의 시대에 내리지 않을 것

하지만 이러한 회개가 이루어지기 위해서는 반드시 선행되어야 할 것이 있다. 그것은 다름 아닌 '하나님의 말씀'에 대한 올바른 반응이다. 아합도 하나님의 경고의 말씀을 듣고 회개한다. 요시야도 여호와의 율법이 들려질 때 옷을 찢고, 겸비하여 심판을 유보시킨다. 이렇듯이 율법책을 읽는 것은 죄를 깨닫기 위함이며 이것을 바로 고치기 위함이다. 유다 왕가의 역사가 결국 아합 왕가의 역사처럼 될 것이라는 음울한 전조가 이미 므낫세 시절에 주어졌다 할지라도 이것을 문자적인 끝으로 이해할 것이 아니라, 마지막 경고로 받아야 할 필요가 있다. 경고라는 것은 올바르게 걸어가기를 바라는 마음에서 그렇지 않을 때 일어나는 결과를 강력하게 부각시켜 주는 면이 있는 것이다. 요시야 왕의 이야기가 아합 왕의 이야기와 겹쳐지면서 보여주고자 하는 희망은 바로 회개에 대한 요청인 것이다. 요시야는 최선을 다했고, 자신의 삶을 통해서 후세에게 보여주어야 할 것을 다 보여주었다. 하나님 앞에서 율법에 입각한 철저한 회개와 그 회개에 합당한 열매를 맺는 삶 그것이면 하나님과의 새로운 관계를 세울 수 있으며, 예배하는 민족으로서의 사명을 다할 수 있다는 것이다.

4) 요시야 이후의 유다 왕들(왕하 24-25장)

그러나 요시야 이후의 왕들은 결코 이러한 모범적인 전철을 밟지 않는다. 그들은 여호와의 말씀을 무시하고 경멸하며 결국은 망국의 길로 가고야 만다. 요시야 왕 이후의 네 명의 왕들은 단지 옛날의 그 이방의 억압으로 돌아가는 지름길을 놓는 역할을 한다. 그 옛날에 이스라엘은 억압과 고통의 땅 이집트를 탈출하는 것으로부터 시작해서 약속의 땅을 정복하는 것으로 승리의 역사를 장식했다. 이제 왕조의 역사와 함께 시작한 새로운 이스라엘은 그 약속의 땅에서 점점 이방의 억압과 고통을 다시 받기 시작하며 결국은 자신의 땅으로부터 쫓겨나는 신세가 되고 만다.

특히 요시야 이후의 네 명의 왕은 이스라엘이 이러한 운명을 맞이하고 말 것이라는 암시를 충분히 주고 있다. 즉 이 네 명의 치리 기간 동안 이방의 압제는 이미 이스라엘을 종의 운명으로 만들어 놓고 만 것을 통해 잘 살펴볼 수 있다. 이스라엘은 하나님을 예배하는 백성이 아니라, 이집트와 바벨론을 섬기는 종속국이 되어 있는 것이다.[74]

주도권	유다 왕	통치기간	이름변화	포 로 지
이집트	여호아하스	3 달		립나에서 이집트로
	엘리야김	11 년	여호야김 (바로느고에 의해 개명)	바벨론(대하 36:6)
바벨론	여호야긴	3 달		바벨론
	맛다니야	11 년	시드기야 (바벨론왕에 의해 개명)	립나에서 바벨론으로

하지만 그것도 잠시 마침내 유다는 바벨론으로 포로 되어 가고, 그 땅에 남아 있던 잔류민들 조차 작은 자부터 큰 자까지 모두 이집트로 자의로 내려가게 된다. 그 이유인 즉은 바벨론이 세운 총독 그달리야를 왕족인 이스마엘을 비롯한 몇몇 반란자들이 암살했다. 그리고는 바벨론 사람들의 보복이 두려워 자진해서 자신의 조상들이 하나님의 은혜로 탈출한 이집트로 돌아가는 것이다(왕하 25:22-26). 이것은 출애굽과 가나안 정복과 전혀 반대되는 현상으로 과거 승리의 역사의 반전을 보여주는 가장 충격적

인 종국이라 하겠다. 이로써 이스라엘은 성전이 무너지고, 포로로 잡혀감으로, 이방인들을 섬기는 종살이로 그 역사의 일단락을 마감한다. 출애굽의 사건에서 나타났던 바로를 섬길 것인가, 여호와를 섬길 것인가라는 삶의 계속되는 질문 속에 결국 우상숭배로 귀결되고 만 것이다. 새로운 회복은 역시 여호와를 향한 예배의 회복과 함께 시작될 것임을 짐작해 볼 수 있다.

4. 이상적인 예배의 길

열왕기상·하는 이야기 전개의 중심이 왕들에게 주어져 있다. 그러나 이것은 단지 왕들의 이야기를 하기 위한 것이 아니라는 것이 분명하다. 신명기에 주어진 왕의 길(신 17:14-20)이 보여주듯 이스라엘에서는 왕도 일반 백성들과 동일한 한 형제일 뿐이라는 사실은 왕만이 신의 아들이라고 떠받들어지는 근동의 다른 나라와 건널 수 없는 차이점이다. 하나님의 백성에게 있어서는 모든 사람들이 다 하나님의 형상을 부여받은 존재인 것이다. 그렇다면 왕들의 이야기는 무엇을 위함인가? 그것은 다윗의 이야기에서도 보여 지듯 왕은 백성의 대표자라는 의미이다. 왕의 행위는 결국 백성의 행위를 대표하고 있다는 것이다.

열왕기서는 왕들 중에서 하나님의 백성이 걸어가야 할 길을 보여주는 세 명의 왕을 제시하고 있다. 이들은 모두 하나님께로부터 동일한 칭찬을 받은 사람들이다. 바로 전에도 없었고, 후에도 없었던 전무후무한 신앙의 모습을 보인 사람들인 것이다. 그 순서대로 나열하면, 솔로몬이 맨 앞에 서고, 그 다음은 히스기야 그리고 마지막으로 요시야가 해당된다. "전에도 없었고, 후에도 없었다"라는 칭찬은 솔로몬 뒤에 두 명이 나타나고, 히스기야의 경우는 전에도 있었고, 후에도 있고, 요시야는 전에 두 명이 나타난다는 점에서 모순이 될 수도 있다. 그러나 이들 각자가 받는 칭찬의 이유를 살펴보면 각자가 다 유일한 사람들임을 살펴볼 수 있다. 그리고 그 각각의 이유를 되짚어보면 이스라엘이 이러한 왕들과 함께 어떠한 여건과 환경 속에서도 오직 하나님만을 예배할 수 있는 나라를 만들 수 있는 길이 그 안에 주어져 있음 또한 살펴볼 수 있다.

1) 솔로몬 - 전무후무한 지혜의 왕

> 내가 네 말대로 하여 네게 지혜롭고 총명한 마음을 주노니 네 앞에도 너와 같은 자가 없었거니와 네 뒤에도 너와 같은 자가 일어남이 없으리라(왕상 3:12).

솔로몬은 그의 이름대로 평화의 시기를 살았던 사람이다. 평화의 때에는 그것을 바르게 이끌어갈 다스림이 필요하다. 그 바른 다스림을 위해 솔로몬은 하나님의 지혜를 구한다. 선과 악을 바르게 판단하는 능력이 바로 하나님의 지혜안에 있기 때문이다. 하지만 이 하늘의 지혜는 하나님의 말씀에 대한 절대적인 순종이 없이는 결코 사람의 속에 내재할 수 없다는 점에서 솔로몬의 우상숭배는 지혜의 상실을 의미한다. 그러므로 솔로몬이 주는 교훈은 어느 누구든지 평안한 시기를 걸어갈 때에는 하나님의 말씀에 든든히 선 천상의 지혜를 따라 선악을 바르게 분별하며, 살아가는 것이 필요하다는 것이다.

2) 히스기야 - 전무후무한 여호와 신뢰의 왕

> 히스기야가 이스라엘의 하나님 여호와를 의지(בָּטַח 바타흐/신뢰하다)하였는데 그의 전후 유다 여러 왕 중에 그러한 자가 없었으니(왕하 18:5).

사람은 살아가며, 평화로운 시기보다는 절박한 위기 앞에 닥칠 때가 많다. 히스기야의 시절이 바로 그런 때이다. 히스기야 시절 하나님의 백성 유다는 풍전등화의 위기 속에 거한다. 앗시리아라는 여호와의 힘을 대치할 정도의 위세를 가진 강력한 나라가 하나님의 백성을 둘러싸고 숨통을 조이며, 멸망이 바로 눈앞에 다가와 있는 절체절명의 순간이 바로 히스기야 시절이다. 이런 상황 속에서 히스기야 왕의 여호와를 향한 전폭적인 '신뢰'는 하나님의 백성이 반드시 따라가야만 할 대단한 것이기도 하다. 왕들의 이야기 속에서 오로지 히스기야에게만 '신뢰/의지'(בִּטָּחוֹן 비타혼)라는 명사나 '신뢰하다/의지하다'(בָּטַח 바타흐)라는 동사가 합하여 10번에 걸쳐 쓰여 지고 있다는 사실은 히스기야의 전폭적인 신뢰를 잘 강조하고 있다고 하겠다(왕하 18:5, 19[2번], 20, 21[2번], 22, 24, 30; 19:10). 즉, 왕들 중에서 히스기야만이 유일무이한 여호와 신뢰의 아이콘이라는 것이다.

그러나 위기가 사라졌을 때에도 결코 방심해서는 안 되는 것이 바로 신앙인의 삶이다. 히스기야는 앗시리아의 위기가 사라진 순간에 여호와 신뢰의 신앙을 무너뜨린다. 그러한 삶의 자세는 결국 또 다른 위기를 불러오게 되는데 바로 앗시리아보다 더 강하고, 잔혹한 바벨론의 위기인 것이다. 히스기야가 보여주는 교훈은 절체절명의 위기의 순간에 그 어떤 다른 것에 의지하지 말고, 오직 여호와만을 의지하고 신뢰하되, 그 의지와 신뢰를 결코 굽혀서는 안 되며, 끝까지 지켜나가야 한다는 것이다.

3) 요시야 -전무후무한 율법으로 돌이킨 왕

> 요시야와 같이 마음을 다하며 뜻을 다하며 힘을 다하여 모세의 모든 율법을 따라 여호와께로 돌이킨(שׁוּב 슈브/회개하다) 왕은 요시야 전에도 없었고 후에도 그와 같은 자가 없었더라(왕하 23:25).

이제 신앙의 길을 걸어가며 평화의 시기, 위기의 시기를 겪었다면, 마지막으로 다루어야 할 한 가지는 바로 신앙적인 퇴보와 타락의 시기이다. 요시야의 시절은 므낫세가 뿌려놓은 종교적 타락이 극에 달하여 멸망이 바로 눈앞에 와있던 시기였다. 그러한 시절에 요시야는 여호와의 율법에 따라 한 치의 어김도 없는 철저한 종교개혁을 단행함으로 오직 여호와께로 돌이키는 회개하는 삶의 길을 걸었다. 회개를 뜻하는 히브리어 단어 슈브(שׁוּב)는 삶의 방향을 완전히 뒤바꾼다는 점에서 '돌이킴'이라는 단어가 더 합당한 의미를 내포하고 있다. 요시야가 주는 교훈은 타락의 시기에 오직 하나님께로 돌이키되 신속하게 돌이키고, 또한 늦지 않은 시기에 행해야 한다는 것이다. 더 이상의 기회가 주어지지 않는 시기도 있을 것이기 때문이다.

이렇게 세 명의 왕들이 보여주는 삶의 길은 '평화, 위기, 타락'이라는 인간이 살아가면서 겪을 수 있는 세 가지 삶의 정황 속에서 하나님의 백성이 어떻게 서 나가야 할 것인가를 가르친다. 이것은 왕들의 이야기는 단순히 메마른 역사를 펼치자는 것이 아니라, 하나님의 백성이 어떤 삶의 정황 속에서도 하나님의 거룩하신 뜻을 이루며 살아갈 수 있는 길을 제시하기 위한 것임을 느껴볼 수 있다. 이것은 결국 포로기가 끝이 아니라, 그러한 삶의 정황까지도 헤쳐 나갈 수 있는 길이 있음을 보이고자 함이다. 예언자들은 바로 그러한 길을 명확하게 바라보고 있는 사람들이다.

전기예언서(여호수아-열왕기하)가 끝이 나면서, 후기예언서(이사야-말라기)에서는 예언자들의 메시지를 통해 북이스라엘이나 남유다가 이렇게 망국으로 가기까지 하나님께서 하신 일이 무엇이며, 이스라엘을 하나님께로 돌이킬 사명을 부여받은 예언자들은 도대체 무엇을 하고 있었는가에 대한 대답을 제시한다. 그와 더불어 전기예언서의 결론인 열왕기하가 제시한 바벨론에서 끝난 하나님의 백성 이스라엘에게 남아 있는 미래는 무엇인가에 대한 희망을 제시하고자 한다. 그러므로 후기예언서는 이스라엘 역사에 대한 반성과 더불어 예배하는 백성으로의 회복을 꿈꾸고 있으며, 그 영광스러운 미래에 대한 청사진을 보이고자 하는 목적이 있다.

고대 근동의 나라들과 왕들의 연대기

북이스라엘	연대표
예후	841-814(28년)
여호아하스	814-798(17년)
요아스	798-782(16년)
여로보암 2세	793-753(41년)
스가랴	753-752 (6달)
살룸	752 (1달)
므나헴	752-742(10년)
브가히야	742-740(2년)
베가	752-732(20년)
호세아	732-722(10년)

앗시리아	연대표
살만에셀 III세	858-824
삼시아다드 V세	824-810
아다드니라리III세	810-782
살만에셀 IV세	782-773
앗슈르단 III세	773-754
앗슈르니라리V세	754-745
디글랏빌레셀III세(왕하15:19의 앗수르왕 불)	745-727 (ANET, p. 272)
살만에셀V세	727-722
사르곤 II세	721-705
산헤립	704-681
에살핫돈	681-669
앗슈르바니팔	669-633
앗슈르에텔일라니	633-622
신슈르이시쿤	621-612
앗슈르우발리트	612-608
니느웨의 멸망 612 하란의 멸망 610 갈그미스의 멸망 605	

남유다	연대표
아달랴	841-835(7년)
요아스	835-796(40년)
아마샤	796-767(29년)
웃시야	790-740(52년)
요담	750-731(16년)
아하스	735-727(16년)
히스기야	727-686(29년)
므낫세	695-642(55년)
아몬	642-640(2년)
요시야	640-609(31년)
여호아하스	609 (3달)
여호야김	609-598(11년)
여호야긴	598 (3달)
시드기야	598-587(11년)

신바벨론	연대표
나보폴라살	625-605
느부갓네살	605-562
에빌마르둑	562-560
네리글리살	560-556
라바시마르둑	556
나보니두스	556-539

페르시아	연대표
고레스	539-530
캄비세스	530-522
다리오 I세	522-486
크세륵세스	486-464
아닥사스다I세	464-423
다리오 II세	423-404
아닥사스다II세	404-359
아닥사스다III세	359-338
아르세스	338-335
다리오 III세	335-331
알렉산더(헬라)	336-323

위 연대표는 이스라엘의 문서예언자들이 활약했던 시대상을 보여 주고 있다. 북이스라엘, 유다, 앗시리아, 바벨론 그리고 페르시아

와 결국 이 모든 제국을 통합한 헬라의 알렉산더까지의 시대적인 배경을 보이고 있다.

:: 주석

66) J. 클린턴 맥캔(McCann), 『사사기(*Judges*)』(Interpretation; 서울: 한국장로교출판사, 2010), 44-49쪽. 맥캔은 계속적으로 우상숭배와 인간의 자기주장을 동일한 것으로 보며, 이것은 결국 언약백성의 정체성 상실로 향하게 한다고 주장한다.

67) 존 브라이트(John Bright), 『이스라엘의 역사(*A History of Israel*)』(엄성옥 역) (서울: 은성, 2002), 237쪽.

68) N. Na'aman, "Hebron was Built Seven Years Before Zoan in Egypt(Numbers XIII 22)," *VT* XXXI 4 (1981), 490쪽.

69) M. D. Oblath, "Of Pharaohs and Kings-Whence the Exodus," *JSOT* 87 (2000), 25쪽; A. Frisch, "The Exodus Motif in 1Kings 1-14," *JSOT* 87 (2000), 14쪽; Yair Zakovitch, "*And You Shall Tell Your Son...*" *The Concept of the Exouds in the Bible* (Jerusalem: Magnes Press, 1991), 88쪽.

70) 맥캔, 『사사기』, 48쪽.

71) 장일선, 『구약세계의 문학』(서울: 대한기독교출판사, 1981), 374-428쪽; Michael David Coogan(ed. & trans.), *Stories from Ancient Canaan* (Louisville: Westminster Press, 1978), 75-115쪽.

72) Judith M. Hadley, "דגון," New International Dictionary of Old Testament Theology & Exegesis, vol. 1, (ed.) W. A. VanGemeren (Grand Rapids, MI: Zondervan, 1997), 918쪽.

73) J. P. M. Walsh, *The Mighty from Their Thrones: Power in the Biblical Tradition* (OBT; Philadelphia: Fortress, 1987), 13-28쪽.

74) J. R. Linville, *Israel in the Book of Kings: The Past as a Project of Social Identity* (JSOTSup. 272; Sheffield: Sheffield Academic Press, 1998), 265쪽.

II) 후기 예언서 이해의 길

제 7 장

삼 대 예언서, 이사야, 예레미야, 에스겔이 말하는 것

열왕기하를 끝으로 전기예언서가 마감된다. 전기예언서는 하나님의 명령을 어김으로 결국 망국으로 끝이 난 하나님의 백성 이스라엘의 상황을 전개하는 것으로 결론에 이르렀다. 그리고 여호야긴 왕이 바벨론의 감옥에서 풀려나는 이야기가 미래에 대한 가느다란 희망의 빛줄기를 제시하고 있을 뿐이었다(왕하 25:27-30). 하지만 후기예언서는 이스라엘이 명령을 어기고 망국으로 가는 그 과정 중에도 하나님께서는 결코 새로운 시작에 대한 계획을 버리지 않으신다는 사실로 희망의 빛을 강화하고 있다.

이제 후기예언서는 전기예언서의 역사적인 사건들과 흐름들을 그 전개의 기본으로 하여, 각 시대마다 등장했던 예언자들의 사역을 중심으로 그 신학적인 의미들을 전하려 한다. 전기예언서의 후반부가 전적으로 왕들의 이야기에 집중하고 있었다면, 후기예언서는 그 왕들과 더불어 백성들이 어떻게 같은 길을 걸어가는 신앙적인 퇴보와 타락 가운데 거했는지를 보여주며, 심판과 징계의 당위성을 전한다. 그럼에도 그 심판을 넘어서서 미래의 희망인 회복까지를 바라보고 있다. 이처럼 예언자들은 그들의 선포와 간구, 열정의 삶으로 끝을 다시 시작으로 돌리는 선두에 서 있는 사람들인 것이다.

삼 대 예언서인 이사야, 예레미야 그리고 에스겔서는 주로 북이스라엘의 망국의 시점부터 남유다가 망할 때까지의 신앙적인 상황을 남유다를 중심으로 펼치고 있으며, 망국이 끝이 아닌 새로운 회복의 이상 또한 제시하려 한다. 그리고 호세아부터 말라기까지의 12 소 예언서는 북이스라엘 역사의 정점인 여로보암 2세부터 멸망의 시기를 거쳐(호세아, 아모스, 요나), 남유다에 초점이 맞춰지고, 역사의 정점을 지나(요엘, 미가, 나훔), 멸망과 포로기(하박국, 스바냐), 그리고 포로에서의 회복(학개, 스가랴)과 회복 공동체의 영적 퇴보까지(말라기)를 전하고 있다. 이처럼 후기 예언서는 전기 예언서와 역사적인 시점에서 겹치는 부분을 가지고 있으며, 후기 예언서를 바르게 이해하기 위해서는 전기 예언서의 역사적인 사건들과 그 신학적인 의미들을 병행하여 연구할 필요가 있다. 이렇게 방대한 역사적인 흐름을 포괄하고 있는 15권의 대 예언서와 소 예언서는 그 배열에 있어서도 이스라엘 신앙의 중요한 이념을 담고 있다. 역사의 정점으로부터 멸망, 그리고 회복이라는 흐름 속에 최종적으로 어떤 회복을 이루기를 소망하는가에 대한 청사진을 제공하고 있는 것이다.

이사야, 예레미야, 에스겔(3 대 예언서) - 12 소 예언서

이 배열 속에는 이스라엘 민족의 이상인 '아브라함, 이삭, 야곱(3 대 족장) - 12 지파'라는 이스라엘의 근본이 내재되어 있다. 이스라엘이 하나님의 백성으로서 출발할 때 보여주었던 이러한 회복을 간구하고 있는 것이다. 그러므로 아브라함, 이삭, 야곱이 이스라엘 신앙의 근간을 보여주는 인물들이라면, 그 뒤를 잇는 야곱의 열두 아들들은 하나님의 백성 이스라엘을 구성하는 실체들로 그 조상들이 보여준 신앙의 길을 삶 속에 실현해야 하는 사명과 그 길을 열방에 전해야 할 사명이 주어져 있다. 그렇다면 우리는 이사야, 예레미야와 에스겔서를 통해서 이스라엘 근본신앙의 회복을 바라보아야 하며, 열두 소 예언서를 통해 그 신앙이 어떻게 구체화되며 이스라엘 안에 그리고 열방을 향해 실천되어야 하는 가를 볼 수 있어야 한다.

이 부분에서는 먼저 3대 예언서를 다룰 것이다. 이사야, 예레미야, 에스겔서의 시대적인 배경은 주로 열왕기하와 맞물리며, 포로기와 그 이후까지 연결된다. 이 세 명의 예언자들과 그들이 만났던 왕들은 다음과 같다.

* 이 사 야: 웃시야 - 요담 - 아하스 - 히스기야(사 1:1)
* 예레미야: 요시야 - 여호아하스 - 여호야김 - 여호야긴 - 시드기야 (렘 1:2-3; 22장)
* 에 스 겔: 여호야긴 왕이 사로잡힌지 5년부터 유다의 멸망과 그 이후 (겔 1:2; 33:21)

다음은 이 왕들의 연결과 통치했던 기간을 나열한 것이다.

웃시야	**-요담**	**-아하스**	**-히스기야**	**-므낫세**	**-아몬**	**-요시야**	**-여호아하스**
(52년)	(16년)	(16년)	(29년)	(55년)	(2년)	(31년)	(3달)

-여호야김	**-여호야긴**	**-시드기야**
(11년)	(3달)	(11년)

이들 세 예언자와 그들의 메시지를 이해하기 위해서는 이러한 시대적 배경들 또한 같이 살펴볼 필요가 있다. 이제 각각의 예언자들의 시대와 그 시대가 안고 있던 문제점들 그리고 그들이 하나님께 받은 소명을 중점적으로 다루며 주어진 희망이 무엇인지를 살펴볼 필요가 있다.

1. 이사야서가 말하는 것

이사야 선지자는 유다 왕실에서 예언을 선포한 사람으로 첫 번째 연대기는 '웃시야 왕이 죽던 해'(기원전 740년)에 성전에서 환상을 보는 사건으로 분명히 드러난다(사 6:1). 하지만 웃시야 왕이 죽기 전의 상황을 나타내는 이사야 1-5장으로 인해 그의 사명의 시작은 웃시야 왕 시절부터 시작된 것으로 추측해 볼 수 있다. 그리고 이사야 36-39장은 히스기야 왕 때 앗시리아의 산헤립이 유다를 침공한 기원전 701년의 사건을 전하고 있다. 이러한 시대적인 상황을 살펴볼 때 이사야 1-39장은 그 내용이 주로 기원전 740-701년까지의 사건들을 전하고 있으며, 그 내용은 대부분이 죄악에 대한 심판선언을 담고 있고, 앗시리아의 주도권이 분명하게 드러나고 있다.

그 다음인 이사야 40장을 살펴보면 그 내용이 급회전하여 위로와 죄 사함의 선포가 이루어지고 있음을 살펴볼 수 있다. 그리고 시대적인 상황 또한 또 다른 근동의 패권국가인 바벨론이 거의 망국으로 가는 시점을 보이고 있다(사 46:1-2; 47:1-7). 그리고 바벨론을 무너뜨리는 새로운 제국인 페르시아를 일으키는 고레스의 이름 또한 등장하고 있다는 것(사 44:28-45:6)을 살펴볼 때 분명 이사야 1-39장과는 다른 시대적인 정황을 다루고 있다는 것이 분명하다. 이러한 시대적인 상황은 이사야 40-55장까지 연결되는데 바벨론의 전성기와 쇠퇴라는 점에서 기원전 605-539년의 시기를 산정해 볼 수 있다.

이사야서의 마지막 부분은 56-66장으로 그 시작인 56장에 하나님의 백성이 이미 새로운 성전을 짓고 만민이 기도하는 집으로 그 곳에 흩어졌던 백성들을 하나님께서 이미 모으셨고, 또 모으실 것이라는 점이 강조되는 것을 볼 때 바벨론 포로에서의 해방과 그 이후라고 할 수 있다. 이미 성전을 지었다는 점에서 기원전 515년이 지났다는 것을 알 수 있다(사 56:7-8). 그리고 또 다시 신앙적인 퇴보를 이루며 타락의 길로 접어드는 것을 전하고 있다(사 63:17-19; 65:1-7). 이런 정황을 살펴볼 때 이사야 56-66장은 기원전 539-500년쯤의 페르시아 제국시대로 여겨진다. 이것을 도표화 하면 다음과 같다.

이사야 1-39장	이사야 40-55장	이사야 56-66장
앗시리아 제국시대	바벨론 제국시대	페르시아 제국시대
기원전 740-701년	기원전 605-539년	기원전 539-500년

이러한 연대기에서 문제가 되는 것은 한 사람이 이렇게 긴 시간을 살 수는 없다는 것이다. 이사야가 앗시리아, 바벨론, 페르시아 제국에 이르는 250여년의 기간을 살았다고 볼 수는 없다. 이사야의 활동은 이사야 1-39장으로 제한되고 그 기간동안에만 사명을 수행했을 것이다. 그렇다면 이사야 40-66장은 무엇인가? 분명히 1-66장 전체가 이사야라는 이름으로 주어져 있다. 뒷부분은 이사야의 예언이 아니란 말인가? 이러한 상황을 이사야서도 이미 인식하고 있다. 선지자 이사야라는 이름은 1-39장 밖에는 나타나지 않으며, 40-66장에는 결코 등장하지 않는다. 이것은 지금 이사야서 전체가 모두 선지자 이사야를 통해서 주어진 것이 아니라는 것을 인정하고 있는 것이다.

그렇다면 이것을 어떻게 해결할 수 있을 것인가? 우리는 이미 하나님 마음에 합한 왕을 찾을 때 영원이라는 것에 대하여 새로운 시각을 가졌다. 영원은 한 사람이 무한정 살아가는 시간적인 연속을 의미하기 보다는 하나님의 뜻이 연결되는 것을 의미한다는 것이다. 오직 하나님의 뜻과 계획만이 영원하다는 것이다. 왜냐하면 하나님은 영원하시기 때문이다. 이사야서도 이것을 분명히 알고 있다. 그래서 이사야가 사라지는 40장에는 이것을 분명히 하고 있다. 이사야라는 유한한 인간이 사라져도 아무 상관이 없다는 것이다. 왜냐하면 하나님이 사라지신 것이 아니기 때문이다. 이사야는 하나님께서 쓰신 유한한 종이라는 것이다.

> 말하는 자의 소리여 이르되 외치라 대답하되 내가 무엇이라 외치리이까 하니 이르되 모든 육체는 풀이요 그의 모든 아름다움

은 들의 꽃과 같으니 풀은 마르고 꽃이 시듦은 여호와의 기운이 그 위에 붊이라 이 백성은 실로 풀이로다 풀은 마르고 꽃은 시드나 우리 하나님의 말씀은 영영히 서리라 하라(사 40:6-8).

이사야서 안에 수백 년의 시간이 지났더라도 상관없다. 이사야라는 선지자가 사라져도 괜찮다. 왜냐하면 영원하신 하나님께서 결코 사라지지 않는 말씀으로 함께하실 것이기 때문이다. 이사야서는 사람의 말이 아닌 영원하신 하나님의 말씀이기에 하나님의 이 뜻을 받들 사람만 있으면 되는 것이다. 이사야가 여호와의 종이었듯이(사 20:3) 그가 사라진 뒤에 이사야서는 곳곳에서 여호와의 종들의 활동을 전하고 있다(사 42:1-4; 44:1-5; 49:1-6; 52:13-53:12). 그러므로 이사야서를 통하여서 우리가 보아야 할 것은 하나님의 말씀이 지시하는 것이며, 하나님의 뜻하심이 연결되는 것이다. 이것은 이사야서뿐만 아니라 모든 예언서를 통해서 우리가 배워야 할 신학이다. 우리는 예언서를 통해서 사람이 아닌 영원하신 하나님의 소멸되지 않는 말씀이 목적하는 바를 배워야 한다.

이는 내 생각이 너희 생각과 다르며 내 길은 너희의 길과 다름이니라 여호와의 말씀이니라 이는 하늘이 땅보다 높음 같이 내 길은 너희의 길보다 높으며 내 생각은 너희의 생각보다 높음이니라 이는 비와 눈이 하늘로부터 내려서 그리로 되돌아가지 아니하고 땅을 적셔서 소출이 나게 하며 싹이 나게 하여 파종하는 자에게는 종자를 주며 먹는 자에게는 양식을 줌과 같이 내 입에서 나가는 말도 이와 같이 헛되이 내게로 되돌아오지 아니하고 나의 기뻐하는 뜻을 이루며 내가 보낸 일에 형통함이니라(사 55:8-11).

이미 예루살렘의 이사야를 통하여 주신 하나님의 말씀 중의 단 하나도 헛되이 사라져버리지 않을 것이라는 단언이며, 언젠가는 반드시 이루어진다는 확언이다. 이제 이사야를 통하여 그 말씀의 위력을 살펴볼 필요가 있다.

1) 이사야의 사명전환

이사야서의 독특한 점은 이사야가 하나님을 만나는 사명과 관계된 장이 1장이 아니라 6장에 나타나고 있다는 것이다. 예레미야와 에스겔이 각각 첫 장에서 소명을 받고 예언 활동을 시작한다는 점에서 그 차이점을 느껴볼 수 있다. 이사야가 하나님을 만나서 사명을 받는 이야기가 왜 이렇게 늦게 나타나고 있는 것인가? 그것은 6장을 면밀하게 분석해 보면 알 수 있을 것이다. 다음은 이사야 6장을 단계별로 분석한 도표이다.

성경	내용	의미
1-4절	여호와께서 높이 들린 보좌에 앉아계시고, 옷자락은 성전에 가득하고, 스랍들이 모셔 섰고, 여섯 날개로 둘로는 얼굴을 가리고, 둘로는 발을 가리고, 둘로는 날며 '거룩하다, 거룩하다, 거룩하다'(קדוש קדוש קדוש 콰도쉬 콰도쉬 콰도쉬)를 외치며 만군의 여호와의 영광을 칭송함. 성전에 연기가 충만함.	**거룩하신** (קדוש 콰도쉬) **하나님**

5절	이사야가 "화로다(אוֹי 오이) 나여 망하게 되었도다"라고 탄식함. 입술이 부정한(טְמֵא 테메) 사람이며, 입술이 부정한 백성 중에 거하면서 만군의 여호와이신 왕을 뵈었기 때문이다. *** 사 29:13 주께서 이르시되 이 백성이 입으로는 나를 가까이 하며 입술로는 나를 공경하나 그들의 마음은 내게서 멀리 떠났나니 그들이 나를 경외함은 사람의 계명으로 가르침을 받았을 뿐이라**	**부정(טְמֵא 테메)과 거룩(קָדוֹשׁ 콰도쉬)은 결코 함께 할 수 없다. - 죽음의 위험**
6-7a절	스랍 중에 하나가 제단에서 핀 숯을 손에 가지고 와서 그것을 이사야의 입술에 댄다.(제단은 속죄의 피가 뿌려지고, 속죄의 제물이 태워지는 장소이다)	**제단을 통한 부정을 씻는 정결의식**
7b절	"네 악(עָוֹן 아온)이 제하여졌고 네 죄(חַטָּאת 하타트)가 사하여졌느니라"	**죄와 악이 사해짐(부정함과 죄와 악은 연결되어 있음)**
8절	하나님께서 "내가 누구를 보내며 누가 우리를 위하여 갈꼬"라 하심. 그에 대한 응답으로 이사야가 "내가 여기 있나이다 나를 보내소서"라고 함.	**부정(죄와 악)이 있었을 때에는 죽게 되었다고 탄식하던 사람이, 정결의식으로 죄악이 사해진 뒤에서 소명을 받들 수 있는 주의 종이 된다.**

거룩과 부정은 같이 할 수 없고, 하나님이 거룩하시니 하나님의 백성도 거룩해야 한다는 당위성이 있다(레 19:2; 20:26). 그 이유는 거룩이 아닌 부정, 즉 죄와 악이 가득한 삶이었을 때에

는 거룩한 하나님을 보는 것 자체만으로도 죽음이다. 그러나 제단의 지지는 불로 인해 부정, 즉 죄와 악이 사해졌을 때에는 죽음에 대한 탄식이 아니라, 하나님의 종으로서의 사명을 감당하는 사람으로 당당히 바뀐다는 것이다. 그리고 이사야에게 하나님께서 사명을 부여하신다. 이것은 하나님을 예배할 수 없는 삶에서, 예배자의 삶으로의 전향인 것이다. 이사야에게 드디어 사명이 주어진다.

9-10절	이 백성이 듣기는 들어도 깨닫지 못하고, 보기는 보아도 알지 못하게 하라. 마음이 둔하게 하고, 귀가 막히고, 눈이 감기게 하여 결코 깨닫고 돌아오지 못하게 하라.	**예언자의 사명은 본래 살리기 위함인데, 여기서는 죽이라는 사명이 주어진다.**
11a절	이사야가 어느 때까지 그렇게 해야 하느냐고 탄식한다.	**이런 사명을 감당하고픈 사람이 누구일까?**
11b-13절	성읍이 황폐하고, 사람들은 포로가 되고, 이 땅에 남아있는 자들마저 베임을 당하여, 겨우 그루터기 정도만 남아있을 때까지이다.	**거의 멸망 직전까지 가야 한다는 것.**

사명을 받는 내용이 6장에 위치한 것도 이상스럽지만, 그보다 더 의문스러운 것은 이사야가 받은 사명이다. 하나님께서 예언자를 보내심은 대부분 새로운 가능성을 주시기 위한 목적인데, 이사야는 그와 반대로 이스라엘 백성들이 오히려 하나님의 뜻을 깨닫지 못하게 만드는 사명이기 때문이다. 왜 이사야는 이런 사명을 행해야 하는가? 그 이유는 1-5장에 주어져 있다. 그러므로 이사야 6장은 이사야가 처음으로 소명을 받는 이야기가 아니라, 그

가 받은 사명이 바뀌는 상황을 전하는 것이다. 그의 이름이 이사야(יְשַׁעְיָהוּ 예사야후), 즉 "여호와는 구원자시다"라는 뜻인 것만 보아도 그는 구원의 소명을 가지고 유다에 보내졌고, 그 사명을 위해 애썼을 것이다. 그러나 이사야 6장에서 구원의 예언에서 멸망의 예언으로 바뀌고 있다는 것은 분명 1-5장에 나타난 그의 예언 사역이 백성들의 거역으로 거의 실패로 돌아가고 있다는 것을 보여주는 것이다. 이처럼 이사야의 사명이 구원을 위한 회개 촉구자에서 돌이킬 수 없는 심판 선포자로 전환된 것이다.[75] 이 전환에 대해 이사야 자신도 황망해 하며 고통스럽게 탄식한다. 왜냐하면 자신의 조국이 거의 망국직전까지 가야한다는 사실을 받아들이기가 힘들기 때문일 것이다.

2) 이사야 사명 전환의 이유

이렇게 멸망으로 가는 길은 백성들의 멈추지 않는 죄악으로 인한 것이다. 음울하게도 이사야서의 출발은 '하늘과 땅'을 증인으로 삼는 여호와의 고발로 시작한다(사 1:2). 신명기 30:19절은 이스라엘의 미래에 대한 경고를 하며 그들의 죄악에 대해 '하늘과 땅'이 증인이 될 것이라 선언하고 있다(참조, 신 32:1). 이제 그 하늘과 땅 앞에서 여호와의 고발장이 낭독된다.

> 슬프다 범죄한(חֹטֵא 호테) 나라요 허물 진(עָוֹן 아본) 백성이요 행악의 종자요 행위가 부패한 자식이로다 그들이 여호와를 버리며 이스라엘의 거룩한 자를 만홀히 여겨 멀리하고 물러갔도다(사 1:4).

여기서 '범죄하다'는 의미로 동사 '하타'(חָטָא 죄를 짓다)의 '능동 분사형'인 '호테'(חֹטֵא 범죄한)가 사용된다. 그리고 '허물'이라는 단어는 '악'을 뜻하는 '아온'(עָוֹן)이 사용된다. 이렇게 이스라엘의 죄악상은 분명히 이사야 자신이 망하게 되었다고 탄식했던 두 가지 요소들이 모두 들어 있다. 그런데 이사야는 자신이 이러한 죄와 악으로 죽음을 당할 수밖에 없다는 절망감에 부르짖지만, 이 백성들은 그렇지 않다. 그것이 하나님 앞에서 죄악이라는 의식조차 하지 않는다. 그리고 그 죄악의 심각성은 이미 도를 지나쳐서 소돔과 고모라를 방불케 한다는 것이다(사 1:10). 하나님의 법은 땅에 떨어졌고, 제의는 속죄와 정결의 내용과 관계없는 형식에 치우칠 뿐이었다(사 1:10-23). 이들의 삶은 여호와 신앙을 버리고, 이방인들의 풍속과 종교행위로 가득하며, 우상숭배와 물질주의가 만연해 있다(사 2:5-11). 그리고 포도원 비유는 하나님의 기대가 산산이 부서졌음을 날카롭게 보여 준다(사 5:1-7). 하나님께서는 극상품 포도나무를 심고 최고의 열매를 바라시며 가꾸셨는데 들포도를 맺는 백성이 되어버렸다. 여기서 여호와의 포도원은 이스라엘 족속이고, 그가 기뻐하시는 나무는 유다 사람들이다. 이들에 대한 하나님의 기대의 철저한 파괴는 언어유희를 통하여 날카롭게 풍자되고 있다.

그들에게 정의(מִשְׁפָּט 미쉬파트)를 바라셨더니
도리어 포학(מִשְׂפָּח 미쉬파흐)이요
그들에게 공의(צְדָקָה 쩨다콰)를 바라셨더니
도리어 부르짖음(צְעָקָה 쩨아콰)이었도다(사 5:7).

'정의와 공의'라는 단어에서 자음 하나씩만 바꾸면 '포학과 부르짖음'이라는 단어가 만들어진다. 결국 이 속에는 발음이 비슷하듯이 하나님께서 원하시는 유사한 것을 만들지 않았느냐고 반문하는 인간의 모습을 상상해 볼 수 있다. 즉, 극상품 포도든지, 들포도든지 포도는 포도 아니냐는 것이 죄악 된 인간의 속성이기 때문이다. 그러나 흉내만 낸 유사한 것은 그 마지막에는 반대현상이 될 것이라는 사실을 깨달을 필요가 있다.

결국 하나님의 소망이 산산이 부서지며 이 포도원에 대한 파괴가 선포되고야 만다(사 5:5-6). 그리고 연이어서 '화 있을진저'라는 저주가 구체적인 죄목과 더불어 여섯 번에 걸쳐서 선포된다(사 5:8-23). 여기 '화'에 대한 선포 안에 이 저주가 결국 이루어 질 수밖에 없는 이유를 백성들의 반응을 통해 신랄하게 보여준다. 정확하게 세 번의 화 선포(사 5:8, 11, 18)와 다음 세 번의 화 선포(사 8: 20, 21, 22) 사이에 백성들의 오만한 응답이 나타난다.

	성경구절	내 용
1	사 5:8	가옥에 가옥을 이으며 전토에 전토를 더하여 빈틈이 없도록 하고 이 땅 가운데에서 홀로 거주하려 하는 자들은 화 있을진저 - 약자들의 것을 갈취하여 부익부 빈익빈의 세상을 만드는 것
2	사 5:11-12	아침에 일찍이 일어나 독주를 마시며 밤이 깊도록 포도주에 취하는 자들은 화 있을진저 - 술 취함으로 여호와께서 행하시는 일에 관심을 두지 않는 것
3	사 5:18	거짓으로 끈을 삼으며 죄악(עָוֹן 아온)을 끌며 수레 줄로 함 같이 죄악(חַטָּאָה 하타아)을 끄는 자는 화 있을진저- 죄와 악이 끊을 수 없는 삶의 전형적인 방식이 되어 있는 것

중심	**사 5:19**	**그들이 이르기를 그는 그 일을 '속속히 이루어'** (יְמַהֵר יָחִישָׁה 예마헤르 야히샤) **우리로 보게 할 것이며 이스라엘의 거룩한 자는 그 도모를 속히 임하게 하여 우리로 알게 할 것이라 하는 도다**
4	사 5:20	악을 선하다 하며 선을 악하다 하며 흑암으로 광명을 삼으며 광명으로 흑암을 삼으며 쓴 것으로 단 것을 삼으며 단 것으로 쓴 것을 삼는 자들은 화 있을진저 – 선과 악의 판단기준이 죄악 된 인간 자신인 것
5	사 5:21	스스로 지혜롭다 하며 스스로 명철하다 하는 자들은 화 있을진저 – 스스로 하나님처럼 되어버린 것
6	사 5:22-23	포도주를 마시기에 용감하며 독주를 잘 빚는 자들은 화 있을진저 – 뇌물을 받고 공의를 굽히는 것

이처럼 "화 있을진저"라는 사망의 분위기도 그렇지만, 그보다 더한 것은 하나님을 향한 이들의 오만함이다. 화 선포의 정 가운데 이들은 여호와는 그 저주들을 "속속히 이루어 우리로 보게 하고 그 계획을 속히 행하여 우리가 보게 하라"는 오만한 응답을 보이며 여호와가 진실로 능력의 신이라면 자신들에게 말한 그 저주스런 재앙을 내려보라는 것이다. 이들에게 죄와 악은 이제 삶의 방식이며 하나님도 막을 수 없다고 장담한다. 그리고 이사야 6장에서 이사야의 사명이 회개가 아닌 돌이킬 수 없는 심판의 선고로 바뀌며, 결국 철저한 파멸의 경험 뒤에 다시 희망이 있을 것임을 선언하고 있다(사 6:11-13).

이제 여호와의 율법을 버리고 이스라엘의 거룩하신 자의 말씀을 멸시한 오만방자한 백성들에게 더 이상 돌이키지 않을 노가 예비 되어 있다(사 5:24-25). 그 노는 결국 움키면 건질 자가 없는 포효하는 사자와 같이 멀리서부터 노도처럼 쳐 내려오는 이방의 잔혹한 공격으로 나타난다(사 5:26-30).[76] 이제 백성들은 여호와의 심판을 받을 준비를 해야만 한다. 이로써 분명하게 이사야 6장에서 이사야의 사명이 회개 선포자에서 멸망의 예언자로 변해버린 이유가 드러났다.

3) 선지자 이사야와 유다의 아하스 왕과 히스기야 왕

실제로 이사야의 이 전환된 사명은 성공적이었음을 살펴볼 수 있다. 백성의 대표격인 유다의 왕 아하스가 도대체 이사야의 조언을 들을 생각을 하지 않는다.[77] 그를 치러 오는 적들을 두려워 말고 여호와를 믿기만 하라는 당부도(사 7:4, 9) 그리고 여호와께 간구하라고 하는 구원의 징조도 거절한다(사 7:11). 그러나 이것이 끝은 아니다. 비록 이사야의 소명이 회개 촉구자에서 심판 선포자로 바뀌었다 할지라도, 이미 이사야가 하나님의 소명을 받드는 이야기 속에는 희망이 제시되어 있다. 어느 누구든지 이사야처럼 죄악을 일으키는 부정함을 씻고, 거룩하신 하나님 앞에서 입술만의 제사를 끝내고, 철저한 순종과 신뢰로 하나님의 뜻을 받든다면 새로운 시작은 열려 있는 것이다. 그것은 이사야의 새로운 소명과 더불어 두 명의 왕을 비교하는 이야기 속에서도 분명하게 드러난다. 바로 아하스 왕과 히스기야 왕의 비교이다.

	내 용	아 하 스	히스기야
1	**적들의 침공과 공포감**	* 사 7:1-2 아람과 북이스라엘 동맹 - 처음으로 소개되는 유다를 향한 적들의 침공. - 아하스왕 때 아람 왕 르신과 이스라엘 왕 베가가 예루살렘에 올라 왔으나 능히 이기지 못함 **(능히 이기지 못했다 함은 이들의 위력이 그리 강하지 못했음을 살펴볼 수 있다)** - 이로 인해 왕의 마음과 백성의 마음이 삼림이 바람에 흔들림 같이 흔들림(두려워함)	* 사 36:1 히스기야 왕 14년에 앗시리아 왕 산헤립이 올라와서 유다 모든 견고한 성을 쳐서 취함- 37:1 히스기야 왕이 자신의 옷을 찢음 (어찌할 수 없는 절박감과 비통함 으로 인해) **(앗시리아는 아람 왕과 북이스라엘 왕과는 다른 능력으로 이미 대대적인 정복에 성공적인 모습을 보이고 있다) - 즉, 더욱 공포스러운 존재임을 강조**
2	**왕의 반응 (인간적인 대처)**	* 사 7:3 아하스왕은 "윗못 수도 끝 세탁자의 밭 큰 길"에 나감 **(도시 방어에 중요한 거점이며, 물 공급에 대한 염려 살펴볼 수 있음)** 여호와께서 이사야에게 아들 스알야숩과 함께 그곳에서 아하스를 만나라 하심(여호와께서 아하스에게 보내심 - 아하스는 수동적)	* 사 36:2 이미 앗시리아 왕의 사자인 랍사게가 "윗못 수도구 세탁자의 밭"을 차지하고 호령하고 있다. 그러나 히스기야는 그 곳으로 나가지 않는다 - 신하들을 그 곳으로 내 보낸다. (아하스와는 다르다)
3	**(하나님의 권면) 두려워 말라**	* 사 7:4 여호와께서 삼가며 조용하라(הַשְׁקֵט) 그 두 왕의 침공은 아무 것도 아니니 "두려워 말며 낙심치 말라"	* 사 30:15 너희가 돌이켜 안연히 처하여야 구원을 얻을 것이요 잠잠하고(הַשְׁקֵט) 신뢰하여야 힘을 얻을 것이어늘 너희가 원치 않고 **랍사게가 대왕의 위협을 전하고** *** 사 36:21 그러나 그들이 잠잠하여 한 말도 대답지 않았고 이는 왕이 그들에게 명령한 것** *** <u>사 37:6 이사야가 "두려워 말라" 고 권면함</u>**

4	**믿음의 권면**	* 사 7:9 이들은 모두 쓰러질 것이다 **믿지 아니하면 정녕 굳게 서지 못한다**	* 사 37:10 여호와를 신뢰하고 있음 * 사 37:1-4 히스기야가 여호와의 전으로가고 선지자 이사야에게 기도를 요청함 * 사 37:14-20 히스기야의 계속되는 의뢰와 기도
5	**결정**	**아하스 왕은 끝내 여호와를 신뢰하지 못하고, 앗시리아에 의존함.** *** 왕하 16:1-9 아하스는 앗시리아 왕에게 자신은 그의 신복이며 아들임을 강조하며 그의 구원을 요청한다.(사 7:17-20; 10:5-11)**	**히스기야는 여호와께 의지하여, 앗시리아로부터 구원함을 받음.** 그러나 끝까지 신뢰를 보이지 못함으로 결국 * 사 39장에서 보이는 바와 같이 바벨론을 끌어들이고 만다.
6	**결말**	**아하스는 앗시리아를 끌어들여 북이스라엘을 멸망으로 이끔**	**히스기야는 앗시리아는 끝냈으나, 바벨론을 끌어들여 남유다를 멸망으로 이끄는 시작이 됨.**

이사야의 소명이 바뀐 것과 더불어 하나님의 백성 유다의 이야기에서 중요한 두 시기가 지나가고 있다. 이사야 예언의 중요한 두 축이 되는 아하스 왕과 히스기야 왕의 시절을 비교하며, 하나님께서 죄악에 빠진 유다를 더 이상 두고 보지 않으실 것이며, 반드시 징계하시겠다고 결심하셨음에도 늘 희망을 두고 있음을 살펴 볼 수 있다. 비록 우상숭배에 빠져 하나님을 바라볼 수도 없을 만큼 둔하고, 미련해졌을지라도, 예언자의 음성을 듣고 다

시 하나님께로 돌이키면, 어떤 상황 속에서도 구원을 체험할 기회가 있다는 것이다. 아하스는 그 기회를 상실하고 만다. 그는 여호와 하나님이 아닌 앗시리아에 자신의 신뢰를 두고, 의지하여 구원을 얻으려다가 북이스라엘의 멸망은 물론이요, 유다 또한 앗시리아의 속국이 되게 하고 말았다. 완악한 아하스의 시절에 여호와께서 선지자 이사야를 통하여 미래에 대한 희망의 증거를 제시하셨는데 그것이 바로 구원자 임마누엘에 대한 예고이다.

> 그러므로 주께서 친히 징조를 너희에게 주실 것이라 보라 처녀(עַלְמָה 알마/젊은 여자)[78]가 잉태하여 아들을 낳을 것이요 그의 이름을 임마누엘이라 하리라 그가 악을 버리며 선을 택할 줄 알 때가 되면 엉긴 젖과 꿀을 먹을 것이라 대저 이 아이가 악을 버리며 선을 택할 줄 알기 전에 네가 미워하는 두 왕의 땅이 황폐하게 되리라 여호와께서 에브라임이 유다를 떠날 때부터 당하여 보지 못한 날을 너와 네 백성과 네 아버지의 집에 임하게 하시리니 곧 앗수르 왕이 오는 날이니라(사 7:14-17).

이 구원자는 앗시리아에 의해 고통 속에 빠진 북이스라엘 지역에 빛을 가져다줄 희망이며, 정의와 공의를 이룰 평강의 왕이다(사 9:1-7). 그는 다윗의 아버지인 이새의 후손이며, 여호와를 경외하는 사람이며, 그를 통하여 모든 사람들이 평화를 누리는 세상이 만들어질 것을 고대한다. 그리고 그 날에 흩어졌던 백성들이 앗시리아, 이집트, 바드로스, 구스, 엘람, 시날, 하맛 그리고 바다 섬들에서 돌아오게 될 것이다(사 11:1-16).

이제 누가 이러한 시대를 열어갈 것인가? 누가 기고만장한 앗시리아의 위력을 끊고, 오직 하나님을 향한 신뢰를 회복할 것인가? 여호와 하나님이 우상이 아닌 온 천하에 유일하신 하나님이시라는 것을 증명할 사람이 누구인가? 이사야서 안에서 이 임마누엘의 예언을 실현해 내는 인물은 바로 히스기야이다. 마침내 히스기야는 앗시리아의 오만함을 오직 하나님을 향한 신뢰를 통하여 이 땅에서 끊어내는데 성공했다. 입술로만의 예배가 아닌, 전적인 신뢰를 통하여 여호와 하나님을 향한 예배를 바르게 세우는데 성공한 것이다. 히스기야의 구원은 멸망의 선포를 뒤엎는다는 점에서 중요하다. 그러나 히스기야의 하나님을 향한 전적인 신뢰는 그리 길지 못하였다. 바벨론에서 그가 앗시리아를 무찌른 것과 병에서 나은 것을 축하하기 위하여 사절단을 보냈을 때 그는 이미 다른 사람이 되어 있다. 여호와 하나님을 찬양함으로 이방인들에게 여호와의 위상을 드높였어야 함에도 자신의 힘으로 된 것처럼 자랑한 것이다. 결국 히스기야 또한 여호와를 향한 신뢰를 저버리고 인간의 힘에 의존함으로 바벨론을 끌어들이는 원흉이 된다. 그렇다면 히스기야는 순간적인 임마누엘은 될 수 있을지언정, 영원한 우리의 임마누엘은 되지 못한다는 것을 살펴볼 수 있다. 그래서 인간은 영원한 메시아이신 예수 그리스도, 임마누엘의 진정한 완성을 바라볼 수밖에 없는 것이다. 그분만이 진정한 해방의 완성을 이루실 수 있으며, 우리에게 영원함의 의미를 가르치실 수 있기 때문이다. 그러나 우리 주님께 이르기까지 우리는 당분간 비록 미진할지라도 구약의 인물들을 통해 메시아를 고대할 필요가 있다. 모형을 통해 원형을 기대하는 것이다.

히스기야가 여호와를 향한 신뢰를 저버리는 것은 또 다른 것에 대한 의지를 뜻한다. 그것은 곧 하나님이 아닌 다른 어떤 것에 종속되는 것을 의미하는 것이다. 앗시리아는 지나갔으나, 그보다 더한 바벨론이 기다리고 있다. 앗시리아를 끝낸 것은, 전쟁이 완전히 끝난 것이 아니라, 새로운 적을 막아낼 힘을 얻은 것이다. 오직 철저한 신뢰 그것만이 어떠한 적이든 무용지물로 만들 수 있는 것이다.

이제 다음 세대에게 주어진 책임은 무엇인가? 히스기야에 의해 바벨론의 침공이 이미 내정되어 있으니 어떻게 하여야 하는가? 전기예언서(여호수아–열왕기하) 속에서 히스기야가 하나님을 향한 신뢰를 통하여 승리를 이루어 냄으로 우상이 아닌 오직 여호와만이 온 천하에 신이라는 점을 드높였다. 그렇다면 이제 주어진 과제는 그 여호와 하나님을 향한 철저한 돌이킴이 필요할 것이다. 우상이 아닌 여호와 하나님만이 참 신이라는 사실이 이미 증명되었으니, 우상숭배는 철저하게 배격되어야 하기 때문이다. 어느 누구든지 히스기야의 뒤를 잇는 자는 철저한 종교개혁을 일으켜야 할 것이다. 하나님의 백성 유다가 생존할 길이 여기에 있다. 바로 마음을 다하며, 뜻을 다하며, 힘을 다하여 모세의 모든 율법을 따라 여호와께로 돌이키는 것이다(왕하 23:25). 그래야만 앗시리아를 끝장낸 것처럼 이제 다가올 위협인 바벨론을 끝낼 수 있는 길을 열 수 있기 때문이다. 이제 모세의 정신을 살려내는 것이 민족의 생존을 좌우한다. 그러므로 예레미야서가 그 다음 순서를 잇고 있다는 것은 논리적인 순서일 것이다. 히스기야의 뒤를 이어 므낫세가 모든 것을 망쳐버린 그것을 회복하기 위해 예레미야는 요시야의 시절에 보냄을 받는다.

2. 예레미야서가 말하는 것

예레미야서의 시작은 요시야 왕이 다스린지 13년째부터 시작하여 요시야의 아들인 여호야김 시대를 거쳐, 그의 또 다른 아들인 시드기야 11년 유다가 바벨론에 멸망하기까지 계속된다.

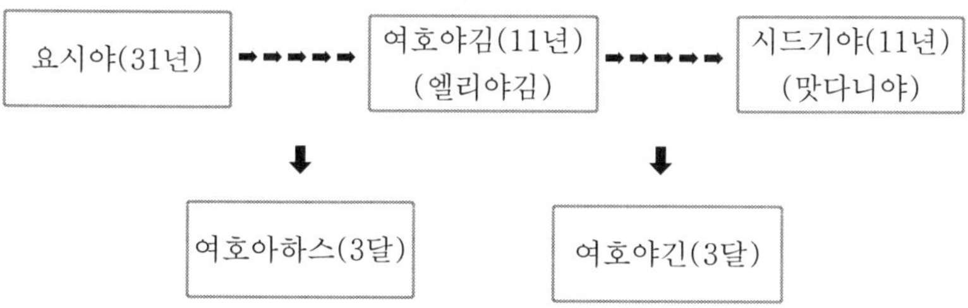

위의 도표에서 볼 수 있듯이 여호야김과 시드기야 왕 외에도 요시야의 아들인 여호아하스와 여호야김의 아들인 여호야긴이라는 왕들이 왕위에 올랐었지만, 이들에 대해서는 예레미야가 예언을 선포할 만큼 통치가 길지 못하였다. 여호아하스는 3개월을 왕위에 있다가 이집트의 바로 느고에 의해 이집트로 끌려갔고, 여호야긴 또한 3개월 만에 바벨론의 느브갓네살에 의해 바벨론으로 끌려가는 비운을 맞이하기 때문이다. 그러므로 예레미야의 예언은 주로 세 명의 왕들인 요시야, 여호야김 그리고 시드기야를 향한 것이다. 이 세 명의 왕 중에서도 여호야김과 시드기야를 향한 예언 선포가 예레미야서의 주류를 이루고 있다. 그 이유는 남유다의 마지막 운명이 바로 이 두 명의 왕에게 달려 있기 때문이다.

전기예언서인 열왕기하의 이야기를 통해 우리가 이미 잘 알고 있는바, 요시야 왕은 철저하게 여호와 하나님을 향하여 우상을 철폐하는 종교개혁을 실시했다. 하지만 므낫세의 악행이 그 도를 넘어서서 더 이상 생존할 수 없는 지경에까지 이르렀다. 그러나 요시야의 철저한 회개와 그 회개의 열매는 하나님의 마음을 움직였고, 그의 때에는 결단코 멸망에 이르게 하지는 않을 것이라는 약속을 받는다. 이제 요시야의 후손들에게 주어진 과제가 있다면, 누구든지 요시야와 같은 회개와 철저한 종교개혁의 길을 걷는다면 바벨론이 아무리 거세게 밀어붙여도, 결국은 히스기야 왕 때의 앗시리아처럼 철저하게 무너지고 말 것이며, 하나님의 백성은 놀라운 구원의 역사를 맞이할 것이라는 희망이 있다. 하지만 그 길은 요시야 왕이 보여준 그 본을 따르는 것이며, 여기 요시야가 회개의 길로 나갈 수 있게 했던 선지자 예레미야가 동일하게 서 있다. 먼저 예레미야와 요시야의 관계를 살펴보고, 그 후의 왕들의 이야기를 살펴볼 필요가 있겠다.

1) 선지자 예레미야의 소명

예레미야가 소명을 받는 이야기를 추적해 보면 흥미로운 사실 한 가지를 발견하게 된다. 그의 소명 이야기가 이스라엘 역사 속에서 나타났던 누군가를 생각나게 한다는 사실이다. 그것이 또한 예레미야를 세우신 하나님의 목적일 것이며, 그의 예언을 듣는 자들이 이루어 내야 할 사명인 것이다. 그 내용은 다음과 같다.

(1) 첫 번째로, 예레미야가 예언활동을 한 것으로 추정되는 기간이 주어져 있다. 요시야가 다스린지 십삼 년 째 되는 해부터 예루살렘이 사로잡히는 시드기야 왕 십일 년까지의 기나긴 시간 동안이다. 정확한 해로 환산해보자면 요시야 왕이 BC 640-609년까지 31년을 통치했고 그의 13년째 되는 해는 627년경이 되고, 유다의 멸망인 시드기야 11년은 587년이다. 그러므로 40년의 세월 동안 예레미야는 예언자로서 활동을 한 셈이 된다. 그의 사역 기간은 의미 깊게도 이스라엘의 구원사를 이끈 어떤 인물의 활동기간과 일치한다.

(2) 두 번째로, 그의 소명 받는 이야기 또한 그 누군가의 이야기와 흡사하다. 소명이 주어지고, 소명에 대한 예언자의 거부가 나타나고, 그리고 함께 하시겠다는 언약이 더불어 주어지게 된다(렘 1:4-8; 출 3:9-12; 4:10-12). 그리고 그 거부에 대한 이유가 "말을 잘 할 줄을 알지 못한다"라는 것이다. 점점 예레미야가 소명 받는 이야기가 이스라엘의 위대한 지도자인 모세와 흡사하다는 점을 발견할 수 있다. 모세가 여러 번에 걸쳐 변명한 "나는 입이 뻣뻣하고 혀가 둔한 자니이다"(출 4:10; 6:12, 30)라는 말과 동일하다.

① 탄생 전부터 알았고, 열방의 선지자로 성별되었음
② 나는 아이라 말할 줄을 알지 못하나이다
③ 내가 너와 함께 하여 너를 구원하리라

(출 3:12; 4:11 - 이제 가라 내가 네 입과 함께 있어서 할 말을 가르치리라)

여기서 모태에 짓기 전에 알았다(יָדַע 야다)는 것은 예레미야의 모든 것을 다 이해하고 있다는 표현이다. 단순히 지적인 앎의 차원이 아니라, 감정, 생각, 의도까지도 다 알고 이해하고 있다는 것이다. '성별되다'(קָדַשׁ 콰다쉬)라는 단어는 '거룩하게 하다'라는 것으로 전적으로 특별한 목적을 위해 구별된 것을 의미한다. 특히 그 구별은 오직 하나님만을 위한 사용을 위해 선별된 것을 뜻한다. 즉, 일상적인 쓰임새에서 벗어나서 특별히 취급받게 되었다는 뜻이며, 하나님께서 특별히 쓰시기 위해 따로 떼어 놓았음을 의미하는 종교적인 개념이다. 열방의 선지자라는 것은 맹목적인 국수주의자들이나 편협한 민족주의자들과는 다른 길을 걸어야 한다는 것을 말한다. 거짓 선지자들처럼 오직 근시안적으로 자신의 백성만을 위한 말씀 선포여서는 안 된다는 것이다(렘 27:16; 29:5-7; 37:19; 38:1-6). 그리고 하나님의 종은 전 세계를 향하신 하나님의 뜻을 간파하고 전해야 한다. 예레미야가 바벨론을 들어 쓰시는 하나님의 섭리를 볼 수 있었던 것도 결코 우연은 아닌 것이다. 거짓 예언자는 자기 백성의 안전만 추구하는 폐쇄적인 시각을 가지고 있지만, 참예언자는 세계 역사라는 넓은 차원의 맥락에 기초한 하나님의 시각을 가져야 한다.

여기서 예레미야가 언어 능력이 부족한 이유로 제시하고 있는 "나는 아이라 말할 줄을 알지 못하나이다"(비교, 왕상 3:7)는 예레미야가 실제로 언어 능력에 문제가 있다는 것보다는 예언자로서의 그의 길이 전폭적으로 그를 부르신 하나님께 의존하고 있음을 보여주는 것이다.[79] "소명기사에서 부름을 받는 자들의 이의제기는 소명 사건을 이스라엘의 역사에 개입하시는 하나님의 사건으로 이해하도록 만들어주는 역할을 담당하며, 이 점에 있어서 예레미야의 이의 제기도 예외가 아니다."[80] 나는 아이라는 말 속에는 자신은 아무것도 할 수 없다는 의미를 담고 있다. 이것은 하나님의 소명은 결코 인간의 능력으로 이루어지는 것이 아님을 입증하고자 함이며, 또한 그 일은 하나님의 일이라는 것을 보이고자 하는 의도가 있다.

예레미야의 이러한 자신의 부족함에 대한 두려움의 표출에 대해서 하나님께서는 달리 말씀하신다.

*** 예레미야: 나는 아이라 말할 줄을 알지 못하나이다(렘 1:6)**

*** 하 나 님: 너는 아이라 말하지 말고 내가 너를 누구에게 보내든지 너는 가며 내가 네게 무엇을 명하든지 너는 말할지니라 너는 그들 때문에 두려워하지 말라 내가 너와 함께 하여 너를 구원하리라(렘 1:7-8)**

여기서 예레미야의 '내가'와 하나님의 '내가'가 부딪친다. 이러한 두 '내가'의 부딪침은 고대로부터 지금까지 늘 있어왔던 일이다.[81] 하지만 하나님의 '내가'라는 말에 순종하고 믿음으로 나아가는 사람을 통하여 하나님의 새 역사는 이루어진다. 우리는 우리가 일을 하는 것으로 착각하지만, 하나님께서는 자신의 일을 진행해 줄 사람이 필요하신 것이다. 하나님께서 "하라, 가라"라고 명령하실 때에는 준비가 된 것이다. 이제는 순종만이 남아있는 것이다. 부르심 받은 자는 자신의 능력이 아닌, 부르신 자의 능력에 의존해야 한다. 이처럼 보냄을 받은 자에게 주어진 소명이 있다면, 하나님이 가라고 하는 곳에 가서, 전하라고 하신 말씀을 전하는 것뿐이다. 즉, 하나님의 사람들에게는 말씀의 정확도가 말씀의 전달력이나 설득력보다 훨씬 더 중요한 것이다.

(3) 세 번째로, 소명의 확증으로 특이한 행동을 여호와께서 행하신다.

> 네게 무엇을 명하든지 너는 말할찌니라…여호와께서 그 손을 내밀어 내 입에 대시며 내게 이르시되 보라 내가 내 말을 네 입에 두었노라 (렘 1:7, 9).

"내 말을 네 입에 두었다"라는 이 표현에 등장하는 동일한 단어를 그대로 사용한 예는 신명기 18:18절로 여호와께서 모세에게 후에 모세와 같은 선지자를 세우실텐데 그에게 바로 이와 같이 하실 것이라는 예고이다.

> 내가 그들의 형제 중에 너와 같은 선지자 하나를 그들을 위하여 일으키고 내 말을 그 입에 두리니 내가 그에게 명령하는 것을 그가 무리에게 다 고하리라

이 표현은 오직 신명기에서 모세와 같은 선지자를 세우시겠다는 구절과 예레미야의 소명사건에만 나타나는 히브리어 표현이다. 성경의 그 어디에도 더 이상 등장하지 않는 희귀한 표현법이다.

이와 유사한 상징행동으로 소명을 받은 선지자로는 에스

겔을 들 수 있다. 하나님께서 자신의 말씀을 예레미야의 입술에 두시겠다는 증표로 그 손을 내밀어 예레미야의 입에 대신다. 이와 유사하게 에스겔은 하나님의 말씀이 기록된 두루마리를 받아먹으라 하신 다음에 가서 말씀을 전하라고 하신다(겔 3:1-3). 이것은 예언자로 부름을 받는 그 순간에 이들에게는 앞으로 선포하게 될 모든 말씀이 다 주어진 것을 상징한다. 이들의 표적 행위에는 예레미야와 에스겔에 대한 여호와의 참된 예언자로서의 평가가 이미 내포되어 있음을 알 수 있다. 자기 말을 하는 거짓 예언자들과 달리 예레미야와 에스겔은 하나님에게서 받은 말씀만 전한 참된 예언자들이 되는 것이다(**내가 그에게 명령하는 것을 그가 무리에게 다 고하리라**). 다른 예언서에는 거의 나타나지 않는 거짓 예언자들과의 논쟁이 예레미야서와 에스겔서에는 거듭 등장하고 있다는 점이 이를 잘 입증한다(렘 6:13-14; 14:13-16; 23:16-22; 27:10, 14-16; 28:1-17; 29:9; 겔 12:21-28; 13:1-23).[82] 이러한 말씀에 대한 확증은 소명 이야기의 목적이 소명 체험 그 자체를 통해 예언자의 정통성을 입증하기 보다는 이미 수집된 말씀들에 대한 정통성을 입증하기 위한 것임을 확인해 볼 수 있다. 즉, 예레미야서 안에 결집되어 있는 말씀은 예레미야 자신이 임의로 창작한 것이 아니라, 하나님께서 전능하신 손으로 그의 입술에 담아주신 말씀인 것이다. 그러므로 예레미야의 입에서 나오는 말씀은 단순한 인간의 말이 아니라 하나님의 능하신 손으로 주어진 것이기에 그 말씀은 그 능하신 손이 한 일들을 이루는 도구가 될 것이다(렘 23:25-32).

여호와의 말씀이니라 내 말이 불 같지 아니하냐 바위를 쳐서 부스러뜨리는 방망이 같지 아니하냐(렘 23:29).

그러므로 예레미야의 소명 이야기는 예언자로서의 자격을 인준하는 목표라기보다는, 오히려 그 안에 기록된 말씀들이 전적으로 신적인 권위 아래 있는 것임을 강조하기 위함이다.[83] 예레미야의 이름으로 선포된 모든 말씀들은 진실로 여호와께서 그의 입에 넣어 준 말씀들이라는 것이다. 그리고 예레미야의 소명 이야기는 하나님의 역사 활동을 유다라는 협소한 틀을 넘어 세계경영이라는 거시적 안목에서 보도록 해준다.[84]

그렇다면 이 안에 들어 있는 모든 말씀은 반드시 이루어진다는 것을 입증한다. 그것은 여호와의 심판과 징계의 선언들이 실제로 유다에 이루어졌다는 것을 통해 알 수 있다. 북방의 적에 의해 이루어진다는 것이 이루어 졌기에, 그보다 더 중요한 것은 이제 무너진 것을 넘어서 회복이라는 이상도 반드시 이루어질 것임을 기대할 수 있다(렘 30-33장).

예레미야는 이처럼 여호와의 말씀(דְּבַר־יהוה; The Word of Yahweh)에 사로잡힌 사람이다. 이 말씀이 그의 삶 전체를 이끌고 가며 고통과 좌절, 슬픔과 눈물, 탄식, 불평까지 만들어낸다. 그러므로 예레미야의 정체성은 바로 여호와의 말씀에 있다. 이것은 현대를 살아가는 우리에게도 동일한 정체성이 되어야 할 것이다. 그 여호와의 말씀으로 인해 존경과 신망을 다 잃고 배척당해 홀로 앉아 있는 예레미야처럼 진실한 여호와의 종으로 오직 타협과 굴종이 아닌 용기와 담대함으로 주의 말씀을 전해야 한다(렘 15:15-18).

(4) 이제 예레미야는 하나님께서 보내신 수많은 기회였던 선지자들 중에서 마지막 기회임을 예레미야서는 수차례에 걸쳐서 강조하고 있다(렘 7:25-26; 25:4; 26:5-6; 29:19; 35:15; 44:4-6). 유다는 역사의 마지막 순간에 다시 하나님께로부터 모세와 같은 선지자를 만날 수 있는 기회를 허락하셨다. 이제 더 이상의 기회는 없을 것이라는 점을 새겨야 한다.

(5) 그러나 모세가 이집트에서 가나안까지 이스라엘을 이끌고 가는 역할을 감당했다면, 즉 죄에 속한 땅, 탄식의 땅에서 축복의 땅으로 이끌었다면, 안타깝게도 예레미야는 정반대의 삶을 살고 있다. 가나안 땅에서 강제로 끌려 이집트 땅으로 가서 생애를 마감하게 된다. 모세가 걸었던 삶에 대한 반전이 예레미야의 삶 속에 펼쳐지고 있는 것이다. 이것이 예레미야를 고통스럽게 하며, 절규하고, 눈물을 쏟게 만드는 요인이 된 것이다. 마지막 모세의 사명을 받고, 쓰러져가는 하나님의 백성을 지키기 위함이었는데, 그가 예언의 말씀을 전하면 전할수록 백성들은 듣지 않고, 조상들이 빠져 나왔던 곳으로 역행하여 돌아가고 있기 때문이다.

이를 통해 볼 때 예레미야는 하나님의 백성 이스라엘이 시작되도록 자신의 모든 것을 다 바쳐 헌신했던 모세의 모습을 무척이나 많이 닮아 있다. 특이하게도 모세가 시작을 열었다면, 이제 예레미야는 그 마지막을 지켜보는 역할을 담당해야 한다는 것이 그에게는 아픔이요, 고통인 것이다. 이스라엘을 이집트로부터 탈출시켜 결국은 가나안 땅의 문턱까지 데려갔던 모세 그리고 그들에게 절대로 하나님이 주신 율법을 어기지 말아서 주시는 그 땅에서 영구히 살기를 바라는 염원을 남기고, 역사의 뒤안길로 사라져 간 사람이 바로 모세였다. 그런데 예레미야는 하나님께서 허락하신 그 땅에서 북이스라엘이 먼저 율법을 어김으로 멸망을 당했고, 이제 유다 또한 동일한 죄악으로 동일한 운명선상에 서 있고, 그들이 빠져나왔던 그 이집트 땅으로 다시 돌아가는 시점에서 예언자의 역할을 감당했다는 것이다. 예레미야는 결국 모세가 하나님의 은혜로 탈출했던 그 이집트 땅으로 멸망의 비운과 함께 불순종하는 백성들의 손에 강제로 끌려 다시 이집트로 돌아가는 모세와 같은 선지자의 반전된 모습을 보여준다. 모세가 걸어왔던 그 길을 다시 되돌아가는 비운을 맞이하게 되는 것이 예레미야의 아픔이 되는 것이며, 이것이 그의 사역을 더욱더 애절하게 만드는 요소가 된다.

이러한 역사의 반전을 만들고 싶지 않은 그의 간절한 소망이 하나님의 말씀과 어우러져서 예레미야의 예언을 만들어 낸다. 자신이 어떤 소명을 받았는지를 알고 있는 사람, 그 사람은 자신의 삶을 헌신적으로 살아가게 되며, 더욱 절박하고, 애절한 삶을 살게 된다. 하나님께서 자신을 통해 무엇을 이루시기를 원하시는지를 알기 때문이다.

2) 예레미야의 선포

예레미야의 소명 이야기에는 두 가지의 환상이야기가 들어가 있다. 첫 번째 것은 하나님께서 '살구나무(שָׁקֵד 샤퀘드) 가지'를 보여주시며 무엇을 보느냐고 여쭈신다. 예레미야는 "살구나무 가지를 본다"라고 대답하고, 하나님께서는 옳다고 하신다. 그리고는 여호와께서 "내가 내 말을 지켜 그대로 이루려 한다"고 말씀하신다(렘 1:11-12). 이것은 언어의 유희로 '살구나무'는 히브리어 발음으로 '샤퀘드'(שָׁקֵד)로 "내가 내 말을 지켜 그대로 이루려 함이라"에서 '지켜보다'(watching)라는 동사 '쇼퀘드'(שֹׁקֵד)와 자음배열이 똑같다.[85)]

성막의 등잔대에 살구꽃 형상을 아로새기는 것은 분명 하나님께서 빛으로 함께하시며 지켜보신다는 의미가 있을 것이며(출 25:33, 34), 결국은 살구 열매가 맺힌 아론의 싹난 지팡이 또한 하나님께서 지켜보신다는 의미가 들어가 있을 것이다(민 17:8). 예레미야의 소명사건에서 그가 보는 환상 중에 하나인 살구나무 가지 또한 이러한 신학적인 의미가 들어가 있다. 예레미야가 살던 아나돗이라는 곳에도 마을 주변으로 이 살구나무는 무성했을 것이다. 하나님께서 흔히 볼 수 있는 것으로 우리의 신앙을 바로잡는 다는 것이 의미가 있다. 늘 볼 수 있는 것을 통해 하나님의 음성을 듣는 법을 배울 때 우리 또한 예레미야 같은 선지자의 사명을 담당할 수 있는 것이다. 예레미야가 해마다 제일 빨리 꽃이 피는 살구나무를 볼 때마다 하나님께서 자신의 백성을 지켜보시며 자신의 뜻을 반드시 이루신다는 것을 깨달았듯이 우리 또한 그런 경각심을 가져야 한다(40년 동안이다). 그리고 하나님의 백성으로서 무엇을 보여드릴 것인지를 결정해야만 한다.

두 번째로는 북에서부터 기울어져 있는 펄펄 끓는 가마솥을 보여주신다. 지금 도저히 피할 수 없는 재앙이 쏟아지기 직전이라는 암시를 주신다. 하나님께서 자신의 백성을 지켜보시며(שָׁקֵד 샤퀘드) 재앙의 때를 기다리고 계신다는 불길한 메시지이다.

이 북쪽의 끓는 가마솥의 상징은 이내 분명하게 밝혀진다.

> 내가 북방 왕국들의 모든 족속들을 부를 것인즉 그들이 와서 예루살렘 성문 어귀에 각기 자리를 정하고 그 사방 모든 성벽과 유다 모든 성읍들을 치리라 여호와의 말이니라(렘 1:15).

전쟁이다. 그것도 도저히 당해낼 수 없는 침공이다. 부글부글 끓는 물을 막아낼 재간이 어디 있겠는가? 쏟아져 내리는 찬물도 당해내기 힘든데(쓰나미를 생각해 보라), 끓는 물이야 오죽할까!(쓰나미가 끓는 물로 휩쓴다면) 이정도로 지금 감당할 수 없는 재앙이 쏟아져 내릴 시간만 기다리고 있다는 것이다. 히스기야 시절에 내정되었고, 므낫세 시절에 쐐기가 박힌 유다의 운명, 북방에서 쏟아져 내려올 바벨론의 침공이 눈앞에 와있다. 선지자의 사명은 바로 이것이다. 지켜보시는 하나님의 마음을 흡족하게 함으로 쏟아지기로 예정된 재앙을 돌이키는 것이다.

그렇다면 예레미야는 끊임없이 나팔을 불어대는 파수꾼의 역할을 맡아야 할 필요가 있다. 곧 쏟아지려하는 재앙의 순간을 피하게 하기 위한 몸부림이 있어야 한다는 것이다. 그러나 백성의 어느 누구도 이러한 재앙의 긴박함을 볼 수 있는 사람은 없고, 오직 예언자만이 이것을 본다는 것이 문제이다. 이런 상황 속에서는 당연히 갈등과 대립이 존재할 수밖에 없다. 보는 자와 보지 못하는 자는 다른 삶의 방향을 걸을 것이기 때문이다. 한 명의 예언자와 다수의 군중이 대립하면 어떤 일이 벌어지겠는가? 당연히 한 명이 괴로움을 당하게 될 것은 뻔하다.

> 내가 나의 심판을 베풀어 그들의 모든 죄악을 징계하리라 그러므로 너는 네 허리를 동이고 일어나 내가 네게 명한 바를 다 그들에게 고하라 그들을 인하여 두려워 말라 두렵건대 내가 너로 그들 앞에서 두려움을 당하게 할까 하노라(렘 1:16,17).

이것이 예레미야가 씨름했던 자신의 사명이다. 그러나 그는 지지 않는다. 왜냐하면 여호와께서 그를 견고한 성읍, 쇠기둥, 놋성벽이 되게 하셔서 어떠한 사람이 공격해도 이기지 못하는 사람으로 세우시고, 함께하시며, 구원하시겠다고 약속하셨기 때문이다(렘 1:18-19). 온 땅과 유다 왕들, 그 지도자들, 제사장들과 거짓 선지자들 그리고 그 땅 모든 백성들이 그를 향해 반기를 들고 달려들 것이다. 그러나 예레미야는 그의 이름 '이르메야후'(יִרְמְיָהוּ), 즉 '세운다'(רום 룸)와 '여호와'(יהוה 야훼)의 합성어로 "여호와께서 세우신다"는 약속처럼 서있을 것이고, 그들은 자신의 죄악으로 결국 쓰러져 멸망하고 말 것이다. 그리고 그 순간까지 예언자는 자신의 소명을 멈추지 않을 것이다.

하나님의 소명을 받은 예레미야가 서있는 자리가 바로 이곳이다. 하나님께서는 지켜보시고 계시고, 북방에서의 끓는 물은 쏟아져 내릴 준비를 하고 있기에 그는 멈출 수 없고, 멈추어서도 안 된다. 그에게는 이러한 사실을 경고해야만 할 파수꾼의 사명이 있는 것이다. 유다가 걸어가고 있는 불신앙의 길에서 그들을 최선을 다해 돌이켜야 하는 것이다.

> 무리가 나를 버리고 다른 신들에게 분향하며 자기 손으로 만든

것들에 절하였은즉 내가 나의 심판을 그들에게 선고하여 그들의 모든 죄악을 징계하리라(렘 1:16).

다른 신앙은 다른 가치관을 만들어 낸다. 다른 주장과 다른 삶의 방식을 추구하는 것이다. 그러나 하나님의 말씀을 떠난 삶의 방식은 다른 것이 아니라, 틀린 것이라는 결론에 도달하고 말 것이다. 예레미야서는 바로 이러한 방향을 향하여 나아간다. 이스라엘이 하나님을 버림으로 그들이 어떻게 변해 가는가를 보여주고 있다. 그 분명한 삶의 행태는 계속해서 예레미야의 공격의 대상이 될 것이다. 우상숭배는 모든 것을 파괴시키는 위력을 갖고 있기 때문이다.

3) 선지자 예레미야와 요시야 왕

하나님의 백성 유다가 부여받은 마지막 기회인 모세의 화신인 예레미야는 요시야 왕 13년부터 이러한 하나님의 예언을 선포한다. 이 선포에 어떻게 응답하느냐에 따라 나라의 운명이 뒤바뀌는 것이다. 그런데 요시야가 반응을 보인다. 요시야의 개혁이 시작된 것이다. 그 상세한 상황은 열왕기하 22장에 잘 명시되어 있다.

요시야 왕 열여덟째 해에 왕이 므술람의 손자 아살리야의 아들 서기관 사반을 여호와의 성전에 보내며 이르되 너는 대제사장 힐기야에게 올라가서 백성이 여호와의 성전에 드린 은 곧 문 지킨 자가 수납한 은을 계산하여 여호와의 성전에 있는 작업자에

> 게 주어 성전에 부숴진 것을 수리하게 하되 곧 목수와 건축자와 미장이에게 주게 하고 또 재목과 다듬은 돌을 사서 그 성전을 수리하게 하라(왕하 22:3-6).

여기서 연대기를 살펴보면, 예레미야가 요시야 왕 13년부터 선포를 시작했고, 요시야는 드디어 통치 18년에 성전수리를 시작하는 것으로 개혁 작업에 착수하고 있다. 예레미야가 모세의 정신으로 열정적인 선포를 한지 6년째 되는 해이다. 그리고 모세의 정신은 예레미야에게서 요시야에게로 불붙듯이 전파되어 요시야는 성전수리 중 발견한 모세의 율법을 준수하는데 최고의 왕이 된다. 예레미야의 예언은 실로 성공적이었다. 그리고 요시야는 예레미야에게 가장 모범적인 왕도를 보여준 왕이 되었다.

그러나 요시야의 개혁이 완성되기 전에 그는 이집트의 바로 느고에 의해 살해당하고, 그 개혁의 소명은 그의 아들들에게로 넘겨진다. 누가 철저한 개혁을 이어감으로 바벨론의 진군을 막아낼 것인가가 과제로 남아있다. 히스기야 왕은 앗시리아를 하나님을 향한 철저한 신뢰로 격퇴하였으나, 바벨론을 끌어들였고, 그의 아들 므낫세는 바벨론의 침공을 기정사실로 만들고 사라졌기 때문이다. 요시야는 죽고, 예레미야는 남아있다. 예레미야는 이제 요시야의 아들들을 독려하여 그 개혁에 박차를 가하며, 완성의 길로 가게 해야 할 소명이 있다. 그래야만 마지막 기회를 유다가 놓치지 않을 것이기 때문이다. 이제 유다의 운명은 두 왕의 어깨에 고스란히 놓여져 있다. 두 왕 다 각각 11년씩 통치하며, 충분한 역량을 발휘할 시간을 부여받았다. 그들은 바로 여호야김과 시드기야이다. 예레미야는 이들에게 그들의 아버지 요시야의 본을 따르라고 촉구한다.

> 네가 백향목을 많이 사용하여 왕이 될 수 있겠느냐 네 아버지가 먹거나 마시지 아니하였으며 정의와 공의를 행하지 아니하였느냐 그 때에 그가 형통하였었느니라 그는 가난한 자와 궁핍한 자를 변호하고 형통하였나니 이것이 나를 앎이 아니냐 여호와의 말씀이니라(렘 22:15-16).

그러나 선택은 이 두 왕에게 달려있다.

4) 선지자 예레미야와 유다의 여호야김 왕과 시드기야 왕

예레미야서의 후반부는 요시야의 뒤를 잇는 두 왕인 여호야김과 시드기야의 이야기로 가득하다. 왜냐하면 이들의 선택에 따라 유다의 운명이 달라지기 때문이다. 마지막 모세인 예레미야의 예언 선포를 따라 모세 율법의 추종자가 되었던 요시야의 뒤를 따를 것인가, 아니면 자신들 마음대로 살다가 하나님의 징계의 도구인 바벨론에 의해 모든 것이 끝날 것인가가 달려있다. 그래서 예레미야서의 후반부는 여호야김과 시드기야 왕을 오가며 이들의 결정과 선택을 보여준다.

*** 렘 25:1 여호야김 4년**

*** 렘 26:1 여호야김 원년**

*** 렘 28:1 시드기야 4년**

*** 렘 32:1 시드기야 10년**

* **렘 35:1 여호야김 때**
* **렘 36:1 여호야김 4년**
* **렘 37:1 시드기야 때**
* **렘 39:1 시드기야 9년**

이렇게 예레미야서는 여호야김과 시드기야 사이에서 그 운명이 어찌 될 것인가에 대한 긴장감을 제공하고 있다. 그러나 이들의 마지막 선택은 아버지 요시야의 길을 버리고 불순종의 길로 나아가는 것이었다. 그 중에 가장 치명적인 것이 바로 여호야김 4년의 일이다. 여호야김 4년이 역사의 분수령이 되는 이유는 멸망의 그림자가 드리워지고 있기 때문이다.

> 유다의 왕 요시야의 아들 여호야김 넷째 해 곧 바벨론의 왕 느부갓네살 원년에 유다의 모든 백성에 관한 말씀이 예레미야에게 임하니라(렘 25:1).

여호야김 4년은 바벨론의 느브갓네살이 왕으로 등극하는 해였다. 이러한 세계사의 흐름을 파악하고 있다면 히스기야 때부터 놓인 멸망의 길이 지금 북방에서 부글부글 끓어오르며 쏟아질 준비가 이루어지고 있다는 것이다.

여호와께서 예레미야에게 여호야김 4년에 지금까지 한 모든 예언을 글로 기록하여 여호야김 왕에게 읽어주라고 하신다(렘 36:1). 혹시 말로 듣는 것보다, 글로 읽어주면 더욱 분명하게 깨달을 수 있을 것이란 생각에서였다. 그러나 여호야김은 그 글을 읽을 때마다, 두루마리를 자신의 작은 칼로 조각조각으로 잘라내어 자신의 앞에 놓여있는 화로에 던져버리는 것이었다. 그 예레미야의 예언 속에는 바벨론의 침공과 임박한 유다의 멸망이 적혀 있었다.

> 또 유다의 여호야김 왕에 대하여 이와 같이 말하기를 여호와의 말씀에 네가 이 두루마리를 불사르며 말하기를 네가 어찌하여 바벨론의 왕이 반드시 와서 이 땅을 멸하고 사람과 짐승을 이 땅에서 없어지게 하리라 하는 말을 이 두루마리에 기록하였느냐 하도다(렘 36:29).

이제 바벨론의 침공은 기정사실이 되기 시작한다. 이렇게 여호야김 때부터 하나님의 말씀에 대한 불순종이 활개를 치고, 결국 시드기야 왕 또한 동일한 길을 가며, 바벨론은 바로 코앞까지 와있다. 그럼에도 예레미야는 시드기야 왕에게 살 길을 제시한다.

> 예레미야가 시드기야에게 이르되 만군의 하나님이신 이스라엘의 하나님 여호와께서 이와 같이 말씀하시되 네가 만일 바벨론의 왕의 고관들에게 항복하면 네 생명이 살겠고 이 성이 불사름을 당하지 아니하겠고 너와 네 가족이 살려니와 네가 만일 나가서 바벨론의 왕의 고관들에게 항복하지 아니하면 이 성이 갈대아인의 손에 넘어가리니 그들이 이 성을 불사를 것이며 너는 그들의 손을 벗어나지 못하리라(렘 38:17-18).

이렇게 예레미야가 선언함에도 시드기야 또한 그 말을 듣지 않는다.

> 시드기야 왕이 예레미야에게 이르되 나는 갈대아인에게 항복한 유다인들을 두려워하노라 염려하건대 갈대아인이 나를 그들의 손에 넘기면 그들이 나를 조롱할까 하노라 하는지라(렘 38:19).

이처럼 시드기야는 여호와 하나님을 두려워하는 것이 아니라, 사람을 두려워하는 어리석음으로 불순종의 길을 걷고, 마침내 유다 또한 망국으로 가고 만다. 그렇다면 이제 희망은 어디에 있는가? 하나님의 백성도, 하나님의 나라도 이제 모든 것이 끝난 것인가? 예레미야서는 그렇게 말하지 않는다.

5) 희망을 향하여

예레미야 24장은 미래의 희망이 어디에서부터 기인하는 것인가를 잘 보여주고 있다. 누가 미래의 희망인가라는 측면에서 여호와께서 예레미야에게 무화과 두 광주리를 보여주신다. 한 광주리에는 극히 좋은 무화과가 가득하고, 다른 광주리에는 나빠서 먹을 수 없는 극히 나쁜 무화과가 가득하다. 그 해석은 좋은 무화과는 여호야긴 왕과 함께 바벨론에 포로로 잡혀간 사람들을 뜻하고, 나쁜 무화과는 시드기야와 함께 유다 땅에 남아 있는 사람들과 이집트로 내려간 사람들이다.

왜 이런 구별이 발생하는 것인가? 그것은 시드기야와 함께 남아있는 잔류민들이 어떤 행동을 하는지만 보아도 이미 그 구별선이 뚜렷하다. 그렇다면 여호야긴과 함께 바벨론에 포로로 잡혀간 사람들은 이들보다 더 낫다는 것인가? 그렇지 않다. 포로가 되었다는 것은 불순종의 결과이므로 결코 포로민이 잔류민들보다 신앙적으로 더 낫다고 말할 수는 없다. 그러나 차이점을 들라고 한다면, 잔류민들은 계속해서 거역으로 나아가고 있다면, 포로민들은 그 거역으로 나아가는 길에서 이제는 심판을 받고, 징계의 길을 걷고 있다는 것이다. 그래서 예레미야는 포로민들에게 편지를 보내 그들이 어떻게 하나님의 징계를 잘 견뎌내야 할 것인지에 대해 신신당부하기까지 한다.

> 너희는 집을 짓고 거기에 살며 텃밭을 만들고 그 열매를 먹으라 아내를 맞이하여 자녀를 낳으며 너희 아들이 아내를 맞이하며 너희 딸이 남편을 맞아 그들로 자녀를 낳게 하여 너희가 거기에서 번성하고 줄어들지 아니하게 하라 너희는 내가 사로잡혀 가게 한 그 성읍의 평안을 구하고 그를 위하여 여호와께 기도하라 이는 그 성읍이 평안함으로 너희도 평안할 것임이라…여호와께서 이와 같이 말씀하시니라 바벨론에서 칠십 년이 차면 내가 너희를 돌보고 나의 선한 말을 너희에게 성취하여 너희를 이곳으로 돌아오게 하리라(렘 29:5-10).

포로기는 70년의 기간이 될 것이며, 이 기간은 한 사람이 아내를 맞아 자녀를 낳고, 또 자녀들이 자라 결혼하여 자녀를 낳게 되는 3-4대가 흘러가는 시간이다. 이것은 "인자를 천대까지 베풀며 악과 과실과 죄를 용서하리라 그러나 벌을 면제하지는 아니하고 아버지의 악행을 자손 삼사 대까지 보응하리라"(출 20:5; 34:7; 신 5:9)고 하신 말씀의 실행이다. 포로로 잡혀간 자들은 이렇게 죄악의 잔재를 씻어내는 징벌을 받고 있는 것이다.

이에 반해 시드기야와 함께 남았던 사람들의 계속적인 거역은 망국으로 가는 길을 열었고, 그리고 포로로 잡혀가고 남은 잔류민들은 바벨론이 세운 총독 그다랴가 살해되면서, 바벨론의 보복이 두려워 이집트로 내려가려 한다. 이 때 어린 자로부터 큰 자까지 모두 예레미야에게 몰려와 그 땅에 남아야 할지, 이집트로 내려가야 할지, 하나님의 뜻이 무엇인지를 묻는다. 그리고 하나님의 뜻이 자신들에게 좋든지, 좋지 않든지 무조건 순종하겠다고 말한다(렘 42:1-6). 예레미야를 통해 하나님께서 내려가지 말고 유다 땅에 남으면 복을 주시겠다고 하심에도 불구하고, 이들은 이구동성으로 자신들을 바벨론에 넘기려는 수작이라고, 여호와의 말씀을 거짓으로 일축하고 예레미야까지 끌고 이집트로 내려간다(렘 43-44장). 그리고 그들은 그곳에서 우상숭배에 다시 빠져들어 간다(렘 44:24-27). 이렇게 하나님의 백성은 두 장소로 돌아가는 것으로 그 끝에 이른다. 바로 바벨론과 이집트이며, 약속의 땅은 하나님의 백성이 사라짐으로 잠정적으로 빈 땅이 되고 말았다. 자신들의 조상들이 나왔던 그 장소로 다시 돌아간 것이다. 이스라엘의 시조인 아브라함이 갈대아 우르에서 부름 받았고, 또 이스라엘 민족이 이집트에서 탈출하여 약속의 땅에서 하나님의 나라를 이루는 대 장정을 시작한지 몇 백 년 만에 나왔던 곳으로 다시 돌아간 것이다.

이제 미래의 희망은 어디인가? 하나님께서는 징계의 터널을 지나고 있는 바벨론 포로민들에게 그 희망을 두신다. 바벨론에 포로로 잡혀간 사람들이 좋은 무화과로 하나님 나라의 씨가 되고, 그루터기가 되어서 새로운 시작을 열어갈 것이기 때문이다. 이들을 정결하게 지키지 못하면, 미래 또한 사라지고 마는 것이다. 그러므로 미래를 위하여 좋은 무화과를 지켜야 할 필요가 있다. 여호야긴 왕과 바벨론 포로민들을 지켜야 하나님 나라의 미래가 열리는 것이다. 에스겔서가 그 뒤를 잇은 것은 이러한 목적과 무관하지 않다. 에스겔서의 시작은 예레미야서가 끝났던 그 곳에서 다시 시작하고 있음을 살펴볼 수 있다.

3. 에스겔서가 말하는 것

에스겔서는 연대기를 제공하는 것으로부터 출발한다.

> 서른째 해 넷째 달 초닷새에 내가 그발 강 가 사로잡힌 자 중에 있을 때에 하늘이 열리며 하나님의 모습이 내게 보이니 여호야긴 왕이 사로잡힌 지 오 년 그 달 초닷새라(겔 1:1-2).

에스겔은 598년에 여호야긴 왕이 바벨론에 포로가 될 때 같이 포로가 되어 잡혀간 사람이다. 에스겔의 활동은 주로 대부분이 1차 포로와(BC 598년) 2차 포로(BC 587년) 사이에 집중되어 있고, 예루살렘이 최종적으로 함락되고, 성전이 무너진 후에는 수년간 회복에 관한 예언에 집중하고 있다(BC 571년까지; 겔 29:17). 그의 전반부의 예언은 주로 예루살렘과 포로지 양쪽을 다 바라보며, 심판과 회개를 요청하였다. 하지만 동일한 시기에 예루살렘의 관점에서 포로지를 바라보며 예언을 선포했던 예레미야와는 달리 에스겔은 포로지의 관점에서 예루살렘을 바라보며 예언을 선포하는 것이 차이점이라 할 수 있다. 비록 에스겔이 환상 가운데 예루살렘을 왕래하지만 그의 주요한 청중은 바로 포로지에 그와 같이 거주하는 사람들인 것이다.

서른 째 해는 에스겔의 나이를 뜻하는 것으로 보인다. 왜냐하면 포로지에 있는 사람들이 자신들의 연대기를 여호야긴 왕이 사로잡힌 해를 기점으로 하고 있다는 점에서, 서른 째 해와 사로잡힌 지 오 년은 구별되기 때문이다. 서른 살이 제사장의 본격적인 사역이 시작되는 시점(민 4장)이라는 점에서 제사장인 에스겔의 사명 시작과 더불어 거대한 환상을 본 것이라 여겨진다. 이처럼 에스겔은 여호야긴과 함께 포로 된 좋은 무화과 열매를 지키고, 보존하기 위한 목적으로 하나님께서 포로지에 세운 선지자인 것이다. 사로잡힌 지 5년이라는 말은 70년의 기간을 향한 카운트다운을 의미한다. 먼저 에스겔의 소명과 관련된 환상을 살펴보면 하나님의 뜻을 분명하게 살펴볼 수 있다.

1) 에스겔의 환상소명

에스겔서는 하나님의 임재에 촉각을 곤두세우고 있다. 어디에 그 하나님의 임재가 거주하시는가에 따라 운명은 반전된다는 것이다. 이 하나님의 임재를 에스겔의 말로 바꾸자면 바로 '카보드'(כָּבוֹד), 즉 '영광'의 신학이다. 여호와의 영광이 현존하느냐 하지 않느냐? 그 여호와의 영광이 어디에 현존하느냐가 바로 민족의 운명을 가름 짓는 잣대로 등장하고 있는 것이다.

에스겔의 소명 이야기는 독특하다. 구약에는 하나님의 임재에 대한 많은 이야기들이 나타난다. 이것은 고대 근동의 다른 나라의 신들의 모습이나, 그 신들을 보좌하는 수행원들의 이미지와 여러 면에서 유사하기도 하다. 하지만 이스라엘의 하나님의 모습은 독특하고, 깊은 상징적인 의미를 보이고 있다는 점에서 차별성이 있다.

(1) 첫째, 하나님의 임재를 보좌하는 생물들의 생김새는 이스라엘적이기 보다는 근동, 특히 메소포타미아의 신상의 모습들에 나타나는 다양한 모습들을 보여주고 있다. 그러나 사람, 사자, 소, 독수리의 얼굴이 사면체의 각 면에 나타나는 형상은 어디에서도 찾아 볼 수 없다. 이러한 이상한 생물체는 하나님의 수레보좌를 수행하는 역할을 하는데, 그 상징적 의미는 피조세계의 모든 대표들이 집결되어 있는 것으로 해석될 수 있다. 사람은 인류, 사자는 야생동물의 대표, 소는 가축의 대표, 독수리는 조류의 대표를 의미한다면 세상 모든 피조물이 하나님의 임재와 영광을 보좌하는 것으로 볼 수 있다.[86)]

(2) 둘째, 하나님의 임재와 영광과 관련하여 다루어야 할 중요한 사항이 한 가지 있다. 그것은 다름 아닌 궁창 위의 보좌에 앉아 계신 하나님의 형상이다. 그런데 특이하게도 그 형상을 '사람의 형상'이라고 표현하고 있다. 궁창이라는 단어 '라퀴아'는 구약에서 드물게 나타나는 단어이다. 구약 전체에서 15회 나타나는데 창세기 1장에 7번(6, 7, 8, 14, 15, 17, 20) 그리고 에스겔 1장에서 4번(22, 23, 25, 26), 10:1절에서 1번을 제외하면 시편에서 두 번(19:1; 150:1), 그리고 다니엘 12:3절에서 한 번 더 나타나는 정

도이다. 그러므로 궁창이라는 단어는 창세기 1장과 에스겔 1장의 전용어와도 같이 나타나고 있음을 살펴볼 수 있다. 거기에 덧붙여서 '형상'과 '모양'이라는 단어 또한 창세기 1장과의 공통어이기도 하다. 그렇지만 창세기 1:26절에서는 사람이 '하나님의 형상'으로 지음 받았다고 되어 있으나, 에스겔 1:26절에는 하나님이 '사람의 형상'을 취하고 있다고 한다. 이것은 에스겔이 자신의 이름으로 주로 불리기보다는 '인자'(사람의 아들)로 불린다는 점과 관련이 있을 것이다. 즉, 하나님은 사람의 형상으로 나타나시고, 세상 속에서 사람의 아들을 찾으신다. 이제 이 사람은 반드시 하나님의 형상이어야 한다는 의미가 내포된 것이라 할 수 있다. 왜냐하면 하나님께서 사람의 형상이란 것은 사람이 어떠해야 하는가를 제시하는 방식이라 할 수 있기 때문이다.

(3) 셋째, 이들이 날개뿐만 아니라 바퀴까지 갖추고 있다는 것은 그 당시에 신상들을 실어 나르는 웅장한 수레와 화려한 치장을 연상시키기도 한다. 이러한 의미와 더불어서 에스겔 1장에 나타나 있는 에스겔의 환상 비전은 그 장소가 바벨론 그발 강 가라는 것에 의미가 있다. 하나님의 현존을 포로지에서도 경험할 수 있다는 것은 이스라엘 신학의 새로움이라 할 수 있기 때문이다. 이것은 시편의 탄식에서 역력히 살펴볼 수 있다.

> 우리가 바벨론의 여러 강변 거기 앉아서 시온을 기억하며 울었도다 그 중의 버드나무에 우리가 우리의 수금을 걸었나니 이는 우리를 사로잡은 자가 거기서 우리에게 노래를 청하며 우리를

황폐케 한 자가 기쁨을 청하고 자기들을 위하여 시온 노래 중 하나를 노래하라 함이로다 우리가 이방에 있어서 어찌 여호와의 노래를 부를꼬 (시 137:1-4).

이사야가 예루살렘 성전에서 여호와의 현존에 대한 환상을 본 것에 비교한다면 이것은 획기적인 사실이기도 하다(사 6장). 그리고 미가야의 유사한 경험 또한 이스라엘 땅 안에서 일어났다면(왕상 22장), 이제 새로운 변혁의 시대를 맞이하고 있음을 짐작해 볼 수 있다. 이 환상이 예루살렘 성전이 아직도 건재한 상태에서 이루어졌다면 더욱더 그러할 것이다. 이 속에는 긍정과 부정의 요소가 다 자리하고 있는데, 긍정은 포로지에서도 하나님의 현존 가운데 생활할 수 있다는 것이며, 부정적인 요소는 예루살렘 성전에서도 여호와의 영광이 떠날 수 있다는 암시를 준다는 점에서 불운한 전조를 제공하고 있다.

각 생물에 바퀴가 달려 있는데 그 생물들은 영이 가고자 하는 대로 움직인다. 이런 이동성은 에스겔서가 보여주고자 하는 핵심적인 신학을 만들어 낸다. 특히나 에스겔서의 전반부에서 여호와의 영이 움직이기 시작한다는 점에서 바퀴는 중요한 신학을 형성한다. 그 방향이 어디인가에 따라 무너지고, 세워지는 것이 달라지기 때문이다.

2) 여호와의 영의 이동

에스겔서는 그 전개 상황을 이해하기 쉬운 구조로 되어 있다. 에스겔서 전체는 특히 '하나님의 현존과 부재'(divine presence and absence)라는 신학적인 전개를 통해 그 서론과 결론을 연결시킴으로 그 완성을 향하고 있다. 여호와께서 함께하심을 상징하는 찬란한 영광의 모습이 점점 예루살렘을 버리시는 모습으로부터 시작해서, 결국은 그 영광이 회복된 공동체로 다시 돌아와 택하신 백성과 함께 거하시는 것으로 결론에 이르는 구조를 가지고 있는 것이다.[87]

A. 하나님의 현존으로부터 하나님의 부재로 (1:1-11:25) – 성전에서 영광이 떠남

*3:16–21 파수꾼 – 에스겔의 소명

B. 멸망을 향하여 (12:1-24:27) – 본토에서 추방

C. 열방을 향한 신탁 (25:1-32:32)

B'. 회복을 향하여 (33:1-39:29) – 본토귀환 환상

*33:1–20 파수꾼 – 에스겔 소명의 완성

A'. 하나님의 부재로부터 하나님의 현존으로 (40:1-48:35) – 새 성전으로 영광의 귀환

전반부에서 여호와의 영이 떠나시는 모습은 점진적으로 전개된다. 그 전개 상황과 더불어 그 영이 어디에 머무느냐가 미래를 좌우하게 되는 것이다.

① **겔 8:1-6** 성전의 갖은 우상으로 인해 여호와께서 성전을 떠나시려 하심

② **겔 9:3** 하나님의 영광이 성전 문지방에 이름

③ **겔 10:9-19** 여호와의 영광이 성전 문지방을 떠나서 그룹들 위

에 머물고, 그룹들이 날개를 들고 땅에서 올라 동
문에 머물고, 여호와의 영광이 그 위에 덮임

④ **겔 11:22-25** 여호와의 영광이 성읍 가운데에서부터 올라, 성읍 동쪽 산에 머물고, 에스겔을 여호와의 영이 환상 중에 데리고 갈대아 인의 사로잡힌 자 중에 이르게 하심

⑤ **겔 1:1-3** 시작에서 에스겔이 여호와의 이동의 환상을 그발 강가에서 보게 됨.

그리고 그 떠나는 결론에 이르기 전에 하나님께서는 어디로 향하실 것인지를 이미 선포해 놓으셨다.

> 그런즉 말하기를 주 여호와의 말씀에 내가 비록 그들을 멀리 이방인 가운데로 쫓아내어 여러 나라에 흩었으나 그들이 도달한 나라들에서 내가 잠깐 그들에게 성소가 되리라 하셨다 하고 너는 또 말하기를 주 여호와의 말씀에 내가 너희를 만민 가운데에서 모으며 너희를 흩은 여러 나라 가운데에서 모아 내고 이스라엘 땅을 너희에게 주리라 하셨다 하라(겔 11:16-17).

여호와께서 포로로 잡혀간 사람들에게로 나아가 그들에게 성전이 되어 주신다는 것이다. 왜냐하면, 예루살렘에는 도저히 더 이상 그 더러움으로 인하여 견디실 수가 없기 때문이다(겔 22:26). 그렇다면 포로민들이 어떻게 살아야 하는가는 분명하게 주어져 있다. 유다 땅에서 벌어졌던 가증스러운 우상숭배의 더러

움을 씻어내야 할 것이다. 포로민이 이렇게 하나님의 뜻을 받들어 그들에게 성전이 되신 하나님 앞에 거룩한 삶을 살아간다면, 결국 하나님의 영광은 떠나갔던 그 장소에로 돌아올 것이며, 포로 되었던 사람들 또한 새로운 시작을 가질 것임을 천명하고 있다.

> 그 후에 그가 나를 데리고 문에 이르니 곧 동쪽을 향한 문이라 이스라엘 하나님의 영광이 동쪽에서부터 오는데 하나님의 음성이 많은 물 소리 같고 땅은 그 영광으로 말미암아 빛나니 그 모양이 내가 본 환상 곧 전에 성읍을 멸하러 올 때에 보던 환상 같고 그발 강 가에서 보던 환상과도 같기로 내가 곧 얼굴을 땅에 대고 엎드렸더니 여호와의 영광이 동문을 통하여 성전으로 들어가고 영이 나를 들어 데리고 안뜰에 들어가시기로 내가 보니 여호와의 영광이 성전에 가득하더라(겔 43:1-5).

여호와의 영광이 떠나가실 때의 그 과정을 반대로 하여 동편에서, 동문으로 그리고 성전 안에 여호와의 영광이 가득 찰 미래를 기대하고 있다. 이렇게 해서 멸망과 회복은 여호와의 영광의 떠남과 돌아옴으로 표현할 수 있다. 이사야가 성전에 가득 찬 온 땅에 충만한 여호와의 영광을 경험했듯이 하나님의 백성은 또 다시 거룩하신 하나님 앞에서 영광의 찬양을 올릴 그 날을 기대하는 것이다(사 6장). 그리고 이러한 희망은 이사야서를 시작으로 삼 대 예언서 모두가 가지고 있는 것이다.

4. 회복의 이상 속에 나타난 예배의 길

1) 대 예언서 속의 성부, 성자, 성령의 역사

이사야, 예레미야, 에스겔서는 삼 대 예언서에 속하는 책들로 분량과 내용에 있어서 그 방대함은 읽는 이로 하여금 주눅들게 만드는 위력이 있다. 이 세 권의 책은 유다의 불길한 운명을 눈앞에 두고 온 힘을 다해 부르짖었던 세 명의 예언자들의 이름으로 되어 있다. 그러나 정작 이 세 권의 책에서 "진정한 주인공이 누구냐?"라고 질문하면 그 대답은 전혀 다른 방향으로 나아간다. 그것은 이들의 이름만 살펴보아도 쉽게 알 수 있다.

* 이사야(יְשַׁעְיָהוּ 예사야후)–'야샤'(יָשַׁע 구원하다)와 여호와(יהוה)의 합성어로
  "여호와는 구원자이시다."
* 예레미야(יִרְמְיָהוּ 이르메야후) – '룸'(רום 세우다)과 여호와(יהוה)의 합성어로
  "여호와께서 세우신다."
* 에스겔(יְחֶזְקֵאל 예헤즈껠)–'하자끄'(חָזַק 강하게 하다)와 '엘'(אֵל 하나님)의 합성어로
  "하나님께서 강하게 하신다" 혹은 "하나님이 강하시다."

이들의 이름 속에는 그 주어가 모두 여호와 혹은 하나님이시다. 그렇다면 이들의 삶은 두말 할 것도 없이 하나님께서 주체가 되시는 삶을 살아갈 것을 미리 그려볼 수 있다. 그런데 이 세 권의 대 예언서는 인간을 통하여 역사하시는 하나님의 사역을 각각 독특하게 증거하고 있다는 점에서 특별하다. 특히 구약에서는 쉽게 증명할 수 없는 성부, 성자, 성령 삼위 하나님의 역사가 조화

를 이루며 삼 대 예언서의 신학을 완성한다는 것이다. 이사야서는 성부의 역사를, 예레미야서는 성자의 역사를, 에스겔서는 성령의 역사를 가르치며 이 세 사역이 온전히 연합하여 이스라엘의 대 예언의 물결을 바르게 이끌고 간다는 것이다.

(1) 이사야 – 모든 주권이 성부 하나님께 있음

이사야서 안에서 이사야의 음성은 주체적인 모습으로 주로 6장과 8장에만 나타난다. 이처럼 이사야라는 인물은 1인칭 단수 음성 이야기체를 통해 잠시 이야기할 뿐이다. 이 같은 현상은 에스겔과 예레미야라는 선지자들이 그들의 이름으로 된 예언서에서 주도적 위치를 차지하는 반면 선지자 이사야는 일종의 조연으로 등장할 뿐이라는 점에서 차이점이 부각된다. 그리고 성부 하나님께서 새 일을 일으키시는 이사야 40–66장에는 이사야라는 이름은 결코 등장하는 법이 없다. 실로 "이사야서에 나오는 대부분의 이야기는 하나님께서 직접 말씀하신 것이다."[88]

그리고 이사야서 속에는 성부 하나님의 능력이 전체를 감싸며, 주체가 되어 등장한다. 이런 주장을 펼칠 수 있는 근거는 이사야서는 만왕의 왕이신 만군의 하나님 여호와께 모든 주권이 다 들어가 있음이 분명하게 드러나기 때문이다. 신이나 성령을 뜻하는, 히브리어 단어 '루아흐'(רוּחַ 성령/바람)가 이사야서에도 많이 등장하지만, 중요한 것은 이사야서에서 이 성령을 보내고, 이끄는 주체는 항상 성부 하나님으로 나타난다. 그래서 영이라는 단어가 등장할 때면 항상 여호와나 그에 상응하는 소유 대명사가 수식어로 따라 붙는다(여호와의 영, 나의 영, 그의 영 등; 사 4:4; 11:2;

28:6; 29:10; 30:1; 32:15; 34:16; 37:7; 40:13; 42:1, 5; 44:3; 48:16; 57:16; 59:21; 61:1; 63:10, 11, 14).

이와 같이 이사야서 안에서는 인간 예언자도 미미한 역할의 조연일 뿐이요, 성령은 늘 성부의 주권 하에 움직인다. 이것은 여호와 하나님께 모든 주권이 다 들어가 있다는 점을 강조하는 것이다. 즉, 이스라엘의 새로운 출발을 위한 구원의 새 일은 여호와이신 성부 하나님으로부터 시작된다는 것이다(사 43:14-21).

(2) 예레미야 – 성자 하나님의 모습이 그려지고 있음

그러나 예레미야서로 넘어가면 분위기는 전적으로 달라진다. 예언자 이사야의 이름은 이사야 1-39장에만 나타나며 단지 16회만 등장하는 반면에, 예레미야의 이름은 예레미야서 전체에 두루 퍼져서 131회나 나타나며, 모든 상황 가운데 예레미야의 삶이 주체가 되어 있다. 이러한 예레미야의 출현에서 살펴볼 수 있는 특징은 성부 하나님이 인간 예레미야와 함께 고통당하는 모습이 그대로 들어가 있다는 점이다. 즉, 성부 하나님의 고뇌가 예레미야라는 예언자의 고뇌로 승화되어 이 땅에 표출되고 있다는 것이다. 그 증거로 예언서들 중에서 오직 예레미야서에서만 나타나는 독특성인 예레미야의 탄식을 들 수 있다. 예레미야의 탄식은 1-20장에 특히 집중적으로 나타나며, 백성들의 타락의 골이 깊어질수록 예레미야의 탄식 또한 깊어지는데 그의 탄식과 하나님의 탄식이 일체가 되어 분리가 불가능 할 때가 대부분이다(렘 4:10, 19-22; 8:18-9:2; 10:19-21; 11:18-12:6; 15:10-21; 17:12-18; 18:18-23; 20:7-18). 예레미야의 삶 속에는 이처

럼 하나님의 모습이 반영되어 나타나는 특징이 있다. 예언자의 삶 자체가 하나님의 마음과 생각의 반영이 되는 것이며, 이를 통해 성자 하나님의 이 땅에서의 사역과 인간적인 고뇌를 미리 살펴볼 수 있게 한다. 그리고 예레미야서에도 '영'을 뜻하는 '루아흐'(רוּחַ 성령/바람)라는 단어가 사용되긴 하지만, 성령이라는 뜻으로 쓰여진 적이 전혀 없다. 주로 바람이나, 생기라든가, 심령이라는 뜻으로 쓰이고, 성령을 의미하는 것으로는 예레미야서에서는 단 한 번도 사용되지 않는다(렘 2:24; 4:11, 12; 5:13; 10:13, 14; 13:24; 14:6; 18:17; 22:22; 49:32, 36; 51:1, 11, 16, 17; 52:23). 그만큼 예레미야서는 인간 예레미야에게 초점이 맞추어진 유일무이한 예언서이다. 그리고 그가 전한 예언의 메시지들이 하나님의 계시나, 말씀을 전하는 것이라고 명백히 선언한 다른 예언자들(사 1:1; 겔 1:3; 호 1:1; 욜 1:1)과는 다르게 시작과 끝에서 '예레미야의 말(들)'이라고 표현한 것만 보아도 하나님과 일체가 된 한 인간을 입증하기에 충분하다 하겠다.

* **시작** : 베냐민 땅 아나돗의 제사장들 중 힐기야의 아들 예레미야의 말(들)이라(렘 1:1).
* **끝** : 말하기를 바벨론이 나의 재난 때문에 이같이 몰락하여 다시 일어서지 못하리니 그들이 피폐하리라 하라 하니라 예레미야의 말(들)이 이에 끝나니라(렘 51:64).

예레미야와 예수 그리스도 사이의 유사점들도 살펴볼만하다. 두 존재 다 결혼을 하지 않았으며(렘 16:1), 자신의 출신지에서 거절을 당하는 수모를 겪는다(렘 11:21; 12:6; 눅 4:16-30). 예레미야는 바벨론의 위협이라는 그늘 아래서 사역을 하였다면, 예수께서는 로마의 그늘 아래서 사역하셨다. 이 두 존재는 둘 다 자기 백성들에게서 반역자라는 말을 들었다. 예레미야는 거짓 선지자들에게, 예수께서는 서기관과 바리새인들에게 동일한 대접을 받았다. 두 존재 다 예루살렘 성을 바라보고 탄식했으며, 이 성의 파멸을 예언하였다(렘 7:12-15; 마 23:37-38). 예수께서 성전을 정결케 하시며 제사장들에게 성전을 '강도의 소굴'로 만들었다고 말씀하셨을 때 예레미야 7:11절을 인용하신 것이었다(마 21:13). 두 존재 다 마음의 '새 언약'을 강조하였다(렘 31:37; 히 8:7이하). 그리고 예레미야와 예수 그리스도의 마지막 운명 또한 유사하다. 하나님께서 주신 약속의 땅에서 죄인의 땅인 애굽으로 돌아가서 죽는 예레미야의 모습은 인간의 죄로 인해 골고다에서 죽으시는 성자 하나님을 반영하는 모습으로 보일 수 있다. 결국 두 존재 다 생애와 사역에 있어서 실패한 것처럼 보였으나, 하나님은 그들을 높이셨으며, 그들의 사역을 성공적으로 만드셨다.

마틴 부버는 하나님은 사람에게 말씀하시기 위해 한 인격체가 되셔야만 했는데 구약에서는 그 대표적인 인물로 예레미야를 꼽고 있다. 그의 견해에 이스라엘 선지자들 중 오직 예레미야만이 감히 이 전적으로 열등한 존재와 전적으로 우월한 존재 사이에서 대담하고 신실한 삶의 대화에 주목했으며, 예레미야는 그로 인해 진정 그 한 사람이 된다고 피력한다.[89]

이런 유사성으로 인해 빌립보 가이사랴에서 예수님께서 제자들에게 "사람들이 나를 누구라고 하느냐?"는 질문에 대한 대답으로 '예레미야'라는 이름이 거론 되는 것이 결코 우연은 아닐 것이다(마 16:14). 결국 예수님의 모습을 보면서 예레미야를 상기하고 있다는 것 자체가 삶과 사역의 유사점이 있다는 것을 암시하는 것이라 할 수 있다. 예레미야의 아픔과 고통이 성부 하나님의 것을 동일하게 표현하는 삶이 되었다는 점에서 예레미야는 성자 하나님의 사역을 미리 고대할 수 있게 한다.

(3) 에스겔 – 성령 하나님의 모습이 그려져 있음

에스겔서로 들어오면 또 다른 현상을 만나게 된다. 예언자 에스겔이 전체에 등장하며 사역을 하고 있음에도 우리는 그에 대해서 별로 아는 것이 없다. 바벨론에 포로로 잡혀 갔다는 것, 제사장 가문이라는 것(겔 1:1–3), 사역의 중반에 그의 아내가 죽었다는 것 정도일 뿐이다(겔 24:18).[90] 에스겔서 속에서 인간 에스겔의 모습은 여호와의 영광 속에 가려진 존재로 나타나고 있다. 예레미야가 자신의 예언서 안에서 131번이나 이름이 나타나며 주체적으로 움직이고 있는 것에 비해 에스겔의 정체성은 상대적으로 미미하다. 에스겔서 전체에서 자신의 이름으로 그는 단 두 번 나타날 뿐이다(겔 1:3; 24:24). 하나님께서 주로 그를 부르는 명칭은 대부분 '인자'(בֶּן־אָדָם; 벤-아담/사람의 아들)라는 말로 에스겔서 전체에 걸쳐서 93번이나 나타나고 있다.

이는 에스겔이 경험한 거역할 수 없는 환상체험에서 볼 수 있듯이 하나님의 초월적인 모습은 예언자 자신의 이름조차 사라질 정도로 대단하며, 그 분이 제시하는 사명은 예언자 자신의 능력에 부담스럽든 아니든 재론의 여지가 없다. 에스겔서는 성령의 책이라고 해도 과언이 아니다. 에스겔서는 성령께서 점진적으로 예루살렘을 떠났다가(겔 1-12장) 점진적으로 예루살렘으로 돌아오는 것(겔 40-48장)으로, 성령으로 시작하여 성령으로 끝나는 구조로 되어있다. 그리고 모든 주권이 성령 하나님께 주어져 있다. 에스겔의 삶은 이스라엘 역사에서 가장 어려운 시기 중에 하나인 위기의 시절에 초월적인 하나님의 영에 사로잡혀 사명을 감당하는 예언자의 삶인 것이다.

이제 성령 하나님은 이사야서에서처럼 하나님께 종속된 형태도 아니고, 예레미야서에서처럼 예언자에 의해 가려진 존재도 아닌 스스로의 주권으로 움직이는 주체가 되어 있다(겔 1:12, 20; 2:2). 에스겔서는 그러한 성령의 움직임을 법궤에 달린 바퀴로 형상화한다. 이 성령은 이사야서에서와는 다르게 여호와 하나님의 주권 가운데서 행동하시는 성령이 아니고, 성령 자신이 주권적으로 행동하는 시대가 바로 에스겔의 시대라는 것이다. 에스겔을 하늘로 올리시는 것도 성령이시고, 어디든지 원하는 대로 데려가시는 분도 성령이시다. 그리고 에스겔을 데리고 다니시며 질문하시고, 응답하시며 예언자의 삶을 이끄신다(겔 1:12, 20; 2:2; 3:12, 14, 24; 8:3; 11:1, 24; 37:5, 6, 8, 9, 10; 43:5). 에스겔서의 한글 번역 성경에는 이러한 에스겔서의 특징을 간과하고, 여러 곳에서 '주의 영'(겔 3:12, 14, 24; 8:3; 11:1, 24)이라고 히브리어 본문에는 없는 소유격을 붙여 종속의 위치를 강조한다. 그러나 에스겔서의 히브리어 본문은 '영'(רוּחַ 성령/바람)이라는 단독형으로 어떠한 소유격도 붙지 않은 성령의 주체적인 형태로 나타난다. 물론 간간히 소유격이 붙은 '나의 영'(겔 11:5; 36:27; 37:14;

39:29)이란 형태가 등장하지만 에스겔서에서 역시 주류는 성령의 주체적인 역사이다. 이처럼 에스겔서는 성령의 책이며, 에스겔서를 통해 우리는 성령이 우리 가운데 임하실 오순절의 위대한 역사를 기대할 수 있다.

하나님께서 이사야, 예레미야, 에스겔이라는 세 권의 대 예언서를 주시면서, 그 안에서 성부, 성자, 성령의 사역을 농축시켜 놓았다는 것은 분명한 이유가 있을 것이다. 이렇게 하여야만 하나님의 전능하신 모든 모습을 다 보여주실 수 있기 때문임을 짐작해 볼 수 있다. 그리고 하나님께서 자신의 모습을 전반적인 부분에서 모두 알리시고 싶은 갈망이 있다는 것을 느껴볼 수가 있다. 하나님의 이러한 능력으로 인해 이스라엘은 새로운 시작을 고대하는 미래의 희망 또한 가질 수 있는 것이다.

결국은 하나님께서 이사야서만도 아니고, 예레미야서만도 아니고, 에스겔서만도 아닌, 이 세 권의 대 예언서를 우리에게 주셨다는 것을 깊이 숙고해볼 필요가 있다. 삼 대 예언서 속에 드러난 하나님의 성품을 따라 그 뒤로 12 소 예언서를 우리에게 주셨을 때 여기에는 하나님의 위대하심과 전능하심에 소망을 두는 것이 바로 하나님의 백성임을 증거 하려는 목적이 있다는 것을 느낄 수 있다. 본래 구약적인 개념에서 이사야, 예레미야, 에스겔 그리고 열두 소 예언서는 이스라엘의 기초와 형성을 이야기하는 '아브라함, 이삭, 야곱 그리고 열두 지파'를 의미한다면, 이것은 신약과의 만남을 통해 이제는 '성부, 성자, 성령 그리고 열두 사도'로 이어지는 새로운 이스라엘을 상징하기도 한다. 이렇게 삼위 하나님의 전인격적인 역사가 하나님의 백성 이스라엘의 삶 속에 휘몰아치면 분명 새로운 변혁의 역사가 이루어질 것이다.

2) 새 것에 대한 의미

이렇게 세 권의 대 예언서들은 기나긴 세월동안 주어진 하나님의 인내와 염원을 담고 있다. 그러나 그런 여호와의 열심을 뒤로한 채 하나님의 백성은 결국 포로기라는 식민지의 시절로 들어가고 말았다. 놀라운 하나님의 이상도 사라지고, 여호와의 영은 떠나고, 고통과 좌절의 세월을 보내는 신세가 된 것이다. 이것이 끝이라면 하나님의 나라도 이 땅에서 사라져버리고 말 것이다. 하나님은 이렇게 끝나버린 자신의 백성을 향하여 또 다시 긍휼과 자비를 베푸시어, 새로운 시작을 열어가신다. 대 예언서 세 권 중 어느 한 권도 새로움에 대한 기대를 버린 책이 없다. 모두다 이구동성으로 하나님께서 행하실 새 것을 기대하고 있는 것이다. 그리고 각각의 책이 말하고 있는 새 것을 하나로 연결시키면, 하나님의 백성이 다시 설 수 있는 길을 열어갈 수 있다는 점에서 하나님은 위대한 창조자이심이 드러난다.

(1) 이사야서가 말하는 새 것

이사야서는 새로움의 시작을 여는 것으로 여호와께서 일으키실 회복의 때에 일어날 '새 일'(구원의 역사)을 기대한다. 그 새 일은 그 옛날 있었던 구원사의 반복이 될 것이지만, 그럼에도 그것과는 비교도 안 될 만큼 대단한 일이 될 것이라는 선언이 들어가 있다.

> 나는 여호와 너희의 거룩한 이요 이스라엘의 창조자요 너희의 왕이니라 나 여호와가 이같이 말하노라 바다 가운데에 길을 큰 물 가운데에 지름길을 내고 병거와 말과 군대의 용사를 이끌어 내어 그들을 일시에 엎드러져 일어나지 못하고 소멸하기를 꺼져가는 등불 같게 하였느니라 너희는 이전 일을 기억하지 말며 옛날 일을 생각하지 말라 보라 내가 **새일**을 행하리니 이제 나타낼 것이라 너희가 그것을 알지 못하겠느냐 반드시 내가 광야에 길을 사막에 강을 내리니 장차 들짐승 곧 승냥이와 타조도 나를 존경할 것은 내가 광야에 물을 사막에 강들을 내어 내 백성 내가 택한 자에게 마시게 할 것임이라 이 백성은 내가 나를 위하여 지었나니 나의 찬송을 부르게 하려 함이니라(사 43:15-21).

이 새 일은 출애굽의 대 역사가 펼쳐졌던 그것보다 더욱 대단한 것으로 바벨론으로부터의 새로운 구원사가 펼쳐질 것인데, 이전 일은 비교조차 되지 않을 정도로 대단할 것이라는 점을 강조한다. 그 새 일을 통해 회복된 백성들의 입에서 새 노래 또한 이야기 하고 있다(사 42:9,10; 43:19; 48:6). 그러므로 이 새 일은 이스라엘의 구원사가 펼쳐질 것이란 점에서 예레미야가 말하는 새 것과의 연합을 기대하고 있다. 왜냐하면 구원은 끝이 아니라, 시작이기 때문이다.

(2) 예레미야서가 말하는 새 것

이사야서에서 펼쳐진 하나님의 구원사는 그 열매로 연결되어야 한다. 구원은 소명으로 연결된다. 그것은 다름 아닌 이 땅에 하나님 나라를 이루는 것이다. 하나님 나라를 이루기 위해 하나님의 뜻대로 통치하고 다스리는 삶이 필요하다. 이를 위해 하나님의 법을 부여받는 것은 당연한 일이다. 그러므로 예레미야서가 하나님의 법과 관련된 '새 언약'을 이야기 하는 것은 정해진 순서인 것이다.

> 여호와의 말씀이니라 보라 날이 이르리니 내가 이스라엘 집과 유다 집에 **새 언약**을 맺으리라 이 언약은 내가 그들의 조상들의 손을 잡고 애굽 땅에서 인도하여 내던 날에 맺은 것과 같지 아니할 것은 내가 그들의 남편이 되었어도 그들이 내 언약을 깨뜨렸기 때문이라 여호와의 말씀이니라 그러나 그 날 후에 내가 이스라엘 집과 맺을 언약은 이러하니 곧 내가 **나의 법을 그들의 속에 두며** 그들의 마음에 기록하여 나는 그들의 하나님이 되고 그들은 내 백성이 될 것이라 여호와의 말씀이니라 그들이 다시는 각기 이웃과 형제를 가리켜 이르기를 너는 여호와를 알라 하지 아니하리니 이는 작은 자로부터 큰 자까지 다 나를 알기 때문이라 내가 그들의 악행을 사하고 다시는 그 죄를 기억하지 아니하리라 여호와의 말씀이니라(렘 31:31-34).

예레미야서는 이스라엘이 구원의 새 일을 체험한 후 맺을 새 언역과 하나님의 법이 마음에 새겨질 그 날을 기대하고 있다. 하지만 예레미야서에서 백성들의 마음에는 이미 새겨진 것이 있다: "유다의 죄는 금강석 끝 철필로 기록되되 그들의 마음 판과 그들의 제단 뿔에 새겨졌거늘"(렘 17:1). 먼저 지울 수 없을 만큼 선명하게 새겨진 죄악을 마음에서 제거해야 한다. 이것은 결코 인간의 힘과 노력으로 이룰 수 없는 것이다. 에스겔서는 하나님의 백성의 마음에 하나님의 법이 새겨질 수 있는 길을 보이고 있다. 이것은 사람의 힘으로 되지 아니하며 능력으로도 되지 아니하고 오직 여호와의 영으로만 될 수 있는 것이다(슥 4:6).

(3) 에스겔서가 말하는 새 것

에스겔서는 새 영을 주어, 새 마음을 만드는 이야기를 한다(겔 11:19; 18:31; 36:26). 옥토같이 변한 새 마음이 있어야만 예레미야서에서 말씀하신 새 언약의 법이 마음에 새겨질 수 있기 때문이다. 그래야만 더 이상 하나님의 법을 어기는 삶이 아니라, 든든히 지키는 삶을 살 수 있게 된다.

> 내가 그들에게 한 마음을 주고 그 속에 새 영을 주며 그 몸에서 돌 같은 마음을 제거하고 살처럼 부드러운 마음을 주어 내 율례를 따르며 내 규례를 지켜 행하게 하리니 그들은 내 백성이 되고 나는 그들의 하나님이 되리라(겔 11:19-20).

> 너희는 범한 모든 죄악을 버리고 마음과 영을 새롭게 할지어다 이스라엘 족속아 너희가 어찌하여 죽고자 하느냐(겔 18:31).

> 또 **새 영**을 너희 속에 두고 **새 마음**을 너희에게 주되 너희 육신에서 굳은 마음을 제하고 부드러운 마음을 줄 것이며 또 내 신을 너희 속에 두어 너희로 내 율례를 행하게 하리니 너희가 내 규례

를 지켜 행할지라 (겔 36:26-27).

굳은 마음은 '돌 같은 마음'이고 부드러운 마음은 '살 같은 마음'이다. 주의 영으로 새로운 마음(심장)으로 이식 수술을 받게 되면 이제 새로운 삶을 살아갈 수 있는 기회를 부여받는다. 그 새로운 마음이 주의 영으로 거듭나면 이제 온 몸이 새롭게 살아나는 역사가 일어난다.

우리의 뼈들이 말랐고 우리의 소망이 없어졌으니 우리는 다 멸절되었다(겔 37:11).

내가 또 내 신을 너희 속에 두어 너희로 살게 하고 내가 또 너희를 너희 고토에 거하게 하리니 나 여호와가 이 일을 말하고 이룬 줄을 너희가 알리라 나 여호와의 말이니라 하셨다 하라(겔 37:14).

인간은 흙으로 지음 받은 존재이다. 그리고 그 흙 속에 하나님의 생기가 불어넣어져 살아있는 존재가 되었다. 그러나 하나님의 영이 떠나시면 흙으로 돌아가 버리고 그 세월이 길어지면 점점 굳어져 결국 단단한 돌이 되어버리고 만다. 하지만 하나님께서 다시 오셔서 묵은 땅을 기경하여 주시고 하나님의 긍휼의 단비를 내려주시면 새롭게 옥토가 되어 생명을 잉태하는 길을 걸을 수 있다. 그러나 옥토는 좋은 것인데 바위와는 다른 위험성을 가지고 있다. 옥토는 끊임없이 가꾸고, 갈지 않으면 단단히 굳어버리는 성질이 있기 때문이다. 주의 영이 거하시는 성전이 된다는 것은 주의 법을 행할 수 있도록 우리의 마음을 지키는 최고의 길인 것이다. 이렇게 주의 영이 거하실 수 있는 새 영과 새 마음으로 거듭난 후에 하나님께서는 에스겔을 통하여 회복의 마지막 이상을 보여주신다. 바로 성전을 새롭게 건축하고, 이스라엘 열두 지파가 그 성전을 중심으로 다시 땅을 분배받아 하나님의 백성을 이루는 것이다(겔 40-48장). 이렇게 대 예언서의 마지막인 에스겔은 성전회복과 땅의 회복을 다룬다.

위의 세 가지 특유한 표현은 분명 동일한 것을 설명하기 위한 세 예언서들의 방식일 것이다. 이사야의 '새 일'은 여호와의 전권적인 능력의 상징이다. 이 새 일을 통해 이스라엘은 하나님의 백성으로 새롭게 거듭나며 하나님의 뜻을 따라가는 종으로 설 수 있을 것이다. 예레미야의 '새 언약'은 이 하나님과 다시 함께 살아가는 공동체를 가능케 하며 합일을 의미한다. 하나님과 백성 간의 화합을 의미하는 것이다. 그리고 에스겔의 '새 영'과 '새 마음'은 하나님의 신이 그 안에 충만할 때 벌어지는 일로서 눈에 보이지 않으시는 하나님의 변화의 능력을 상징한다. 하나님의 거룩하심의 표준에 도달하기 위해 하나님의 영의 도우심은 전적으로 필요하며, 그 영의 인도 따라 변화를 받아 새 마음을 품음으로 하나님과 함께 영원히 거할 수 있는 성전이 되는 길을 열어가는 것이다. 이처럼 이 세 가지 모두는 삼위로 일체되어 이스라엘의 회복과 구원 그리고 미래의 삶을 좌우하는 변화를 가져온다. 즉, 하나님의 백성으로 살아갈 힘과 능력을 제공하는 동기가 되는 것이다.

(3) 이사야, 예레미야, 에스겔서가 제시하는 예루살렘의 새로운 이름

삼 대 예언서를 통해서 하나님의 백성의 기나긴 이야기가 종말에 이르렀다. 그러나 그것이 끝이 아니라는 것 또한 중요한 메시지로 주어져 있다. 옛 것은 지나갔지만, 새 것을 기대하는 것으로 모든 예언서들이 그 막을 내리고 있다는 것은 희망은 아직도 남아 있다는 것이다. 삼위 하나님의 전인격적인 역사가 무너진 백성들의 삶 속에 불어오면, 회복의 거대한 역사가 펼쳐질 것이며, 그 회복은 전적인 변화를 가져올 것을 기대해 볼 수 있다. 삼 대 예언서는 이러한 미래상을 변화될 예루살렘의 이름으로 고대하고 있다.

이사야서는 예루살렘의 새 이름을 하나님과의 새로운 결합을 상징하는 사랑과 결혼의 용어로 표현한다. 여호와께서 구원의 역사를 새롭게 일으킴으로 하나님께서 그 땅을 다시 기뻐하시고, 그곳과 재결합하는 결혼의 역사가 펼쳐질 것이다.

> 너는(예루살렘) 여호와의 입으로 정하실 새 이름으로 일컬음이 될 것이며 다시는 너를 버림 받은 자라 부르지 아니하며 다시는 네 땅을 황무지라 부르지 아니하고 오직 너를 **헵시바**(חֶפְצִי־בָהּ 나의 기쁨이 너의 안에 있다)라 하며 네 땅을 **쁄라**(בְּעוּלָה 결혼한 여인)라 하리니 이는 여호와께서 너를 기뻐하실 것이며 네 땅이 결혼한 것처럼 될 것임이라(사 62:2, 4).

예레미야서는 구원받은 하나님의 백성이 걸어가야 할 공의로운 세상을 기대한다. 그러므로 예루살렘은 이제 여호와의 의

를 나타내는 장소가 되어야만 하는 것이다. 여호와께서 새 언약, 즉 자신의 법을 이스라엘의 마음에 새기심으로 그 땅은 여호와의 공의가 살아나는 세상이 될 것이다.

> 그 날 그 때에 내가 다윗에게서 한 공의로운 가지가 나게 하리니 그가 이 땅에 정의와 공의를 실행할 것이라 그 날에 유다가 구원을 받겠고 예루살렘이 안전히 살 것이며 이 성은 **여호와는 우리의 의**(יְהוָה צִדְקֵנוּ 야훼 찌드퀘누)라는 이름을 얻으리라(렘 33:16).

에스겔서는 이제 새로운 구원의 역사를 거쳐, 정의와 공의가 회복됨으로 하나님께서 이스라엘과 영원히 함께 거하시기를 갈망하는 소망의 이름을 예루살렘에 부여한다. 여호와께서 새 영과 새 마음을 그들의 속에 불어넣으심으로 거룩하신 여호와 하나님의 뜻 가운데 그 땅이 여호와께서 영원히 거하실 장소인 성전이 되는 것이다.

> 그 사방의 합계는 만 팔천 척이라 그 날 후로는 그 성읍의 이름을 **여호와 삼마**(יְהוָה שָׁמָּה 여호와께서 거기 계신다)라 하리라(겔 48:35).

이사야가 하나님과 함께 재결합 하게 될 결혼을 꿈꾸며, 새 일과 헵시바와 쁄라를 기대한다면, 예레미야는 새 언약과 하나님의 의가 살아날 땅을 바라본다. 그리고 에스겔은 새 마음과 새 영을 불어넣어 거룩한 백성의 길을 고대하며, 하나님께서 영원히 그 땅에 거하시며 그 백성과 함께 하기를 꿈꾼다. 그렇다면 이제 그 뒤를 따르는 열두 소 예언서는 무엇을 회복해야만 이러한 이상이 현실이 되게 할 것인가를 고민할 것이다. 이사야를 통한 새로운 구원사(출애굽), 예레미야를 통한 새로운 법(시내 산 언약) 그리고 에스겔을 통해 하나님께서 영원히 함께하실 새로운 성전과 땅이 회복되었다면(성막과 가나안 땅) 이제 남은 것은 단 하나이다. 바로 예배하는 삶이다(여호수아 24장). 예배는 하나님의 백성인 열두 지파가 하나 되어 이루어 낼 때 가장 완전한 것이 될 것이다. 열두 권의 소 예언서가 그 다음에 위치하고 있는 것은 그 의미를 바르게 살려내고자 하는 의도가 숨어있음에 틀림없다. 그렇다면 예배하는 삶이 구체적으로 어떤 것인가는 열두 소 예언서가 분명하게 보여줄 것을 기대해 볼 수 있다.

:: 주석

75) John D. W. Watts, *Isaiah 1-33* (WBC 24), (Waco, Texas: Word Books, 1985), 66-77쪽; D. E. 고웬(Gowan), 『구약 예언서 신학(*Theology of the Prophetic Books: The Death & Resurrection of Israel*)』 (서울: 대한기독교서회, 2004), 158-159쪽.

76) 에드가 콘래드(E. W. Conrad), 『이사야서 읽기(*Reading Isaiah*)』(장세훈 옮김)(서울: 기독교문서선교회, 2002), 163-164쪽. 이 나라들의 주축세력은 꼭 앗시리아만을 의미하는 것은 아니며 오히려 바벨론까지도 염두에 둘 수 있다.

77) Conrad E. L'Heureux, "The Redactional History of Isaiah 5.1-10.4," W. B. Barrick/J. R. Spencer (eds), *In the Shelter of Elyon: Essays on Ancient Palestinian Life and Literature in Honor of G. W. Ahlström*(JSOTSup. 31), (Sheffield: Sheffield Academic Press, 1984), 99-119쪽. 이사야 5-10장까지 그의 구조분석에 의하면 역대칭 구조를 보이고 있다: A. 화 있을진저(Woe-sayings; 5.8-24), B. 여호와의 손이 여전히 펴져 있을 것이라(Parts of Outstretched Hand Poem; 5.25-29), C. 임마누엘 예언(Emmanuel Booklet; 6.1-9.6), B'. 여호와의 손이 여전히 펴져 있을 것이라(Parts of Outstretched Hand Poem; 9.7-10; 10.1-4), A'. 화 있을진저(Woe-sayings; 10.14; 10.5ff.). 중심인 C는 곧 있게 될 멸망은 신뢰 하지 못함에 있고 아하스 왕이 그 책임의 주역이라고 본다.

78) 여기 '처녀'라고 번역된 히브리어 '알마'(עַלְמָה)는 처녀만을 의미하는 것이 아니라 일반적인 '젊은 여자'를 지칭한다. '젊은 여자'라 함은 결혼한 여자도, 하지 않은 여자도 포함되는 포괄적인 표현이다. 여기서 결혼하지 않은 '동정녀'를 뜻하려고 했다면 히브리어 '베툴라'(בְּתוּלָה virgin)를 사용했을 것이다.

79) 김필회, "예레미야의 소명기사(1:4-10)의 역사적 이해," 「구약논단」 18(2005), 94쪽

80) 김필회, "예레미야의 소명기사(1:4-10)의 역사적 이해," 94쪽.

81) 모세 또한 동일한 경험을 한다. 모세는 하나님께 "내가 누구이기에 바로에게 가며 이스라엘 자손을 애굽에서 인도하여 내리이까"(출 3:11)라고

반문한다. 이에 대해 하나님께서는 "내가 반드시 너와 함께 있으리라"(출 3:12)고 응답하신다. 모세의 '내가'와 하나님의 '내가'가 부딪히고 있는 것이다.

82) 김필회, "예레미야의 소명기사(1:4-10)의 역사적 이해," 95쪽.

83) 김필회, "예레미야의 소명기사(1:4-10)의 역사적 이해," 101쪽.

84) 김필회, "예레미야의 소명기사(1:4-10)의 역사적 이해," 101쪽.

85) 정정숙, 『성서식물』(서울: 크리스챤뮤지엄, 2007), 184-187쪽. 살구나무라고 번역된 '샤케드'(שָׁקֵד)는 한국에는 없는 아몬드 나무(Almond)이며, 꽃모양이 살구나무와 비슷하므로 살구나무로 번역되었다. 그러나 살구나무(מִשְׁמֵשׁ 미쉬메쉬/Apricot)는 중국이 원산지로서 노란 열매의 과육을 먹을 수 있지만, 아몬드는 지중해연안과 페르시아 일대가 원산지이고 씨앗(핵)을 먹을 수 있으므로 분명히 다른 나무이다. 히브리어 '샤케드'(שָׁקֵד)는 '잠에서 깨다' 또는 '파수꾼'이라는 뜻을 가지고 있는데 이는 과실나무 중에서 가장 빠른 12월에 꽃이 피어 2월이면 벌써 열매가 달리는데서 비롯된 말이다. 헬몬산에서부터 네게브사막이 시작되는 곳까지 어디에서나 잘 자란다.

86) 이학재, 『에스겔 어떻게 읽을 것인가?』(서울:성서유니온선교회, 2002), 33-34쪽.

87) John F. Kutsko, *Between Heaven and Earth: Divine Presence and Absence in the Book of Ezekiel* (Biblical and Judaic Studies vol. 7; Winona Lake, Indiana: Eisenbrauns, 2000), 1쪽; 반 게메렌(W. A. VanGemeren), 『예언서 연구(*Interpreting the Prophetic Word*)』 (김의원 & 이명철 역) (서울: 엠마오, 1993), 571쪽.

88) Christopher R. Seitz, "Isaiah 1-66: Making Sense of the Whole," in *Reading and Preaching the Book of Isaiah*, ed. C. R. Seitz (Philadelphia: Fortress Press, 1988), 121쪽.

89) Martin Buber, *The Prophetic Faith* (New York: The MacMilan Co., 1949), 164-65쪽.

90) 조셉 블렌킨솝(J. Blenkinsopp), 『에스겔(Ezekiel)』(박문재역)(서울:한국장로교출판사, 2002), 39쪽.

제 8 장
열두 소 예언서, 호세아부터 말라기까지가 말하는 것

열두 소 예언서는 이스라엘의 전통에서 각기 분리된 책들로 보지 않는다. 오히려 이 열두 권의 책들은 한 권의 통일성 있는 책으로 간주된다. 열두 소 예언서가 하나의 통일체라는 인식은 다음의 사실로 더욱 분명해 진다. 먼저 기원전 190년경의 벤 시라는 자신의 지혜서인 '집회서'(Ecclesiasticus) 49:10절에서 열두 소 예언서를 한권의 책으로 보고, 한 가지 주제로 요약을 하고 있다: "**그 밖에 열두 예언자들이 있었으니, 그들의 뼈가 무덤 속에서 다시 꽃피어 나기를! 그들은 야곱의 백성을 위로하였고 굳은 희망으로 그들을 구원하였다**." 그 다음은 후대의 마소라 학파(AD 600-800년경)에 의해서 이기는 하지만 히브리어 성경의 각 책들에 중간을 명확하게 표시하는 전통을 통해 살펴볼 수 있다(**הספר בפסוקים חצי** – half of the book) (예, 창 27:40; 출 22:27; 겔. 26:1; 사

33:20 등). 열두 소 예언서에는 각각의 책에 그 중간이 표시되어 있지 않고, 전체 열두 권의 중간인 미가 3:12절에 단 한 번 그 표시가 나타난다. 이것은 열두 권이 한 권으로 간주되고 있다는 것을 시사하는 것이다.

여기서도 동일하게 열두 소 예언서를 하나의 통일체로 보고 그 흐름을 통하여 신학적인 의미를 파악할 것이다. 호세아부터 시작해서 말라기까지의 흐름을 통해 전하고자 하는 신학을 파악하는 것은 하나님의 백성의 역사를 다시 한 번 살펴보는 시간이 될 것이다. 각각의 예언서 속에서 주어지고 있는 희망과 기대 그리고 절망과 좌절 등을 통하여 하나님의 백성인 유다와 이스라엘의 운명이 시시각각 어떻게 변해 가는지를 살펴볼 때 각각의 메시지를 더 쉽게 이해할 수 있기 때문이다. 그리고 이러한 흐름을 개관하는 것은 열두 소 예언서를 읽는 사람들이 자신의 삶의 신앙적인 여정을 파악해 볼 수 있다는 점에서 장점이 있다.

1. 열두 소 예언서에 이르기까지

이스라엘이 솔로몬의 시절에는 바로의 딸을 따라감으로 이집트화가 이루어지고, 하나님을 버리고 우상들을 따라가며, 폭력적인 억압의 정치가 시작된다. 하나님의 백성이 약속의 땅에서 바로와 같이 변해 버린 왕으로 인해 노예로 전락하고 만 것이다. 하나님과의 관계가 부서지며, 사람과의 관계 또한 동시에 무너져 버린다. 이러한 억압과 차별 정치에 신음하던 북쪽 지파들은 독립을 선언하고 북이스라엘을 열어간다. 물론 그 안에는 하나님의 간섭하심과 긴밀한 개입이 있으셨다. 북이스라엘에 맞추어진 초점이 점점 확대되며 오므리 왕가가 나타났고, 오므리의 아들 아합은 북이스라엘을 멸망으로 몰고 가는 선두에 서있다. 솔로몬이 남과 북의 분열을 조장한 장본인이라면, 북이스라엘의 멸망은 아합에게 있다 해도 과언이 아니다. 솔로몬이 우상으로 가득한 이집트의 바로의 딸을 따름으로 이집트화 되었다면, 아합은 바알의 땅, 시돈의 왕 엣바알의 딸인 이세벨과 결혼하여 북이스라엘을 바알의 땅으로 만든다. 바알신앙은 먼저 여호와 신앙으로부터 벗어나게 하고, 그리고는 역시 사람과의 관계를 무너뜨리고 만다(나봇의 포도원 사건). 우상숭배는 이렇게 하나님과의 관계가 부서지고, 그 증상은 고스란히 인간의 삶 속에서 드러나게 되는 것이다. 즉, 사람과의 관계가 악으로 치닫는 것은 하나님과의 관계가 부서졌다는 것을 의미하는 대표적인 증거이다.

공교롭게도 호세아부터 시작되는 문서예언자들(자신의 이름으로 된 예언서가 있는 사람)의 출현은 이스라엘의 가장 위대한 예언자들이었던 비문서예언자들(자신의 이름으로 된 예언서가 없는 사람)의 끝인 엘리야와 엘리사가 역사의 뒤안길로 사라진 바로 그 이후의 일이다.

북이스라엘의 위대한 예언자 엘리사가 요아스 왕 때에 죽었다는 것은 시사하는 바가 크다. 북이스라엘에 예언의 공백기가 생긴 것이기 때문이다. 문서 예언자들의 출현이 엘리야, 엘리사가 죽고 난 다음부터 라는 것을 살펴볼 때 이 두 예언자가 문서와 비문서 예언자의 갈림길을 만들고 있음을 살펴볼 수 있다. 북이스라엘의 여로보암 2세 때 문서예언자의 시작인 호세아와 아모스가

예언자	왕 조	통치기간	그후의왕	기간	
	오므리 왕조	총 48년	살룸	1개월	
엘리야	오므리	12			
	아 합	22	**므나헴**	10년	
	아하시야	2	**브가히야**	2년	
	요 람	12	베가	20년	* 베가 2년 웃시야 죽고 요담이 왕이 되고, 베가 17년에 유다의 아하스가 왕이 됨. * 호세아 9년 북이스라엘 멸망, 히스기야 6년임
	예후 왕조	총102년	호세아	9년	
엘리사	예후	28			
	여호아하스	17			
	요아스	16			
호세아 아모스	여로보암 2세	41			
	스가랴	6개월			

활동을 시작했고, 남유다의 문서 예언자인 이사야가 북이스라엘의 여로보암 2세와 거의 동시대를 살았던 남유다의 웃시야 시절부터 히스기야까지 그리고 미가가 웃시야의 아들 요담의 시대부터 히스기야 시대까지 거의 동시대에 활약하게 된다. 결국 호세아부터 시작되는 문서 예언자들은 엘리야, 엘리사 이후의 예언의 역사를 이어가는 중요한 역할을 하고 있음을 볼 수 있다. 그리고 이들의 메시지에 어떻게 응답하느냐가 하나님의 백성의 흥망성쇠를 좌우하는 갈림길이 된다.

북이스라엘에 주어진 불꽃같은 기회였던 엘리야와 엘리사의 사역이 별 소득 없이 끝나게 되고, 오므리 왕조와 예후 왕조의 계속되는 종교적 타락은 북이스라엘의 멸망을 불러왔고, 급기야는 남아 있는 남유다까지도 패망의 그늘 속으로 접어들게 하고 말았다. 왜냐하면 유다 또한 이렇게 타락하고, 죄에 빠진 북이스라엘을 그대로 따라가고 말았기 때문이다. 유다 왕 여호사밧은 아합 왕가와 긴밀한 교류 관계에 있었고(왕상 22:4, 44), 그의 아들 여호람은 아합의 딸인 아달랴를 그의 아내로 받아 들여 악을 행하였다(왕하 8:16-18). 여호람과 아달랴 사이의 아들인 아하시야가 뒤를 이어 왕이 되고, 그도 또한 아합 왕가의 사위가 되어 아합의 집과 같이 여호와 보시기에 악을 행하였다(왕하 8:27). 이것은 유다 또한 멸망의 길을 걸어간 아합 왕가와 북이스라엘의 전철을 그대로 따라가고 있음을 보여주고 있으며, 유다의 운명 또한 동일할 수 있다는 경고를 하고 있는 것이라 여겨진다. 열두 소 예언서는 이런 시대적인 배경들을 시작으로 북이스라엘의 멸망, 남유다의 멸망 그리고 회복과 회복 후 또 다시 시작되는 타락의 악순환을 다루며, 이러한 모든 과정 속에서 하나님의 백성이 어떻게 서야 될 것인가에 대한 신학적인 청사진을 제시하고 있다.

2. 열두 소 예언서의 신학적인 흐름

역사적인 순서상으로는 대 예언서인 이사야서(웃시야 왕이 죽은 후부터 히스기야까지; 약 BC 740-700년)보다도 호세아서(여로보암 2세; 약 BC 793-753년)가 앞선다. 그러나 신학적인 흐름에서 세 권의 대 예언서를 앞에 두고, 열두 소 예언서를 따르게 함으로 시간적인 순서보다는 신학적이고, 신앙적인 의미에 더 가치를 두고 있음을 살펴볼 수 있다. 세 권의 대 예언서를 다루며 우리는 예언서들이 심판에 대한 강력한 선언을 하고 있는 만큼, 회복에 대한 메시지 또한 그에 상응하는 분량을 다루고 있음을 보았다. 그 회복에 대한 이상을 다시 거론하는 것이 열두 소 예언서의 신학을 이해하는 길이 될 것이다.

3 대 예언서	회복의 이상(새 것)	열두 소 예언서 신학
이사야	새 일(사 43:19) (새 출애굽의 구원사)	이렇게 새롭게 회복된 열두 지파인 하나님의 백성 이스라엘이 걸어가야 할 길은 이제 예배하는 삶이다. 예배는 하나님께서 명령하신 것을 삶 속에서 그대로 이루는 것이다. 그 길을 열두 소 예언서는 강조한다.
예레미야	새 언약(렘 31:33) (새로운 시내 산 계약)	
에스겔	새 마음, 새 영(겔 36:26-28) (새 계약을 지킬 수 있는 마음)	

삼 대 예언서가 '아브라함, 이삭, 야곱'으로 이어지는 족장을 상징한다면, 열두 소 예언서는 이스라엘을 형성하는 야곱의 열두 아들들인 열두 지파를 상징할 것이다. 회복은 바로 이러한 이스라엘을 다시 이루는 것이라 할 수 있다. 그러므로 회복 공동체는 이사야서를 통해 새 일인 구원의 역사를 기대하며, 예레미야서를 통해 새 언약이 맺어지고, 에스겔서를 통해 새 언약의 법을 든든하게 지키며 살아갈 수 있는 새 마음과 새 영을 부여받을 것이다. 이제 열두 소 예언서에서 기대되는 것은 이렇게 열두 지파가 하나님의 법을 삶 속에 지키며 살아갈 때 이루어지는 하나님 나라이다. 그것은 다름 아닌 예배하는 백성으로 그 예배를 통해 하나님과의 관계와 사람과의 관계가 온전하게 하나 된 세상인 것이다.

열두 소 예언서는 이러한 예배에 모든 초점을 맞추어 갈 것이다.

1) 호세아-요엘-아모스-오바댜

'호세아-요엘-아모스'는 독특하게 배열되어 있다. 호세아와 아모스는 북이스라엘에서 거의 동시대에 활동한 예언자들이다. 그런데 전혀 시대를 파악할 수 없는 요엘서가 그 가운데 위치하고 있다. 그리고 요엘서는 남유다에 대한 예언 선포라는 점에서 의도적인 배열의 원리가 작용하고 있음을 알 수 있다. 먼저 호세아와 아모스가 북이스라엘에서 활동한 것이 거의 동시대적이기는 하나 대부분의 학자들의 주장처럼 아모스가 얼마간 먼저 예언활동을 시작했을 것으로 여겨진다. 이것은 호세아와 아모스가 활동했을 때의 남유다 왕들의 명단을 살펴보아도 알 수 있다.

> * 호 1:1 웃시야와 요담과 아하스와 히스기야가 이어 유다 왕이 된 시대 곧 요아스의 아들 여로보암이 이스라엘의 왕이 된 시대에 브에리의 아들 호세아에게 임한 여호와의 말씀이라

> * 암 1:1 유다 왕 웃시야의 시대 곧 이스라엘 왕 요아스의 아들 여로보암의 시대의 지진 전 이년에 드고아 목자 중 아모스가 이스라엘에 대하여 묵시 받은 말씀이라

두 예언자 다 동일한 북이스라엘의 여로보암 2세 때이지만 남유다 왕들이 거쳐간 것을 보면 아모스가 웃시야 왕 때로 제한되고, 호세아는 웃시야부터 히스기야까지 거의 남유다의 이사야와 비슷

한 시기를 보내고 있음을 알 수 있다. 이를 통해 아모스가 호세아보다 연장자 일 것이며, 더 먼저 예언활동을 시작했을 것이란 추측을 해 볼 수 있다.

그렇지만 아모스가 열두 소 예언서의 선두를 이끌지 않고 호세아가 먼저 나타난다. 여기에는 연대기보다 더 중요한 어떤 신학적인 전제가 작용하고 있을 것임에 틀림없다. 그리고 요엘서는 분명 전적으로 남유다의 재난에 대하여만 언급하고 있음에도 호세아서와 아모스서 사이에 배열되어 있다. '북–남–북'이라는 배열을 가지고 있는데 이 배열이 헬라어 구약성경인 70인역(LXX)에는 다르게 되어 있다는 점을 감안할 때 히브리어 성경의 또 다른 의미가 있을 것이다(호세아, 아모스, 미가, 요엘, 오바댜, 요나, 나훔, 하박국, 스바냐, 학개, 스가랴, 말라기). 한글 성경 또한 히브리어 성경과 같은 순서와 내용을 갖는다는 점에서 지금 현재의 배열을 통해 신학적 의미를 파악하는 것이 필요하다.

이 배열에서 느껴볼 수 있는 것은 북이스라엘에서 활동했던 예언자들을 다룸에도 불구하고 그 가운데 남유다에 대한 예언을 둔 것은 북이스라엘에서 남유다로의 역사적 전이를 말하고자 하는 의도를 살펴볼 수 있다. 이것은 호세아와 아모스가 북이스라엘에서 활동했던 예언자들임에도 불구하고, 그들의 이름으로 된 예언서는 그 시작부터 북이스라엘적인 관심보다는 남유다적인 관심이 먼저라는 점을 왕들의 이름을 나열하는 것에서 살펴볼 수 있다. 북이스라엘 왕인 여로보암이 앞서는 것이 아니라, 남유다 왕들의 이름들이 먼저 나열되고 있다. 이러한 이유를 우리는 시대상의 차이로 해석할 수 있다. 우리가 미리 짚고 넘어가야 할 것은 예언자가 활동했던 시기와 예언이 모아져서 문서 형태로 작성되기 시작한 시기, 그리고 지금 현재 형태의 예언서가 된 때는 분명 차이가 있을 것이란 사실이다.

호세아와 아모스가 예언을 선포했을 때에는 분명 문서화는 이루어지지 않은 구두 선포였을 것이다. 그들이 죽은 후나 혹은 그들의 말년에 그들의 예언이 문서화로 이루어지게 한 동기가 생겨났을 것이고, 문서화는 결국 그 문서를 필요로 하는 사람들의 관심을 반영하고 있을 것이다. 북이스라엘 백성들이나, 남유다 백성들에게 공통적으로 거대한 충격을 주었던 사건을 몇 가지 들라고 한다면 첫째, 남과 북의 분열이겠고, 둘째, 북이스라엘의 멸망일 것이며, 마지막으로 예루살렘 성전의 파괴가 이루어진 남유다의 멸망이었을 것이다.

예언서들 속에 나타나는 남과 북의 연합에 대한 열망이 분리의 충격을 대변하고, 북이스라엘의 멸망이라는 엄청난 파문이 남유다에도 심판에 대한 경고와 각성의 목소리를 만들었을 것이리라 본다. 그리고 결국 남유다의 멸망은 예언의 성취가 되고 말았고, 이로부터 새로운 희망의 목소리를 만들어 내게 되었을 것이라 생각된다. 북이스라엘을 향한 메시지인 호세아서와 아모스서에 남유다에 대한 언급이 적재적소에 나타나는 이유는 호세아와 아모스의 심판 선언이 진실이었음을 깨달은 남유다에서 이들의 선포를 재적용하여 각성을 촉구하려던 움직임으로 볼 수 있다. 호세아서에서 유다에 대한 언급은 14번이나 나타나는 것만 보아도 알 수 있다(호 1:7, 11; 4:15; 5:5, 10, 12, 13, 14; 6:4, 11; 8:14; 10:11; 11:12; 12:2). 그리고 결국은 유다 또한 멸망한다는 선언 속에는 북이스라엘의 멸망이라는 강도 높은 교훈 속에서도 각성의 기회를 놓쳐버린 유다의 실패를 엿볼 수 있다. 호세아 4:1절에서 북이스라엘 주민과 논쟁(재판용어)하셨던 하나님께서 마지막 부분인 호세아 12:2절에서는 남유다와 논쟁하신다. 이러한 과정을 살펴볼 때 북이스라엘의 운명이 남유다의 운명으로 변해가고 있다는 점을 보이는 것을 통해 '북-남-북'의 배열은 남과 북이 하나님 안에서 운명 공동체임을 선언하는 것과 같다.

아마도 호세아서와 아모스서가 현재의 형태가 되기까지는 다음과 같은 여러 단계를 거쳤을 것이라 추정된다.

첫째	둘째	셋째	넷째	다섯 째	여섯 째	일곱 째
호세아와 아모스의 구두선포	북이스라엘의 멸망 **호 4:1-6**	북이스라엘 피난민의 유다 유입. 유다의 충격	유다에서 호세아와 아모스의 예언의 수집	유다에 대한 적용 **호 1:7 4:15**	유다의 멸망 **호 5:5 11:12 12:1-2**	멸망의 당위성과 미래의 희망을 위한 최종적인 문서화 (남북회복) **호 1:10-11**

북이스라엘에서 아모스와 호세아가 활약을 시작했던 시기는 북이스라엘은 물론이요 남유다까지도 정치적으로 경제적으로 극도의 번영을 누리던 때였다. 북쪽의 여로보암 2세는 41년의 통치를 하였고, 남쪽의 웃시야는 무려 52년 동안의 안정적인 통치를 이루었다. 하지만 이러한 번영이 긍정적으로만 작용하였던 것은 아니다. 물질적인 풍요가 종교적인 타락으로 나아가는 지름길

이 되었기 때문이다. 이러한 물질적인 번영의 시기인 여로보암 2세 때에 호세아와 아모스가 문서예언자로서 그 활동을 시작한다.

아모스가 더 이른 시기에 활동했을 것이 자명함에도 아모스서가 아닌 호세아서가 열두 예언서의 서두를 장식하고 있다는 것은 분명 시대적인 순서를 넘어서는 배열의 원리가 작용하고 있을 것이라 여겨진다. 동일한 시대적 배경 속에서 살아갔던 두 예언자의 예언이 열두 소 예언서 속에 같이 자리 잡고 있다는 것은 그들이 같은 시대를 직시하면서도 다른 메시지를 전하고 있기 때문일 것이다. 결국 호세아의 신학이 아모스의 신학보다 앞서야만 한다는 것을 미리 추측해 볼 수 있다.

(1) 호세아서

호세아와 아모스는 엘리야와 엘리사의 활동에도 결코 변함이 없는 북이스라엘에 대해 이러한 죄악 된 삶을 계속하다가는 결국 망하고 말 것이라는 경고를 전한다. 먼저 이들은 이스라엘의 타락에 대한 극심한 심판을 예고하고 있다. 같은 시기, 같은 장소에서 예언을 선포하지만 호세아는 하나님의 '한없는 사랑'(חֶסֶד 헤세드)으로 돌아올 것을 호소하고, 아모스는 '하나님의 정의와 공의'(מִשְׁפָּט 미쉬파트; צְדָקָה 쩨다콰)에 의지하여 선포하는 특성이 있다. 이처럼 이 두 예언서는 동시대적이지만 그 전하고자 하는 메시지는 서로 다른 강조점을 가지고 있다.

먼저 호세아서는 전체가 하나님과 이스라엘 백성 간의 관계를 보여주고 있다. 즉 하나님과의 관계를 회복하라는 강력한 메시지를 전하고 있는 것이다. '부부관계,' '부자관계'라는 비유를 통하여서 끊으려야 끊을 수 없는 관계를 강조하고 있는 것이다(호 2:16; 11:1). 호세아는 가장 먼저 회복해야 할 것이 바로 하나님을 찾는 것, 하나님과의 관계를 회복하는 것이라고 강조한다.

> 오라 우리가 여호와께로 돌아가자 여호와께서 우리를 찢으셨으나 도로 낫게 하실 것이요 우리를 치셨으나 싸매어 주실 것임이라 여호와께서 이틀 후에 우리를 살리시며 셋째 날에 우리를 일으키시리니 우리가 그의 앞에서 살리라 그러므로 우리가 여호와를 알자 힘써 여호와를 알자 그의 나타나심은 새벽 빛 같이 어김없나니 비와 같이 땅을 적시는 늦은 비와 같이 우리에게 임하시리라 하니라(호 6:1-3).

> 이스라엘아 네 하나님 여호와께로 돌아오라 네가 불의함으로 말미암아 엎드러졌느니라 너는 말씀을 가지고 여호와께로 돌아와서 아뢰기를 모든 불의를 제거하시고 선한 바를 받으소서 우리가 수송아지를 대신하여 입술의 열매를 주께 드리리이다(호 14:1-2).

호세아서는 이처럼 곳곳에서 하나님께로 돌아와 하나님과의 관계를 회복할 것을 촉구한다. 인간의 삶 가운데서 가장 먼저 이루어야 할 것이 바로 이것이기 때문이다. 이것이 바로 호세아가 시기적으로는 아모스보다 늦을지라도 신학적으로는 사람과의 관계를 강조하는 아모스보다 앞서야 하는 이유이다.

그렇다고 호세아서가 사람사이에 반드시 있어야 할 정

의와 공의를 무시하는 것은 아니다. 그의 선포 속에도 '정의'(호 2:19; 5;1; 6;5; 10:4; 12:6)와 '공의'(호 10:12[2번])가 나타난다. 그러나 그의 강조점은 주로 하나님과의 관계회복에 있기에 '하나님의 인자하신 사랑'을 나타내는 '헤세드'(호 2:19; 4:1; 6:4, 6; 10:12; 12:6)를 강조하고, '정의와 공의'는 덜 강조하고 있는 것뿐이다. 즉, 우선순위를 하나님의 사랑인 '헤세드'에 바르게 응답하는 것에 두고 있는 것이다.

호세아는 이스라엘이 하나님을 올바로 알지 못하기에 하나님의 사랑을 잃어버리게 되었고, 그로 인해 사람 사이가 부서지는 것이란 사실을 분명하게 직시하고 있다(호 4:1-5; 6:6-9).

> 이스라엘 자손들아 여호와의 말씀을 들으라 여호와께서 이 땅 주민과 논쟁하시나니 이 땅에는 진실도 없고 인애도 없고 하나님을 아는 지식도 없고 오직 저주와 속임과 살인과 도둑질과 간음뿐이요 포악하여 피가 피를 뒤이음이라(호 4:1-2).

그리고 이러한 경고에 귀 기울이지 않으면 그 결국은 망국일터인데, 그 멸망의 실행은 앗시리아에 의해 이루어질 것이라고 예고하고 있다(호 5:13; 7:11; 8:9; 9:3; 10:6; 11:5, 11; 12:1; 14:3).[91]

> 그들은 애굽 땅으로 되돌아가지 못하겠거늘 내게 돌아오기를 싫어하니 앗수르 사람이 그 임금이 될 것이라 칼이 그들의 성읍들을 치며 빗장을 깨뜨려 없이하리니 이는 그들의 계책으로 말미암음이니라(호 11:5-6).

(2) 요엘서

호세아서 다음에 즉시로 아모스서가 연결되는 것이 아니라 의도적으로 그 사이에 요엘서를 끼워 넣는다. 호세아서와 아모스서와는 달리 요엘서는 오로지 남유다에 내려질 심판을 다루고 있다는 것은 남과 북이 결코 동떨어진 존재가 아니라, 동일한 운명 공동체임을 천명하는 것이다. 요엘서는 전적으로 남유다를 향한 것으로 호세아서에 어렴풋이 보였던 남유다에 대한 관심과 징계선언들이(호 1:7; 4:15; 5:10, 12-14; 6:4, 11; 8:14; 12:2) 요엘서에서 이루어지고 있음을 보인다.

> 이스라엘의 교만이 그 얼굴에 드러났나니 그 죄악으로 말미암아 이스라엘과 에브라임이 넘어지고 유다도 그들과 함께 넘어지리라(호 5:5).

북이스라엘과 남유다에 공통적으로 일어날 심판의 내용은 다음의 비교를 통해 파악해 볼 수 있다.

	심판 내용	호세아	요엘
1	과일나무가 황폐하게 됨	2:12	1:7
2	곡식, 새포도주, 기름을 거두어 가심	2:8-9	1:10
3	가뭄으로 초목이 마르는 모습	2:3; 13:15	1:19
4	나팔을 불어 전쟁의 신호를 알림	8:1	2:1
	회복 내용		
1	긍휼히 여기심, 곡식, 새포도주와 기름을 주시고 이른비와 늦은 비를 주실 것임	2:21-23	2:18-19

호세아서에 북이스라엘이 받게 될 심판과 그 심판 이후에 이루어질 회복의 내용이 요엘서에 남유다에서 그대로 실행되고 있음을 보이고 있다. 즉 '호세아–요엘–아모스'는 '북–남–북'의 밀접한 연관관계를 보이며 이스라엘과 유다가 하나님 앞에 공동의 운명으로 서 있음을 알 수 있다. 북이스라엘이 죄악으로 치우치며 징계를 향해 걸어간다면 남유다도 결코 예외가 아니라는 사실을 강조하는 것이다. 이것은 아모스의 열방을 향한 징계신탁에서 유다 또한 제외되지 않는다는 것을 통해 알 수 있다(암 2:4–5).

요엘서는 그 마지막에 여호와께서 시온과 예루살렘에서 목소리를 내실 터인데 그로 인해 하늘과 땅이 진동할 것이라는 선언과 더불어 유다의 끝이 이를 것임과 그럼에도 여호와께서 결국은 그들의 피난처와 산성이 되셔서 회복하실 것을 다룬다.

> 여호와께서 시온에서 부르짖고 예루살렘에서 목소리를 내시리니 하늘과 땅이 진동하리로다 그러나 여호와께서 그의 백성의 피난처, 이스라엘 자손의 산성이 되시리로다(욜 3:16).

그리고 에돔이 황무한 들이 될 것인데 이는 그들이 유다 자손에게 포악을 행하여 무죄한 피를 땅에 흘렸기 때문이라고 한다(욜 3:19). 시온과 예루살렘에 관한 선언은 아모스서의 시작에서 그 연결을 그대로 이어가고 있고, 에돔에 관한 것은 아모스서를 거치며 결국은 그 다음의 책인 오바댜서에서 그 성취에 이르게 된다. 그러므로 요엘서는 아모스서와 오바댜서를 연결하는 징검다리의 역할도 맡고 있다. 하나님의 백성인 북이스라엘의 운명이 남유다와 직결되어 있으며, 서로가 서로에게 바른 길을 비추어야 한다는 것이다.

(3) 아모스서

아모스서는 예언자의 시대적 배경을 이야기하자마자 요엘서의 끝을 연결시키며, 예언의 선포를 시작하고 있다.

> 그가 이르되 여호와께서 시온에서부터 부르짖으시며 예루살렘에서부터 소리를 내시리니 목자의 초장이 마르고 갈멜 산 꼭대기가 마르리로다(암 1:2; 욜 3:16).

아모스의 메시지는 호세아와는 다르게 하나님의 사랑과 자비를 말하는 '헤세드'에 관한 것은 전혀 없다. 아모스서에는 '헤세드'라는 단어는 단 한 번도 사용되지 않는다. 그에게 있어서 가장 중요한 것은 바로 사람과 사람 사이에 세워야 할 '정의'(암 5:7, 15, 24; 6:12)와 '공의'(암 5:7, 24; 6:12)이다. 즉, 동료 이웃과의 관계를 바로 해야 한다는 것이다. 아모스와 호세아의 다른 점은 이처럼 이들이 무엇을 저주하고 무엇을 억제하고 있는가를 통하여 쉽게 살펴볼 수 있다.

아모스에게 있어서 근본적인 죄는 사람 사이에 정의를 굽히는 불의에 있고 호세아는 그것을 주로 하나님을 떠난 우상숭배에 기인한 것으로 본다. 아모스는 백성들의 악한 행위를 날카롭게 지적하고, 호세아는 그들의 행위 속에 참 뜻이 결여 되어 있음을 드러낸다. 아모스는 하나님께서 이스라엘을 위해 무엇을 행해 주셨는가를 강조하고(암 2:9 이하), 호세아는 하나님이 이스라엘에게 베풀어준 사랑을 나열하며, 이스라엘이 어렸을 적에 하나님의 사랑을 받은 민족임을 강하게 상기시킨다(호 11:1). 그런데 안타깝게도 이제 이스라엘에는 하나님을 사랑하는 자도, 알아주는 자도 또한 하나님께 진실한 자도 없는 것이다(호 4:1). 이와 달리 아모스에게 이스라엘은 세상 많은 민족 가운데서 하나님이 골라낸 민족이라는 자각이 강하게 부각되며 이는 곧 하나님께서 행해주신 것처럼 자신들이 열방을 향하여 행해야 할 책임을 일깨우는 방식이 된다(암 3:2).[92]

그러므로 아모스 선포의 대부분이 인간이 동료 인간에게 행하는 불의와 부정의의 죄악을 나열하는 것으로 이루어져 있다는 것은 결코 놀라운 일이 아닌 것이다. 그리고 이러한 원칙에는 하나님의 백성이나 이방인이나 구별 없이 동일하게 적용된다. 이방 나라들 또한 다른 나라에 행한 악행으로 심판대에 오르고 있다는 점에서 아모스 선포의 공통점을 살펴볼 수 있다(암 1:3-2:3).

> 여호와께서 이와 같이 말씀하시되 이스라엘의 서너 가지 죄로 말미암아 내가 그 벌을 돌이키지 아니하리니 이는 그들이 은을 받고 의인을 팔며 신 한 켤레를 받고 가난한 자를 팔며 힘 없는 자의 머리를 티끌 먼지 속에 발로 밟고 연약한 자의 길을 굽게 하며 아버지와 아들이 한 젊은 여인에게 다녀서 내 거룩한 이름을 더럽히며 모든 제단 옆에서 전당 잡은 옷 위에 누우며 그들이 신전에서 벌금으로 얻은 포도주를 마심이니라(암 2:6-8).

> 너희가 힘없는 자를 밟고 그에게서 밀의 부당한 세를 거두었은즉 너희가 비록 다듬은 돌로 집을 건축하였으나 거기 거주하지 못할 것이요 아름다운 포도원을 가꾸었으나 그 포도주를 마시지 못하리라 너희의 허물이 많고 죄악이 무거움을 내가 아노라 너희는 의인을 학대하며 뇌물을 받고 성문에서 가난한 자를 억울하게 하는 자로다(암 5:11-12).

그렇다고 아모스가 하나님과의 관계를 전혀 무시하고 있는 것은 결코 아니다. 그도 이스라엘이 궁극적으로 해야 할 것은 바로 여호와께로 돌아오는 것, 즉 하나님의 품으로 돌아오는 회개라는 점을 알고 있고, 선포하고 있다(암 4:6-13; 5:4-6). 그럼에도 그의 최고의 관심은 역시 사람 사이에 세워야 할 정의와 공의이다. 이런 그의 관점을 대변하는 핵심 구절은 다음과 같다.

> 오직 정의를 물 같이 공의를 마르지 않는 강 같이 흐르게 할지어다(암 5:24).

하나님과의 관계 회복을 호소하는 호세아의 선포와 사람과의 관계를 바르게 할 것을 종용하는 아모스의 예언 선포를 하나로 연결하면 하나님의 백성이 행해야 할 예배의 원형이 드러난다. 바로 하나님 사랑과 이웃 사랑이다. 이 두 명의 예언자가 동시대에 동일한 장소에서 예언을 선포했음에도 두 사람의 예언이 열두소 예언서에 당당히 올라와 있는 이유가 바로 하나님의 백성 이스라엘 12지파가 회복해야 할 예배가 무엇인지를 전하기 위함이다.

열두 소 예언서는 이처럼 삼 대 예언서의 민족적 회복을 이어받아 예배의 이상을 향하고 있다. 그러나 만약 이러한 예배의 이상을 이루지 못한다면 결국은 멸망하고 말 것이라는 심판의 선고가 실행될 것이다. 그리고 심판의 구체적인 실행은 하나님께서 한 나라를 부르셔서 이스라엘을 핍박하는 것이다.

> 만군의 하나님 여호와의 말씀이니라 이스라엘 족속아 내가 한 나라를 일으켜 너희를 치리니 그들이 하맛 어귀에서부터 아라바 시내까지 너희를 학대하리라 하셨느니라(암 6:14).

아모스서와 호세아서의 심판 선언을 합한다면, 여기에 나타난 한 나라는 분명 앗시리아 일 것이란 사실을 확신할 수 있다.

이처럼 호세아서와 아모스서에는 북이스라엘에 징계를 선언하지만 곳곳에서 유다도 결코 예외가 아니라는 사실을 강조한다. 먼저 호세아서에 나타난 유다를 향한 관심은 다음과 같다.

> 이스라엘아 너는 음행하여도 유다는 죄를 범하지 못하게 할 것이라 너희는 길갈로 가지 말며 벧아웬으로 올라가지 말며 여호와의 사심을 두고 맹세하지 말지어다(호 4:15).

> 에브라임은 거짓으로 이스라엘 족속은 속임수로 나를 에워쌌고 유다는 하나님 곧 신실하시고 거룩하신 자에게 대하여 정함이 없도다(호 11:12).

그리고 아모스서도 역시 마찬가지로 유다 또한 북이스라엘이 받을 심판 선언에서 예외가 아님을 보여주고 있다.

> 여호와께서 이와 같이 말씀하시되 유다의 서너 가지 죄로 말미암아 내가 그 벌을 돌이키지 아니하리니 이는 그들이 여호와의 율법을 멸시하며 그 율례를 지키지 아니하고 그의 조상들이 따라가던 거짓 것에 미혹되었음이라 내가 유다에 불을 보내리니 예루살렘의 궁궐들을 사르리라(암 2:4-5).

(4) 오바댜서

그 뒤를 잇는 오바댜서는 전적으로 에돔과 만국의 교만에 대한 징계와 심판을 그리고 있다. 이것은 이미 요엘서와 아모스서의 결론 부분에서 이스라엘의 회복은 결국 에돔과 만국의 징계가 그 출발점임을 보인 것의 실현인 것이다(욜 3:19; 암 9:12; 옵 1:1, 15).

> 그러나 애굽은 황무지가 되겠고 에돔은 황무한 들이 되리니 이는 그들이 유다 자손에게 포악을 행하여 무죄한 피를 그 땅에서 흘렸음이니라(욜 3:19).

> 그들이 에돔의 남은 자와 내 이름으로 일컫는 만국을 기업으로 얻게 하리라 이 일을 행하시는 여호와의 말씀이니라(암 9:12).

> 오바댜의 묵시라 주 여호와께서 에돔에 대하여 이와 같이 말씀

> 하시니라…여호와께서 만국을 벌할 날이 가까웠나니 네가 행한 대로 너도 받을 것인즉 네가 행한 것이 네 머리로 돌아갈 것이라 (옵 1:1, 15).

오바댜서는 결코 에돔 족속이 듣고, 보라는 의미에서 주어진 예언 선포가 아니다. 이 속에는 하나님의 백성을 향한 강력한 촉구로, 여호와의 말씀은 시간차가 있을 뿐 반드시 이루어진다는 것과, 에돔과 만국이 망하게 된다는 것은 '하나님의 말씀은 결코 어긋남이 없다는 것'을 선포하고 있는 것이다. 이것은 아모스서에서 하나님의 선포가 있고 '하나님의 창조자 되심'을 선포하는 것으로 그 결론에 이르고 있는 구조에서 명백하게 살펴볼 수 있다(암 4:13; 5:8; 9:5-6). 아모스서에서 "하나님은 창조자이시다"라는 주장은 하나님의 말씀은 창조의 때와 같이 반드시 이루어진다는 것을 확증하는 것으로 나타난다. 안타깝게도 하나님의 창조자 되심은 항상 심판선언이 있은 뒤에만 나타난다는 점에서, 이 징계 선언도 반드시 이루어질 것임을 확증하는 구실을 한다. 이것은 하나님의 백성 이스라엘도 하나님의 말씀처럼 망할 수 있다는 것을 경고하고 있는 것이다. 하나님의 말씀이 선포되면 그 말씀이 그대로 이루어진다는 것이 예언자들의 선포이기 때문이다.

그리고 북이스라엘의 운명을 다루고 있는 '호세아-아모스-요나' 사이에 끼어있는 요엘서와 오바댜서는 특히 시대적인 구분이 없이 무시간적으로 적용될 수 있는 말씀이라는 점에서 어느 시대에나 이루어 질 수 있는 멸망에 대한 경고를 담고 있는 것이라 할 수 있다. 아모스서에서 선언한 에돔의 멸망이 그 다음 책인 오바댜서에서 실행되는 것을 볼 때 이제 호세아와 아모스의 예언 선포에 귀를 기울이지 않는 이스라엘에 쏟아질 심판 또한 예상할 수 있다. 이것은 요나서를 통해 현실이 되기 시작한다.

2) 요나-미가-나훔

'요나-미가-나훔'으로 연결되는 세 권의 예언서는 그 구성에서 독특하다. 미가라는 유다를 향한 예언서를 중심으로 요나서와 나훔서라는 전적으로 앗시리아의 수도 니느웨를 향하여 선포된 예언서들이 좌우를 감싸고 있기 때문이다. 에돔과 만국을 향한 예언인 오바댜서도 그 존재의 의미가 있듯이, 니느웨를 향한 요나서와 나훔서 또한 그 존재 목적이 뚜렷이 존재할 것이란 점에서 이 세 권의 배열과 구성은 흥미를 자아낸다.

(1) 요나서

요나가 누구인가를 먼저 알아보는 것이 요나서의 메시지를 이해할 수 있는 바른 길이 된다. 요나서에서 요나는 '아밋대의 아들'이라는 소개밖에는 주어지지 않으며, 그의 시대적인 배경도 나타나지 않는다. 그러나 우리는 요나가 처음으로 등장하는 전기 예언서인 열왕기하 14:23-27절을 통해 그의 시대와 그의 예언자로서의 사역을 살펴볼 수 있다.

> 이스라엘 하나님 여호와께서 그 종 가드헤벨 아밋대의 아들 선지자 요나로 하신 말씀과 같이 여로보암이 이스라엘 영토를 회복하되 하맛 어귀에서부터 아라바 바다까지 하였으니 이는 여

호와께서 이스라엘의 고난이 심하여 매인 자도 없고 놓인 자도 없고 이스라엘을 도울 자도 없음을 보셨고 여호와께서 또 이스라엘의 이름을 천하에서 없이 하겠다고도 아니하셨으므로 요아스의 아들 여로보암의 손으로 구원하심이었더라(왕하 14:25-27).

요나의 첫 번째 특징은 북이스라엘의 여로보암 2세 때에 활동했던 선지자라는 것으로, 호세아와 아모스와 동시대의 인물이라는 사실이다. 그렇다면 여로보암 2세 때는 북이스라엘의 역사에서 정점이 되는 시기임을 알 수 있다. 세 명의 문서예언자들이 줄줄이 활동했던 예언의 황금기이기 때문이다. 그리고 요나의 두 번째 특징은 이스라엘이 영토와 주권을 잃는 것에 대한 예언이 아니라, 영토를 회복시키는 역할을 했다는 것이다. 그것도 하맛 어귀에서부터 아라바 바다까지를 회복시켰다. 이와 같이 여로보암 2세 때 요나의 예언은 이스라엘을 살리는 길이 되었다.

이러한 요나의 특징을 통해서 살펴볼 때 호세아, 아모스, 요나 세 명의 선지자들 중에서 누가 가장 먼저 예언 활동을 펼쳤는가라는 순서를 정할 수 있다. 그 선두는 분명 요나였을 것이다. 요나의 예언활동으로 북이스라엘은 부흥의 절정기를 맞이했다. 영토와 주권이 '하맛 어귀(아람)에서부터 아라바 바다(사해)까지'에 달하는 거의 다윗과 솔로몬 시대를 방불케 하는 지역까지 확장된 것이다. 이와 같이 요나는 회복의 예언자였다.

그러나 이제 정의와 공의의 예언자 아모스를 통하여서 동일하신 하나님께서 요나를 통해 주셨던 그 회복을 일시에 파기해 버리는 말씀을 주셨다.

> 만군의 하나님 여호와께서 가라사대 이스라엘 족속아 내가 한 나라를 일으켜 너희를 치리니 저희가 하맛 어귀에서부터 아라바 시내까지 너희를 학대하리라 하셨느니라(암 6:14).

그리고 호세아의 예언을 통하여 그 나라는 앗시리아가 될 것이라고 누누이 강조되었다(호 7:11; 8:9; 9:3; 10:6; 11:5). 호세아와 아모스는 이렇게 이스라엘의 악행에 대하여 심판을 선고함으로 그들의 사명을 다했다. 그런데 이들이 선언한 그 심판의 실행이 이루어질 수 있도록 누군가 쓰러져가는 앗시리아를 살려야 한다. 그래야만 북이스라엘을 향한 징계가 실행될 수 있기 때문이다.

그런데 하필이면 이렇게 쓰러져가고 있는 앗시리아를 향하여 예언을 선포하는 사명을 부여받은 사람이 요나였다. 요나서는 특이하게도 앗시리아의 수도 니느웨의 구원을 다루고 있는데 이것은 하나님의 백성 이스라엘에게는 굉장히 불길한 사건이다. 왜냐하면 이스라엘을 늘 괴롭히는 앗시리아를 하나님께서 한 선지자를 보내서 회개를 통한 구원을 계획하셨다는 것은 결국 호세아와 아모스의 심판이 실행에 돌입했다는 것을 증거 하는 것이기 때문이다. 그리고 이 앗시리아에 의해 결국 거역하던 북이스라엘이 망하고야 만다는 점에서 요나의 예언자로서의 고통을 상상해 볼 수 있다.

앗시리아에 대한 그 당시의 근황을 소개하자면 다음과 같다. 기원전 9세기(BC 800년대)에 크게 부흥했던 앗시리아가 반세기만에 쇠퇴하게 되자, 이 기간에 시리아와 이스라엘 그리고 그 인접 국가들은 안정적으로 발전할 수 있게 되었다. 8세기 중반에 이르러 북이스라엘의 여로보암 2세(BC 793-753)와 남유다의 웃시야(BC 790-740)는 각기 다윗과 솔로몬의 시절과 흡사한 크기의 넓은 영토를 회복하고, 주변 지역의 나라들과 국제적인 수출입 무역을 통해 유례없는 경제적 번영을 누렸고, 동시에 양 국가 모두 장기 통치로 각각 정치적 안정 또한 유지하였다. 그러나 기원전 745년 앗시리아의 디글랏빌레셀 3세(BC 745-727)가 즉위하여 서쪽 지역인 아람과 이스라엘 정복정책을 재개하면서 이 지역의 황금시대는 막바지에 이르게 된다. 디글랏빌레셀은 열왕기하 15:19절에는 앗시리아 왕 불로 나타난다. 그가 아람의 하맛을 점령하자 북이스라엘 왕 므나헴(BC 752-742)은 앗시리아에 엄청난 조공을 바치는 봉신국으로 전락하게 되었다. 그리고 결국에는 앗시리아가 이렇게 살아남으로 북이스라엘은 불과 이삼십년 뒤에 망국으로 치닫게 된다.[93] 이러한 앗시리아의 부흥이 요나의 예언 선포와 직결되어 있다는 것이다.

그는 자신의 민족인 북이스라엘의 회복을 위해서 애썼던 예언자였다. 요나는 회복이후 계속해서 죄악의 나락으로 떨어지는 자신의 조국에 대한 염려로 가득했을 것이다. 거기에 덧붙여 호세아와 아모스의 예언 또한 그의 염려를 더욱더 강하게 하였을 것을 짐작해 볼 수 있다. 요나는 이미 자신의 조국인 이스라엘에 어떤 미래가 불어 닥칠 것인지를 예상하고 있었을 것이며, 그것을 막고자 애도 썼을 것이다. 그러나 염려가 현실이 되었다. 드디어 하나님의 결정이 선고된 것이다. 북이스라엘의 마지막 숨통을 끓는 사명이 요나에게 주어졌다. 그것은 다름 아닌 니느웨에 가서 심판을 선언하는 것이다. 니느웨가 어디인가? 바로 앗시리아의 수도가 아니던가? 요나는 분명 직감했을 것이다. 이제 자신의 조국인 북이스라엘의 종말이 눈앞에 다가왔다는 사실을 말이다.

요나는 하나님의 이 명령을 거부한다. 그는 하나님이 어떤 분이신지 잘 모르기 때문에 거역한 것이 아니라, 하나님이 어떤 분이신지 너무나 잘 알았기 때문에 그 명령에 거역하는 역설적인 예언자가 된다.

> 요나가 심히 싫어하고 노하여 여호와께 기도하여 가로되 여호와여 내가 고국에 있을 때에 이러하겠다고 말씀하지 아니하였나이까 그러므로 내가 빨리 다시스로 도망하였사오니 주께서는 은혜로우시며 자비로우시며 노하기를 더디하시며 인애가 크시사 뜻을 돌이켜 재앙을 내리지 아니하시는 하나님이신 줄을 내가 알았음이니이다(욘 4:1-2).

그는 하나님은 이처럼 조금만큼의 회개의 몸짓에도 즉각적인 용서를 선포하며, 새로운 기회를 주시는 분이심을 너무나 잘 알고 있었다. 이것은 북이스라엘의 아합 왕의 경우에 분명하게 드러난다(왕상 21:27-29). 요나는 이와 같이 니느웨가 용서받고 살아나면 어떤 일이 벌어질 것인지를 이미 직감하고 있었다. 그것은 곧 자신의 조국인 북이스라엘의 멸망임을 직시한 것이다. 아브라함 요수아 헤셸의 정의를 빌리자면 예언자는 "하나님 앞에서는 사람편이 되고, 사람들 앞에서는 하나님편이 되는 사람이다."[94] 그러나 요나는 "하나님 앞에서 사람 편이 되고, 사람들 앞에서도 그들의 편이 되고 싶은 선지자였다." 특히, 자신의 백성을 향한 열심이 뛰어난 선지자였던 것이다. 이것이 그가 니느웨가 아닌 다시스로 도망했던 결정적인 이유일 것이다.

하지만 하나님의 뜻을 돌이킬 수 없다는 것을 깨닫고 마지못해 니느웨로 가서 하나님의 심판의 메시지를 전했다. 역시 요나의 염려대로, 니느웨는 철저한 회개로 일관한다. 사흘길이나 되는 니느웨를 느릿느릿 단 하루길만 걸으며 "40일 뒤에 니느웨가 무너진다"라고 선언했을 뿐임에도 니느웨 사람들이 회개하기 시작한다. 그리고 그 일이 니느웨 왕에게까지 들리매, 그도 같이 철저히 회개하며, 동물들까지도 동일한 회개에 동참케 한다. 그 도시의 회개는 가히 전설적이 될 만큼 대단한 것이었다.

> 요나가 그 성에 들어가며 곧 하룻길을 행하며 외쳐 가로되 사십일이 지나면 니느웨가 무너지리라 하였더니 니느웨 백성이 하나님을 믿고 금식을 선포하고 무론 대소하고 굵은 베를 입은지라 그 소문이 니느웨 왕에게 들리매 왕이 보좌에서 일어나 조복을 벗고 굵은 베를 입고 재에 앉으니라 왕이 그 대신으로 더불어 조서를 내려 니느웨에 선포하여 가로되 사람이나 짐승이나 소 떼나 양 떼나 아무것도 입에 대지 말지니 곧 먹지도 말 것이요 물도 마시지 말 것이며 사람이든지 짐승이든지 다 굵은 베를 입을 것이요 힘써 여호와께 부르짖을 것이며 각기 악한 길과 손으로 행한 강포에서 떠날 것이라 하나님이 혹시 뜻을 돌이키시고 그 진노를 그치사 우리로 멸망치 않게 하시리라 그렇지 않을

줄을 누가 알겠느냐 한지라 하나님이 그들의 행한 것 곧 그 악한 길에서 돌이켜 떠난 것을 감찰하시고 뜻을 돌이키사 그들에게 내리리라 말씀하신 재앙을 내리지 아니하시니라(욘 3:4-10).

이렇게 철저하게 회개하는 니느웨와 이스라엘의 극명한 대조는 요나가 전한 멸망에 관한 동일한 선포를 아모스로부터 듣고 이스라엘 백성들과 왕이 보인 반응에서 살펴볼 수 있다.

때에 벧엘의 제사장 아마샤가 이스라엘 왕 여로보암에게 기별하여 가로되 이스라엘 족속 중에 아모스가 왕을 모반하나니 그 모든 말을 이 땅이 견딜 수 없나이다 아모스가 말하기를 여로보암은 칼에 죽겠고 이스라엘은 정녕 사로잡혀 그 땅에서 떠나겠다 하나이다 하고 아마샤가 또 아모스에게 이르되 선견자야 너는 유다 땅으로 도망하여 가서 거기서나 떡을 먹으며 거기서나 예언하고 다시는 벧엘에서 예언하지 말라 이는 왕의 성소요 왕의 궁임이니라 아모스가 아마샤에게 대답하여 가로되 나는 선지자가 아니며 선지자의 아들도 아니요 나는 목자요 뽕나무를 배양하는 자로서 양 떼를 따를 때에 여호와께서 나를 데려다가 내게 이르시기를 가서 내 백성 이스라엘에게 예언하라 하셨나니 이제 너는 여호와의 말씀을 들을지니라 네가 이르기를 이스라엘에 대하여 예언하지 말며 이삭의 집을 향하여 경계하지 말라 하므로 여호와께서 말씀하시기를 네 아내는 성읍 중에서 창기가 될 것이요 네 자녀들은 칼에 엎드러지며 네 땅은 줄 띄워 나누일 것이며 너는 더러운 땅에서 죽을 것이요 이스라엘은 정녕 사로잡혀 그 본토에서 떠나리라 하셨느니라(암 7:10-17).

이스라엘은 예언자의 말을 버렸다면, 니느웨는 그 예언을 진실로 믿고 자신들의 삶을 바꾸었다. 이것은 결국 다른 운명을 예고하고 있는 것이다. 요나에게 이러한 현상이 어떤 느낌으로 와 닿았을까? 그것은 한 마디로 "내 나라가 망했구나!"였을 것이다. 이와 같은 정반대의 태도는 분명 극적인 운명의 대비가 될 것이 분명하기 때문이다. 니느웨가 살아났다는 것은 결국 북이스라엘이 망했다는 것을 의미한다. 왜냐하면 앗시리아의 수도인 니느웨를 살림으로 그렇게도 강조됐던 북이스라엘에 대한 심판을 이룰 도구가 마련된 것이기 때문이다. 그리고 북이스라엘은 마지막 왕 호세아 9년에 앗시리아에 망하여 흩어지고 만다. 이때는 남유다의 히스기야 왕 6년이었다. 이러한 역사적인 정황을 통해 깨달을 수 있는 것은 정치사의 변동까지도 우리 하나님의 손안에 있다는 사실이다. 그리고 여로보암 2세 때 약소국으로 전락한 앗시리아가 삽시간에 살아나고 있다는 것은 주변 국가들의 흥망성쇠가 또한 하나님의 백성의 행동에 달려있다는 것을 알 수 있게 한다. 예언자는 이것을 정확하게 직시하는 눈이 있다.

(2) 미가서

요나의 예언 선포가 성공적이었다는 것은 북이스라엘이 멸망했다는 것을 뜻한다. 이제 남아있는 나라는 바로 남유다 밖에는 없다. 미가라는 예언자는 북이스라엘의 멸망이라는 이러한 엄청난 정치적 대 격변을 충격적으로 목도한 예언자이다. 이것은 미가가 예언을 선포한 시대적 배경을 살펴보면 분명하게 알 수 있다.

> 유다의 왕들 요담과 아하스와 히스기야 시대에 모레셋 사람 미가에게 임한 여호와의 말씀 곧 사마리아와 예루살렘에 관한 묵시라(미 1:1).

히스기야 왕 6년에 북이스라엘이 앗시리아에 망한다는 점에서 미가의 예언은 절박감이 있다. 비록 죄악에 빠지긴 하였으나 북이스라엘 또한 하나님께서 일으키신 놀라운 출애굽의 대 영광을 체험한 동일한 하나님의 백성임에 틀림없다. 하나님의 백성이 이방인에게 망하여 산산이 해체되었다는 사실은 그에게 크나큰 충격이었을 것이며, 남유다 만큼은 그러한 운명에 빠지지 않도록 해야 한다는 것이 그의 각오였을 것이다. 미가의 예언의 목표는 바로 호세아와 아모스가 부르짖었던 그 두 가지의 회복을 선포하는 것이다. 하나님과의 관계회복과 사람을 향한 정의와 공의를 세우는 것이 바로 그것이다. 왜냐하면 북이스라엘을 망국으로 가게 하였던 동일한 죄악이 예루살렘에도 만연해 가고 있었기 때문이다.

> 이러므로 내가 사마리아를 들의 무더기 같게 하고 포도 심을 동산 같게 하며 또 그 돌들을 골짜기에 쏟아 내리고 그 기초를 드러내며 그 새긴 우상들은 다 부서지고 그 음행의 값은 다 불살라지며 내가 그 목상들을 다 깨뜨리리니 그가 기생의 값으로 모았은즉 그것이 기생의 값으로 돌아가리라 이러므로 내가 애통하고 애곡하고 벌거벗은 몸으로 행하며 들개 같이 애곡하고 타조 같이 애통하리니 이는 그 상처는 고칠 수 없고 그것이 유다까지도 이르고 내 백성의 성문 곧 예루살렘에도 미쳤음이니라(미 1:6-9).

사마리아를 망하게 했던 그 모든 우상들이 예루살렘에까지 가득하다. 하나님과의 관계가 파괴된 상태가 중증으로 드러나고 있다. 이러한 하나님과의 관계파괴를 일으키는 우상숭배는 여기서 멈추지 않는다는 사실이 심각하다. 그것은 자연스레 다음 단계로 넘어간다. 그것은 곧 사람이 사람을 해롭게 하는 사람간의 관계파괴로 나아가는 것이다.

> 그들이 침상에서 죄를 꾀하며 악을 꾸미고 날이 밝으면 그 손에 힘이 있으므로 그것을 행하는 자는 화있을진저 밭들을 탐하여 빼앗고 집들을 탐하여 차지하니 그들이 남자와 그의 집과 사람과 그의 산업을 강탈하도다(미 2:1-2).

> 내가 또 이르노니 야곱의 우두머리들과 이스라엘 족속의 통치자들아 들으라 정의를 아는 것이 너희의 본분이 아니냐 너희가 선을 미워하고 악을 기뻐하여 내 백성의 가죽을 벗기고 그 뼈에서 살을 뜯어 그들의 살을 먹으며 그 가죽을 벗기며 그 뼈를 꺾어 다지기를 냄비와 솥 가운데에 담을 고기처럼 하는도다(미 3:1-3).

지금 유다는 북이스라엘을 망국으로 가게 했던 동일한 죄악으로 몸살을 앓고 있다. 하나님과의 관계, 사람과의 관계가 모조리 파괴된 예배가 무너진 사악한 땅이 된 것이다. 결국 북이스라엘이 겪었던 운명은 이제 남의 이야기가 아닌 것이다. 사마리아가 들의 무더기 같이 되고, 황폐하게 되었던 것처럼 유다의 운명 또한 동일할 것이라는 심판선언이 주어진다.

> 이러므로 너희로 말미암아 시온은 갈아 엎은 밭이 되고 예루살렘은 무더기가 되고 성전의 산은 수풀의 높은 곳이 되리라(미 3:12).

그리고 이것을 성취하기 위하여 북이스라엘을 무너뜨린 징계의 막대기인 앗시리아가 준비되었다(미 5:5-6). 유다의 운명 또한 풍전등화의 상태가 된 것이다.

그런데 이 위기의 순간에 미가의 예언이 유다에 받아들여진다. 히스기야 왕이 미가의 예언 선포를 듣고, 회개하며 하나님의 뜻을 받듦으로 유다가 구원을 얻는 것이다. 이러한 역사적인 사건은 약 100여년 뒤인 예레미야 예언자 당시까지도 전설적인 이야기로 회자되며 또 다시 죄악에 빠진 유다가 본받아야 할 사건으로 기억된다.

> 고관들과 모든 백성이 제사장들과 선지자들에게 이르되 이 사람이 우리 하나님 여호와의 이름으로 우리에게 말하였으니 죽일 만한 이유가 없느니라 그러자 그 지방의 장로 중 몇 사람이 일어나 백성의 온 회중에게 말하여 이르기를 유다의 왕 히스기야 시대에 모레셋 사람 미가가 유다의 모든 백성에게 예언하여 이르되 만군의 여호와께서 이와 같이 말씀하셨느니라 시온은 밭 같이 경작지가 될 것이며 예루살렘은 돌 무더기가 되며 이 성전의 산은 산당의 숲과 같이 되리라 하였으나 유다의 왕 히스기

야와 모든 유다가 그를 죽였느냐 히스기야가 여호와를 두려워하여 여호와께 간구하매 여호와께서 그들에게 선언한 재앙에 대하여 뜻을 돌이키지 아니하셨느냐 우리가 이같이 하면 우리의 생명을 스스로 심히 해롭게 하는 것이니라(렘 26:16–19).

예레미야 당시의 여호야김 왕(BC 609–597년) 즉위 초에 히스기야 왕이 철저한 회개로 앗시리아로부터 구원받은 사건(BC 701년)을 백성들이 회상하고 있다. 거의 한 세기가 흘렀지만 백성들의 머릿속에 히스기야의 회개와 돌이킴이 유다를 살린 이야기는 유명한 신앙의 본이기도 한 것이다.

미가는 이처럼 포로기 전에 하나님의 백성을 향하여 유일하게 성공적인 예언활동을 한 예언자가 된다. 미가서에 나타난 이러한 돌이킴의 모습은 회개의 진정한 열매가 무엇인가를 보이는 것으로 그 결론에 이른다.

내가 무엇을 가지고 여호와 앞에 나아가며 높으신 하나님께 경배할까 내가 번제물 일 년 된 송아지를 가지고 그 앞에 나아갈까 여호와께서 천천의 숫양이나 만만의 강수 같은 기름을 기뻐하실까 내 허물을 위하여 내 맏아들을 내 영혼의 죄로 말미암아 내 몸의 열매를 드릴까 사람아 주께서 선한 것이 무엇임을 네게 보이셨나니 여호와께서 네게 구하시는 것은 오직 정의(מִשְׁפָּט 미쉬파트)를 행하며 인자(חֶסֶד 헤세드)를 사랑하며 겸손하게 네 하나님과 함께 행하는 것이 아니냐(미 6:6–8).

회개의 진정한 모습은 죄악 된 삶을 완전히 바꾸어서 그 반대인 하나님의 한없는 사랑과 자비를 뜻하는 '인자'(חֶסֶד 헤세드/인애)를 회복하여 하나님과의 관계를 새롭게 하고, 그 다음은 사람과의 관계에서 '정의'(מִשְׁפָּט 미쉬파트)를 행하는 것이다. 그리고 평생을 겸손하게 하나님과 함께 동행하는 것이다. 이것은 호세아와 아모스가 북이스라엘이 회복하기를 바랬으나, 결국 이루지 못한 것이란 점에서 희망은 이 두 가지를 바로 세우는 것에 있음을 살펴볼 수 있다. 이처럼 미가서는 열두 소 예언서의 중심에서 죄악, 심판 선고, 회개와 용서 그리고 예배의 길이라는 핵심적인 요소들이 모두 등장하며 회복된 삶의 길을 제시하고 있다. 이러한 삶의 길이 반드시 필요한 이유는 인생의 위기는 결코 앗시리아만이 아니라는 사실 때문이다. 앗시리아가 무너진 사건은 이제 더 이상의 위기가 신앙인의 삶에 오지 않는다는 것이 아니라, 어떤 위기가 닥쳐올지라도 그것을 충분히 이겨낼 수 있는 길이 있다는 것을 보여주는 것이다. 실로 인자와 정의를 실현하고 겸손히 하나님과 함께 동행 하는 예배자의 삶은 위기를 극복하는 가장 강력한 능력이 되는 것이다. 미가의 선포에 신실하게 응답한 유다에 어떤 역사가 기다리고 있을까?

(3) 나훔서

이제 징계의 도구인 앗시리아는 필요가 없게 되었다. 앗시리아의 할 일이 다 끝난 것이다. 하나님의 백성이 회개하고, 하나님의 뜻을 받들게 되었으니, 징계와 심판의 도구인 앗시리아가 더 이상 필요치 않는 것이다. 그래서 미가서 다음에 전적으로 앗시리아의 수도 니느웨의 멸망을 다루고 있는 나훔서가 자리 잡고 있는 것은 논리적인 순서이다. 그리고 니느웨의 멸망은 전적으로 앗시리아의 교만과 죄악으로 하나님께 징계를 받아 멸망하는 이야기이다.

> 화 있을진저 피의 성이여 그 안에는 거짓이 가득하고 포악이 가득하며 탈취가 떠나지 아니하는도다 휙휙 하는 채찍소리 윙윙 하는 병거바퀴 소리 뛰는 말 달리는 병거…내가 또 가증하고 더러운 것들을 네 위에 던져 능욕하여 너를 구경거리가 되게 하리니 그 때에 너를 보는 자가 다 네게서 도망하여 이르기를 니느웨가 황폐하였도다 누가 그것을 위하여 애곡하며 내가 어디서 너를 위로할 자를 구하리요 하리라(나 3:1-2, 6-7).

그리고 유다는 기뻐하라는 화평의 소식을 받게 된다.

> 볼지어다 아름다운 소식을 알리고 화평을 전하는 자의 발이 산 위에 있도다 유다야 네 절기를 지키고 네 서원을 갚을지어다 악인이 진멸되었으니 그가 다시는 네 가운데로 통행하지 아니하리로다 하니라(나 1:15).

미가서를 가운데 두고 니느웨의 흥망을 다루는 요나서와 나훔서가 자리 잡고 있다는 것은 하나님의 백성의 행동에 따라 열방의 운명이 좌우된다는 사실을 보이고 있는 것이다. 열방의 위력 따라서 이스라엘의 운명이 좌우되는 것이 아니라 이스라엘의 순종과 불순종에 따라서 열방의 운명이 좌우된다는 사실이다.

미가서가 열두 소 예언서의 중심에 자리하고 있다는 것 또한 의미 있는 배열이다. 그 중에서도 미가서 3:12절의 "이러므로 너희로 말미암아 시온은 갈아 엎은 밭이 되고 예루살렘은 무더기가 되고 성전의 산은 수풀의 높은 곳이 되리라"는 구절이 열두 소 예언서의 정확한 중심을 차지한다는 것은 위기를 새로운 기회로 만드는 길이 있음을 제시하고자 함이라 여겨진다. 종말이 선포되고 있는 그 어떠한 시절일지라도 미가의 이러한 심판선언을 듣고 돌이켰던 히스기야와 유다의 뒤를 따른다면 언제든지 희망을 가질 수 있다는 선언인 것이다. 그래서 열두 소 예언서의 중심은 항상 하나님의 백성이 새겨야 할 신앙의 중심인 것이다. 왜냐하면 앗시리아가 끝났다고 해서 모든 것이 끝난 것은 아니기 때문이다. 모든 시대는 그 시대마다의 위기를 안고 있기 때문이다. 위기를 극복하는 것도 중요하지만, 더욱 중요한 것은 그러한 신앙을 유지하고 발전시켜 나가는 것이다. 계속해서 지켜나가야 할 신앙의 길은 이미 미가 선지자의 입술을 통해서 주어졌다. 바로 예배의 지속성이다.

> 사람아 주께서 선한 것이 무엇임을 네게 보이셨나니 여호와께서 네게 구하시는 것은 오직 정의(מִשְׁפָּט 미쉬파트)를 행하며 인자(חֶסֶד 헤세드)를 사랑하며 겸손하게 네 하나님과 함께 행하는 것이 아니냐(미 6:8).

3) 하박국-스바냐

하나님의 백성 유다가 미가서가 제시한 회개의 열매요 삶의 지침인 이 길을 바르게 걸어갈 것인가, 아닌가에 미래가 달려 있다. 나훔서의 뒤를 잇는 전적으로 유다에 집중된 예언서들은 유다가 그 길을 걸어갈 것을 종용하는 절박한 요청인 것이다.

(1) 하박국서

긴 세월이 흘러가며 유다가 돌이킴의 시대를 마감하고, 또 다시 죄악에 빠져들기 시작한다. 예언자 하박국은 이러한 유다를 바라보며 탄식한다.

> 여호와여 내가 부르짖어도 주께서 듣지 아니하시니 어느 때까지리이까 내가 강포로 말미암아 외쳐도 주께서 구원하지 아니하시나이다 어찌하여 내게 죄악을 보게 하시며 패역을 눈으로 보게 하시나이까 겁탈과 강포가 내 앞에 있고 변론과 분쟁이 일어났나이다 이러므로 율법이 해이하고 정의가 전혀 시행되지 못하오니 이는 악인이 의인을 에워쌌으므로 정의가 굽게 행하여짐이니이다(합 1:2-4).

비록 앗시리아의 위협은 끝이 났으나, 유다가 제대로 서 있지 못하면 또 다른 징계의 막대기가 기다리고 있다. 하나님의 백성 유다가 하나님의 법인 율법을 멸시하고, 그 정신을 잃어버림으로 무법천지의 세상을 만들고 있다. 이에 대해 하박국은 앗시리아보다 더한 위력과 잔인함으로 쳐들어오는 한 나라를 바라보고 있다. 하박국은 하나님께서 예비하신 징계의 막대기인 그 나라의 침략이 눈앞에 이르렀다고 경고한다. 이것은 결국 회개를 촉구하는 강력한 방법이다.

> 여호와께서 이르시되 너희는 여러 나라를 보고 또 보고 놀라고 또 놀랄지어다 너희의 생전에 내가 한 가지 일을 행할 것이라 누가 너희에게 말할지라도 너희가 믿지 아니하리라 보라 내가 사납고 성급한 백성 곧 땅이 넓은 곳으로 다니며 자기의 소유가 아닌 거처들을 점령하는 갈대아 사람을 일으켰나니 그들은 두렵고 무서우며 당당함과 위엄이 자기들에게서 나오며…그들은 다 강포를 행하러 오는데 앞을 향하여 나아가며 사람을 사로잡아 모으기를 모래 같이 할 것이요 왕들을 멸시하며 방백을 조소하며 모든 견고한 성들을 비웃고 흉벽을 쌓아 그것을 점령할 것이라 그들은 자기들의 힘을 자기들의 신으로 삼는 자들이라 이에 바람 같이 급히 몰아 지나치게 행하여 범죄하리라(합 1:5-11).

바벨론을 의미하는 갈대아인들의 침략이 눈앞에 이르렀다. 이들의 특징은 '당당함과 위엄이 자신들에게서 나오며,' '힘을 신으로 삼는 자들'이다. 즉, 이들은 자신들이 판단 기준이며, 자신들의 힘이 법이라는 것이다. 하나님께서 자신의 백성이 법을 버리고 살아가자, 법도 없이 사는 잔혹한 나라에 넘기셔서 그러한 삶의 결과를 알려주려 하신다. 하박국은 이러한 하나님의 행동에 대하여 이해할 수 없었다. 자신들이 아무리 죄악을 저질렀을지라도 바벨론 사람들 보다는 덜함이 분명한데, 이렇게 더 악한 백성으로 하나님의 백성을 치신다는 것이 이해할 수 없는 부분이었기 때문이다(합 1:13-14). 그래서 하나님께 항의하며, 하나님의 응답을 간절히 기다린다. 그리고 하나님께서는 어떠한 상황이 펼쳐지더라도 "의인은 그 믿음으로 말미암아 살리라"(합 2:4)는 응답을 주신다. 누구든지 하나님을 향한 믿음과 신뢰로 자신의 삶을 바르게 이루어 가는 자는 구원을 얻을 것이란 약속인 것이다.

바벨론의 침공이 눈앞에 다가와 있는 이때, 믿음과 신뢰로 산다는 것은 한 인물을 생각나게 한다. 앗시리아의 침공 앞에 죄를 회개하며, 오직 하나님을 향한 믿음과 신뢰로 놀라운 구원을 체험한 히스기야 왕이다. 이 마지막 때에 그가 가졌던 신앙을 회복하는 것이 살 수 있는 길인 것이다. 이것은 마지막 경고이며, 이 경고의 음성에 유다가 귀를 기울일 것인가, 아닌가가 유다의 미래를 결정하게 될 것이다. 이렇게 하박국은 수많은 질문과 암시, 그리고 불투명한 미래를 남겨두고, 그 결말을 스바냐서로 넘긴다.

(2) 스바냐서

이러한 풍전등화 같은 위기상황 가운데 선포되는 말씀이 바로 스바냐 선지자의 예언이다. 결국 스바냐서 안에 그려지고 있는 남유다가 어떤 모습인지에 따라 유다의 운명은 갈라지게 되어 있다. 회개의 길인가, 계속되는 죄악의 길인가에 따라 북이스라엘처럼 망하고 마느냐, 혹은 사느냐가 결정되는 것이다. 단지 그 심판의 도구가 앗시리아에서 바벨론으로 바뀌었을 뿐이다.

그렇다면 이제 어떻게 행동하면 살 수 있을까? 어떻게 하면 그 옛날 앗시리아가 예루살렘 성을 포위했다가 철저하게 패망했던 것처럼 이제 바벨론의 힘도 무력하게 만들어 버릴 수 있을까? 누구처럼 하면 구원을 받을 수 있을까? 그렇다. 히스기야 시대처럼 행동하면 새로운 회복이 이루어질 수 있을 것이라는 역사의 해답이 있다. 스바냐는 바로 이러한 위기의 순간에 예언을 전한다. 먼저 스바냐의 족보를 눈여겨보는 것이 좋은데, 그것은 오직 예언자들 중에서 스바냐만이 5대손까지 거슬러 올라가며 조상을 추적하고 있기 때문이다. 그렇게 하는 데는 분명한 이유가 있을 것이다.

> 스바냐는 히스기야의 현손이요 아마랴의 증손이요 그다랴의 손자요 구시의 아들이었더라(습 1:1).

한글 번역은 오히려 히브리어 성경의 박진감과 긴장감을 해소시키는 방식으로 번역되어 있다. 한글번역은 조상으로부터 내려가는 형태로 번역되었지만, 히브리어 원문은 스바냐로부터 조상을 추적해 올라가는 순서로 되어있다.

> 스바냐는 구시의 아들이요, 그다랴의 손자요, 아마랴의 증손이요, 히스기야의 현손이었더라(습 1:1).

이렇게 예언자의 조상을 5대까지 추적하는 경우는 스바냐가 유일하다. 그것은 분명 5대를 추적하며 보여주고자 하는 메시지가 있기 때문일 것이다. '스바냐-구시-그다랴-아마랴-히스기야'에서 볼 수 있듯이 우리는 마침내 '히스기야'라는 이름 앞에 도달하게 된다. 여기에 나타난 히스기야가 스바냐가 활동할 때의 왕인 요시야의 조상인 바로 그 위대한 왕 히스기야이든, 아니든 상관없다(요시야－아몬－므낫세－히스기야). 스바냐의 조상을 5대까지 추적하며 그 옛날 철저한 돌이킴으로 앗시리아의 침공을 막아냈던 그 왕과 동일한 이름이 바로 이 자리에 거론되고 있다는 것이 의미가 있는 것이다. 왜냐하면 그 이름만으로도 충분히 어떻게 하면 살 것이라는 암시를 제공하고 있기 때문이다. 그 때나 지금이나 동일한 위기의 순간이며 또한 기회의 순간이라는 의미를 전달하는 것이다.

여기서 스바냐가 활동한 시대의 왕인 요시야라는 위대한 왕의 이름보다도 더 히스기야라는 이름에 희망을 거는 이유가 있다. 요시야는 철저한 회개와 종교개혁으로 멸망을 한 세대 연기한 것뿐이며, 바벨론은 그대로 아직 건재하다. 그에 비해 히스기야는 회개와 믿음을 통해 가장 큰 적이었던 앗시리아를 산산조각 내는 길을 열었다. 스바냐 시대에 가장 큰 염원이라면 누가 히스기야 때에 앗시리아가 무너진 것처럼 바벨론을 이 세상 역사 속에서 뒤안길로 사라지게 만들 것이냐이다. 그 과제는 요시야와 그 이후의 왕들에게 지워져 있다.

스바냐는 전 지구적인 종말이 있을 것이라는 선언으로 그 예언을 시작한다. 이것은 열두 소 예언서의 출발인 호세아의 예언 속에도 나타났던 내용이다(호 4:3).

> 여호와께서 이르시되 내가 땅 위에서 모든 것을 진멸하리라 내가 사람과 짐승을 진멸하고 공중의 새와 바다의 고기와 거치게

> 하는 것과 악인들을 아울러 진멸할 것이라 내가 사람을 땅 위에서 멸절하리라 나 여호와의 말이니라(습 1:2-3).

이러한 선포가 쏟아질 때에는 분명 이유가 있을 것이다. 천지와 우주만물이 모두 다 존재하되 그 존재의 의미가 상실되었다는 것은 이 땅에 하나님의 뜻이 사라지고 있다는 것을 의미한다. 스바냐서는 이러한 현상을 두 부분에서 날카롭게 지적한다.

> 내가 유다와 예루살렘의 모든 주민들 위에 손을 펴서 남아 있는 바알을 그 곳에서 멸절하며 그마림이란 이름과 및 그 제사장들을 아울러 멸절하며 또 지붕에서 하늘의 뭇 별에게 경배하는 자들과 경배하며 여호와께 맹세하면서 말감을 가리켜 맹세하는 자들과 여호와를 배반하고 따르지 아니한 자들과 여호와를 찾지도 아니하며 구하지도 아니한 자들을 멸절하리라(습 1:4-6).

먼저 여호와를 버리고 우상들을 쫓아가는 삶의 정황들이 그대로 드러나며, 하나님과의 관계가 산산이 부서진 상태를 보여준다. 심지어 이 사악한 사람들의 심중에 박혀 있는 생각은 “여호와는 복도 내리지 못하며 화도 내리지 못하는 존재라는 것”이다(습 1:12). 예언자들의 선포 속에 이 표현은 늘 우상들에게 적용되던 것이었다(사 41:23; 렘 10:5). 여호와가 우상과 같은 취급을 받고 있다. 물론 그 다음에 벌어지는 일은 당연히 사회적인 부조리인 사람과 사람사이에서 나타나는 정의와 공의의 파괴일 것이다.

여호와의 희생의 날에 내가 방백들과 왕자들과 이방인의 옷을 입은 자들을 벌할 것이며 그 날에 문턱을 뛰어넘어서 포악과 거짓을 자기 주인의 집에 채운 자들을 내가 벌하리라(습 1:8-9).

스바냐는 이제 여호와의 날이 가깝다고 선언한다. 그 날은 결코 구원의 날이 아니며, 분노와 환난과 고통의 날이 될 것이며, 황폐와 패망이 임하는 날이 될 것이다. 그리고 그 날에는 인생들이 불의를 행하여 모아 놓은 은과 금으로도 결코 하나님의 마음을 돌이킬 수 없는 날이 될 것이라고 경고한다(습 1:14-18). 왜냐하면 여호와는 불의한 재판장과는 달리 뇌물을 받지 않으시기 때문이다. 이러한 경고에도 불구하고 유다의 마지막 선택은 결국 자신들의 길을 가는 것이다.

패역하고 더러운 곳 포학한 그 성읍이 화 있을진저 그가 명령을 듣지 아니하며 교훈을 받지 아니하며 여호와를 의뢰하지 아니하며 자기 하나님에게 가까이 나아가지 아니하였도다 그 가운데 방백들은 부르짖는 사자요 그의 재판장들은 이튿날까지 남겨 두는 것이 없는 저녁 이리요 그의 선지자들은 경솔하고 간사한 사람들이요 그의 제사장들은 성소를 더럽히고 율법을 범하였도다…내가 이르기를 너는 오직 나를 경외하고 교훈을 받으라 그리하면 내가 형벌을 내리기로 정하기는 하였지만 너의 거처가 끊어지지 아니하리라 하였으나 그들이 부지런히 그들의 모든 행위를 더럽게 하였느니라(습 3:1-4, 7).

이것과 나훔서에서 니느웨가 멸망할 때의 상황과 비교해 보면 유다의 끝을 이해할 수 있을 것이다: "화 있을진저 피의 성이여 그 안에는 거짓이 가득하고 포악이 가득하며 탈취가 떠나지 아니하는도다"(나 3:1). 이것은 결국 멸망이 실행될 수밖에 없는 이유를 설명하고 있는 것이다. 유다가 이렇게 사악하게 살아가는 가운데서도 여호와께서는 이들을 살리시려는 마지막 몸부림을 다하셨다는 것을 이 타락의 중심에서 살펴볼 수 있다.

> 그 가운데에 계시는 여호와는 의로우사 불의를 행하지 아니하시고 아침마다 빠짐없이 자기의 공의를 비추시거늘 불의한 자는 수치를 알지 못하는도다(습 3:5).

하루도 빠짐없이 아침마다 여호와께서는 마땅히 걸어야 할 길을 최선을 다해 알리셨다. 수많은 선지자들의 부르짖음이 바로 그것일 것이다. 그러나 유다의 선택은 결국 부지런히(שָׁכַם 샤캄/아침에 일찍 일어나다) 자신의 굽은 길을 가는 것이었다. 이제 온 땅이 여호와의 질투의 불에 소멸되는 것은 시간문제이며, 모든 것이 확정되었다.

> 나 여호와가 말하노라 그러므로 내가 일어나 벌할 날까지 너희는 나를 기다리라 내가 뜻을 정하고 나의 분노와 모든 진노를 쏟으려고 여러 나라를 소집하며 왕국들을 모으리라 온 땅이 나의 질투의 불에 소멸되리라(습 3:8).

기나긴 역사가 끝이 났다. 하나님이 빠진 인간의 역사가 마감된 것이다. 북이스라엘과 유다 모두가 망국으로 끝에 이르렀다. 그러나 하나님의 백성에게 끝은 결코 끝이 아니다. 인간이 끝이 나는 그 순간에 하나님의 시작이 기다리고 있기 때문이다. 스바냐서는 하나님의 백성인 유다의 끝을 말하고 있지만, 그럼에도 소멸과 멸망이라는 것으로 그 끝을 마감하지 않는다. 여호와께서 흩어진 그들을 깨끗케 하시고, 그들의 교만과 죄악을 제거하시고, 여호와의 이름을 부르며 섬기는 자들로 세우실 것임을 천명하신다(습 3:9-12). 그들은 '이스라엘의 남은 자'라 불릴 것이며, 그들이 미래의 희망이 될 것이라 하신다. 그리고 그 남은 자들의 특징은 과거의 죄악을 일소한 새 것이 된다.

> 이스라엘의 남은 자는 악을 행하지 아니하며 거짓을 말하지 아니하며 입에 거짓된 혀가 없으며 먹고 누울지라도 그들을 두렵게 할 자가 없으리라(습 3:13).

이 모든 새로운 시작은 오직 하나님으로 인하여 가능해 진다. 하나님의 자비와 긍휼하심이 없다면 결코 이루어질 수 없는 일이다. 이제 마땅히 이루어져야 할 일은 이 여호와 하나님을 삶의 중심에 모시고 새롭게 시작하는 것이다. 그것은 다시 여호와가 왕이 되시는 세상을 열어가는 것이다.

> 여호와가 네 형벌을 제거하였고 네 원수를 쫓아냈으며 <u>이스라엘 왕 여호와가</u> 네 가운데 계시니 네가 다시는 화를 당할까 두려

위하지 아니할 것이라 그 날에 사람이 예루살렘에 이르기를 두려워하지 말라 시온아 네 손을 늘어뜨리지 말라 너의 하나님 여호와가 너의 가운데에 계시니 그는 구원을 베푸실 전능자시라 그가 너로 말미암아 기쁨을 이기지 못하시며 너를 잠잠히 사랑하시며 너로 말미암아 즐거이 부르며 기뻐하시리라 하리라(습 3:15-17).

만왕의 왕이신 여호와께서 기꺼이 다시 이스라엘의 가운데에 거주하시는 왕이라고 하신다. 이를 위해 흩어진 주의 백성들을 모으실 것이라 약속하시며, 이들을 천하 만민 가운데서 더 이상 치욕과 조롱이 아닌 명성과 칭찬을 얻게 하실 것이라고 선언하신다(습 3:20).

이제 해야 할 일은 분명해진다. 여호와께서 이스라엘 가운데서 왕으로 좌정하기 위해서는 거하실 궁전이 필요하다. 그리고 세계 모든 민족들 가운데 명성과 칭찬을 받는 백성이 되기 위해서는 하나님께서 명령하신 규례와 법도를 따라 살아가는 지혜가 필요하다(신 4:5-8; 26:19). 이러한 미래를 이루기 위해 회복된 공동체로서 여호와께서 거하실 성전을 건축하는 것과 주의 명령을 실행할 것을 촉구하는 것이 반드시 필요하다. 학개와 스가랴서는 바로 이러한 회복을 향한 발돋움을 힘차게 내딛는다.

4) 학개-스가랴-말라기

학개와 스가랴서는 회복된 공동체를 위해 필수적인 예언서들이다. 예언자 학개와 스가랴, 이 두 사람은 회복된 공동체에서 동시대에 활동했던 예언자들로 두 사람의 메시지는 다른 방향을 향하고 있다. 타락과 멸망이 두 가지의 파괴에서 왔기 때문에 하나님과의 관계 회복과 이웃과의 관계회복을 위한 길이 필요하기 때문이다. 그리고 그것을 영원함으로 연결시켜가야 할 소명이 있는 것이다.

(1) 학개서

이제 축제의 시간이 왔다. '나의 축제들, 절기들'이라는 뜻을 가진 이름을 소유한 예언자 '학개'(חַגַּי 학가이)가 회복의 시작을 열고 있다. 이 학개라는 이름의 의미인 '절기'라는 단어는 이스라엘과 유다가 타락함으로 하나님께 제대로 지키지 못했기에, 언젠가는 하나님께서 진정한 기쁨의 축제를 회복케 하시겠다는 약속의 실현이라는 점에서 의미가 깊다.

> 내가 그 모든 희락과 절기와 월삭과 안식일과 모든 명절을 폐하겠고…포도나무, 무화과나무를 거칠게 하겠다고 하셨던(호 2:11-12; 9:5).

> 내가 너희 절기를 미워하여 멸시하며 너희 성회들을 기뻐하지 아니하나니(암 5:21).

> 너희 절기를 애통으로 너희 모든 노래를 애곡으로 변하며(암 8:10).

> 볼찌어다 아름다운 소식을 알리고 화평을 전하는 자의 발이 산 위에 있도다 유다야 네 절기를 지키고 네 서원을 갚을지어다 악인이 진멸되었으니 그가 다시는 네 가운데로 통행하지 아니하리로다(나 1:15).

학개서는 왕이신 하나님을 삶 가운데 모시기 위해 오로지 성전 건축에 모든 초점을 모으고 있다. 하나님 앞에서 기쁨의 축제인 절기를 온전히 회복하기 위해서 반드시 선행되어야 하는 것이다.

> 만군의 여호와가 말하노니 너희는 자기의 행위를 살필지니라 너희는 산에 올라가서 나무를 가져다가 성전을 건축하라 그리하면 내가 그것으로 말미암아 기뻐하고 또 영광을 얻으리라 여호와가 말하였으니라(학 1:7-8).

하나님께서 이스라엘의 왕으로, 회복된 공동체의 왕으로 좌정하시지 않는다면, 이 공동체는 영원히 인간인 이방인 왕을 섬기며 살아가야 한다. 학개서와 스가랴서의 시대적인 구분은 페르시아의 왕인 다리오 왕의 통치 기간으로 주어지고 있다(학 1:1, 15; 2:10; 슥 1:1, 7; 7:1). 그러나 이제 성전이 건축되고 나면 하나님을 왕으로 모신 새로운 신정통치의 세상을 시작하는 것이다. 인간이 왕이 될 때와 하나님께서 왕이 될 때는 전혀 다른 세상이 만들어지기 때문이다. 선지자 학개의 독려로 드디어 성전이 완성되었고, 하나님은 이스라엘의 왕이 되신다. 우상이 철폐되고, 오직 여호와 하나님을 향한 신앙만을 세우려는 길이 열린 것이다. 드디어 하나님과 이스라엘의 관계가 회복된다.

이제 해야 할 일은 분명하다. 그 하나님의 명령에 절대적인 순종을 이루는 삶으로 사람과의 관계를 회복하는 공동체를 이루는 것이다. 스가랴서는 바로 이러한 사명을 이루어야 한다는 것을 회복된 공동체에게 주지시키고 있다.

(2) 스가랴서

스가랴는 이웃과의 정의와 공의를 세울 것을 강조한다. 하나님의 백성이 멸망했던 것도 바로 그것을 바르게 이루지 못했기 때문임을 강조하며 다시는 이런 일이 있어서는 안 될 것이라고 촉구하는 것이다.

> 여호와가 너희의 조상들에게 심히 진노하였느니라 그러므로 너는 그들에게 말하기를 만군의 여호와께서 이처럼 이르시되 너희는 내게로 돌아오라 만군의 여호와의 말이니라 그리하면 내가 너희에게로 돌아가리라 만군의 여호와의 말이니라 너희 조상들을 본받지 말라 옛적 선지자들이 그들에게 외쳐 이르되 만군의 여호와께서 이같이 말씀하시기를 너희가 악한 길, 악한 행위를 떠나서 돌아오라 하셨다 하나 그들이 듣지 아니하고 귀를 기울이지 아니하였느니라 여호와의 말이니라(슥 1:2-4).

그리고 조상들이 행한 그 구체적인 악행들을 나열한다.

> 만군의 여호와가 이같이 말하여 이르기를 너희는 진실한 재판을 행하여 서로 인애와 긍휼을 베풀며 과부와 고아와 나그네와 궁핍한 자를 압제하지 말며 서로 해하려고 마음에 도모하지 말라 하였으나 그들이 듣기를 싫어하여 등을 돌리며 듣지 아니하려고 귀를 막으며 그 마음을 금강석 같게 하여 율법과 만군의 여호와가 그의 영으로 옛 선지자들을 통하여 전한 말을 듣지 아니하므로 큰 진노가 만군의 여호와께로부터 나왔도다(슥 7:9-12).

그렇다면 이제 행해야 할 일은 당연하다. 조상들이 행한 이러한 악행들을 고치고, 바로잡아, 돌이켜서 오직 하나님께서 원하시는 뜻이 무엇인지를 배워 행하는 것이다.

> 만군의 여호와가 이같이 말하노라 너희 조상들이 나를 격노하게 하였을 때에 내가 그들에게 재앙을 내리기로 뜻하고 뉘우치지 아니하였으나 이제 내가 다시 예루살렘과 유다 족속에게 은혜를 베풀기로 뜻하였나니 너희는 두려워하지 말지니라 너희가 행할 일은 이러하니라 너희는 이웃과 더불어 진리를 말하며 너희 성문에서 진실하고 화평한 재판을 베풀고 마음에 서로 해하기를 도모하지 말며 거짓 맹세를 좋아하지 말라 이 모든 일은 내가 미워하는 것이니라 여호와의 말이니라(슥 8:14-17).

이와 같이 회복된 공동체는 성전건축을 통하여 하나님과의 끈끈한 관계를 회복함으로 하나님을 중심에 왕으로 모시고, 그 왕의 명령을 받드는 것이다. 학개가 하나님과의 관계를 중심에 두고 성전건축에 박차를 가했다면, 스가랴는 그 성전을 중심으로 살아가는 하나님의 백성이 더 이상 선조들의 죄악으로 인해 징계의 늪에 빠지는 삶이 아니라, 오직 하나님의 뜻을 받드는 것을 구체적으로 제시한다. 그 길은 이 땅에서 사람사이에 정의와 공의를 바르게 세우는 삶인 것이다. 그리고 이러한 삶을 어떤 여건 속에서도 계속 할 것을 강조한다. 이제 남은 것은 하나님과 함께 겸손하게 동행하는 것이다(미 6:8).

(3) 말라기서

그러나 말라기서는 제2성전을 짓고 회복 공동체로 살아가는 하나님의 백성에게 또 다시 나타나는 죄악의 두 가지 모습을 그려내고 있다. 이러한 현상이 회복된 뒤 불과 한 세기도 지나지 않아서 벌어지고 있다는 점에서 비극적이다. 결국 역사가 한 바퀴를 돌아도 사람의 삶에서는 결코 악이 저절로 없어지는 것이 아님을 살펴볼 수 있다. 호세아와 아모스가 부르짖었고, 미가와 스바냐가 부르짖었으며, 또 학개와 스가랴가 회복을 위해 몸부림쳤던 하나님 사랑과, 사람 사랑인 정의와 공의의 실행이 하나님의 백성에게는 늘 지상과제로 남아 있는 것이다.

먼저 하나님과의 관계가 파괴된 상황이 장황하게 펼쳐진다. 하나님께서는 이스라엘을 사랑하시나, 이스라엘은 그 사랑을 깨닫지도 못하고, 하나님 앞에서 악행으로 일관한다.

내 이름을 멸시하는 제사장들아 나 만군의 여호와가 너희에게 이르기를 아들은 그 아버지를 종은 그 주인을 공경하나니 내가 아버지일진대 나를 공경함이 어디 있느냐 내가 주인일진대 나를 두려워함이 어디 있느냐 하나 너희가 이르기를 우리가 어떻게 주의 이름을 멸시하였나이까 하는도다 너희가 더러운 떡을 나의 제단에 드리고도 말하기를 우리가 어떻게 주를 더럽게 하였나이까 하는도다 이는 너희가 여호와의 식탁은 경멸히 여길 것이라 말하기 때문이라 만군의 여호와가 이르노라 너희가 눈먼 희생제물을 바치는 것이 어찌 악하지 아니하며 저는 것 병든 것을 드리는 것이 어찌 악하지 아니하냐 이제 그것을 너희 총독에게 드려 보라 그가 너를 기뻐하겠으며 너를 받아 주겠느냐(말 1:6-8).

이렇게 하나님과의 관계가 파괴되면, 당연스레 하나님의 말씀을 멸시하는 길로 나아가게 된다. 그 다음은 순서적으로 사람을 무시하고, 학대하는 길로 나아가는 것이다. 말라기서는 이웃과의 관계파괴의 시작으로 어려서 맞이한 아내를 대하는 태도부터 다룬다. 가장 가까운 이웃은 바로 배우자이기 때문이다(말 2:14-16). 가정은 하나님의 백성이라는 공동체의 가장 최소단위이기에 가정이 무너지고 있다는 것은 친족집단이 무너지며, 지파가 무너지고, 민족이 무너지는 것은 이제 시간문제일 뿐이라는 것이다. 가정에서의 관계파괴는 곧 공동체로 그 파급효과를 미친다는 것은 다음의 상황으로 분명해 진다.

내가 심판하러 너희에게 임할 것이라 점치는 자에게와 간음하

> 는 자에게와 거짓 맹세하는 자에게와 품꾼의 삯에 대하여 억울하게 하며 과부와 고아를 압제하며 나그네를 억울하게 하며 나를 경외하지 아니하는 자들에게 속히 증언하리라 만군의 여호와가 말하였느니라(말 3:5).

동일한 상황이 또 펼쳐진다. 수백 년이 지났음에도 불구하고 인간은 결코 교훈을 배우지 못하는 것인가라는 회의가 들 수도 있다. 그리고 인간 스스로가 포기할 수도 있다. 그러나 희망은 인간에게 있는 것이 아니라, 하나님께 있다. 인간은 인내심의 한계에 달해 모든 것을 포기하고, 끝내버릴 수도 있지만, 그러나 하나님께서 포기하지 않으시니 그것이 희망이요, 미래인 것이다. 여호와께서는 그럼에도 기다리신다. 하나님을 경외하는 자들을 자신의 '특별한 소유'(סְגֻלָּה 세굴라; 출 19:5; 신 7:6; 14:12; 26:18; 시 135:4)로 삼을 것이라 말씀하시며, 새로운 시작을 기대하신다(말 3:16-18).

> 그 때에 여호와를 경외하는 자들이 피차에 말하매 여호와께서 그것을 분명히 들으시고 여호와를 경외하는 자와 그 이름을 존중히 여기는 자를 위하여 여호와 앞에 있는 기념책에 기록하셨느니라 만군의 여호와가 이르노라 나는 내가 정한 날에 그들을 <u>나의 특별한 소유</u>(סְגֻלָּה 세굴라)로 삼을 것이요 또 사람이 자기를 섬기는 이들을 아낌 같이 내가 그들을 아끼리니(말 3:16-17).

그리고 말라기서는 이렇게 여호와를 경외하며, 하나님의 특별한 소유로 살아갈 수 있는 길을 제시하는 것으로 그 끝에 이른다. 말라기서의 결론은 단순히 말라기서를 끝내는 말이 아니라 열두 소예언서의 대단원의 막을 내리고 있다는 점에서 중요하다.

> 너희는 내가 호렙에서 온 이스라엘을 위하여 내 종 모세에게 명령한 법 곧 율례와 법도를 기억하라 보라 여호와의 크고 두려운 날이 이르기 전에 내가 선지자 엘리야를 너희에게 보내리니 그가 아버지의 마음을 자녀에게로 돌이키게 하고 자녀들의 마음을 그들의 아버지에게로 돌이키게 하리라 돌이키지 아니하면 두렵건대 내가 와서 저주로 그 땅을 칠까 하노라 하시니라(말 4:4-6.)

첫째는 호렙 산에서 모세에게 명한 법, 곧 율례와 법도를 기억하라는 것이며, 둘째는 선지자 엘리야를 보낼 것이란 사실이 주어진다. 모세와 엘리야는 바로 이스라엘 신앙의 두 중심축이다. 모세는 여호와의 율법을 대표하고, 엘리야는 선지자를 대표한다. 여기 모세의 사명은 여호와의 율례와 법도를 제시하는 것이라면, 예언자인 엘리야의 사명은 하나님의 마음과 백성들의 마음이 하나 되게 돌이키는 것이다. 그렇다면 예언서 전체의 주제가 한 마디로 축약될 수 있음을 알 수 있다. 바로 돌이키게 하는 것으로, 모세를 통해 주신 여호와의 율례와 법도로 계속해서 돌이키게 하는 것이다. 그곳에 하나님과 함께 하는 진정한 예배의 삶이 있는 것이기 때문이다. 예언자들은 이 일을 위해서 분투한 사람들이다.

3. 열두 소 예언서의 중심신학

열두 소 예언서는 미가서라는 그 중심에서 하나님의 법과 예언자의 선포가 하나 되었다는 것을 제시하며 이 둘이 일치되어 마음과 삶을 뒤바꾸는 그 곳에 회복의 역사가 일어난다는 것을 증거하고 있다. 이러한 역사가 잊혀지지 않고, 기억되며, 살아날 때 희망은 있다.

또다시 역사가 한 바퀴 돌았음에도 불구하고 '호세아와 아모스'가 극렬하게 회개를 촉구하며, 부르짖었던 처음의 그 상태로 다시 돌아가는 역사의 회귀성을 살펴볼 수 있다. 이렇게 '포로기 전-포로기-회복'이라는 역사의 수레바퀴를 다 돌렸음에도 다시 회귀하려는 신앙의 타락에 일침을 가하며 절대 동일한 역사를 반복하지 말라는 의미에서 열두 소 예언서는 의도적으로 한 권의 책으로 묶여진다. 그리고 그 중심을 강조하고 있다. 그 중심에 미가서가 서 있고, 미가서는 열두 소 예언서의 중심축의 역할을 한다. 그리고 이곳에 구원의 체험과 하나님 앞에서 다시 하나님의 백성으로 살아갈 수 있는 길이 제시되어 있다. 그것은 바로 극렬한 심판 예언에 겸손히 무릎 꿇고, 회개를 앞세우며 하나님께로 돌이키는 것이다.

> 이러므로 너희로 말미암아 시온은 갈아 엎은 밭이 되고 예루살렘은 무더기가 되고 성전의 산은 수풀의 높은 곳이 되리라(미 3:12).

이 선포에 히스기야와 유다가 회개하고 하나님께로 돌이킨다. 그리고는 어느 누구도 상상할 수 없었던 구원을 체험한다. 예루살렘이 구원되었다. 이제 역사 속에서 더 이상 예루살렘이 무너지는 경험을 하지 말아야 한다는 것이 열두 소 예언서의 선언이다. 성전이 무너지는 경험은 더 이상 없어야만 한다는 것이 하나님의 백성의 결단이 되어야 한다는 것이다. 미가서 속에서 나타나는 돌이킴은 바로 이것이다.

> 사람아 주께서 선한 것이 무엇임을 네게 보이셨나니 여호와께서 네게 구하시는 것은 오직 정의(מִשְׁפָּט 미쉬파트)를 행하며 인자(חֶסֶד 헤세드)를 사랑하며 겸손하게 네 하나님과 함께 행하는 것이 아니냐(미 6:8).

그러기 위해서는 결국 모세의 율법으로 돌아가고, 예언자의 말에 귀 기울이는 것이 절대적으로 요구된다(말 4:4-6). 그 길만이 새로움의 길이기 때문이다. 열두 소 예언서는 시작과 끝이 만나 하나님의 뜻이 온전히 이루어지는 그런 구원과 회복을 갈망하고 있다. 그 중심은 모세의 율법과 선지자의 돌이키는 사명이 백성들의 회개와 일치되어 구원과 회복이 일어났던 장소가 된다. 그 구체적인 회개의 삶은 하나님과의 관계와 사람과의 관계가 회복된 예배가 완성되는 땅을 이룰 수 있는 길을 연다.

[시작] [중심: 미 3:12 ⇨ 6:8] [끝]

호세아
------------------------------ 말라기
아모스

호세아 ⇨ 중심에서 만나야 한다 ⇦ 말라기
아모스
(인자와 정의를 행하는 삶)

4. 하나님의 백성이 이루어야 할 예배

하나님께서는 이렇게 열두 소 예언서를 통해 하나님의 백성 이스라엘이 회복해야 할 이상을 보여주셨다. 첫 번째는 열두 소 예언서가 북이스라엘 역사의 정점으로부터 시작하고 있다면 회복은 결코 남유다만의 것이 되어서는 안 된다는 것이다. 북이스라엘과 남유다로 흩어졌던 열두 지파가 다시 하나로 합쳐지는 것이다. 이러한 외적인 회복과 더불어 두 번째로의 회복이 진행되어야 하는데 그것은 반드시 내적인 회복이 되어야 한다. 내적인 회복은 신앙적인 각성을 통한 하나님의 백성이 살아가야 할 정신을 의미하는 것으로 바로 하나님과의 관계회복과 사람과의 관계회복인 것이다. 그것은 결국 하나님 사랑(신 6:4)과 이웃 사랑(레 19:18)의 길인 것이다. 열두 소 예언서에는 남과 북이 동일하게 잃어버림으로 망국으로 갈 수밖에 없었던 이 정신을 되살림으로 다시 하나 되어 이 땅에 마땅히 이루어야 할 하나님 나라를 세워야 함을 강조한다. 이처럼 하나님 나라는 흩어졌던 교회가 하나의

정신으로 연합하여 하나님을 예배하는 삶을 이루어 갈 때 이 세상에 능력을 발휘할 수 있다.

예수님께서도 동일한 말씀으로 하나님 나라를 촉구하셨다. 율법과 선지자의 사역을 각각 하나님 사랑과 이웃 사랑에 일치시키신 것이다. 하나님의 백성이 이 두 가지를 회복할 때 하나님 나라는 하늘에서 이루어진 것 같이 땅에서도 이루어 질 것이다.

> 예수께서 사두개인들로 대답할 수 없게 하셨다 함을 바라새인들이 듣고 모였는데 그 중의 한 율법사가 예수를 시험하여 묻되 선생님 율법 중에서 어느 계명이 크니이까 예수께서 이르시되 네 마음을 다하고 목숨을 다하고 뜻을 다하여 주 너의 하나님을 사랑하라 하셨으니 이것이 크고 첫째 되는 계명이요 둘째도 그와 같으니 네 이웃을 네 자신과 같이 사랑하라 하셨으니 이 두 계명이 온 율법과 선지자의 강령이니라(마 22:34-40).

이렇게 열두 소 예언서에서 회복해야 할 이상은 모세의 율법과 선지자의 강령이 무엇인지를 깨닫는다면 분명하게 인식될 수 있다. 바로 하나님 사랑과 이웃사랑의 실천이라는 예배하는 삶인 것이다.

전기예언서인 여호수아부터 열왕기하까지의 이야기가 하나님의 백성이 이러한 이상을 이루지 못하고 비참하게 쓰러져 버린 모든 역사를 낱낱이 훑어가고 있다면, 후기예언서 중에 삼 대 예언서인 이사야, 예레미야, 에스겔서는 이스라엘이 쓰러진 그 곳에서 멈추지 않고, 다시 새롭게 하나님의 백성으로 시작할 수 있는 희망을 제시하고 있다. 그 구체적인 예가 세 가지의 새 것을 하나님께서 일으키심으로 하나님의 백성으로서의 정체성을 회복하는 것이다. 이사야를 통한 새로운 구원사, 예레미야를 통한 새로운 언약, 에스겔을 통한 새로운 영과 마음이 바로 그것들이다. 이 세 가지의 새로운 것이 모여서 하나님의 백성을 회복시키고, 다시 오직 하나님만 예배하는 민족으로 세우는 것이다. 그리고 마지막으로 후기예언서의 결론인 열두 소 예언서는 이렇게 새로운 것으로 채워져 회복된 이스라엘이 하나님 앞에서 멈춤 없이 걸어가야 할 길을 제시하고 있다. 바로 하나님 사랑과 이웃 사랑이라는 예배인 것이다. 이렇게 예언서 전체는 하나님의 백성인 이스라엘의 과거, 현재, 미래를 조명하며 하나님을 예배하는 삶으로의 돌이킴을 강력하게 촉구하고 있는 것이다. 이러한 외침은 메아리가 되어서 성문서(시편부터 역대기하까지) 속에서 이 세상 끝날 때까지 울려 퍼지게 될 것이다.

:: 주석

91) 호세아서는 앗시리아와 더불어 애굽에서의 구원과 애굽으로 돌아가는 것에 대한 망국 또한 전하고 있다(호 2:15; 7:11, 16; 8:13; 9:3, 6; 11:1, 5, 11; 12:1, 9, 13; 13:4).

92) 아브라함 요수아 헤셸(A. J. Heschel),『예언자들 상권(*The Prophets, vol. I*)』(이현주 역) (서울: 종로서적, 1987), 79–80쪽.

93) 우택주,『새로운 예언서개론』(서울: 침례신학대학교출판부, 2005), 161–62쪽.

94) 헤셸,『예언자들 상권』, 35쪽.

4부

성문서 이해를 위한 길잡이

사람의 소리와 하나님의 뜻

이스라엘 신앙의 중요한 두 기둥인 오경과 예언서가 그 막을 내렸고, 드디어 히브리어 성경의 마지막 단계인 성문서로 진행할 차례이다. 그 출입구에 시편이 서있다. 성문서로 들어가기 전에 먼저 다시 한 번 히브리어 성경의 순서를 살피며, 걸어온 길을 돌아보고, 앞으로 나아갈 길을 미리 점검해볼 필요가 있다. 과거를 돌아보고, 미래를 전망해 보는 것은 현재 서 있는 장소에서 길을 잃지 않고 바른 방향으로 나아갈 수 있는 길을 제시해 주기 때문이다. 히브리어 성경의 구성은 세 부분으로 이루어져 있다.

▣ 첫째, 모세오경(토라) – 창세기, 출애굽기, 레위기, 민수기, 신명기

▣ 둘째, 예언서(느비임) – 전기예언서: 여호수아, 사사기,
사무엘상·하, 열왕기상·하
후기예언서: 이사야, 예레미야, 에스겔,
열두 소 예언서

▣ 셋째, 성문서(케투빔) – 시편, 욥, 잠언,
룻, 아가, 전도서, 애가, 에스더(다섯 두루마리)
다니엘, 에스라, 느헤미야, 역대기상·하

율법을 의미하는 토라가 역사하시는 하나님의 위대하심을 드러내며, 그 속에서 인간의 사명을 제시하고 있다면, 예언서는 역사적인 삶의 현장 속에서 그 하나님과 함께 동역하는 인간의 모습을 보인다. 이처럼 토라가 하나님의 살아계신 모습을 생생하게 증언하며, 하나님의 정체성을 드러내고 있다면, 하나님이 창조한 인간은 분명 그 정체성 안에서 자신의 의미를 찾아야 함을 강조하는 것이다. 그리고 예언서는 이러한 인간이 하나님과 함께 어떻게 세상 속에서 하나님의 사명을 감당해 나갈 수 있는가를 제시하며, 실패와 좌절, 타락, 혼돈 속에서 교정과 회개를 통해 결국 하나님의 길을 걸어갈 것을 촉구하고 있다.

성문서의 시대는 토라와 예언의 시대에 생동감 있게 역사하셨던 하나님께서 자신의 등장을 자제하시며, 숨어서 섭리로 역사하시는 시대로의 전환을 의미한다. 이제 시대의 전방에 나서야 할 존재는 바로 사람인 것이다. 그 사람은 아무나가 아니라 토라에서 하나님의 현존을 체험했고, 예언서에서 하나님만이 온 세상

의 주라는 것을 생생하게 체험한 사람이다. 성문서는 이런 하나님의 사람들이 숨어계신 하나님의 섭리를 철저히 신뢰하며, 하나님 앞에서, 하나님과 함께, 하나님 없이 살아가는 삶을 이야기 한다.[95] 이처럼 성문서는 토라나 예언서와는 다르게 이제 사람에게 맡겨진 세상을 그 어떤 상황 속에서도 지켜나가는 삶을 보여주고 있다. 그러기에 하나님의 역사는 숨어있고, 인간이 그 전방에서 삶을 이루어 나간다. 성문서의 시대는 아무 것도 기대할 수 없고, 하나님이 보이지 않는 상황이 펼쳐질지라도 오직 여호와의 율법만 묵상하고, 그 여호와께만 모든 신뢰를 두며 살아가는 삶의 실제를 다루고 있는 것이다.

그런 점에서 성문서라는 명칭은 적당하다. 성문서를 뜻하는 히브리어는 '케투빔'(כְּתוּבִים)으로 '쓰다' 혹은 '기록하다'를 뜻하는 히브리어 동사 '카타브'(כָּתַב)에서 파생된 수동분사의 복수형이다. 수동적이란 점에서 '쓰여 진 문서들'이란 뜻이 된다. 율법과 예언서의 내용을 가능케 한 주체가 하나님이셨다면, 성문서의 글들을 기록한 주체는 사람들이며, 그 속에 하나님의 뜻이 내재되어 있다는 점에서 '성문서'(Holy Writings)라는 명칭으로 불린다. 시편은 사람의 기도가 하나님의 말씀으로 승화되는 길을 열고, 욥기는 사람의 고난 속에 담긴 하나님을 향한 신뢰를 말하고, 잠언서는 사람의 경험이 하나님의 지혜를 드러내는 도구가 되고, 아가서는 사람의 사랑의 언어가 하나님의 사랑을 표현하는 통로가 되고, 다니엘서는 사람의 헌신된 삶이 하나님의 위대하심을 입증하는 역할을 하며, 에스라-느헤미야-역대기는 사람의 역사가 하나님의 마음의 갈망을 비쳐주는 거울이 된다. 그 외의 룻기, 전도서, 애가, 에스더서 또한 모두 숨어계신 하나님의 섭리를 기대하고 있다는 점에서 성문서 이해는 사람의 소리 속에 내재된 하나님의 뜻을 보는 눈을 필요로 한다.

제 9 장 시편이 말하는 것

오경(토라=율법)의 중심신학은 분명 여호와 하나님에 관한 것이다. 하나님의 성품, 이상 그리고 영원하신 계획을 집중적으로 전한다. 물론 그 안에는 하나님의 영원하신 뜻을 이룰 하나님의 백성에 대한 이상도 종합되어 있다. 그리고 하나님의 그 숭고하신 뜻을 전하기 위해 모세라는 인물을 전방에 내세운다.

오경 (토라)	**창세기- 신명기**	모든 신앙의 근간이 되는 책 (하나님의 성품, 이상과 영원하신 계획이 드러남)	* 주요인물:모세

오경이 그 끝에 이르며, 예언서가 시작하는 여호수아서에서는 오직 여호와의 율법(토라)을 주야로 묵상하며, 그것을 지켜 행할 때에 어디로 가든지 형통할 것이라는 신앙적인 정신을 심어

주며 대 장정을 출발했다(수 1:8). 그리고 예언서의 마지막인 말라기서에서는 예언서가 보여주고자 하는 핵심적인 신앙을 요약하며 마치고 있다. 예언서는 예언서 전체의 핵심적인 신학을 제시하기 위해 한 인물을 세우는데 그가 바로 엘리야이다. 모세의 율법을 바탕으로 예언서는 엘리야의 정신을 이루는 것인데 그것은 다름 아닌 "아버지의 마음을 자녀에게로, 자녀의 마음을 아버지께로 돌이키게 하는 것이다"(말 4:6). 아브라함 요수아 헤셸이 예언자란 "하나님 앞에서는 백성들의 편이 되고, 백성들 앞에서는 하나님의 편이 되는 사람이다"라고 한 정의는 바른 방향을 지시하는 것이다.[96] 이처럼 예언서 신학을 단 한 마디로 축약한다면 바로 돌이키는 것으로 그 주체적인 방향은 '하나님께로 돌이키는 것'이라 할 수 있다. 이러한 돌이킴이 이루어질 때 올바른 섬김의 예배를 이룰 수 있기 때문이다(말 4:6). 그래서 말라기서는 마지막에 이스라엘을 다시 하나님의 '특별한 소유'(말 3:17; 출 19:5; 신 26:18)로 세우려는 열망을 보이며, 그 백성이 해야 할 사명을 제시하고 있다. 그것은 다름 아닌 다음과 같다.

> 그 때에 너희가 돌아와서 의인과 악인을 분별하고 하나님을 섬기는 자와 섬기지 아니하는 자를 분별하리라(말 3:18).

첫째는 의인과 악인을 분별하는 것이고, 둘째는 하나님을 섬기는 자와 섬기지 않는 자를 분별하는 것이다. 이 두 가지를 이루기 위하여 여호와의 율법과 예언서의 존재는 필수적이다. 여호와의 율법은 그것을 따르느냐, 아니냐에 따라 하나님의 백성과 세상에 속한 자를 구별하며, 이는 곧 의인과 악인으로 나뉘게 한다. 그리고 예언서는 이러한 토라의 바탕 하에 여호와를 섬기는 것이 어떠한 삶이며, 그 반대되는 우상을 섬기는 것은 어떤 길로 가는 것인지를 대조하며 하나님을 섬기는 자와 그렇지 않은 자를 구별한다. 즉, 예언자들의 돌이키라는 음성에 순종하여 응답함으로 여호와를 섬길 것인지, 아니면 우상숭배적인 삶을 그대로 지속할 것인지에 따라 그 운명의 길이 갈라지는 것이다. 이러한 선포의 대표적인 예언자가 엘리야라는 점에서 그를 예언자의 중심 목소리로 세운 것은 의미가 깊다.

> 엘리야가 모든 백성에게 가까이 나아가 이르되 너희가 어느 때까지 둘 사이에서 머뭇머뭇 하려느냐 여호와가 만일 하나님이면 그를 따르고 바알이 만일 하나님이면 그를 따를지니라(왕상 18:21).

이처럼 예언서는 토라를 묵상함을 그 바탕에 두고, 오직 토라가 제시하고 있는 세상을 있게 하셨고, 존재의 의미를 주시는 유일한 하나님만을 섬길 것을 촉구한다.

<table>
<tr><td rowspan="2">예언서
(느비임)</td><td>여호수아
1:8</td><td>이 율법(토라) 책을 네 입에서 떠나지 말게 하며 그것을 주야로 묵상하여 그 가운데 기록된 대로 다 지켜 행하라 그리하면 네 길이 평탄하게 될 것이라 네가 형통하리라</td><td rowspan="2">* 주요인물:

모세와
엘리야가
만남</td></tr>
<tr><td>말라기
4:4-6</td><td>* 모세의 율법을 기억하라: 의인과 악인의 구별
* 엘리야의 돌이키는 사명: 섬기는 자와 섬기지 않는 자 구별</td></tr>
</table>

예언서가 이렇게 끝이 나며, 이제 신앙인의 삶 속에 이루어야 할 내용이 확장된다. 오경과 예언서의 정신을 이어가는 것이다. 예언서의 결론인 말라기서가 열망하는 하나님의 '특별한 소유'가 되는 백성을 성문서는 찾고 있다. 의인과 악인을 분별하고, 섬기는 자와 섬기지 않는 자를 구별하는 백성인 것이다. 이것을 이루기 위해 여호와의 율법을 주야로 묵상하는 것을 바탕으로 하여, 어떠한 삶의 정황과 여건 속에서도 여호와께로 돌이키고, 여호와만 섬기며, 여호와만 의지하고, 여호와께만 모든 신뢰를 두는 삶이 필수적이다. 즉, 세상의 모든 어려움 속에서 그 어떤 것에도 신뢰를 두지 않고, 오직 여호와께만 피난처를 두는 삶인 것이다.

성문서의 시작인 시편은 오경과 예언서의 이 두 가지 신학적인 명령으로부터 출발한다. 시편 1편과 2편이 바로 그것이다. 이 두 편의 시편은 시편의 서론 역할을 함과 동시에 성문서 전체의 서론 역할 또한 수행하고 있다. 즉, 시편과 성문서는 시편 1편과 2편을 이해함이 없이는 결코 풀어갈 수 없는 책들이 되는 것이다. 여기서 이해한다는 것의 의미는 바로 이 두 편의 시편을 자신의 삶으로 만들지 못한다면 단 한편의 시편도 바르게 이해할 수 없을 것이며, 어떤 성문서도 열리지 않을 것이기 때문이다.

시편 1편은 복 있는 사람은 여호와의 율법을 즐거워하여, 그 율법을 주야로 묵상하는 사람으로, 그 하는 일이 다 형통할 것이라는 점을 강조하며, 오경 즉, 토라에 바탕을 둔 삶을 말한다. 이 토라 묵상을 통하여 의인과 악인이 갈라진다는 것 또한 시편 1편의 주제이기도 하다. 그리고 시편 2편은 우상을 숭배하며, 여호와께서 말씀하신 것을 다 끊어버리고 오히려 큰 소리 치는 세상을 향하여 여호와만 섬길 것을 촉구하며, 여호와께로만 피하는 자가 복이 있다는 것을 강조한다. 누구에게로 피하느냐에 따라, 여호와를 섬기는 자인가, 아니면 우상을 섬기는 자인가가 구별되는 것이다. 이처럼 시편 2편은 예언서의 핵심적인 신학을 요약하며, 예언자들의 정신을 따를 것을 촉구하고 있다. 바로 하나님께로만 돌이키라는 것이다.

시편을 필두로 한 성문서의 신학은 바로 이 두 가지의 신앙 위에 뿌리내리고, 자라가는 것이다. 토라의 핵심인 여호와의 율법을 주야로 묵상하여 지키는 자가 복 있는 사람이라는 것, 그리고 세상의 위력 앞에 굴복치 않고, 오직 여호와께로만 돌이키고, 그분께만 피하는 삶이 복 있는 사람이라는 것이다. 이 두 가지의 신앙이 든든하게 서 있는 사람은 어떤 환경 속에서도 쓰러지지 않는 신앙의 길을 걸을 수 있다는 것이다. 그리고 시편의 중심인물로 다윗을 제시하고 있다는 것은 다윗은 인류의 대표자로서 시편의 기도와 찬양을 하나님께 올리고 있는 것이다. 이제 성문서는 이 인류의 대표자 다윗과 함께 토라와 예언서를 바탕으로 의인과 악인을 구별하고, 오직 하나님을 섬기는 자와 그렇지 않은 자를 구별하는 하나님의 특별한 소유된 백성이 되는 길을 보여준다.

<table>
<tr><td rowspan="2">**성문서**
(케투빔)</td><td>**시편 1편**
(율법 대표)</td><td>복 있는 사람은 여호와의 **율법(토라)**을 즐거워하여 그 율법을 주야로 묵상하는 자로다…그 행사가 다 형통하리로다
(토라의 중요 신학: 의인과 악인의 길이 나뉨)</td><td rowspan="2">* 주요인물:

모세와
엘리야가
다윗과
만남</td></tr>
<tr><td>**시편 2편**
(예언 대표)</td><td>여호와께 피하는 모든 사람은 복이 있도다.
(예언서의 중요 신학: 여호와께 피하는 것)</td></tr>
</table>

1. 오경, 예언서, 성문서의 신학적인 연관성

위에 그려진 표들을 하나로 연결하면, 구약성경 전체가 그려진다. 그리고 그 연결이 매끄럽게 이어지고 있음을 살펴볼 수 있다.

<table>
<tr><td>오경
(토라)
-모세</td><td>창세기-
신명기</td><td>◉ 모든 신앙의 근간이 되는 책
(하나님의 모습, 하나님의 이상과 영원하신 계획이 드러남)</td></tr>
<tr><td rowspan="3">예언서
(느비임)
모세
▼
엘리야</td><td>여호수아
1:8</td><td>◉ 이 율법(토라) 책을 네 입에서 떠나지 말게 하며 그것을 주야로 묵상하여 그 가운데 기록된 대로 다 지켜 행하라 그리하면 네 길이 평탄하게 될 것이라 네가 형통하리라</td></tr>
<tr><td colspan="2">사사기에서 스가랴까지</td></tr>
<tr><td>말라기
4:4-6</td><td>(말 3:17-18 특별한 소유로 삼고, 의인과 악인을 분별하고(토라 통해), 하나님을 섬기는 자와 섬기지 않는 자를 분별하시리라(예언서 통해)
◉ 모세의 법(토라)을 기억하라…
◉ 선지자 엘리야를 너희에게 보내리니 그가 아버지의 마음을 자녀에게로 돌이키게 하고 자녀들의 마음을 그들의 아버지에게로 돌이키게 하리라 돌이키지 아니하면 두렵건대 내가 와서 저주로 그 땅을 칠까 하노라(여호와께만 의지하는 것-여호와께 피하는 것)</td></tr>
<tr><td rowspan="6">성문서
(케투빔)

모세
▼
엘리야
▼
다윗</td><td>시편 1편
(율법
대표)</td><td>◉ 복 있는 사람은 여호와의 율법(토라)을 즐거워하여 그 율법을 주야로 묵상하는 자로다…그 행사가 다 형통하리로다
(토라의 중요 신학: 의인과 악인의 길이 나뉨)</td></tr>
<tr><td>시편 2편
(예언
대표)</td><td>이방나라, 민족들, 세상의 군왕들, 관원들이 서로 꾀하여
여호와와 그의 기름 부음 받은 자를 대적함
– 여호와께서 자신의 왕을 거룩한 산 시온에 세우셨다
– 그 왕이 선포함: "내가 여호와의 명령을 전하노라"
◉ 여호와께 피하는 모든 사람은 복이 있도다.
(예언서의 중요 신학: 여호와께 피하는 것-여호와만 섬기는 것)</td></tr>
<tr><td>시편 3편</td><td>◉ 성문서 시대의 대표자인 다윗의 시편 시작</td></tr>
<tr><td colspan="2">욥, 잠언, 룻, 아가, 전도서, 애가, 에스더, 다니엘, 에스라, 느헤미야</td></tr>
<tr><td>역대기
상·하</td><td>◉ 역대상·하 전체 65장 중에 19장(대상 11–29장)이라는 가장 많은 분량이 다윗이라는 인물에 할애되며 그를 부각시키고 있다. 성문서는 이처럼 시작과 끝에서 다윗을 율법과 예언의 이상을 실현한 인류의 대표자로 제시하고 있는 것이다.</td></tr>
</table>

(1) 토라: 모세를 통해 이스라엘 신앙의 근본인 여호와의 율법, 즉 토라가 전해진다.

➡ 핵심인물로 모세를 제시하며, 그의 입술에 모든 율법을 담는다.

(2) 예언서: 토라가 끝이 난 다음에는 예언서가 시작하며, 토라를 주야로 묵상할 것을 촉구한다. 그것만이 하나님의 뜻 안에서 이 세상을 바르게 세워가는 길이기 때문이다. 예언서가 끝이 나며, 또 하나의 신앙의 길이 주어진다. 토라를 통해 하나님의 소유인 의인과 악인이 분리되며, 이제 예언자의 대표자로 인정되는 엘리야를 통해 "여호와께 돌이키는 것이 필요하다." 여호와께로 돌아오는 것이며, 여호와 이외에 의지하고 있던 우상을 다 버리고, 오직 여호와께만 절대적인 신뢰를 두고, 그 안에서만 피난처를 찾는 것을 의미한다.

➡ 핵심인물로 모세와 엘리야가 만나며, 엘리야가 예언자의 대표자가 된다.

(3) 성문서: 성문서의 시대를 열어가는 시편은 토라를 묵상하는 것과 예언서의 핵심인 여호와께 피하는 것이 가장 복된 삶임을 제시하며 시작하고 있다. 그리고 성문서의 시작인 시편과 그 끝인 역대기서에서 공통적으로 성문서의 시대를 살아가는 모범적인 한 인물을 만나게 된다. 그는 바로 다윗이다. 시편은 73개가 다윗의 시편으로 제시되고, 역대기는 새로운 시대를 열어갈 본이 되는 인물로 다윗을 제시한다. 역대기서는 역대상이 29장으로 구성되어 있고, 역대하가 36장의 분량으로 이루어진 총 65장의 거대

한 결집이다. 그 중에 19장(대상 11–29장)이 다윗이라는 인물에 할애된다. 거의 역대기상·하 분량의 1/3에 해당하는 것이다. 이것만 살펴보아도 성문서의 시작과 끝이 다윗이라는 인물로 이루어져 있음을 알 수 있고, 다윗으로 성문서 전체를 감싸고 있음을 확인할 수 있다. 모세는 우리를 부르시고, 존재하게 하시며, 심판하시고, 구원에 이르게 하시는 하나님의 말씀을 들려준다. 그리고 엘리야는 그 하나님의 말씀으로 돌이킬 것을 촉구한다. 이에 비해 다윗은 우리가 담당할 응답의 말을 제시한다. 이는 하나님을 신뢰하며, 때로 항의하고, 애통하며, 오직 그분께만 부르짖고, 그 응답에 감사하고, 찬양하며 예배하는 삶으로 행하는 응답이다. 다섯 권으로 된 시편은 다섯 권으로 된 모세오경에 대한 응답가창(antiphonal)으로 제시된다. 기도하기 위해 모아 쥔 두 손의 손가락들처럼 오른 손의 다섯 개(토라)가 왼 손의 다섯 개(시편)와 짝을 이룬다.[97]

➡ <u>핵심인물로 모세와 엘리야가 다윗과 만난다.</u>

(4) 신약성경: 이제 이 시대의 그리스도인으로 살아가는 우리는 어떻게 해야 하는가? 모세와 엘리야, 다윗이 다 통합된 한 분을 만나야 할 필요가 있다. 다윗의 후손이지만 다윗이 주로 지칭한 분(마 22:41–46), 변화 산에서 모세와 엘리야가 그 모든 권위를 양도한 분(마 17:1–8), 바로 우리의 구원자 되신 예수 그리스도이시다. 예수님의 자기소개를 들어보자.

또 이르시되 내가 너희와 함께 있을 때에 너희에게 말한 바 곧

> 모세의 율법과 선지자의 글과 시편에 나를 가리켜 기록된 모든 것이 이루어져야 하리라 한 말이 이것이라 하시고(눅 24:44).

신약성경은 예수 그리스도를 토라, 예언서, 성문서의 완성을 이룬 분으로 제시한다.

➡ <u>핵심인물로 모세, 엘리야, 다윗이 모든 권위를 양도한 예수 그리스도를 만난다.</u>

이렇게 오경, 예언서, 성문서는 모세, 엘리야, 다윗의 입술로 하나님과 그분의 마음을 전한다. 그리고 이러한 모든 인물들이 일심으로 전했던 하나님의 영원하신 뜻이 이 땅에 성육신한 구원자이신 예수 그리스도의 말씀과 삶을 통해 이 세상에 선포된다. 이렇게 구약과 신약이 만나며 이 시대를 살아가는 그리스도인들에게 이 모든 것이 다 주야로 묵상해야 할 내용이며, 또한 삶으로 살아가야 할 내용이 되는 것이다.

2. 시편 1편과 2편의 신학

시편 전체가 아무 의미 없이 무작위로 배열되어 있지 않다는 것은 분명하다. 그리고 시편서의 흐름이 3-150편까지 탄식의 기도로부터 시작해서 찬양으로 그 끝을 향해 가고 있다는 것은 이제 일반적인 이야기가 되었다. 이것은 시편의 한 편, 한 편이 별개의 것이 아니라, 신앙인의 일생을 보여주는 한 편의 파노라마 같은 신앙의 이야기라는 것이다. 탄식으로 시작하여 마침내 할렐루야의 찬양으로 삶을 마감하는 하나님을 향한 영광송인 것이다. 그 출발선에 시편 1, 2편이 위치하고 있다. 시편 1, 2편은 이어지는 시편들과 뚜렷이 구분된다. 시편 제1권에 포함된 3-41편은 전적으로 다윗의 시편으로 구성된다.[98] 그러나 시편 1, 2편은 다윗의 이름이 붙어있지 않다. 이 두 편의 시편을 맨 앞에 두었을 때에는 시편 전체를 보는 눈을 제시하기 위한 목적이 있을 것이다. 그렇다면 시편을 시작하는 두 시들(1, 2편)의 특징과 이 두 편의 시편이 시편 전체를 보는 눈에 어떤 영향을 제공하는 지를 살피고, 시편을 마감하는 두 편의 시편인 149편과 150편을 살펴볼 필요가 있겠다.

시편 1편은 시편 2편과 함께 시편 3편 이하에 수록되어 있는 다양한 양식의 시편 전체가 결코 단순한 기도시나 찬양시, 감사시가 아니라는 것을 보여준다. 그리고 그 두 시편은 우리에게 '진정으로' 복된 삶을 영위할 수 있는 길이 무엇인지를 제시해주는 '삶의 지침서'의 역할을 할 수 있는 책이라는 것을 집약적으로 설명해 주는 이른바 시편 전체를 개관하여 요약한 개요 시들이라고 볼 수 있다. 이 두 시편의 중요한 신앙적인 연관성을 살펴보면 다음과 같은 것들을 들 수 있다.[99]

(1) 시편 1, 2편은 하나의 시편으로 볼 수도 있는데, 그것은 시작과 끝이 하나로 일치되는 '고리구조' (inclusio)를 통해 선명해진다. 시편 1편은 '복 있는'(אַשְׁרֵי 아쉬레)이라는 말로 시작하고, 시편 2편은 '복 있는'(אַשְׁרֵי 아쉬레)으로 그 결론에 이른다. 이 '복 있는 사람'이라는 시작과 끝의 연결은 시편 전체가 복된 삶을 영위

하는 지침서라는 것을 우리에게 일깨워주고 있다. 그러므로 시편은 전체적으로 '교훈서' 혹은 '축복의 길에 대한 안내서'라고 할 수 있다.

(2) 그러나 이렇게 복에 이르는 사람들이 있는가 하면 그 반대편에 이르는 사람도 있다. 시편 1편은 "악인의 길은 망한다"(תֹּאבֵד דֶּרֶךְ רְשָׁעִים 데레크 레샤임 토베드)로 그 결론에 이르고, 시편 2편도 역시 동일하게 "너희가 길에서 망하리니"(תֹּאבְדוּ דֶרֶךְ 토베두 데레크)라는 것으로 그 끝에 이른다. 결국 의인의 길은 형통이지만, 악인의 끝은 동일하게 멸망이란 점을 강조하는 것이다.

(3) 이렇게 세상이 의인과 악인으로 나뉘는 이유는 어디에 있을까? 그것은 다름 아닌 묵상의 차이에 있다. 시편 1편이 '여호와의 율법'(תּוֹרַת יהוה 토라트 야웨)을 즐거워하며, 그 율법을 주야로 묵상하는(הָגָה 하가) 자를 그 출발선에 세우고 있다면, 시편 2편은 '헛된 일'(רִיק 리끄)을 꾸미는(הָגָה 하가) 민족들이 그 시작을 장식하고 있다. 여기서 '묵상하다'라는 단어와 '꾸미다'라는 단어는 히브리어로 동일한 것이다. 즉, 의인은 하나님의 교훈(율법)에 순종하기 위하여 묵상하며, 악인은 하나님의 권위에 반역하기 위하여 자신의 꾀와 계획(헛된 일)을 묵상하는 것이다. 이렇게 묵상하는 것이 달라지면 당연히 그 삶의 선택 또한 달라지며, 가는 방향과 결과 또한 상반되는 길로 나갈 것임은 자명하다.

1) 시편 1편과 여호와의 율법을 주야로 묵상하기

시편 1편은 '복 있는 사람'으로 시작함으로, 복 받을 행동을 독려하기 위한 목적이 있다. 일반적으로 '축복'(בְּרָכָה 베라카)은 인생 위에 베풀어 주시는 하나님의 자비하심을 기원하는 것이라면, '복 있는'(אַשְׁרֵי 아쉬레)이라는 단어의 의미는 복에 이르는 행위와 특성들을 알려주고, 그것을 행함으로 하나님의 복을 누리는 삶을 권면하는 것이란 점에서 차이점이 있다.[100] 그러나 하나님의 백성은 이미 하나님의 '축복'을 약속받은 사람들이며, 그 축복이 현실이 되게 하는 것이 바로 '복 있는 자'의 삶을 살아가는 것이란 점에서 이 두 가지의 복은 하나님과 인간이 만나는 통로임을 알 수 있다. 그러므로 하나님의 주권인 '축복'(בְּרָכָה 베라카)과 인간의 길인 '복 있는 삶'(אַשְׁרֵי 아쉬레)이 만나 신인협동(synergism)의 완성을 이루는 것이다.

그 복을 누리는 길로 시편 1편은 '여호와의 율법(토라)을 주야로 묵상하며, 사는 삶'을 제시한다. 이러한 삶의 길을 통해 의인과 악인이 뚜렷하게 구별된다. 그 삶의 결과는 의인은 시냇가에 심은 나무처럼 번성하나, 악인은 바람에 나는 겨와 같이 된다는 것이다. 이처럼 복이 있다는 것은 생명을 특징으로 하며, 나무는 생명을 상징하고, 그것에 대응하는 겨는 뿌리가 뽑힌 것이며, 결국 죽음을 상징한다. 그리고 복이 있다는 것은 영구성을 특징으로 한다. 시냇가에 심은 나무는 잎사귀가 결코 마르지 않는다. 그것에 대응하는 겨는 바람에 날린다. 복이 있다는 것은 살아있다는 것으로 마침내 존재의 의미인 열매를 맺는다. 그러나 겨는 아무 쓸모없이 사라져 버린다.[101]

그래서 시편 1편은 '복 있는'(אַשְׁרֵי 아쉬레)으로 시작하고 '망하리로다'(תֹּאבֵד 토베드)로 그 끝을 맺는다. 의인과 악인의 운명의 갈림길인 것이다. 이 두 단어가 이 시의 양 끝에 위치하며, 히브리어 알파벳의 시작인 'א'(알레프)로 시작하고 그 끝인 'ת'(타우)로 끝난다. 이 두 알파벳이 양극단을 이야기 하듯이, 이 시는 다른 두 삶의 양식에 대한 운명의 양 극단을 대조하며 복 있는 삶과 망하는 삶을 제시하고 있는 것이다.[102] 그러므로 복이 있다는 것은 인생의 바른 선택을 통해 하나님의 길 위에 서 나가는 삶이란 것을 극적으로 제시하는 것이다.

또한 '복 있는'이라는 뜻은 결코 감정적인 측면의 행복만을 의미하지 않는다. 물가에 심겨진 나무가 철을 따라 과실을 맺고, 그 잎사귀가 마르지 않는다는 강조와 그 하는 일이 다 형통한다는 의미에서 인간 전체 삶의 형통을 뜻하는 적극적인 상태를 내포하고 있다. 그리고 이 '복 있다'는 단어는 시편의 곳곳에서 28번 나타나며, 시편의 의미를 연결시키고 있다(1권 10회; 2권 1회; 3권 5회; 4권 2회; 5권 10회).[103] 이처럼 시편 전체의 목적은 여호와의 율법을 삶의 지표와 표준으로 모든 생각과 판단, 행동의 기준으로 삼는다면 악인의 길에서 벗어나 형통하는 길로 그리고 여호와께서 인정하시는 길 위에 서서 복 있는 자의 삶을 살 수 있다는 것을 보이기 위함이며, 성도들을 그러한 길로 이끌기 위한 것이다.

그리고 시편이 5권(1권은 1-41편; 2권은 42-72편; 3권은 73-89편; 4권은 90-106편; 5권은 107-150편)으로 분류되는 이유는 모세의 토라가 다섯 권이라는 사실과 연관이 있을 것이다. 여기에는 진정한 토라를 향한 경건한 삶이 내포되어 있다. 토라는 삶의 방향과 지침, 교훈을 제시하고, 진정한 행복으로 이끄는 한 길을 보인다. 그 길은 의인과 악인이라는 극명한 대조를 보이는데 이들의 삶 또한 각각 형통과 멸망이라는 상반된 길로 나뉘게 된다. 시편 1편이 이렇게 토라를 묵상하며, 의인의 길을 걸어갈 것을 제시하는 것은 시편의 중심인 3-145편 속에서도 바로 이 의로운 길(오직 하나님께서 지시하시는 길)을 가도록 안내하는 하나님의 방향지시를 바라보도록 한다.

의인과 악인이 공존하는 세상 속에서 악인의 꾀를 좇지 않고, 죄인의 길에도 서지 않으며, 오만한 자의 자리에도 앉지 않으며, 올바른 길 위에서 흔들림 없이 걸어가는 것이 결코 쉽지만은 않을 것이다. 이것은 예수님께서 주신 새 토라인 산상수훈의 결론에서 나타나는 좁은 길이다.

> 좁은 문으로 들어가라 멸망으로 인도하는 문은 크고 그 길이 넓어 그리로 들어가는 자가 많고 생명으로 인도하는 문은 좁고 길이 협착하여 찾는 이가 적음이니라 (마 7:13-14).

시편 1편은 이처럼 전 인생을 여호와 하나님께 맡기는 훈련으로서 토라를 묵상하며, 그 말씀을 그대로 지키겠노라고 노래하고 있다. 사람의 생각을 내려놓고, 하나님의 길을 따르는 것이다. 하지만 우리가 살아가는 세상을 보면 이것이 결코 쉬운 일이 아니라는 것은 자명하다. 이 세상에는 세상 사람들이 살아가는 길이 있기 때문이다. 그들은 그들 나름대로의 토라를 가지고 살아간다. 즉, 인간이 만든 토라인 것이다. 이와 같이 여호와의 율법과 대조되는 인간의 토라로 시편 1편은 '악인의 꾀'(עֵצָה 조언, 충고, 의

논, 지혜, 모략 등), '죄인의 길' 그리고 '오만한 자의 자리'를 말한다. 세상은 자신들의 꾀와 길 그리고 자리가 삶을 위한 최상의 길이라는 것을 증명하기 위해 수단과 방법을 가리지 않을 것이다. 자신들의 계획과 뜻이 여호와의 토라보다 더 낫다는 것을 증명하려 선악을 뒤바꾸는 것도 마다하지 않는다. 그래야만 자신들의 죄악 된 삶에 대한 합리화가 이루어지기 때문이다. 이처럼 하나님의 토라가 인간의 토라와 부딪치는 현실 속에서 하나님의 토라를 진리로 믿으며, 그 길을 걸어가는 사람이 바로 복 있는 사람이라는 결론이다.

그렇다고 주의 토라를 따르는 사람들이 세상을 피하여 따로 모여 살아야 하는 것을 의미하는 것은 아니다. 우리가 등져야 할 것은 악한 세상이 아니라, 바로 그 악인들이 행사하는 나쁜 영향력으로부터 이다. 예수님은 죄인과 함께 식탁에 앉아 교제를 하셨지만 결코 그들의 죄악을 나누지는 않으셨다. 단지 시편 1편은 어울림의 영향력을 알고 있었고, 그로 인해 악인들이 내뿜는 악영향으로부터 구별시키려는 의도를 가지고 있는 것이다.[104] 그렇다고 시편이 이야기하는 의인이 결코 모든 규율을 준수하고, 죄가 없고, 도덕적으로 완벽한 사람을 의미하는 것은 아니다. 시편 32편과 51편이 보여주듯이 의인의 삶이라 할지라도 죄와 그 결과들은 곳곳에 퍼져있다. 의인이란 용서 받은 자를 의미하고, 하나님의 교훈을 기꺼이 수용하는 삶이며 자신이 아닌 하나님께만 의지와 신뢰를 두는 삶을 의미한다.[105] 시편은 그 대표적인 인물로 3편부터 그 이름이 등장하는 다윗이라는 사람을 제시하고 있다. 요컨대 의인이 된다는 것은 다윗처럼 하나님의 은혜에 대한 증인이 되는 삶을 말한다. 이처럼 하나님의 백성은 토라를 주야로 묵상하며, 세상 속에서 살아간다. 세상은 의인들과 악인들이 공존하며 그 세력을 확장시켜 나가는 장소이다. 이러한 두 세력이 극렬하게 부딪치는 장소가 바로 시편 2편이 말하는 세상일 것이다.

2) 시편 2편과 오직 여호와께로만 피하기

시편 2편은 '하나님 나라' 대 '세상 나라들' 그리고 '하나님의 왕권과 그가 세운 왕' 대 '세상 나라들의 왕들'의 대조와 대결을 보이며 진정한 왕권이 어디에 있는지를 보이고 있다. 이것은 시편 1편의 '의인과 악인의 대조'라는 신앙적인 대립을 넘어서 이제는 집단과 집단, 나라와 나라라는 거대 공동체로 그 범위가 확대되어 이념적인 대립으로 나아간다.

세상의 군왕들과 관원들이 여호와와 그의 기름 부음 받은 자를 대적한다. 그리고는 그 맨 것을 끊고, 그 결박을 벗어 버리자고 결탁한다. 하나님의 규율아래 사는 것을 싫어하는 악인들이 이제 힘을 합하여 자신들의 토라(헛된 일)를 꾸미며(הָגָה 묵상하다; 시 2:1), 그 세력을 연합하여 하나님과 그의 백성을 대적하는 것이다. 여호와의 토라를 묵상하며 의인들과 악인들로 갈라지는 것이 결코 삶의 끝이 아니라는 것이 분명하게 드러나는 것이다. 이제 불을 보듯 자명한 것은 하나님께로부터 갈라져 나간 세력들이 자신들의 방식이 옳다는 것을 증명하기 위하여 수단과 방법을 가리지 않고, 여호와의 토라를 무용지물로 만들려 할 것이다. 이 세상 속에는 이렇게 하나님의 토라를 묵상하며 살아가는 의인들을 대적하여, 하나님의 길이 결코 정도가 아니라는 것을 증명하려는 세력들로 가득하다. 이러한 상황을 여호와의 토라를 묵상하며, 그 길을 걷기를 결심한 주의 백성들은 분명하게 인지하고 있어야 한다. 세상과의 부딪침이 없는 진공상태의 신앙은 이 땅에 존재하지 않는다는 것을 되새겨야 한다. 그리고 극히 자주 이렇게 세상의 결탁한 힘은 하나님의 백성을 능히 분쇄시키고도 남을 만큼 강력해 보일 때도 많다.

이러한 대립적인 긴장관계는 우리에게는 해결할 방안이 없고, 오직 여호와 하나님께 대한 배타적이고 전폭적인 신뢰와 섬김만이 유일한 대처방안이라는 것을 깨달아야 한다.[106] 왜냐하면 하나님께서는 지금도 세속왕국들과 그들의 왕들 및 통치자들의 악한 모의와 음모의 도전에 직면하여 오히려 그들을 비웃으시며 '하나님의 통치 방식'이란 어떤 것인지를 보여주고 계시기 때문이다. 이것은 시편 2편에 분명히 제시되고 있으며(시 2:4), 시편 3-145편을 통해 그 결론에 도달하게 될 것이다. 그리고 하나님의 사람들이 하나님과 함께 어떤 여건과 환경 속에서도 이들을 비웃을 수 있는 신앙의 토대를 갖기를 원하신다.

이처럼 시편 2편은 본질상 여호와의 토라를 주야로 묵상하는 '하나님의 통치'와 인간이 헛된 일을 꾸미는 '인간의 왕권'은 연합, 공존할 수 있는 성질의 것이 아니라는 것을 선언한다. 요한복음 1:9-11절은 어둠 가운데 거하는 세상은 본질상 '하나님의 통치'를 뜻하는 빛 가운데 함께 있는 것을 즐거워하지 않을 뿐만 아니라, 그러한 삶의 방식을 오히려 자기들을 구속하는 사슬과 족쇄라고 생각한다.[107] 이러한 세상의 도전은 하나님께서 세우신 그의 기름 부음 받은 자(하나님의 백성)가 이끄는 토라 경건의 공동체를 통하여 대립된다. 그것은 바로 하나님께서 이 땅에 자신의 통치를 보여줄 대리인, 즉 왕을 세우셨다는 것이다. 그 장소 또한 거룩한 산 시온이라고 명시하신다. 그리고 그에게 열방을 다스릴 능력과 위력을 부여했다고 선언한다. 그 구체적인 인물은 시편 3편부터 그 이름이 소개되는 다윗일 것이며, 나아가서는 다윗과 함께 시편으로 기도하며 찬양하는 모든 신앙공동체가 바로 그 역할을 맡은 자들이 될 것이다. 그리고 이들이 맡아야 할 사명은 다름 아닌 각 시대의 예언자가 되어 하나님의 명령을 선포하는 것이다: "내가 여호와의 명령을 전하노라"(시 2:7). 이들에게 하나님께서는 거역하는 모든 자를 "철장으로 깨뜨리며 질그릇 같이 부수는 능력"을 부여하셨다. 이제 이 세상이 살기 위하여 하여야 할 것은 단 한 가지 밖에는 없다.

> 그런즉 군왕들아 너희는 지혜를 얻으며 세상의 관원들아 교훈을 받을지어다 여호와를 경외함으로 섬기고 떨며 즐거워할지어다 그 아들에게 입맞추라 그렇지 아니하면 진노하심으로 너희가 길에서 망하리니 그 진노가 급하심이라 여호와께 피하는 모든 사람은 다 복이 있도다(시 2:10-12).

예언의 시대를 거치며 우리는 오직 여호와만이 만왕의 왕이시며, 만유의 주이시라는 열방의 통치권을 확인하였다. 수많은 예언서들이 열방에 대한 심판신탁을 가지고 있다는 것은 여호와 하나님은 이스라엘만의 왕이 아니라, 열방의 왕이시라는 선언인 것이다(사 13-23장; 렘 46-51장; 겔 25-32장; 암 1-2장; 옵 1장; 욘 1-3장; 나 1-3장). 그러므로 시편 2편의 "그렇지 아니하면 진노하심으로 너희가 망한다"라는 선포는 결코 빈말이 아닌 확신에 찬 여호와 하나님에 대한 신념의 표출인 것이다.

시편 1편이 여호와의 토라에 대한 배타적인 경건을 말하고 있다면, 시편 2편은 여호와의 통치에 대한 전적인 복종을 강조하고 있다. 시편 1편이 '복 있는 사람'은 여호와의 율법을 즐거워하여 그 율법을 주야로 묵상하는 사람이라고 말하고, 시편 2편은 여호와께 피하는 자는 다 '복 있는 사람'이라고 한다. 의인과 악인이 섞여 사는 세상 속에서, 그리고 세상의 힘이 더 강해 보이는 상황 속에서도 오직 여호와께만 자신의 신뢰를 두고, 여호와 안에서만 피난처를 찾는 사람 바로 그가 복 있는 사람이라는 것이다.

3) 시편 1, 2편이 제시하는 복 있는 사람

이제 우리에게 필요한 것이 있다면 '복 있는 사람'에 대한 각각의 본질을 파악하고, 그 진리 따라 살아가는 결단이 필요하다. 즉, 시편 1, 2편은 토라를 따라 살겠다는 결단과 믿음이다. 그러나 이러한 삶의 결심은 전혀 다른 방식의 삶을 추구하는 세상의 비웃음과 공격에 무차별로 노출될 때가 많다. 하나님의 뜻을 거부하는 의도적인 저항과 반역이 끊임없이 이어지며 삶 속에 불안함이 가중되는 것이 매일의 상황이 되어 버린다. 그 안에서 인생은 압박과 긴장 속에 노출된 삶을 살아간다. 이러할 때 여호와께로만 자신의 피난처를 두는 자가 바로 의인이요, 복 있는 사람이라는 것이다.

결국 시편 1, 2편이 시편 전체의 얼굴로써 제시한 복된 삶을 사는 사람의 이미지는 다음과 같다.[108]

① 시편 1편: 여호와의 율법을 주야로 묵상하는 사람 ---- 복이 있다.

② 시편 2편: 오직 여호와에게로만 피하는 사람 -------- 복이 있다.

시편 1편은 신앙의 영역 속에서 하나님의 백성은 하나님의 위대하신 능력과 전능하심을 체험하고 하나님의 주되심을 고백하는 교회의 모습이다. 교회 안에서 이러한 고백은 쉽게 찾아볼 수 있다. 우리의 신앙 체험을 통하여서 하나님을 만나고 묵상하며 배타적인 신앙을 키워나간다. 그리고 그렇지 못한 사람들과 구별되려고, 애쓰며 노력한다. 어쩌면 이 부분은 신앙의 출발선이다. 토라는 바로 그 신앙의 바른 출발선을 제공해 준다. 하나님의 영광스러우신 모습이요, 그 분의 위대하심이 드러나기 때문이다.

그 다음에 필요한 것이 바로 세상 속에서의 영역이다. 시편 2편은 우리의 신앙고백이 우리가 살아가는 세상의 상황 속에서 어떤 능력과 영향력을 드러내며, 승리할 것인가를 관심한다. 우리의 신앙고백에는 전혀 관심이 없고, 우리 하나님이 제시하는 삶의 방식을 도리어 배격하는 세상 속에서 우리는 어떻게 살아갈 것인가? 이것은 예언의 시대이며, 역사적 상황의 시대이다. 이 두 영역인 신앙과 현실상황 속에서의 삶의 모습을 보여주는 것이 바로 시편 1편과 2편의 목표이다. 우리는 시편을 묵상하고 실천함으로 토라를 전하는 모세가 되고(여호와의 율법을 즐거워하고), 예언자들의 음성이 되는 것이다("내가 여호와의 명령을 전하노라").

3. 시편 1, 2편과 함께 걷는 신앙여정(시 37, 73, 92편)

시편 1편이 보여주는 시편의 전체 목적과 2편이 제시하는 시편의 메시지는 하나로 연합될 때 그 힘을 발휘한다. 여호와의 율법을 주야로 묵상할 때 우리는 여호와의 위대하심을 끊임없이 상기할 수 있으며, 그 하나님께서 지금 현실의 상황이 우리 눈에 어떻게 비치든지 간에 통치자로서 이 우주를 다스리시고 계신다는 확신을 가질 수 있다.

그러나 이러한 이상적인 신앙관에 반하여 우리가 살아가는 상황은 우리가 이러한 순진한 생각 속에 파묻혀 있도록 놔두지 않는다. 보이지 않는 하나님을 바라본다는 것은 결코 쉽지 않다는 것이다. 시편 1, 2편을 통과한 신앙인이라 할지라도 늘 동일한 위험과 위기상황은 도사리고 있다.

이제 시편 1, 2편을 그 시작으로 하는 신앙의 파노라마를 살펴볼 필요가 있다. 이 신앙의 파노라마 속에는 인생길을 걸어가며 겪는 시련들과 아픔들이 존재하고, 그것을 이겨나가는 신앙의 승리가 존재한다. 시편 3편부터 시작하는 인생의 파노라마는 오직 시편 1, 2편을 자신의 신앙으로 삼은 사람에게만 다가오는 것임을 기억할 필요가 있다. 즉, 시편의 어느 한 편도 신앙인이 아닌 사람의 입에서 나온 것이 없으며, 신앙인의 삶과 동떨어진 것이 없다. 이제 시편 1, 2편을 우리의 신앙의 동반자로 삼아 시편 전체의 여정을 걸어갈 때 어떤 힘과 위로를 공급받을 수 있는지를 살피며, 토라를 묵상하는 삶과 여호와께로만 피하는 믿음의 능력을 배워야 할 때이다.

여기서는 시편 전체를 신앙인의 인생여정으로 보며, 그 신앙여정의 초반부, 중반부, 후반부의 삶을 세 편의 시편들인 37, 73, 92편을 통해 살펴볼 것이다. 물론 이미 신앙인으로서 시편 1,

2편을 신앙고백으로 삼고 출발한다는 점에서 위의 세편의 시편들과의 대화를 다룰 것이다. 시편 1, 2편이 자신의 고백이 되지 않는 한 결코 시편과 함께하는 신앙여정은 출발할 수 없기 때문이다.

1) 시편 37편과 시편 1편과 2편 - 신앙여정의 초반부

시편 37편은 시편 전체를 놓고 볼 때 전반부에 위치하고 있다. 이 시편은 신앙의 초반부에 흔히 다가오는 신학적 시련을 이야기한다. 하나님의 말씀을 중심으로 받아들이며, 출발하지만, 삶의 정황과 상황이라는 것이 늘 우호적인 것만은 아니다. 하나님의 뜻을 순수하게 받드는 삶을 살아감에도 눈앞에 펼쳐지는 현상은 신앙인의 마음속에 갈등을 심어 놓기에 충분할 때가 많다. 시편 37편은 바로 그러한 갈등의 상황을 펼쳐놓는다.

> 악을 행하는 자들 때문에 불평하지 말며 불의를 행하는 자들을 시기하지 말지어다(시 37:1).

출발선에서부터 악을 행하는 자와 불의를 행하는 자에 대한 불평과 시기를 다루고 있다. 물론 신앙인의 불평과 시기를 말하는 것이다. 신앙인이 악과 불의를 행하는 자들을 고통 속에서 가끔 불평할 수는 있다할지라도, 그들을 시기할 이유가 무엇인가? 그런데 그 정황을 들어보면 그럴 만도 하다.

> 여호와 앞에 잠잠하고 참고 기다리라 자기 길이 형통하며 악한 꾀를 이루는 자 때문에 불평하지 말지어다(시 37:7).

시편 1, 2편을 신앙의 기반으로 삼아 신앙의 여정을 출발했다. 그 신앙대로라면 여호와의 율법을 주야로 묵상하는 자는 형통해야 하며, 그렇지 않고 악한 꾀를 따르는 자는 분명히 악인으로 망해야 한다. 그런데 그 신앙관에 금이 가기 시작하는 것이다. 악인이 형통하고, 악한 꾀가 승승장구 하는 것이다. 심지어는 그들의 형통이 상상을 초월한다.

> 내가 악인의 큰 세력을 본즉 그 본래의 땅에 서 있는 나무 잎이 무성함과 같으나(시 37:35).

원래 이렇게 시냇가에 심은 나무처럼 번성해야 하는 것은 의인이다. 그러나 의인은 참고, 기다려야 한다. 그에 반해 악인들은 형통하고, 이 땅에서 든든하게 뿌리를 내리고, 화려하게 살아가는 것을 보며, 시편 1편과 2편의 확신은 의문 속에 빠지게 된다. 그러나 정확하게 이러한 상황을 이겨내고, 든든하게 서게 하기 위하여 시편 1, 2편이 존재하는 것이다. 그리고 이 두 시편을 신앙의 출발로 삼는 것이다. 상황이 우리의 신앙을 기만하고, 속이려 할지라도 그것에 현혹되지 않고, 바른 길 위에 서 있기 위하여 이 두 편의 시편은 신앙의 근본이 되어야 한다.

시편 1, 2편을 통해 하나님의 통치하심에 대한 든든한 믿음이 있다면 견딜힘은 충분하다.

> 네 길을 여호와께 맡기라 그를 의지하면 그가 이루시고 네 의를 빛 같이 나타내시며 네 공의를 정오의 빛 같이 하시리로다(시 37:5-6).

진실로 악을 행하는 자들은 끊어질 것이나 여호와를 소망하는 자들은 땅을 차지하리로다(시 37:9).

그리고 이러한 확신이 있는 사람은 설사 지금 상황이 결코 우호적이 아닐지라도 하나님께서 시편 2편에서 하셨던 것처럼 그렇게 당당하게 세상을 향하여 웃을 수 있다. 그리고 확신 있게 선포할 수 있다.

악인이 의인 치기를 꾀하고 그를 향하여 이를 가는도다 그러나 주께서 그를 비웃으시리니 그의 날이 다가옴을 보심이로다(시 37:12-13; 시 2:4).

악인들은 멸망하고 여호와의 원수들은 어린 양의 기름 같이 타서 연기가 되어 없어지리로다(시 37:20).

내가 어려서부터 늙기까지 의인이 버림을 당하거나 그의 자손이 걸식함을 보지 못하였도다 그는 종일토록 은혜를 베풀고 꾸어주니 그의 자손이 복을 받는도다(시 37:25-26).

그렇다면 상황이 하나님의 말씀대로 이루어지지 않음에도 어떻게 이렇게 하나님을 향한 신앙을 굳건하게 지킬 수 있는가? 그렇게 할 수 있는 길을 시편 37편은 이렇게 말하고 있다.

의인의 입은 지혜로우며 그의 혀는 정의를 말하며 그의 마음에는 하나님의 법(토라)이 있으니 그의 걸음은 실족함이 없으리로다(시 37:30-31).

이 사람들은 결코 여호와의 토라를 묵상함을 잊은 적이 없다. 그 마음에 토라가 새겨져 있다. 그러기에 시기가 나고, 실족할 것 같은 상황에서도 그 걸음이 결코 실족하지 않는다. 이처럼 하나님의 율법을 주야로 묵상하는 것이 상황을 뒤바꿀 수는 없을지 모르겠지만 그렇게 뒤바뀐 상황 속에서도 든든히 견뎌낼 수 있는 길을 열어가는 것이다. 그리고 마침내 회복해야 할 또 한 가지의 신앙을 회복함으로 이 시편은 그 결론에 이른다.

> 여호와께서 그들을 도와 건지시되 악인들에게서 건져 구원하심은 그를 의지한(그에게 피한) 까닭이로다(시 37:40).

여기서 "의지하다"라는 단어는 시편 2:12절의 "피하다"라는 단어와 동일한 것이다. 여호와를 의지한다는 것은 여호와께만 피하는 것을 의미한다. 이것은 시편 2편의 신앙을 회복한 것이다.

이처럼 시편 37편은 비록 시편 전체의 서론격인 1, 2편의 신학이 다 무너져 내리는 것 같은 삶의 상황 앞에 부딪칠지라도 "행악자를 인하여 불평하지 말고 불의를 행하는 자를 투기하지 말 것"(시 37:1)을 강조한다. 아무리 그들이 본토에 선 푸른 나무 같이 왕성할지라도 "저희는 풀과 같이 속히 베임을 볼 것이며 푸른 채소 같이 쇠잔할 것"(시 37:2)이기 때문이다. 그리고 오직 "여호와를 의뢰하여 선을 행하고, 땅에 거하며 그의 성실하심으로 먹을 거리를 삼으라고 권면한다"(시 37:3). 또한 악인이 아닌 "완전한 사람을 살피고 정직한 자를 보는 것"(시 37:37)이 더 유익하다는 것을 가르친다.

시편 37편은 이렇게 신앙인으로서의 정도를 끝까지 지킬 수 있는 길을 시편 1, 2편의 신앙을 끝까지 고수하는 것에 있다는 것을 강조한다. 여호와의 토라가 마음에 있어야 하며, 어떤 여건 가운데서도 여호와께로만 피해야 한다는 것이 그 결론인 것이다. 이처럼 시편 1, 2편을 신앙의 근본으로 삼는 것은 어떤 상황 가운데서도 견뎌낼 수 있는 힘을 제공해 준다. 삶의 정황이 그 신앙에 금이 가게 할지라도, 굳건하게 시편 1, 2편의 신앙을 고수하는 것이 주어진 신앙여정을 가장 아름답게 이끌고 가는 길인 것이다. 그렇지 않으면 삶의 질곡 속에서 언제 어느 때 신앙의 길을 포기할지 모르기 때문이다. 신앙의 길을 포기한다는 것은 마침내 이 땅에 임하셔서 모든 불의와 악행을 제하시고, 영광스러운 하나님 나라를 이루실 여호와의 뜻에서 멀어져, 결국은 악인의 최후를 겪고 말 것이기에 안타까운 것이다.

신앙여정의 초반부에서 이런 일을 겪었다면, 이제 중반부쯤 걸어가면 어떤 현상이 벌어질 것인가? 삶의 상황이 호전될 것인가, 아니면 더 악화될 것인가? 이러한 횟수가 잦아진다면 어찌될 것인가? 끝까지 견디고 헤쳐 나갈 용기가 생길 것인가? 시편은 이것 또한 염려하며, 바라보고 있다. 그래서 시편의 중간 즈음에 그로 인해 실족하기 직전의 사람의 고백을 담고 있다.

2) 시편 73편과 시편 1편과 2편 - 신앙여정의 중반부

신앙여정을 걸어가며 어느 누구든지 더한 고통과 갈등을 기대하는 사람은 없을 것이다. 최소한 조금씩일지라도 상황이 더 나아지길 바라고, 행복하길 바랄 것이다. 시편 73편은 시편의 중간 즈음에서 신앙인들로 하여금 신앙여정을 다시금 돌아보게 만든다. 하지만 그 시작이 결코 우호적이지 않다.

> 하나님이 참으로 이스라엘 중 마음이 정결한 자에게 선을 행하시나 나는 거의 실족할 뻔하였고 나의 걸음이 미끄러질 뻔하였으니(시 73:1-2).

시편 73편의 저자는 자신은 거의 실족할 뻔하였고, 자신의 걸음이 미끄러질 뻔하였다고 고백한다. 이 상황은 "걸음에 결코 실족함이 없다"라고 선언하는 시편 37편보다 분명 더 강력하다. 그렇다고 시편 73편의 저자가 하나님에 대한 신앙을 버렸는가 하면 그것은 결코 아니다. 그는 하나님에 대한 신앙을 가지고 있다: "하나님이 참으로 이스라엘 중 마음이 정결한 자에게 선을 행하시나"(73:1). 하나님이 정결한 자에게 복 주시고, 인도하신다는 신앙은 그대로 간직하고 있다. 그러나 이 순진하고, 낙관적인 신앙고백은 곧 좌절감을 맛보는데 그것은 동일하게 펼쳐지는 삶의 정황 때문이다.

> 이는 내가 악인의 형통함을 보고 오만한 자를 질투하였음이로다(시 73:3).

시편 37편이 악인의 형통을 보고 시기하지 말라고 선언하고 있다면, 73편은 이제 악인의 형통함이 그 도가 지나쳐서 의인이 시기, 질투하는 단계에까지 돌입하고 말았다. 도대체 악인의 형통이 어느 정도이기에 이렇게 신앙인이 실족할 단계까지 가는 것인가? 이 시편 저자는 자신을 그렇게도 가슴 아프게 하는 악인의 형통을 낱낱이 전하려고 애쓰고 있다. 그것은 곧 자신이 이렇게 될 수밖에 없는 상황을 전하며 자신의 글을 읽는 사람들의 동정을 끌어 모으려는 의도 또한 들어가 있다. 우리 또한 우리를 실족케 하는 상황에 우리의 불신앙의 원인을 돌리기 위해 그 상황을 전하기에 급급할 때가 있다는 점에서 결코 다르지 않다 하겠다. 이 신앙인이 보고하는 악인의 형통은 다음과 같다.

4절	그들은 죽을 때에도 고통이 없고 그 힘이 강건하며	건강한 죽음
5절	사람들이 당하는 고난이 그들에게는 없고 사람들이 당하는 재앙도 그들에게는 없나니	고난 없는 삶
6절	그러므로 교만이 그들의 목걸이요 강포가 그들의 옷이며	교만과 강포에도 안전한 삶
7절	살찜으로 그들의 눈이 솟아나며 그들의 소득은 마음의 소원보다 많으며	풍부함과 많은 소득
8절	그들은 능욕하며 악하게 말하며 높은 데서 거만하게 말하며	악과 거만에도 안전함
9-11절	그들의 입은 하늘에 두고 그들의 혀는 땅에 두루 다니도다 그러므로 그의 백성이 이리로 돌아와서 잔에 가득한 물을 다 마시며 말하기를 하나님이 어찌 알랴 지존자에게 지식이 있으랴 하는 도다	하나님처럼 행동함
12절	볼지어다 이들은 악인들이라도 항상 평안하고 재물은 더욱 불어나도다	평안함과 부유함

시편 1, 2편은 악인, 죄인, 오만한 자는 결국 바람에 나는 겨와 같이 망하는 것이요, 여호와의 율법을 주야로 묵상하는 자

는 형통해야 한다는 것이다. 그러나 그 반대 현상이 나타난다. 이 신앙인은 악인의 평생을 지켜보았으나 그 어떠한 재앙도 없다. 삶에서 풍부하고, 오만과 교만이 가득함에도 삶은 언제나 안전하고, 든든하다. 심지어 하나님이 안 계신 듯이, 자신들이 하나님인 것처럼 살아감에도 평안함과 부유함이 상상한 것 이상으로 그들의 삶을 풍부하게 한다. 그럼에도 죽을 때에는 하나님의 심판을 받아 비참한 최후를 맞이할 것이라 기대하며 그들의 끝을 초조한 마음으로 주시해보았다. 그러나 이들은 죽을 때에도 고통이 없고, 건강하게 살다가, 화려한 장례식과 함께 생을 마감하는 것이다. 이것이 이 사람이 바라본 악인의 일생이다. 그에 반해 하나님 앞에서 최선을 다해 의롭게 살아가려는 자신의 삶은 입에 담기도 비참하다.

> 나는 종일 재난을 당하며 아침마다 징벌을 받았도다(시 73:14).

이러한 상반된 삶의 정황 가운데서 심지어 이 신앙인은 자신의 신앙을 뿌리째 뽑아낼 것 같은 고백을 한다.

> 내가 내 마음을 깨끗하게 하며 내 손을 씻어 무죄하다 한 것이 실로 헛되도다(시 73:13).

도저히 이것을 해결할 길이 없었다. 이로 인해 실족의 단계가 일어난다. 그런데 이 신앙인의 삶을 살펴보면 분명히 크게 잘못 행한 것이 있다. 그로 인해 이 사람은 질투하고 실족하는 단계까지

간 것이다. 하라는 것은 하지 않았고, 하지 말라는 것을 하고 있는 것이다. 그것은 다름 아닌 시편 1, 2편의 말씀을 지키지 않고 있는 것이다. 시편은 그 출발선에서 이러한 조건을 충족시키지 못하는 사람은 결코 시편으로 신앙여정을 끝마칠 수 없다고 못 박는다. 150편까지 가는 도중에 길을 잃고, 신앙이 뿌리째 뽑혀서 바람에 나는 겨처럼 사라지고 말 것이기 때문이다. 그것은 다름 아닌 여호와의 율법을 주야로 묵상하여(1편), 오직 여호와께로만 피하는 신앙을 지키는 것(2편)이다.

그런데 시편 73편의 신앙인은 여호와의 율법을 묵상해야 할 때, 다른 것을 종일 묵상하고 있다. 그것은 다름 아닌 '악인의 삶과 형통'이다. 어느 정도까지냐 하면, 그 악인의 형통으로부터 그가 죽을 때까지 기나긴 세월을 그 악인의 삶을 묵상하고 있는 것이다. 최소한 20-30년은 족히 될 것이다. 우리가 하나님의 말씀이 아닌 우리의 삶의 상황과 정황 그리고 악인에게 초점을 맞추면 견디어 낼 수 있을까? 하나님께서는 우리의 연약함을 아시는지라 결코 상황이나 환경을 묵상하라고도, 사람을 묵상하라고도 하지 않으시고, 오직 여호와의 율법을 주야로 묵상하라고 하신다. 상황과 사람을 묵상하면 아픔과 분노, 시기, 질투, 절망 밖에는 남는 것이 없다. 하지만 여호와의 토라를 묵상할 때 우리는 이 모든 상황을 이겨내고, 인생의 약함을 극복할 수 있는 능력의 하나님을 만나게 된다. 하나님께 돌이키지 않으면 결코 서 있을 수조차 없는 것이다.

이 신앙인이 다시 회복할 수 있는 길이 있다. 바로 하나님을 회복하는 것이다. 그리고 드디어 그 하나님을 만나게 된다.

> 내가 어쩌면 이를 알까 하여 생각한즉 그것이 내게 심한 고통이 되었더니 하나님의 성소에 들어갈 때에야 그들의 종말을 내가 깨달았나이다 주께서 참으로 그들을 미끄러운 곳에 두시며 파멸에 던지시니 그들이 어찌하여 그리 갑자기 황폐되었는가 놀랄 정도로 그들은 전멸하였나이다(시 73:16-19).

성소에 들어가서 그는 회복된다. 성소는 분명 하나님의 말씀이 울려 퍼지는 장소이다. 이 사람은 성소에서 제사장에 의해서 선포되는 하나님의 말씀을 듣고, 그 말씀 속에서 하나님의 뜻을 발견했을 것이 분명하다(신 31:9-13). 하나님의 말씀을 회복하고, 그 말씀 속에서 하나님께서 행하실 의인의 형통과 악인의 최후를 확신하였고, 하나님께서는 그 길로 세상을 이끄실 것이라는 사실을 다시 확신하게 되었다. 그리고 이 사람은 최고의 신앙고백인 "하늘에서는 주 외에 누가 내게 있으리요 땅에서는 주밖에 내가 사모할 이 없나이다"(시 73:25)라는 하늘에서도 땅에서도 오직 여호와 밖에는 없다는 숭고한 고백을 만들어 낸다. 그리고 "내 육체와 마음은 쇠약하나 하나님은 내 마음의 반석이시요 영원한 분깃이시라"는 오직 하나님만 바라보는 신앙을 회복한다.

이제 이 사람은 환경을 묵상하는 사람이 아니라, 오직 하나님만 묵상하는 사람이 되어 있다. 초점을 바꾸면 우리는 살아갈 수 있다. 여호와께서 통치하신다는 사실을 그리고 자신의 첫 번째 고백처럼 "여호와께서는 이스라엘 중에 마음이 정결한 자에게 선을 행하신다는 사실"로 돌아갈 수 있는 것이다. 그리고 마지막에는 다시 "하나님께 가까이 함이 내게 복이라 내가 주 여호와를 나의 피난처로 삼아 주의 모든 행적을 전파하리이다"라는 고백을 할 수 있다(시 73:28). 이 사람은 주의 말씀으로 돌아가, 하나님의 마음을 회복하고, 그리고 하나님께로만 피하는 신앙으로 다시 돌아간 것이다. '피하다'라는 단어의 명사형이 바로 '피난처'이기에 이제 여호와께로만 피하는 피난처가 이 사람에게는 만들어진 것이다.

이렇게 신앙여정을 하고 있는 신앙인은 언제나 흔들리고, 실족하게 될 때에 어디부터 잘못되었는지를 깨닫고, 다시 시편 1, 2편의 신앙을 회복하고, 그 길을 걸어가야 할 것이다. 그러므로 시편 1, 2편은 언제든 신앙의 길 위에서 갈등과 고민, 절망이 싹틀 때 다시 돌아가야 할 장소이며, 거기서부터 다시 시작해야 할 신앙의 근본인 것이다. 신앙여정의 중반부에서 이처럼 크게 홍역을 치른 신앙인은 이제 그 마지막을 어떻게 걸어갈 수 있을까? 시편 92편은 우리가 걸어가야 할 신앙의 후반부를 제시하고 있다. 시편은 우리 신앙여정의 후반부에 가서는 이런 신앙인이 되기를 기대하고 있는 것이다.

3) 시편 92편과 시편 1, 2편 - 신앙여정의 후반부

시편 92편은 의미 깊은 제목을 가지고 있다. 성경 전체를 통하여 유일하게 제시되고 있는 '안식일의 찬송 시'이다. 우리는 이 시편을 통해 하나님의 백성 이스라엘이 안식일에 어떤 찬송을 하나님께 올려드렸으며, 그 날에 고백하고 결단한 신앙이 무엇인가를 살펴볼 수 있는 기쁨이 있다. 그리고 이 시편이 시편의 서론인 1, 2편과 깊은 연관관계를 가지며, 시편의 제4권에서 신앙회복의 길을 꿈꾸고 있다는 점에서 의미가 깊다.

이 시편은 37, 73편과는 그 출발선이 다르다. 이미 출발에서부터 확고한 신념과 확신으로 무장된 신앙이 결코 흔들림이 없음을 선언하고 있는 것이다.

> 지존자여 십현금과 비파와 수금으로 여호와께 감사하며 주의 이름을 찬양하고 아침마다 주의 인자하심을 알리며 밤마다 주의 성실하심을 베풂이 좋으니이다 여호와여 주께서 행하신 일로 나를 기쁘게 하셨으니 주의 손이 행하신 일로 말미암아 내가 높이 외치리이다 여호와여 주께서 행하신 일이 어찌 그리 크신지요 주의 생각이 매우 깊으시니이다 어리석은 자도 알지 못하며 무지한 자도 이를 깨닫지 못하나이다(시 92:1-6).

여기에는 하나님께서 행하신 일로 말미암아 감사가 넘치는 사람의 고백이 들어가 있다. 이 사람은 '아침마다 주의 인자하심을' 묵상하고, 밤마다 '주의 성실하심을' 묵상한다. 말 그대로 시편 1편이 말하는 주야로 여호와의 율법을 묵상하는 삶이다. 그 율법 묵상을 통해 여호와의 위대하심을 발견하는 것이었다면, 이 시편은 그것을 실제 삶에서 그대로 실천하고 있는 것이다. 이렇게 신앙의 중심이 하나님께서 행하신 일을 찬양하는 것으로 가득 차 하나님의 영광을 선포하는 일에 앞장서고 있다는 것은 삶의 모든 초점이 오직 하나님께로 향하고 있다는 것을 증거 하는 것이다. 이런 삶은 다음과 같은 상황이 결코 뒤흔들 수 없다.

> 악인들은 풀 같이 자라고 악을 행하는 자들은 다 흥왕할지라도 영원히 멸망하리이다(시 92:7).

이처럼 이 시편의 중심에는 늘 신앙인의 삶을 뒤흔드는 동일한 현상이 펼쳐지고 있다. 악인은 여전히 쉽게 자라고 무성해지는 풀처럼 흥하고 있다. 그러나 시편 37, 73편과 이 시편의 차이점은 앞의 두 시편은 그 출발선이 악인의 형통에 초점을 맞추고, 묵상하는 것이었다면, 시편 92편은 오직 여호와의 토라를 묵상하는 것이 우선이며, 전체 삶을 이끌어 가고 있다는 점이다. 우선순위가 무엇이냐에 따라 서기도 하고, 무너지기도 하는 것이다. 살아가는 상황은 동일하다. 역시 악인이 형통하고, 번성하고 있다는 점만큼은 부인할 수 없다. 시편 92편은 아직 그 악인들의 끝이 이르지 않았고, 다가올 미래에 멸망할 것이라는 시점이 나타난다. 그럼에도 이 신앙인은 흔들리지 않는다. 하나님을 믿기에 가장 올바른 길로 인도하실 미래를 그분의 손에 맡기는 것이다. 현재 이루어졌거나, 이루어지고 있기 때문에 신뢰하는 것이 아니다. 바로 미래에 이루실 하나님의 역사가 현실임을 확신하고 가는 것이다. "악인은 망하리로다"(시 92:9; 1:6; 2:12)라는 미래를 현재에 살아가는 삶이다. 이것은 현재의 상황이 우리의 미래를 결정하게 하는 것이 아니라, 미래에 일으키실 하나님의 약속이 현재를 당당하게 살아가는 원동력이 되게 하는 것이다. 이것이 바로 진정한 종말론적인 삶이다. 하나님의 그 약속을 믿고 결코 상황이 나를 지배하지 못하도록 하고, 하나님의 미래의 약속이 내 삶을 이끌도록 하는 것이다. 그러면 우리는 지금 현재에 세상은 결코 흉내조차 낼 수 없는 진정한 삶인 하나님 안에서의 용기 있는 삶을 살 수 있다.

그리고 확신 있게 이렇게 선포할 수 있다.

> 의인은 종려나무 같이 번성하며 레바논의 백향목 같이 성장하리로다 이는 여호와의 집에 심겼음이여 우리 하나님의 뜰 안에서 번성하리로다 그는 늙어도 여전히 결실하며 진액이 풍족하고 빛이 청청하니 여호와의 정직하심과 나의 바위 되심과 그에게는 불의가 없음이 선포되리로다(시 92:12-15).

이제 이 신앙인은 모든 흔들림을 극복할 수 있다. 여호와의 집에 심겼기 때문이다. 어느 누구도 이 사람의 신앙을 흔들 수 없다. 악인이 현재 아무리 대단한 위용을 과시하며, 번성할지라도 결국은 멸망할 것이며, 의인이 시간을 초월하여 결코 시들지 않는 늘 푸른 나무로 서 있을 것임을 확신한다. 이 신앙인은 이제는 여호와께로 피하는 정도의 신앙이 아니라, 여호와의 집에 든든히 뿌리가 내려졌기 때문이다. 하나님 안에서 모든 양분을 공급받는 삶인 것이다. 아무것도 흔들 수 없을 정도로 든든하게 고정된 믿음의 길을 걸어간다.

시편 92편은 그동안 악인의 횡포로 잃었던 안식일 예배를 회복하는 것이다. 그리고 그것을 통하여 예배의 위력이 회복되고, 세상의 악을 이기는 능력을 부여받는다. 그리고 이 땅의 악을 밀어내며, 하나님의 공간을 세워나가는 삶의 결단을 하게 되는 것이다. 즉, 안식일에 하나님의 백성은 예배를 통하여 하나님께서 행하신 영광스러운 창조의 질서를 찬양하며, 그 질서를 이 땅에 이루기 위한 사명을 결단하는 것이다. 악은 그 모양이라도 버리고, 제거하는 것이다. 이러한 시편 92편의 안식일 예배를 회복한 후에는 시편의 신앙여정은 탄식보다는 찬양과 감사가 쏟아진다. 그렇다고 모든 정황과 상황이 완전히 바뀐 것은 아니다. 하지만 이제는 어떤 삶의 상황가운데서도 예배를 회복함으로 삶의 질서가 생긴 것이며, 진정한 다스림의 길이 회복된 것이다.

4. 시편으로 회복하는 예배의 힘

시편 1편과 2편은 이처럼 시편 전체를 읽는 눈을 제공해 준다. 그리고 시편을 이해할 수 있는 신학적인 기준을 제공해 준다. 이러한 신앙의 결단과 고백이 없이는 시편은 영영 이해할 수 없는 타인의 책이 되어버리게 되기 때문이다. 그러나 이러한 신앙관을 지키기는 결코 쉽지 않다. 우리가 살아가는 세상은 우리가 가지고 있는 신앙의 신념과는 다르게 흘러갈 때가 많기 때문이다. 의인이 형통하고, 악인이 망해야 하는데, 눈앞에 펼쳐지는 상황은 그 반대가 될 때가 많기 때문이다.

시편 전체를 우리가 걸어야 할 인생길이라고 한다면 고작해야 시작한지 얼마 안 된 초반부인 시편 37편에서부터 그러한 갈등은 시작된다. 그러나 이 곳에서는 그래도 1, 2편의 신앙을 고수하고 지키며, 확신 가운데 거하려는 몸부림이 승리한다(여호와의 법이 내 마음에 있으니 내가 실족하지 않으리라고 한다). 그렇지만 인생의 절반 즈음인 시편 73편에 가서는 거의 실족할 단계까지 왔다고 하소연 한다. 그리고는 그 이유를 장황하게 나열하고 있다. 그 이유를 들어보면 악인의 형통이 어찌나 대단한지 그것을 듣는 어느 누구든지 설득될 것 같은 분위기다. 그러나 그 원인을 깨달으려는 몸부림이 성전에서 하나님을 다시 만나고 예배하는 삶으로 돌아가며, 마침내 여호와께로만 피하는 신앙을 회복한다. 이렇게 인생의 절반 즈음에서 거의 죽다 살아난 경험이 있는 사람이라면 이제 더 이상의 실족은 막을 수 있을 것이다. 인생의 커다란 교훈을 얻었기 때문이다. 이제 시편 92편에 가면 그것을 느껴볼 수 있다. 삶의 정황과 환경은 거의 변함이 없다. 악인이 형통하고, 의인이 고통을 당하는 세상이다. 그러나 이제는 흔들리지 않는다. 항상 하나님을 주야로 묵상하는 삶이 뿌리내렸기 때문이다. 이를 통해 악인이 곧 멸망할 것을 알고, 또한 의인이 형통할 것을 믿기 때문이다. 안식일의 예배가 살아있는 한 하나님께서 세우신 이러한 창조질서는 결코 무너지지 않을 것이다.

이렇게 신앙의 위기의 순간마다 다시 시편 1, 2편으로 돌아가는 신앙을 갖는 다면 이제 인생의 마지막 즈음인 시편의 결론에 다다르게 된다. 시편 149, 150편이다. 시편 149편에서는 이제 더 이상 악한 세상이 힘을 쓸 수 없다. 그도 그럴 것이 어떠한 환경과 여건 속에서도 오직 하나님의 토라만 묵상하며, 오직 하나님만 신뢰하겠다는 결단을 그 무엇이 흔들 수 있을까? 세상의 힘이 이러한 찬양과 기도의 고백으로 인해 묶이고, 맥조차 쓰지 못한다. 시편 전체는 이처럼 1, 2편을 그 서론으로 하고, 149, 150편을 이 서론과 맞상대로 삼아 결론에 이르게 한다. 시편 1편은 150편과 만나고, 시편 2편은 149편과 만나는 것이다.

1) 시편 149편과 시편 2편

시편 149:5-9절은 마치 시편 2편을 재현하는 듯한 느낌을 받는다. 그러나 약간은 달라진 세계상이 보인다. 그리고 시온에 만왕의 왕이 그 주인으로 통치하시는 영광스러움이 회복된 것을 살펴볼 수 있다. 시편 2편에서는 여호와께서 "내가 나의 왕을 내 거룩한 산 시온에 세우셨다고 하셨다." 그러나 이제 이 마지막 부분에서는 여호와께서 시온에 왕으로 좌정하시고, 그 아들의 영광을 그의 성도들에게 주셨다.

> 성도들은 영광 중에 즐거워하며 그들의 침상에서 기쁨으로 노래할지어다 그들의 입에는 하나님에 대한 찬양이 있고 그들의 손에는 두 날 가진 칼이 있도다 이것으로 뭇 나라에 보수하며 민족들을 벌하며 그들의 왕들은 사슬로 그들의 귀인은 철고랑으로 결박하고 기록한 판결대로 그들에게 시행할지로다 이런 영광은 그의 모든 성도에게 있도다 할렐루야 (시 149:5-9).

여기서 '성도들'은 히브리어 '하시딤'으로 그 어원적인 정의를 보자면 '하나님의 지극한 사랑'을 뜻하는 히브리어 '헤세드'와 연관이 있으므로 '하나님의 지극한 사랑을 받은 자들'이라는 의미가 있을 것이다. 하나님의 인자하심이라는 은혜를 입은 자들이 이제 하나님의 성도가 되어서 하나님의 뜻을 실현해 나간다. 본래 시편 2편에는 시온에 하나님께서 세운 아들이라 불리는 왕이 세상을 다스리며, 철장으로 저희를 깨뜨리고 결박하는 역할을 하는데 이제 시편의 마지막에는 이러한 영광이 주의 성도들에게 주어졌다. 이것은 뒤바뀐 세상으로 인간 왕이 없는 오직 여호와의 왕권이 이 세상을 통치하는 시대에 주의 백성들이 모두 왕의 역할을 하는 시대를 상징한다 하겠다.

시편 2편과 149편은 대조를 이루고 있다. 인간 왕이 사라진 곳에 이제 성도들이 나타나며, 그 성도들의 왕으로 여호와께서 등극해 계신다. 그리고 이제 여호와를 거역하는 세력은 완전히 결박되고 만다. 여기에는 여호와의 왕권 회복과 더불어 성도들의 역할이 올바르게 살아나고 있는 것을 보여주고 있다.

시편 2편	시편 149편
① 시온: 내가 나의 왕을 거룩한 산 시온에 세웠다 ② 세상: 나라들(גּוֹיִם 고임), 민족(אֻמִּים 움밈) 군왕(מְלָכִים 말라킴), 관원(רוֹזְנִים 로즈님) 맨 것을 끊고, 결박을 벗어버리자 ③ 여호와: 시온에 내 왕을 세웠다 너는 내 아들 내가 너를 낳았다 철장으로 저희를 깨뜨리실 것이다	① 시온: 시온의 자민은 저희의 왕으로 인하여 즐거워할지어다 ② 성도들: 나라들(גּוֹיִם 고임), 민족(אֻמִּים 움밈) 군왕(מְלָכִים 말라킴), 귀인(נִכְבָּדִים 니크베딤) 사슬, 철고랑으로 결박할 것임 ③ 시온은 저희 왕(여호와)으로 인간 왕이 아닌 성도들이 이러한 영광을 얻는다

여호와의 율법을 벗어나 자신들의 헛된 일을 묵상하며 살던 열방, 민족, 군왕 그리고 관원들을 시편 149편에서는 성도들이 '그들의 입술에 있는 하나님을 향한 찬양과 손에 있는 두 날 가진 칼'(149:6)로 다시 묶어 버리는 역사가 펼쳐진다. 시편 2편의 신앙이 결국 승리하고, 하나님의 나라가 이 땅에 세워지는 것이다. 시편은 바로 이러한 이상을 꿈꾸고 있다.

불의와 부정은 당연히 경험해야 하는 것이 현실이라는 풍조라면 우리는 그것이 현실이 아니라, 불의와 부정이 없는 환상의 세계가 바로 가장 실제적이고 현실적인 세계라는 것을 천명할 수 있어야 한다. 죄악과 질병이 만연한 것이 현실이고, 예수님께서 죄악과 질병을 깨끗이 치유하신 것이 초월적 세계라는 망상을 버리고, 죄악과 질병이 사라진 그 세상이 바로 우리가 살아가야 할 현실이라는 것을 선언해야 한다. 즉 기적이 바로 현실이요, 실제라는 것을 선언하며 살아가는 삶이다. 시편은 바로 그러한 세상을 꿈꾼다. 나라들, 민족들, 왕들 그리고 관원들이 나서서 여호와와 그의 기름 부음 받은 자를 대적하여 결박을 벗어 버리고 제 맘대로 살아가고 있는 것이 현실이 아니다. 시편 149편이 제시하는 것처럼 모든 악인들이 하나님의 성도들의 찬양과 기도로 결박되어 힘조차 쓸 수 없게 되고, 성도들이 세상을 판결하는 그런 세상이 환상이 아니라 바로 실제이며, 유일한 현실이고, 이 땅이 마땅히 걸어가야 할 길이다.

나라·민족·군왕·귀인(악의 세력)

---------결박됨-----------

하나님께서 맡기신 공간을
성도들이 다스린다.

---------결박됨-----------

나라·민족·군왕·귀인(악의 세력)

이처럼 '민주화'되어 다윗과 그의 후손에게 언약된 것(시 2편)이 시편의 마지막에 가서는 성도들(חֲסִידִים 하시딤-헤세드의 은혜를 입은 자들)에 의해 성취되고, 성도들의 통치가 시작될 것을 고대하고 있다. 그 성취 방법 또한 시편의 특징답게 '입술의 찬양'과 '손에 들린 양날 검'(찬양과 기도 때 행하는 하늘을 향해 쳐든 두 손)으로 이루어 간다. 그렇다면 시편 2편이 이상을 보여주고 있다면 149편은 그 실행과 성취를 보이고 있는 것이다. 이렇게 세상을 만들어 갈 수 있는 길은 하나님의 사람들이 시편 1, 2편이 보여주는 신앙의 이상을 삶 속에서 실현하는 길밖에 없다. 어떤 환경과 여건 속에서도, 세상의 힘이 강대해 보이는 그 순간에도, 여호와의 율법을 주야로 묵상하며 지켜 행하고, 오직 여호와께로만 피하는 신앙으로 세상을 이기는 것이다. 이런 신앙인을 세상은 결코 감당할 수가 없기 때문이다. 진정 다윗은 시편에서 인류의 대표자의 역할을 하고 있으며, 수많은 다윗으로 이루어진 이런 신앙공동체를 기대하고 있는 것이다.

2) 시편 150편과 시편 1편

시편 150편은 말 그대로 할렐루야 찬양의 극치를 이룬다. 여호와를 찬양하라는 뜻의 할렐루야로 전체가 감싸지고, 그 가운데 11번의 "찬양하라"라는 명령이 주어진다. 이 속에는 오직 하나님을 향한 찬양만이 존재하고 있는 것이다.

1	**누구를**	여호와 하나님
2	**어디서**	그의 성소에서, 궁창에서
3	**왜**	그의 능하신 행동과 지극히 위대하심으로 인해
4	**어떻게**	갖은 악기 (나팔, 비파, 수금, 소고, 현악, 퉁소, 제금 -오케스트라) 춤추며

5	누가	호흡이 있는 자마다

더 이상 시편 1편이 드러내고 있는 갈등인 의인과 악인의 갈림길이 존재하지 않는다. 이미 악인들을 철고랑으로 결박하였기에 하나님의 백성의 삶 속에 이들은 어떤 영향력도 행사할 수 없다. 그리고 땅에는 오직 여호와를 찬양할 호흡이 있는 사람만이 남아있다(시 150:6). 시편의 모든 언어(탄원, 찬양, 감사, 고백, 맹세)는 바로 이것을 향하고 있다. 이 모든 언어는 그것이 어떤 동기에서든지 상관없이 결국은 모두 다 하나님을 찬양하는 언어이며 그 방향을 향하여 전진하고 있다. 그리고 여기 하나님을 찬양하는 일에 전적으로 헌신되어야 할 '호흡'(נְשָׁמָה 네샤마)이라는 단어는 에덴동산에서 흙으로 사람을 지으시고, 그 코에 생기를 불어 넣으셨다는 것에 나타나는 '생기'(נְשָׁמָה 네샤마)와 동일하다(창 2:7).

이제 시편을 통해서 천지가 새롭게 창조되었고, 그에 이어 인간의 생기가 회복됨으로 에덴으로의 복귀가 시작되었다. 하나님처럼 되어서 자신을 찬미하는 일에 호흡을 소모함으로 가장 아름다운 땅인 에덴을 잃어버린 인간이, 이제 하나님만 찬양하는 호흡을 회복함으로 그 땅에 다시 서게 된 것이다. 그렇다면 시편의 신학은 모든 것의 완성이 아니라, 모든 피조 세계가 다시 새 출발을 할 준비가 갖추어졌다는 것을 의미한다. 즉, 본래의 목표로 다시 돌아와 옛 창조의 목표를 이루어갈 채비를 갖춘 것이다. 앞으로 찬양의 삶을 가장 아름답게 열어가는 것이 중요하다. 영원하신 하나님, 영원히 통치하시는 하나님, 그 인자가 한이 없고, 공의로우시며, 부르짖음을 들으시고, 공의로 판단하시며, 이 땅에 정의를 세우시는 분, 그 하나님을 중심에 모시고 찬양하며 살아가는 것이다.

세상이 시편을 통해서 새롭게 조성되었다. 시편의 세계는 바로 기도와 찬양을 통해 만들어가는 세계를 말한다. 즉, 기도와 찬양은 맡겨진 세계를 재창조하는 능력이 있는 하나님의 백성이 누리는 특권이다. 하나님은 우리의 기도와 찬양을 통해 이 세상을 살만한 세상으로 만들어 가신다. 시편 149편에서 하나님의 성도들은 입술에는 찬양이 있고, 손에는 양날 가진 칼을 들었다. 기도로 양 손을 하늘을 향해 높이 쳐든 것은 이미 세상을 향하여는 그 어떤 것도 막을 수 없는 날카로운 양날 칼이 되는 것이다. 이렇게 세상의 힘을 묶어 버리면, 150편에서 악인은 흔적도 없이 사라지고, 오직 호흡이 있는 자만이 남는다. 물론 그 호흡을 오직 가장 가치 있는 일인 찬양하는 일에만 사용하는 전적으로 하나님만 예배하는 사람들만 남는 것이다. 이렇게 호흡의 진정한 가치를 깨달은 성도들의 찬양은 세상을 새롭게 창조하는 능력을 가지고 있는 것이다.

시편은 분명 사람의 기도이며 찬양이었다. 그러나 그 기도와 찬양이 여호와의 율법을 주야로 묵상하는 과정(시1편)과 어떤 상황 속에서도 오로지 여호와께로만 피하는 신앙의 일념(시2편)을 통해 하나님의 말씀으로 승화되어 하나님의 전능하심과 신실하심 그리고 자비하심을 계시하는 통로가 된다. 이렇게 시편은 성도란 사람의 소리를 하나님의 뜻에 일치시켜 세상을 변화시키는 존재임을 전한다.

:: 주석

95) 디이트리히 본회퍼(D. Bonhoeffer),『옥중서간: 반항과 복종(*Widerstand und Ergebung*)』(고범서 역) (서울: 대한기독교서회, 1967), 223쪽.

96) 아브라함 요수아 헤셸(A. J. Heschel),『예언자들 상권(*The Prophets: An Introduction, vol. I*)』(서울: 종로서적, 1987), 35쪽.

97) 유진 피터슨(E. W. Peterson),『응답하는 기도(*Answering God: The Psalms as Tools for Prayer*)』(서울: IVP, 2003), 76쪽.

98) 시편 9편과 10편은 알파벳으로 연결되는 하나의 시였을 것으로 보이고, 32편과 33편은 32:11이 33:1절로 연결되는 시임을 알 수 있다. 그러므로 다윗의 시라고 명명되지 않았을지라도 시편 10편과 33편 또한 다윗의 시들이라 할 수 있다.

99) 김이곤,『시편 시문학의 신학』(서울: 한들출판사, 2006), 173-182쪽; J. 클린튼 매칸(J. Clinton McCann),『새로운 시편여행(*A Theological Introduction to the Book of Psalms: The Psalms as Torah*)』(김영일역) (서울: 은성, 2000), 19-62쪽; 피터슨,『응답하는 기도』, 37-49쪽.

100) 제임스 L.메이스(James L.Mays), 『시편(Pslms)』(신정균 역)(서울:한국장로교출판사, 2002), 78쪽.

101) 마크 D.프타토 & 데이빗 M.하워드, 『시편을 어떻게 해석할 것인가』(류근상&류호준)(서울:크리스챤, 2008), 63-64쪽.

102) 프타토 & 하워드, 『시편을 어떻게 해석할 것인가』, 64-67쪽; 왕대일, 『시편사색, 시편 한 권으로 읽기』(서울:대한기독교서회, 2013), 67쪽.

103) 프타토 & 데이빗 M.하워드, 『시편을 어떻게 해석할 것인가』, 66쪽.

104) 제임스 L. 메이스(James L. Mays),『시편(*Psalms*)』(신정균 역) (서울: 한국장로교출판사, 2002), 80-81쪽.

105) 매칸, 『새로운 시편 여행』, 165쪽.

106) 김이곤, 『시편 시문학의 신학』, 180쪽.

107) 김이곤, 『시편 시문학의 신학』, 181쪽.

108) 김이곤, 『시편 시문학의 신학』, 182쪽.

제 10 장

지혜문학, 잠언, 욥기, 전도서가 말하는 것

이제 시편을 통해 찬양과 기도의 힘을 배웠다면, 하나님의 음성이 희귀하여 들리지 않는 세상 속에서 올바른 길을 걷기 위해 지혜를 배워야 할 필요가 있다. 그러나 왜 지혜를 배워야 하는가라는 의문점은 남는다. 토라가 있고, 예언서가 있다. 하나님의 뜻을 깨달을 수 있는 이러한 길이 이미 주어져 있고, 그것을 기도와 찬양을 통해 신앙여정으로 바르게 승화시켜 나갈 수 있는 길까지도 배웠다. 그런데 우리를 기다리고 있는 것은 신앙의 완성과 성취가 아닌, 또 다른 신앙의 길을 조명해 주는 지혜이다. 왜 지혜를 배워야 하는가?

여기에 답을 내리기 위해서는 지혜란 무엇인가라는 질문으로부터 시작해야 한다. 그리고 지혜는 어떻게 얻어지는 것이며, 지혜롭다는 것은 어떤 삶을 말하는 것인가? 이러한 질문은 삶을 살아가며, 하나님의 백성뿐만 아니라 이 세상 어떤 나라나, 민족, 부족 그리고 개인일지라도 하는 질문이라고 여겨진다. 왜냐하면 지혜와 격언, 속담, 우화 등은 어느 한 지역에 국한된 현상이 아니라 분명 세계적인 현상이기 때문이다. 지혜는 삶을 살아가며 어느 누구나 개인이든, 단체든 필요로 하는 것이기 때문이다. 그리고 지혜가 사람에게 현재의 삶을 가장 이상적으로 살기 위한 통찰력을 제시하는 것이라면 인간의 삶이 있는 곳에는 이런 지혜의 말이 있을 것이기 때문이다. 성경 속에도 여러 나라의 지혜에 대한 정보를 가지고 있었던 것으로 보아 지혜는 전 세계적인 현상이라 할 수 있다(왕상 4:29-30).

먼저 고대의 메소포타미아 지역인 수메르의 격언들과 잠언서의 내용을 비교해 보면 그 유사성을 쉽게 발견해 볼 수 있다.[109]

수메르 격언	잠 언
사랑하는 마음은 집을 짓고 미워하는 마음은 집을 부순다	미움은 다툼을 일으켜도 사랑은 모든 허물을 가리우느니라 (10:12)
네가 선택하는 부인과 결혼하고 네가 원하는 대로 자식을 낳으라	아내를 얻는 자는 복을 얻고 여호와께 은총을 받는 자니라 (18:22)
골칫거리 자식은 그의 어머니가 낳지 않았어야 하며 그의 신이 만들지 않았어야 한다	미련한 아들은 그 아비의 근심이 되고 그 어미의 고통이 되느니라 (17:25)

여기 요즘도 사용되는 아프리카의 격언을 살펴보면 잠언서나 전도서가 제시하는 지혜의 길과 별반 다르지 않음을 살펴볼 수 있다. 아프리카에서는 이러한 격언들이 심지어 사법절차에서 사용될 정도로 중요한 역할을 한다[110]

◉ 지구는 하나의 벌통이다. 우리 모두는 같은 문으로 들어가지만 각기 다른 방에서 산다.

◉ 많이 있으면 많이 소비하는 법이다.

◉ 어리석음은 항상 같은 일을 되풀이하게 마련이다.

◉ 오늘의 만족은 내일의 굶주림이다.

◉ 여러 개가 묶여 있는 막대기는 부러지지 않는다.

가톨릭과 개신교가 함께 번역한 공동번역 성경은 잠언의 몇몇 구절들을 우리나라에 있는 속담이나 격언의 분위기를 느낄 수 있게 하거나, 또 친숙한 한국적인 표현들로 바꿔서 번역하기도 한다.[111)]

	잠언구절	내용 비교[개역개정과 공동번역]
1	12:9	■ 비천히 여김을 받을지라도 종을 부리는 자는 스스로 높은 체하고도 음식이 핍절한 자보다 나으니라 ■ 먹을 것 없는 양반보다는 일거리가 있는 상놈이 낫다.
2	17:1	■ 마른 떡 한 조각만 있고도 화목하는 것이 제육이 집에 가득하고도 다투는 것보다 나으니라 ■ 집에 진수성찬을 차려놓고 다투는 것보다는 누룽지를 먹어도 마음이 편한 것이 낫다.
3	17:8	■ 뇌물은 그 임자가 보기에 보석 같은 즉 그가 어디로 향하든지 형통하게 하느니라 ■ 뇌물은 요술방망이 같아 어디에 쓰든 안 되는 일이 없다.
4	17:13	■ 누구든지 악으로 선을 갚으면 악이 그 집을 떠나지 아니하리라 ■ 배은망덕하면 집안에서 우환이 떠나지 않는다.

5	19:13	■ 미련한 아들은 그의 아비의 재앙이요 다투는 아내는 이어 떨어지는 물방울이니라 ■ 미련한 아들은 아비의 화가 된다. 아내가 바가지를 긁으면 천장에서 비가 샌다
6	22:6	■ 마땅히 행할 길을 아이에게 가르치라 그리하면 늙어도 그것을 떠나지 아니하리라 ■ 세살 버릇 여든까지 간다. 마땅히 따를 길을 어려서 가르쳐라
7	27:2	■ 타인이 너를 칭찬하게 하고 네 입으로는 하지 말며 외인이 너를 칭찬하게 하고 네 입술로는 하지 말지니라 ■ 자화자찬하지 말고 남에게 칭찬을 받도록 하여라. 칭찬은 남이 해주는 것이지 제 입술로 하는 것이 아니다.

이러한 유사성은 단지 빙산의 일각일 뿐이다. 잠언, 욥기, 전도서에 나타나는 지혜적인 요소들을 세상에 흩어져 있는 지혜들과 비교해 보면 그 공통점에 놀라게 된다. 이것은 이스라엘의 지혜적 요소들이 외부와의 부단한 접촉점을 가지고 있었으며, 결코 유일하거나, 배타적인 현상이 아니라는 것을 통해 그 이유를 알 수 있다. 특히 이스라엘은 고대 근동의 국가들 중에서 이집트와 메소포타미아 지역인 앗시리아와 바벨론 그리고 아람의 지혜(왕상 4:29-30)와 에돔의 지혜도(욥 1:8) 잘 알고 있었을 것을 유추해 볼 수 있다. 그럼에도 유사성을 뛰어넘는 이스라엘만의 독창성을 발견하는 것이 필요하다. 지혜문학인 잠언, 욥기, 전도서를 공부하는 것은 이스라엘의 지혜가 분명 고대근동의 다른 나라들과 영향을 주고받았으므로 그 유사성이 분명함에도 이스라엘의 신앙으로 재형성된 독특성과 독창성은 무엇인가를 살펴보는데 있다. 이를 통해 하나님의 백성이 세상 속에서, 세상의 논리들과 부딪칠 때

어떻게 대처해야 하는가라는 지혜까지도 배울 수 있게 되는 것이다.

1. 지혜와 이스라엘 고유 신앙의 비교

지금까지 우리는 이스라엘 신앙의 근간인 토라와 예언서를 밀도 깊게 다루었다. 그리고 이 두 신앙을 바탕으로 한 시편의 신학 또한 다루어 보았다. 시편은 분명하게 보여주기를 토라를 묵상하는 삶과 예언서의 정신인 오직 하나님께로만 돌이키고, 피하는 신앙의 길을 그 중심에 두지 않으면, 성문서의 시대는 언제 어디서든지 절망의 나락에 빠져 모든 것을 포기할 수밖에 없다는 것을 보여주었다. 이제 지혜와 이스라엘 신앙의 근본인 토라와 예언서의 신학을 비교하는 것은 서로의 상관관계를 밝힘으로 하나님의 백성이 삶을 살아가며 또 하나의 신앙적 탄력성을 배워야 할 필요성을 제시하기 위한 것이다.

예언서는 율법과 예언과 지혜가 서로 공존하던 시대가 분명히 있었음을 지적하고 있다.

> 그들이 말하기를 오라 우리가 꾀를 내어 예레미야를 치자 제사장에게서 율법이 지혜로운 자에게서 책략이 선지자에게서 말씀이 끊어지지 아니할 것이니 오라 우리가 혀로 그를 치고 그의 어떤 말에도 주의하지 말자 하나이다(렘 18:18).

> 환난에 환난이 더하고 소문에 소문이 더할 때에 그들이 선자자

에게 묵시를 구하나 헛될 것이며 제사장에게는 율법이 없어질 것이요 장로에게는 책략이 없어질 것이며(겔 7:26).

토라는 제사장들에 의해 전수되었고, 예언과 묵시는 선지자들의 몫이며, 책략, 즉 지혜로운 말들은 공동체의 연장자인 장로들에 의해 전해진다는 것이다. 지혜가 결코 인간 삶의 경험과 떨어질 수 없는 성질의 것이란 점을 상기하면 인간의 역사만큼이나 오래된 것이라 할 수 있다. 인간생존을 위한 모든 방법이 지혜를 내포하고 있기 때문이다. 그러나 이렇게 세 그룹이 나뉘어져 공존하던 시절을 건너 뛰어 지금 현재 형태의 지혜서들의 형성은 지혜로 모든 것들을 해결하는 시대에 초점을 맞춘다. 이것은 분명 시대적인 변화가 있었을 것임을 직감해 볼 수 있다.

1) 지혜와 율법(토라)의 비교

한눈에 보기에는 지혜와 율법(토라)은 그리 큰 유사성을 가지고 있지 않은 듯한 인상을 풍긴다. 그러나 이 두 신앙의 정신을 면밀하게 비교해 보면 그 주장의 동질성을 쉽게 발견할 수 있다. 여기서는 주로 지혜를 통한 삶의 길을 제시하고 있는 잠언과 토라의 핵심이라 할 수 있는 신명기를 비교하며 지혜와 토라를 비교하기로 한다.

'율법'이라고 번역되는 히브리어 '토라'라는 단어는 구약성경 전반에 걸쳐서 골고루 나타나며, 그 빈도수도 204번에 달한다. 지혜서에도 '토라'라는 단어가 등장한다. 그러나 그 양이 현격하게 적은 빈도수를 나타내고 있다는 것은 두말할 필요가 없다. 잠언에 13번 등장하고(1:8; 3:1; 4:2; 6:20, 23; 7:2; 13:14; 28:4[2번], 7, 9; 29:18; 31:26), 욥기에 1번(22:22) 나타나고, 전도서에는 전혀 등장하지 않는다. 그런데 잠언과 욥기에는 그 어디에서도 나타나지 않는 독특한 현상이 벌어지고 있다. '토라'라는 단어는 항상 '여호와의 토라'라는 의미로 사용되고 있는데, 잠언에서는 그렇지 않다는 것이다. 그리고 욥기에서는 아예 욥이 그 토라를 거부하는 것으로 나타나고 있다는 점에서 무언가 심각한 변형을 추측해 볼 수 있다.

- ▣ **잠 1:8** 내 아들아 네 아비의 훈계를 들으며 네 어미의 법(토라)을 떠나지 말라
- ▣ **잠 3:1** 내 아들아 나의 법(토라)을 잊어버리지 말고 네 마음으로 나의 명령을 지키라
- ▣ **잠 4:1-2** 아들들아 아비의 훈계를 들으며 명철을 얻기에 주의하라 내가 선한 도리를 너희에게 전하노니 내 법(토라)을 떠나지 말라"
- ▣ **잠 6:20-23** 내 아들아 네 아비의 명령을 지키며 네 어미의 법 (토라)을 떠나지 말고 그것을 항상 네 마음에 새기며 네 목에 매라
- ▣ **잠 13:14** 지혜 있는 자의 교훈(토라)은 생명의 샘이니 사망의 그물에서 벗어나게 하느니라
- ▣ **잠 31:26** 입을 열어 지혜를 베풀며 그 혀로 인애의 법(토라) 말하며 (유능한 아내)

이상에서 보는 것처럼 여호와의 율법(시편 119편)이 잠언에서는 아버지와 어머니의 법으로 나타난다. 즉, 아버지와 어머니의 명령

으로 대체되어 있는 것이다. 잠언에서 아버지와 어머니의 명령의 핵심은 다름 아닌 지혜를 얻고, 그 지혜를 따라 살라는 것이다(잠 4:1-9).

욥기에는 욥의 친구 중에 가장 연장자인 엘리바스가 욥에게 하나님의 입에서 나오는 교훈, 즉 히브리어로는 '토라'를 받고, 그분의 말씀을 마음에 새기고 살라는 권면을 하나, 욥은 그러한 조언을 무용지물의 것으로 돌려버린다. 그렇다면 욥에게 여호와의 토라는 자신의 상황에 맞지 않는 것이라는 거부가 들어가 있는 것이다.

> 너는 하나님과 화목하고 평안하라 그리하면 복이 네게 임하리라 청컨대 너는 <u>그 입에서 교훈(토라)</u>을 받고 그 말씀을 네 마음에 두라(욥 22:21-22).

지혜서들이 안고 있는 이스라엘 신앙의 근본인 토라에 대한 이러한 다른 시각은 잠언과 신명기를 좀더 비교해 보면 더욱 확연히 드러난다. 신명기와 잠언에는 많은 부분 동일한 주제들과 강조점들이 나타난다. 하지만 그 동일한 요소들이 동질성을 인식하는 합일점으로 나가게 하기보다는 결국에는 "왜?"라는 의문점을 자아내게 한다는 점 때문에 이 비교는 의미가 있다. 이것을 도표화하면 다음과 같다.

먼저 이 두 권의 책의 전체적인 구성을 비교해 보면 동일한 형태를 취하고 있음을 살펴볼 수 있다. 이것은 그 구성에서부터 의도적인 긴밀한 연관성을 드러내는 것이다.

	서론(전반부-과거)	본론(중반부-현재)	결론(후반부-미래)
신명기	**1-11장** 과거의 경험을 바탕으로 율법 준행을 권면	**12-26장** 현재에 지켜야 할 세세한 율법조항들	**27-34장** 순종과 불순종에 따른 축복과 저주의 미래제시
잠 언	**1-9장** 과거의 경험을 바탕으로 지혜를 따를 것을 권면	**10-29장** 현재에 지켜야 할 세세한 지혜의 조항들	**30-31장** 순종과 불순종에 따 른 축복과 저주의 미 래제시

이렇게 서론과 결론의 유사성뿐만 아니라, 그 가운데 위치해 있는 토라의 세세한 율법조항이나, 지혜의 조항들을 살펴보면 동일하거나, 유사한 삶의 구체적인 실천사항들이 제시되고 있음을 살펴볼 수 있다. 그 비교는 다음과 같다.

	비교내용	신명기과 잠언의 구절들
1	"들으라 이스라엘"과 "들으라 아들(들)아" (שְׁמַע 쉐마)	* 신 4:1; 5:1, 27; 6:4; 9:1; 20:3; 27:9; 33:7 * 잠 1:8; 4:1, 10; 5:7; 7:24; 8:32, 33; 19:20; 22:17; 23:19, 22
2	"말씀을 지키라" (שָׁמַר 샤마르)	* 신 4:6, 40; 5:29; 10:13; 11:22 12:28 * 잠 4:4, 21; 7:1, 2
3	"기억하라" (זָכַר 자카르)	* 신 5:15; 8:2, 18; 32:7(하나님의 은혜) * 잠 31:7(하나님의 은혜를 기억하라는 내용은 전혀 없다)
4	"잊지 말라" (לֹא־שָׁכַח 로-샤카흐)	* 신 4:9,23,31; 6:12; 8:11,14,19; 9:7; 24:19; 25:19; 26:13; 32:18(여호와와 은혜를 잊지 말라는 것) * 잠 2:17; 3:1; 4:5; 31:5,7(아비와 어미의 법과 말을 잊지 말라는 것)

5	"여호와의 말씀을 마음에 새기라"와 "아비와 어미의 말씀을 마음에 새기라"	* 신 6:6-9 * 잠 6:20-22; 3:3-4; 7:2-3
6	"여호와를 경외하라"	* 신 4:10; 5:29; 6:2, 13, 24; 10:12, 20; 13:4; 31:12 * 잠 10:27; 19:23
7	가증함(תּוֹעֵבָה 토에바)에 대한 말 "여호와께서 가증히 여기시는 것이다"와 "여호와께서 미워하시는(가증한) 것이다"(이 표현은 오직 신명기와 잠언에만 등장한다.)	* 신 7:25; 12:31; 17:1; 18:12; 22:5; 23:18; 24:4; 25:16; 27:15(9번) * 잠 3:32; 6:16; 11:1, 20; 12:22; 15:8, 9, 26; 16:5; 17:15; 20:10, 23(12번)
8	"재판에서 사람의 외모를 보지 말라"(이 조항도 오직 신명기와 잠언에만 등장한다)	* 신 1:17; 16:19 * 잠 24:23; 28:21
9	의는 생명, 악은 사망	* 신 30:15-16 * 잠 11:19; 12:28
10	"이웃의 경계표를 이동하지 말라"	* 신 19:14 * 잠 22:28; 23:10
11	거짓 증인	* 신 5:20 * 잠 19:5
12	정직한 저울 추	* 신 25:13-16 * 잠 11:1, 9; 20:10, 23; 21:28
13	"서원하였거든 행하기를 더디 하지 말라"	* 신 23:23 * 잠 20:25; 전 5:2-4
14	"말씀에 어떠한 것도 가감하지 말라"	* 신 4:2=잠 30:5-6 * 신 12:32=전 3:14

위의 비교에서 살펴볼 수 있는 것은 신명기와 잠언의 유사성이다. 동일한 사상이 세세한 규정들과 정신세계 속에서 나타나

고 있음을 확인해 볼 수 있다. 토라가 하나님과 밀접하게 연결되어 있다면, 잠언은 아버지와 어머니를 통해 전수되는 지혜와 긴밀하게 연결되어 있다. 이렇게 토라의 핵심과 지혜의 정신이 동일한 형태를 가지고 삶을 바르게 살아갈 것을 권면하고 있다.

그렇다면 여기서 "왜?"라는 질문을 던질 필요가 있다. 왜 구약성경 속에는 '토라'라는 신앙의 근본을 가르치며, 구체적인 실천의 길을 제시하는 삶의 길이 존재하고 있음에도, 그와 동일한 것을 강조하며, 가르치는 '지혜서'가 필요하게 되었을까? 심지어 토라의 결론인 신명기에는 율법의 규례와 법도를 지키는 것이 이미 지혜와 지식이 있는 삶이라는 확신이 들어있기까지 하기 때문이다.

> 내가 나의 하나님 여호와께서 명령하신 대로 규례와 법도를 너희에게 가르쳤나니 이는 너희가 들어가서 기업으로 차지할 땅에서 그대로 행하게 하려 함인즉 너희는 지켜 행하라 이것이 여러 민족 앞에서 너희의 지혜요 너희의 지식이라 그들이 이 모든 규례를 듣고 이르기를 이 큰 나라 사람은 과연 지혜와 지식이 있는 백성이로다 하리라(신 4:5-6).

그렇다면 이것은 지면을 허비하는 비생산적인 낭비가 아닌가? 하나님의 법은 물론 삶의 지혜까지도 능히 가르칠 수 있는 '토라' 한 가지만 있으면 될 터인데, 굳이 '지혜서'까지 동원하여 인간의 삶을 복잡하게 할 필요가 없을 것이기 때문이다. 이러한 현상은 지혜와 예언의 관계 속에서도 등장하고 있다.

2) 지혜와 예언의 비교

잠언서에 나타나는 지혜의 모습은 토라의 모습으로 나타나기도 하고, 더불어 예언자들의 음성이 되기도 한다. 인격화된 지혜는 그 말을 듣는 자들에게 예언자의 모습으로 나타나 순종을 호소하고 있다는 점에서 이것을 입증할 수 있다. 잠언 1:20-33절에 나타나는 지혜의 긴 연설에는 분명 예언의 목소리가 내재되어 있다.

> 지혜가 길거리에서 부르며 광장에서 소리를 높이며 시끄러운 길목에서 소리를 지르며 성문 어귀와 성중에서 그 소리를 발하여 이르되 너희 어리석은 자들은 어리석음을 좋아하며 거만한 자들은 거만을 기뻐하며 미련한 자들은 지식을 미워하니 어느 때까지 하겠느냐 나의 책망을 듣고 돌이키라 (שׁוּב 슈브/회개하라) 보라 내가 나의 영을 너희에게 부어주며 내 말을 너희에게 보이리라 내가 불렀으나 너희가 듣기 싫어하였고 내가 손을 폈으나 돌아보는 자가 없었고 도리어 나의 모든 교훈을 멸시하며 나의 책망을 받지 아니하였은즉 너희가 재앙을 만날 때에 내가 웃을 것이며 너희에게 두려움이 임할 때에 내가 비웃으리라 너희의 두려움이 광풍 같이 임하겠고 너희의 재앙이 폭풍같이 이르겠고 너희에게 근심과 슬픔이 임하리니 그 때에 너희가 나를 부르리라 그래도 내가 대답하지 아니하겠고 부지런히 찾으리라 그래도 나를 만나지 못하리니 대저 너희가 지식을 미워하며 여호와 경외하기를 즐거워하지 아니하며…

이러한 죄를 책망하며, 돌이킬 것을 강조하는 지혜의 음성은 예언자들을 통해 선포된 하나님의 회개선언과 동일하다(사 1:2-9; 렘 7:12-15). 그리고 예언자들이 하나님을 찾고, 만날 것을 강조하고 있다면 잠언서는 지혜를 찾고, 만날 것을 요청한다.

> 나를 사랑하는 자들이 나의 사랑을 입으며 나를 간절히 찾는 자가 나를 만날 것이니라(잠 8:17).

이 내용은 이사야나, 예레미야, 호세아 같은 예언자들의 선포를 생각나게 한다(사 55:6-7; 렘 29:12-13; 호 6:1-3).

어떤 이유로 또 무슨 영향으로 지혜가 이렇게 예언자의 목소리까지 갖게 되었을까? 이 두 사고 체계는 분명히 다른 이질적인 근거를 가지고 있다. 예언이 전적으로 하나님께서 주신 직접계시의 관점을 가지고 있다면(사 1:2; 렘 1:4; 겔 1:3), 지혜는 경험과 관찰의 자료로부터 얻은 이성의 관점을 가지고 있다(잠 24:30-33). 그럼에도 이 둘이 지혜의 요소 속에 결합될 수 있었던 그 배경은 무엇일까를 알아볼 필요가 있다.

이스라엘 전통신앙은 이 세상의 창조질서는 하나님의 백성들이 율법(토라)을 준수할 때 온전하게 유지될 것이라는 확신이 있다. 제사장들은 이 율법을 전하고, 교육하는 일에 전념하였고, 예언자들은 이 율법으로의 돌이킴을 끊임없이 촉구하였던 사람들이었다. 대표적으로 호세아, 예레미야, 그리고 스바냐가 율법으로의 돌이킴을 강력하게 촉구하던 선지자들이었다(호 4:1-3; 렘 4:23-27; 12:4; 습 1:2-3).

이처럼 토라와 예언은 밀접하게 연관되어 있다. 그런데 이제 지혜가 토라와 예언을 대신할 수 있을 정도로 강력하게 무장하고 있다. 지혜가 토라의 옷을 입고, 예언자의 음성이 되어서 하나님의 백성을 향하여 신앙의 길을 호소하고 있다. 이렇게 지혜가 이 두 가지 종류의 이스라엘 근본신학의 목소리를 갖게 된 이유는 무엇인가? 토라도, 예언서도 든든하게 존재하고 있는데, 동일한 목소리를 내는 지혜가 나타나고 있다는 것은 분명 확고한 필요에 근거한 것이 분명할 것이다. 이렇게 토라와 예언서 그리고 이 두 개의 목소리를 내포하고 있는 지혜의 공존 이유는 유사성에도 불구하고 토라와 예언서가 지혜와 결코 공유할 수 없는 요소로 인해 답을 내릴 수 있다.

3) 지혜가 율법과 예언을 대신하는 시대

이스라엘의 정신을 세우는 가장 중요한 요소는 역시 주로 모세오경이라 불리는 토라라고 할 수 있다. 구약성경에는 좀 편협한 해석이기는 하지만 이 '토라'라는 히브리어 단어를 대부분 율법이라는 단어와 호환하여 사용하고 있다. 그러나 토라, 즉 오경의 내용을 면밀히 살펴볼 때 율법이라는 말로 제한하기에는 참으로 많은 것을 다루고 있음을 살펴볼 수 있다. 토라는 그 안에 하나님의 창조로 시작하여 그 하나님으로 인하여 가능하게 된 놀라운 구원사를 고백하는 것을 통해 하나님을 말하고, 그분의 구원을 받은 사람들의 기쁨과 책임을 밀도 깊게 그려내고 있다. 그러므로 토라 안에는 우주적인 창조주이시며, 이스라엘의 구원자이신 여호와 하나님, 구원받은 백성인 이스라엘, 그들이 살아갈 약속의 땅, 지켜야 할 법과 규례 그리고 이스라엘을 통치하실 여호와의 거주지인 성막 등과 같은 다양한 내용들이 자리 잡고 있다. 이처럼 토라 안에는 이스라엘의 정체성을 말해주는 수많은 요소들이 등장하고 있음을 살펴볼 수 있다. 특히 출애굽과 시내 산 언약과 성막 그리고 땅의 수여에 대한 약속은 이스라엘 정체성의 중심이라 해도 과언이 아닐 것이다. 그리고 예언자들은 이스라엘이 이러한 중심을 망각할 때마다 그곳으로 돌이키도록 촉구하는 사명자들이었다. 이점에서 토라와 예언은 동일한 선상에 서 있는 것이다. 그런데 구약 지혜문학인 잠언, 욥기, 전도서에는 이러한 이스라엘의 정체성을 각인시키는 요소들이 전혀 등장하지 않는다. 즉, 지혜서에는 족장사, 출애굽, 광야여정, 시내 산, 모세라는 지도자와 그를 통해 제시된 율법, 땅에 대한 약속과 그 성취(토라에서 비쳐지고 여호수아에서 완성된) 등이 전혀 나타나지 않는다.

실제로 '이스라엘'이라는 용어와 '이스라엘 민족'(בְּנֵי־יִשְׂרָאֵל 베네-이스라엘)이라는 표현 자체가 극도로 자제되어 있음을 알 수 있다. 지혜서는 그 양에 있어 잠언 31장, 욥기 42장, 전도서 12장이라는 방대한 양을 가지고 있음에도 이 세 권의 지혜서에 '이스라엘'이라는 말은 단지 저자의 정체를 밝히기 위해 2번 사용될 뿐이고(잠 1:1; 전 1:12), '이스라엘 민족'이라는 개념은 아예 존재하지 않는다. 이것은 지혜가 이제 민족이나, 나라를 그 중심 대상으로 하고 있지 않고, 각 개개인을 상대로 하고 있다는 것이다. 그리고 그 개인 또한 의도적으로 인류 전체를 뜻하는 '아담'이라고 불린다(בְּנֵי־הָאָדָם, 베네-하아담; 잠 8:4, 31; 욥 25:6; 35:8; 전 1:13; 2:3; 3:10, 18, 19; 8:11; 9:3, 12). 땅도 토라나 예언서에서는 그렇게도 '하나님께서 선조에게 약속하신 땅,' 즉 가나안 땅이 강조되지만(신 4:1, 5, 40; 6:1, 3, 23), 지혜서에서는 결코 약속의 땅이라는 말도, 가나안이라는 지명도 등장하지 않고, 단지 아무 곳에나 있는 일반적인 땅일 뿐이다(잠 2:20-22). 그리고 이스라엘과 이방인을 분류하기 위해 정체성을 제시해 주는 토라나 예언과는 달리, 지혜는 단지 지혜로운 사람과 어리석은 사람을 구별하는 도구가 되고 있다는 것이다.

그렇다면 이러한 시대가 언제를 의미하는지를 알아보면 지혜서들의 삶의 자리를 분명히 파악해 볼 수 있으며, 이들의 메시지를 바르게 해석할 수 있는 길을 열 수 있으리라 본다. 이스라엘의 정체성을 말해주는 중요한 요소들이 잠시 뒷전으로 물러나야 하는 시대는 도대체 언제인가?

예언자들의 음성이 사라지기 시작하고, 율법이 짐이 되는 시대가 있다. 회복의 이상을 전하고, 토라로 돌이킬 것을 촉구했던 예언자들의 음성은 들려지지 않고, 토라 신앙을 가능케 했던 놀라운 하나님의 구원역사가 이제 하나님의 백성의 시야에서 사라져 가기 시작한다. 토라는 출애굽의 놀라운 역사를 일으키신 여호와의 은혜에 감사한 마음을 근본으로 이스라엘이 살아갈 것을 강조한다(출 23:9; 신 15:15; 16:12; 24:18, 22). 십계명을 그 출발점으로 하는 여호와의 세세한 규례와 법도를 지키는 삶이 결코 인간으로부터 기인하지 않고, 오직 하나님의 은혜로부터 기인한다. 이것은 십계명의 전문만 살펴보아도 쉽게 알 수 있다: "나는 너희를 애굽 땅 종 되었던 집에서 구원하여 낸 너의 하나님 여호와라"(출 20:2; 신 5:6; 구원+율법준수). 그러나 이제 포로기와 그 후기를 겪으면서 해방되었다고는 하나 완전한 해방이 아니요, 단지 이방인의 한 속주로서의 삶을 살아가는 현실을 살펴볼 때 율법을 강력히 준수할 그 원동력을 점점 상실해 가기 시작한다. 그리고 대부분의 하나님의 백성은 아직도 이방 땅에서 자신들의 삶을 영위해 가고 있다. 왜냐하면 바벨론 포로에서 해방된 뒤에 가나안 땅으로 돌아간 사람들보다 그렇지 못한 사람들이 더 많았기 때문이다. 토라의 신학을 면밀히 살펴보면 하나님의 백성이 이방 땅에서 살아가는 것은 이미 저주 받은 삶이라는 것이 강조된다(레 26:33-45; 신 28:37, 43-46, 63-64). 하나님의 백성은 하나님께서 주신 약속의 땅에서 복을 누리며 살아가는 삶이어야 한다. 그렇다면 여전히 이방인이 황제로 군림하고 있고, 그러한 상황은 결코 바뀔 것 같지 않으며, 언제까진지도 모를 식민지 생활을 하고 있는 사람들에게 구원사가 그 중심을 차지하고 있는 토라의 계시는 부담스러운 것이 되고 만다. 기나긴 절망의 나락을 살아가는 사람들에게는 신앙적인 갈등이 생겼을 것은 불을 보듯 뻔한 일이다.

예언자들 또한 이스라엘의 죄와 회개, 그리고 회복을 선포했는데, 그 회복은 바로 이스라엘 12지파가 하나 되어 약속의 땅으로 돌아가는 것이었다. 그러나 해방 뒤에 너무도 많은 세대가 흘렀음을 보게 된다. 70년 포로기가 벌써 끝이 났고, 소수의 사람들은 유다 땅으로 돌아갔으나, 아직도 이방 땅에서 살아가는 사람들은 부지기수로 많다. 그리고 이방 땅에 정착한 사람들은 돌아갈 생각조차 할 수 없다. 이들에게 토라와 예언자들의 메시지는 이제 더 이상 기대와 희망이 아니라, 오히려 짐스러운 선언이 되어서

'디아스포라 공동체'(이방 땅에 흩어져서 사는 사람들)의 삶을 주눅 들게 한다. 이들의 심중 속에는 "우리는 아직도 하나님의 저주 가운데 사는 삶인가?"라는 신앙적인 갈등이 존재했을 것을 짐작해 볼 수 있다. 이것은 비단 디아스포라 공동체만의 문제는 아니었을 것이다. 돌아간 공동체도 어렵긴 마찬가지였고, 계속되는 이방인들의 통치는 토라와 예언자들의 신학에 의하면 죄에 대한 징계인 저주를 의미했기 때문이다.

이런 상황 속에서 토라에 바탕을 둔 예언도 이제 그 힘을 잃기 시작한다. 기나긴 포로와 식민지의 삶은 토라를 어긴 것에 대한 형벌이기에 돌이키라고 선언하는 예언자들의 음성에 더 이상 관용을 베풀 수 없었을 것이다. 이제 여러 가지 현상이 발생한다. 어떠한 민족적, 지역적, 배타적인 전통이나 굴레에 얽매이지 않는 지혜라는 독특한 요소가 율법과 예언을 대신하는 목소리로 하나님의 백성에게 등장하게 된 것이다. 이것은 시대적 요청이며 삶의 절박한 요구이기도 했다. 계속되는 이방의 식민지로서 자신의 정체성을 지키면서 살아갈 수 있는 길이 필요했던 것이다. 결국 잠언에 "기억하라, 잊지 말라"라는 명령이 과거에 행해주신 하나님의 놀라운 구원사에 대한 회상의 촉구와 연결되지 않는 다는 것이 우연이 아닐 것이다.

그리고 욥기의 결론에서는 완고한 인과응보 신학인 형식적 율법주의에 저항한 욥의 고백을 통하여 이와 같은 새로운 시대가 도래했음을 확인해 볼 수 있다. 신명기의 결론에서는 모세 이후에 이스라엘에 모세와 같이 여호와께서 대면하여 아시던 선지자가 일어난 바가 없다고 한다(신 34:10). 그런데 이스라엘 역사 속에서 이제 하나님과 대면하여 새로운 길을 제시받은 '모세와 같은 지혜자'를 만나게 된다. 이제 하나님께서 포로 후기 격동의 역사 속에서 자신의 백성을 새롭게 구원하시려는 계획을 지혜를 통하여 펼치시는 것이다.[112] 그렇다면 지혜의 근본은 무엇인가? 구원사로부터 멀어진 하나님의 백성이 세상 속에서 하나님의 백성이라는 정체성을 고수하며 신앙의 길을 걸어갈 수 있는 길은 무엇인가? 지혜서는 그것을 고민하며, 답을 제시해 주고 있다.

2. 지혜의 근본

지혜가 이스라엘의 구원사에 바탕을 둔 신앙이 아니라면 그 신앙의 근본은 어디에 있는 것인가를 분명하게 하여야 한다. 그래야만 이방인들이 가지고 있는 종교, 문화, 정치, 사상의 늪에 빠지지 않을 수 있으며, 그들이 가지고 있는 지혜적인 요소와 혼돈을 빚지 않을 수 있기 때문이다. 세 권의 지혜서들은 그 근본을 분명하게 이야기 하고 있다.

1) 지혜와 지식의 근본바탕 - "여호와를 경외하라"

세 권의 지혜서인 잠언, 욥기, 전도서는 공통적으로 지혜와 지식의 근본을 이야기 한다.

여호와를 경외하는 것이 지혜의 근본이다. 이것이 바로 이방인들의 지혜와 하나님의 백성들의 지혜의 차이점이다. 만약 우리의 지혜가 여호와를 경외하는 것에서 벗어나는 그 순간에 세상의 지혜와 다를 바가 없어지고 만다. 여호와를 경외하는 것이 도대체 어

* 잠 1:7 여호와를 경외하는 것이 지식의 근본이거늘 미련한 자는 지혜와 훈계를 멸시하느니라

* 잠 9:10 여호와를 경외하는 것이 지혜의 근본이요 거룩하신 자를 아는 것이 명철이니라

* 욥 28:28 또 사람에게 말씀하셨도다 보라 주를 경외함이 지혜요 악을 떠남이 명철이니라

* 전 7:18 너는 이것도 잡으며 저것에서도 네 손을 놓지 아니하는 것이 좋으니 하나님을 경외하는 자는 이 모든 일에서 벗어날 것임이니라

떤 의미를 가지고 있기에 그런 것인가? 여호와 경외의 의미를 명확히 할 때 우리의 판단력도 바르게 설 수 있다.

서울대 최인철 교수가 쓴 『나를 바꾸는 심리학의 지혜 프레임』이란 책에는 지혜의 정의를 생각해 볼 수 있는 아이디어를 제공하고 있다.[113] 먼저 다음의 문제를 풀어보자. 화씨 50도는 섭씨 몇 도인가? 그 답은 다음의 공식을 알아야만 풀어낼 수 있다.

$$C = (F-32) \div 1.8 = (50-32) \div 1.8 = 10°$$

이 문제를 신속하게 풀어내는 사람을 '똑똑한 사람'이라고 부르기는 하지만 '지혜로운 사람'이라고 하지는 않는다. 그리고 이 문제를 눈 깜짝할 사이에 풀어내는 계산기를 붙들고 '지혜로운 계산기'라며 떠받들지도 않을 것이다. 왜냐하면 이 문제에는 단 하나의 정답만이 존재하고, 그 답은 누구나 정해진 공식에 맞춰 쉽게 풀어 낼 수 있기 때문이다.

수학자나 인지 심리학자들은 이와 같이 분명한 답이 존재

하는 문제를 '잘 구조화된 문제' 혹은 '잘 정의된 문제'라고 부른다. 하지만 인생을 사노라면 이렇게 답이 정확하게 떨어지는 문제보다는 그렇지 않은 문제들에 부딪칠 때가 더 많다. 즉, 사람의 생각과 사고체계가 필요한 물음들인 "각 나라간 영토분쟁은 어떻게 해결해야 하는가?," "부부가 이혼할 경우 자녀의 양육권은 둘 중 누가 가져야 하는가?," 혹은 "다른 나라와 맺는 자유무역협정(FTA)은 한국에 유익한 것인가?"와 같은 질문들을 예로 들 수 있다. 이러한 문제는 '잘 구조화 되지 않은 문제' 혹은 '잘 정의되지 않은 문제'들이라고 부른다. 왜냐하면 이 질문들은 정답이 존재치 않고, 사람들마다 보는 관점, 즉 각자가 가지고 있는 생각의 프레임(틀)에 따라 서로 다른 의견들이 존재하기 때문이다. 하지만 프레임은 그 정의가 정확하지 않고, 개개인 마다 차이를 가질 수 있다. 그러나 하나님의 말씀인 성경은 특히 지혜문학 속에서는 한 가지의 지혜 프레임을 강조하고 있는데 그것은 바로 "여호와를 경외하라"는 것이다. 바로 이 '여호와 경외'라는 바탕 위에서 판단하고, 선택, 결정함으로 세상과는 다른 결과를 만들어 낼 수 있는 것이다. 여호와 경외는 곧 하나님의 성품을 따른 결정을 의미하며, 순간적인 만족을 위한 것이 아닌 하나님 나라의 완성을 위한 선택이 되는 것이다. 이런 결정의 틀을 가지고 펼쳐진 상황들을 바라볼 때 미군은 이라크에서 철수해야 하는 가의 문제도 한 나라가 물질적, 경제적인 이득을 위해 다른 나라를 위협하는 행위가 아닌 진정한 이웃 사랑의 원칙 하에 올바른 해결점에 도달할 수 있는 길을 열수 있다. 어쩔 수 없는 부부이혼의 경우도 자녀 양육에 대한 결정을 여호와를 경외하는 마음으로 행할 때 부부 각자가 자신의 유익을 위한 선택이 아닌 진정으로 자녀들에게 유익이 되는 길을 결정할 수 있는 길로 이끈다. 자유무역협정 또한 여호와 경외의 마음으로 활용하면 강대국이 약소국을 경제적 침탈의 수단으로 활용하는 것이 아니라, 서로의 유익을 위한 공정한 거래로 나아감으로 서로를 세울 수 있는 도구가 될 수 있게 할 것이다. 그러므로 어떤 틀, 즉 프레임을 가지고 살아가느냐에 따라 전적으로 다른 길을 걸어간다는 점에서 여호와 경외를 생각의 프레임으로 삼는 삶과 그 외의 삶은 결코 같은 선상에 있을 수가 없는 것이다. 겉으로는 비슷해 보일지라도 그 결론은 전혀 다른 결과를 야기하기 때문이다.

그 이유는 구약에서 하나님 경외는 철저하게 하나님의 절대 주권을 인정하는 것에서 시작된다는 점에 있다. 가장 처음으로 '하나님을 경외 하는 자'라는 칭호를 들은 아브라함은 자신의 목숨보다도 더 소중한 아들인 이삭을 하나님의 명령 앞에 아무런 불평도, 질문도 없이 드림으로 '하나님을 경외하는 자'라는 칭호를 받았다(창 22:12). 그런데 토라와 예언서 속에서 하나님 경외는 늘 여호와께서 베풀어 주시는 놀라운 구원의 은총과 기적들을 바라본 사람들에게서 나타난다. 아브라함의 하나님 경외는 이삭의 탄생을 통해 능치 못함이 없으신 하나님의 능력과 은혜를 체험한 후에 가능해졌다(창 18:14). 이스라엘 백성들은 홍해가 갈라짐을 본 후에(출 14:31), 요단강이 갈라진 후에(수 4:24) 그리고 여호와의 우레와 비를 보고(삼상 12:18) 여호와를 경외(두려워)한다. 이러한 하나님의 절대 주권과 능력은 하나님 경외를 자아내기에 결코 부족함이 없으며, 설사 하나님의 현존이 지금 당장 없다 할지라도 과거의 경험만으로도 신앙을 지키기에 충분할 수도 있다. 그리고 사울 왕의 예에서 살펴볼 수 있듯이 누구를 경외(두려워)하느냐에 따라 삶의 결정이 현격히 달라진다는 것도 살펴볼 수 있다.

> 너희가 만일 여호와를 경외하여(יָרֵא 야레/두려워하여) 그를 섬기며 그의 목소리를 듣고 여호와의 명령을 거역하지 아니하며 또 너희와 너희를 다스리는 왕이 너희의 하나님 여호와를 따르면 좋겠지마는 너희가 만일 여호와의 목소리를 듣지 아니하고 여호와의 명령을 거역하면 여호와의 손이 너희의 조상들을 치신 것 같이 너희를 치실 것이라(삼상 12:14-15).

> 사울이 사무엘에게 이르되 내가 범죄하였나이다 내가 여호와의 명령과 당신의 말씀을 어긴 것은 내가 백성을 두려워하여((יָרֵא 야레/경외하여) 그들의 말을 청종하였음이니이다(삼상 15:24).

2) 지혜서에서 여호와 경외의 근본 - "온 우주 만물의 창조주 하나"

그렇다면 토라나 예언서와 달리 지혜서가 말하는 여호와 경외는 어떤 신앙에 바탕을 두고 있는 것인가? 그것은 분명히 하나님의 행하심에 기초하고 있을 것이다. 그러나 출애굽이나 눈앞에 펼쳐졌던 하나님의 능력으로 인한 놀라운 구원사와 연관된 것은 아닐 것이다. 그랬다면 지혜서에 곳곳마다 그 구원사를 일으켜주신 하나님을 찬양하는 것으로 가득 찼을 터인데 결코 등장하지 않고 있다는 것은 구원사가 아닌 다른 어떤 신앙에 바탕하고 있을 것이다. 하나님의 위대하신 능력이 개인적이고, 공동체적인 구원사의 체험이 아니라면, 결국 한 가지 남는 것은 온 인류의 차원에서 어느 누구나 경험한 부분이 될 것이다. 이 세상 어느 곳에 살고 있든지 국적, 인종, 민족, 문화, 종교, 사상을 초월하여 모두에게 공통적으로 여호와 경외를 촉구할 수 있는 그것은 다름 아닌 "여호와는 창조주 하나님이시다"라는 고백이다. 하나님은 이 세상의 모든 인류를 창조하셨고, 그 창조는 질서정연한 것이며, 그 질서 속에는 이 땅에 존재하는 모든 피조물들이 살아가야 할 삶의 길이 주어져 있는 것이다. 그 창조질서에 나타난 하나님의 뜻의 구체적인 실현방안이 이 세상의 정치, 경제, 사회, 문화, 종교의 질서를 만들기 위한 출애굽의 구원사로 구체적으로 드러난 것이라 할 수 있다.

여기서 분명해 지는 것은 하나님은 이스라엘을 구원하시기 전에 이미 인류의 창조자이시며, 온 우주의 주인이시라는 신앙이 존재한다. 이러한 창조주 하나님에 대한 신앙은 이제 이스라엘이 어느 곳에 존재하든지 어떠한 갈등도 없이 받아들이고, 선포할 수 있는 것이며, 오히려 이방인들과 어울려 살면서 그들에게도 선교의 빛을 전할 수 있는 길이 열리는 것이다. 그래서 지혜서들은 '이스라엘'이라는 말 보다는 '아담'이라는 인류를 지칭하는 단어를 쓰기를 즐겨한다. 이제 모든 인류가 창조주이신 하나님의 경이로운 질서 가운데 어느 곳에서든지 하나님의 백성으로 살아갈 수 있는 길이 열린 것이다. 지혜가 창조신앙에 바탕을 두고 있다는 것은 출애굽의 신앙에 바탕을 둔 신명기에 나타난 동일한 법규를 비교해 보면 잘 알 수 있다. 가난한 자를 도우라는 인도주의적인 관심을 표명하는 법을 지켜야만 하는 근본동기에서 차이가 있다.

신명기	* **신 15:14-15** 네 양 무리 중에서와 타작 마당에서와 포도주 틀에서 그에게 후히 줄지니 곧 네 하나님 여호와께서 네게 복을 주신대로 그에게 줄지니라 너는 애굽 땅 종 되었던 것과 네 하나님 여호와께서 너를 속하셨음을 기억하라 그를 인하여 내가 오늘날 이같이 명하노라 * **신 16:11-12** 너는 애굽에서 종 되었던 것을 기억하고 이 규례를 지켜 행할지니라 * **신 24:17-18** 너는 객이나 고아의 송사를 억울하게 말며 과부의 옷을 전집하지 말라 너는 애굽에서 종이 되었던 일과 네 하나님 여호와께서 너를 거기서 속량하신 것을 기억하라 이러므로 내가 네게 이 일을 행하라 명하노라 * **신 24:21-22** 네가 네 감람나무를 떤 후에 그 가지를 다시 살피지 말고 그 남은 것은 객과 고아와 과부를 위하여 버려두라…너는 애굽 땅에서 종 되었던 것을 기억하라 이러므로 내가 네게 이 일을 행하라 명하노라
잠언	* **잠 14:31** 가난한 사람을 학대하는 자는 그를 지으신 이를 멸시하는 자요 궁핍한 사람을 불쌍히 여기는 자는 주를 존경하는 자니라 * **잠 17:5** 가난한 자를 조롱하는 자는 이를 지으신 주를 멸시하는 자요 사람의 재앙을 기뻐하는 자는 형벌을 면치 못할 자니라 * **욥기 31:13-15** 나를 태 속에서 만드신 자가 그도 만들지 아니하셨느냐 우리를 뱃속에 지으신 자가 하나가 아니시냐

이 둘 사이의 차이점은 신명기가 하나님의 은혜의 구원 역사를 바탕으로 가난한 자를 도울 것을 강조하고 있다면, 잠언은 하나님의 창조주 되심에 바탕을 두고 가난한 이를 돌볼 것을 호소

하고 있다. 하나님의 천지창조를 지키는 길이 토라에 순종하는 것이었다면, 이제 그 길로 지혜가 활동한다. 그렇지만 분명히 기억해야 할 것은 창조의 주이시건, 구원의 주이시건 동일한 여호와 하나님의 성품에 그 근본을 두지 않는다면 자칫 지혜를 따른다는 명목으로 다원주의 속에 침몰할 수 있다는 경각심이다. 모든 종교 속에 잠재해 있는 지혜를 의미하는 것이 아니라 오직 '여호와 한 분만을 경외하는 지혜'라는 것을 잊지 말아야 한다. 그러므로 토라 속에 들어 있는 하나님의 명령 또한 지혜의 길에서 결코 폐기된 것이 아님을 명심해야 한다. 단지 출애굽의 은혜에 기초한 말씀 준수가 창조의 은혜에 기초한 것으로 전이 되었다는 것밖에는 차이가 없다. 이것은 다음의 도표를 통해서도 살펴볼 수 있다.

토라의 길	지혜의 길
혼돈된 세상	혼돈된 세상
공간의 질서 ➡ 사람의 다스림 예배를 통해 (율법 따름)	공간의 질서 ➡ 사람의 다스림 예배를 통해 (지혜 따름)
혼돈된 세상	혼돈된 세상

이처럼 율법의 길과 지혜의 길은 결코 이질적인 것이 아닌 동일한 하나님의 목적을 위하여 봉사하고 있는 것이 분명하다. 그렇다면 이제 이러한 창조신앙이 잠언, 욥기, 전도서라는 세 권의 지혜서들 속에서 어떤 형태로 등장하며 삶의 지혜를 가르치고 있는지를 살펴볼 필요가 있다. 세 권의 지혜서가 있다는 것은 창조

에 대한 세 가지의 다른 인식이 있다는 것이며, 그 다양성을 삶 속에서 배울 때 지혜를 바르게 이해할 수 있는 것임을 짐작해 볼 수 있다.

3. 잠언, 욥기, 전도서와 창조신앙

하나님의 창조세계는 확고한 질서 위에 이루어진 것이지만, 인간에게 그 질서유지의 책임이 맡겨진 이후로 이 세상은 계속해서 창조 전의 혼돈으로 돌아가려는 회귀현상을 보이고 있다. 선이 악을 이기는 것이 아니라, 지극히 자주 악이 선을 이기는 현상으로 인하여 하나님께서 창조하신 세상은 질서보다는 무질서를 경험할 때가 많다. 세 권으로 주어진 지혜서들은 인간이 삶을 살아가며 겪는 창조세계의 이질적인 세 가지 정황들을 보여줌으로 어떤 상황 가운데서도 하나님의 사람들이 이 세상을 바르게 헤쳐나갈 수 있는 길을 제시해 주고 있다. 그러므로 창조의 세 가지 정황은 지혜를 바르게 배울 수 있는 필수불가결한 것이다.

1) 잠언과 창조신앙

잠언의 창조신앙은 온 천하에 있는 것이 하나님께서 만드신 것이라는 사실을 고백하는 것이다. 잠언에는 "가난한 자를 멸시하는 자는 그 지으신 자를 멸시하는 것이다"라고 선언하고 있다. 우리가 우리 앞에 존재하는 아주 사소한 것까지도 소중히 여길 때 하나님을 경외하는 것이 되는 것이다. 왜냐하면 하나님은 창조주이시기 때문이다. 그리고 이 창조주이시라는 표현 속에는 구속 받은 한 민족만을 포함하는 것이 아니며, 전 인류가 자연스레 포함된다는 것이다. 그러므로 지혜와 창조의 관계는 지혜와 인류의 관계만큼이나 광범위한 세계를 포함하고 있는 것이다. 하나님의 창조주 되심에 대한 주장은 하나님의 또 다른 어떤 특성을 강조하기 위한 요소로 작용하는데, 그것은 다름 아닌 세계의 질서에 대한 강조이다. 혼돈을 정복하시고, 세상의 질서를 아름답게 이루신 그 뜻이 지혜 속에 들어있고, 지혜를 따르는 삶은 인생의 질서로부터 시작하여, 세상의 질서로, 마침내 온 우주의 질서를 이루는 길로 나아간다는 확신인 것이다.

그렇다면 잠언서속에서 창조신앙은 어떤 역할을 하는지를 규명해 보아야 하겠다. 잠언서에는 두 부분에서 하나님의 창조의 위대함을 찬양하고 있다.

> 여호와께서는 지혜로 땅에 터를 놓으셨으며 명철로 하늘을 견고히 세우셨고 그의 지식으로 깊은 바다를 갈라지게 하셨으며 공중에서 이슬이 내리게 하셨느니라(잠 3:19-20).

> 여호와께서 그 조화의 시작 곧 태초에 일하시기 전에 나를 가지셨으며 만세 전부터 태초부터 땅이 생기기 전부터 내가 세움을 받았나니…내가 그 곁에 있어서 창조자(אָמוֹן - 장인)가 되어 날마다 그 기뻐하신바가 되었으며 항상 그 앞에서 즐거워하였으며 사람이 거처할 땅에서 즐거워하며 인자들을 기뻐하였었느니라(잠 8:22-31).

이 두 부분에서 공통적인 요소가 있다면 여호와께서는 창조를 지혜로 이루셨다는 것을 강조하고 있는 것이다. 하나님께서 지혜로 창조를 이루셨다면, 지금 현재 유지되고 있는 하나님의 창조는 지혜에 의해 만들어졌고, 유지된다는 유추를 가능하게 한다. 그럼 지혜가 어떤 역할을 하겠는가를 생각해볼 필요가 있을 것이다. 여기 허바드의 말을 인용해 보는 것이 유익하리라 생각된다.

> 요지는 분명하다. 만일 지혜를 그 도구로 삼으신 여호와가 창조의 다양한 국면들의 경이로운 일들 – 땅을 그 기초 위에 두시고, 하늘을 그 정해진 곳에 두시며, 우물과 샘과 개울을 통해 마른 땅에 물을 대도록 심연을 여시고, 구름에서 내려오는 이슬로 땅에 물을 주시는 일들 – 을 성취하실 수 있다면, 지혜가 무슨 일을 할지를 생각해 보라…여호와께서 지혜를 발견하는 사람들의 삶 가운데서 지혜를 통해서 무슨 일을 하실지를.[114)]

창조의 질서를 만들어 놓으시고 그 창조 세계가 변함없이 유지되듯이, 그 지혜를 소유한 사람은 삶의 질서를 이루며 살아갈 것이라는 확신을 준다. 이러한 확신은 이제 잠언 10-31장에 나타나는 선언적인 격언들에 의해 증명된다. 그리고 잠언 9:1절에서 지혜가 그녀의 집을 짓고 일곱 기둥을 다듬었다는 것에서 창조의 칠일이라는 연관성을 발견할 수 있다. 창세기 1장의 천지창조와 비교해서 잠언 8장의 창조의 내용은 인간과 관련된 하나의 연결고리가 형성된다.

창 1장	하나님께서 인간을 자신의 형상으로 만드심	하나님의 형상을 드러낼 존재
잠 8장	하나님께서 지혜로 인간을 창조하심	하나님의 지혜를 드러낼 존재

이것은 또한 도전을 나타내기도 한다. 하나님의 다른 피조물들은 창조 때 주어진 제 역할을 성실히 수행하는데, 유독 피조물의 으뜸이라고 하는 인간만은 그 경계를 수시로 무너뜨린 다는 것이다. 개미(잠 6:6), 사반, 메뚜기, 도마뱀 등(잠 30:24-28)은 제 역할을 지혜롭게 잘 하고 있다. 심지어 바다도 자신의 한계를 지키고 있다(잠 8:29). 만약 인간이 지혜롭게 행동하지 못한다면 이러한 피조물보다 못한 존재가 되고 마는 것이다(렘 5:21-24; 8:7-8; 사 1:2-4).

잠언의 확신은 혼돈의 물이 세상을 결코 뒤덮지 못하도록 경계를 정확하게 만들어 놓았다고 말한다. 그리고 그 경계는 결코 무너지지 않는다는 확신에 차있다. 하지만 그것은 저절로 이루어지는 것이 아니라, 그 경계를 지키는 사람들 즉, 지혜를 따라가는 사람들에 의해서 지켜지는 것임을 살펴볼 수 있다. 잠언은 바로 지혜의 길을 신실하게 따르는 사람에 의해서 하나님의 창조질서가 확고히 선다는 것을 강조한다. 불의가 세상에서 완전히 사라진 것은 아니지만 충분히 극복할 만한 힘을 지혜는 가지고 있다(잠 13:23; 14:31; 16:8; 17:5).

창조와 구원의 신학은 하나로 연결될 수밖에 없다. 출애굽기의 구원신학에서 알 수 있듯이 구원의 주를 바라보며, 이스라엘은 구원의 주이신 여호와께서 창조주임을 고백할 수밖에 없는 상황을 본다. 이스라엘을 구원하시기 위하여 여호와께서는 온 천지 만물을 다 활용하신다. 강, 바다, 하늘, 어둠, 빛, 곤충, 초목, 개구리, 심지어 그들을 먹여 살리시기 위해 공중의 새까지도 활용하신다(열 가지 재앙과 광야의 메추라기). 세상에 있는 모든 것들을 다 활용하실 수 있는 분은 만유의 주이시며, 이 세상 만물을 창조하신 창조주 밖에는 없다. 그러므로 이스라엘의 구원자 여호와는 세상의 창조자이신 하나님과 동일한 분임에 틀림없다. "구속은 창조, 곧 보다 큰 창조 안에 있는 새로운 삶을 목적으로 한다. 그것은 하나님께서 의도하신 세계로 되돌아가는 것을 의미한다."[115] 이것은 이스라엘의 구원은 그 자체가 목적이 아니라 하나님께서 창조하신 세상을 질서 있게 만들기 위한 사명으로의 부름이라는 것이다.

그러므로 어느 곳에서든지 그 안에서 창조의 질서가 이루어지는 것, 그것이 구속이 아니겠는가? 결국 잠언서의 본질은 창조의 본래적 목적으로 돌아가는 것이라 해도 과언이 아닐 것이다. 지혜는 하나님께서 이 우주의 창조를 통하여 이루고자 하셨던 그 과업을 이루기 위한 또 하나의 길을 제시하는 것이다. 이것은 창세기에서 시작하셨던 하나님의 인류를 향한 계획이 출애굽의 구원사를 통하여 이스라엘에게 초점이 맞추어졌다가, 다시 그 이스라엘을 통하여 인류를 향한 창조의 완성인 지혜로운 삶으로 완성되고 있는 것이다. 여호와를 경외하는 이 지혜를 소유한 자, 그 사람은 이미 구속받은 자이며, 그가 가나안에 있든, 아니면 이방 땅 그 어디에 있든 그는 창조의 완성을 이룰 사람이라는 것이다. 그리고 잠언서는 그러한 인류 구원의 완성을 모든 인류가 공통의 경험으로 소유할 수 있는 지혜를 통하여 이루고자 하는 이상을 간직하고 있다. 이처럼 잠언서는 하나님께서 창조하신 세계에 대한 든든한 확신에 그 신념의 뿌리를 두고 있다. 그러나 인생을 사노라면 이러한 확고한 신념체계가 흔들리고, 무너질 때가 있다. 욥기는 그러한 삶의 정황 가운데서 배우는 창조신앙을 말한다.

2) 욥기와 창조신앙

욥은 시작부터 '온전하고 정직하여 하나님을 경외하며 악에서 떠난 자'라는 칭찬을 받는 사람이다(욥 1:1). 이것은 하나님의 평가에서도 동일하다(욥 1:8; 2:3). 이런 삶의 모습이라면 토라의 원칙대로하면 축복이 그의 길을 가득히 채우는 것이다. 그런데 어찌된 일인지 욥의 삶에는 축복이 아닌 저주가 쏟아져 들어온다. 토라의 핵심이라 할 수 있는 신명기신학이 들어맞지 않는 것이다. 축복대신 저주가 임한다는 것은 삶의 질서가 무너졌다는 것을 의미하는데, 욥은 결코 자신의 삶 속에 이러한 저주를 받을 만한 일을 저지른 적이 없다. 이렇게 삶의 근본 바탕으로 삼아온 토라의 신앙이 전적으로 무너져 내리는 상황이 바로 욥기의 정황이다. 그럼에도 초반부에서 욥은 자신의 신앙의 순전함을 지킨다. 하나님을 향한 그 어떤 비난도 내뱉지 않음으로 "이 모든 일에 욥이 입술로 범죄치 아니하였다"(욥 2:10). 그러나 무언가 일어날 것만 같은 폭풍 전야의 날들이 흘러간다. 이것은 욥의 세 친구, 엘리바스, 빌닷, 소발이 방문한 후 칠일 칠야가 지난 후에 벌어진다(욥 2:13). 천지창조의 "저녁이 되고 아침이 되니"의 칠일칠야가 혼돈 가운데 지나간 뒤 욥이 입을 연다.

욥의 입에서 절망적인 탄식이 쏟아져 나온다. 개인적인 비탄에 잠겨 절망의 신음소리를 내고 있다면 모르겠지만, 지금 욥이 내뱉고 있는 말은 개인적인 탄식의 차원을 넘어서는 온 우주의 질서가 달려있다는 점에서 그 심각성이 드러난다. 욥의 탄식 속에는 어둠이 빛을 모조리 삼켜 버렸으면 하는 소망으로 가득 차 있다. 어둠을 뜻하는 수많은 단어들이 사용되는 것만 보아도 쉽게 알 수 있다. 일반적인 어둠을 뜻하는 '호세크'(חֹשֶׁךְ 3:4, 5, 9), 짙은 어둠인 '짤마웨트'(צַלְמָוֶת 3:5), 밤을 뜻하는 '라이라'(לַיְלָה 3:2,6,7), 어두워짐을 뜻하는 '킴리르'(כִּמְרִיר 3:5) 그리고 칠흑 같은 어둠을 뜻하는 '오펠'(אֹפֶל 3:6) 등이 사용된다. 이런 어둠의 공세에 빛은 점점 그 자리를 상실해 감을 살펴 볼 수 있다. 빛이 있으나 그 빛마저도 어둠이 되기를 바라는 소망으로 가득 차 있는 것이다.

내가 난 날이 멸망하였더라면…
그 날이 캄캄하였더라면
하나님이 위에서 돌아보지 않으셨더라면
빛도 그 날을 비추지 않았더라면

나에게는 평온도 없고 안일도 없고
휴식도 없고 다만 불안만이 있구나
(욥 3:3-4, 26)

욥의 탄식의 시작부분과 끝을 창세기의 천지창조의 시작과 끝과 비교해보면 그 의도적인 반전에 놀라게 된다.

태초에 하나님이 천지를 창조하시니라

땅이 혼돈하고 공허하며 흑암이 깊음 위에 있고

하나님의 영은 수면 위에 운행하시니라

하나님이 이르시되 빛이 있으라 하시니 빛이 있었고

하나님이 그 창조하시며 만드시던 모든 일을 마치시고

그 날에 안식하셨음이니라

(창 1:2-3, 2:3)

이것은 어느 모로 보나 창세기의 천지창조를 뒤엎는 창조의 무효를 선언하는 것이다. 하나님께서 질서 있게 창조하신 세상이 다시 혼돈으로 가득 차게 되었다는 선언인 것이다. 욥은 단순히 자신이 태어난 생일을 저주하고 있는 것이 아니라, 하나님의 창조질서가 완전히 뒤집혀져서 파괴되었다고 선포하고 있는 것이다. 창세기의 천지창조와 욥기 3장의 욥의 탄식을 상세하게 비교해 보면 더욱 철저하게 창조질서의 파괴를 선언하는 욥의 목소리를 들을 수 있다.[116]

욥기 3 장		창세기 1:1-2:3	
4a절	그 날이 캄캄하였었더라면 (הֹשֶׁךְ 호세크)	2a절	흑암(הֹשֶׁךְ 호세크)이 깊음 위에 있고
4b절	하나님이 위에서 돌아보지 마셨더라면	2b절	하나님의 신은 수면에 운행하시니라
4c절	그 날, 캄캄하고 빛도 없기를	3-5절	빛이 있었고, 빛과 어두움을 나누사 첫째 날이니라
6 절	그 밤이 해의 날수에 들지 말고 달의 수에 들지 말았었더라면	14 절	해, 달, 별들이 주야, 징조, 사시와일자와 연한을 이룸

8 절	날을 저주하는 자가 큰 악어(לִוְיָתָן 레비야탄)를 격동시키기를	21 절	큰 물고기(הַתַּנִּינִם 하탄니님)와 물에서 움직이며 번성하는 모든 생물을 창조하시니 보시기 좋았음
9 절	그 밤에 새벽별들이 어두웠었더라면 그 밤이 동트지 않았더라면	15 절	또 그 광명이 하늘의 궁창에 있어 땅에 비취라 하시고 그대로 되니라
11절	태에서 죽어 나왔었으면 낳을 때 숨지지 아니하였던가	26 절	우리의 형상을 따라 우리의 모양대로 사람을 만들고
13–15절	내가 쉬었을 것을, 세상 임금들과 의사들(모사들)과 목백들과 함께(죽음의 세계에 있을 것을)	28 절	하나님께서 그들에게 복을 주시고 생육하고 번성하여 땅에 충만하라 땅을 정복하라 바다의 고기와 공중의 새와 땅에 움직이는 모든 생물을 다스리라
26절	평온도 없고 안일도 없고 휴식도 없고 다만 불안만이 있구나	2:2–3	일곱 째 날을 복주사 거룩하게 하시고 이 날에 안식하셨음이더라

욥이 이렇게 창조질서를 부정한 이유는 무엇일까? 그에게는 이제 하나님의 창조가 더 이상 의미가 없다는 것이다. 그 이유는 이 세상이 하나님께서 정해 놓으신 창조의 질서대로 움직이지 않는다는 결론이 났기 때문이다. 잠까지 잃어버리고 칠일칠야를 지내며 고민한 욥의 결론은 하나님께서 이루어 놓으신 칠일 동안의 창조가 아무런 의미도 없다는 것이다. 자신의 삶 속에서 벌어진 천지가 무너지는 절망적인 경험을 통해 욥은 하나님의 창조까지도 무너졌음을 선언하고 있는 것이다. 그리고 그 가운데 창조의 절정이라 할 수 있는 인간의 창조와 세계를 향한 소명이 자신

의 존재자체에 대한 부정을 통해 일시에 무효화된다. 그 이유는 자신의 삶에 불어 닥친 이해할 수 없는 상황들이 하늘을 바라보는 눈과 마음을 일시에 막아버렸기 때문이다. 욥기는 이렇게 논리적인 설명을 벗어난 상황이라는 렌즈를 통해 하나님의 창조세계를 바라보며 평가하고 있는 것이다. 잠언서가 흔들림 없는 창조질서의 신앙관 위에 세워진 것에 비하면, 정반대의 상황이 욥기에서는 펼쳐지고 있는 것이다.

욥의 이 선언은 하나님께서 세우신 질서는 결코 무너진 바가 없다고 확신하는 완고한 절대주의 신앙을 가진 세 친구들과 논쟁을 일으키는 불씨가 되며, 해답 없는 논쟁의 악순환을 이룬다(욥 4-37장). 이들은 하나님의 창조질서가 때로 하나님께는 분명한 이유가 있지만 인간에게는 불의의 고통이 될 수 있는 인간으로서는 전혀 손을 쓸 수조차 없는 천재지변이 될 수 있다는 것조차 인정하지 않는다. 인생이 걸어가는 삶 속에서 정의와 공의가 무너져 고난과는 무관해야 할 사람이 고통 가운데 빠지는 경우가 종종 있다는 것조차 부정한다. 이유 없는 고난을 겪고 있는 사람과 그런 일은 결코 있을 수 없다고 하는 사람들 간의 논쟁은 해답이 있을 수 없다. 그 논쟁을 뒤로 하고, 마침내 욥은 하나님께 대면하여 진의를 가려보자고 항변하였던 바람대로, 하나님 앞에 서게 되고, 재난에 대한 납득할 만한 응답이 아닌, 이해할 수 없는 하나님의 무차별 질문을 받는다(욥 38-41장). 하나님의 질문들은 욥이 알기를 원했던 재난의 원인과는 전혀 무관한 것들이다. 하지만 이 모든 질문들이 다 하나님께서 창조하신 세계의 질서에 대한 것이라면 오히려 더욱더 의미가 크다. 우주의 무생물계로부터(욥

38:1-38), 살아있는 자연의 생물계로(욥 38:39-39:30) 그리고 심지어는 악과 혼돈을 일으키는 상징적인 두 생명체인 '베헤못'(ת בְּהֵמוֹ)과 '리워야단'(לִוְיָתָן)까지(욥 40:1-41:34) 모두 든든하게 하나님의 손안에서 움직이고 있는 생생한 그림을 보여준다. 이 모든 것들에 대한 어떤 질문에도 욥은 한 마디의 대답도 할 수가 없었다. 결국 아무것도 모르면서 하나님의 창조질서가 완전히 무너졌다고 부르짖었던 것이다. 그런데 그 창조질서는 결코 흔들린 적이 없었던 것을 욥은 깨닫게 된다.[117] 단지 자신의 개인적인 삶이 무너졌을 뿐인데 감히 하나님의 천지창조가 다 무너졌다고 큰소리쳤던 것이다. 즉, 자신이 바로 이 세계 자체라는 오만함에 바탕을 둔 어설픈 망상을 꿈꾸고 있었던 것이다. 마침내 욥은 이 창조세계 속에서 인간인 자신의 위치가 얼마나 보잘 것 없는지도 깨닫게 된다.[118] 인간이 없어도 그 운행에 전혀 지장이 없는 자연의 움직임 그 속에서 하나님의 전능성을 발견하게 된다. 그리고 자신에게 닥쳐진 개인적인 재난에 대해 하나님께서 반드시 응답해야 할 이유가 없음 또한 깨닫게 된다. 결국 욥은 회개한다.

> 욥이 여호와께 대답하여 이로되 주께서는 못하실 일이 없사오며 무슨 계획이든지 못 이루실 것이 없는 줄 아오니 무지한 말로 이치를 가리는 자가 누구니이까 나는 깨닫지도 못한 일을 말하였고 스스로 알 수도 없고 헤아리기도 어려운 일을 말하였나이다…그러므로 내가 스스로 거두어들이고 티끌과 재 가운데에서 회개하나이다(욥 42: 1-3, 6).

그 출발선에서 욥기는 창조신앙의 질서가 완전히 무너졌다는 것을 선언하며 시작하였다. 잠언서가 완전한 창조질서의 충만으로 확신과 찬양으로 가득 찼었다면, 욥기는 그 질서가 다 무너졌다고 항변하는 인생의 목소리였던 것이다. 잠언서에 나와 있는 지혜와 창조의 확고한 질서에 대한 신념의 파괴를 의미한다. 그러나 욥기의 마지막은 다시 하나님의 창조질서가 인간의 삶의 정황이 흔들리고, 때로 혼돈 가운데 거할지라도 결코 하나님 손에서 흔들린 적이 없음을 인정하는 것으로 그 결론에 이른다. 창조질서의 파괴에서 창조질서의 회복으로 돌아온 것이다. 욥기의 창조신앙은 이렇게 한 세대만의 고민으로 끝이 나고, 해결의 국면으로 접어든 것이다. 그러나 전도서는 욥기 이상의 고민을 보이고 있다.

3) 전도서와 창조신앙

전도서는 모든 것이 헛되다는 선언과 함께 심각한 질문으로 그 막을 연다: "해 아래서 수고하는 모든 수고가 사람에게 무엇이 유익한가?"(전 1:3). 이 질문에 어느 누구도 쉽게 대답할 수 없는 이유가 있다. 그것은 하나님의 창조세계가 아무런 빛도 던져주기 못하기 때문이다. 하나님의 창조질서는 이미 상실 된지 오래다. 전도자가 상대하는 사람들이 살아가는 공간은 하나님께 대한 어떤 기대도 할 수 없는 상황이요, 기대감마저도 사치스럽게 느껴지는 상실의 세상이다.

한 세대는 가고 한 세대는 오되 땅은 영원히 있도다
해는 뜨고 해는 지되 그 떴던 곳으로 빨리 돌아가고
바람은 남으로 불다가 북으로 돌아가며 이리 돌며 저리 돌아
바람은 그 불던 곳으로 돌아가고
모든 강물은 다 바다로 흐르되 바다를 채우지 못하며
강물은 어느 곳으로 흐르든지 그리로 연하여 흐르느니라
모든 만물이 피곤하다는 것을 사람이 말로 다 말할 수 없나니
눈은 보아도 족함이 없고 귀는 들어도 가득 차지 아니하도다
이미 있던 것이 후에 다시 있겠고 이미 한 일을 후에 다시 할지라
해 아래에는 새 것이 없나니 무엇을 가리켜 이르기를
보라 이것이 새 것이라 할 것이 있으랴
우리가 있기 오래 전 세대들에도 이미 있었느니라
이전 세대들이 기억됨이 없으니
장래 세대도 그 후 세대들과 함께 기억됨이 없으리라
(전 1:4-11).

창조의 중요한 기반들이며, 인간 삶의 중요한 요소들인 '땅, 태양, 바람, 물' 등은 여전히 존재하나 이것들이 어떠한 감동도 주지 못한다. 사람에게 '보는 것'과 '듣는 것'은 절대자에 대한 신앙을 만들어가는 가장 기본적인 요소들인데, 그 어떠한 것도 사람의 눈과 귀를 만족시킬 수 없다. "귀머거리의 귀가 열리며, 소경이 볼 것"이라고 누누이 예언한 이사야의 기대도 무색하게 된다(사 35:5; 42:7). 구원의 놀라운 역사는 자손 대대로 들려져야만 할 이야기들임에도 그러한 연결점을 찾아 볼 수가 없다: "이전 세대를 기억함이 없으니 장래 세대도 그 후 세대가 기억함이 없으리라"(전 1:11). 그 이유는 간단하다. 사람이 생을 영위해 나가

는 세상인 해 아래에 '새 것'이 없기 때문이다. 예언자들이 그렇게 이스라엘의 회복을 바라보며 하나님께서 새 것을 주시기로 약속하셨다는 선포도 이미 지나간 과거가 되어버렸다(사 43:19; 렘 31:31; 겔 36:26). 새 노래를 부를 날을 기대하는 시편의 신앙도 무너진다(시 33:3; 40:3; 96:1; 98:1; 144:9; 149:1).

그렇지만 이러한 상황은 불변의 진리를 표현하는 것이 아니라, 전도자가 살아가는 삶의 시간대의 '해 아래'라는 공간에서 보이고 있는 현실인 것이다. 이턴(Michael A. Eaton)은 전도자의 주장을 대변하기를 "만물에서 그들의 하나님을 떼어내 보라 그러면 피조물은 더 이상 그분의 영광을 반영하지 않으며, 인류의 지치고 지친 모습을 그려낼 것이다"라고 말한다. 그는 계속해서 우리들의 전망이 '해 아래'에만 머물러 있다면 아무런 찬미도 하늘에 계신 하나님께 올려 드릴 수 없다(전 5:2)고 강조한다.[119] 하지만 이것은 전도자와 그와 동시대의 사람들이 살아갔던 상황을 무시한 해석이라고 할 수 있다. 전도자는 그 어디에도 새 것을 볼 수 없다. 이렇게 된지가 단순히 한 세대만이 아니라, 세대에 세대를 거쳐서, 수백 년의 세월임을 짐작해 볼 수 있다. 그 기나긴 세월 동안 그 상황을 변화시켜 보려는 수많은 몸부림 또한 가져보았다. 그러나 그 마지막 결론은 결코 상황을 호전시킬 수 없었다는 것이다. 그저 돌아오는 것은 때 이른 죽음뿐이며(전 7:15-17), 절망의 탄식뿐이다. 결국 전도서에 38번이나 나타나는 "헛되다"(הֶבֶל 헤벨/한 호흡, 안개)라는 단어가 뒤엉켜서 "헛되고 헛되며 헛되고 헛되니 모든 것이 헛되도다"(전 1:2; 12:8)라는 탄식이 쏟아져 나오는 것이 결코 빈말이 아닌 것이다.

> 구부러진 것도 곧게 할 수 없고 모자란 것도 셀 수 없도다(전 1:15).

> 하나님께서 행하시는 일을 보라 하나님께서 굽게 하신 것을 누가 능히 곧게 하겠느냐(전 7:13).

세상이 구부러져 있다. 이미 몇 세대에 걸쳐서 그 구부러진 세상에 태어난 것이다. 그리고 도저히 그 굽어진 것을 펼 수조차 없다. 사람들이 피나는 노력을 했을 것이다. 그러나 변화를 기대할 세상이 아닌 것이다. 이럴 때에는 할 수 있는 것이 "형통한 날에는 기뻐하고 곤고한 날에는 되돌아 보아라 이 두 가지를 하나님이 병행하게 하사 사람이 그의 장래 일을 능히 헤아려 알지 못하게 하셨느니라" (전 7:14)를 깨닫는 것이다. 그리고 전도서는 이렇게 몇 세대에 걸쳐서 창조의 질서가 뒤집힌 세상에서 어떻게 살아야 할 것인가를 거듭 반복하여 알려주고 있다. 그것은 다름 아닌 모든 상황 속에서 최고의 행복을 누리며 살라는 것이다(전 2:24; 3:12-13, 22; 5:18-20; 8:15; 9:7-9; 11:7-8). 대표적으로 다음 구절을 택해 볼 수 있다.

> 이에 내가 희락을 찬양하노니 이는 사람이 먹고 마시고 즐거워하는 것보다 더 나은 것이 해 아래에는 없음이라 하나님이 사람을 해 아래에 살게 하신 날 동안 수고하는 일 중에 그러한 일이 그와 함께 있을 것이니라(전 8:15).

이처럼 전도서는 가장 극악한 시대 속에서도 하나님께서는 우리 인생이 어떤 상황 속에서도 최고의 기쁨을 누리는 삶이되기를 바라신다는 것을 강조하고 있다. 즉, 절망 속에서 웃을 수 있는 신앙인으로 서기를 바라시는 것이다. 하지만 이렇게 절망 속에서 "먹고, 마시고, 낙을 누리며 살아 갈 때" 자칫 퇴폐적인 삶이되기 십상일 수 있다. 전도서는 이것 또한 간과하지 않으며 이를 방지할 수 있는 길을 제시한다.

> 청년이여 네 어린 때를 즐거워하며 네 청년의 날들을 마음에 기뻐하여 마음에 원하는 길들과 네 눈이 보는 대로 행하라 그러나 하나님이 이 모든 일로 말미암아 너를 심판하실 줄 알라(전 11:9).

> 일의 결국을 다 들었으니 하나님을 경외하고 그의 명령들을 지킬지어다 이것이 모든 사람의 본분이니라 하나님은 모든 행위와 모든 은밀한 일을 선악 간에 심판하시리라(전 12:14).

이처럼 전도서는 몇 세대에 걸친 기나긴 세월 동안 하나님께서 창조하신 질서가 보이지 않고 회복될 기미조차 보이지 않는 상황 속에서 살아가는 사람들을 향하여 그 메시지를 전하고 있다. 욥기가 한 세대의 흔들림을 이야기하고 있다면, 전도서는 그러한 갈등이 몇 세대에 걸쳐 이루어지고 있는 상황을 말하는 것이다. 그럼에도 전도서는 여호와를 경외하며, 그러한 상황가운데서도 인간이 감히 헤아릴 수 없는 하나님의 때가 있음을 믿고(전 3:1-10), 그런 절박한 상황 가운데서도 최고의 낙(선)을 누리며 살아갈 것을 권면하고 있다. 전도서는 가장 극악한 상황 가운데서 최고의 선을 누리며 사는 삶을 말하는 것이다. 하나님의 흔적조차 발견할 수 없는 세상 속에서 하나님께서 결국은 모든 일의 심판자로서 선악간에 모든 인간사를 심판하실 것을 믿으며, 자신의 삶을 지고의 선으로 만들어 나가는 삶을 강조하고 있다. 이로써 전도서 기자는 '헛된 것'(הֶבֶל 헤벨/한 호흡, 안개)으로 가득 찬 세상 속에서 살아감에도 결코 회의주의자가 아니며, 신앙의 최고봉을 이룬 사람이라고 할 수 있다.

4. 지혜와 함께 이루어가는 예배

1) 어떤 삶의 정황 속에서도

이처럼 세 가지 다른 창조질서의 정황을 통하여 잠언, 욥기, 전도서는 지혜로운 삶의 길을 이야기 한다. 이 세 권의 책이 지혜를 다루기 위하여 할애되어 있다는 것은 지혜의 중요성을 보여주기에 충분하다. 이 세 권의 책을 동일한 시각을 놓고 본다면 우리는 지혜에 대해 여러 가지 다른 의견을 제시하며, 심지어는 논쟁과 오해의 소지를 만들기 쉽다. 왜냐하면 세 권의 지혜서는 결코 동일한 시각을 보이고 있지 않기 때문이다. 오히려 이 세 권이 보여주는 관점의 차이는 지혜의 효용성을 저울질 해보기에 충분한 자료를 제공하며, 인간 삶의 어떤 정황에서도 하나님의 지혜를 따를 수 있는 길을 제시한다는 점에서 지혜의 깊이를 살펴볼 수 있다.

	잠언	욥기	전도서
하늘	하늘의 음성과 길의 제시 ⇩	하늘의 계획 (알수없음) ⇩	하늘 위 (알수없음-무관심) 해(하늘)아래서 ⇩
땅	⇩ 땅에서 하늘의 뜻에 대해 신뢰와 확신으로 받음	⇧ 회의, 혼돈으로 부딪힘 하늘의 계획을 모름 사람의 뜻과의 갈등 으로 부딪힘	헛됨, 바람을 잡는 것 (기뻐하며, 먹고, 마시고, 선을 행하며, 수고함으로 낙을 누리는 것) ⇧ 땅 위에서
	* 잠 10:1-8	* 욥 13:20-25; 19:6	* 전 7:11-14

잠언서는 하늘의 뜻을 확신 있게 전하고 있다. 그 중심 배경은 바로 하늘이다. 하늘이 모든 주도권을 가지며 그 하늘의 뜻이 선포되고 있다. 잠언서의 가르침대로 행동하고 살아가면 승리와 성공의 길이 주어질 것이라고 단언하고 있다. 그렇다고 잠언서가 악의 진공지대를 살아가는 순진한 믿음만을 이야기하는 것은 아니다. 잠언서 속에도 악이 존재하고, 미련함, 어리석음, 이기심 등이 난무한다. 그러나 하늘의 가르침대로 살아가면 그 모든 유혹이 가져다주는 것보다 비교도 할 수 없는 것들을 얻을 수 있음을 강조한다. 잠언서 속에서도 가끔은 악인이 득세하는 듯이 보이는 현실이 있기도 하다. 예를 들어 음녀의 유혹에 빠지는 젊은이(잠 7:7) 그리고 "여호와께서 온갖 것을 그 쓰임에 적당하게 지으셨나니 악인도 악한 날에 적당하게 하셨다"(잠 16:4)라고 단언하며 악인이 형통하여도(잠 23:17-18; 24:1-2) 걱정하지 말라고 한다.

하나님께서 이 세상을 질서 있게 든든히 붙들고 계시기 때문이다. 이와 같이 잠언서 속에는 정의와 공의로운 하나님의 법의 승리를 확신하는 신뢰로 가득 차 있다.

이와 다르게 두 권의 책인 욥기와 전도서는 다른 관점을 보이고 있다. 먼저 욥기는 하늘과 땅의 만남을 시도하고 있다. 욥기의 공간적인 배경은 먼저 하늘이고 그 다음은 땅이다. 그리고 다시 하늘로 돌아간다. 하늘과 땅이 만날 때 벌어지는 일을 보이고 있다. 그러나 하늘의 뜻과 땅의 뜻이 부딪칠 때 벌어지는 일을 다루고 있다. 욥기는 잠언서와 같이 확신 있게 하늘의 뜻을 인정하지 못한다. 왜냐하면 잠언서에는 극소화 되어 있던 악이 현실 속에서 극대화되고, 공의와 정의가 무너져 내린 듯한 상황을 연출하고 있기 때문이다. 가장 극소화 되어야 할 부정의가 가장 극대화 되어서 인간 삶을 지배하고 있는 것이다. 이에 인간은 하늘의 뜻을 이해하지 못한다. 그 계획을 인정하지 못하는 것이다. 결국 하늘의 계획인 하나님의 뜻과 인간의 길이 상호 충돌하고 있는 것이다. 그러나 이 충돌로 인한 갈등은 결국 인간이 하늘의 뜻을 만남으로 자연스럽게 해결된다. 이것은 이해할 수 없는 상황 속에서 인간이 어떠한 삶의 자세를 견지해야 할 것인가를 보여주는 지혜서이다.

마지막으로 전도서는 또 다른 관점을 보여주고 있다. 이제는 하늘의 뜻을 알 수도, 이해할 수도 없는 현실 속에서 살아가는 인간만을 보여주고 있다. 그 배경은 전도서에 28번 나타나는 '해 아래서'(전 1:3, 9, 14; 2:11, 17, 18, 19, 20, 20, 22; 3:16; 4:1, 3, 7, 15; 5:13, 18; 6:1, 12; 8:9, 15[2번], 17; 9:3, 6, 9, 11,

13; 10:5)와 3번 나타나는 '하늘 아래서'(전 1:13; 2:3; 3:1), 그리고 6번 나타나는 '땅 위에서'(전 5:2; 8:14, 16; 11:2, 3; 12:7) 벌어지는 일이다. 이 장소가 바로 사람이 삶을 영위하는 장소이다. 이것은 오로지 하늘 위도 아닌, 땅 아래도 아닌, 인간 현실 속에 모든 초점이 맞춰지고 있다는 것을 강조하는 것이다. 인간 세상 속에서 벌어지는 일은 오직 인간에게 주어진 일들이다. 현실 속에서 살아가는 인간은 혼돈으로 부르짖지도, 호소하지도 않는다. 하늘 위도 모르고, 땅 아래서 벌어지는 일도 모르는 인간(전 3:21)은 도대체 어떻게 행동하며 살아야 할 것인가? 이것이 전도서가 주고자 하는 응답이다.

우리는 이 세 가지를 겪으면서 이 세상을 살아간다. 하늘과 교통하며, 때로는 하늘의 뜻에 고민하며, 때로는 전혀 들리지 않는 하늘의 음성을 뒤로하고 우리 스스로의 힘으로 현실의 고통을 견뎌내야 할 때도 있다. 이러한 삶을 통해 우리는 무엇이 되어야 하는가? 전도서는 한 가지 해답을 내리고 있다.

> 형통한 날에는 기뻐하고 곤고한 날에는 생각하라 하나님이 이 두 가지를 병행하게 하사 사람으로 그 장래 일을 능히 헤아려 알지 못하게 하셨느니라 (전 7:14).

지혜가 무엇인가? 자신이 인간임을 깨닫고 하나님 앞에 겸손히 행하는 것이 아닌가? 하나님은 하늘에 계시고 우리는 땅에 있음을 인식하고 모든 것을 삼가는 것이 인간의 본분이 아닌가!

지혜를 가르치는 세 권의 책들이 이야기하는 것은 세상은 동일하게 선과 악으로 구성되어 있다는 것이다. 그러나 선과 악이 어떤 형국에 처해 있는지가 문제의 관건이다. 잠언은 선이 악을 충분히 이기고도 남는 다는 확신으로 선을 택할 것을 권한다. 욥기는 꼭 그렇지만은 않다고 주장하며 때로 악이 선을 정복하기도 한다는 것이다. 그러나 전도서는 이미 악이 팽배해 있고 선은 눈을 씻고 찾아봐도 보이지 않는 세상을 살고 있다. 그럼에도 선한 것이 무엇인지를 찾아야만 한다고 강조한다.

	선(טוֹב 토브)	**악(רַע 라)**
욥 기	2:10; 7:7; 9:25; 21:13, 25; 22:18, 21; 30:26; 34:4; 36:11 **(10번)**	1:1, 8; 2:3, 7, 10, 11; 5:19; 20:12; 21:30; 22:5; 28:28; 30:26; 31:29; 35:12; 42:11(비교 1:1) **(15번)**
잠 언	2:9, 20; 3:4, 14, 27; 4:2; 8:11, 19; 11:23, 27; 12:2, 9, 14, 25; 13:2, 15, 21, 22; 14:14, 19, 22; 15:3, 15, 16, 17, 23, 30; 16:8, 16, 19, 20, 29, 32; 17:1, 13, 20, 26; 18:5, 22; 19:1, 2, 8, 22; 20:23; 21:9, 19; 22:1, 9; 24:13, 23, 25; 25:7, 24, 25, 27; 27:10; 28:6, 10, 21; 31:12, 18 **(61번)**	1:16, 33; 2:12, 14; 3:7, 29, 30; 4:14, 27; 5:14; 6:14, 18, 24; 8:13; 11:15, 19, 21, 27(2); 12:12, 13, 20, 21; 13:17, 19, 21; 14:16, 19, 22, 32; 15:3, 10, 15, 26, 28; 16:4, 6, 17, 27, 30; 17:11, 13, 20; 19:23; 20:8, 14, 22, 30; 21:10, 12; 22:3; 23:6; 24:1, 16, 20; 25:20; 26:23, 26; 27:12; 28:5, 10, 14, 22; 29:6; 31:12 **(65번)**
전도서	2:1, 3, 24(2), 26(2); 3:12(2), 13, 22; 4:3, 6, 8, 9(2), 13; 5:5, 11, 18(2); 6:3(2), 6, 9, 12; 7:1, 2, 3, 5, 8(2), 10, 11, 14, 18, 20, 26(2); 8:12, 13, 15; 9:2(2), 4, 7, 16, 18; 11:6, 7; 12:14 **(50번)**	1:13; 2:17, 21; 4:3, 8; 5:1, 13, 14, 16; 6:1, 2; 7:14, 15; 8:3, 5, 6, 9, 11, 12; 9:3(2), 12; 10:5, 13; 11:2, 10; 12:1, 14 **(28번)**

세 권 중에서 단 한 권의 지혜서도 선과 악이 동일한 비중으로 공존하지 않는 책이 없다. 이것은 구약성경 전체에서도 동일하게 나타나고 있는 현상일 것이다. 악이 잠시 득세하는 욥기는 그렇다 치더라도, 확신에 넘치는 잠언서 속에서 악이라는 요소가 더욱 강하게 나타난다는 것은 의외의 결과이다. 그렇다면 잠언의 확신은 결코 순진하고 미숙한 미경험자의 철없는 고백이 아니라, 악이 득세하는 그 와중에도 하나님의 선의 승리를 확신하는 믿음으로 가능한 것임을 알 수 있다. 그리고 세상을 뒤덮은 불의와 부정의인 악으로 인해 숨조차 쉴 수 없을 것처럼 보이는 전도서에는 도리어 '선'이라는 단어가 '악'보다 거의 두 배 가까이 나타나고 있다. 이것은 하나님의 지혜를 가진 자는 어떤 상황 가운데서도 '낙'(선)을 만들어 내는 능력을 가진 사람임을 알 수 있다.

2) 지혜와 함께 만드는 탄력적인 삶의 예배

토라에 등장하는 세세한 규례와 법도와 같이 지혜의 내용을 다루어서는 안 된다. 십계명으로 대표되는 율법의 조항들은 절대성을 가지고 있다. 어느 곳에서든지 준수해야만 하는 절대적인 명령이 들어가 있는 것이다. 그러나 잠언은 지극히 상대적이고, 상황신학적인 면이 있다. 이러한 특성을 이해하지 못한다면 잠언을 잘못 사용하는 일이 발생할 수 있다. 우리 속담에 이런 말들이 있다.

* 사공이 많으면 배가 산위로 올라간다.

(외국: 요리사가 많으면 스프를 망친다[Too many cooks spoil

broth].)

* 백지장도 맞들면 낫다.

(외국: 많은 손이 일을 가볍게 한다[Many hands make light work].)

지혜서는 절대적이고 불변하는 규정이나 율법을 제시하고자 함이 아니라, 삶의 경험을 통해 적절한 시간과 상황에 좌우되는 일반적 진리의 원리를 제공하고 있다. 그 어떤 잠언도 절대화 될 수 없다는 것이며, 적용을 위해서는 현실에 대한 명확한 이해가 있어야 함이 필수적이다. 그러므로 지혜의 규정들이 바르게 적용되기 위해서는 그 내용에 적절한 상황이 필요하다.[120] 결국 지혜 있는 자는 때를 정확히 분별할 수 있는 능력을 갖춘 사람을 의미한다. 잠언서는 그 주어진 말들이 때에 맞을 때 빛을 발할 수 있다는 것을 전한다.

사람은 그 입의 대답으로 말미암아 기쁨을 얻나니 때에 맞는 말이 얼마나 아름다운고(잠 15:23).

경우에 합당한 말은 아로새긴 은 쟁반에 금사과니라(잠 25:11).

그리고 동일한 지혜의 말임에도 알맞은 상황에 사용하지 않는다면 아무 소용이 없어지는 경우도 발생한다는 것을 보여준다. 심지어 미련한 자가 자기 마음대로 해석하여 사용하면, 지혜의 말이 위험한 독이 되기도 할 수 있다는 경고를 주기도 한다.

> 저는 자의 다리는 힘없이 달렸나니 미련한 자의 입의 잠언도 그러하니라(잠 26:7).

> 미련한 자의 입의 잠언은 술취한 자가 손에든 가시나무 같으니라(잠 26:9).

그리고 지혜의 말로 조언을 해야 할 때와 하지 말아야 할 때를 바르게 구별하는 것도 필요하다.

> 미련한 자의 어리석은 것을 따라 대답하지 말라 두렵건대 너도 그와 같을까 하노라(잠 26:4).

> 미련한 자에게는 그의 어리석음을 따라 대답하라 두렵건대 그가 스스로 지혜롭게 여길까 하노라(잠 26:5).

말을 받는 상대방이 지혜의 말을 무시하고, 받아들이지도 않는 사람인지와 지혜로 바르게 이끌지 않으면 더 나빠질 것 같은 안타까움이 느껴질 때에 따라서 입을 열어야 할 것인지, 아닌지를 바르게 분별해야 할 필요가 있다. 전도서 또한 알맞은 때를 전하고 있다(전 3:1-8).

이러한 지혜의 특성을 살펴볼 때 지혜가 토라와 예언을 대신하여 이스라엘 신앙의 중심에 자리 잡았을 때에는 이스라엘 신앙의 위기의 때일 수 있다는 것을 살펴볼 수 있다. 그러나 위기는 항상 새로운 기회를 향한 문이라는 점에서 본다면, 오히려 이스라엘의 배타적인 구원체험이 인류를 향한 창조자의 원천적인 신앙으로 복귀한다는 점에서 모든 인류를 향한 하나님의 계획을 실현할 수 있는 길을 열 수 있음을 느껴볼 수 있다. 여호와 하나님은 온 인류와 우주의 창조주시라는 신앙 위에 세워진 지혜신앙이 이 세상 모든 민족을 향하신 하나님의 태초의 마음으로 돌이키게 하는 것이다. 그럼으로 세상의 질서를 바로 세우는 에덴을 회복하는 이상으로 나아갈 수 있게 하며, 또한 창조의 목표였던 모든 인류가 안식일 예배에 동참하는 꿈을 꿀 수 있음을 살펴볼 수 있다. 율법을 전하는 제사장도, 그 율법으로 돌이킬 것을 강력하게 촉구했던 예언자도 보이지 않는 상황 속에서 이 세상 어느 곳에서든지 한 가정의 부모는 자녀에게 토라의 옷을 입고, 예언자의 음성을 지닌 지혜를 따라 세상을 이길 것을 가르칠 수 있다. 이렇게 지혜는 마침내 하나님을 예배하는 삶이라는 토라의 목표를 이루는 길을 여는 것이다.

:: 주석

109) 장일선,『삶을 위한 지혜:히브리 지혜문학 연구』(서울:대한기독교서회, 2000), 137-38쪽.

110) 제임스 L. 크렌쇼,『구약 지혜문학의 이해』(강성열 역) (서울: 한국장로교출판사, 1994), 17쪽.

111) 장일선,『삶을 위한 지혜:히브리 지혜문학 연구』, 136-37쪽.

112) 안근조,『욥기의 지혜코드: 하나님의 지혜초청과 욥의 깨달음』(서울: 킹덤북스, 2012), 280쪽.

113) 최인철,『나를 바꾸는 심리학의 지혜 프레임』(서울: 21세기북스, 2007), p. 53.

114) D. A. Hubbard, *Proverbs* (The Communicator's Commentary; Word, 1989), 75쪽. 데이비드 앗킨슨(David Atkinson),『잠언 강해: 삶을 위한 지혜(*The Message of Proverbs: Wisdom for Life*)』(김진우 역) (서울: 한국기독학생회출판부, 2002), 52쪽에서 재인용.

115) 테렌스 E. 프레다임(Terrence E. Fretheim),『출애굽기(*Exodus*)』(강성열 역) (Interpretation; 서울: 한국장로교출판사, 2001), 42쪽.

116) Norman Habel, *The Book of Job* (OTL; Philadelphia: Westminster, 1985), 104쪽; Leo G. Perdue, *Wisdom in Revolt: Metaphorical Theology in the Book of Job*, (Sheffield: Almond Press, 1991), 97-98쪽; Michael Fishbane, "Jeremiah 4:23-26 and Job 3:3-13: A Recovered Use of the Creation Pattern," *VT* 21 (1971), 151-167쪽.

117) R. A. F. Mackenzie, S.J., "The Purpose of the Yahweh Speeches in the Book of Job," *Biblica* 40 (1959), 435-445쪽; Michael V. Fox, "Job 38 and God's Rhetoric," *Semeia* 19 (1981), 53-61쪽.

118) James E. Miller, "Structure and Meaning of the Animal Discourse in the Theophany of Job (38,39-39,30)," *ZAW* 103 (1991), 418-421쪽. 밀러는 하나님의 말씀 중에서 특히 동물계를 바라보며 인간의 위치를 탐색한다. 그런데 그 인간의 위치란 지극히 부정적이다. 인간이 없이도 자연은 아무런 문제없이 그 운행을 계속한다는 것이다. 그것은 하나님의 돌보심과 섭리로 인한 것이다.

119) 마이클 A. 이턴(Eaton),『전도서(*Ecclesiastes*)』(왕인성 역) (틴델구약주석 시리즈 13; 서울: 기독교 문서선교회, 1994), 82쪽.

120) 트램퍼 롱맨(T. Longman),『어떻게 잠언을 읽을 것인가(*How to Read Proverbs*)』(전의우 역) (서울: IVP, 2005), pp. 67-68.

제 11 장
다섯 두루마리, 룻, 아가, 전도서 애가, 에스더가 말하는 것

성문서 신학은 하나님께서 맡겨주신 인간의 시간이다. 토라를 통해 하나님의 위대하심이 선포되고, 하나님의 갈망이 무엇인가를 분명하게 제시하였다. 그리고 예언서를 통해 그 하나님이 이 세상을 통치하시며, 세상 모든 민족 가운데서 이스라엘을 통하여 하나님의 뜻을 펼치신다는 것을 보여주었다. 성문서의 시작인 시편을 통해 여호와의 율법과 예언자의 말씀을 새기고, 지혜서를 통해 어떠한 상황 가운데서도 토라와 예언서의 신앙의 본질을 흐리지 않고, 그러한 정황에 온전하게 적용할 수 있는 새 토라를 만났다. 시편은 분명 인간의 말이 하나님의 말씀으로 전이되는 놀라운 경험이며, 지혜서는 삶을 살아가며 인간의 관찰과 경험을 통해 익힌 노하우(knowhow; 남이 알지 못하는 자기만의 독특하고 효과적인 방법)까지도 토라가 되는 길을 보여준다. 토라의 정신을 그대로 포괄하고 있는 여호와를 경외하는 삶이 지혜까지도 하나님의 말씀으로 승격시키는 것을 가능케 하는 것이다. 이제 우리는 다섯 두루마리 앞에 서 있다. 무엇을 위하여 이 다섯 권의 책들은 나란히 그 자리를 함께하고 있는 것인가?

'다섯 두루마리'라는 뜻을 가진 히브리어 용어는 '메길로트'(מְגִלּוֹת)로 '두루마리'라는 뜻을 가진 단수형 여성명사 '메길라'(מְגִלָּה)의 복수형이다. 모두 다 그리 길지 않은 분량을 가지고 있으며, 특히 이 다섯 권의 책들이 이렇게 메길로트라는 이름으로 결집된 이유는 이스라엘의 절기와 밀접한 연관이 있을 것이다. 각각의 책들이 이스라엘의 절기들에 읽혀졌다는 점에서 이 다섯 권을 하나의 시리즈로 연결시킨 의도가 드러난다. 이제 구약성경의 마지막에 다다르며 다섯 두루마리를 통하여 절기에 맞춤으로 시간을 성별하는 거룩의 완성에 이를 준비를 하고 있는 것이다.

이 다섯 권의 책을 해석하는 방식은 몇 가지가 존재한다. 먼저 각각의 책을 독립적인 작품으로 놓고 해석하는 방식이다. 이 방법은 이 책들과 절기를 연관시키지 않고, 그 책 자체의 신학을 해석해 내는 것이다(한글 번역 성경). 그 다음으로는 지금 현재 히브리어 성경의 순서를 따라가며 그 흐름을 따라 해석하는 방식이다. 이 방식은 히브리어 성경의 순서가 '룻–아가–전도서–애가–에스더'의 흐름으로 되어 있는 것에 감안하여, 지금 현재 순서에서 신학적인 메시지를 도출해 내려는 시도인 것이다. 마지막으로 이스라엘이 이 다섯 권과 절기를 밀접하게 연관시켜 이 책들을 배열했고, 해석했다면 그 의도를 충분히 살려서 해석하는 방식이다. 이스라엘의 절기와 연관시켜 읽으면 비록 히브리어 성경의 순서가 '룻-아가-전도서-애가-에스더'로 되어 있을지라도, 그 순서가 바뀌어 '아가-룻-애가-전도서-에스더'의 순서가 된다. 이것은 이스라엘의 달력이 출애굽의 대 사건이 펼쳐지는 구원사와 직결되는 달력이므로 해의 첫 달이 유월절로 출발하여, 그 다음 셋째 달의 칠칠절, 그리고 다섯 째 달의 성전파괴일이 사이에 끼어들고, 그 다음 일곱째 달에 초막절이 진행되고, 마지막 열두째 달의 부림절로 한 해가 마감되기 때문이다. 다섯 두루마리 각 권은 다음과 같이 절기들과 연결되어 낭독된다.

① 아가 - 유월절(첫째 달 14일)
② 룻 - 칠칠절, 오순절(셋째 달 6일쯤)
③ 애가 - 성전파괴 일(아브월[다섯째 달] 9일)
④ 전도서 - 장막절, 초막절(일곱째 달 15-21일)
⑤ 에스더 - 부림절(열두째 달 14-15일)

이러한 순서는 이스라엘의 달력을 살펴보면 더 쉽게 이해할 수 있다. 이 달력 속에는 구원사가 계절의 변화와 더불어 농경문화 속에서 농사와 목축의 주기가 같이 어우러져 하나님의 말씀이 삶 속에 적용되는 것을 또한 보이고 있다.

여기서는 히브리어 성경에 나타난 순서의 흐름을 따라 하나의 시리즈로 해석하는 것을 간략하게 다루고, 그 다음으로는 각 권의 신학적인 의미와 더불어 절기의 순서를 따라 해석하는 방법을 다룰 것이다. 특히 이곳에서는 절기에 관한 부분을 강조할 것이다. 그 이유는 이제 히브리어 성경이 그 종착점을 향해 달려가

이스라엘의 달력[121)]

종교력(출애굽)	민간력	히브리 월력	양력(현재)	농사계절	기후	특별한 절기
1	7	니산(아빕)	3-4	보리 추수	늦은비 (Malgosh)	14-유월절 15-21 -무교절 -초실절
2	8	이야르(시브)	4-5	일반 추수		
3	9	시완	5-6	밀 추수 포도나무 돌봄	건기	6-오순절 (맥추절)
4	10	탐무스	6-7	첫포도		
5	11	아브	7-8	포도, 무화과, 올리브 나무		9-성전파괴 일
6	12	엘룰	8-9	포도 추수		
7	1	티쉬리(에다님)	9-10	경작		1-신년(나팔절) 10-대속죄일 15-21-장막절
8	2	마르게시완(불)	10-11	곡물 파종	이른비 (Yoreh) 우기	
9	3	기슬르	11-12			25-수전절 (하누카)
10	4	테벳	12-1	추운계절(겨울)		
11	5	스밧	1-2	겨울철 무화과		
12	6	아달	2-3	아마를 벗김 아몬드꽃 핌		14-15-부림절
		아달 세니	윤달			

고 있다는 점에서 절기의 회복은 하나님의 백성이 어느 곳에 거하든지 동일한 정신을 가지고 살아가게 하는 중요한 요소가 되기 때문이다. 먼저 히브리어 성경 순서에 따른 의미를 살펴보기로 한다.

1. 히브리어 성경 순서에 따른 다섯 두루마리 이해

절기에 읽히는 순서와 히브리어 성경의 순서가 왜 다른지는 그 분명한 이유를 규명할 수는 없다. 학자들은 그 이유를 절기를 따라 읽는 것은 성경의 순서가 정해진 후에 이루어진 후대의 관습일 뿐이지 본래 절기에 읽기 위한 의도로 다섯 두루마리가 구성된 것은 아니기 때문이라고 본다. 이러한 주장은 절기와 다섯 두루마리의 관계에 대해서는 어느 누구도 정확하게 그 진의를 규명할 수 없다는 점으로 인해 가능해 진다. 본래 절기에 읽기 위한 의도를 가지고 기록되었는지, 아니면 절기와 관계없던 본문들인데 절기를 위해서 채택되며 각색된 것인지, 아니면 전혀 각색되지 않고 절기와 연결된 것인지에 대해서는 어느 한 가지도 확신을 가지고 주장할 수 없기 때문이다. 지금으로선 최선을 다해 성경 본문이 무엇을 말하는지를 이모저모 살펴보는 것밖에 더 좋은 길은 없다. 먼저 히브리어 성경의 순서에 따른 해석을 시도해 보기로 한다. 다음은 히브리어 성경의 순서이다.

룻 - 아가 - 전도서 - 애가 - 에스더

그 구성을 살펴보면 전도서를 중심으로 두 축으로 나누

어짐을 알 수 있다. '룻-아가'라는 사랑의 결실이라는 측면과 '애가-에스더'라는 탄식과 구원이라는 측면의 양 날개가 전도서를 중심으로 좌우로 배치되어 있다. 그리고 전도서는 바로 이 두 양극단을 내포하는 주제를 보이며 양쪽 방향으로의 전환을 기대하고 있다. 전도서가 한 방향으로는 먹고, 마시고, 즐거워하며, 이 땅에서 사랑을 맺은 아내와 일평생 행복하게 살아가는 것을 추구하고 있다면(하나님의 법 안에서: 전 2:24-26; 3:12-13, 22; 5:18-20; 8:15; 9:7-10; 11:7-8), 다른 방향은 극렬한 불의와 부정의, 죄로 인한 고통이 절절하게 배어 있는 현실 상황을 그대로 표출하고 있다(전 4:1-3; 5:8; 7:15-17).

전도서의 전방으로는 아내와 함께 먹고 마시고 즐거워하는 상황에 대한 극적인 주제가 펼쳐지는데 아가와 룻기를 통해 하나님의 법을 지킴으로 그런 가정을 이루는 방향으로 나아간다. 아가서의 사랑과 룻기에서의 실제적인 가정을 이루는 모습을 통해 구원의 길을 향한다. 그러나 전도서의 후방으로는 부정과 불의로 인한 고통의 절규가 드러나고 있는데, 애가는 바로 이러한 현실을 극대화 시킨다. 그리고 에스더서로 나아가며, 현실의 불의로 인한 탄식은 하나님의 섭리로 인한 구원으로의 문이 활짝 열리는 것이다. 애가의 극렬한 탄식과 에스더서에서의 하나님의 구원의 체험은 결코 우연으로 배열된 모습은 아니라 여겨진다. 즉, 아가의 사랑은 룻과 보아스의 실제적인 사랑으로 믿음의 가정을 세우고, 다윗을 탄생시키는 이스라엘의 구원사를 이어가고, 애가의 탄식은 에스더서에서 새로운 유월절인 부림절의 축제로 그 마감에 이른다. 이를 통해 볼 때 전도서를 중심으로 양 날개로 향하여 이상적인 회복의 길로 나아가고 있는 것이 드러난다.

아가와 애가는 공히 여인들의 목소리로 남성을 향하여 말하고 있다. 아가는 여인의 목소리가 전체 117절에서 70절에 해당하고, 남성은 40절로 절반 정도에 그친다. 그리고 애가 또한 여성 시온이 하나님을 향하여 부르짖는다. 아가와 애가는 공히 사랑하는 자를 잃어본 여인들의 사랑을 다루며 사랑을 찾아가는 내용이다. 아가는 대화를 통하여 차츰차츰 사랑하는 자를 알아가며(하나님), 그의 인품과 사명을 닮아가고, 애가는 아무 소리도 들리지 않는 절박감 속에서 잃은 연인(하나님)을 찾아 울부짖는 모습을 강조하고 있다.

그 양 날개의 끝에 룻기와 에스더서가 자리하고 있다. 공히 여인들의 이야기이다. 그러나 그들의 출신은 정반대이다. 룻은 이방여인으로 이스라엘 땅으로 와서 이스라엘이 되고, 에스더는 이스라엘 여인으로 이방 땅에서 이스라엘 하나님의 위력을 과시한다. 그로 인해 수많은 이방인들이 유다인을 두려워하여 유다인이 되는 자가 많았다(에 8:17). 이 배열 속에는 서로 극과 극에 위치하고 있는 여인들이 만날 수 있는 길이 있음을 보인다. 모압 여인인 룻과 유다인인 에스더가 사는 장소에 관계없이 하나님을 믿는 신앙으로 하나 될 수 있음을 볼 수 있다. 이처럼 하나님의 백성들은 약속의 땅에 거하고 있는 이방인들에게나, 그 땅의 원근에 살고 있는 모든 이방인들에게나 공히 하나님의 능력 안으로 들어와야 살 수 있음을 증거 할 사명이 있다. 이러한 영향력이 배열의 가운데 위치한 전도서에서부터 방사형으로 뿜어져 나오고 있다는 것은 전도서가 보여주는 악조건 가운데서도 하나님의 백성은 그 사명을 결코 망각하지 말아야 함을 강조하고 있는 것이다.

이것은 하나님의 백성이 삶의 어떤 정황 속에서도 오직 하나님의 뜻을 이루며, 그 하나님의 이름을 높일 때 가능해 진다. 성문서의 시절이 결코 하나님의 백성에게 우호적인 시기가 아니었다는 것은 분명하다. 다섯 두루마리의 내용들이 모두 삶의 극렬한 질곡을 내포하고 있다는 점에서 쉽게 파악해 볼 수 있다. 남녀간의 뜨거운 사랑을 말하는 아가서도 헤어짐의 아픔과 고통을 말하고 있다는 점에서 단 한 권도 절박한 현실을 벗어난 것은 없다. 이는 다섯 두루마리의 양극단만 보아도 알 수 있다. 모든 것을 다 잃고 약속의 땅으로 돌아오는 나오미와 룻으로 시작하여, 바벨론 포로 이후 해방되었음에도 이방 땅인 페르시아에 계속 거주하고 있는 디아스포라 유대인의 대표자인 모르드개와 에스더의 상황만 보아도 이미 성문서의 시대를 직감해 볼 수 있다. 다섯 두루마리 중에 단 한 권의 책에도 하나님의 직접적인 간섭이 등장하고 있지 않다는 것은 분명 토라나 예언서와는 다른 시대를 살아가고 있다는 것을 알 수 있게 한다.

하나님께서 이렇게 절박한 시대를 살아가는 사람들에게 주신 삶 속에서의 승리의 길은 결코 멀리 있는 것이 아니었다. 하나님께서는 다섯 두루마리를 묶어서, 이 책들을 이스라엘의 절기와 연결시켜 주심으로 그 곳에 회복의 길이 있고, 승리의 길이 있다는 것을 알려주신다. 절기를 지키는 것은 이미 토라 속에 반복적으로 강조되어 있으며(출 12장; 23:14-17; 34:18-20; 레 23-25장; 민 28-29장; 신 16장), 하나님의 백성이 걸어가야 할 거룩의 최종단계이다. 반복은 중요하다는 것을 의미하며, 결국은 일체화를 추구하는 것이다. 반복적으로 강조하고, 실행함으로 삶이 되게 만드는 것이다. 즉, 인간의 시간표에서 하나님의 시간표로 옮겨 감으로 하나님께서 거룩하신 것처럼 주의 백성들 또한 거룩하게 되는 일체화가 일어나는 것이다. 그래서 절기를 지키는 것은 눈앞에 보이는 상황을 벗어나, 진정한 현실인 하나님의 시간표에 일치된 삶을 살아가게 하는 위력이 있다. 다섯 두루마리와 절기는 이렇게 하나 되어, 거룩의 완성을 향한다.

2. 거룩과 절기의 상관관계

하나님의 백성의 거룩을 다루고 있는 레위기는 그 백성을 하나님을 예배하는 자로 세우기 위한 책이다. 레위기에서 말하는 거룩의 최종 단계가 바로 절기를 지키는 삶이다(레 23-25장). 절기를 지키는 것을 거룩의 최종단계라고 확신 있게 선언할 수 있는 이유는 레위기가 마지막으로 제시하는 거룩의 완성이 바로 절기를 지키는 것이라고 제시하고 있기 때문이다. 안식일을 삶의 가장 기본단위로 하여, 연중의 유월절, 무교절, 초실절, 칠칠절, 나팔절, 대속죄일, 초막절의 주기를 이루고, 7년 주기의 안식년 그리고 7년이 7번 모인 50년 주기의 희년으로 확장된다. 안식일을 다루는 7일의 소단위로부터 시작하여 7년이 7번 모인 희년이라는 대단위까지 한 사람의 일생만큼이나 길게 절기가 나열된다. 레위기의 거룩에 대한 마지막 강조점에서 시간의 성별인 절기들을 말하고 있는 것은 이제 진정한 예배의 의미를 되살려야 한다는 점을 강조하는 것이다. 즉, 예배자로 서는 최종 단계는 삶의 시간표를 완전히 바꾸는 것이다. 지금까지 살아왔던 세상 속 시간표를 버리고, 구원받은 자로서 하나님께서 부여해 주신 믿음의 시간표를 따라 삶을 만들어 가는 것이다. 그러할 때 하나님께서 거룩하신 것처럼 우리 또한 거룩의 길로 나아갈 수 있기 때문이다. 우리의 시간표를 하나님의 시간표로 바꾸는 것이 바로 하나님께서 세워주신 절기를 따라 살아가는 삶이다.

절기는 "누가 여기서 기억되고, 어떤 기억이 지속되어야 하며, 누가 그 기억을 갱신할 것인가 등이 주요 요소로 작용한다."[122] 이처럼 절기는 무엇을 기억할 것인가, 누구를 기억할 것인가에 따라 뚜렷하게 다른 의미를 갖게 된다. 인간이 만들어낸 업적과 승리를 기억하고 기념한다면, 그 달력은 인간의 지배와 군림을 승인하는 것이 되고, 결국은 불의와 부정의가 가득 찬 세상을 조장하고 말 것이다. 하나님은 이러한 인간의 속성을 너무나 잘 알고 계시기에 구원받고, 새롭게 창조된 백성들에게 전혀 다른 달력을 주신다. 그 달력 안에는 인간의 이름은 결코 그 자리를 차지할 수조차 없다. 모든 것이 하나님의 역사인 것이다. 창조의 마지막 날인 안식일, 유월절, 무교절, 초실절, 칠칠절, 나팔절, 대속죄일, 초막절, 안식년, 희년, 이 모든 절기들은 오직 하나님의 역사와 밀접하게 연관된 하나님의 구원사가 새겨져 있다. 그 하나님의 마음과 뜻을 되새길 때 인간은 살 수 있고, 이 땅에서 자신의 제국이 아닌, 하나님 나라를 향한 갈망으로 세상을 바르게 할 수 있다.

모든 백성들이 감사와 감격으로 하나님을 예배하는 세상을 만들기 위해 하나님의 달력은 움직이고 있다. 모든 초점은 창조와 해방이다. 즉, 창조와 구속을 향한 시간표인 것이다. 하나님의 놀라운 창조의 신비를 경험한 백성, 하나님의 놀라운 구원의 역사를 체험한 백성, 그들은 이 땅을 창조하는 사명과 이 땅에 하나님의 구원을 전하는 사명이 남아있다. 하나님께서 하셨던 그대로 이루어 내는 사명인 것이다. 그것이 하나님의 형상을 부여받았고, 그 형상이 회복된 사람들이 할 일인 것이다. 이와 같이 하나님의 말씀은 거룩을 향한 삶의 가장 최종적인 것으로 시간표를 완전히 바꾸는 삶을 말하고 있다. 아무리 좋은 법과 삶의 길이 주어진들 그것을 실행해 나갈 길이 없다면 그것은 곧 왜곡된 길로 가고 말 것이다. 결국 절기를 지키는 것은 말씀이 삶이 되는 성육신의 이상을 실현하는 길인 것이다.

학교생활을 통해 방학을 경험해 본 사람들이라면 이 말의 의미를 분명하게 알 수 있다. 방학이 시작되면 어느 누구나 계획표를 만드는 일에 착수한다. 계획표는 하루의 삶을 새롭게 살아갈 시간표를 만드는 것이다. 그동안 살았던 방식과는 다르게 살아보겠다는 결심인 것이다. 그 계획표에는 가장 이상적인 방학을 보내는 길이 주어져 있다. 그러나 그 계획은 계획으로 끝날 때가 대부분이라는 것도 잘 안다. 그리고 삶은 아무것도 변하는 것이 없다는 것도 말이다. 이것은 하나님의 백성의 삶 속에서도 마찬가지이다. 하나님의 놀라운 구원을 체험한 백성들이 어떻게 예전의 방식대로 살아감으로 세상을 변화시킬 수 있겠는가? 하나님께서는 구원받은 자들에게 맞는 삶의 방식을 새로운 시간표와 함께 제시해 주셨다.

이스라엘의 종교력은 의도적으로 칠일 주기로 맞추어져 있고, 한 해의 여러 절기들과 어우러져 있다. 이것은 하나님의 창조와 구원의 질서에 맞추어 살아가는 삶을 정형화하기 위한 의도가 들어있는 것이다. 이스라엘이 들어가 만나게 될 가나안 원주민들은 월주기 곧 달의 변화에 따른 주기가 권위를 갖고 있어서 초승 곧 월삭과 그 다음 14 내지 15일 곧 보름날에 드리는 제사가 우가릿 제의문서에 여러 번 나타난다. 그러나 이스라엘은 달의 변화와 무관한 확고한 7일 주기를 택함으로 가나안의 종교주기와 빠른 시간에 결별할 수 있었고 독자적인 길을 걸을 수 있었다.[123] 그리고 가나안의 농업주기에서 비롯된 축제들이 그와는 전혀 무관한 하나님의 창조개념인 7일 주기와 결합되고, 또한 출애굽의 놀라운 은혜의 구원사와 연결됨으로 가나안 신들의 축제들과 여호와 축제들이 시간적으로 엄격하게 분리되었다. 그리고 여호와께서 택하신 곳에서 세 번의 명절을 지키라는 지시는 이스라엘의 예배를 가나안의 축제장소와 공간적으로 분리시키는 일을 가능하게 한다.[124] 그리고 이방인들의 삶의 방식 또한 버림으로 인해 일상적인 삶의 길 또한 다른 길로 가게 되는 것이다.

그러므로 절기를 지키는 것은 가나안의 신뿐만 아니라 세상의 그 어떤 우상들이 위력을 떨치는 바로 그 삶의 터에서 여호와만 섬기라는 규칙을 말하는 것이다. 절기에는 자연의 계절적 순환과 토지의 높은 생산 그리고 비와 수확에 관한 문제가 포함되어 있고, 곡식과 밀, 포도와 과일이 누구 때문에 결실을 맺게 되느냐는 질문 또한 들어가 있다. 이에 대한 대답은 모든 것은 오직 여호와 하나님으로 인해 가능하다는 것이다. 이에 대한 실증으로 여호와의 절기는 인간 의식주의 근본바탕이 되는 농경과 목축의 모든 축제와 희생의식 그리고 땅과 땅의 풍요도 오직 여호와 덕분으로 돌리는 결과를 이룬다. 그리고 축제 절기들은 일 년의 리듬이면서, 자연의 리듬이며, 동시에 창조와 구원의 리듬에 맞춤으로 여호와 유일신 신앙의 리듬으로 바뀌며, 다른 신들의 리듬과 멀어지는 결과를 이룬다.[125] 즉, 절기를 따르는 삶은 세상의 시간표를 떠나 하나님의 시간표에 일치되는 삶을 완성하는 것이다.

우리는 지금 어떤 시간표를 가지고 살고 있는가? 혹시 TV 연속극 시간표 따라, 다이어트 시간표 따라, 성공의 시간표 따라, 또는 육체의 욕망을 따르는 시간표를 가지고 움직이고 있는 것은 아닌가? 시간표를 바르게 갖지 않으면, 한 순간에 옛날로 돌아와 있는 자신을 발견한다. 그래서 거룩의 마지막 단계는 시간표를 바르게 하며, 삶의 구석구석을 정리하고, 바른 신념을 삶으로 세워 나가는 것이다. 즉, 삶의 리듬을 바꾸는 것이다. 세상의 시간표와 리듬을 따르던 삶에서 오직 하나님의 시간표로 옮겨가는 거룩의 리듬으로 바꾸어 가는 것이다.

다섯 두루마리는 하나님의 백성이 한 해를 살아갈 리듬을 제시해 주고 있다. 해의 첫 달부터 마지막 달까지 묵상하며 걸어가야 할 길을 제시하고 있는 것이다. 이 다섯 번의 절기를 위한 낭독집은 비록 일년에 다섯 번일지라도, 이 다섯 번의 거룩한 날들이 나머지의 모든 날들을 주관할 것을 주장한다. 즉, 비록 그 분량에 있어서 미미한 날들이지만 거룩한 날들이 그 밖의 모든 날들에 의미와 목적을 주는 핵심적인 날이라는 것을 선포하는 것이다. 일상적인 날들이 우리의 삶을 지배하는 것이 아니라, 성스러운 몇 날이 우리 삶의 중심이 되게 하여, 거룩이 일상을 지배하게 하는 것이다.[126] 다섯 두루마리는 우리의 일상을 거룩함으로 채워나갈 길을 제시하고 있다. 절기에 따라 읽는 다섯 두루마리의 순서는 다음과 같다.

아가	-	룻	-	애가	-	전도서	-	에스더
(유월절)		(칠칠절)		(성전파괴 일)		(초막절)		(부림절)

3. 다섯 두루마리와 절기와의 관계

1) 아가서와 유월절 축제(첫째 달 14일)

(1) 아가서 개요

아가서는 구약성경 안에서 그 위치를 차지하는데 가장 큰 어려움을 겪었던 책이라고 할 수 있다. 남녀의 성적인 부분이 두드러지게 표현되어 있고, 그 정신적, 정서적, 그리고 육감적인 사랑을 중심한 내용이 읽는 이의 마음에 신앙적인 면이 아닌 오히려 육체적이고 감각적인 자극을 줄 수 있기 때문이다. 이 외에도 풀기 어려운 비유와 상징이 가득하고 신앙적인 제의, 예배나 삶의 실천에 관한 주제들이 거의 부재한 것처럼 보이기에 그 해석이 쉽지 않다. 그러나 아가서는 지금 우리가 가장 소중히 여기며 하나님의 말씀으로 인정하는 성경 속에 당당히 그 이름을 함께하고 있다. 그렇다면 하나님께서 아가서를 우리에게 주신 이유가 있을 것이다. 아가서를 공부하는 것은 단지 아가서가 왜 성경 속에 들어와 있느냐는 이유만을 밝히는 것이 아니라 이 연구를 통하여 하나님께서 아가서를 통하여 말씀하시는 그 뜻을 배우는 것이다. 그리고 그것을 실천하는 것이다. 기원후 1세기 말을 살았던 유대인 랍비 아키바의 아가서에 대한 견해는 우리의 아가서에 대한 생각을 확고하게 해 준다: "아가서는 신성하다. 아가서가 이스라엘에 주어지던 날은 온 세상이 감당치 못하였을 것이다"(Mishna Judajim 3:5). 그는 "이런 신성한 아가서를 한갖 기분을 돋우는 오락물 정도로 취급하는 사람은 저주를 받을 지어다"라고 서슴없이 선언하고 있다.[127]

한글 제목인 '아가'(雅歌)는 그 뜻이 '아름다운 노래'라는 뜻이다. 그러나 히브리어 본래의 제목은 '쉬르 하쉬림'(שִׁיר הַשִּׁירִים)으로 그 뜻은 '노래들 중의 노래' 즉 '최상의 노래'라는 뜻이다. 가장 아름다운 노래라는 의미일 것이다. 최고의 노래답게 아가서는 사랑의 본질과 그 사랑의 성장이라는 주제를 가지고 있다. 사랑하는 남녀가 만나서 그 사랑을 어려운 여건들을 극복하며 성숙시켜 가는 것을 그리고 있다. 그리고 아가서는 이 사랑을 완성시켜 나가는데 꼭 필요한 요소로 '대화'를 사용한다. 아가서는 성경 66권 중에 유일하게 제목을 나타내는 1:1절을 제외하고는 100% 대화로 이루어진 책이다. 첫 번째로는 사랑하는 남녀간의 대화가 있고, 두 번째로는 그 주변에 위치하고 있는 사람들인 '예루살렘 여인들,' '밤중에 성중을 순찰하는 자,' 그리고 '신랑의 친구들'과의 대화가 나타난다. 이것은 사랑은 대화로 이루어 가는 쌍방적인 것이란 사실을 보여준다. 그 대화의 본질은 세부적인 내용을 살펴볼 때 분명해 진다.

아가서는 총 117절로 구성되어 있는데 그 중에 약 70절이 사랑을 하고 있는 여자의 목소리이고, 40절 정도가 사랑을 나누는 남자의 목소리이며, 약 7절 정도가 예루살렘 여인들의 목소리로 나타난다. 그리고 아가서는 독특하게도 여성의 말로 시작하여(아 1:2–7) 여성의 말로 그 끝을 맺고 있다(아 8:10–14). 이것은 어쩌면 아가서의 주인공이 남성이 아니라 여성임을 보여주는 증거가 될 수도 있다. 그리고 그 여성의 강력한 사랑에 대한 증거는 아가서의 절정을 보여주기에 안성맞춤이라 할 수 있겠다.

> 너는 나를 도장 같이 마음에 품고 도장 같이 팔에 두라 사랑은 죽음 같이 강하고 질투는 스올 같이 잔인하며 불길 같이 일어나니 그 기세가 여호와의 불과 같으니라 많은 물도 이 사랑을 끄지 못하겠고 홍수라도 삼키지 못하나니 사람이 그의 온 가산을 다 주고 사랑과 바꾸려 할지라도 오히려 멸시를 받으리라(아 8:6–7).

여러 학자들이 아가서의 구조를 분석하려고 애를 썼다. 아래에 주어진 역대칭 구조는 아가서를 결혼에 초점을 맞춘 대조형태로 분석하고 있는 방식으로 이야기의 흐름을 가장 잘 이해한 것이라 할 수 있다.[128)]

▣ 제목 (솔로몬의 아가라)(아 1:1)

- A. 두 연인간의 사랑과 열망의 고백으로 시작(아 1:2-2:7)
  - B. 청년이 여인을 방문함: 청년이 전원으로 초청(아 2:8-17)
    - C. 여인이 밤중에 청년을 찾음: 헤어짐(아 3:1-5)
      - D. 핵심부분: 두 연인의 결혼식 날(아 3:6-5:1)
    - C'. 여인이 밤중에 청년을 찾음: 헤어짐과 연인의 고백(아 5:2-7:11)
  - B'. 여인이 청년을 방문함: 여인이 전원으로 초청(아 7:12-8:4)
- A'. 두 연인간의 사랑과 열망의 고백으로 마침(아 8:5-14)

이와 같이 아가서의 내용은 상당히 높은 정도의 통일성을 보여주며, 사랑의 시작으로부터 완성에 이르는 과정을 그리고 있다. 아가서가 비록 해석이 난해한 인상적인 방식으로 쓰여지긴 했지만 본문에 등장하는 남녀의 관계가 구애의 단계로부터 시작하여 결혼식을 거쳐 신혼생활로 이어지며 영과 육이 하나 되어 가는 과정을 설명하기에 충분한 단서가 존재하고 있음을 볼 수 있다.

아가서는 인간의 성적인 사랑 또한 하나님께서 부여해 준 귀한 축복이라는 점을 강조한다(잠 5:15-19; 전 9:9). 이것은 반드시 결혼이라는 신성한 언약을 통과한 후에 누리는 성이라는 점에서 현대인들의 방종과는 구별된다. 그러나 아가서는 단지 이러한 남녀간의 사랑이라는 것으로 그 모든 설명을 끝내고 싶어 하지 않는다. 이것은 아가서가 하나님의 말씀을 나타내는 성경에 속해 있고, 성경은 공히 하나님의 마음을 드러내는 목적이 있기 때문이다. 그렇다면 고대로부터 현대까지 이루어지고 있는 비유적인 해석인 남녀의 사랑이 하나님과 이스라엘, 예수 그리스도와 교회의 사랑에 기초한 언약의 관계를 지칭한다고 볼 수 있다. 그 가능성으로 성경의 곳곳에 하나님과 이스라엘의 부부관계를 표현한 예가 나타나는 것을 들 수 있다(호 2:16; 겔 23장).

아가서에서 남자와 여자의 사랑의 표현은 창조의 생명으로 가득 차 있다. 육체의 은밀한 유혹이 아니라 생명력이다. 창조의 완성을 향한 고귀한 연합이다. 내 누이, 내 신부는 창세기의 "내 뼈중의 뼈요, 내 살 중의 살이라"는 표현의 실제적인 모습이다. 친족 중에서 같은 신앙을 고백하는 여호와의 백성이라는 의미가 들어있다. 에덴동산에서의 아담과 하와의 실패로 창조의 능력은 상실되었다. 그러나 이제 사랑하는 남녀의 결합으로 동산의 창조가 되살아난다. 아가의 동산에서는 사랑이 모든 창조물들에 생명력을 부여한다. 새 힘을 얻고 제 자리를 찾아간다. 그런 점에서 아가서에 등장하는 솔로몬과 술람미라는 호칭은 어떤 특별한 고유명사를 지칭하는 것이 아니라 이 세상 모든 사랑하는 남녀의 대표자로 보는 것이 바람직하다. "즉, 모든 사랑하는 사람은 왕이고, 사랑받는 사람은 공주라는 것이다."[129)]

여기서는 사랑의 발전 단계를 나타내는 표현을 중심으로 아가서를 네 부분으로 나눈다. 그 표현은 '사랑의 소유'라는 주제로 세 번에 걸쳐서 나타난다. 표현은 유사한 듯하지만 조금씩 발전되는 모습을 보이며 반복되는 후렴구를 형성한다. 그리고 그 후렴들은 아가서 전체를 하나로 묶어주는 구실을 한다.[130)] 그 발전은 곧 사랑의 발전이며 성숙을 의미하기에 그 안에서 일어나는 사건들을 분석함으로 사랑의 발전이유를 알아볼 수가 있다. 그리고 그 안에는 사랑하는 남녀의 '분리와 재결합'이 여러 번 반복되어 나타난다. 그러한 과정을 통하여 사랑은 시작에서 성숙으로 그리고 완성에 이르게 된다.

① 나의 사랑하는 자는 내게 속하였다(아 1:1-2:17)

이 부분에서는 사랑하는 사람들이 어떻게 만나 서로의 사랑을 키워 나가는지를 보여주고 있다. 그 출발은 사랑을 만들어 나가는 주체가 되고 있는 여인이 자신의 입장에서 바라본 남자의 성품과 또한 자신의 현재 상태를 표현한다(아 1:2-7). 먼저 남자에 대해서는 그 사랑이 포도주 보다 낫다고 말함으로 포도주가 가져다주는 상징적인 의미가 그 사랑 속에 깃들여 있다. 이러한 사랑은 그 남성의 이름이 향기롭다는 것에서 그 근본을 찾아볼 수 있다. 이것은 여자가 남자의 이름과 명성을 높이 평가한다는 것이다. 이 사랑은 결코 맹목적인 것이 아니며 그것은 남자의 성품에 대한 평가에 확고하게 기초하고 있는 것이다.

여인은 자신을 평가하며 얼굴이 검어졌다고 표현한다. 이것이 인종적인 흑인계열을 뜻하는 것인지 아니면 햇볕에서 일한 흔적을 의미하는 것인지에 대해서는 명확하지 않다. 그러나 이 여인이 자신 스스로 행동할 수 있는 독립성을 소유하지 못했던 때의 상황을 설명하는 것이라 여겨진다. 아마도 오라비들의 그늘에 있던 시절로 보인다. 그들이 시키는 대로 할 수밖에 없는 시절에 오라비들의 말을 따르느라 '자신을 가꾸고 치장할 여유'가 없었음을 표현한다. 그러나 이제는 배우자를 찾을 육체적 성숙의 단계에 있음을 의미하는 것일 수 있다.

이제 길을 떠나 남자를 만난 이 여인은 사랑을 키워간다. 그 사랑을 키워가는 방법은 역시 서로를 알아가는 대화이다. 서로 주고받는 대화가 무척이나 정겨우며 서로에 대한 칭찬으로 가득 차 있음을 살펴볼 수 있다. 아가서는 서로를 알아가지만 결코 강요하지 않으며, 사랑을 만들어 간다. 여자도 남자도 사랑을 강요하지 않고 명령하지 않는다. 특히 남자는 다른 사람들에게도 억지로 강요하지 말도록 부탁한다(예루살렘 딸들에게; 아 2:7). 진심으로 원할 때까지 기다리는 인내심이 있다. 진실로 사랑은 오래 참는 능력도 갖고 있는 것이다.

그리고 남자는 봄철의 새 생명이 넘치는 공간으로 여자

를 초대하고 있다. 남자는 같이 가기를 원한다. 남자의 직업이 목자라는 사실은 백성을 이끄는 왕의 상징이기도 하며, 또한 하나님의 백성이 맡아야 할 사명이기도 하다(삼상 18:13; 삼하 5:2; 왕상 3:7). 그리고 하나님 또한 목자로 비유되기도 한다(겔 34:1-16; 시 23편). 남자는 봄에 새롭게 피어난 새 생명의 축제에 여자가 동참하여 같이 소명의 길을 가기를 원한다.

나의 사랑 내 어여쁜 자야 일어나서 함께 가자
겨울도 지나고 비도 그쳤고
지면에는 꽃이 피고 새가 노래할 때가 이르렀는데
비둘기의 소리가 우리 땅에 들리는구나
무화과나무에는 푸른 열매가 익었고 포도나무는 꽃을 피워 향기를 토하는구나
나의 사랑 나의 어여쁜 자야 일어나서 함께 가자
(아 2:10-13).

사랑은 마주보는 것에서 멈추는 것이 아니라 같은 방향을 바라보는 것으로 나아가는 것이다. 함께 가기 위해서는 여성의 의지가 너무도 중요하다. 왜냐하면 여인은 늘 접근 불가능한 장소에 위치한 것으로 나타나기 때문이다. 오라비들의 권한에 있고(아 1:6), 집안에 있고(아 2:9), 그리고 바위틈 낭떠러지 은밀한 곳에 있는 비둘기 같다(아 2:14). 이 두 사람이 함께하기 위해서는 절대적으로 그녀가 그에게로 다가가거나, 문을 열거나, 그에게로 내려와야만 한다.

이들이 사랑으로 만났음에도 그것으로 모든 것이 끝이 난 것은 아니다. 흐드러지게 핀 포도나무 꽃이 여우에 의해 망가질 수 있는 것처럼(아 2:15) 이 두 사람의 사랑은 그렇게 부서질 수도 있다. 그 요인은 다양할 것이다. 개인적인 이기심, 독립성에 대한 집착과 욕심, 자존심이나 완악함, 용서하지 않는 마음, 혹은 주변 사람들의 방해도 될 수 있을 것이다. 여기서 이들의 사랑의 성숙단계는 여인의 마지막 표현에서 느껴볼 수 있다.

> 내 사랑하는 자는 내게 속하였고 나는 그에게 속하였도다 그가 백합화 가운데에서 양떼를 먹이는 구나 (2:16).

누군가에게 속하였다는 것은 소유권의 순위를 이야기 한다. 여기서 여인의 입에서 나온 첫 번째 친밀함의 표현은 여인이 남자를 소유하고 있다는 것이다. 남자가 봄철의 새 생명의 축제로 여인을 인도하며, 생명의 탄생이라는 소명으로 부르지만 여인은 사랑의 소유를 주장한다. 흡사 에덴동산에서 인간의 타락 후에 여인에게 내려진 심판처럼 "너는 남편을 원하고 남편은 너를 다스릴 것이니라"(창 3:16)가 아직 인간 삶에 기승을 부리는 것처럼 보인다. 여자는 남자가 백합화 가운데서 양 떼를 먹이는 목자라는 사실을 알면서도 그 길로 같이 가기 보다는 자신의 주장을 강하게 피력하고 있다. 결국 남성의 인내심 있는 기다림이 더 필요하다. 모든 내용이 분리에서 결합으로 완성되고 있지만 하나 되기에는 아직 극복해야 할 틈이 크다(아 1:2-2:7; 2:8-17).

② 나는 내 사랑하는 자에게 속하였고, 내 사랑하는 자는 내게 속하였다(아 3:1-6:3)

두 번째 부분은 소명과 자기주장의 충돌로 인한 둘 사이의 분리로부터 시작한다. 사랑의 결실이 이루어지는 포도원에 꽃이 피었는데 작은 여우가 그 꽃을 망치려 한다. 그것은 사랑을 자신의 소유로 하려는 이기심의 발로 때문인지, 아닌지는 불분명하다 해도 그 요인은 됨직하다. 이것은 아직 두 사람이 하나로 결합하기에는 사랑이 미숙하다는 것을 표현해 주는 것이라 여겨진다.

여자는 그리운 남자를 찾아서 성중을 헤맨다. 여기서 강조되는 말은 '찾다'라는 단어이다. 두 번에 걸쳐서 찾았으나 찾지 못했다(아 3:1-2). 잃어본 사람은 함께함의 소중함을 안다. 간절히 찾아본 사람만이 잃지 않으려는 노력을 더 할 수 있다. 여기서 여인은 애절하게 사랑하는 자를 찾았다. 다른 사람들에게도 물어본다. 그리고 결국은 그 사랑하는 사람을 만난다. 이젠 그를 붙잡고 "내 어머니의 집, 나를 잉태한 자의 방으로 가기까지 놓지 않았다"(아 3:4)고 한다. 이 표현은 결혼 결심을 상징하는 의미가 들어가 있을 것이다. '어머니의 집'이 등장할 때면 결혼과 밀접하게 연관된다는 점에서 이를 유추해 볼 수 있다(창 24:28; 룻 1:8). 이러한 여인의 강력한 행동이 순간적이거나 억지가 되어서는 안 되기에 남자는 또다시 예루살렘 딸들에게 사랑하는 자가 원하기 전에는 흔들지 말도록 부탁 한다(아 3:5).

그리고 결혼식 장면이 길게 이어진다. 먼저, 신랑이 당당하게 가마를 타고 신부의 집으로 오는 장면이 연출 된다(아 3:6-11). 그리고 60명의 장정들이 신랑을 호위하며 등장한다. 이러한 풍습은 삼손의 결혼 장면에서도 그대로 연출되고 있다. 사사기 14:10-12절에는 삼손이 아버지와 같이 여인에게 내려가고, 30명의 동무들이 삼손의 들러리가 되며, 결혼식은 일주일 동안 진행된다. 아가서에서 신랑은 왕관을 쓰고 등장한다. 보통 이스라엘에서의 결혼식에서 신랑은 왕으로 신부의 여왕으로 불린다. 그리고 실제로 결혼식용 왕관을 썼다고 한다. 결혼식은 이렇게 남자 여자에게 최고의 날이다.

신랑이 신부에게 오고 결혼식이 진행되며 아가서 4:1-5:1절은 신랑이 신부를 바라보며 극찬하는 내용으로 가득하다. 그런데 놀라운 것은 여성에 대한 육체 묘사가 치밀하고 성적인 부분을 묘사함에도 불구하고 그 묘사를 통해서 그 여자가 어찌 생겼는지를 전혀 알 수 없다는 것이다. 즉, 눈, 입술, 목, 가슴, 허리 등에 대해서 몸을 느껴볼 수는 있다. 그러나 아무리 뛰어난 현대 조각가에게 이 여인의 모습을 알려준다 할지라도 결코 조각할 수 없을 것이다.

> 눈은 비둘기 같고, 머리털은 길르앗 산기슭에 누운 무리 염소 같고, 이는 목욕장에서 나온 털 깎인 암양 같고, 입술은 홍색 실 같고, 입은 어여쁘고, 뺨은 석류 한쪽 같고, 목은 다윗의 망대 같고, 유방은 꼴을 먹는 쌍태 노루 새끼 같다(아 4:1-5).

아가서의 특징은 수많은 육체의 아름다움을 묘사하지만 어떤 신체적인 미의 측정을 나타낼 수 있는 기준을 제시하지 않는다. 중요한 것은 생명력이다. 신체의 모든 부분이 살아 있는 자연의 생명령과도 같이 아름다움과 연결되어 있다.

그리고 이제 남자의 특징이던 '포도주보다 나았던 그 사랑'과 '각양 향품보다 더한 기름의 향기'가 이제 신랑에게서만 아니라 신부에게서 발견 된다(아 4:10; 비교 1:2). 이것은 이제 남자와 여자가 동일하게 하나가 되어가는 것을 뜻한다. 결혼은 바로 그런 것이다. 서로가 닮아가는 삶의 절정이요, 하나 됨의 극치인 것이다. 그리고 신실한 신랑과 잠근 동산, 봉한 우물 같이 순결함을 지킨 신부는 몸과 마음이 하나가 되는 단계로 들어간다(아 4:12-15; 비교 잠 5:15-19). 그리고 이 단계에서 눈으로 보고, 손으로 만지고, 귀로 듣고, 코로 냄새 맡고, 혀로 맛을 보는 등 인간의 모든 감각들이 동원된다. 이제야 그동안 그렇게 갈망하던 사랑의 절정 단계에 들어가는 것이다.[131)]

여인은 자신의 사랑하는 자가 자신의 동산에 들어와서 아름다운 실과를 먹기를 원한다(아 4:16). 이것은 흡사 하와가 아담에게 선악과를 먹을 것을 제안한 것을 알고 있는 듯한 느낌을 준다(창 3:6). 그러나 그 열매는 완전히 다르다. 에덴동산에서의 열매가 훔친 것이라면, 아가의 동산에서는 여인이 사랑하는 이를 위하여 가꾼 열매를 제공하는 것이다. 그러므로 아가의 동산에서의 열매는 서로가 하나 되는 사랑의 절정을 상징하는 열매요, 에덴동산에서의 열매는 사랑을 완전히 파괴시키는 죄악을 상징하는 열매인 것이다. 이것은 온전한 사랑의 결합이 태초의 죄악을 해결할 수 있다는 가능성을 염두에 두고 있는지도 모른다.

그러나 결혼하여 하나 되는 것은 모든 어려움을 극복한 것이 아니라 극복해 낼 수 있는 더 큰 힘을 얻는 것이다. 그것은 바로 돕는 배필을 얻는 것이기 때문이다. 아가서에는 결혼 후에도 부부 간에 서로 생각이 다르다면 하나를 향한 완성은 어렵다는 것을 보여준다. 함께하자는 신랑의 호소에 신부는 아직 그럴 마음이 없다.

> 내가 옷을 벗었으니 어찌 다시 입겠으며 내가 발을 씻었으니 어찌 다시 더럽히랴 마는(아 5:3).

그러나 여인은 자신의 잘못을 깨닫고 문을 열지만 그러나 이미 때는 늦었다. 한 마음이 된다는 것은 같은 길을 걸어가는 것이다. 신랑은 "머리에 이슬이 머리털에는 밤이슬이 가득하다"(아 5:2)라고 하는데 신부는 자신의 편안함을 추구하고 있다. 이것은 부부가 소명과 사명에서 갈라져 있음을 상징할 수 있다. 이제 신부는 신랑을 찾아 헤맨다. 이젠 찾아도 못 만났고, 불러도 응답이 없다(아 5:6). 흡사 하나님의 뜻을 어기고 외면당하는 이스라엘 같이 하나님께서 만나주지 않으시고 응답지 않으신다. 예전에는 해는 당하지 않았는데 이제는 신랑을 찾다가 맞기도 하고, 옷도 벗겨지는 수모를 당하기도 한다(아 5:7). 결국 예루살렘 딸들에게 신랑을 찾아달라고 하소연까지 한다. 이때 예루살렘 딸들이 도대체 너의 사랑하는 자가 남의 사랑하는 자와 어떻게 다르기에 이렇게 부탁하느냐고 묻는다(아 5:9).

처음으로 여자는 그리운 신랑의 모습을 머리끝부터 발끝까지 상세하게 나열한다. 이것은 신랑이 신부를 표현했던 것처럼 상징성을 가진 표현들이다. 이렇게 상세하게 표현한다는 것은 이제 신랑을 머리부터 발끝까지 안다는 것이며, 그의 속마음까지도 이해한다는 것을 의미 한다. 지금 우리에게도 세상은 이렇게 질문할 수 있다: "너의 사랑하는 자가 남의 사랑하는 자보다 나은 것이 무엇인가?" 너의 하나님이 다른 종교의 신들보다 나은 것이 무엇이기에 이렇게 배타적인 신앙을 강조하는가라고 묻는다면 어떤 대답을 할 것인가? 하나님과 그분의 뜻을 이 여인처럼 이렇게 세세하게 표현할 수 있는가? 이 여인은 마침내 사랑하는 사람을 찾는다. 사랑하는 자는 다른 곳이 아닌 자신의 동산에서 양떼를 먹이며, 사명을 감당하고 있다: "내 사랑하는 자가 자기 동산으로 내려가 향기로운 꽃밭에 이르러서 동산 가운데에서 양 떼를 먹이며 백합화를 꺾는구나"(아 6:2).

이제 여인은 신랑의 뜻을 깨달았다. 결혼으로 하나 됨은 같은 방향을 바라보며, 같은 길을 걸어가는 사명의 하나 됨도 포함하고 있다는 것이다. 신랑은 자신의 동산에서 양떼를 돌보기 위해 같이 가자는데 신부가 머뭇거리고 있다면 문제가 있는 것이다. 이제 이것을 깊이 이해하고 여인은 두 번째로 다음과 같은 사랑의 표현을 고백한다.

> 나는 내 사랑하는 자에게 속하였고 내 사랑하는 자는 내게 속하였으며 그가 백합화 가운데에서 그 양 떼를 먹이는도다 (6:3).

신랑의 특징은 늘 변함이 없다. 동일하게 자신의 일을 묵묵히 해나간다. 그러나 여성의 사랑이 성숙해간다. 이제는 먼저 신랑을 자신의 소유라고 부르짖지 않는다. 자신이 신랑에게 속했다라고 고백한다. 이것은 단지 순서만 바꾸어 놓은 그런 표현은 아니다. 이제 이 신부는 사랑은 먼저 자신을 다 내어주는 것임을 깨달았다. 그의 소유가 될 때 그도 나의 사람이 되는 것임을 배운 것이다. 이렇게 또다시 분리에서 시작하여 우여곡절 끝에 재결합하는 연결이 성숙의 과정으로 반복 된다(아 3:1-5; 3:6-5:1; 5:2-6:3). 그러나 무의미한 반복이 아니라 성숙해가는 과정으로 향하고 있는 것이다.

③ 나는 나의 사랑하는 자에게 속하였고 그가 나를 사모하는 구나 (아 6:4-7:10)

이제 신랑이 보기에 신부는 단순한 여인의 차원을 넘어서서 든든한 성채와도 같이 강하다(아 6:4,10). 그리고 이 세상의 어떤 여인과도 비교할 수 없을 만큼 어여쁘고 완전하다. 이제는 여인들 중의 한 명이 아니라 유일한 한 사람이 된다(아 6:9). 그리고 신랑이 마지막으로 자신의 신부를 극찬한다. 그는 신부가 했던 것과는 반대로 발끝부터 시작해서 머리끝까지 올라가는 순서로 그 아름다움을 칭찬한다. 그리고 두 사람이 처음의 그 기대로 하나가 되는 장면이 연출된다(아 7:8-9).

이러한 사랑의 온전한 결합으로 인하여 이제 신부는 마지막으로 자신의 사랑에 대한 변화를 선언하며 그 사랑의 표현이 완성에 이른다.

> 나는 내 사랑하는 자에게 속하였도다 그가 나를 사모하는 구나 (תְּשׁוּקָה 테슈콰)(아 7:10).

신부 자신이 신랑에게 속하였다는 고백은 동일하나, 이제는 자신의 소유권을 부르짖지 않는다. 그 대신에 신랑의 사랑이 자신에게 있음을 기뻐한다. 이것은 소유가 아닌 사랑으로 바뀐 온전한 모습을 보여준다. 그런데 특이하게도 신랑이 자기를 사모하고 있다는 신부의 이 외침은 여자가 남편을 사모하게 될 것이라고 예언하는 창세기 3:16절의 저주를 뒤바꾸는 사랑의 회복을 보여주고 있다.

> 너는 남편을 원하고(תְּשׁוּקָה 테슈콰/사모하고) 남편은 너를 다스릴 것이니라(창 3:16).

이것은 하나님께서 의도하신 사랑이 부분적으로나마 인간의 타락과 범죄라는 치명적인 결과를 되돌릴 수 있음을 암시한다.[132] 사랑의 완성은 이렇게 인간의 죄로 인해 잃었던 것을 회복하는 능력이 있다: "이러므로 남자가 부모를 떠나 그 아내와 합하여 둘이 한 몸을 이룰지로다"(창 2:24). 그것은 사람의 결혼이 하나님의 창조 계획을 완성해 가는 중요한 도구가 된다는 것을 의미하는 것이기도 하다. 즉, 하나님께서 태초의 부부에게 허락하신 에덴동산의 회복과 연결되기 때문이다. 이 신성한 창조의 도구인 아름다운 결혼이 인간의 죄로 인해 철저히 왜곡된 관계가 되어버린다. 그 사랑은 진정한 사랑이 아닌 집착이 되고 그 집착을 벗어나기 위해 남자는 여자 위에 군림하여 다스리고 통제한다. 이런 관계에서는 서로의 벗은 몸을 보는 것조차 부끄럽다. 인간의 죄는 결국 서로를 가리고 숨기는 삶을 살게 한다. 그러나 이제 또 다른 에덴동산인 아가서의 사랑의 동산에는 남녀가 벌거벗었으나 전혀 부끄럽지 않고 그럼에도 서로 높이고 격려하는 회복이 일어나고 있다. 이제는 분리가 아닌 완전한 결합만이 있을 것을 기대해 볼 수 있다.

④ 사랑의 완성(아 7:11-8:14)

이제 사랑은 완성을 향하여 달려간다. 사랑을 소유가 아닌 사랑 그 자체로 기뻐하는 이 여인은 이제 신랑이 그 전에 요청했던 봄의 축제로의 여행, 생명 창조의 길을 걷자고 자신이 직접 요청한다(아 2:10-14; 7:11-13).

> 내 사랑하는 자야 우리가 함께 들로 가서 동네에서 유숙하자
> 우리가 일찍이 일어나서 포도원으로 가서 포도 움이 돋았는지
> 꽃술이 퍼졌는지
> 석류 꽃이 피었는지 보자 거기에서 내가 내 사랑을 내게 주리라
> (아 7:11-12).

이제 동일한 사명을 감당할 모든 준비가 되었다는 것을 보여주는 것이다. 이와 같이 사랑은 동일한 방향을 바라보며 돕는 배필로서 한 마음이 되는 것을 의미한다.

이것뿐만 아니라 마지막 하이라이트 같은 사랑에 대한 표현인 "사랑은 죽음보다 강하다"(아 8:6)라는 진술은 사랑이 하나님의 저주에 의하여 풀려난 죽음의 파괴적인 영향력을 극복하는 강력한 힘을 가지고 있음을 의미한다.[133] 그리고 이 사랑은 이

세상에서 가장 강한 것들로도 결코 멈추거나 파괴시킬 수 없다. '많은 물'이나 '홍수'라는 상징적인 용어는 창세기 1:2절, 이사야 51:10절 그리고 시편 93:4절 등과 같은 곳에서 인간의 삶을 위협하는 파괴적인 악의 세력을 뜻하며, 심지어는 죽음까지도 몰고 오는 강력한 힘을 상징한다. 그러나 사랑이 생명을 없애려는 모든 위협적인 세력에 맞서는 역할을 할 수 있다. 그 사랑이 우리에게 필요한 것이다.

드디어 신랑을 암시하는 솔로몬과 신부를 상징하는 술람미 여인과의 사랑이 그 완성에 이른다. 그런데 솔로몬과 술람미는 동일한 히브리어 어근에서 파생한 명사인 '샬롬'과 같은 뜻을 내포하고 있다. 즉 '샬람'이라는 '평화롭다, 온전하다'라는 동사에서 모두 파생된 단어들이다. 그러므로 솔로몬은 '평화의 남자'를 의미하고 술람미는 '평화의 여자'를 의미한다. 여자 평화가 남성 평화를 만나 결국은 완전한 평화를 만들어 내고 있다.

> 나는 성벽이요 내 유방은 망대 같으니 그러므로 나는 그가 보기에 화평(샬롬)을 얻은 자 같구나(아 8:10).

우리에게 온전한 사랑이 자리 잡으면 우리는 그 어떠한 여건 속에서도 완전한 샬롬의 평화를 누릴 수 있다. 이러한 사랑으로 만들어 가는 평화가 바로 아가서가 이루어 내기를 원하는 것이다. 아가서 8:5-14절의 마지막 부분에는 결코 두 연인이 분리되지 않는다. 두 사람은 함께 나타나며 여인이 남자에게 의지하여 나타난다.

하나님의 모습도 이름도 등장하지 않는 아가서가 비록 세속적인 것으로 보이지만 아가서는 인간이 서로 만나 이루어야 할 핵심적인 것을 말하고 있다. 바로 지금까지 설명한 사랑으로 이루어 가는 소명의 길을 그 예로 들 수 있겠다. 하나님을 소유하려는 것이 아닌, 하나님의 소유가 되고 그리고 하나님의 사랑만을 기뻐하며, 하나님의 뜻을 이루어나가는 삶으로의 변화가 바로 사랑의 진정한 완성이라는 것이다.

(2) 유월절에 아가서 읽기

아가서는 사랑으로 회복해 가는 세상을 보인다. 그 중에서도 하나님의 천지창조의 아름다움이 여자와 남자의 몸을 통해 드러나고, 이들의 사랑은 에덴동산을 회복하는 길로 나아간다. 아가서의 동산에는 갖은 동물들과 식물들이 가득하고, 그곳에는 사랑으로 하나 된 뼈 중의 뼈요 살 중의 살인 돕는 배필이 있다. 그리고 남자와 여자가 벗었으나 결코 수치심을 느끼지 않는 순전함이 존재한다. 다른 말로 아가서는 타락전의 남녀의 친밀함을 그대로 보여 주고 있다. 여자는 동산에서 자신이 생산한 열매를 신랑이 먹기를 원한다. 그 곳에는 진정한 사랑이 있고, 그 사랑은 이제 죽음도 극복할 수 있다. 안타깝게도 그 안에는 뱀과 같이 사랑을 파괴하는 작은 여우가 존재하지만 서로를 온전하게 내어주는 사랑이 모든 것을 극복하게 한다. 이처럼 아가서 전체는 잃어버린 에덴동산을 진정한 사랑으로 회복하는 이야기다.

그리고 이 남녀 간의 사랑은 우리가 부부관계에서 누릴 수 있는 친밀도만큼 하나님과 우리의 친밀도를 이해할 수 있다는 상징이 될 수도 있다. 이것은 에베소서 5:22-23절에서 부부의 사랑 관계가 부부에 국한된 것이 아니라, 그리스도와 교회의 관계를 나타내는 비유가 될 수 있다는 점에서 충분히 가능하다. 그리스도의 신부가 된 교회가 어떻게 수동적, 능동적으로 그리스도의 사랑에 반응하면서 살 것인가를 찾을 수 있게 된다. 아가서는 이것에 응답할 수 있는 좋은 길을 보이고 있다. 이제 아가서의 여인은 개인의 차원을 넘어 교회라는 공동체를 의미할 수 있다. 이를 통해 아가서는 너무나 개인적인 구원으로 변해가고 있는 우리 신앙을 바로 잡을 수 있는 좋은 길을 제시해 주고 있는 것이다.

아가서의 가장 중요한 주제는 사랑의 상호성일 것이다. 두 연인이 교대로 나누는 대화와 초청은 이 둘의 긴밀한 관계를 잘 보여준다. 아가서는 두 연인이 동일하게 서로를 애타게 그리워하며 자신의 삶으로 초대하고 있음이 부각된다. 이와 같이 서로 대화를 통하여 사랑의 상호성을 강조하는 예는 고대 근동의 다른 나라들의 문학작품에서는 발견하기 어렵다. "강력한 족장사회에서 간혹 남자를 소로, 여자는 그보다 못한 짐승으로 묘사한 서정시들은 있었으나 아가서와 같이 남녀의 사랑에 있어서 여자의 지위를 이렇게 높여 동등한 입장에서 사랑을 나누는 모습은 찾아볼 수 없다."[134] 이것은 세 번에 걸쳐서 나타나는 신랑의 부탁을 통해서도 알 수 있다.

> 예루살렘 딸들아 내가 노루와 들사슴을 두고 너희에게 부탁한다 내 사랑이 원하기 전에는 흔들지 말고 깨우지 말지니라(아 2:7; 3:5; 8:4).

사랑은 강요가 아닌 자발적인 동의이며 의지의 굽힘이다. 진정한 사랑을 하기 원한다면 기도하며 기다리는 마음도 필요할 것이다. 그리고 이것을 하나님과 우리의 관계로 연결시키면 우리 하나님은 우리의 자발적인 사랑을 기대하고 계신다는 것을 짐작해 볼 수 있다. 하나님은 억지 사랑을 강요하지 않으시며 하나님의 이름의 향기를 따라 그 사랑으로 나아와서 기꺼이 같이 동행하기를 결단하는 사람을 원하신다. 이런 점에서 아가서는 유월절에 적합한 성경본문이 될 수 있다.

유월절은 봄의 축제이다. 우기인 겨울이 지나며, 모든 초목이 새로운 생명력으로 살아나는 시기에 지켜지는 절기인 것이다. 아가서의 사랑의 출발 또한 남자가 여자에게 이 봄의 축제, 구원의 새 세계로 나아갈 것을 권면한다는 점에서 일맥상통한다(아 2:10-13). 여기서 새로운 계절로 같이 갈 것을 권면하는 남자는 하나님으로 소명의 권면을 받는 여인을 이스라엘로 비유하여 유월절의 의미를 바르게 할 수 있다. 유월절은 구원의 날이며, 하나님과 이스라엘의 깊은 관계의 시작이다. 하나님은 이스라엘을 구원의 길로 불러내셨고, 또한 소명의 길을 걸어가는 동반자로 택하셨다. 구원은 곧 세상을 새로운 창조의 세계로 만들어가는 소명과 직결되어 있는 것이다.

하나님의 백성은 먼저 여인의 위치에 있었던 사람들이다. 여인의 위치에서 기다려주시고, 격려해주시고, 칭찬하고, 북돋워주시는 하나님의 끝없는 사랑을 체험한 사람들인 것이다. 그러나 아가서는 이제 하나님께서 주셨던 그 사랑을 다른 이들에게 나누는 소명의 길을 가야 한다는 것을 말한다. 인도함을 받는 자리에서 인도하는 자리로의 소명을 이루어 가는 것이다. 마치 아가서의 여인이 솔로몬을 닮아가며(아 4:10-11), 술람미가 되고(아 6:13), 결국은 솔로몬과 모든 성품에서 하나 되며(아 7:9-10; 8:5-7), 소명의 길로 나아가듯이(아 7:11-13), 우리 또한 아가서를 통해 하나님과 하나 되고 일치되어 주의 일을 하는 것이다. 이제 아가서를 읽는 하나님의 백성은 하나님과 마주보는 사랑에서 점점 더 하나님께서 바라보시는 방향을 같이 바라보며, 그 소명의 길을 걸어야 함을 결단하는 것이다. 이것이 유월절이라는 구원의 절기의 진정한 의미이며, 유월절에 아가서를 읽는 이유일 것이다. 그리고 유월절에 나선 소명의 길은 칠칠절을 통하여 더욱 분명해 지는데, 이제 하나님의 사랑을 받은 자는 사랑하는 길을 향해서 나아가는 것이다. 룻기는 이러한 거룩으로의 길을 정확하게 지시해 주고 있다.

2) 룻기와 칠칠절(오순절) 축제(셋째 달 6일)

(1) 룻기 개요

룻기의 시대적인 배경은 사사시대로 나타나며, 몰락한 유다의 한 가문의 이야기로 시작한다. 그러나 정작 여자 주인공인 룻은 이스라엘 사람이 아닌 모압 여인이다. 나오미의 가족이 유다 땅에서 모압으로 옮겨 갔을 때 그녀의 아들들이 모압 여인들과 결혼함으로 인해 나오미와 룻은 가족이 되었다. 이렇게 잘못된 만남으로 이루어진 이들의 관계는 도리어 어느 누구도 이루어 내지 못할 축복으로 결론에 이른다. 이러한 반전이 바로 룻기가 보여주고자 하는 핵심 내용에 속한다.

룻기에는 대칭되는 개념이 등장하며 전반부와 후반부의 사건의 변화를 강조하고 있다. 그 대칭들은 흉년과 풍요, 피난과 귀향, 고립됨과 유대감, 삶과 죽음, 그리고 징계와 보상 등을 들 수 있다.[135] 룻기의 전반부에는 나오미라는 여인의 삶이 여호와의 손이 치신 징계의 모습인 '마라'(מָרָא 쓰다)의 삶의 형태를 보인다(룻 1:13, 20). 그리고 자신을 '나오미'(נָעֳמִי 나의 기쁨)라고 부르지 말라고 한다(룻 1:20-21). 그러나 후반부는 나오미의 삶이 어느 누가 보기에도 축복(בָּרַךְ 바라크/송축하다, 복주다)이 넘치는 삶으로 회복된 반전을 강조하고 있다(룻 4:14-15).[136] 나오미는 처음에 "내가 풍족하게 나갔더니 여호와께서 나로 비어 돌아오게 하셨다"(룻 1:21)고 탄식한다. 그러나 삶의 전환점에서는 룻이 "그가 내게 이 보리를 여섯 번 되어 주며 이르기를 빈손으로 네 시모에게 가지 말라 하더이다"(룻 3:17)라는 말에서 잘 나타나듯 풍성함으로 바뀌어 간다.

누가 이 메말라 버린 유다 여인의 삶을 이렇게도 회복시켜 놓았는가? 물론 그 배경에는 하나님의 숨은 섭리가 움직이고 있었다. 그러나 그 하나님의 섭리가 나타나도록 통로의 역할을 하는 사람이 필요한데, 바로 그 사람이 룻이라는 여인이다.[137] 룻의 삶을 살펴보면 여러 가지 인상적인 부분들을 발견할 수 있으며, 이방여인이라고 무시할 만한 내용이 아님을 직감해 볼 수 있는 요소들이 있다.

이미 언급했듯이 룻은 이스라엘 여인이 아니며 모압 여인이다. 이 사실은 여러 번에 걸쳐서 룻기에서 의도적으로 강조되고 있다(룻 1: 22; 2: 2, 6, 21; 4: 5, 10; 참조, 2: 10). 신명기 23:3

절에는 암몬 사람과 모압 사람은 영원히 여호와의 총회에 들어오지 못할 것이라고 못을 박고 있다. 그런데 이 사람 룻은 당당히 다윗의 증조모로서 이름을 올리고 있다. 그렇다면 모세의 법이 무용지물이라는 것인가? 아니면 이 법에도 유연성이 적용된다는 것인가? 분명 전자는 아닐 것이다. 만약 그렇다면 모세의 율법은 폐기되어야만 하기 때문이다. 이제 모세의 법이 언제 그 탄력성을 가질 수 있는가를 룻을 통하여 살펴볼 필요가 있겠다. 이것이 인종적 배타성을 풀어낼 수 있는 해결점을 제공해 줄 수도 있을 것이기 때문이다. 룻에게는 여러 가지 신앙적인 특징들이 발견된다. 그리고 그러한 특징들은 이스라엘 역사 속에서 중요한 한 인물을 생각나게 한다는 점에서 의미가 깊다. 그 특징들을 살펴보면 다음과 같다.

첫째, 룻은 하나님의 백성들과 하나 되기 위해 자신의 고향과 친척과 아버지의 집을 떠난다(룻 1:8; 2:11). 둘째, 전에 한 번도 가보지 못한 장소로 가기 위해 자신이 태어난 곳을 떠나는 것이다. 그럼에도 룻에게는 희망이 없다. 왜냐하면 시어머니 나오미에게 룻에게 형사취수제(형이 아들이 없이 죽으면, 남동생이 형수와 결혼해 아들을 낳아주는 법)를 시행해줄 아들이 없기 때문이다(룻 1:11-13). 셋째, 룻은 어떠한 축복의 약속도 받지 못했지만 그 길을 간다. 그러나 이미 이러한 축복은 하나님의 섭리 가운데 포함되어 있었음을 이야기의 전개를 통해 분명히 살펴볼 수 있다. 자신의 모든 것을 다 포기하고 하나님의 백성을 따르는 자에게 내정되어진 축복이다. 넷째, 자신의 민족인 모압 사람들에게로 돌아가라는 시어머니 나오미의 간곡한 호소에도 룻은 단호하게

대답한다: "어머니께서 가시는 곳에 나도 가겠습니다"(룻 1:16). 그리고 룻은 "네 동서는 그 백성과 그 신(אֱלֹהֶיהָ 엘로헤하)에게로 돌아가나니 너도 동서를 따라 돌아가라"는 시어머니 나오미의 말을 단호히 거부한다. 자신의 민족이 따르는 신이 아니라 어머니의 하나님이 자신의 하나님이 될 것이라는 신앙고백이다(룻 1:15-16). 이러한 룻의 결단을 통해 나오미의 삶에 축복이라는 말이 쏟아지기 시작한다(룻 2:19, 20; 4:14; 참조, 2:4; 3:10). 어느 모로 보나 이 모든 정황을 저울질 해볼 때 룻은 하나님의 백성이 믿음의 조상이라고 추앙하는 아브라함의 신앙을 그대로 본받고 있다.

그렇다면 모압 여인인 룻이 어떻게 다윗의 증조모가 될 수 있었는가? 그 해답은 이미 주어져 있다. 아브라함과 같은 믿음이요, 신앙의 결단이며, 그 삶이다. 이것은 신명기 23:3-6절에서 암몬과 모압 사람은 여호와의 총회에 영원히 들어올 수 없다는 내용에 대한 재해석을 하게 한다. 왜냐하면 그런 선포가 이루어진 이유를 살펴보면 모압 여인 룻에 대한 평가가 달라질 것이기 때문이다.

> 그들은 너희가 애굽에서 나올 때에 떡과 물로 너희를 길에서 영접하지 아니하고 메소보다미아의 브돌 사람 브올의 아들 발람에게 뇌물을 주어 너희를 저주하게 하였으나(신 23:4).

이스라엘 자손을 양식으로 영접하지 않았던 룻의 선조들과는 반대로 룻은 자신의 삶 전체를 헌신해서 아침부터 저녁까지 부지런히 일해 이스라엘인 시어머니 나오미를 봉양한다(룻 2:5-7). 그리고 저주로 쓰디쓴 삶을 사는 이스라엘인 나오미를 복된 삶으로 회복시키는 하나님의 섭리의 도구 역할을 한다. 이것은 룻이라는 한 이방여인이 보여준 아브라함의 신앙이 한 가정의 운명을 뒤바꾸고, 나아가서는 룻기의 결말에 나오는 족보가 보여주듯 다윗 왕조를 통해 선택된 백성의 운명 까지도 바꾸어 놓았음을 증거하고 있다.[138] 그러므로 룻의 이야기는 저주의 법까지도 축복의 길로 바꿀 수 있는 삶의 길을 보여주는 여성적인 모범이라 할 수 있다. 결국 모압 여인인 룻은 자신의 가계에 흐르는 영원한 저주를 끊어내는 위대한 여호와 신앙의 여인이 된다.

사건의 전개에 있어서 룻과 보아스의 이야기는 평범한 남녀의 만남으로 시작된다. 그러나 그 결론은 구원의 거대한 드라마의 한 부분을 담당하며, 사사시대에 모든 것이 끊어질 뻔한 구원사를 연결시키는 역할을 담당한다. 룻기는 단지 소외된 과부들의 이야기로 끝나버릴 수 있는 이야기였다. 사사시대는 사람들이 제 소견에 옳은 대로 행동하는 무법의 시대였으며, 힘이 곧 정의이며, 유력한 자들과 권세가들은 그 힘으로 객과 고아와 과부와 같은 가난한 자들의 희생을 담보로 자신들의 세력을 키워나가고 유지하는 시대였다. 사사시대의 막바지에 이스라엘은 왕을 기다린다. 그러나 누구를 통해서 그 계보를 연결시킬 것인가 그것이 주어진 과제이다. 모두가 제 소견에 옳은 대로만 하려는 곳에 선한 것이 탄생할 수 있을 것인가?

그런데 그 혼돈의 시대에 하나님의 율법을 철저히 준수하는 사람들로 인해 하나님의 구원 역사가 연결된다. 한 사람이 자식이 없이 죽으면, 형제나 혹은 가장 가까운 친척이 죽은 자의 아내를 맞이하여 자녀를 낳아 죽은 자의 이름을 연결시키는 형사취수제를 실행한다. 이를 통해 그 사람의 계보가 연결됨으로, 사람들의 이름이 사라지지 않도록 하는 것이다. 그리고 한 사람이 가난하게 되어 어쩔 수 없이 기업을 팔게 되면 가장 가까운 친척이 그 기업을 되사서 돌려주는 기업 무르기(고엘 제도)가 실행된다. 이러한 법들을 준수하면 분명히 자신의 기업에 손해가 된다. 그래서 많은 사람들이 그 책임을 부인하고, 오히려 특권만을 누리려고 한다. 그러나 이 법을 지키는 사람으로 인해 하나님의 뜻이 연결된다.

여기 하나님의 뜻을 행하는 보아스와 룻이 있다. 하나님의 뜻을 이루고, 이 혼란을 바르게 할 인물의 탄생으로 연결될 믿음의 사람들이 있는 것이다. 제 소견에 옳은 대로 행하는 사람들이 아니라, 하나님의 법을 그대로 실현하는 사람들을 통해서 하나님의 구원사가 연결된다.

> 베레스는 헤스론을 낳고, 헤스론은 람을 낳고, 람은 암미나답을 낳고, 암미나답은 나손을 낳고, 나손은 살몬을 낳고, 살몬은 보아스를 낳고, 보아스는 오벳을 낳고, 오벳은 이새를 낳고, 이새는 다윗을 낳았더라(룻 4:18-22).

룻과 보아스의 이야기는 끊어질 듯한 이 하나님의 역사인 구원사를 아름답게 연결시키는 이야기를 보이고 있다.

보아스는 자신이 한 말을 신실하게 이루어내는 믿음의 사람이다. 그는 룻에게 "여호와께서 네 행한 일을 보응하시기를 원하며 이스라엘의 하나님 여호와께서 그 날개 아래 보호를 받으러 온 네게 온전한 상 주시기를 원하노라"(룻 2:12)는 축복의 말을 한다. 그리고 보아스의 이 말은 결국 자신의 삶 속에서 실천해야 할 책임이 된다. 룻은 보아스에게 "나는 당신의 시녀 룻이오니 당신의 옷자락으로 나를 덮으소서"(룻 3:9)라고 간구한다. 룻의 이 말에 사용된 '옷자락'이 '날개'와 같은 단어이고, '덮으소서'라는 단어가 '보호하다'라는 단어와 동일하다는 점에서 그 일이 바로 보아스의 소명이란 점을 드러낸다. 이것은 하나님의 율법을 행하는 것은 곧 사람이 그의 삶을 통하여서 하나님의 긍휼과 자비를 실현하는 것을 의미하는 것이다. 여호와의 날개 밑의 보호처는 보아스의 옷자락 아래, 즉 그의 돌봄과 보호 아래 살아가는 것을 상징하는 것이다. 이렇듯이 하나님의 사람은 하나님의 행위를 삶을 통해 실천함으로 하나님의 자비가 사람들에게 흘러가는 통로가 된다. 그리고 남자의 옷자락으로 여자를 덮는다는 것은 이스라엘에서 결혼의 은유이다(겔 16:8). 그렇다면 여호와의 날개 그늘 아래 거한다는 것도 오직 여호와를 인생의 유일한 배우자로 삼는 것과 같은 신앙의 결단을 의미한다 할 수 있다.

그러나 안타깝게도 룻기와 같은 풍요가 회복되는 시절에도 이름을 잃어버리고, 정체성을 상실하며, 하나님의 구원사에 어떠한 자리도 차지하지 못하는 사람이 있다. 룻에게 기업 무를 자로서 보아스 보다도 더 큰 권리를 가지고 있었던 사람이 있다. 나오미에게 보아스보다 더 가까운 친족이다. 그러나 그는 자신의 힘과 재력으로 특권은 누릴 준비가 되어 있으나, 책임을 질 생각은 없다. 나오미의 재산은 자신이 무르려고 한다. 왜냐하면 그들에게 아들이 없으므로 자신의 재산이 될 수 있기 때문이다(룻 4:1-4). 그러나 보아스가 룻도 취하여 아들을 낳아주고, 그 죽은 자의 이름으로 기업을 이어 주어야 한다는 말에 "나는 내 기업에 손해가 있을까 하여 나를 위하여 무르지 못하노니 나의 무를 권리를 네가 취하라 나는 무르지 못하겠노라"(룻 4:6)고 회피해버린다. 안타깝게도 그는 '아무개여'(룻 4:1)라는 호칭으로 밖에는 나타나지 않는다. 늘 그에게 따라 붙는 명칭은 책임을 강조하는 '더 가까운 친족'(룻 3:12), '기업 무를 자'(룻 4:1, 3, 6, 8)였다. 그러나 결국 더 가까운 친족인 이 사람은 하나님의 율법을 지키는 것을 회피함으로 자신의 이름이 사라지는 정체성의 상실을 보여준다. 그와 더불어 하나님의 구원의 역사에서도 어떠한 자리를 차지하지 못하고 사라져버린다. 룻기는 이처럼 풍성한 곡식 추수가 이루어지는 시기에 하나님의 백성이 하나님의 법을 지킴으로 고아와 과부와 객을 도움으로 공동체를 살리고, 나아가서는 이방인까지도 하나님의 백성으로 포용하는 길을 제시하고 있다. 물론 하나님의 백성과 하나 되는 것으로 이방인들에게 요구되는 것이 아브라함의 신앙이라는 점에서 그 문은 열려있으되 결코 넓지는 않다는 것은 분명하다.

(2) 칠칠절(오순절)에 룻기 읽기

이스라엘은 출애굽기에서 장자로 불린다. 장자라는 것은 첫 열매를 의미하는 것이다. 그리고 첫 열매가 있다는 것은 앞으로 계속 온전한 추수를 기다리고 있다는 것이다.

> 너는 바로에게 이르기를 여호와의 말씀에 이스라엘은 내 아들 내 장자라 내가 네게 이르기를 내 아들을 보내주어 나를 섬기게 하라 하여도 네가 보내 주기를 거절하니 내가 네 아들 네 장자를 죽이리라 하셨다 하라 하시니라(출 4:22-23).

이스라엘의 절기는 유월절을 지내고 이어지는 무교절의 7일에 속한 안식일 다음 날에 첫 열매를 드리는 초실절을 지킨다(레 23:9-14). 그리고 그 때로부터 일곱 안식일을 지난 다음 날, 즉 셋째 달 6일쯤이 칠칠절(오순절)이 된다. 이 때에는 본격적인 곡식 추수를 하게 되는 날이다. 첫 열매를 드린 초실절 후에 전체적인 추수가 이루어지는 칠칠절이 오는 것이다.

그렇다면 이스라엘의 절기에서 유월절을 지나면서 이스라엘이 하나님의 장자로서 첫 열매가 되는 것이며, 이제 하나님께서는 칠칠절의 대추수를 기대하고 계신다는 것을 느껴볼 수 있다. 하나님의 백성은 유월절에 아가서를 읽으며 자신들이 구원받은 소명이 무엇인가를 일깨웠다. 그것은 하나님의 사랑을 나누고, 전하는 것이다. 자신들이 유월절의 구원을 경험한 첫 열매이며, 이제 하나님께서는 대 추수를 기대하고 계신다는 것을 바라보게 된다.

칠칠절은 의미 깊게도 이스라엘이 시내 산에서 율법을 받는 날과 일치한다. 이스라엘이 시내 산에 도착했을 때가 셋째 달이 되는 시점이라고 말한다(출 19:1). 그리고 모세는 시내 산을 오르내리며 하나님의 뜻을 백성에게 전하고, 백성의 결심을 또한 하나님께 전한다. 그리고 삼일 동안 성결하게 준비하는 기간을 다

합하면 하나님께서 십계명을 시작으로 율법을 전해주는 시점이 칠칠절과 일치하게 되는 것이다. 그래서 이스라엘은 칠칠절(오순절)은 시내 산에서 법을 받은 날과 동일시하는 것이다. 이것은 보리와 밀 추수기인 농사의 절기가 출애굽의 구원의 절기로 대체되며, 하나님의 백성으로서 구원된 삶을 살기위한 법이 주어지는 날인 것이다. 그 법을 통하여 이스라엘은 하나님의 이상을 마음에 품고 살아 갈 수 있게 된다. 그 이상은 결코 칠칠절에 이루어지는 온전한 추수의 이상과 다르지 않다. 하나님께서는 시내 산에 도착한 이스라엘을 향하여 자신의 이상을 모세를 통하여 선포하신다.

> 세계가 다 내게 속하였나니 너희가 내 말을 잘 듣고 내 언약을 지키면 너희는 모든 민족 중에서 내 소유가 되겠고 너희가 내게 대하여 제사장 나라가 되며 거룩한 백성이 되리라 너는 이 말을 이스라엘 자손에게 전할지니라(출 19:5-6).

하나님의 이상 속에는 온 세계가 들어와 있다. 이스라엘이 제사장 나라가 되고, 거룩한 백성이 되어 세계를 구원하는 길로 나아가야 한다는 소명이 들어있는 것이다. 즉, 이스라엘은 하나님의 첫 열매로서 제사장 나라가 되고, 이스라엘이 하나님의 법을 지킴으로 이방 모든 나라들이 하나님의 이 뜻을 품는 하나님의 백성이 되기를 소망하는 것이다. 칠칠절은 하나님은 세상 모든 민족을 하나님의 백성으로 구원하여 추수하기를 원하신다는 것을 상기하는 날인 것이다. 그 일을 이룰 수 있는 길이 바로 하나님의 아름다운 법을 지키며, 세상을 변화시켜 나가고, 하나님의 축복을 전하는 것에 있음을 강조하고 있다.

룻기는 그런 점에서 이방 여인이 이스라엘의 총회에 들어와 하나님의 법을 이루는 것을 통해 이스라엘과 하나 되는 것을 보여준다. 그리고 이것은 시내 산에서 율법을 받을 때의 이상을 그대로 실현하고 있다는 점에서 강한 도전을 제공하고 있다. 또한 룻기가 풍성한 곡식 추수가 이루어지고 있는 것을 배경으로 하고 있다는 것이 칠칠절의 곡식추수와 하나님의 법을 이루는 것의 통일성을 보여주고 있다(룻 1:22; 2:23).

레위기와 신명기에 칠칠절을 지킬 것을 강조하며 그 법적 내용들을 상술하고 있다(레 23:9-22; 신 16:9-12). 첫 이삭을 바치는 날로부터 일곱 안식일을 지나고 50일째 되는 날로 이 칠칠절을 지킬 때 공히 따라오는 명령 구절이 있다.

> 너희 땅의 곡물을 벨 때에 밭 모퉁이까지 다 베지 말며 떨어진 것을 줍지 말고 너는 그것을 가난한 자와 객을 위하여 버려두라 나는 너희 하나님 여호와니라(레 23:22).

> 너와 네 자녀와 노비와 네 성중에 거하는 레위인과 및 너희 중에 있는 객과 고아와 과부가 함께 네 하나님 여호와께서 그 이름을 두시려고 택하신 곳에서 네 하나님 여호와 앞에서 즐거워 할찌니라 너는 애굽에서 종 되었던 것을 기억하고 이 규례를 지켜 행할찌니라(신 16:11-12).

룻기는 이스라엘이 이 칠칠절 법의 규정을 지킬 때 단순히 객과 고아와 과부가 즐거워하며 안전히 사는 것에 그치는 것이 아님을 보이고 있다. 그 일은 무너진 터를 수축하는 것이며(쓰러진 가문을 세운다는 것을 통해), 공동체를 세우는 것이며, 관계가 회복되고, 형성되며, 생육하고 번성하는 놀라운 역사가 연결된다는 것이다. 그리고 그 생육과 번성은 하나님의 사람을 탄생시키고, 새 역사를 이어가는 기초가 된다는 것이다. 하나님의 백성이 법을 준수하며 살아간다는 것은 생명이요, 축복이며, 먹고, 마시고 즐거워하는 이상을 실현하는 지름길이라는 것이다. 칠칠절에 룻기를 읽는 것은 이러한 이상을 기억하고 다시 또 여호와의 율법으로 돌아가는 결단을 다지는 길이었음을 살펴볼 수 있다.

오순절을 지킴으로 이방인을 추수하시고자 하시는 하나님의 마음이 첫 열매인 이스라엘을 통해 세상에 전파되기를 원하신다. 오순절은 하나님의 백성이 시내 산에서 율법을 받은 날로 이스라엘이 하나님의 법을 바로 지키면 열방을 품을 수 있다는 의미를 가지고 있다. 하나님의 백성 이스라엘은 이처럼 시내 산에서 구원받은 삶의 의미와 나아 갈 방향을 발견했다. 시내 산 사건은 하나님께서 행하신 구원사(선택)와 나 자신의 결단(언약)이라는 두 가지가 만나는 장소이다. 선택은 독특한 정체성을 형성하고, 언약은 책임 있는 관계를 설명한다. 시내 산 자체가 거룩한 장소가 아니라, 하나님의 뜻이 명백하게 드러나고 그분에 대한 사람들의 반응이 인정될 때 시내 산의 진가는 온전히 드러난다.[139]

룻기는 오순절에 읽는 성경으로 그 이념을 그대로 간직하고 있다. 이스라엘이 하나님의 법을 지킴으로 모압 여인을 품고, 그 여인의 신앙과 이스라엘의 신앙이 만나는 연합이 일어난다. 룻과 보아스가 만나 가정을 이루고 다윗이 탄생한다. 오순절의 의미를 바르게 이해하며 하나님의 백성이 살아간다면 또 다시 하나님의 왕국을 이루고, 심지어는 메시야가 오실 길도 여는 것이다. 즉, 하나님의 백성과 이방인이 만나 연합할 때 하나님의 나라가 온전히 열린다는 것이다. 그러나 반드시 하나님의 백성이 하나님의 법을 준수하고, 이방인들이 그 법에 매료되어 동참할 때 그 일이 일어난다는 것이다(신 4:5-8). 그것이 오순절의 의미이다.

지금 우리 그리스도인들에게는 오순절의 의미는 무엇인가? 예수 그리스도께서 죽음의 세계를 이기시고, 부활하심으로 승리의 첫 열매가 되셨다(고전 15:20). 그리고 그 부활이 유월절을 지내시고 십자가에 달리셔서 무교절 7일에 속한 안식일 다음 날인 초실절에 일어났다는 점에서 예수님의 부활은 명백하게 승리의 첫 열매임에 틀림없다. 그리고 오순절에 성령께서 강림하심으로 온 세계의 모든 민족을 향한 구원의 길이 활짝 열린 것이다. 사도행전의 오순절은 복음이 열방으로 퍼져나가는 기초가 되었다. 지금 우리에게 오순절은 시내 산 사건과 더불어 예수 그리스도의 놀라운 복음을 세상에 전함으로 세상 모든 민족을 구원하는 길로 나아가는 절기인 것이다. 우리 주님의 다시 오심은 하나님의 백성이 주님의 법을 따르고, 세상을 이끌며, 세상 사람들과 하나님의 법 안에서 온전한 연합을 이룰 때 실현될 것이다. 그러므로 성령강림절은 결코 우리 혼자만의 축제가 아니라 모두의 축제가 되게 해야 할 책임과 소명을 일깨우는 날인 것이다.

그렇다면 이스라엘이 이러한 하나님의 말씀에 순종하지 않고, 제 멋대로 살아갈 때, 그 아무개와 같이 정체성을 상실할 것이요, 결국은 망국으로 갈 수밖에 없다. 그럴 때 전혀 생각지도 않았던 절기가 그 다음에 끼어들게 되는 것이다. 본래 칠칠절(여름의 밀, 보리 추수)은 초막절(가을의 과일추수)로 연결되어야 한다. 즉, 여름 추수는 가을 추수와 연결되는 것이 하나님께서 자신의 백성을 향하여 계획하신 축복이기 때문이다.

> 너희가 내 규례와 계명을 준행하면 내가 너희에게 철따라 비를 주리니 땅은 그 산물을 내고 밭의 나무는 열매를 맺으리라 너희의 타작은(여름추수-밀. 보리) 포도 딸 때까지(가을추수-과일들) 미치며 너희의 포도 따는 것은 파종할 때까지 미치리니 너희가 음식을 배불리 먹고 너희의 땅에 안전하게 거주하리라 내가 그 땅에 평화를 줄 것인즉 너희가 누울 때 너희를 두렵게 할 자가 없을 것이며 내가 사나운 짐승을 그 땅에서 제할 것이요 칼이 너희의 땅에 두루 행하지 아니할 것이며(레 26:3-5; 비교 암 9:12).

그러나 칠칠절 다음에 초막절 축제를 지키는 절기가 아닌, 성전이 파괴된 쓰라린 날을 기념하는 절기가 칠칠절과 초막절 사이를 갈라놓는다. 탄식의 절기가 축제의 절기들 사이에 파고든다는 것은 무언가 분명히 잘못되었다는 것을 보여준다. 절기의 진정한 의미가 무너지고 끊어져 버리는 것이다. 애가는 무엇이 거룩의 시간표를 끊어버릴 수 있는가를 제시하며, 회복으로의 길을 탄원하고 있는 것이다.

3) 애가와 성전파괴일(아브월[다섯째 달] 9일)

(1) 애가 개요

애가(哀歌 슬픈 노래)의 히브리어 제목은 '에카'(אֵיכָה 어찌하여!)로 슬픔과 고통을 토로하는 극심한 탄식의 표현이다. 한국적인 표현으로는 엄청난 상실감으로 인해 외치는 '아이구!'라는 초상집의 탄식과 같은 의미라 할 수 있다. 그리고 실제로 애가 1:1; 2:1; 4:1절은 이 단어로 시작하고 있다. 그렇다면 애가는 무엇에 대한 슬픔의 표현을 하고 있는 것인가? 그것은 다름 아닌 BC 587년에 하나님의 도성 예루살렘이 파괴되고, 여호와의 성전이 위치한 시온 산성이 돌 위에 돌 하나도 남지 않고 산산이 파괴되었기 때문이다. 성전은 하나님의 백성에게 있어서 눈에 넣어도 아프지 않을 만큼 소중한 기쁨의 대상이었다. 여호와께서도 이것을 아시고 계신다.

> 너는 이스라엘 족속에게 이르기를 주 여호와의 말씀에 내 성소는 너희 세력의 영광이요 너희 눈의 기쁨이요 너희 마음에 아낌이 되거니와 내가 더럽힐 것이며 너희의 버려 둔 자녀를 칼에 엎드러지게 할지라(겔 24:21).

하나님의 백성은 바벨론을 필두로 한 이방나라들에 의해 멸망하고, 성전도 파괴되었다. 성전이 파괴되었다는 것은 이제 더 이상 절기를 지키는 순례를 할 수 없게 되었다는 것을 말한다. 거룩을 향한 시간표의 중심이 사라져 버린 것이다. 하나님의 말씀의 빛이 뿜어져 나오는 성전이 파괴되며, 절기를 지키는 행렬도 끊어

져버렸다: "시온의 도로들이 슬퍼함이여 절기를 지키려 나아가는 사람이 없음이로다"(애 1:4; 참조, 2:4). 애가는 그러한 고통스러운 상황을 모든 감정을 다 쏟아 부어 표현하고 있다. 물론 허공을 향한 탄식이 아니라, 하나님이라는 분명한 대상을 향한 부르짖음이다. 애가의 특징은 단순히 처절한 감정만을 사용하는 것이 아니라, 그 당시에 인간의 지적인 능력으로 사용할 수 있는 모든 문학적인 기교를 다 활용하여 하나님께 간구하고 있다.

애가는 문학적인 장르로 시가에 속한다. 그러므로 애가의 신학을 바르게 이해하기 위해서는 히브리 시의 특징을 알아야 할 필요가 있다. 히브리 시에서 가장 많이 사용되는 문학적인 방법은 역시 평행법이다. 두 행이 동일한 구조로 연결되며, 때로는 동의어로, 때로는 반의어나 상징적인 단어로 그 의미를 넓히고, 강조하는 형태를 통해 시가 주고자 하는 메시지를 강조하는 것이다. 주로 한 행이 세 단어로 이루어지며, 다음의 세 단어로 이루어진 행과 길이와 사고 면에서 균등한 평행관계를 이루는 것이다. 즉, 3+3 (a+b+c//a'+b'+c')의 형태를 보인다는 것이다.[140]

① 동의적 평행법 (시편 105:23)

a. 이에 이스라엘이	b. 애굽에	c. 들어감이여
a'. 야곱이	b'. 함 땅에	c'. 객이 되었도다

② 반의적 평행법 (시편 90:6)

a. 풀은 아침에	b. 꽃이 피어	c. 자라다가
a'. 저녁에	b'. 벤바 되어	c'. 마르나이다

③ 상징적 평행법 – 직유나 은유를 사용 (시 103:13)

a. 아비가	b. 자식을	c. 불쌍히 여김 같이
a'. 여호와께서	b'. 자기를 경외하는 자를	c'. 불쌍히 여기시나이다

이처럼 히브리 시의 특징은 일반적으로 3+3의 평행구조를 통해 의미의 확장과 사고의 깊이를 전한다. 이에 비해 예레미야 애가는 전체의 구조가 '키나' (קִינָה; 탄식, 만가, 슬픈 노래)의 형태를 가지고 있다. 즉, 3+2의 형태로 a+b+c//a'+b'의 구조를 가지고 있다. 이것은 "마치 시가 중간에서 잘려나간 모습으로 보이는데 이것은 사람이 제 수명대로 살지 못하고 일찍 죽는 것과 같은 비극적인 삶을 표현하는 문학적 기법이다. 이러한 표현은 흔히 '소멸기법'(dying out)이라 불린다."[141] 예를 들면 다음과 같다.[142]

a. 나의 살과	b. 가죽을	c. 쇠하게 하시며
a'. 나의 뼈들을	b'. 꺾으셨고	(애 3:4)

a. 다듬은 돌을	b. 쌓아	c. 내 길들을 막으사
a'. 내 길들을	b' 굽게 하셨나이다	(애 3:9)

단지 소멸기법으로만 절망으로 메말라 죽어가는 상황을 전하는 것이 아니라, 애가는 히브리어 알파벳 22개 전체를 사용하여 각 장들을 배열하고 있다는 점 또한 특기할 사항이다. 5장으로 구성된 애가는 각 장이 22절(1장), 22절(2장), 66절(3장), 22절(4장) 22절(5장)로 이루어져 있다. 22절은 알파벳을 1번씩 사용하고 있고, 66절은 3번씩 사용하고 있다는 것이 차이점이다. 그리

고 애가 1-3장은 각 알파벳 당 3행씩 배열한다. 1, 2장은 한 알파벳 당 3행이 배정되지만, 특히 3장은 애가의 중심으로 동일한 3행이지만 각 행마다 동일한 알파벳을 사용한다는 점이 다르다.

1장(66행)	2장(66행)	3장(66행)
A___ ___ ___ B___ ___ ___	A___ ___ ___ B___ ___ ___	A___ A___ A___ B___ B___ B___

그러나 애가 4-5장은 '소멸기법'이 장 전체로 확대되는 것으로 4장은 2행으로 구성되고, 5장은 가장 짧은 1행으로 구성된다. 즉 아가서 전체는 행의 배분에 있어서 '3+3+3+2+1'로 중심인 3장까지는 3행을 유지하다가 후반부에 가서는 점점 줄어드는 경향을 보이며, 삶의 상태를 시적으로 표현한다.

소멸기법을 더욱 강하게 부각 시키는 것은 5장으로 1, 2, 4장과 마찬가지로 알파벳 전체 숫자를 의미하는 22절로 이루어져 있으나 전혀 알파벳 순서를 사용하지 않고 무질서한 형태로 나타난다. 그렇다고 그 무질서가 모든 알파벳을 사용하는 것도 아니다. 이것은 모든 정형의 틀이 완전히 깨어진 것을 의미한다.

1, 2, 4장(3장은 세 번씩)	5장
A___ ___ B___ ___	Z___ N___ Y___ M___

보통 알파벳 전체를 사용하는 시편들은 완전함을 드러내기 위한 목적이 있다. 시편 119편에서는 율법의 완전함을 표현하기 위해 각 알파벳을 8번씩 사용해 176절의 긴 율법 찬양을 이룬다. 그리고 잠언 31:10-31절(22절)의 알파벳을 사용한 현숙한 여인에 대한 칭송은 여인에 대한 찬양이라기보다는 지혜의 완전함을 칭송하기 위함이다. 그러나 애가에서의 알파벳 사용은 또 다른 목적이 있음을 살펴볼 수 있다. 이것은 곧 슬픔과 고통이 더 이상 견딜 수 없을 만큼 가득한 상태를 표현하는 기법이 된다. 그리고 마지막 5장에서의 의도적인 알파벳의 흩어짐은 이 애가를 부르는 하나님의 백성의 삶이 이렇게 산산이 깨어져 버려 극도의 절망 가운데 거하고 있다는 표현인 것이다. 이러한 사실은 애가의 맨 마지막 절인 5:20-22절의 내용을 통해서 분명하게 살펴볼 수 있다.

> 주께서 어찌하여 우리를 영원히 잊으시오며 우리를 이같이 오래 버리시나이까 여호와여 우리를 주께로 돌이키소서 그리하시면 우리가 주께로 돌아가겠사오니 우리의 날을 다시 새롭게 하사 옛적 같게 하옵소서 주께서 우리를 아주 버리셨사오며 우리에게 진노하심이 특심하시니이다

이 형식 속에는 한 민족의 살고자 하는 염원이 들어가 있다. 새로운 시작을 향한 갈망이 농축되어 나타나고 있는 것이다. 그리고 이러한 염원 속에 애가가 가지고 있는 신앙이 표출된다. 애가의 가치는 하나님의 백성이 대적들의 침공에 의해 망국으로

갔지만 그것은 결코 이스라엘의 하나님이신 여호와의 무능을 의미하는 것이 아니라는 신념으로 인해 빛을 발한다. 그 당시의 전쟁이 신들의 전쟁이며, 전쟁에 패한 약소국들은 자신들이 믿던 신을 폐기하고, 승전국의 신에게로 전향하는 것이 일반적인 통념이었다는 점에서 애가의 존재는 고대사회의 통념을 깨는 획기적인 것이라 할 수 있다. 이것이 가능할 수 있었던 것은 역시 여호와 하나님의 존재에 대한 확신과 그 분을 향한 백성들의 신앙이라 할 수 있다.

이스라엘은 시온의 파괴와 그들의 처참한 운명은 여호와의 무능에서 기인한 것이 아니라 자신들의 죄 때문이었음을 고백한다(애 1:18, 20; 2:14; 3:42; 4:13; 5:16). 이처럼 애가는 단 한 장도 자신들의 죄를 자백하지 않는 곳이 없다. 그리고 그 죄는 구약성경에서 사용하는 대부분의 죄를 나타내는 단어들을 총동원하여 고백하고 있으며, 현재 상태는 그 죄로 인한 하나님의 분노(애 2:6; 3:1, 43; 4:11, 16)라는 것이 이 애가의 원인분석이다. 그래서 애가에서 이스라엘의 죄와 하나님의 분노는 가장 많이 나타나는 단어들이 된다. 이스라엘은 죄를 지었으며 하나님은 분노하셨다. 그러나 그 분노는 너무도 당연한 공의의 결과임을 보이고 있다. 이것은 토라의 신명기에 나타난 불순종에 대한 심판의 내용과 애가에서 이스라엘이 겪은 내용을 비교해 보면 쉽게 알 수 있다(비교, 애 1:3과 신 28:65; 애 1:5와 신 28:32, 44; 애 1:18과 신 28:41; 애 2:15와 신 28:37; 애 2:20과 신 28:53; 애 4:10과 신 28:56; 애 5:5와 신 28:65 등). 그럼 희망은 어디에 있는 것인가? 그것은 애가서의 교차 대칭 구조(chiasm)를 보면 알 수 있다.

A. 애 1장 예루살렘에 닥친 재난에 대한 탄식

B. 애 2장 예루살렘에 거하는 자들이 겪은 구체적인 참상

C. 애 3장 이스라엘을 향한 하나님의 자비와 긍휼하심 간구와 기대

B'. 애 4장 예루살렘에 거하는 자들이 겪은 구체적인 참상

A'. 애 5장 예루살렘에 닥친 재난으로 인해 겪는 삶에 대한 탄식

이 구조를 통해 분석해 볼 수 있는 것은 모든 것이 집중되고 있는 가운데 위치한 66절, 특히 각 알파벳을 세 번씩 사용하여 만들고 있는 곳에 그 중심 메시지가 들어가 있을 것임을 직감해 볼 수 있다. 왜냐하면 알파벳을 사용함은 완전함을 나타내는 목적이 있는데 그것을 세 번씩이나 사용하여 66절의 알파벳 시를 만들고 있다는 것은 그 완전함 속에 보여주고자 하는 목적이 있기 때문이다. 실제로 이 속에 구원의 길이 들어 있으며, 애가서가 제시하는 유일한 미래의 희망이 나타나 있다. 그것은 바로 "하나님의 자비와 긍휼이다"(애 3:22, 32; 비교, 출 34:6). 그것이 바로 구원의 유일한 원천인 것이다. 그리고 그 구원이 임할 때까지 묵묵히 징계를 견디는 것이 필요하다(애 3:19-39). 하나님께서 대적들의 도에 지나친 파괴 행위를 보응할 때까지 하나님을 바라며 기다리는 것이다(애 3:52-54, 59; 4:21-22; 비교, 사 10:5-11; 합 1:10-11).

그대의 입을 땅의 티끌에 댈지어다 혹시 소망이 있을 지로다 자기를 치는 자에게 뺨을 돌려대어 치욕으로 배불릴지어다(애 3:29-30).

이렇게 오히려 과중한 치욕을 스스로 짊어지고 뺨까지 돌려대며 죄보다 더한 치욕을 짊어지는 것은 회복은 오직 하나님의 인자하심과 긍휼하심에 있기 때문이다(애 3:32). 이것은 하나님께서 불쌍히 여기시고, 다시 구원의 손길을 베푸시는 은혜를 고대하는 몸짓인 것이다.

(2) 성전파괴 일에 애가 읽기

성전파괴 일을 기념하는 절기는 토라에는 전혀 언급조차 되지 않은 날이며, 하나님께서 생각지도 않으신 절기인 것이다. 칠칠절(여름추수축제)에서 초막절(가을추수축제)로 직접 연결되는 것이 바로 하나님의 뜻이셨기 때문이다. 단지 토라에는 하나님의 말씀에 순종치 않을 때는 멸망이라는 저주의 초 강수를 두실 것이라는 경고는 자주 나타난다(레 26장; 신 28장). 그리고 그것은 오직 경고용으로만 사용되기를 바라셨다. 그러나 인생 가운데 이물질처럼 끼어든 이 절기 또한 인생을 새롭게 하는 길을 갖기 위해 필요하다는 점에서 우리의 삶을 돌아볼 필요가 있다.

이스라엘은 나라가 망하고, 성전이 무너지고, 포로로 잡혀간 후에 포로지에 있는 사람들이든, 가나안 땅에 잔류한 사람들이든 다섯째 달 아브월 9일에는 금식을 하며 그 고통의 날을 상기했다(슥 7:5; 8:19). 그리고 그 날에 애가를 낭독하였다. 이 낭독 속에는 여러 가지 의미가 들어가 있을 것을 짐작해 볼 수 있다. 첫째로는 이러한 파괴의 원인이 된 자신들의 죄를 돌아보는 시간이 되었을 것이다. 둘째로는 하나님의 경고가 결코 무의미한 말장난이 아니라는 것을 깨달으며, 하나님의 주권을 기억하는 시간 또한 되었을 것이다. 셋째로는 하나님의 주권에 대한 새로운 인식으로 인해 지금 자신들을 억류하고 있는 그 열방의 위력으로 인하여 이런 상황이 펼쳐진 것이 아니라는 사실을 상기했을 것이다. 그리고 넷째로는 그 모든 종합으로 오직 하나님께만 구원의 희망을 두는 신앙의 결단이 새롭게 회복되었을 것이다.

이처럼 애가를 낭독하며 마침내 진정한 참회의 길을 발견하는 것이다. 참회는 죄책감에만 사로잡혀 있는 것도 아니고, 또한 하나님의 분노의 징계에 대한 억울함에만 사로잡혀 있는 것도 아니다. 죄책감이 하나님 앞에서의 회개가 되고, 그리고 원수들의 과한 악행에 대한 억울함이 하나님의 공의를 자극하는 탄원이 되어 하나로 만난 참회만이 미래를 기약하는 희망으로 피어날 수 있기 때문이다. 여호와의 뜻에 맡기는 이런 잠잠한 애가 낭독은 해마다 하나님의 인자와 긍휼을 자극하는 간청이 되어 악몽 같은 상황을 극복하는 힘을 제공하였을 것이다. "이는 주께서 영원하도록 버리지 아니하실 것임이며 그가 비록 근심하게 하시나 그의 풍부한 인자하심에 따라 긍휼히 여기실 것이기" 때문이다(애 3:11-12). 이러한 하나님의 인자와 긍휼하심으로 인해 삶은 또 다시 새로운 기회 앞에 설 것임을 기대해 볼 수 있고, 끊어졌던 절기가 회복됨으로 거룩으로의 행진은 계속될 수 있는 것이다.

4) 전도서와 초막절(장막절 סֻכֹּת) 축제(일곱째 달 15-21일)

(1) 전도서 개요

전도서의 시작은 전도자의 말로부터 시작되는데 그 말은 "헛되고 헛되며 헛되고 헛되니 모든 것이 헛되도다"(전 1:2)이다.

이 '헛되다'라는 히브리어 단어 '헤벨'(הֶבֶל)은 '한 호흡, 안개, 바람, 한 순간'이라는 의미로 '헛되다'라는 뜻보다는 오히려 '덧없다, 무상하다'라는 뜻으로 사용될 때 전도서 속에서 그 의미를 더 잘 살릴 수 있을 것이다. 이 '헤벨'은 창세기 4장에서 어떤 후손도 없이 사라져간 가인의 동생 '아벨'(히브리어로는 '헤벨'[הֶבֶל])의 이름이기도 하며, 그 본래의 의미같이 한 호흡처럼, 연약하게, 안개처럼 사라져간 그 삶을 대변한다. 이것은 바로 인간에 대한 날카로운 인식이라고 할 수 있다. '헤벨'은 전도서에서 가장 많이 나타나는 단어로 전체에 걸쳐서 총 38번이나 등장한다. 그리고 전도서를 제외한 구약성경 전체에도 약 38번 정도가 나타난다는 점에서 전도서가 가히 어느 정도로 이 단어에 비중을 두고 있는지를 짐작해 볼 수 있다. 그렇다면 이렇게 한 호흡같이 왔다 가는 덧없는 인생에게 삶이란 무엇인가라는 질문이 생긴다.

전도서에서 인생이 제한되어 있는 곳은 '해 아래' (전 1:3, 9, 14; 2:11, 17, 18, 19, 20, 20, 22; 3:16; 4:1, 3, 7, 15; 5:13, 18; 6:1, 12; 8:9, 15[2번], 17; 9:3, 6, 9, 11, 13; 10:5)이며, 그에 상응하는 '땅 위'(עַל־הָאָרֶץ 알-하아레쯔; 전 5:2; 8:14, 16; 11:2, 3; 12:7)이다. 그러므로 전도서의 기자가 관찰하고 경험한 모든 것은 바로 '해 아래서'부터 '땅 위'까지이다. 이 장소가 바로 사람이 삶을 영위하는 장소인 것이다. 이런 제한된 장소에서 삶을 영위하는 사람은 '하늘 위에서' 벌어지는 일과 '땅 밑에서' 무슨 일이 벌어지는지 무지하다(전 3:21; 5:2). 그래서 전도자는 사람들에게 다음과 같이 경고한다.

> 너는 하나님 앞에서 함부로 입을 열지 말며 급한 마음으로 말을 내지 말라 하나님은 하늘에 계시고 너는 땅에 있음이니라 그런즉 마땅히 말을 적게 할 것이라(전 5:2).

이러한 구절들을 통해서 우리가 깨달아야 할 것은 하나님과 인간의 차이점이다. 전도서에서 그렇게도 자주 '헛되다'라고 하는 것은 바로 인간의 유한함이요, 하나님은 영원하시다는 것이다: "하나님의 행하시는 것은 영원히 있을 것이라"(전 3:14). 유한한 인간은 자신이 죽은 후의 일에 대해서 어떠한 지식조차 가지고 있지 않다(전 2:12, 18; 3:22; 6:12; 7:14; 9:3; 10:14; 12:2). 그에 반해 영원 가운데 계신 하나님께서는 그 전후사를 환히 알고 계신다(전 3:1-14). 설사 사람의 눈에는 상황이 굽어져 있는 듯이 보여도(전 1:15; 7:13) 우리 하나님의 영원하신 계획 속에서는 그 굽어진 것이 결코 굽어진 것이 아니라, 다른 양 극단을 연결시키는 고리의 역할을 하게 하기 위한 것일 수 있다. 세상이 불의와 부정의로 인해 악하게 굽어진 듯이 보이지만 하나님의 뜻 안에서는 그것 또한 하늘의 뜻을 이루는 도구일 수 있다는 것이다.

사 람	하 나 님
창조자를 기억해야할 피조물	창조자(בּוֹרֵא 보레)(하나님의 초월성)
덧없음(הֶבֶל 헤벨)	영원하심(עוֹלָם 올람)
해 아래(תַּחַת הַשָּׁמֶשׁ 타하트 하샤마임)	하늘에 (בַּשָּׁמַיִם 바샤마임)
생을 최고로 즐김(טוֹב 토브)	선악 간에 심판하심 (אִם־טוֹב וְאִם־רַע 임-토브 웨임-라)

그러므로 전도서는 어떤 삶의 정황 가운데 거할 지라도 오직 '창조자를 기억하는 것'이 바로 삶의 목표를 찾는 길임을 강조한다(전 12:1). 창조자를 만나는 것이 바로 우리가 이 자리에 있는 이유를 발견하는 유일한 길이기 때문이다. 전도서에는 '헛되다'라는 단어인 '헤벨'이 38번 사용되었다. 그러나 그 헛됨을 탈피해 나갈 수 있는 유일한 탈출구가 되시는 창조주 '하나님' 또한 동일하게 38번 나타나고 있다는 점에서 '헛됨'을 극복할 수 있는 길이 제시되고 있는 것이다. 헤벨의 삶이냐, 하나님께로 나아가는 삶이냐에 따라 낙을 누릴 수도 헛된 악한 날을 보낼 수도 있다는 암시와 경고가 들어가 있는 것이다(전 3:14; 5:7; 7:15-18; 8:12-13).

하나님(אֱלֹהִים 엘로힘)	헛되다(הֶבֶל 헤벨)
1:13; 2:24; 3:10, 11, 13, 14(2번), 15, 17, 18; 4:17; 5:1(2번), 3, 5, 6, 17; 5:18(2번), 19; 6:2(2번); 7:13, 14, 26, 29; 8:2, 12, 13, 15, 17; 9:1, 7; 11:5, 9; 12:7, 13, 14	1:2(5번), 14; 2:1, 11, 15, 17, 19, 21, 23, 26; 3:19; 4:4, 7, 8, 16; 5:6, 9; 6:2, 4, 9, 11, 12: 7:6, 15; 8:10, 14(2번); 9:9(2번); 11:8, 10; 12:8(3번)
총 38 번	총 38 번

전도서는 이렇게 창조자의 거룩하신 뜻 안에서 삶을 가장 기쁘고, 즐겁게, 낙을 누리며 살아갈 것을 제시한다(전 2:24; 3:12-13, 22; 5:18-20; 8:15; 9:7-9; 11:7-8). 이러한 삶을 살아가면 우리의 인생이 얼마나 짧든지, 길든지에 관계없이 삶을 보람 있게 살게 될 수 있다는 것이다. 그러나 우리가 누리는 기쁨과 낙은 반

드시 믿음 안에서 건전하고 올바른 것이 되어야 한다는 것 또한 잊어서는 안 된다. 전도서는 이러한 테두리를 벗어난 향락적이고 파괴적인 쾌락은 결코 용납되지 않을 것을 피력하며 그 결론에 이른다(전 11:9; 12:13-14).

(2) 초막절(장막절)에 전도서 읽기

전도서와 초막절은 언뜻 보기에는 서로 어울리지 않는 만남 같은 느낌이 든다. 인간의 삶 속에서 가장 풍성한 때가 바로 초막절 축제의 시기이기 때문이다. 하나님의 풍성한 축복을 상징하는 포도의 수확이 넘쳐나고, 온갖 과실들이 창고를 가득 메우며, 온 백성들이 들판에서 초막을 짓고 추수의 기쁨을 나누는 때이다. 객과 고아와 과부들과 같은 약자들까지도 먹고, 마시고, 즐거워하는 소리가 넘쳐나는 시기이다(신 24:20-22). 그런데 그 시기에 전도서를 낭송함으로 온 백성이 듣고 묵상을 한다. 이것은 물질적인 풍성함이 한 순간임을 가르침으로 오직 영원하신 하나님께만 모든 신뢰를 두게 하려는 목적이 있다.

초막절 축제는 정확히 말해서 나뭇가지와 잎으로 만든 임시적인 거처인 오두막집 축제이다. 이 축제는 첫째 이스라엘의 광야여정의 40년을 기억하는 의미가 포함된다. 광야는 두 가지의 의미가 내포된 곳이다. 그것은 시련과 유혹이라는 고통의 의미와 자유와 돌봄이라는 희망의 교차이다. 나뭇가지와 잎으로 된 영원과는 거리가 먼 순간적이고, 허약하기 그지없는 초막들은 하나님의 백성들에게 사막에서의 유랑 40년 동안의 하나님의 성실하심을 되새기는 기초가 된다. 또한 광야에 힘없이 서 있는 초막은 양식과 물, 안식을 전적으로 하나님에게만 의지할 수밖에 없는 인간의 상태를 상징한다. 이것은 영적 세계 속에서도 역시 마찬가지이다. 왜냐하면 하나님의 자비와 긍휼이 없다면 모든 인간은 헐벗고, 곤궁에 처할 것이기 때문이다. 이 초막절 축제는 둘째로 하나님의 돌보심이 함께한 광야를 거쳐 약속의 땅에 진입한 후에는 농사와의 연계를 가지며 추수하는 동안 햇볕, 추위, 야생동물의 위험을 피할 수 있는 임시로 거할 수 있는 안식처와 휴식처의 의미를 갖는다.

이처럼 허술한 피난처인 오두막의 축제인 초막절은 오직 하나님에 의해서만 보호되는 허술함의 축제이며, 인간이 만든 피난처인 초막의 허약함을 상기하는 축제이다. 하나님의 백성은 일년에 한 번 만이라도 인간적인 모든 안전과 모든 확고한 기초에 대해 문제를 제기하며 진정한 피난처요, 안식처가 누구이신가를 되새길 필요가 있다. 초막절은 바로 그런 시간인 것이다. 풍요로 물질적인 부요함이 넘쳐나는 가을추수의 시기에 견고한 주택을 뒤로하고, 허술한 초막에서 전도서를 낭송하고, 묵상하는 것은 인간이 건설한 문명의 헛됨에 의지하지 않고, 영원한 것을 바라볼 수 있기 위함이다. 오로지 도전이나, 혁신, 성취라는 인간적 신화와 업적에만 바탕을 둔 문명은 결코 정신적 퇴보와 타락을 면치 못할 것이기 때문이다. 고대세계를 뒤흔들었던 이집트, 앗시리아, 바벨론, 페르시아와 같은 열방의 오만함은 결코 자신들의 견고한 문명을 일년에 단 일주일만이라도 단순한 초막으로 옮기지 않았던 것에서 찾을 수 있을 것이다. 이것은 하나님의 백성에게도 마찬가지의 교훈을 준다.[143)]

그러므로 초막절 축제에 전도서를 읽음은 우리 인생의 이런 덧없음을 드러내고, 철저히 문제 삼으며, 우리 심중에 가득 찬 것을 드러내어 새로운 조명을 하기 위함이다. 이를 통해 우리 인생의 유한함 가운데 영원하신 하나님만 바라보는 신앙으로 나아가는 길을 선명하게 볼 수 있는 길이 열리는 것이다. 이처럼 초막절의 풍요로움에 잠식되지 않고, 인생을 가장 잘 직시할 수 있게 하기에 전도서보다 더 나은 책은 없을 것이다.

이렇게 초막절의 의미를 바로 새긴다면 다시 새로운 해로의 순환이 이어져 유월절로 연결될 것이다. 그러나 이스라엘의 절기에는 또 다시 들어오지 말아야 할 절기가 그 자리를 차지한다. 바로 부림절인 것이다. 해방되었으나, 아직도 이방 땅에 살고 있는 유다인들은 유월절을 지키는 것조차 버거운 삶의 길을 걸어가고 있다. 그들은 구원이 아닌 멸망의 날을 눈앞에 두고 살아가고 있기 때문이다.

5) 에스더서와 부림절 축제(열두째 달 14-15일)

(1) 에스더서 개요

에스더서는 더 이상 하나님께서 돌보시지 않는 것 같은 상황 속에서 살아가는 유대인들의 삶을 그리고 있다. 여호와의 모든 역사가 멈추어 버린 것 같이 어렵고, 힘겨운 시기를 그 배경으로 하고 있는 것이다. 바벨론을 정복한 페르시아 황제 고레스의 칙령에 의해 유다의 포로민들이 약속의 땅으로 돌아 간지도 벌써 50여년이 지났다. 그러나 에스더서는 약속의 땅이 아니라 아직도 이방 땅 그곳에 남아 살아가는 유대인들의 이야기를 보여준다. 이들은 머나먼 이방 땅에서 여호와 하나님의 백성이라는 자신의 정체성을 지키기 위해 고군분투 하고 있는 것이다.

페르시아 왕	연대기	중요사건
고레스	539-530	(유대인 1차 귀환 - BC 538 년)
캄비세스	530-522	
다리오 I세	522-486	(제2성전 건축완공 - BC 516년)
크세륵세스(아하수에로)	486-464	(모르드개와 에스더의 활약)
아닥사스다 I세	464-423	(에스라와 함께 2차 귀환 - BC 458년) (느헤미야의 귀환 - BC 445년)
다리오 II세	423-404	
아닥사스다 II세	404-359	
아닥사스다 III세	359-338	
아르세스	338-335	
다리오 III세	335-331	페르시아가 그리스의 알렉산더 대왕에게 멸망
알렉산더(그리스)	336-323	

에스더서는 바벨론 포로생활 70년이 지났음에도 불구하고 이방 땅에서 이제는 포로의 신분이라기 보다는 정착자 즉, 이민자의 입장이 되어버린 이들의 고민을 담고 있다. 이들 중에는 일부 어쩔 수 없이 잔류할 수밖에 없었던 사람들도 있었을 것이지만 대부분은 자의적으로 이방 땅에 정착한 사람들이 대부분이었을 것을 짐작해 볼 수 있다. 이들은 통상 흩어져 살아가는 유다인이란 의미를 가지고 있는 '디아스포라 유다인'이라 불린다. 에스더서는 바로 디아스포라 유다인들이 겪었던 신앙적인 갈등을 대변

하고 있다고 할 수 있다. 토라와 예언서가 하나님의 백성 이스라엘이 하나님께서 약속하신 그 땅으로 귀환하는 것으로 그 신앙의 절정과 회복을 이야기하고 있다면(신 30:20; 습 3:14-20) 이제 이방 땅에서의 생활은 결코 속편한 것이 아닐 것이기 때문이다.

이러한 상황의 심각성은 모르드개라는 인물에 대한 소개에서부터 부각된다. 에스더서는 모르드개가 바벨론 왕 느브갓네살이 예루살렘에서 유다와 여고냐(여호야긴 왕)를 사로잡아 갈 때에 모르드개도 같이 사로잡혀 갔다고 전한다(에 2:6). 그러나 여기에는 인간의 수명의 한계로 인해 문제가 제기될 수 있다. 여고냐가 사로잡힌 때가 BC 597년이고, 페르시아의 아하수에로의 통치가 BC 486-465년까지면 모르드개가 사로잡힐 그 때 갓 태어났다 해도 아하수에로의 통치 삼년 이후부터의 이야기라는 점(에 1:3)에서 그는 최소한 114살이라는 나이가 된다. 이 나이에 아하수에로의 궁에서 문지기의 역할을 할 수 있었을까 라는 의문이 든다. 하지만 이것을 다른 신학적인 긴장감으로 본다면 문제는 쉽게 해결될 수 있다.[144] 열왕기하 25:27-30, 예레미야 24장 그리고 에스겔 1:1-2절에는 유다 포로민들에게 바벨론 포로의 시작은 역시도 '여고냐'(여호야긴 왕)가 사로잡힌 해였다(BC 597년).[145] 그렇다면 모르드개의 나이는 바로 이 포로기간을 전적으로 반영하고 있음에 틀림없다. 최소한 114년의 세월이 흘러간 것이다. 이것은 벌써 70년을 넘기고도 50여년의 세월이 더 흘러간 시간의 긴장감이다. 이들에게 두려움으로 다가오는 것은 "아직도 여호와께서 자신들을 돌보시고 계시는 것인가?" 그리고 "자신들이 아직도 하나님의 백성인가?"라는 질문일 것이다. 그렇다면 모르드개는 포로기 이후 이방 땅에 정착한 디아스포라 유대인의 대표격이라 할 수 있으며, 그들의 신앙적 입장을 대변하는 사람이라 할 수 있다.

여호와의 이름이 전혀 들리지 않는 곳, 오직 들리는 것이라고는 승리한 정복자의 신들의 이름들만 칭송되는 장소가 바로 에스더서의 배경이 되는 무대이다. 승리의 주신인 '마르둑'과 사랑과 전쟁의 여신인 '이쉬타르'의 이름이 높이 칭송되는 곳, 오직 귀에 쟁쟁하게 들리는 것은 승리한 이방신의 이름들뿐인 장소가 바로 그곳인 것이다. 이러한 사실은 바벨론을 무너뜨리고, 페르시아 제국을 일으킨 고레스의 업적을 선전하는 '고레스의 원통'(The Cyrus Cylinder)이라고 알려진 비문에 각인되어 있다.

> 그는 (연례 행렬에서) 자기(즉, 마르둑) 앞에 서서 선도하고자 하는 의로운 왕을 찾기 위해 모든 나라들을 샅샅이 뒤졌다. (그런 후에) 그는 안산 왕 고레스의 이름을 호명하여 그를 온 세계의 왕으로 선포하였다. 그는 구티 땅과 모든 만다족을 그(즉, 고레스)의 발 아래 절하게 하였다. 그리고 그(고레스)는 항상 그(마르둑)가 그로 하여금 정복하게 한 검은 머리의 사람들을 공의에 따라 다루고자 하였다. 위대한 주, 자기 백성/예배자들의 보호자인 마르둑은 그(즉, 고레스)의 선한 행실들과 그의 바른 마음을 기쁘게 보시고 그에게 그의 성 바벨론을 치라고 명하였다…내가 벗으로서 바벨론에 입성하여 기쁨과 즐거움 속에서 왕궁에 시정의 자리를 베풀자, 위대한 주 마르둑은 수많은 바벨론 거민들로 하여금 [나를 사랑하게] 하였고, 나는 매일 그에게 예배드리고자 하였다.[146]

바벨론의 주신 마르둑은 바벨론의 불경스러움이 맘에 들지 않아 새로운 세상을 만들기 위해 고레스를 세웠다고 한다. 이렇게 주신 마르둑과 여신 이쉬타르의 이름이 높임 받는 장소에서, 하나님의 백성 유다를 구하기 위해 새로운 주인공들이 등장한다. 그들의 이름은 모르드개와 에스더이다. 모르드개와 마르둑 그리고 에스더(אֶסְתֵּר 에스테르; 페르시아 식으로 별이란 뜻)와 이쉬타르는 자음만 사용하는 히브리어에서는 동일한 이름이 된다. 에스더서에 여호와 하나님의 이름이 전혀 등장하지 않는 것은 둘째 문제로 치더라도 유대인 주인공들의 이름이 이방신들의 이름을 투영하고 있다는 점은 의문을 자아낸다. 이 의도성이 다분한 이름인 모르드개와 에스더는 바로 하나님의 전능하심의 상징이다. 하나님은 무대 뒤에서 모든 것을 연출하시는 총감독이 되시고, 하나님의 연출에 발맞추어 이방신들까지도 총출동하여 이스라엘의 새로운 구원사에 나선 다는 것이다. 실제의 고레스 칙령이 마르둑의 이름으로 선포되었든, 아니든 상관없다. 만약 그것이 실제로 존재한다면 고작해야 하나님의 손 안에서 움직이는 꼭두각시 인형에 지나지 않을 것이기 때문이다. 이것은 아이러니이며, 풍자이고, 또한 유머이다. 그리고 패배주의가 아닌 승리주의이다.

이처럼 에스더서에는 마르둑과 이쉬타르라는 이름은 두 주인공의 이름 속에 살아서 나타나고 있지만 이스라엘의 전능자를 부르는 하나님이라는 호칭이나, 여호와라는 이름은 전혀 등장하지 않는다.[147] 이것은 그 당시의 상황을 반영하는 요소라 여겨진다. 포로에서 해방되었음에도 약속의 땅으로 돌아가지 않은 사람들이 여전히 하나님의 백성이라 할 수 있으며, 하나님의 돌보심

안에 있는가 그리고 하나님의 은혜를 누릴 자격이 있는가라는 질문이 들어가 있는 것이다. 이에 대해 에스더서는 한 치의 망설임도 없이 "그렇다!"라고 응답하는 책이다. 이방 땅에서도 구원역사와 돌보심은 동일하다는 확신을 전해준다. 이처럼 여호와를 찾는 자들에게는 하나님께서 그들의 끊임없는 구원자가 되어 주신다는 확신이 에스더서 속에는 존재하고 있는 것이다.

에스더서는 전반부와 후반부의 상황의 반전과 역전을 통해 하나님의 살아 역사하심을 증거 한다. 이러한 반전의 큰 틀은 잔치와 운명의 역전으로 구성된다. 첫째, 페르시아의 화려한 부귀와 영화를 자랑하는 잔치로 시작하여, 유다인의 구원을 기념하는 잔치로 마감된다. 둘째, 유다인의 대적 하만과 그의 동조자들이 유다인을 몰살하려는 계획으로 시작하여, 자신이 세운 음모대로 하만이 죽고, 그 동조자들 또한 몰살당하는 것으로 사건이 일단락된다. 하만이 세운 유다인 학살의 음모에 대한 계기는 아주 단순한 것에서 시작된다. 이방 땅 페르시아에 정착하여 살고 있는 유다인 모르드개가 궁전의 문지기로 봉직하고 있을 때, 황제의 총애를 받던 아각 사람 하만이 최고의 위치까지 오른다. 모든 왕의 신하들이 다 왕의 명령대로 하만에게 꿇어 절하나, 오직 모르드개는 꿇지도 아니하고, 절하지도 않는다(에 3:1-2). 그 이유는 분명치 않지만, 이것은 이방 땅에서 살아가는 유다인들의 삶의 방식을 드러내는 것이라 할 수 있다. 꿇고, 절한다는 것은 단순히 예를 갖춘다는 것이 아니라, 이방의 삶의 방식을 받아들인다는 의미를 내포하고 있는 것이기에 모르드개의 거부는, 곧 여호와의 율법에 바탕을 둔 삶의 방식의 고수를 의미한다. 즉, 결코 이방인의 가치관을 따르지 않겠다는 확고한 결심의 발로인 것이다. 그 증거는 사람들이 날마다 모르드개에게 하만에게 절할 것을 권하나 그는 자신이 '유다인'이라는 사실을 밝히며 굽히지 않는데서 찾아볼 수 있다(에 3:4).

페르시아의 가치관은 이미 시작부터 드러난다. 아하수에로는 180일(6개월) 동안 그 자신의 영화로운 나라의 부함과 위엄의 혁혁함을 과시하는 잔치를 벌이고, 술 취하여 자신의 아내인 왕비의 외모나 자랑하려고 술판으로 불러내는 물질주의, 방탕함 그리고 외양중시의 가치관을 대변하는 인물이다(에 1:3-21). 이를 거부하는 와스디를 방백들의 의견에 동조하여 다른 여성들이 따를까 두려워서 폐위시키기까지 한다. 와스디가 교만하여 결국 폐위되는 것이라 해석하는 사람들도 있지만 교만으로 치면 모르드개도 한 몫을 한다. 왕명이 있었음에도 그는 하만에게 꿇지도, 절하지도 않았다. 이로 인해 유다인이 멸망될 뻔하기도 한다. 그러나 에스더서는 위기에 처한 사람들이 선하냐, 악하냐라는 논쟁이 초점이 아니라, 선과 악을 판단하는 기준이 무엇이냐를 보자는 것이다. 권력자들이 자신들의 마음에 들지 않으면 스스로 법을 만들어 사람들을 뽑기도 하고, 죽이기도 한다(에 1:13-22; 3:7-15). 아하수에로도, 그의 지방관들도 그리고 하만 또한 동일한 인물이다. 이처럼 법이 인간의 즉흥적인 기분으로 만들어지고, 특권층의 권익만을 위해 봉사하는 것이 페르시아식이다. 이것은 다음의 비교를 통해서도 쉽게 살펴볼 수 있다.

	아하수에로(에 1:9-22)	**하만**(에 3:1-15)
1 단계 (왕명)	1:9-11 왕명 (와스디 호출)	3:1-2a 왕명 (하만에게 경의를 표할 것)
2 단계 (거역)	1:12a 왕명 거역 (와스디의 거부)	3:2b-4 왕명 거역 (모르드개의 거부)
3 단계 (진노)	1:12b 왕의 진노	3:5 하만의 진노
4 단계 (심판)	1:13-20 왕의 조서 (심판위한 법률제정)-와스디 폐위와 모든 여인의 순종 강조	3:6-12 왕의 조서 (심판위한 법률제정)- 유다인들을 멸하는 계획
5 단계 (실행)	1:21-22 각 지방에 법령반포	3:13-15 각 지방에 법령반포

법이 인간의 분노를 푸는 도구로 사용되며, 그로 인해 다른 이들이 어떤 고통에 처하는지에 대하여는 아무런 관심조차 기울이지 않는 세상이다. 그러나 모르드개는 여호와의 율법을 생명처럼 존중하며, 결코 이방적인 삶의 방식에 순응하지 않고 살아가는 디아스포라 유다인의 삶을 대표하고 있다. 이러한 유다인들의 삶에 대한 대대적인 숙청작업이 분노에 찬 하만에 의해 꾸며지고, 실행에 옮겨지려 한다. 그 주요한 원인은 교만과 오만에 대한 분노가 아니라, 틀린 삶의 방식과 법 그리고 가치관으로 인한 것이다. 이것은 하만이 아하수에로 왕에게 유다민족의 숙청을 적극적으로 간하는 장면에서 드러난다.

하만이 아하수에로 왕에게 아뢰되 한 민족이 왕의 나라 각 지방

백성 중에 흩어져 거하는데 그 법률이 만민의 것과 달라서 왕의 법률을 지키지 아니하오니 용납하는 것이 왕에게 무익하니이다 (에 3:8).

에스더서는 이런 상황에 처한 디아스포라의 위기를 운명의 역전이라는 방식으로 풀어가며, 하나님의 숨은 섭리가 풍전등화 같은 위험에 처한 유다인들을 구원의 길로 인도한다는 것을 극적으로 전개한다. 그 반전의 순간들이 인간적인 눈으로 볼 때에는 우연인 것처럼 보일 수도 있지만, 그 순간순간마다 하나님의 손길이 사건의 방향을 역전시킨다는 것을 믿음의 눈을 가진 사람은 볼 수 있다. 세세한 내용의 전개에서 펼쳐지는 역전의 상황들은 다음의 도표를 보면 쉽게 파악할 수 있다.[148)]

	이전	역전	이후
지위	하만의 지위: 왕 다음(3:1)	⇨	모르드개의 지위: 왕 다음(10:3)
제비	유대인을 진멸키 위해 제비 뽑아 아달월을 택함(3:7)	⇨	제비를 뽑아 유대인을 진멸하려고 하였으나 실패했음을 언급함(9:24)
이익	유대인 용납은 왕에게 무익(3:8)	⇨	유대인 진멸은 왕에게 손해(7:4)
반지	왕의 반지를 하만에게 줌(3:10)	⇨	하만에게 반지를 빼앗아 모르드개에게 주고 하만의 집을 주관케 함(8:2)
임의	하만이 임의대로 하도록 왕이 허락함(3:11)	⇨	모르드개의 임의대로 하도록 왕이 허락함(8:8)

조서 기록	유대인을 진멸하고 재산 탈취를 허락하는 조서를 기록(3:12-13)	⇨	유대인을 공격하는 자를 진멸하고 재산을 탈취하도록 조서를 씀(8:9-11)
반포	조서 초본을 각 도에 반포(3:14)	⇨	조서 초본을 각 도에 반포(8:13)
상황	반포 후에 수산성이 어지러움(3:15)	⇨	반포 후에 수산성이 기뻐함(8:15)
유다인	애통하며 금식함(4:3)	⇨	즐거워하며 잔치를 베풂(8:17)

이 일들은 결코 우연이 아니라 하나님의 숨은 손길이 역사하는 것이라는 확신이 에스더서를 관통하고 있다. 특히 하만의 계략에 의해서 유다인들이 멸망되는 때를 제비뽑는 날이 첫째 달 십삼일이라는 것이 의미가 깊다. 전도서를 통하여 초막절의 절기를 마음에 새긴 다음에는 다시 절기가 그 순환을 계속하여 새로운 해의 유월절로 이어지며 구원의 축제가 펼쳐져야만 하는 순간에 에스더서는 그 절기가 가는 길을 막아서고 있는 것이다. 그 이유는 다름 아닌 이방의 거대한 힘이다. 하만이 유다인의 삶의 방식을 말살하려고 시도하며 첫째 달 십삼일에 유다인을 멸할 제비를 뽑는다(에3:12). 그 다음 날은 이스라엘이 그렇게도 기다리며 준비한 유월절 축제가 벌어지는 날이다. 바로 첫째 달 십사일에 어린 양을 잡아 집의 문설주에 바르고 구원의 기쁨을 찬양하는 날인 것이다. 그러나 그 기쁨의 날이 통곡의 날이 되어버렸다. 그날 전국적으로 유다인의 멸망이 예고되었기 때문이다. 에스더서는 이처럼 구원의 날이 멸망의 날로 바뀌어버린 상황 속에서 이방인의 억압 속에 거하며 고뇌하는 유다인의 이야기이다. 예레미야 애가가 이스라엘의 죄로 인해 절기의 연결이 끊어질 수 있다는 것을 보였

다면, 에스더서는 이방 땅에서도 하나님의 백성으로서의 정체성을 굳건하게 지키는 삶임에도 이방의 강압적인 힘에 의해 절기가 끊어질 수 있다는 것을 보여주고 있다.

그러나 악이 비록 거대한 힘을 발휘하여, 하나님의 백성을 일시에 혼돈 속으로 휘몰아쳐 파멸시킬 듯하지만 결국 하나님의 뜻을 목숨을 바쳐 지키려 하는 사람들의 길은 막아설 수 없다는 것이 에스더서가 가는 방향이다. 열방의 위력 앞에서도 "나는 유다인이다"(에 3:4)라는 하나님의 백성으로서의 정체성을 지키려는 사람을 하나님께서 구원의 섭리로 지키실 것이기 때문이다. 우리 그리스도인 또한 타협을 강요하는 세상을 향해 "나는 그리스도인이다"를 외치며 오직 하나님의 편에 서야만 한다. 에스더서에 나타난 반전은 바로 하나님의 사람들의 결단에 의해 촉발된다는 점에서 하나님의 숨은 섭리는 인간의 동참을 필요로 한다는 것을 확인해 볼 수 있다. 위의 도표에서 '이전'과 '이후'를 가르는 역전이 다음의 결단을 통해서 라는 점에서 이를 확증할 수 있다.

> 이때에 네가 만일 잠잠하여 말이 없으면 유다인은 다른 데로 말미암아 놓임과 구원을 얻으려니와 너와 네 아버지 집은 멸망하리라 네가 왕후의 자리를 얻은 것이 이 때를 위함이 아닌지 누가 알겠느냐 하니 에스더가 모르드개에게 회답하여 이르되 당신은 가서 수산에 있는 유다인을 다 모으고 나를 위하여 금식하되 밤낮 삼 일을 먹지도 말고 마시지도 마소서 나도 나의 시녀와 더불어 이렇게 금식한 후에 규례를 어기고 왕에게 나아가리니 죽으면 죽으리이다 하니라(에 4:14-16).

살고자 하면 죽을 것이로되, 죽음을 불사하는 그곳에 새로운 구원의 길이 열릴 수 있다는 역설을 보여준다. 정확한 시기를 가늠할 수 없을 때, 다른 사람의 생명을 살릴 수 있는 기회가 있다면 우리의 생명은 바로 "이때를 위함이 아닌지 누가 알겠는가?"에 바르게 응답하는 것이다. 에스더서는 이러한 삶의 자세를 어느 곳에서 살아가든지 하나님의 백성이 간직해야 할 신앙의 모범으로 제시하고 있다. 인간이 세워놓은 규례를 두려워하는 삶이 아니라, 하나님의 뜻을 따라 사는 삶이 모든 것을 새롭게 한다는 것이다.

이 결단을 시작으로 에스더가 왕과 하만만을 초청하여 베푸는 두 번의 잔치가 진행된다. 그 두 번의 잔치를 통해 운명의 반전이 이루어지는데, 첫 번째 잔치와 두 번째 잔치 사이에 우연이라 하기에는 너무도 극적인 필연 같은 상황이 펼쳐진다. 아하수에로 왕이 잠이 오지 않아 역대 일기를 가져다 읽게 하다가 모르드개가 암살음모를 고발하여 왕이 위험을 모면한 사건을 듣게 되는 것이다(에 6:1-3). 그리고 모르드개가 하만 손으로 존귀히 높임을 받는 상이 주어진다. 이것은 운명이 역전 될 것을 미리 예고하고 있는 사건이다. 그리고 두 번째 잔치를 통하여 하나님의 백성을 몰살시키려 했던 하만이 자신이 꾸민 그 방식 그대로 파멸되고, 유다인을 죽이려 했던 날이 오히려 그 원수들이 멸족하는 날이 되었다. 인간의 결단과 하나님의 숨은 섭리가 만나서 일으키는 시너지 효과는 인간의 상상을 초월한다. 에스더서는 다음과 같은 대칭적인 반전의 구조를 가지고 있다.[149)]

A. 아하수에로 왕의 위대함(1:1–8)

B. 페르시아 인들의 잔치(1:1–8)

C. 이방인으로 밝혀진 에스더(2:10–20)

D. 하만의 승진(3:1)

E. 반–유대 조서(3:12–15)

F. 모르드개와 에스더의 운명(4장)

G. 세 사람의 첫 번째 잔치(5:6–8)

H. 궁정의 모습–아하수에로 역대 일기 읽음(6장)

G'. 세 사람의 두 번째 잔치(7:1–6)

F'. 아하수에로 왕과 에스더의 운명(7:1–6)

E'. 친–유대 조서(8:9–14)

D'. 모르드개의 승진(8:15)

C'. 유대인으로 개종한 이방인들(8:17)

B'. 유대인들의 잔치(9:20–32)

A'. 아하수에로 왕과 모르드개의 위대함(10장)

이처럼 에스더서는 하나님의 백성에게는 이방 땅도 여전히 하나님의 구원역사를 체험할 수 있는 곳이라는 사실을 증거 하려는 목표가 있다. 이들은 이방 땅에서 자신들을 멸망시키려는 힘에 맞설 어떤 여력조차 없으나, 오직 믿음의 결단으로 하나님의 역사를 만들어 간다. 구원의 대서사시인 새 출애굽의 역사가 이방 땅에서 이루어지는 것이다. 그리고 하나님의 백성을 대적하는 그 어떤 존재나 단체도 무사할 수 없다는 사실을 역력히 선포한다. 그들은 오히려 자신의 계획으로 멸망하고 말 것을 보여주고 있는 것이다. 이것은 마치 그 옛날 이스라엘을 멸망시키려 했던 바로의 계획이 자신을 망하게 하는 결과만 낳은 것과 동일하다. 그리고 이스라엘이 경험한 구원의 축제인 유월절은 이제 이방 땅에서 부림절로 거듭난다. 출애굽의 역사와 에스더서의 구원의 사건을 비교하면 그 공통점에 놀라게 된다.

성 경	출애굽기	에스더서
중심인물	모세, 아론	모르드개, 에스더
대 적	이집트, 바로	아말렉, 하만
방 법	여호와의 이적과 기적	여호와의 숨은 섭리
구 원	바로의 완전한 파멸	하만의 완전한 파멸
기념일	유월절	부림절
차이점	약속의 땅으로의 전진	이방 땅에서의 승리와 평안
이방인	중다한 잡족도 함께 약속의 땅으로(출 12:38)	이방 땅에서 본토 백성이 유다인이 두려워 유다인 되는 자가 많다(에 8:17)

출애굽의 역사와 에스더서에 나타난 역사의 차이점을 들라고 한다면 출애굽에서는 전적인 하나님의 역사가 놀라운 이적과 기적으로 나타났다면, 에스더서에는 하나님의 숨은 섭리에 순종하는 사람의 지혜와 모략이 승리를 가져온 것으로 나타난다. 그리고 더 이상 약속의 땅으로의 탈출을 원하고 있지 않다는 것이다. 유다인들은 이방 땅에서 여호와의 숨은 섭리로 구원의 경험을 한 것이며, 이렇게 하나님의 뜻에 따라 사는 사람은 이방 땅에서도 성공과 승리를 경험할 수 있음을 보여주는 좋은 예라 하겠다.

그리고 동일하게 이방인들이 이스라엘에 동참하는 역사가 펼쳐진다. 이는 어느 곳에서든지 하나님 나라를 넓혀 갈 수 있는 길이 있다는 것을 증거 하는 것이다. 에스더서는 디아스포라 공동체에게는 새로운 서광이 비치는 디아스포라를 위한 토라라 할 만하다. 이러한 정신은 해마다 지켜지는 부림절 축제를 통해 늘 새롭게 각인된다.

(2) 부림절에 에스더서 읽기

에스더서와 부림절은 뗄 수 없는 함수관계에 있다. 부림이라는 절기도 성전파괴 일과 같이 토라에는 언급조차 없던 절기이다. 하나님의 백성 이스라엘이 이방 나라에 포로로 잡혀가 살면서 그곳에서 여러 세대에 걸쳐 정착하면서 위기상황을 겪게 될 것이란 사실은 토라에는 단순 경고의 차원에서 주어진 것일 뿐이다. 그러나 성전파괴일이라는 절기가 끼어든 후에 이스라엘의 삶은 토라에서 예루살렘으로의 순례를 명령한 세 절기인 유월절(무교절), 칠칠절, 초막절(출 23:14-17; 34:23; 신 16:1-17)의 회복을 향하여 애절한 간구가 이루어진다.

70년의 포로기가 끝이 나고 페르시아의 고레스의 칙령에 의해 해방되어 고국으로 돌아간 유다인들은 그 약속의 땅에서 유월절을 지키며 하나님의 역사에 감사한다. 그러나 해방이 되었음에도 그 땅으로 돌아가지 않은 디아스포라 유다인들은 유월절을 지키는 것조차 힘겨운 생존의 문제에 직면해 있다. 유월절 축제가 바로 다음 날인 첫째 달 13일 구원의 기쁨을 기대하는 분위기가 아닌, 옷을 찢고, 베옷을 입고, 재를 뒤집어쓰고 대성통곡을 하는 애곡의 분위기가 되었기 때문이다(에 3:7, 12). 이러한 상황이 바로 디아스포라 유다인들의 삶의 정황이었다. 그러나 에스더서에서 이들은 유월절이 부림절이라는 구원의 날로 승화되며, 여전히 이방 땅에서 살아가면서도 새로운 구원의 체험을 경험한 날을 기념하며 살아계신 하나님을 찬양할 수 있게 된 것이다. 그리고 이러한 디아스포라 유다인 중심의 부림절 기념은 점점 약속의 땅으로도 확장되어 모든 유다인의 축제가 되었을 것을 추측해 볼 수 있다. 그 이유는 해방되어 본토로 돌아왔음에도 여전히 자치권이 없는 페르시아나 그리스, 로마의 속주 정도에 지나지 않는 삶의 모습이 디아스포라의 삶과 다를 바가 없으며, 하나님의 섭리의 구원사는 늘 희망의 근거였기 때문이다. 그리고 가나안 땅 또한 페르시아의 속주라는 점에서 하만의 음모를 피해갈 수 없었을 것이기 때문이다.

부림이란 단어의 유래는 하만이 유다인들을 몰살하기 위해 적당한 날짜를 얻으려고 행한 '제비뽑기'에서 유래된다(에 3:7). '제비뽑기'는 '푸르'(פּוּר)라는 것을 던져서 답을 얻는 방식으로, '푸르'의 어원은 불분명하나, 흡사 이스라엘 제사장들이 흉패에 넣고 제비뽑기에 사용하는 '우림과 둠밈'의 역할과 유사한 것으로 보인다. 하만은 '푸르'를 던져 아달월(12월)을 얻고 그 달 13일 하루 동안 유다인을 살육할 수 있는 왕의 조서를 전국에 돌렸다(에 3:7, 13). 하지만 하만은 자신이 모르드개를 죽이려던 그 방식으로 죽임을 당하고, 그가 뽑은 날짜에는 유다인이 오히려 그 음모에 가담한 사람들을 살육하는 날이 되었다. 그리고 그 다음 날인 14일에도 동일한 일을 행할 수 있는 허락을 받고, 그 일을 행했다. 모르드개는 이렇게 이틀 동안 대적에게 행한 것을 기념하여 해마다 아달월 14, 15일 이틀을 잔치를 베풀고 즐기며, 서로 예물을 주며 가난한 자를 구제하는 절기로 세웠다(에 9:21-22). 그리고 그 날들은 이틀 동안이므로 '푸르'(פּוּר)의 복수형인 '푸림'(פּוּרִים)이라 칭하였다(에 9:26).

부림절은 하나님의 이름조차 거론하기 힘겨운 세상에서 고투를 벌이고 있는 신앙인들에게 위로를 준다. 때로는 죽일 듯이 거세게 밀려오는 세상의 위력과, 때로는 서서히 영적인 생명력을 잠식하여 부지불식간에 죽음으로 몰아가는 세상의 유혹 속에서 생존 그 자체를 위해 몸부림치는 신앙공동체에게 부림절은 희망을 제공한다. 전능하신 하나님의 힘을 눈으로 확인할 수 없는 이질적인 세상 속에서 하나님은 악의 힘을 일시에 무력화 시켜 자신의 백성을 구하시는 분이시다. 그러므로 부림절의 교훈은 하나님은 신앙적이지 않은 문화 속에서 오직 신앙적으로 살기를 갈망하는 우리 모두에게 여전히 위로자이시며, 구원자시라는 사실이다. 부림절은 하나님의 백성이 어떤 상황, 어떤 문화, 어떤 세력 속에서도 당당할 수 있는 힘을 제공해 준다. 그리고 구원의 축제는 결코 이 세상의 어떤 권력자라도 막을 수 없는 날이며 막으려하면 단지 또 하나의 구원의 날을 더할 뿐임을 깨닫게 해준다. 어느 누구든지 여호와 하나님의 구원의 축제인 유월절을 막으려는 자는 단지 부림절의 희생이 되어 하나님의 백성에게 "여호와는 구원자시다"라는 사실만 각인시켜 줄 뿐이다. 그러므로 부림절은 유월절의 또 다른 이름이 되는 것이며, 유월절 구원의 축제를 향한 길을 여는 것이다.

4. 다섯 두루마리에서 다니엘서로 그리고 미래의 예배를 향하여

다섯 두루마리는 이처럼 절기들과 깊은 연관을 갖는다. 아가서와 유월절의 관계는 이런 사랑으로 하나님과 사람, 사람과 사람이 하나로 어우러지면 구원의 놀라운 역사를 통해 하나님의 백성으로 거듭나는 길이 열리게 됨을 보여준다. 그리고 사명의 길을 향하여 힘차게 전진할 원동력을 갖게 되는 것이다. 룻기와 칠칠절의 연결은 그 어떤 것으로도 끊을 수 없는 사랑이라는 동력으로 구원의 길에 서 있는 존재들에게 평생에 이루어야 할 소명이 무엇인지를 구체적으로 제시해 주고 있다. 그것은 바로 시내 산에서 하나님의 법을 부여받고, 그 법을 열방 가운데서 실천하며 세계를 하나님의 품으로 이끄는 것이다(사 2:1-4; 4:1-5). 전도서와 초막절의 연결은 모든 것이 풍성한 시기에 사람이 하나님의 이러한 뜻을 잊지 않고 살아가기 위해 순간적인 풍요로움에 초점을 맞추는 것이 아니라, 언제나 영원하신 하나님께만 초점을 맞추기 위한 것이다. 이 세 가지의 절기는 연속적인 것으로 이스라엘이 항상 하나님을 향한 순례를 통해 지켜야 하는 것이다(출 23:14-17; 34:23; 신 16:1-17). 하나님의 백성이 역사 속에서 이 세 절기를 통해 신앙의 순례가 해마다 바르게 이루어졌다면 삶의 모든 위기는 오히려 거룩으로의 길에 모든 것을 양보하게 되었을 것이며, 그들은 예배하는 삶을 멈춤 없이 걸어갈 수 있었을 것이다. 그리고 종국에는 다섯 권이 아닌 '아가, 룻기, 전도서'라는 세 두루마리를 절기집으로 갖게 되었을 것이다.

그러나 절기에 읽히는 책이 다섯 권으로 늘어나고 말았다는 것은 신앙의 순례 여정에 이물질 같은 요소들이 끼어들었다는 것을 의미한다. 애가와 에스더서는 토라에 주어진 본질적인 것이 아닌 비본질적인 요소이다. 축복과 저주에서, 축복의 길이 아닌 저주의 길이기 때문이다. 나라가 망하고, 성전이 무너지는 것과 이방인이 머리가 되는 것은 저주의 구체적인 측면들이다(신 28:15-68). 그 이유는 분명하다. 아가와 룻기에서의 하나님 사랑과 하나님의 법을 버린 백성에게 기다리는 것은 초막절의 축제가 아니라, 애가의 탄식이며, 에스더서에 나타난 디아스포라의 삶일 뿐이기 때문이다. 그러나 희망은 있다. 그 절망 가운데서 해마다 성전파괴의 아픔을 애가의 탄식을 통하여 하나님께 회개하고, 하나님 부재의 상황의 고통스러움을 토로하며, 오직 하나님의 긍휼하심과 자비하심에 의지하노라면 다시 또 초막절 축제로의 연결이 이루어지는 것이다(애 3:22). 그리고 이방 땅에서 유월절을 지키는 것조차 방해하는 열방의 악한 세력 앞에서도 "나는 유다인이라"는 정체성을 굳건히 지키며 오직 하나님께 의지하노라면 에스더서와 같은 놀라운 구원의 날인 부림절을 맞이할 수 있다. 그리고 부림절의 이 구원의 날은 다시 약속의 땅에서의 구원을 감사하는 아가의 유월절로 연결되어 새롭게 예배자로 서 나갈 수 있게 한다.

다섯 두루마리는 이와같은 신앙의 연결을 우리에게 보여준다. 예배자로서의 길을 제시하는 레위기의 거룩에서 최종적인 단계는 바로 하나님의 시간표를 따라 우리 삶을 만들어 가는 것이다(레 23-25장). 구약성경의 마지막 즈음에 우리는 다섯 두루마리로 이루어진 절기집을 만나게 된다. 이 다섯 권으로 우리의 24시간과 365일 그리고 평생이 전인격적으로 하나님의 형상으로 변해가는 거룩을 이루는 삶이 절대적으로 필요하기 때문이다. 세상의 시간표, 세상의 리듬을 따라 가노라면 우리는 그들의 사상, 문화, 종교, 이념, 풍습과 주장들에 젖어 들게 된다. 이제 삶의 시간표를 바꾸는 것이다. 이것을 이루기 위해 하나님께서는 마지막 즈음에 다섯 권의 절기집을 통해 우리를 시간을 거룩하게 하는 예배자로 서게 하는 것이다. 이를 통해 구원사의 완성을 기대해 볼 수 있다. 그렇지 않다면 새로운 시작이 무슨 의미가 있을 것인가?

하나님의 백성은 새로운 구원사를 기대하고 있다. 그리고 그 때를 간절히 고대하며 기다리고 있다. 다니엘서는 이렇게 시간을 성별하며, 하나님의 거룩한 때를 기다리는 디아스포라 유다인의 모습을 그대로 대변한다. 때가 늦춰지고(단 9장; 12:7, 11, 12), 시기는 무척이나 악하고, 견디기 힘든 외부의 박해가 강력하게 공격해 들어온다(단 7-12장). 에스더서에서 나타났던 것처럼 인간의 힘이 법이 되어 있는 세상에서 그 명령을 어기면 이유에 관계없이 단칼에 형장의 이슬로 사라지는 세상이 끝도 없이 계속된다. 그러한 세상에서 하나님의 백성으로 살아간다는 것은 이미 생명을 담보하고 사는 것이다. 그 삶이 때로 우리의 생각보다 길어질 때가 있다. 다니엘서는 그러한 삶을 살아가고 있는 디아스포라 유다인들의 삶의 정황을 포괄하고 있다. 이들은 먹는 것부터 예배의 대상까지 그 어떤 주권도 가질 수 없는 세상에서 살아가고 있는 것이다(단 1-6장). 그럼에도 실망과 좌절로 자신을 무너뜨리지 않고, 생명으로 저항하며, 하나님의 뜻을 이루는 공동체의 이야기가 바로 다니엘서의 중심주제이다. 이렇게 오직 때와 시간은 절대적인 하나님의 주권에 있음을 인정하고(단 2:21), 오직 자신들이 할 수 있는 것, 해야만 하는 것을 신실하게 행하는 사람들로 인해 새로운 시작은 가능해 진다. 때와 시간은 하나님의 손안에 있지만(단 7-12장), 그 때를 기다리는 예배하는 거룩한 삶은 전적으로 인간의 책임에 주어져 있는 것이기에, 풀무불 속에서도, 사자굴 속에서도 굴하지 않는 믿음의 용사들로 인해 놀라운 구원사가 하나님의 백성에게 펼쳐질 것임을 기대해 볼 수 있다(단 1-6장).

이제 히브리어 성경의 마지막에 이르렀다. 잠잠히 참고, 기다리며 하나님의 구원을 고대하는 사람들에게 펼쳐질 영광스런 미래상이 제시된다. 출애굽의 대역사가 또 다시 이스라엘의 삶 속에서 펼쳐질 그 날을 기대하고 있는 것이다. 그것은 어느 곳에 거하든지 하나님의 절기로 자신의 시간표를 만들고, 거룩의 길을 걸어간다면(다섯 두루마리), 하나님의 때에 이루어질 것이다(다니엘). '에스라-느헤미야-역대기'는 바로 출애굽의 이상과 하나님의 백성의 이상을 역력히 보여주고 있는 히브리어 성경의 결론이며, 이미 일어난 일만이 아닌 미래에 이루어야 할 신앙의 길을 제시하고 있는 것이다.

:: 주석

121) 존 H. 월턴(Walton),『차트 구약: 구약 연대표 및 배경사(*Chronological and Background Charts of the Old Testament*)』(서울: 기독교문서선교회, 1999), 27쪽.

122) 외르크 뤼프케(J.Rüpke), 『시간과 권력의 역사』(김용현 역)(서울:알마, 2011), 142-43쪽.

123) 프랑크 크뤼제만(Frank Crüsemann),『토라: 구약성서 법전의 신학과 사회사(*Die Tora: Theologie und Sozialgeschichte des alttestamentlichen Gesetzes*)』(김상기 역) (서울: 한국신학연구소, 1995), 258-59쪽.

124) 크뤼제만, 『토라:구약성서 법전의 신학과 사회사』, 216쪽.

125) 크뤼제만,『토라: 구약성서 법전의 신학과 사회사』, 261-62, 271쪽.

126) 사무엘 E. 발렌틴(Balentine),『레위기(*Leviticus*)』(조용식 역)(Interpretation; 서울: 한국장로교출판사, 2011), 284-85, 288-89쪽.

127) 로버트 W. 젠슨(Robert W. Jenson),『아가(*Song of Songs*)』(김회권 역)(서울: 한국장로교출판사, 2011), 23-29쪽.

128) 데이빗 돌시(David Dorsey),『구약의 문학적 구조: 창세기-말라기 주석(*The Literary Structure of the Old Testament: A Commentary on Genesis-Malachi*)』(류근상 역) (서울: 크리스챤출판사, 2003), 314쪽.

129) 젠슨, 『아가』, 58쪽.

130) 다니엘 에스테스(D. J. Estes),『지혜서와 시편개론(*Handbook on the Wisdom Books and Psalms*)』(강성열 역) (서울: 크리스챤다이제스트, 2007), 547-619쪽.

131) 에스테스, 『지혜서와 시편개론』, 584쪽.

132) Ellen F. Davis, *Proverbs, Ecclesiastes, and the Song of Songs* (Westminster Bible Companion; Louisville: Westminster John Knox, 2000), 232쪽; Tremper Longman, *Song of Songs* (New International Commentary on the Old Testament; Grand Rapids: Eerdmans, 2001), 63-67쪽.

133) Athalya Brenner, *The Song of Songs* (Old Testament Guides; Sheffield: JSOT Press, 1989), 83-84쪽.

134) 돌시, 『구약의 문학적 구조』, 336쪽.

135) J. M. Sasson, *Ruth: A New Translation with a Philological Commentary and a Formalist-Folklorist Interpretation* (Baltimore: Johns Hopkins University Press, 1979), 23쪽.

136) 돌시,『구약의 문학적 구조』, 181-93쪽.

137) W. S. Prinsloo, "The Theology of the Book of Ruth," *VT* 30 (1980), 334쪽.

138) 돌시,『구약의 문학적 구조』, 193쪽; Prinsloo, "The Theology of the Book of Ruth," 341쪽.

139) 유진 피터슨(E. W. Peterson)『다시 일어서는 목회(*Five Smooth Stones for Pastoral Work*)』(차성구 역) (서울: 좋은씨앗, 2001), 99-106쪽.

140) 돌시, 『구약의 문학적 구조』 , 389쪽.

141) 돌시,『구약의 문학적 구조: 창세기-말라기주석』, 389-390쪽.

142) 돌시, 『구약의 문학적 구조』 , 390쪽.

143) 엘룰,『존재의 이유』, 314-317쪽; 미치 더글라스(M & Z Glasev),『레위기의 3대 절기(*The Fall Feasts of Israel*)』(송용구 역) (서울; 생명의 서신, 1992), 137-197.

144) 창세기에서 아브라함이 저지른 '아내/누이동생 사건'을 보면 이와 유사한 신앙적인 긴장감을 엿볼 수 있다(창 12:10-20; 20:1-18). 첫 번째 바로를 속인 것은 그런대로 이해하겠으나, 그랄 왕 아비멜렉에게 사라를 누이라 한 것은 시간적으로 이해할 수 없다. 이미 늙었고, 경수도 끊어졌다고 밝히고 있기 때문이다(창 17:17, 18:11-13). 그러나 신학적으로 이삭 탄생 예고 뒤에 사라의 납치는 분명 하나님의 약속에 대한 긴장감을 고조시키는 요소가 더 많다.

145) 신명기 역사 신학의 마지막 책인 열왕기하 25:27-30은 바벨론에서 여호야긴 왕의 지위가 회복된 것으로 그 역사를 마감하고 있다. 그리고 예레미야 25장과 28:1-4에는 이미 시드기야 왕 4년에 포로 된 유다민족과 여호야긴 왕이 좋은 무화과 이며, 두 해가 가기 전에 하나님께서 회복시키실 것이라는 예언이 난무하고 있었음을 살펴볼 수 있다. 그리고 에스겔은 여호야긴 왕이 포로 된 때부터 연대기를 계산하고 있다.

146) J. 맥스웰 밀러(Miller) & 존 H. 헤이스(Hayes), 『고대 이스라엘 역사(*A History of Ancient Israel and Judah*)』(박문재 역) (서울: 크리스챤다이제스트, 1996), 560-61쪽.(*ANET*, 315-16쪽)

147) 크리스띠안 메로즈,『귀양간 에스델: 다름의 영성을 위하여』(전유미 역) (서울: 성서와함께, 2000), 57쪽. 유대교의 해석에 의하면 에스더가 왕과 하만을 초대할 때 한 말인 "하만과 함께 임하소서"(יָבוֹא הַמֶּלֶךְ וְהָמָן; 야보 함멜레크 와하만; 에 5:4)의 히브리어 원문에서 각 단어의 맨 앞 알파벳을 합하면 하나님의 거룩한 이름인 '야훼'(יהוה)가 된다고 한다. 메로즈는 이것은 특별한 의미를 함축하고 있는데 에스더가 베푸는 잔치가 사람들끼리 벌이는 것이 아니라 역사의 장 안으로 하나님을 초대하여 그 자리를 차지하시게 하는 것이라 한다. 그리고 아무리 힘센 임금이라도 하나님의 손 안에서 섭리를 이루어가는 꼭두각시에 지나지 않다는 것을 강조하고 있다고 본다. 하지만 이것은 개인적인 추측에 지나지 않는다고 할 수 있다.

148) 김지찬,『요단강에서 바벨론 물가까지: 구약 역사서의 문예적-신학적 서론』(서울: 생명의말씀사, 1999), 652쪽. 위의 도표는 김지찬의 책에서 그대로 인용하였다.

149) Jon D. Levenson, *Esther* (OTL; Louisville: Westminster John Knox Press, 1997), 8쪽.

제 12 장

에스라-느헤미야, 역대기 상·하가 말하는 것

이제 천지창조로 시작했던 기나긴 대장정이 그 결론에 이를 때가 되었다. 결론은 결코 현재 이루어진 일을 다루는 것이 아니다. 긴 과정을 통과하며, 희망, 기대, 이상이 상승곡선을 그을 때도 있고, 또한 절망적인 하강을 하기도 하고, 때로는 더 이상 내려갈 곳도 없이 추락하기도 한다. 하지만 그 절망의 나락에서도 하나님께서 포기하지 않으심으로 다시 새롭게 피어나는 희망과 기대로 인해 주신 이상을 향한 여정을 다시 시작할 수 있게 한다. 하나님의 역사가 인간의 역사로 얼룩지며 그 퇴보의 길을 걸었다면, 이제 역사를 다시 하나님의 손에 올려드릴 때가 된 것이다. 인간이 스스로 시도해 볼만큼 해 보았다면 그 결과에 대하여 겸허하게 인정하고, 하늘을 향하여 두 손을 들 때인 것이다. 이제 구약성경의 마지막에 하나님께서는 자신의 백성과 함께 진정으로 이루시고자 하셨던 그 뜻을 결집시켜 우리에게 펼쳐 보이신다. '에스라-느헤미야-역대기서'는 그러므로 과거와 현재를 기록하는 것에 머물지 않고 우리가 서 있어야 할 진정한 미래가 무엇인지를 보여주는 창문이 된다. 인간이 저질러 놓은 모든 과거의 파편들을 끌어모아 하나님은 인간이 기필코 이루어야 했던 삶을 아름다운 모자이크로 완성시키신 것이다.

히브리어 성경은 세 부분으로 나누어진다. 오경인 토라(창세기-신명기), 예언서인 느비임(전기예언서: 여호수아-열왕기; 후기예언서: 이사야-말라기), 그리고 마지막으로 성문서인 케투빔(시편을 비롯하여 그 외 나머지 책들을 거쳐 에스라-느헤미야-역대기서까지)이다. '에스라-느헤미야-역대기서'는 히브리어 성경에서 '성문서' 편에 속하며, 우리의 구약성경과 동일한 내용을 가진 히브리어 성경의 맨 마지막을 장식한다. 이 중 역대기서는 전기예언서인 사무엘서-열왕기서와 비교해 거의 동시대의 사건과 인물들을 다룬다는 점에서 유사성이 존재하나, 그 사건이나 인물들을 보는 눈은 현저하게 다르다.

역대기상·하는 에스라, 느헤미야서와 함께 히브리어 성경의 마지막 책들을 구성하며, 아담 때부터 바벨론 포로기를 거쳐 에스라와 느헤미야의 활동(BC 5세기)에까지 이르는 이스라엘 역사를 새롭게 개관하고 있다. 그러나 역사의 흐름이 거기에서 멈추는 것이 아니라, 그 후로도 계속 연결되어 나간다. 그 계보의 흐름은 다윗 왕조와 대제사장 지파의 후손들을 통해서 분명하게 보여지는데, 무려 헬라의 알렉산더 시절까지 내려간다. 다윗 왕조의 계보는 '여고냐(여호야긴)-브다야-스룹바벨-하나냐-스가냐-스마야-느아랴-에료에네와 그의 일곱 아들들 호다위야, 엘리아십, 블라야, 악굽, 요하난, 들라야, 아나니'까지 연결된다(대상 3:17-24). 여기서 스룹바벨이 바벨론 포로에서 돌아와 성전을 건축하는 인물로 등장하고 있다는 것은 이스라엘이 다시 한 번 하나님께 기회를 부여받았다는 것을 보여주고 있다. 그리고 스룹바벨 이후로도 하나님의 백성의 역사는 계속해서 흘러가고 있음을 볼 수 있다. 이러한 계보의 흐름은 느헤미야서에서도 살펴볼 수 있다. 레위 지파 대제사장의 이름이 헬라의 알렉산더 대왕 때까지 거론된다. 스룹바벨과 동시대의 제사장인 예수아부터 '요아김-엘리아십-요야다-요나단-얏두아'(느 12:10)까지 여섯 대가 거론되고 있는 것이다. 이를 통해 볼 때 언어, 문체와 사상, 그리고 역사적인 시점에 있어서 역대기, 에스라, 느헤미야는 서로 유사한 것으로 보아 BC 350~300년경 혹은 그 이후에 현재 형태로 결집되었을 것으로 추정해 볼 수 있다. 그리고 역대기서는 사무엘서와 열왕기서를 그 기본 자료로 하고, 그 외에 전해져 내려온 여러 다른 자료들을 참고하여 기록하였다고 본다(대상 29:29; 대하 9:29; 12:15; 13:22).

특히 역대기서는 아담부터 역사를 새롭게 그려나가고 있다. 창세기부터 열왕기하까지 다루는 역사신학이 엄연히 존재하고 있음에도 내용의 대부분이 그와 동시대들을 다루고 있는 역대기서가 필요했던 이유는 무엇이었을까? 동시대를 다루는 두 가지의 견해가 존재한다는 것은 분명 각각 그 강조점이 다를 것을 짐작해 볼 수 있다(예: 호세아서와 아모스서; 학개서와 스가랴서). 그렇다면 역대기의 강조점이 무엇인지를 그 세부적인 분석을 통해서 살펴볼 필요가 있겠다. 역사를 기록하는 것은 예나 지금이나 단순히 예전에 있던 사건을 보고하는 것이 아니기 때문이다. 그것은 사건을 각 시대마다 새롭게 해석하여 '지금 여기에' 살고 있는 사람들에게 희망과 교훈과 비전을 제시하기 위함이다. 그리고 역대기 역사서의 순서 또한 새롭게 조명해 볼 필요가 있다. 역사적인 순서에 있어서는 '역대기상·하–에스라–느헤미야'가 논리적일 수 있으나, 히브리어 성경은 그 순서에 있어서 다른 논리를 따라간다. 에스라가 앞서고, 그 뒤를 느헤미야가 따르고, 히브리어 성경의 맨 끝은 역대기상·하가 장식한다. 이것은 무슨 의미를 가지고 있는 것인가? 그 이유는 역대기 역사서가 이방인들에 의해 무참하게 모든 것이 무너진 다음(나라, 왕, 성전, 국토 등), 새로운 공동체를 세우는 포로기 이후의 유대인들에게 다시 한 번 꿈과 용기를 던져주려고 한다는 점에서부터 찾아야 할 것이다. 그리고 역대기상·하를 읽어 내려가면 쉽게 느낄 수 있는 부분이지만, 이 두 책이 유다 왕조, 특히 다윗 왕(대상 11–29장)과 솔로몬 왕(대하 1–9장)을 유난히 강조하고 있다는 점 또한 역대기 역사서의 목표를 이해하는 길이 될 것이다.

1. 에스라-느헤미야서와 역대기상·하의 연관관계

에스라–느헤미야와 역대기상·하는 보통 통일성이 있는 연속물로 간주된다. 물론 면밀한 연구에 의하면 신학적인 강조점에서 여러 가지 차이점이 드러난다고 하지만 그 연속성만큼은 부인할 수 없는 연결성을 가지고 있다. 여기 그 공통점과 차이점을 거론하며, 그 차이점의 원인을 규명하고, 각각의 책이 보여주는 의미와 전체의 연결성을 살펴보기로 하자.[150] 먼저 공통점을 들면, 첫째, 에스라의 첫 번째 구절(스 1:1-2)이 역대기의 마지막에 제시됨으로(대하 36:22-23), 역대기가 자연스레 에스라-느헤미야로 연결되는 고리를 만들고 있다. 그리고 그 외는 역대기와 에스라-느헤미야의 언어학적인 유사성과 신학적 개념의 유사성을 들 수 있다.

그러나 다음과 같은 차이점들 또한 보인다는 견해들이 거론된다. 첫째, 역대기서는 다윗과 다윗계약을 강조하고, 또한 이 점은 역대기에서 뚜렷하게 나타나지만, 에스라-느헤미야에서는 이 사실이 전혀 등장하지 않는다는 것이다. 둘째, 이와 유사한 것으로, 에스라-느헤미야에서는 출애굽의 신학이 현저하게 두각을 나타내는데, 역대기서에는 이 신학이 실제로 크게 드러나지 않는다는 점을 든다. 셋째, 에스라-느헤미야에서는 이방 여인과의 결혼을 혐오스럽게 보는 반면, 역대기에서는 솔로몬의 잡혼에 대해 관용적인 태도를 보이는 것은 설명하기 어렵다는 것이다. 그리고 역대기서는 즉각적인 보복을 흔히 사용하지만, 에스라-느헤미야에서는 그것이 크게 부각되지 않는다는 점을 차이점으로 든다.

이러한 차이점에 대한 변증을 하자면 먼저 에스라-느헤미야서와 역대기서의 신학의 차이를 인정해야 할 필요가 있다. 에스라-느헤미야서는 이방 땅에서의 해방과 가나안 땅에서의 정착 과정을 기술하고 있다. 그렇다면 이러한 역사적 상황에 대한 좋은 모범이 이미 토라에 제시되어 있다. 바로 이집트로부터의 탈출과 가나안 땅 정착에 대한 모델이 바로 그것이라 할 수 있다. 그리고 그 땅에 들어가 모든 것이 정비되었을 때의 삶의 길이 또한 필요하다. 그래서 에스라-느헤미야서는 출애굽과 가나안 땅 정복이야기를 그 원형으로 하고, 그것이 이루어진 다음에 펼쳐질 삶의 모습이 무엇이어야 하는가는 역대기서가 보여주고 있기에 강조점의 차이를 보일 수 있다. 이방인과의 결혼에 관한 것 또한 배타성과 수용성의 탄력성과 더불어 역대기에서 솔로몬의 죄를 의도적으로 제거하는 방식으로 인한 오해라 여겨진다. 분명한 것은 솔로몬의 잡혼에 대해 관용적인 태도를 보이는 것은 결코 아니라는 것이다. 다윗과 솔로몬의 죄를 삭제하여 얻고자 하는 목적은 역대기서를 다룰 때 거론할 것이다. 역대기서의 즉각적인 응보와 에스라-느헤미야의 느슨한 징계에 대한 비교는 역대기서의 신학이 '사무엘상-열왕기하'처럼 과거부터 현재까지의 상황을 보고하는 형식이 아니라, 다가올 미래에 펼쳐질 새로운 역사를 기술하고 있다는 점에서 그 차이점을 상쇄할 수 있다. 즉, 과거엔 그랬을지라도, 미래는 결코 동일해서는 안 된다는 선언이 들어가 있는 것이다. 이러한 미래상에 대한 역대기의 강조점은 아래에서 논의될 것이며, 에스라-느헤미야-역대기로 연결되는 신앙적인 의미 또한 드러날 것이다.

2. '에스라-느헤미야' 신학과 새로운 '출애굽-땅 정복 신학'

에스라와 느헤미야서는 기나긴 포로기간을 끝내고, 하나님의 자비와 긍휼하심에 힘입어 다시 약속의 땅으로 돌아가는 하나님의 백성 이스라엘의 이야기이다. 우리가 가지고 있는 오해는 그 땅에만 가면 모든 것이 원활하게 이루어질 것이라는 생각이다. 그리고 이방에 잔류한 유대인들이 왜 돌아가지 않는가라는 의문을 가진다. 포로생활 70년은 많은 것을 변화시키기에 충분한 기간이다. 포로 1세대는 거의 대부분이 그 포로지에서 명을 달리했을 것이며, 이미 2-4세대까지 탄생할 수 있는 기간이다. 그 땅에서 태어난 포로의 후손들은 그 곳이 고향과 친척과 아버지의 집이며, 정작 약속의 땅인 가나안은 미지의 땅이며, 낯선 땅이다. 삶의 뿌리가 이방 땅에 깊이 내려졌고, 이미 언어와 문화와 풍습이 모두 바뀔 수 있는 시간이 지나갔다.

이런 상황에서 바벨론을 정복한 페르시아의 황제 고레스가 포로민들에게 칙령을 발표한다. 그 어떤 민족이라도 원하기만 하면 자신의 본토로 돌아가, 그 곳에서 새로운 삶을 시작해도 좋다는 것이다. 그리고 이것은 이스라엘을 향해서도 동일했다.

> 바사 왕 고레스는 말하노니 하늘의 하나님 여호와께서 세상 모든 나라를 내게 주셨고 나에게 명령하사 유다 예루살렘에 성전을 건축하라 하셨나니 이스라엘의 하나님은 참 신이시라 너희 중에 그의 백성 된 자는 다 유다 예루살렘으로 올라가서 이스라엘의 하나님 여호와의 성전을 건축하라 그는 예루살렘에 계신 하나님이시라(스 1:2-3).

고레스의 이 선포는 흡사 그 옛날 바로가 여호와의 능력의 손에 맞고, 모세와 아론을 불러서 "너희와 이스라엘 자손은 일어나 내 백성 가운데서 떠나 너희의 말대로 여호와를 섬기라"(출 12:31)

는 선포와 맞먹는다. 드디어 새로운 출애굽의 대 역사가 펼쳐지기 시작하는 것이다.

에스라-느헤미야서는 사건의 진행과 주제의 흐름에 따라 정확하게 네 등분으로 나뉜다. [151)]

첫째. 세스바살과 스룹바벨의 귀환(스 1-6장) - 새 출애굽과 성전건축

둘째. 에스라의 귀환과 사명(스 7-10장) - 율법에 따른 이방인과의 구별

셋째. 느헤미야의 귀환과 사명(느 1-7장) - 성벽 건축을 통한 이방인과의 삶의 구별

넷째. 새 언약의 체결과 땅 분배(느 8-13장) - 새 언약 백성으로서의 출발

1) 세스바살과 스룹바벨의 귀환과 사명(스 1-6장) - 새 출애굽과 성전건축

포로민들의 1차 귀환은 세스바살이라는 페르시아가 세운 유다 총독에 의해 이루어진다(스 1:18-11). 세스바살이 어떤 인물인지에 대해서는 의문의 여지가 많다. 그에 대한 자료가 부족하고 에스라 1장에만 거론되며, 곧 사라져 버리기 때문이다. 때로는 세스바살이 스룹바벨의 페르시아식 이름이라고 주장되기도 한다(스 5:16). 그러나 그 진의는 불분명하다. 이처럼 바벨론에서 이스라엘로 돌아오는 길을 주도한 사람은 스룹바벨이 아닌, 유다 총독으로 활약했던 세스바살로 나타난다. 그러나 정작 이스라엘로

돌아와서 공동체를 건설하며 성전 건축을 주도한 사람들은 다윗의 후손인 스룹바벨과 제사장 예수아(여호수아)였다(스 2:1-2; 3:1-13). 이러한 상관관계는 흡사 출애굽을 주도한 모세와 여호수아의 관계 같은 형태를 취하며, 세스바살과 스룹바벨을 만들어가고 있다. 그리고 출애굽 한 백성의 인구조사가 있듯이(민 1장과 26장), 여기는 또다시 바벨론을 떠난 사람들의 명단이 공개되고 그들이 이스라엘에 거하게 되었다는 것으로 계보가 끝이 나고 있음은 의미가 있다.

> 이에 제사장들과 레위 사람들과 백성 몇과 노래하는 자들과 문지기들과 느디님 사람들이 그 본성들에 거하고 이스라엘 무리도 그 본성들에 거하였느니라(스 2:70).

이것은 바로 지금 펼쳐지고 있는 역사는 새 출애굽과 땅 정복 시대로의 복귀라는 것을 부각시키고자 하는 의도가 있다. 에스라 1:4절이 바로 그 증거로 작용할 수 있다.

> 그 남아 있는 백성이 어느 곳에 머물러 살든지 그곳 사람들이 마땅히 은과 금과 그 밖의 물건과 짐승으로 도와주고 그 외에도 예루살렘에 세울 하나님의 성전을 위하여 예물을 기쁘게 드릴지니라 하였더라

이 구절은 이스라엘이 출애굽 할 때 이집트인들이 행했던 것을 상기시키며(출 3:21-22; 12:35-36), 또한 출애굽 한 이스라엘이

성막을 짓기 위해 즐거이 예물을 내는 것과 같음을 보이고 있다(출 25:1-3; 35:29). 이스라엘이 출애굽을 할 때 이스라엘 백성들이 이집트인들에게 은금패물 그리고 의복을 구하자 그들은 이스라엘이 빨리 떠나게 하려고 요구하는 모든 것을 다 주어서 보낸다. 그리고 그 물품들은 즐거이 드려져서 하나님께서 거하실 성막을 짓는 재료들이 되는 것이다. 그러므로 이것 또한 새 출애굽과 땅 정복의 모형 중의 하나라고 할 수 있다. 이제 곧 새 출애굽이 시작될 것임을 직감해 볼 수 있다.

이러한 새 시대는 역시 하나님께서 예비하신 새로운 인물들과 함께 시작된다. 수많은 이름들이 등장하지만 세스바살, 스룹바벨, 에스라, 느헤미야라는 인물들을 통한 역사를 면밀히 살펴봄이 필요하다. 이집트인들이 이스라엘에게 기꺼이 제공한 은금 패물과 의복 등은 이스라엘이 광야에서 하나님께서 거할 성막을 건축하는 재료가 되었듯이, 포로생활을 끝내고 약속의 땅으로 향하는 이스라엘에게도 동일한 일이 벌어진다. 이들이 귀환하자마자 즉각적으로 시행한 것이 바로 성전건축이었다는 점에서 그 사실을 확인해 볼 수 있다. 성전이 있느냐, 없느냐에 따라 하나님의 백성인가, 아닌가가 판가름 나기에 성전의 존재는 귀환자들에게 중요한 것이었다. 성전은 하나님의 임재를 의미하는 것이기 때문이다. 하지만 대적들의 방해도 만만치 않아 고레스 시대부터 다리오 2년까지 성전건축 역사가 긴 시간 강제로 멈춰진다. 마침내 하나님께서 두 명의 선지자들인 학개와 스가랴를 보내셔서, 귀환자들을 독려함으로 성전건축이 재개되고, 모든 주변의 방해들이 다리오 왕의 공사허가를 통해 일소되며 다리오 왕 2년인 BC 520년에 성전공사가 재개되어 다리오 왕 6년인 BC 516년에 마침내 완공하게 된다(스 4:24; 6:15).

그런데 성전건축에 대한 에스라서의 연대기에 의문점을 자아내게 하는 내용이 들어가 있다. 성전건축은 분명히 고레스 왕 시대에 시작되어 방해로 지연되다가 마침내 다리오 왕 때에 재개되고 완공된다. 그런데 에스라서는 성전건축과 관련된 연대기에 전혀 상관이 없는 왕들의 이름이 등장한다.

> 이로부터 그 땅 백성이 유다 백성의 손을 약하게 하여 그 건축을 방해하되 바사 왕 고레스의 시대부터 바사 왕 다리오가 즉위할 때까지 관리들에게 뇌물을 주어 그 계획을 막았으며 또 아하수에로가 즉위할 때에 그들이 글을 올려 유다와 예루살렘 주민을 고발하니라(스 4:4–6).

여기서 다리오 왕까지는 이해할 만하지만 아하수에로가 등장하는 것은 시기적으로 문제점을 제기한다. 이미 30여 년 전에 성전은 건축되었고, 그곳에서의 예배 또한 재개되었을 것이기 때문이다. 그리고 그 밑에 이러한 성전건축을 방해하기 위한 고발장이 제시되어 있는데 그 연대기는 오히려 혼란을 더욱 가중시키고 있다.

> 아닥사스다 때에 비슬람과 미드르닷과 다브엘과 그의 동료들이 바사 왕 아닥사스다에게 글을 올렸으니 그 글은 아람 문자와 아람 방언으로 써서 진술하였더라(스 4:7).

아하수에로도 의문점을 제기하는데 유다의 대적들이 올린 고소장이 아닥사스다 왕이 수신인으로 되어있다는 것은 더욱 의문을 가중시킨다. 이것은 다음의 연대기를 살펴보면 문제점을 살펴볼 수 있다.

페르시아 왕	연대기	중요사건
고레스	539-530	* 유대인 1차 귀환 - BC 538 년 * 성전건축 시작 * 성전건축 방해로 지연시작
캄비세스	530-522	* 성전건축 방해로 지연 계속됨
다리오 I세	522-486	* 성전건축 재개 - BC 520년(다리오 2년) * 성전건축 완공 - BC 516년(다리오 6년)
크세륵세스 (아하수에로)	486-464	* 모르드개와 에스더의 활약 * 성벽건축 방해로 지연
아닥사스다 I세	464-423	* 에스라와 함께 2차 귀환 - BC 458년 * 성벽건축 지연 계속됨 * 느헤미야의 귀환 - BC 445년 * 느헤미야가 총독으로 계속봉직 - BC 433년

그리고 아닥사스다 왕이 수신인인 그 고소장의 주 내용은 성전이 아닌 '성읍과 성곽' 즉, 성벽건축에 관한 부당성을 고발하는 내용으로 가득 차 있다(스 4:12-16). 이 고소의 정당성을 받아들여 아닥사스다 왕이 공사를 중단시키고, 성을 건축하지 못하게 하라는 엄명이 내려진다(스 4:17-25). 이러한 연대기적인 문제점을 아는지 모르는지 이러한 아닥사스다 왕의 조서가 내려지고 그 결론으로 주어진 마지막 구절은 혼란을 더욱 가중시킨다.

> 이에 예루살렘에서 하나님의 성전 공사가 바사 왕 다리오 제 이 년까지 중단 되니라(스 4:24).

또 다시 연대기가 성전건축 방해가 제거되었던 다리오 왕 시대로 돌아와 있다. 이는 성전건축이 완성된 것은 다리오 왕 시대라는 것에 대해서는 의문의 여지가 없고, 에스라서도 그에 대해 주지하고 있다는 것이다. 그렇다면 이것은 결코 실수가 아니라는 것이며, 의도가 들어 있다는 것을 느껴볼 수 있다. 만약 이것이 기록의 실수였다면 한 번으로 끝났을 터인데 동일한 사항이 또다시 등장하고 있다는 것은 실수가 아니라, 의도적이라는 것을 증명하는 것이 된다. 마침내 기나긴 방해의 터널을 뚫고 성전건축 재개를 허락하는 다리오 왕의 조서가 내려져 성전건축이 이루어졌을 때에도 역시 위와 같은 연대기가 또 등장한다.

> 다리오 왕의 조서가 내리매…유다 사람의 장로들이 선지자 학개와 잇도의 손자 스가랴의 권면을 따랐으므로 성전 건축하는 일이 형통한지라 이스라엘의 하나님의 명령과 바사 <u>왕 고레스와 다리오와 아닥사스다의 조서</u>를 따라 성전을 건축하며 일을 끝내되 다리오 왕 제 육년 아달월 삼일에 성전 일을 끝내니라(스 6:13-15).

성전건축과 관련이 없는 아닥사스다 왕이 또 등장하고 있다. 이러한 연대기에는 분명 의도가 있을 것이다. 그것은 다름 아닌 회복에 대한 진정한 이상이 무엇인가라는 질문이다. 단순히 성전만 재건축 된다고 해서 회복이 완성되는 것인가? 에스라-느헤미야서는 이스라엘이 회복해야 할 것이 무엇인가를 분명하게 제시하고자 하는 의도가 있다. 성전 재건축은 회복의 시작이지, 회복의 끝도 완성도 아니라는 것이다. 회복의 완전한 끝은 에스라와 느헤미야의 귀환이 이루어져서 이들의 사명까지 다 완수된 때인 아닥사스다 시절까지 가야한다는 것이다. 즉, 무너진 모든 것들이 재건되는 것이 회복인 것이다. 하나님의 법과 언약이 무너지며, 이방인과의 혼합이 이루어졌고, 구별된 삶인 거룩이 깨어졌으며, 거룩의 구별선인 성벽이 무너지자마자 성전이 파괴된 것이다. 그렇다면 에스라-느헤미야서는 회복의 과정과 요소들이 모두 등장할 것임을 기대해볼 필요가 있다. 이제 성전건축에 나타난 시대착오적인 아하수에로와 아닥사스다의 등장은 회복의 끝을 지시하는 도구가 되는 것이며, 가야 할 과정을 미리 비쳐주는 역할을 하는 것이다. 즉, 성전건축에 머물러 있는 것이 아니라 그 건축을 시작으로 점진적으로 회복해야 할 단계들을 모두 거쳐야 함을 보여주는 것이다. 그리고 그 과정은 결코 쉽게 얻어질 수 있는 것이 아니라 수많은 방해와 장애물을 딛고서야 그 끝에 다다를 수 있다는 것을 미리 보여주는 구실을 한다. 고레스 때부터 아닥사스다 때까지의 방해는 하나님의 백성이 회복되는 것을 방해하는 모든 저항을 지칭하는 것이며, 성전건축 때부터 시작된 것임을 보이고 있다.

그러나 강력한 저항에도 불구하고 회복의 첫 단계인 성전이 재건축 되고, 성전 봉헌식이 모세의 책에 기록된 대로 성대하게 치러졌다. 그에 이어 첫째 달 14일에 유월절도 지켰다(스

6:16-22). 명실상부 하나님의 백성이 되는 길이 활짝 열린 것이다. 이처럼 에스라서의 시작은 세스바살, 스룹바벨 그리고 예수아의 진두지휘 아래 새로운 출애굽의 역사가 펼쳐지며, 마치 광야에서 이스라엘이 하나님의 백성으로서 하나님과 동거동락 하기 위해 성막을 건축했듯이, 하나님께서 거하시는 성전을 건축하는 것으로 일단락된다. 그리고 역사의 수레바퀴는 또 다른 회복을 향해 그 자리를 넘겨준다.

2) 에스라의 귀환과 사명(스 7-10장) - 율법에 따른 이방인과의 구별

성전이 재건되자마자 세스바살이라는 인물도 스룹바벨과 예수아라는 인물도 동시에 사라져버리고 더 이상 나타나지 않는다. 그들의 역할이란 새 출애굽 공동체를 이스라엘 땅으로 이끌어서, 성전을 건축하는 것으로 끝이 났다. 에스라 6장과 7장은 이러한 역사의 분기점을 보여준다. 그 분기점은 시간적인 격차뿐만 아니라, 주제의 차이라는 점에서도 거대한 구별선을 제공한다. 연대기적으로 스룹바벨이 성전을 건축한 때가 다리오 왕 6년의 BC 516년이고, 에스라의 출현은 아닥사스다 왕 7년인 BC 458년으로 약 60년의 시간을 건너뛴 것이다. 새 역사의 시작에서 지면을 낭비할 여유가 없는 것이다. 회복해야 할 것이 무엇인지를 선명하게 보여주는 것이 급선무이지, 이야기를 길게 늘어뜨리는 것이 목적이 아니기 때문이다. 이제 공동체가 약속의 땅에 들어왔고, 성전이 세워졌으니, 그 성전을 중심으로 살아갈 신앙 공동체의 영적인 상태에 관심이 집중된다. 어떤 공동체여야 하는가에 대한 이상을 보여주는 것이다. 이 공동체를 올바로 세우기 위해서 에스라가

보냄을 받는다.

이미 하나님의 백성 이스라엘의 정체성을 분명하게 제시하고 있는 토라(모세오경)는 그 과정이 무엇인지를 우리에게 제시해 주고 있다. 출애굽기에서 하나님께서 이스라엘 가운데 거하시기 위한 성막이 완공된 다음에 펼쳐지는 것이 무엇인지를 안다면, 에스라가 해야 할 사명이 무엇인지도 분명하게 알 수 있다. 성막건축 다음으로 주어지는 것은 다름 아닌 함께 하시는 하나님 앞에 설 수 있고, 같이 살아갈 수 있는 예배자의 길을 제시하는 레위기이다. 레위기의 핵심은 하나님의 요청인 "내가 거룩하니 너희도 거룩할지어다"(레 11:45; 19:2; 20:26; 21:8)이다. 이러한 거룩의 핵심은 역시 소극적인 방식으로는 이방인들의 가증한 풍속과 규례를 따르지 않는 것이며, 적극적인 방식은 이들과 철저하게 분리되는 것이다(레 18장; 20장). 이 일을 위해 율법의 학사이면서, 이스라엘의 초대 대제사장인 아론의 16대손으로 거룩의 길을 깊이 깨닫고 살아가고 있는 제사장인 에스라는 가장 적임자임에 틀림없다(스 7:11).

에스라는 모세의 율법을 가지고 아닥사스다 7년에 바벨론에서 이스라엘로 돌아온다. 이미 성전건축의 열정이 살아있던 스룹바벨의 시대로부터 60년이 흘렀다는 것은 그만큼 귀환공동체가 해이해져 있을 수 있는 충분한 시간이 소요되었다는 것이다. 에스라는 이러한 공동체에게 하나님께서 원하시는 거룩의 길을 바르게 가르칠 소명으로 가득 찬 사람이다.

> 에스라가 여호와의 율법을 연구하여 준행하며 율례와 규례를 이스라엘에게 가르치기로 결심하였었더라(스 7:10).

에스라는 하나님의 율법을 깊이 연구하고, 그것을 먼저 준행하는 사람이다. 그리고 자신이 삶으로 살아가고 있는 말씀을 가르치는 사람이다.

에스라는 바벨론에서 올라올 때 항상 자신이 전한 말씀대로 살려는 투지를 보이고 있다. 4개월 이상이 걸리는 먼 거리에 분명 대적들과 길에 매복한 자의 위험이 도사리고 있음을 알면서도(스 8:31), 왕에게 그 어떤 보병과 마병의 도움을 요청하지 않았다(스 8:22). 그 이유는 자신이 항상 왕 앞에서 "우리 하나님의 손은 자기를 찾는 모든 자에게 선을 베푸시고 자기를 배반하는 모든 자에게는 권능과 진노를 내리신다"(스 8:22)고 간증하였기에 왕에게 보호해줄 군사를 요청하는 것은 수치라고 생각하였기 때문이다. 에스라는 귀환할 모든 사람을 모아놓고 같이 금식하고 기도하며 전심으로 하나님의 도우심만을 구하였다. 그리고 그의 간구는 선하신 하나님으로부터 응답을 받았고, '하나님의 손'(스 7:6, 9, 28; 8:18, 22, 31)이 도우심으로 무사히 약속의 땅에 도착할 수 있었다고 고백한다. 이것은 출애굽 때에 하나님께서 보여주셨다는 '펴신 팔과 능하신 손'이라는 표현과 동일한 것으로 역시 에스라와 동료들은 출애굽의 기적을 체험하고 있는 것이다. 이처럼 출애굽의 역사는 계속되고 있는 것이다. 그러나 에스라가 가나안 땅에 도착하여 들은 소식은 그의 열정을 생각할 때 그를 절망으로 몰아가기에 충분하다.

> 이 일 후에 방백들이 내게 나아와 이르되 이스라엘 백성과 제사장들과 레위 사람들이 이 땅 백성들에게서 떠나지 아니하고 가나안 사람들과 헷 사람들과 브리스 사람들과 여부스 사람들과 암몬 사람들과 모압 사람들과 애굽 사람들과 아모리 사람들의 가증한 일을 행하여 그들의 딸을 맞이하여 아내와 며느리로 삼아 <u>거룩한 자손이</u> 그 지방 사람들과 섞이게 하는데 방백들과 고관들이 이 죄에 더욱 으뜸이 되었다 하는지라(스 9:1-2).

거룩한 백성이 이방인들과 섞여버린 것이다. 에스라는 성전이 세워지고 거룩하게 살아가야 할 하나님의 백성이 이방 백성들의 가증한 일을 행하여 땅을 또 더럽게 만들고 말았다고 탄식하며, 하나님 앞에서 옷을 찢고 회개의 기도를 올린다(스 9:3-15). 이러한 에스라의 회개는 백성들에게 영향을 미치게 되었고, 이들은 이방인 아내와 자식들과 절연할 것을 결단한다. 그리고 이방인과 결혼한 사람들의 명단을 기록한다.

에스라 10장에는 이방인들과 결합하여 언약을 맺고 살아가는 사람들의 명단을 제공하는 것으로 마감된다. 그러나 여기에 대한 구체적인 결정 사항들은 제시되지 않는다. 이들이 결별하였는지, 아니면 계속해서 그렇게 살아갔는지에 대한 결과가 나타나 있지 않은 것이다. 그리고 에스라의 개혁에 동조하는 사람이 있는가 하면 그에 반대하는 무리도 있었음을 제시하고 있다: "오직 아사헬의 아들 요나단과 디과의 아들 야스야가 일어나 그 일을 반대하고 므술람과 레위 사람 삽브대가 그들을 돕더라"(스 10:15). 이방인과 결혼한 사람들의 명단의 결론 또한 열려져 있다.

> 이상은 모두 이방 여인을 아내로 맞이한 자라 그 중에는 자녀를 낳은 여인도 있었더라(스 10:44).

이 문장이 한 사건의 결론이라고 하기에는 미진한 부분이 많다. 분명 무언가 조처가 있어야 될 듯한 분위기를 풍기고 있기 때문이다. 그러나 에스라서는 이 말을 끝으로 마감되고, 느헤미야서에 그 길을 내어준다. 이렇게 명단만 남겨두고 어떠한 조처가 이루어 졌는지에 대한 결론을 제시하지 않는다는 것은 아직은 그러한 사항에 대한 단호한 조처가 이루어질 적절한 때가 아니라는 것을 암시하고 있다. 정작 이러한 명단에 대한 결별의 조처는 느헤미야서의 맨 마지막 결론에 등장하고 있다: "백성이 이 율법을 듣고 곧 섞인 무리를 이스라엘 가운데에서 모두 분리하였느니라"(느 13:3; 참조 9:1-3). 그럼에도 느헤미야 13장은 안식일 날에도 이방인들과 섞여서 물건을 사고파는 일들이 예루살렘에서 행해지고 있는 것을 전한다. 그리고 그 악행을 성문을 통제하는 것을 통해 막아내고 있다(느 13:15-22). 그렇다면 지금 에스라서에서 이방 여인들과 결혼한 사람들을 그 때 분리시킬지라도 소용이 없는 시점이라는 것을 짐작해 볼 수 있다. 회복이 온전하게 완성되지 않으면 또다시 동일한 길로 돌아가고 말 것이기에 진정한 분리가 이루어 질 수 있는 길을 보여주는 다음 단계로의 전진이 먼저 일어나야 할 필요가 있는 것이다.

이렇게 거룩의 완성을 미진한 채로 남겨두고 역사는 그 다음 단계로 급박하게 진행된다. 바로 성벽을 재건하는 공사이다. 이 공사는 아닥사스다 왕 7년에 돌아온 에스라 때에 이루려 하였으나, 주변의 방해로 성취되지 못하고, 방치된 상태로 남아있었을 것이다. 성전건축 때에 아닥사스다의 조서가 등장했었다(스 4:7-23). 그 조서는 아마도 에스라 때에 내려진 조처였을 것이라 볼 수 있다. 에스라가 이것을 시행하려 했던 이유는 분명하다. 이방인과의 분리의 벽을 견고히 쌓으려는 의도였을 것이다. 그러나 주변 이방인들의 방해는 거셌고 정치적인 음모 또한 주효해서 아닥사스다의 명령이 내려졌다.

> 이제 너희는 명령을 전하여 그 사람들에게 공사를 그치게 하여 그 성을 건축하지 못하게 하고 내가 다시 조서 내리기를 기다리라(스 4:21).

성벽이 재건되기 위해서는 아닥사스다 왕의 새로운 조서가 필요하게 되었다. 이렇게 성벽재건 공사는 멈추어졌고, 하나님의 백성이 거룩한 구별선을 지키며 살아갈 수 있는 길을 완성할 그 사명은 다음 사람에게 넘어간다. 그 사람은 아닥사스다 왕에게 새로운 조서를 받을 수 있는 위치에 있는 사람이 될 것이 분명하다.

3) 느헤미야의 귀환과 사명(느 1-7장) - 성벽건축을 통한 이방인과의 삶의 구별

에스라가 이방인과 결혼한 자들의 명단을 공개하는 것으로 잠시 그 개혁의 사명은 중단되고, 이제 느헤미야라는 인물이 다음 이야기를 연결시켜나간다. 느헤미야는 율법의 내용에 중점을 둔 사명이 아니라, 성벽재건에 그 초점을 맞춘다. 에스라가 율법을 통해 이스라엘을 이끌 수 있도록 실제적인 분리선을 만드는 것이 느헤미야의 사명이기 때문이다.

해방되어 성전이 재건되었고(스 1-6장), 이방인과의 구별을 통해 거룩한 삶을 이루는 예배자로 서야 한다는 사명이 주어졌다(스 7-10장). 이제 거룩한 백성으로서 구별된 삶을 이루어 나갈 이방인과의 뚜렷한 분리선이 될 성벽을 재건하는 것이 과제로 남겨져 있다(느 1-7장). 그래야만 이방인과의 뚜렷한 분리가 이루어지며 거룩한 삶을 유지해 갈 수 있기 때문이다. 이 세 번째 사명인 백성들이 살아갈 삶의 울타리를 만드는 작업이 느헤미야에게 주어진 것이다. 거주지의 한계는 물론이요, 이스라엘 민족의 경계를 만든다는 의미가 들어가 있다.

그런데 느헤미야 1장에 느헤미야가 소개되는 부분을 읽으면 의문점을 가질 수 있다. 느헤미야가 아닥사스다 20년의 사람이라면 BC 445년경으로 추정되는데 그렇다면 에스라(아닥사스다 7년인 BC 458년)보다 13년 뒤에 도착한 사람이다. 그런데 그가 들은 예루살렘의 상황은 흡사 아무도 돌아가지 않은 듯한 인상을 풍긴다.

> 그들이 내게 이르되 사로잡힘을 면하고 남아 있는 자들이 그 지방 거기에서 큰 환난을 당하고 능욕을 받으며 예루살렘성은 허물어지고 성문들은 불탔다 하는지라(느 1:3).

이렇게 예루살렘은 성전만 건축되었지 이렇다할 회복이 촉진되고 있지는 못하다는 것을 보여주는 것이다. 이것은 느헤미야의 관심을 최대한 예루살렘 성과 성문들에 제한을 시키고 있는 것에서 그 이유를 찾을 수 있다. 귀환 공동체는 아직 성전만 건축하였을 뿐 이렇다할 도시를 재건하며 살고 있는 형편은 아닌 것이다. 그리고 이것은 에스라 4장에 기록되어 있는 아닥사스다 때의 성읍 중건에 대한 방해와 공격이 성공하여(4:23) 아직도 성전만 덩그러니 세워져 있는 도시의 상황을 반영하는 것이라 할 수 있다. 이제 성벽재건은 급박한 회복의 요구로 남아있다. 성벽이 재건되어야만 에스라의 사명도 완수될 수 있는 것이기에 느헤미야와 에스라는 서로의 사명 완수를 위해 각자가 가진 재능을 다 발휘해야 할 소명자들인 것이다.

느헤미야가 아닥사스다 왕의 총애를 받는 술 관원이라는 것은 에스라가 이루지 못한 소명을 보완할 수 있는 충분한 역량을 가진 사람임을 알 수 있다. 느헤미야의 가슴에 타오르는 예루살렘 성을 향한 열정은 그 무엇도 막을 수 없는 강한 것으로 왕 앞에서도 숨길 수 없는 것이 된다. 느헤미야의 계속되는 기도가 응답이 되어 자신의 조상의 묘실이 있는 유다 땅의 성을 건축할 수 있게 해 달라는 요청이 아닥사스다 왕에 의해 수락되었다. 이에 멈추지 않고 느헤미야는 왕에게 그 일을 수행하기 위한 조서를 내려 줄 것을 간청한다.

> 내가 또 왕에게 아뢰되 왕이 만일 좋게 여기시거든 강 서쪽 총독들에게 내리시는 조서를 내게 주사 그들이 나를 용납하여 유다에 들어가기까지 통과하게 하시고 또 왕의 삼림 감독 아삽에게 조서를 내리사 그가 성전에 속한 영문의 문과 성곽과 내가

들어갈 집을 위하여 들보로 쓸 재목을 내게 주게 하옵소서 하매 내 하나님의 선한 손이 나를 도우시므로 왕이 허락하고(느 2:7-8).

드디어 아닥사스다 왕의 새로운 조서가 내려졌다. 이제는 성을 건축할 수 있는 재료까지도 조달해 줄 것을 명령하는 조서인 것이다. 느헤미야는 귀환하자마자 성벽재건 사역을 차근차근 진행한다. 그러나 언제나 그랬듯이 주변의 이방인들인 호론 사람 산발랏, 암몬 사람 도비야, 아라비아 사람 게셈 등이 교묘하고, 치밀한 방법으로 방해하나 역시 하나님의 선한 손이 지켜주심으로 막힘없이 진행 된다(느 2:8, 18). 이 또한 출애굽의 하나님께서 지키시는 것이라 할 수 있다. 느헤미야는 성벽재건 사업을 진행하며 이러한 외부적인 위험뿐만 아니라, 동족끼리 착취함으로 분열이 일어나는 내부의 위험 또한 극복해야 했다. 외부의 위험은 백성들이 공사 진행과 병기 잡는 것을 번갈아 행하며 열정으로 극복하고(느 4장), 내부적인 동족간의 착취는 지도자인 느헤미야가 솔선수범하여 먼저 총독의 녹을 받지 않고 희생함으로 가진 자들 또한 동일한 일을 행하도록 독려하며 극복했다(느 5장). 그리고 외부적, 내부적인 어려움을 극복하는 것을 본 방해자들은 이제 느헤미야를 유인해 죽이려는 음모까지 여러 차례 시도하나 역시 하나님의 도우심으로 실패로 돌아가고 만다(느 6장). 이 모든 우여곡절을 이겨내고 성벽 재건 역사가 기적처럼 오십이일 만에 끝이 났다(느 7장).

성벽건축 사업의 완공은 귀환자들에게 새로운 삶의 길을

제공할 수 있는데, 그것은 바로 이방인들과의 분명한 구별이다. 성벽을 치고, 성문을 통제함으로 어느 누구든지 쉽게 출입하지 못할 뿐만 아니라, 특히 이스라엘이 하나님의 백성이라는 정체성을 지키는데 중요한 요소인 안식일에 외부인들이 들어와 물건을 파는 것을 막을 수 있게 되었다(느 7:1-3; 13:15-22). 절기를 지키는 것은 삶의 시간표를 하나님께로 향하여 맞추는 것으로 가장 근본이 되는 것은 바로 새창조의 이념에 초점을 맞춘 안식일 준수이다. 이를 통해 에스라가 가르치기를 원했던 거룩한 삶을 이룰 수 있는 기초가 열리는 것이다. 이렇게 느헤미야가 성벽까지 완공한 후에 다시 또 에스라가 등장한다. 이제 그가 맡아야 할 중요한 사명이 있기 때문이다.

4) 새 언약의 체결과 땅 분배(느 8-13장) - 새 언약 백성으로서의 출발

이제 회복된 공동체에게 무엇이 남았을까? '새 출애굽-성전건축-거룩의 길'(이방인과의 구별선을 위해 잡혼금지와 성벽건축)이 성취되었다. 남은 것이 있다면 율법이 출애굽의 구세대와 신세대에게 낭독됨으로 하나님의 언약백성으로서의 결단이 일어나듯이 이제 새로운 출애굽을 통하여 구원된 이스라엘 귀환자들 또한 여호와의 율법을 듣고, 하나님의 백성으로서의 길을 결단하고 서약하는 의식이 필요하다. 즉, 시내 산과 신명기의 법에 대한 헌신이 필요한 것이다. 그리고 새로운 땅 분배가 이루어져서 각자의 터전으로 돌아가 그 땅을 하나님의 땅으로 만들어 가는 삶을 사는 것이다.

성벽건축 이야기를 뒤로하고, 에스라가 다시 등장하여 율법을 낭독한다. 에스라가 율법을 낭독하는 것은 지금이 처음이다. 에스라서에서 그는 성전건축 후에 공동체를 거룩의 길로 이끌기 위해 이방인과의 구별을 강조하는 사명을 펼쳤다. 그러나 이제 성벽까지 재건된 다음에는 그의 다음 사명이 펼쳐진다. 바로 공동체를 새로운 언약백성으로 세우는 것이다. 에스라가 새벽부터 정오까지 율법을 낭독하고, 레위인들은 곳곳에 서서 율법의 말씀들을 해석하여 백성들에게 전한다(느 8:3, 7-9). 백성들이 듣고 눈물을 흘린다(느 8:9). 그리고 이스라엘 자손이 초막절을 지키며 매일 낭독되는 율법을 듣고, 그 달 24일에도 금식하고 굵은 베옷을 입고, 티끌을 뒤집어쓰고, 모든 이방 사람들과 절교하고, 낮 사분의 일은 율법을 낭독하고, 낮 사분의 일은 죄를 회개하는 대각성의 시간이 펼쳐진다(느 9:1-3). 그리고 레위 사람들이 곳곳에 서서 창조로부터 지금 현재까지의 하나님의 은혜를 고백하며 하나님의 백성이 될 것을 결단한다(느 9장). 이렇게 율법을 낭독하고, 대 각성이 일어나고, 과거의 모든 하나님의 은혜와 백성의 죄악된 역사를 낱낱이 고백하는 것은 바로 새로운 하나님과의 언약을 맺기 위한 목적이 있다.

> 우리가 이 모든 일로 말미암아 이제 견고한 언약을 세워 기록하고 우리의 방백들과 레위 사람들과 제사장들이 다 인봉하나이다 하였느니라(느 9:38).

그리고 언약에 인친 사람들의 명단이 공개되고, 세세한 언약의 내용들인 모든 율례와 규례를 지켜 행할 것을 서약한다. 언약의 결단으로 반드시 지키겠다는 서약의 내용은 구체적으로 4가지가 나타난다.

① 이방인들과 결코 결혼관계를 행하지 않을 것임(느 10:30)

② 안식일에는 이방인들에게서 물건을 사지 않을 것임(느 10:31a)

③ 일곱째 해 안식년에는 땅을 쉬게 하고, 모든 빚을 탕감하겠음(느 10:31b)

④ 해마다 레위인에게 분깃을 주어 하나님의 전을 버려두지 않을 것임(느 10:32-39)

이방인과 언약을 맺었던 삶을 다 끊어내고, 하나님과 언약을 맺는 것으로 그 결론에 이르고 있다. 이제 하나님의 백성이 된 것이다. 그리고 에스라 10장의 이방인과 언약을 맺고, 그들과 섞여 결혼관계를 가졌던 모든 삶을 돌이켜, 오직 하나님을 향한 절대적인 충성의 언약에 인을 침으로 새로운 길로 나아가게 된 것이다(느 10장). 이방인과 섞여 언약을 맺었던 사람들의 명단(스 10장)이 하나님과 언약을 맺은 명단으로 대체된 것이다(느 10장). 이제 이 언약을 지키는 것이 하나님의 백성에게 주어진 과제이다. 드디어 회복은 그 종점을 향하여 달려가고 있다. 이렇게 언약에 인을 치자마자 이스라엘 사람들을 제비뽑아서 각자의 삶의 터전이 되는 땅을 분배한다(느 11-12장). 이것은 어느 모로 보나 가나안 땅 정복과 땅 분배를 그대로 시행하고 있는 것이다. 드디어 새 출애굽부터 땅 분배라는 거대한 역사가 그 마감에 이르렀다.

그러나 느헤미야서는 모든 것이 성취된 12장으로 그 마감이 이루어지는 것이 아니라, 13장까지 진행된다. 없었으면 좋을 것 같은 사건이 한 장 더 붙어 있는 것이다. 그 중심 되는 이야기는 느헤미야가 예루살렘을 잠시 비우고 페르시아의 아닥사스다 왕에게 갔다가 아닥사스다 왕 32년에 다시 예루살렘에 돌아왔을 때의 상황이다(느 13:6). 아마도 그 여행 거리로 보아서 그가 자리를 비운 기간은 한 일년여의 시간이 될 것으로 여겨진다(느 5:14; 스 7:9). 그런데 그 일년여의 기간 동안 예루살렘에 어떤 일이 발생했는지를 살펴보면 과거로의 복귀가 얼마나 쉬운 것인가를 새삼 느끼게 된다.

④ 레위인이 도망가며, 하나님의 전이 어찌하여 버린바 되었느냐?(느 13:10-14)

③ 너희는 너희 형제를 빚 때문에 팔고자 하느냐?(안식년 어김)(느 5장)

② 너희가 어찌 이 악을 행하여 안식일을 범하느냐?(느 13:15-22)

① 너희가 이방 여인을 아내로 맞아 하나님께 범죄함을 어찌 용납하겠느냐?(느 13:23-27)

이 네 가지는 포로에서 돌아온 공동체가 회복의 최종 단계로 다시 하나님과 맺은 언약의 규례를 역 대칭(①-②-③-④를 ④-③-②-①로)의 형태로 모조리 파기한 상황을 보여준다. 회복의 시작은 기원전 538년 고레스의 칙령으로 시작되어 세스바살과 함께 귀환이 이루어지고, 다리오 왕 6년인 기원전 516년에 스룹바벨과 예수아의 진두지휘로 제2성전이 완공되고, 아닥사스다 7년인 기원전 458년에 에스라가 돌아와 율법을 가르치고, 아닥사스다 20년인 기원전 445년에 느헤미야가 돌아와 성벽을 건축하고, 새 언약을 맺고 아닥사스다 32년인 기원전 433년까지 총독으로 활동했다. 무려 100년하고도 5년 정도가 더 지난 세월이다. 회복을 이루는데 한 세기가 훌쩍 지나간 것이다. 그런데 한 세기의 회복 프로그램이 무효가 되는데 단 일년도 채 걸리지 않는다는 것은 경악을 할 일이다.

이렇게 느헤미야 13장은 기나긴 회복의 과정을 거치며 완성에 이른 공동체가 죄악으로 무너지는 데는 단 일년도 걸리지 않는다는 것을 전해주고 있다. 그 과정은 언약을 맺을 때 맹세한 내용을 역순으로 거역하고 있는 것이다. 느헤미야 13장에는 안식년을 어기는 사건에 대한 것은 들어가 있지 않다. 그러나 그 사항은 본래 느헤미야 13:10-14절 다음에 들어가 있어야 하는데 다른 목적을 위하여 그 자리에서 벗어나 느헤미야 5장에 삽입되어 있다. 이것은 잘못 놓여진 것이 아니라 또 다른 목적을 위한 것이다. 느헤미야 5장의 내용이 본래 13장에 있었을 것을 증명해 주는 것으로 먼저 그 내용이 안식년의 노예해방과 빚을 면제하는 내용이 그 중심을 이루고 있다는 것을 통해 알 수 있다. 그 다음은 특별한 관용어구의 등장을 통해 살펴볼 수 있다. 공동체가 이렇게 언약의 내용을 어긴 것을 느헤미야가 하나씩 바로잡을 때마다 하나님께 간구하는 특별한 내용이 있다. 그리고 그 간구는 오로지 느헤미야 13장과 5장에만 공통적으로 등장한다.

④ 이 일로 말미암아 나를 기억하옵소서...내가 행한 선한 일(חֶסֶד 헤세드)을 도말하지 마옵소서(느 13:14)

③ 내가 이 백성을 위하여 행한 모든 일을 기억하사 내게 은혜(טוֹבָה 토바)를 베푸소서(느 5:19)

② 나를 위하여 이 일도 기억하시옵고 주의 크신 은혜(חֶסֶד 헤세드)대로 나를 아끼시옵소서(느 13:22)

① 나를 기억하사 복(טוֹבָה 토바)을 주옵소서(느 13:27)

그리고 마지막으로 지금 이렇게 모든 것이 퇴보한 것이 아닥사스다 왕 32년의 일이라고 하는데(느 13:6), 느헤미야 5장의 공동체가 내부적으로 하나님의 안식년 법을 어긴 것 속에 느헤미야가 아닥사스다 20년부터 32년까지 신실하게 일했다는 것을 말하는 것을 통해 같은 시점임을 알 수 있다(느 5:14).

그렇다면 본래 느헤미야 13:10-14절 다음에 들어가 있어야 할 내용이 느헤미야 5장으로 옮겨진 이유를 말하고 넘어가야 할 필요가 있다. 느헤미야서는 언약법을 어긴 내용을 말하는 부분을 느헤미야 5장으로 옮겨놓으며 알맞은 정형의 틀을 부수면서까지 무엇을 말하려고 하는가? 그것은 다름 아닌 성벽건축 공사가 얼마나 지난한 일이었는가를 보여주기 위한 목적이 있다. 이방인들의 공격으로 대변되는 외부적인 방해보다도 더욱 심각한 현상은 내부적으로 무너지는 공동체인 것이기에 화합에 균열을 가하는 내용을 덧붙일 필요성이 더 컸을 것이라 여겨진다. 즉, 내부적인 분열은 성벽에 균열을 만듦으로 외부적인 공격에 쉽게 무너질 수 있는 취약성을 드러내는 것이기 때문이다. 또한 그 내용은 언약법에서도 공통적으로 같은 의미를 갖는다는 점에서 양방향에서 메시지를 전해줄 수 있다는 장점이 있다. 내부적인 분열의 요소를 희생과 헌신으로 극복하며, 성벽을 건축하였듯이 언약준수에 장애가 되는 내부적인 문제요인 또한 동일하게 극복할 수 있는 길을 제시하는 것이다. 이처럼 느헤미야 5장은 성벽건축과 언약법 준수 독려라는 이중적 역할을 맡고 있는 것이다. 왜냐하면 그 내용이 공동체의 균열을 다룬다는 점에서 가능한 것이기 때문이다. 이와 같은 효과는 이미 에스라 4장의 성전건축 방해에 시대착오적인 아닥사스다의 조서까지 사용함으로 그 건축이 얼마나 힘겨운 것이었는가와 그 기간은 무척 오랠 것이라는 메시지를 표현하고 있다는 점에서도 동일하다. 결국 성전건축은 회복의 시작이며, 아닥사스다 시대에 성벽건축과 새 언약까지 이르러야 회복 프로그램이 완결된다는 의도가 그 안에 들어가 있는 것이며, 그 과정은 결코 쉽지 않을 것이라는 사실을 예기하고 있는 것이다. 이러한 모든 정황들을 깨닫고 우리는 제자리에 놓여지지 않은 요소들의 이중적인 역할을 깊이 숙고할 필요가 있다.

이제 회복 공동체가 심각하게 고민해야 할 것은 회복의 지속성이다. 느헤미야가 아닥사스다왕 20년부터 32년까지 12년 동안 총독의 녹도 받지 않고 자신이 쓸 것은 자신이 다 조달하며, 결코 백성을 괴롭히지 않았고, 오직 하나님을 경외하는 마음으로 사명을 감당했다. 그런데 12년의 개혁이 단 한 순간에 물거품이 되는 것을 본 것이다. 얼마나 어처구니없는 일일까? 이것은 결국 아무리 위대한 지도자의 사역도 한 순간에 물거품이 될 수 있음을 보여주는 역력한 증거이다. 모세를 통해 홍해가 갈라졌음에도 단 삼일 만에 사막 길에서 물이 없자 불평하는 것이 인간이란 존재이다(출 15:22).

그렇다면 하나님의 사람은 한 순간도 방심함이 없이 계속적인 경계를 통해 하나님의 말씀위에 서 있어야만 한다는 것이다.

여호와의 율법을 주야로 묵상하는 것에 실패할 때 유혹과 타락은 바로 눈앞에 와있다는 점을 기억해야만 한다. 이와 같이 우리는 부단한 노력으로 우리 자신을 변화시켜 나가는 개혁을 시도해야하고, 또한 우리 주변을 변화시켜 나가는 삶을 살아야 한다. 멈추면 다시 돌아가게 되는 것이 역사의 교훈이다. 개혁은 긴 시간이 걸리지만 퇴보는 한 순간이다. 그러므로 느헤미야 13장은 에스라-느헤미야 전체에 경각심을 불어넣는 없어서는 안 되는 요소가 된다. 고레스의 칙령부터(BC 538년) 아닥사스다 32년까지(BC 433) 약 100년의 시간 동안 진행된 회복의 역사가 단 한 순간에 물거품으로 끝나버리고 말 수 있다는 것은 경고의 차원을 넘어서 공포를 불어넣기에 충분하다. 여기에 죄악을 정화시키는데 소요되었던 70년의 포로기까지도 무효화 된다는 점에서 순간의 방심도 금물임을 자각할 필요가 있다.

3. 누가 참 이스라엘인가?

이제 회복의 완성에 정점을 찍는 내용으로 들어가기 전에 먼저 회복된 공동체의 정체성을 말하는 것이 필요할 것이다. 새로운 공동체에 이방인은 결코 그 자리를 차지할 수 없는 것인가? 에스라 9:1-2절에는 이방 종족들에 대한 나열과 그들과 연합하여 이방인의 악행을 따르는 귀환자들의 행위에 대한 에스라의 탄식이 나온다. 그리고 에스라 시대의 사람들은 이 이방 여인들과 그 자녀들을 내보내기로 결의 하였다고 한다. 느헤미야는 유다 사람이 아스돗과 암몬과 모압의 여인을 취하여 아내를 삼았는데 그 자녀가 아스돗 방언을 절반쯤은 하여도 유다 방언은 못하는 것에 대해 분개하며 이방인과 결혼하지 않을 것을 결단하게 한다(느 11:23-27).

그렇다면 이방인들은 도저히 이스라엘이 될 수 없는 것인가? 이에 대해 성경은 단호하게 "그렇지 않다"라고 답한다. 성경의 이야기들은 이방인으로서 이스라엘이 된 사람들이 있음을 보여주고 있기 때문이다. 학자들은 보통 룻기와 요나서를 에스라와 느헤미야의 배타적이고 편협한 국수주의적인 민족개념에 대한 저항의 책들이라고 이야기 한다. 하나님께서는 모압 여인인 룻을 다윗의 선조로 만드셨고, 또한 여로보암 2세 시절엔 거역하는 이스라엘을 버리시고 오히려 요나를 니느웨로 보내셔서 이방인을 구원하는 이야기는 이러한 편협함에 대한 경종이라고 보여 질 수 있기 때문이다.

그러나 그 반대로 룻기와 요나서를 저항과 반항의 작품이라고 여기기보다는 오히려 이방인을 이스라엘로 받아들이기 위한 표준을 제공하기 위한 것이라면 어떨까? 만약 룻기가 에스라-느헤미야 시대에 있었던 이방인에 대한 배타적인 태도에 항의하는 것이라면 룻의 행동이나 믿음은 더욱 완화된 모습으로 비쳐져야만 한다. 그러나 룻의 경우는 너무나 강한 이스라엘적인 신앙을 보여준다는 점에서 항의라기보다는 오히려 하나님의 백성이 될 수 있는 수용의 자격조건을 보여주는 인상이 더 강해 보인다.[152] 에스라-느헤미야서의 고민은 이방인으로 둘러쳐져 있는 상황 속에서 정체성(identity) 확립을 위한 철저한 여호와 신앙의 실현이다. 룻은 그 어느 이스라엘 남자들보다 오히려 여호와 하나님을 향한 신앙적 열심을 더욱 강하게 보여준다. 룻이 선언한 고백은 가히 모범적이라 할 수 있다.

> 룻이 이르되 내게 어머니를 떠나며 어머니를 따르지 말고 돌아가라 강권하지 마옵소서 어머니께서 가시는 곳에 나도 가고 어머니께서 머무시는 곳에서 나도 머물겠나이다 어머니의 백성이 나의 백성이 되고 어머니의 하나님이 나의 하나님이 되시리니 어머니께서 죽으시는 곳에서 나도 죽어 거기 묻힐 것이라 만일 내가 죽는 일 외에 어머니를 떠나면 여호와께서 내게 벌을 내리시고 더 내리시기를 원하나이다(룻 1:16-17).

그리고 요나서에 나타난 니느웨 사람들의 회개는 하나님의 백성이 보여준 그 어떤 회개보다도 하나님의 자비와 긍휼을 자극하기에 충분하다.

> 사람이나 짐승이나 소떼나 양떼나 아무 것도 입에 대지 말지니 곧 먹지도 말 것이요 물도 마시지 말 것이며 사람이든지 짐승이든지 다 굵은 베 옷을 입을 것이요 힘써 하나님께 부르짖을 것이며 각기 악한 길과 손으로 행한 강포에서 떠날 것이라(욘 3:7-8).

여호수아서와 열왕기서에서 보면 오히려 이방인들이 이스라엘보다 더 높은 차원의 신앙고백을 올리고 있음을 볼 수 있다. 여리고성의 기생 라합은 보지 못하고 오직 듣기만 한 여호와를 향한 신앙고백만으로도 여호와 신앙의 진수를 보여주고 있다.

> 여호와께서 이 땅을 너희에게 주신 줄을 내가 아노라 우리가 너희를 심히 두려워하고 이 땅 주민들이 다 너희 앞에서 간담이 녹나니 이는 너희가 애굽에서 나올 때에 여호와께서 너희 앞에서 홍해 물을 마르게 하신 일과 너희가 요단 저쪽에 있는 아모리 사람의 두 왕 시혼과 옥에게 행한 일 곧 그들을 전멸시킨 일을 우리가 들었음이니라 우리가 듣자 곧 마음이 녹았고 너희로 말미암아 사람이 정신을 잃었나니 너희 하나님 여호와는 위로는 하늘에서도 아래로는 땅에서도 하나님이시니라(수 2:9-11).

그 외에 기브온 주민(수 9:9-10) 그리고 나아만 장군의 신앙 고백(왕하 5:15-18) 또한 눈여겨볼 필요가 있다. 이런 신앙고백과 회개는 새로운 이스라엘에게 분명 커다란 도전이 되었을 것이며, 누가 이스라엘이냐는 질문에 대한 해답을 제시하는 도구가 되었을 것을 짐작해 볼 수 있다. 그러므로 하나님의 백성 이스라엘은 배타적인 혈연공동체만을 지칭하는 것이 아니라, 동일한 하나님을 통한 구원체험과 그 하나님의 율법아래 공고한 언약을 체결한 신앙공동체를 의미하는 것이다. 에스라-느헤미야서는 혈연의 배타성만이 아닌 하나님의 법아래 하나 된 언약공동체의 회복을 기대하고 있는 것이다. 그 언약공동체는 새로운 출애굽과 땅 정복의 신학으로 무장한 하나님의 백성인 것이다.

그러나 에스라-느헤미야서는 이렇게 기나긴 과정을 통해 탄생된 새로운 언약 공동체의 길이 한 순간에 무너질 수 있다는 것을 알려준다. 이제 이 백성이 죄악 가운데 거하지 않게 하기 위해서는 새롭게 맺어진 언약을 가장 잘 지킬 수 있는 길로 나아가야 한다. 그것은 죄악의 시작과 끝이 무엇인가를 정확하게 분별하면 이러한 퇴보의 길을 가지 않을 수 있을 것이다. 즉, 언약이 어그러지는 과정을 살펴보면 그 시작과 끝이 보일 것이다. 그 시작은 레위인에 대한 처우문제였다. 레위인이 자신들의 소임에 최선을 다할 수 있도록 그들에게 약속된 몫을 제공하여 하나님의 성전이 공동체의 삶의 중심이 되어야 하는데 그것을 이행하지 않았다. 레위인이 흩어졌고, 성전중심의 이상은 무너지고 말았다(느 13:10-14). 신앙공동체가 중심을 잃어버리면 어찌 설 수 있을 것인가? 그것은 당연히 거룩의 최절정인 안식일과 안식년의 절기를 지키는 삶이 무너지고 결국 또다시 율법 없이 사는 이방인과 뒤섞여서 세상과의 구별이 없이 살아가는 결말로 끝이 나고 마는 것이다. 결국 시작은 레위인을 지도자로 한 성전중심의 삶이 무너지는 것부터이다.

'에스라-느헤미야서'가 이렇게 100여년의 세월을 거쳐 회복이 완성되었음에도 또다시 파멸의 길로 갈 수 있는 역행을 제시하며 마감하고 있다는 것은 이제 이러한 역행을 막는 길이 필요하다는 것이다. 회복을 지키고, 공동체를 세우는 길인 것이다. 마지막으로 나타나는 역대기서는 분명 그 다음의 신학을 연결시켜 완성시켜야 할 소임이 있는 것이다. 왜냐하면 에스라-느헤미야서에서 완성된 새 출애굽의 이상은 어떤 목표를 향한 탈출이기 때문이다. 그런 점에서 역대기는 출애굽의 역사가 이루어져 그 완성에 이르렀을 때 영구히 이루어야 할 목표를 제시할 것이다. 이제 이러한 퇴보의 길을 가지 않기 위해 분명한 정신을 심어줄 필요가 있다. 역대기의 신학이 바로 그것이며, 그 곳에는 분명히 이러한 정신과 이상을 이끌고 나갈 지도자들인 레위인과 성전이 중심이 되는 세상이 펼쳐질 것을 기대해 볼 수 있다. 그리고 그 성전에서 오직 영원하신 하나님만 예배하는 세상인 것이다. 그러므로 느헤미야 13장은 모든 것이 무너진 것을 강조하기 위함이 아니라, 이렇게 처참하게 다시는 무너지지 않기 위한 정신이 반드시 필요하다는 것을 부각시키며, 역대기서의 존재의미를 강력하게 제시하려는 목적을 가지고 있는 것이다.

4. 역대기상.하를 통해 회복하는 신앙의 본질 - 예배하는 삶!

에스라-느헤미야서는 이스라엘 신앙의 가장 기본적인 요소들을 회복하는 일에 총력을 기울였다. 토라가 추구하는 이상을 그대로 실현하는 것에 모든 것을 다 집중하고 있는 것이다. 포로가 되어 뿌리까지 뽑혔던 상황에서, 하나님의 선하신 손의 도움으로 해방되는 역사부터 시작하여, 새 창조와 새 출애굽의 역사가 펼쳐졌다. 이스라엘이 돌아와서 가장 먼저 이루어낸 역사가 바로 성전 재건축이다. 하나님께서 거하실 성전을 건축한다는 것은, 이스라엘이 다시 하나님의 백성으로 살아가는 삶을 시작하는 것이다. 그리고 성전이 수많은 방해와 좌절을 딛고 완성되었다. 이제 해야 할 일은 그 성전에 거하시는 하나님의 이상을 따라 하나님의 백성이 예배자로 준비되는 것이다. 출애굽기의 성막건축이 이루어지자마자 레위기가 그 다음을 차지한다는 점에서 회복된 이스라엘 또한 동일한 길을 걸어가야만 하는 것이다. 그것은 다름 아닌 하나님의 명령인 "내가 거룩하니 너희도 거룩할지어다"(레 11:44; 19:2)를 실행하는 것이다. 그 길은 멀리 있는 것이 아니라 이방인의 모든 가증한 풍속으로부터 구별되고, 분리되는 것이다. 에스라의 개혁 작업은 이방인과의 분리를 강력하게 촉구하며, 이방인의 더럽고, 가증한 풍속에서 벗어나 정결하고, 거룩한 백성이 될 것을 강권한다(스 9:1-4, 10-12; 레 18:1-5; 20:22-26). 그리고 느헤미야가 귀환하여 성벽재건 공사를 완성시킨다. 성벽재건의 의미는 다음의 구절 속에 잘 내포되어 있다.

> 우리가 비록 노예가 되었사오나 우리 하나님이 우리를 그 종살이 하는 중에 버려 두지 아니하시고 바사 왕들 앞에서 우리가 불쌍히 여김을 입고 소생하여 우리 하나님의 성전을 세우게 하시며 그 무너진 것을 수리하게 하시며 유다와 예루살렘에서 우리에게 울타리를 주셨나이다(스 9:9).

성벽은 울타리가 된다. 그것이 존재함으로 뚜렷한 구별선을 제공하는 것이며, 외부의 침투를 손쉽게 막아낼 수 있는 보호막이 되는 것이다. 하나님의 백성이 이방인들과 구별되어 분리선을 가지고 살아간다는 것은 중요하다. 성벽과 성문이 없다는 것은 출입이 자유롭다는 것이며, 외부적인 종교, 문화, 사상, 이념에 대하여 방어막이 없다는 것과 같다. 이것은 느헤미야가 안식일에 물건을 팔러 오는 이방인들을 성벽을 두르고, 성문을 적절히 통제함으로 막아내는 모습을 통해서도 잘 살펴볼 수 있다(느 13:15-22). 이렇게 성벽과 성문은 하나님의 백성을 이방인들의 삶의 방식과 분리하는 구별선이 되게 한다. 이렇게 거룩이라는 구별을 이루어 내고, 다시 에스라가 등장한다. 이제는 종교개혁을 통한 거룩을 이루기 위한 목적이 아니라, 백성들을 모두 모아놓고 율법을 낭독하고, 새 언약을 체결하기 위한 것이다(느 8-13장). 하나님께서 베풀어주신 은혜의 세월을 회상하고, 이스라엘의 죄악을 회개하고, 새로운 각오를 다짐하며 모든 사람들이 언약에 인을 친다(느 9-10장). 그리고 새롭게 땅이 재분배되며, 예루살렘과 그 주변에 백성들이 거주하게 된다.

이처럼 에스라-느헤미야서는 공통적으로 포로에서 회복된 공동체의 외형적인 복원을 제시하고 있다. 그 순서에 있어서 포로귀환과 성전건축(스 1-6장), 거룩의 회복(이방인과의 결별; 스 7-10장)과 성벽건축(느 1-7장), 그리고 모세의 율법에 기초한 새 언약체결과 땅 분배(느 8-13장)라는 하나님의 백성으로서의 외형이 갖추어진다. 여기에 역대기상·하가 따른다는 것은 이제 외형, 즉 컴퓨터로 하면 하드웨어(본체)가 완성되었으니, 이 본체를 활용하여 본래의 목적이라 할 수 있는 소프트웨어(프로그램)를 운용해야 한다. 하나님의 백성에게 있어서 소프트웨어란 하나님의 백성으로서의 정신이라 할 수 있다. 역대기서는 그 정신을 불어넣고 있는 것이다. 그 정신은 다름 아닌 하나님의 성전을 중심으로 살아가는 율법에 순종하는 삶이다. 바로 레위인을 중심으로 성전에서 예배하는 삶인 것이다.

이는 에스라-느헤미야서가 보여주는 과정이 새로운 토라라고 할 수 있으며, 창세기부터 신명기까지를 거쳐, 땅 정복과 분배까지 이루어진 여호수아서까지의 재완성이란 점에서 비교가 가능해진다. 결국 또다시 역사가 원점에 서 있는 것이다. 그 긴 세월을 보내고 다시 태초의 시간 앞에 서 있는 것이다. 그렇다면 이제 역대기에서 이루어야 할 것은, 여호수아의 결론에서 이미 주어졌을 것을 직감해 볼 수 있다. 하나님의 백성이 창조부터, 출애굽, 시내 산 언약, 광야, 땅 정복과 분배까지 전적인 하나님의 은혜로 인한 자비를 체험한 후에 할 일이란 단 하나밖에 남지 않았기 때문이다(수 24:1-13).

> 그러므로 이제는 여호와를 경외하며 온전함과 진실함으로 그를 섬기라 너희의 조상들이 강 저쪽과 애굽에서 섬기던 신들을 치워 버리고 여호와만 섬기라(수 24:14).

역대기서는 이 예배의 정신을 바르게 고취시키기 위하여 먼저 광범위한 족보를 제시하며, 그 족보의 중심으로 레위인들을 제시한다. 족보는 사람들의 집합이다. 그 집합의 중심이 레위인라는 것은 이들이 공동체의 구심점이 되어야 한다는 것이다. 그리고 역대기의 이야기를 통하여 성전과 관련된 대표적인 인물 두 사람을 또한 제시한다. 바로 다윗과 솔로몬이다. 이것은 역대기서가 다루는 내용만 분석해 보아도 쉽게 알 수 있다. 역대기서가 총 65장(대상 29장+대하 36장)으로 이루어져 있다면, 다윗에게 열아홉 장(대상 11-29장)이 할애되고, 솔로몬에게 아홉 장(대하 1-9장)이 할애되며, 총 28장이 이 두 사람의 이야기를 다루고 있다. 분량에 있어서 역대기서의 거의 절반을 차지하고 있는 것이다. 이러한 사실은 이 두 사람의 중요성을 입증하기에 충분하다.

역대기서는 다윗과 솔로몬을 회복된 새 공동체의 중심이 될 성전을 건축하는 사람들로 부각시킨다. 이로 인해 에스라-느헤미야서가 출애굽의 신학을 강조하고 있다면, 역대기서가 다윗-솔로몬의 삶을 강조하는 차이점이 발생하게 되는 것이다. 하지만 에스라-느헤미야서가 회복된 공동체의 존폐가 레위인들의 역할에 있다는 것을 강조하며 끝낸 그 뒤를 이어 회복 공동체를 참 이스라엘로 세울 정신을 전하는 역대기서가 출발하고 있다는 점에서 결코 레위인을 등한히 할 수 없을 것이다.

1) 창조에서 현재까지(대상 1-9장)

역대기서가 참 이스라엘에 관심을 보인 것은 놀랄 만한 일이 아니다. 이는 바벨론 포로기 이후 이스라엘의 삶을 재건하는데 이스라엘의 정체성을 새롭게 규명하는 것이 필요했기 때문이다. 앗시리아가 BC 721년 북왕국에 대해서, 바벨론이 BC 597년 남왕국에 대해서 펼친 포로민 정책들로 인해 이스라엘에 이방인들이 들어와 섞여 살게 되었으며, 또한 그들의 우상숭배적인 종교의식들이 들어왔기 때문에 이러한 철저한 하나님의 백성에 대한 정체성의 확립은 특히 중요했다. 그러한 점에서 역대기서가 북왕국의 이야기를 철저히 무시하기로 한 것은 북부 사마리아인들에 대한 종교적인 혐오감을 그대로 드러낸 것이라 하겠다. 즉, 혈통적으로는 이방인과 섞여서 혼혈이 되어버렸고, 종교적으로도 이방종교의 우상숭배를 그대로 따라가는 북쪽 지역의 삶을 절대로 따라가지 않기를 바라는 마음으로 아예 역사기술에서 그들의 이야기를 특별히 남유다의 왕들과 얽히지 않는 이상 제외해 버린다.

이를 통해 정통 이스라엘은 바로 바벨론에 포로로 잡혀갔다가 돌아온 귀환자들임을 강조하는 것이다.

이러한 정통성 수립을 위해 가장 필요했던 것이 바로 신앙의 계보를 명확히 밝히는 것이다. 그래서 역대기서는 그 출발점에서 사람들이 볼 때 지루해 보이는 족보들을 장황하게 나열하고 있다. 그러나 이 족보들이 보여주고자 하는 것은 누가 하나님의 성전을 짓고, 하나님을 예배하는 백성으로 선택되었는가를 보여주는 구별선이 된다. 그래서 족보가 아담으로부터 시작해서 결국은 포로에서 돌아온 사람들에게까지 연결되는 것이다. 그렇다면 지금 모든 역경을 이겨내고, 신앙의 뿌리를 지켜낸 포로에서 돌아온 바로 그 사람들이 참 이스라엘 이라는 강조를 하기 위함이다.

역대상 1-9장은 족보들에 관한 이야기이다. 크게 나누어 볼 때 1:1-2:2절은 아담으로부터 이스라엘과 그의 12 아들까지의 족보로 여기에는 이들을 통해 태어난 다른 주변적인 계보도 소개하고 있다. 그리고 2:3-8:40절까지는 이스라엘 열두 지파들의 족보이야기, 9:1-44절은 포로에서 돌아온 사람들의 족보에 대한 것이다. 이를 도표로 표시하면 다음과 같다.[153)]

대상 1:1-2:2	대상 2:3-8:40	대상 9:1-44
아담- 아브라함- 이삭- 이스라엘과 열두 아들들	유다부터 베냐민까지의 족보 (하지만 이 모든 12지파의 계보들이 무의미하게 흩어져 있는 것이 아니라 짜임새 있게 구성되어 회복된 공동체의 정체성을 심어주는 형태로 나타난다)	포로에서 돌아온 사람들

아담부터 이스라엘의 열두 아들들까지 (창조부터 이스라엘 탄생까지)	유다 (시므온)	르우벤 갓 므낫세 반	(중심) **<u>레위</u>**	잇사갈 베냐민 납달리 므낫세 반 에브라임 아셀	베냐민	포로에서 돌아온 이스라엘 백성들 (포로부터 새 공동체 탄생까지)
(과거)	남유다	(요단동편) 북이스라엘		(요단서편) 북이스라엘	남유다	**(현재)**
1:1-2:2	2:3-4장	5 장	6 장	7 장	8 장	9 장

역대기상 1-9장은 성경을 읽고 공부하는 이들에게 무의미하고, 지루하게 느껴질 수 있다. 단순히 수없이 많은 이름들의 나열 정도라고 치부해 버릴 수 있는 부분이 될 수 있다. 그러나 하나님의 말씀에 의미 없는 것이 없듯이 이렇게 장황한 족보를 상세하게 나열한 동기를 알게 되면 말씀의 깊이와 치밀함에 경탄할 수밖에 없게 된다. 아무렇게나 나열된 것 같은 많은 이름들이 모두 조심스럽게 어떤 목적을 가지고 기록되었음을 알게 될 때 느끼는 감격이라고 할 수 있겠다. 여러 이름들 중에서 두드러지는 이름들을 찾아가다 보면 어느 덧 아담부터, 아브라함, 이삭, 야곱과 그의 열두 아들들 그리고 다윗, 솔로몬으로 연결된다. 거기서 멈추는 것이 아니라 이스라엘의 정점을 이루었던 솔로몬으로부터 결국 솔로몬의 후손인 유다제국의 멸망을 초래했던 왕들의 이름도 나타난다. 바로 시드기야 그리고 여고냐(여호야긴) 등이다(대상 3:17). 만약 여기서 족보가 마감되었다면 하나님의 백성 이스라엘은 바벨

론에게 멸망당한 그것으로 역사가 종말을 고했을 것이다. 그러나 그렇지 않다. 왜냐하면 각 지파의 계보를 나열한 후에 결국은 포로에서 돌아온 사람들에게로 그 초점이 맞추어 지기 때문이다.

> 온 이스라엘이 그 계보대로 계수되어 그들은 이스라엘 왕조실록에 기록되니라 유다가 범죄함으로 말미암아 바벨론으로 사로잡혀 갔더니 그들의 땅 안에 있는 성읍에 처음으로 거주한 이스라엘 사람들은 제사장들과 레위 사람과 느디님 사람들이라 유다 자손과 베냐민 자손과 에브라임과 므낫세 자손 중에서 예루살렘에 거주한 자는(대상 9:1-3).

그런데 지금 이 족보의 나열에서 장황한 이름들의 이야기에 중심과 뼈대를 제공하는 사람들이 있다. 바로 레위인들이다. 레위인들은 제사장 계열과 성전에서 수종드는 레위계열로 나뉘는데 모든 사람들의 이야기의 구심점의 역할을 맡고 있다. 지금 이 족보의 구도는 성전을 중심으로 살아가는 레위인이 중심이 되고, 그 바깥은 요단 동편과 서편에 거하는 북이스라엘 지파들이 위치하고, 이들의 바깥 테두리는 남유다를 형성하고 있는 유다와 베냐민이 보호하고 있다.[154] 이것은 회복 공동체가 꿈꾸는 이상인 것이다. 성전에서 이스라엘의 예배를 이끄는 레위인이 삶의 중심을 이루고, 우상숭배로 얼룩져 먼저 파멸의 길을 걸었던 북이스라엘을 남유다의 유다 지파와 베냐민 지파가 보호하고 돌보며 신앙과 삶의 보호막이 되어주어야 한다는 사명인 것이다. '에스라-느헤미야서'에서 회복 공동체를 부르는 명칭이 '유다와 베냐민'이라는 것은 이들의 정체성을 보여주고 있는 것으로(스 1:5; 4:1; 10:9; 느 12:34), 이들은 역대기서에서 또한 주요한 초점이 된다(대하 11:1, 3, 10, 12, 23; 15:2, 8, 9; 25:5; 31:1; 34:9). 그리고 이 족보의 틀에서 가장 바깥 테두리가 창조 때인 아담으로부터 시작하여 포로에서 회복된 공동체까지 연결하고 있다는 것은 새로운 공동체의 사명을 분명하게 밝히고 있는 것이다. 구심점이 되는 레위인들과 신앙의 길을 지키며 돌보는 유다와 베냐민의 사명을 통하여 창조로부터 시작된 하나님의 계획이 마침내 포로에서 회복된 공동체로까지 연결되는 길이 열리는 것이다. 그러므로 태초부터 시작된 하나님의 계획을 이루어야 할 소명이 바로 회복 공동체의 어깨에 놓여져 있다는 고백인 것이다. 그리고 그것은 반드시 성전 예배를 중심으로 이루어져야 한다는 것이다.

이 거대한 족보집은 결국 성전과 레위인을 중심한 예배하는 새 이스라엘의 완성을 목표로 하며 참 이스라엘의 전형적인 대표자들로 두 사람을 제시하고 있다. 바로 다윗과 솔로몬이다. 이것은 다윗과 솔로몬이라는 인물에 대한 선호도를 보이고자 하는 것이 아니라, 이들을 통해 이루고자 하시는 하나님의 뜻을 보이고자 하는 것이다. 역대기는 이스라엘의 역사에서 가장 번창했던 다윗과 솔로몬 시대의 역사를 부각시키면서 보잘 것 없는 현재 상태에서도 힘을 잃지 말 것을 격려하고 있다. 그러나 이보다 더 중요한 것은 새로운 공동체의 방향을 보여주기 위함이다. 역대기에 그려지고 있는 다윗은 하나님의 뜻을 그대로 다 이루어 내는 가장 이상적인 모습으로 그려진 다윗이다. 다시 말하자면, 여호와 하나님께 지극히 성실했던 다윗을 보여주면서 그렇게 충실히 하나님을 섬기고 따른다면 계약을 충실히 지키시는 하나님께서 다시금 이 공동체를 다윗과 솔로몬에게 하셨듯이 보살펴 주실 것이라는 믿음을 불어넣고 키워주려는 뜻이 가득 담겨 있다. 그리고 다윗의 위대함이란 다름 아닌 예루살렘 성전 제의를 올바로 세워놓은 것이다. 자신이 성전을 직접 짓지는 못하게 되었지만 성전을 짓기 위한 모든 재료들을 다 준비하는 사람으로 나타나고, 심지어 성전의 터전을 회개로 마련하고, 성전에서 봉사할 제사장과 레위인을 그 반차를 따라 세우고, 그들을 위한 규례까지도 제정하는 치밀한 사람이 된다. 그리고 솔로몬의 위대함은 아버지 다윗의 뜻을 저버리지 않고, 혼신의 힘을 다해 성전을 최고의 것으로 지었다는 것이다. 이로써 다윗과 솔로몬은 이스라엘이 하나님만을 예배하는 신앙공동체로 서 나가는 길을 열었던 사람들로 강하게 부각되고 있다. 이것은 결국 포로에서 돌아온 공동체에게 삶의 방향을 지시해 주는 역할을 한다. 바로 하나님을 위한 새로운 성전을 짓고, 하나님을 중심에 모시고 살아가는 예배공동체로 거듭나는 것이 포로시대 이후 유대 공동체가 나아갈 방향이라는 것이다. 그러므로 역대기의 서론격인 거대한 족보집은 이제 사람들의 구체적인 이야기로 자리를 옮길 것이며 그 이야기에 의미와 목적을 제공해 주는 역할을 한다.

이렇게 역대기는 자기 백성의 새 역사를 기술하면서 족보까지도 중요하게 사용한다. 족보는 새로운 시작을 보여주는 사람들로 가득 차 있기 때문이다. 이제 이들이 써 나가야 할 새 역사, 즉 이들의 미래상은 어떤 역사인가? 그것은 역대기서 안에 주어져 있는 망국을 향하여 나아가게 했던 모든 부정적인 것들을 제

거하고, 하나님께서 원하시는 뜻을 실현해 나가는 것이다. 그래서 역대기서는 하나의 집중 구조를 형성하고 있는데, 전반부와 후반부가 중심을 향하여 나아가는 구조인 것이다. 그 중심에는 다윗과 솔로몬이 자리하고 있다.

대상 1-9장	대상 10-대하 9장	대하 10-36장
아담부터 현재 공동체 예배의 회복을 향해 (성전을 중심으로)	다윗과 솔로몬 (성전건축 준비, 제사장과 레위인의 질서 확립, 성전건축)	유다의 왕들 죄 사함과 예배의 길 향해 (우상숭배와 산당을 제거하고)
▶▶▶▶▶▶▶▶▶▶	예배하는 삶	◀◀◀◀◀◀◀◀◀◀

역대기서는 인류의 시작이었던 태초의 사람 아담 때부터 이루고자 하셨던 하나님의 갈망으로부터 시작한다. 역대기서가 아담으로부터 시작하고 있다는 것은 아직도 온전히 이루어지지 않은 그 소망을 끝내 이루고 싶어 하시는 하나님의 간절한 염원을 드러내고 있는 것이다. 역대기서는 결국 포로에서 돌아온 이 귀환 공동체에게 역사를 다시 쓸 수 있는 특권과 책임을 부여하고 있는 것이다. 그리고 예배하는 삶은 이들이 써나가야 할 유일한 미래이며, 하나님의 영원하신 뜻을 완성하는 길임을 주지시키고 있다.

2) 예배자가 되기 위해서 - 악은 그 모양이라도 버리라(대상 20:1-3)

예배자가 된다는 것은 토라 속의 레위기를 생각해보면 그 길이 분명해 진다. 예배자로서 가장 먼저 제거해야 하는 것이 무엇인가? 그것은 죄를 없애는 것이며, 죄는 모양이라도 버리는 것이다. 그리고 모든 속됨으로부터 구별되어 거룩으로 나아가는 것이다. 거룩은 특히 이방인과의 연결고리를 완전하게 끊어냄으로 오직 하나님의 뜻 가운데 거하는 구별과 성별이 이루어지는 것이다. 그런데 다윗은 과거 역사 속에서 죄로 인해 예배자로서의 삶을 망쳐버린 경험이 있고(사무엘하), 솔로몬은 이방여인들과의 연합으로 인해 예배자의 길을 끊어버린 과거가 있다(열왕기상). 이제 이러한 과거를 기억하며, 새로운 회복 공동체가 써나가기를 갈망하는 이상적인 역사가 무엇인지를 먼저 다윗의 변화된 삶을 통하여 살펴볼 필요가 있다.

다윗 이야기 속에서 사무엘서와 역대기서의 현격한 차이점을 한 가지 들라고 한다면 단연 '다윗과 밧세바 사건'의 존재와 부재일 것이다. 다윗의 생애에 가장 심각한 분기점을 제공해 주었던 그 사건을 어떻게 잊을 수 있으며, 무시할 수 있을 것인가? 그런데 역대기에는 그 죄악의 흔적조차 찾아볼 수 없다. 심지어 밧세바라는 이름은 그 어디에서도 발견할 수 없다.[155] 그렇다면 이 두 곳에서의 이야기 전개 또한 분명한 차이를 보이고 있을 것이 틀림없다.

아래의 표를 보면 암몬과의 전쟁을 다루고 있는 동일한 이야기가 펼쳐지고 있다. 그런데 사무엘서에는 전쟁의 시작과 끝이 분리되어 그 사이에 다윗과 밧세바 사건이 이물질처럼 끼어들어와 있었다면, 역대기에는 아예 그 사건이 빠져버렸다. 그 결과 어떤 차이점이 발생하는가? 사무엘서에는 전쟁의 시작과 끝이 끊어져 있다. 그 가운데 죄악 된 상황이 펼쳐지며, 전쟁은 장기전에 돌입하고, 승리는 점점 요원해 진다. 다윗이 밧세바를 범하고, 우리

사무엘하 11:1-12:31	역대기상 20:1-3
그 해가 돌아와 왕들이 출전할 때가 되매 다윗이 요압과 그에게 있는 그의 부하들과 온 이스라엘 군대를 보내니 그들이 암몬 자손을 멸하고 랍바를 에워쌌고 다윗은 예루살렘에 그대로 있더라(11:1)	해가 바뀌어 왕들이 출전할 때가 되매 요압이 그 군대를 거느리고 나가서 암몬 자손의 땅을 격파하고 들어가 랍바를 에워싸고 다윗은 예루살렘에 그대로 있더니(20:1abα)
다윗과 밧세바 사건(11:2-12:25)	
요압이 암몬 자손의 랍바를 쳐서 그 왕성을 점령하매 요압이 전령을 다윗에게 보내 이르되 내가 랍바 곧 물들의 성읍을 쳐서 점령하였으니 이제 왕은 그 백성의 남은 군사를 모아 그 성에 맞서 진 치고 이 성읍을 쳐서 점령하소서 내가 이 성읍을 점령하면 이 성읍이 내 이름으로 일컬음을 받을까 두려워하나이다 하니 다윗이 모든 군사를 모아 랍바로 가서 그 곳을 쳐서 점령하고 그 왕의 머리에서 보석 박힌 왕관을 가져오니 그 중량이 금 한 달란트라 다윗이 자기의 머리에 쓰니라 다윗이 또 그 성읍에서 노략한 물건을 무수히 내오고 그 안에 있는 백성들을 끌어내어 톱질과 써레질과 철도끼질과 벽돌구이를 그들에게 하게 하니라 암몬 자손의 모든 성읍을 이같이 하고 다윗과 모든 백성이 예루살렘으로 돌아가니라(12:26-31)	요압이 랍바를 쳐서 함락시키매 다윗이 그 왕의 머리에서 보석 있는 왕관을 빼앗아 중량을 달아보니 금 한 달란트라 그들의 왕관을 자기 머리에 쓰니라 다윗이 또 그 성에서 노략한 물건을 무수히 내오고 그 가운데 백성을 끌어내어 톱과 쇠도끼와 돌써래로 일하게 하니라 다윗이 암몬 자손의 모든 성읍을 이같이 하고 다윗이 모든 백성과 함께 예루살렘에 돌아오니라(20:1bβ-3)

야를 죽이고, 그리고 밧세바와의 간음으로 태어난 아들이 탄생하자마자 죽고, 또 솔로몬까지 태어났다. 거의 2-3년의 시간이 흘

러가고 있는 것이다. 여호와의 법궤는 전쟁터를 맴돌고 있고, 백성들과 장수들은 삶과 죽음을 오가며 기나긴 전쟁을 치르고 있다. 인간의 죄악은 이렇게 자신만이 아니라 공동체까지도 위기에 빠뜨리게 된다. 그리고 승리는 다윗의 회개와 하나님의 용서로 인해 그 길이 열린다.

그런데 역대기에서는 전쟁의 시작과 끝에 어떠한 공백도 없고, 지지부진 늘어지는 장기전의 흔적도 없이 암몬과의 전쟁은 신속하게 승리로 마감된다. 그리고 다윗이 부하 장수인 요압의 영광을 가로채는 사건도 사라진다. 다윗의 삶에서 죄악을 제거하여 보라! 바로 이러한 역사가 펼쳐질 것이다. 이것은 우리에게도 마찬가지이다. 시편 51편의 회개의 기도처럼 "우슬초로 죄악을 말갛게 씻으시며, 깨끗이 제하소서 내가 정하고, 눈보다 희리이다"라는 간구가 우리의 삶 속에 그대로 이루어진다면 언제나 가능한 일이다.

이것은 다윗의 삶을 놓고 거짓을 꾸미려는 것이 아니며, 왜곡된 역사를 쓰려는 것도 아니다. 다윗이 이런 죄악을 저질렀다는 것을 모르는 사람이 누구인가? 성경을 읽을 줄 아는 사람이면 어느 누구나 알 수 있게 사무엘서에 지독할 만큼 상세하게 기록되어 있다. 이 세상은 이렇게 '실제로 일어난 사실'에 촉각을 곤두세울지 모르지만 진실로 필요한 것은 '이루어야 할 목표'를 정확히 성취해내는 것이다. 다윗의 죄악을 제거하는 것은 그의 전기를 흠없이 만들어 그를 우상화하자는 것이 결코 아니다. 그도 분명 인간으로 실패와 죄가 있다. 이제는 그 죄로 인해 가려져 버린 하나님의 계획을 살려내야 할 때이다.[156] 역대기는 다윗을 통해 일어난 일보다 오히려 그를 통해 일어나야 할 일을 기대하고 있는 것이다. 즉, 과거가 아닌 미래를 내다보고 있는 것이다. 과거의 죄악이 씻겨나간 사람, 그래서 정결한 마음이 회복되고, 새 영으로 가득 찬 성령의 사람, 이 사람을 통해 어떤 일이 일어날 것인가를 간절한 기대와 함께 바라보고 있다. 분명 명예가 회복되고, 삶이 회복되고, 승리가 회복되며, 마침내 예배가 회복되는 총체적인 회복의 역사가 일어날 것이 분명하다.

역대기에서는 암몬과의 전쟁 다음의 이야기가 다윗의 이름 회복, 즉 그의 명예를 찾아주는 이야기가 펼쳐진다는 것은 논리적으로 옳은 순서이다(대상 20:4-8). 사무엘서는 죄악 된 사건 이후에 다윗이 암몬의 랍바 성에서 요압의 영광을 가로채는 비열한 군주의 모습으로 비쳐진다. 다윗-밧세바 사건 전과 후의 사건에서 이러한 극적인 대조현상이 두드러지게 나타나고 있다. 이 죄악 된 사건 전에는 다윗은 어릴 때부터 물러설 줄 모르는 맹장의 기질을 타고났다. 양들을 공격하는 포악한 동물들은 물론, 골리앗도 물맷돌 하나로 거뜬히 날려버렸다. 그러나 그 범죄행위 이후로 배열된 다윗의 전쟁이야기는 실망감을 금치 못하게 한다. 역대기상 20장 4-8절과 병행되는 이야기를 전하고 있는 사무엘하 21장 15-22절에는 역대기에는 생략된 부분이 나타난다. 그것은 다윗이 블레셋과의 전투에서 싸우다가 피곤하여 블레셋 장수인 이스비브놉에게 전사할 뻔한 경우이다(삼하 21:15-16). 스루야의 아들 아비새가 돕지 않았다면 사울처럼 블레셋과의 전쟁터에서 그의 생명은 끝났을 수도 있었다. 부하 장수들은 다윗에게 "왕은 다시 전쟁터에 나서지 말라는 부탁까지 하게 된다"(삼하

21:17). 그리고 블레셋과의 계속되는 전투에서 거인들을 물리치는 자가 더 이상 다윗이 아닌 그의 부하 장수들인 아비새, 십브개, 엘하난, 요나단이다(삼하 21:15-22). 그리고 "베들레헴 사람 엘하난이 가드 골리앗의 아우 라흐미를 죽였는데 그의 창자루는 베틀채 같았다"라고 전한다(삼하 21:19). 그러나 히브리어 원문에는 "엘하난이 가드 골리앗을 죽였다"(וַיַּךְ אֶלְחָנָן…אֵת גָּלְיָת הַגִּתִּי 와야크 엘하난…골야트 하기티)라고 분명하게 명시하고 있다.[157] 원문상으로 참으로 논쟁의 여지가 많은 부분이다. 누가 골리앗을 죽였는가, 다윗인가, 엘하난인가?[158] 그러나 성경은 골리앗을 죽인 자가 누구인가라는 진실게임에는 관심이 없다. 죄악은 이처럼 한 인간이 하나님과 함께 쌓아온 모든 명예를 한꺼번에 무너뜨릴 수 있다는 사실이 오히려 더욱 강력한 외침이다.[159] 그러나 역대기에는 다윗의 피곤함도 사라진다. 그는 더 이상 피곤으로 인해 곤경에 처하는 연약한 자가 아니라, 열정으로 똘똘 뭉친 신념의 사람이다. 여기에서 엘하난은 다시 본연의 위치로 돌아간다. 그가 죽인 자는 골리앗이 아니라 그의 아우 라흐미일 뿐이다(대상 20:5). 한 사람의 생에서 죄악을 제거해 버리면 이렇게도 다른 역사를 쓸 수 있다. 다윗의 삶의 이야기는 이렇게 우리에게 한 가지의 강력한 질문을 남기며, 미래를 향한 올바른 선택을 종용한다. 어떤 역사를 쓸 것인가?

다윗이 저지른 죄악의 결과가 그의 생을 얼마나 심각하게 어지럽히는 치명적인 독소가 되고 있는가를 살펴보았고, 그 반대의 삶도 보았다. 분명 이 두 가지의 다른 역사는 그 이후의 이야기에서도 다른 방향으로 나아갈 것임에 틀림없다. 죄악을 저지른 다윗의 이후와 죄악이 용서받고 그 죄의 흔적조차 사라져버린 다윗의 미래의 삶이 어찌 같을 수 있을 것인가? 사무엘서와 역대기서의 추후의 이야기 전개는 이 차이점만큼이나 전적으로 다른 방향을 향할 것이다. 죄와 벌은 뗄 수 없는 관계이기에 용서받은 자라 할지라도 징계로부터의 해방은 아니다. 진심어린 회개가 있느냐, 아니냐의 차이는 진심의 회개는 그 벌도 달게 받을 준비가 되어있다는 점이다. 그렇다면 사무엘서는 다윗의 징계로 나아갈 것이고, 역대기는 분명 그와는 다른 길로 나아갈 것이 자명하다.

3) 징벌이 예배로 바뀌다

역대기에는 다윗과 밧세바 사건 자체가 사라진다. 다윗의 범죄가 완전히 씻겨나가며, 그에 합당한 형벌 또한 그 자취를 감춘다. 역대기의 그 어디에서도 사무엘하에 나타난 암논이 자신의 이복동생 다말을 강간하는 사건(삼하 13:1-22), 압살롬이 복수심에 불타 암논을 살해하는 행위(삼하 13:23-39), 압살롬의 반란(삼하 15장), 시므이의 저주(삼하 16:5-14), 세바의 반란(삼하 20장), 시바와 므비보셋의 진실성 게임(삼하 16:1-4; 19:24-30) 그리고 다윗의 처참한 피난의 행렬을 찾아볼 수 없다. 다윗의 범죄가 사라지며 그와 연관된 모든 일련의 치욕적이며 불행한 사건들이 그 형체를 감추어 버린다. 그렇다면 형벌이 사라진 그 자리를 무엇이 대체하고 있는 것인가? 다윗의 40년의 통치 후반부를 장식하고 있던 강간, 살인, 반란, 배신으로 가득한 파란의 세월이 사라지면 어떤 역사를 쓸 수 있을까?

역대기서에서 다윗은 온 이스라엘의 힘을 모아 꾸준히 준비한 것이 있다. 하나님께서 주변 열방들에 대하여 계속적인 승리를 주셨을 때 다윗은 거기서 얻은 금, 은, 놋의 전리품들을 계속해서 여호와께 드린다(삼하 8:11–12; 대상 18:8–11). 그 분명한 용도는 사무엘서의 평행구절에는 나타나지 않지만(삼하 8:8), 역대기는 그 구절에 추가로 다음의 내용을 첨가하여 밝히고 있다: "다윗이…또 하닷에셀의 성읍 디브핫과 군에서 심히 많은 놋을 빼앗았더니 솔로몬이 그것으로 놋대야와 기둥과 놋그릇을 만들었더라" (대상 18:8). 이처럼 다윗은 자신의 모든 힘을 다하여 여호와를 위한 성전건축 준비에 전력을 다한다. 짐작컨대 사무엘서도 다윗이 여호와의 성전을 짓기 위한 재료로 삼기 위해 전리품을 여호와께 바쳤을 것이다. 그러나 거기서는 이러한 노력이 동강이 나고 말았다는 것이 비극이다. '밧세바–우리아' 사건이 벌어지며 다윗은 더 이상의 성전건축을 위한 준비를 진행할 수조차 없는 상황에 떨어졌고, 왕국의 존립조차 불투명한 지경에 이르렀었다. 그러나 역대기에서 다윗은 성전건축 준비에 어떠한 장애도 없이 그 속도에 더욱 박차를 가하고 있다.

이처럼 역대기서는 사무엘서에서 다윗이 진노의 징벌을 받느라고 허비하였던 그 모든 시간과 정력과 물자를 오로지 성전건축에 집중하는 것으로 전하고 있다. 내전을 치르느라 희생되었던 인력들은 성전을 건축할 인부가 되고, 돌을 다듬는 석수가 되며, 또한 문짝못, 거멀못을 만들고 놋과 백향목을 다듬는 일에 전념하게 된다(대상 22:2–4). 다윗은 거기에서 멈추지 않는다. 요압을 필두로 하는 정치 행정부를 대체하는(대상 18:14–17; 비교, 삼하 8:15–18; 20:23–26) 신권통치 기구를 세운다. 바로 레위인들과 제사장으로 구성된 대규모 성전관리 조직이다. 새로운 권위를 부여받은 레위인과 제사장을 중심으로 하는 예배 공동체가 서는 것이다. 레위인들에게 여호와의 전 사무를 살피게 하고, 유사와 재판관이 되며, 성전 문지기로, 그리고 여호와를 찬송하는 직무를 맡겨 여호와의 전에서 수종들게 하였다(대상 23장). 그는 제사장들이 여호와께서 아론에게 명하신 규례대로 성소의 일을 다스리고, 하나님의 일을 행하게 하였다(대상 24장). 레위인 중에 특별히 수금과 비파와 제금을 연주하며 신령한 노래를 하며 섬기는 조직을 세우고 그 일에 전념하게 한다(대상 25장). 또한 성전 문지기를 맡은 사람들의 반차와 성전 곳간을 맡은 레위인들의 명부를 분명히 하여 맡은 일에 차질이 없게 한다(대상 26장). 심지어 만만치 않은 힘을 과시하는 것으로 보이는 레위인들로 구성된 정치, 군사조직을 세웠다(대상 26:29-32). 이렇게 레위인들로 구성된 예배 조직에 비하면 다윗의 정치행정 조직은 비교조차 되지 못할 정도로 빈약하게 보인다(대상 27:32-34). 그 양에 있어서도 도표로 비교해 보면 다음과 같다.

레위 지파로 구성된 행정조직	대상 23-26장	레위지파의 계보, 제사장의 반차와 일, 레위 자손의 반차와 일, 찬송을 맡은 자들, 성전 문지기, 성전 곳간을 맡은 사람들, 기타 직임들
그 외 이스라엘 지파의 행정조직	대상 27장	이스라엘의 족장들과 각 지파 관할자들, 왕의 재산을 맡은 자들, 다윗의 모사들

실제로도 이 레위계열과 아론의 후손 제사장으로 이루어

진 이스라엘 예배 공동체의 웅장한 조직에 그 어떠한 정치적인 세력도 힘을 쓰지 못하고 있다. 요압은 단지 자신에게 주어진 군사적인 업무만 수행하는 다윗의 군장으로서의 위치를 벗어나지 않는다(대상 27:34). 압살롬의 반란에 가담했던 모사 아히도벨도 후새와 함께 다윗의 모사의 위치를 그대로 지키고 있다(대상 27:33-34). 요압을 선두로 한 다윗의 정치적인 행정부는 그 모든 권위를 레위인과 제사장들에게 내어주고 질서정연한 예배의 길에 동참하고 있는 것이다. 온 나라가 일사분란하게 하나님을 예배하는 행렬을 이룬다.

사무엘하 13-20장까지 숨 가쁘게 진행되었던 다윗이 징벌을 받는 이야기들은 역대기상 22-29장에서 하나님의 백성 이스라엘이 성전건축 준비를 중심으로 예배 공동체가 되는 이야기로 완전히 대체되었다. 사람에게서 죄를 제거하면 이렇게도 다른 역사를 쓸 수가 있는 것이다. 사무엘서와 역대기서에서 수많은 공통점을 가지고 있던 이야기 전개가 이 두 부분에서는 결코 겹치는 이야기가 없다. 그만큼 상반되는 다른 역사를 쓸 수 있다는 것이다. 하나님의 말씀은 우리에게 지혜로운 선택을 촉구하고 있다. 죄로 인한 형벌로 가치 있게 부여받은 인생을 낭비할 것인가, 아니면 죄의 유혹조차 떨쳐버림으로 온 맘과 정성 그리고 마지막 한 호흡까지 다하여 "주 너의 하나님을 섬기라"는 명령에 순종하여, 찬양과 경배의 예배에 혼신의 힘을 다할 것인가? 죄의 노예가 되는 삶인가, 예배인가? 애굽에서 종살이 하던 이스라엘처럼 바로의 종으로 고역의 노동을 할 것인가(출 1:12; 2:23), 아니면 하나님의 종으로 섬김의 예배를 드릴 것인가(출 3:12; 8:1; 9:13)라는 질문은 끊임없이 우리 앞에 놓여져 있는 선택의 기로이다.

4) 다윗에서 솔로몬으로 - 예배를 통해 이루어질 일

다윗은 하나님의 성전을 건축할 수 없다는 하나님의 거부를 들었다. 하나님의 성전은 전쟁의 사람이 아니라, 평화의 사람이 지어야 한다는 것이다(대상 28:3). 그 후로 다윗은 성심을 다해 성전건축 준비를 한다. 건축에 필요한 모든 물질적인 준비뿐만 아니라, 성전이 건축되고 난 다음에 이루어질 모든 예배의 절차까지도 체계 있게 진행될 수 있도록 제사장과 레위인들의 체계를 바르게 정립한다. 그리고 다윗은 드디어 이 땅을 떠날 때가 되었다. 그가 아들 솔로몬에게 하는 유언은 우리에게 무언가를 기억하게 하며, 새롭게 하는 요소가 있다. 다윗의 당부와 유언을 모아 보면 과거의 퍼즐이 맞추어 진다.

> 그 때에 네가 만일 여호와께서 모세를 통하여 이스라엘에게 명령하신 모든 규례와 법도를 삼가 행하면 형통하리니 강하고 담대하여 두려워하지 말고 놀라지 말지어다(대상 22:13).

> 금과 은과 놋과 철이 무수하니 너는 일어나 일하라 여호와께서 너와 함께 계실지로다 하니라(대상 22:16).

> 또 그의 아들 솔로몬에게 이르되 너는 강하고 담대하게 이 일을 행하라 두려워하지 말며 놀라지 말라 네가 여호와의 성전 공사의 모든 일을 마치기까지 여호와 하나님 나의 하나님이 너와 함

께 계시사 네게서 떠나지 아니하시고 너를 버리지 아니하시리라(대상 28:20).

나의 하나님이여 주께서 마음을 감찰하시고 정직을 기뻐하시는 줄을 내가 아나이다 내가 정직한 마음으로 이 모든 것을 즐거이 드렸사오며 이제 내가 또 여기 있는 주의 백성이 주께 자원하여 드리는 것을 보오니 심히 기쁘도소이다(대상 29:17).

여기서 분명하게 드러나는 것은 다윗과 솔로몬의 관계가 모세와 여호수아의 관계와 비교되고 있다는 것이다. 다윗이 솔로몬에게 하는 유언의 말은 흡사 모세가 여호수아에게 하는 말과 같다(신 31:7-8). 두 선임자인 모세와 다윗은 자신들이 이루고 싶었으나, 하나님께서 허락지 않으신 일이 있다. 모세는 가나안 땅에 진입하는 것이며, 다윗은 성전건축이다. 그러므로 여호수아에게는 가나안 땅 정복이라는 대 과업이 놓여져 있었다면, 솔로몬에게는 성전건축이라는 지상최대의 사명이 주어져 있는 것이다.

그리고 성전건축을 완수한 다음에는 솔로몬 그 또한 하나님을 예배하는 예배자로 바르게 서야만 한다. 그에게 있었던 과거의 모든 죄악 된 요소들은 제거되어야 하는 것이다. 하나님의 성전은 거룩한 삶으로 유지되는 장소이다. 거룩은 구별이며, 구별은 곧 이방인의 풍속에 빠지지 않는 것으로 그들과의 혼합은 절대적으로 피해야 할 일이다. 열왕기서에서 솔로몬은 성전을 건축한 위대한 사명을 완수했음에도 그의 업적은 빛바랜 것이 되고 말았다. 그 이유는 바로의 딸을 선두로 한 이방여인들의 유혹 속에서 종교

혼합주의로 나간 그의 죄악 때문이었다. 그러나 이제 새로운 회복 공동체에는 결코 그런 일이 있어서는 안 된다. 그러므로 솔로몬에게 있어서 거룩은 지상최대의 과제이며, 역대기서는 솔로몬을 과거의 잘못을 일소한 공동체의 미래상으로 제시한다.

> 솔로몬이 바로의 딸을 데리고 다윗 성에서부터 그를 위하여 건축한 왕궁에 이르러 이르되 내 아내가 이스라엘 왕 다윗의 왕궁에 살지 못하리니 이는 여호와의 궤가 이른 곳은 다 거룩함이니라 하였더라(대하 8:11).

솔로몬 또한 이처럼 바로의 딸로 비유되는 우상숭배적인 과거의 모든 잘못을 제거하는 삶을 통해 예배로의 길을 열어가며, 성전 중심의 예배를 공고히 한다.

이처럼 모세와 여호수아, 그리고 다윗과 솔로몬의 유비관계를 통해서 알 수 있는 것은 결국 땅 정복과 성전건축은 떼려야 뗄 수 없는 관계라는 사실이다. 여호수아의 시절에 땅을 정복하는 것은 칼을 들고 여호와 하나님의 뒤를 따르며 전쟁을 치르는 것이었다면, 역대기서의 시절에는 칼을 들고 싸우는 것이 아니라, 성전을 건축하고 예배하는 백성이 되는 것이 바로 그 땅을 정복하는 길이라는 것을 선언하고 있는 것이다. 이것은 지금 현재를 살아가는 우리에게도 동일하다. 우리는 칼과 창을 들고 세상을 정복하는 사람들이 아니라, 오직 주의 복음을 들고 예배하는 삶을 통하여 세상을 하나님께로 돌이켜야 하는 사명을 지고 있다. 과거에는 칼을 들고 가나안 족속을 뿌리째 뽑아내며, 그들의 종교, 문화, 사상,

이념, 주장 등을 진멸했었다면, 이제는 예배를 통해 나쁜 종교, 사악한 이념, 불순한 사상, 인간의 문화와 주장을 뿌리째 뽑아내고, 오직 하나님의 마음을 심는 길을 열어야 할 것이다. 그러므로 우리에게도 예배의 회복이 바로 이 땅을 정복하는 이상을 가장 바르게 실현하는 길인 것이다. 예배가 삶이 되고, 삶이 예배가 되어 하나님 나라를 이 땅에서 확장해 나가는 것이 지금 우리에게 주어진 사명인 것이다.

:: 주석

150) 마크 A. 트론베이트(M. A. Throntveit),『에스라-느헤미야(*Ezra-Nehemiah*)』(Interpretation; 서울: 한국장로교출판사, 2001), 32-33쪽.

151 트론베이트, 『에스라-느헤미야(Ezra-Nehemiah)』. 트론베이트는 이 책에서 에스라-느헤미야서를 네 등분으로 나누어 설명하고 있다.

152) 김재구, "여성 아브라함들,"「구약논단」30집 (2008년 12월), 46-47쪽.

153) 김지찬,『요단강에서 바벨론 물가까지: 구약 역사서의 문예적-신학적 서론』(서울: 생명의 말씀사, 1999), 486쪽. 유다부터 베냐민까지의 기본적인 도표의 형태는 이 책을 참조하였다.

154) 유다 지파와 시므온 지파가 나란히 배열되어 있는 것은 시므온 지파의 특색으로 인한 것이다. 시므온 지파는 창세기 야곱의 축복에서 그의 잔혹한 폭력행위로 인해(창 34장) 축복이 아닌 저주를 받고 이스라엘에 흩어지는 운명이 예고된다(창 49:5-7). 그로인해 시므온 지파는 모세의 축복에는 등장조차 하지 않는다(신 33:1-29). 그리고 이들의 운명은 유다 지파 속에서 기업을 분배받고(수 19:1-9), 유다와 같이 움직인다(삿 1:1-3). 마침내는 유다 지파에 흡수, 합병되며 흩어져 버린 것으로 나타난다. 레위도 시므온과 같이 칼로 잔혹한 폭력을 행하여 동일한 흩어짐의 저주를 받으나, 레위 지파는 금송아지 숭배의식에서 구별된 삶과 모세의 명령으로 칼을 차고 하나님의 정의를 행하는 사명을 감당함으로 축복을 받아 백성 가운데 흩어져 하나님을 전하는 사명을 감당하는 지파가 된다.

155) 밧세바는 오직 '사무엘-열왕기서'(삼하 11:3; 12:24; 왕상 1:11, 15, 16, 28, 31; 2:13, 18, 19)와 시편 51편의 제목에만 나타나며, 역대기서에는 전혀 등장하지 않는다.

156) 스티븐 S. 투엘(S. S. Tuell),『역대상·하(*First and Second Chronicles*)』(배희숙 역) (서울: 한국장로교출판사, 2007), 124-25쪽.

157) 영어 성경들과 한글 공동번역과 표준 새번역은 히브리어를 따라 엘하난이 골리앗을 죽인 것으로, 개역성경과 개역개정은 역대기를 참고하여 엘하난이 골리앗의 동생 라흐미를 죽인 것으로 두 본문을 조화시켜 놓

았다.

158) Anderson, *2 Samuel*, 255쪽; G. L. Archer, "Who Killed Goliath-David or Elhanan?" *Encyclopedia of Bible Difficulties* (Grand Repids, MI; Zondervan, 1982), 178-79쪽. 엄원식, "다윗의 전기에 대한 분석적 비판-전투적 메시아니즘을 중심으로," 「구약논단」9 (2000), 109-33쪽. 여기서 엄원식은 다양한 학자들의 의견을 종합하여 다윗과 엘하난의 관계에 대해 세 가지로 추론하고 있다: (1) 엘하난은 다윗과 같은 인물이며, '엘하난'은 그이 실제 이름이고, '다윗'은 최고 장수나 왕에게 붙이는 칭호이다, (2) 다윗과 엘하난은 각기 다른 사람이며, 엘하난이 다윗의 업적을 가로챘다, (3) 블레셋에 골리앗은 최고의 장수를 의미는 이름일 수 있다. 그러므로 엘하난이 죽인자도 골리앗이고, 다윗이 죽인 자도 골리앗이다.

159) Miscall, Peter D., "Moses and David: Myth and Monarchy," J. C. Exum and D. J. A. Clines (eds.), *The New Literary Criticism and the Hebrew Bible* (Pennsylvania: Trinity Press, 1993), 197쪽. 미스콜은 사울이 요나단의 승리의 영광을 차지한 것처럼 다윗도 전사들의 업적을 자신의 승리로 만든 것이 폭로된 것이라 여긴다. 그리고 이것이 폭력과 배신으로 얼룩진 다윗의 생애의 후반부에 벌어지고 있다는 것은 이제 더 이상 다윗이 골리앗과의 대결 이야기를 동화로서조차 유지할 수 없는 상태가 되었다고 본다.

나 가 는 말

토라의 이상이 역대기 신학에 현재화 되어 미래를 제시하고 있다. 그 미래는 바로 예배하는 삶이다. 역대기서는 그러한 미래상을 강력하게 제시하고 있는바, 이것은 아직도 이루어지지 않은 현재형이며, 또한 미래형이다. 우리에 의해 이루어질 때 현재형이 될 것이며, 우리가 이루어내지 못할 때 계속적인 미래형으로 지속될 것이다.

그 기나긴 구약의 역사를 통하여 하나님께서 이루시고자 하셨던 그 간절한 소망, 몇 번을 다시 돌려서라도 이루기를 갈망하는 그 길, 그것은 바로 예배이다. 예배로 세상을 정복하고, 변화시킬 사명이 우리에게 주어져 있다. 이스라엘이 세상의 가운데서 모든 민족들의 중심에 위치하여 결국은 몇 번을 망하고, 마지막에 이러한 하나님의 갈망을 가득 담아 역대기서로 구약성경을 마감하고 있다는 것은 이제 우리가 그 끝을 이어 하나님의 갈망을 이 땅에 실현해야 할 사명이 있다는 것이다.

히브리어 성경의 결론인 역대기의 시대는 모세와 여호수아의 모형을 자신들에게 더욱 친근한 다윗과 솔로몬의 관계로 표현하며, 그 시대의 이상을 그리고 있다. 하지만 아직도 그 예배의 이상은 진행 중이다. 지금 우리 시대에는 이것을 어떻게 비유할 수 있을까? 모세와 다윗의 이상을 그대로 가슴에 품으시고 이 땅에 오신 분, 우리의 구원자 예수 그리스도를 생각할 때이다. 모세를 통해 주신 법을 완전케 하시며, 엘리야가 그 권위를 양도한 예언자의 완성이시며, 다윗의 후손으로 오셨으나, 다윗이 주라고 칭할 수밖에 없는 분, 바로 우리의 구원자이신 예수 그리스도이시다(마 22:43-45; 시 110:1).

이제 이 땅에 오신 하나님, 모세와 다윗의 모든 것을 완전케 하신 우리 주이신 예수님 또한 그 뒤를 이을 사람이 필요하다. 모세에게 여호수아가 있었다면, 다윗에게는 솔로몬이 있었다. 이제 우리가 모세의 뒤를 이었던 여호수아처럼, 다윗의 뒤를 잇는 솔로몬처럼, 예수님의 뒤를 잇는 그 역할을 맡아야 한다. 그리고 이 땅을 예배로 정복하는 길을 열어야 한다. 그러한 연결을 통해 하나님을 향한 예배는 완성되는 것이다. 이것은 순종의 예배를 통해 열방을 품에 안기를 소망하시는 하나님의 이상으로의 연결이며, 메시아의 시대를 예비하는 것이다. 이제 하나님의 이 마음이 어떻게 우리 구주이신 예수 그리스도를 통해 실현되었는지를 배우고, 우리 또한 그 뒤를 따르는 것이 남아있다. 그러므로 역대기서는 구약의 마감이면서, 토라와 예언서에서 이루기를 갈망한 예배의 완성을 고대하는 종말론적인 기대를 가지고 이 땅에 오신 메시아이신 예수 그리스도를 고대하고 있는 것이다.

아버지께 참되게 예배하는 자들은 영과 진리로 예배할 때가 오나니 곧 이 때라 아버지께서는 자기에게 이렇게 예배하는 자들을 찾으시느니라 하나님은 영이시니 예배하는 자가 신령과 진정으로 예배할지니라(요 4:23-24).

여자가 이르되 메시야 곧 그리스도라 하는 이가 오실 줄을 내가 아노니 그가 오시면 모든 것을 우리에게 알려 주시리이다(요 4:25).

예수께서 이르시되 네게 말하는 내가 그라 하시니라(요 4:26).

그리고 이 시대에 예수 그리스도의 뒤를 따르는 그리스도인들은 왕 같은 제사장(벧전 2:9)으로 세상의 중심이 되어 하나님께서 이루고자 하셨던 그 이상을 이어받아 이 땅에 실현해야 할 존재들임을 자각해야 할 것이다.

구약성경(과거)	신약성경(현재)	세상(미래)
아담부터 현재 공동체 예배의 회복을 향해 (성전을 중심으로)	예수 그리스도의 십자가를 진 왕 같은 제사장들 (그리스도인)	세상 사람들 죄 사함과 예배의 길 향해
▶▶▶▶▶▶▶▶▶▶	예배하는 삶	◀◀◀◀◀◀◀◀◀◀

우리 그리스도인들은 이 땅의 중심이 되어 아담 때로부터 이루고자 하셨던 하나님의 뜻을 받들어 이 세상에 존재하는 모든 사람들

의 “무릎을 예수의 이름에 꿇게 하고 모든 입으로 예수 그리스도를 주라 시인하여 하나님 아버지께 영광을 돌리는”(빌 2:10-11) 세상을 이루어야 할 것이다. 우리가 전심을 다해 하나님을 예배할 때 이 미래상은 우리 앞에 현재가 될 것이다.

:: 참고문헌

고웬(Gowan), D. E.,『구약 예언서 신학(*Theology of the Prophetic Books: The Death & Resurrection of Israel*)』(서울: 대한기독교서회, 2004).

기독교문화사 외경위경 편집부, 『외경위경 전서(상)』(서울: 기독교문화사, 1993).

김이곤, 『시편 시문학의 신학』(서울: 한들출판사, 2006).

김재구, "여성 아브라함들," 「구약논단」 30집 (2008년 12월), 31-51쪽.

______, "입다의 딸, 누구를 위한 희생인가?" 「한국기독교신학논총」 2009 (64), 29-51쪽.

______, "민수기의 거시구조에 대한 재조명," 「구약논단」 63 (2017), 41-73쪽.

김지찬,『요단강에서 바벨론 물가까지: 구약 역사서의 문예적-신학적 서론』(서울: 생명의말씀사, 1999).

______,"여호수아서를 어떻게 설교할 것인가," 『여호수아 어떻게 설교할 것인가』(서울: 두란노, 2004), 11-26쪽.

김필회, "예레미야 소명기사(1:4-10)의 역사적 이해," 「구약논단」 18 (2005), 86-104쪽.

더글라스(Glasev), 미치(M & Z),『레위기의 3대 절기(The Fall Feasts of Israel)』(송용구 역) (서울; 생명의 서신, 1992).

돌시(Dorsey), 데이빗, 『구약의 문학적 구조: 창세기-말라기 주석(*The Literary Structure of the Old Testament: A Commentary on Genesis-Malachi*)』(류근상 역) (서울: 크리스챤출판사, 2003).

롱맨(T. Longman), 트램퍼, 『어떻게 잠언을 읽을 것인가(*How to Read Proverbs*)』(전의우 역) (서울: IVP, 2005).

뤼프케(J.Rüke), 외르크, 『시간과 권력의 역사』(김용현 역)(서울:알마, 2011).

밀러(Miller), J. 맥스웰 & 존 H. 헤이스(Hayes), 『고대 이스라엘 역사(*A History of Ancient Israel and Judah*)』 (박문재 역) (서울: 크리스챤다이제스트, 1996).

맥캔(McCann), J. 클린턴, 『새로운 시편여행(*A Theological Introduction to the Book of Psalms: The Psalms as Torah*)』(김영일역)(서울: 은성, 2000).

______________________, 『사사기(*Judges*)』(Interpretation; 서울: 한국장로교출판사, 2010).

메로즈, 크리스띠안, 『귀양간 에스델: 다름의 영성을 위하여』(전유미 역) (서울: 성서와함께, 2000).

메이스(Mays), 제임스 L., 『시편(*Psalms*)』(신정균 역) (서울: 한국장로교출판사, 2002).

반게메렌(VanGemeren), W. A., 『예언서 연구(*Interpreting the Prophetic Word*)』 (김의원 & 이명철 역) (서울: 엠마오, 1993).

발렌틴(Balentine), 사무엘 E., 『레위기(*Leviticus*)』(조용식 역) (Interpretation; 서울: 한국장로교출판사, 2011).

부버(Buber), 마르틴 「나와 너(*Ich und Du*)」(김천배 역) (서울: 대한기독교서회, 1991).

브라이트, 존(Bright, John), 『이스라엘의 역사(*A History of Israel*)』(엄성옥 역) (서울: 은성, 2002).

브루거만(Brueggemann), 월터, 『사무엘상·하(*First and Second Samuel*)』(차종순 역) (서울: 한국장로교출판사, 2000).

본회퍼, 디이트리히(Bonhoeffer, D.), 『옥중서간: 반항과 복종(*Widerstand und Ergebung*)』(고범서 역)(서울: 대한기독교서회, 1967).

블렌킨솝(Blenkinsopp), J., 『에스겔(Ezekiel)』 (박문재역)(서울:한국장로교출판사, 2002).

안근조, 『욥기의 지혜코드: 하나님의 지혜초청과 욥의 깨달음』(서울: 킹덤북스, 2012).

앗킨슨(Atkinson), 데이비드, 『잠언 강해: 삶을 위한 지혜(*The Message of Proverbs: Wisdom for Life*)』(김진우 역) (서울: 한국기독학생회출판부, 2002).

양용의, 『마태복음 어떻게 읽을 것인가』(서울: 성서유니온선교회, 2005).

엄원식, "다윗의 전기에 대한 분석적 비판-전투적 메시아니즘을 중심으로," 「구약논단」 9 (2000), 109-33쪽.

에스테스(Estes), 다니엘 J., 『지혜서와 시편개론(*Handbook on the Wisdom Books and Psalms*)』(강성열 역) (서울: 크리스챤다이제스트, 2007).

엘룰(Ellul, Jacques), 자끄, 『존재의 이유(*La Raison D'être*)』(박건택 역) (서울: 규장, 2005).

이턴(Eaton), 마이클 A., 『전도서(*Ecclesiastes*)』(왕인성 역) (틴델구약주석 시리즈 13; 서울: 기독교 문서선교회, 1994).

오택현, "신 26장: 가나안에서 지켜야 할 하나님의 명령," 『신명기 어떻게 설교할 것인가』(서울: 두란노아카데미, 2008), 455-77쪽.
우드, 레온(Wood, Leon J.), 『이스라엘의 선지자(*The Prophets of Israel*)』 (김동진 역) (서울: 기독교문서선교회, 1990).
우택주, 『새로운 예언서개론』(서울: 침례신학대학교출판부, 2005).
왕대일, 『구약신학』(서울: 감신대성서학연구소, 2003).
월턴(Walton), 존 H,. 『차트 구약: 구약 연대표 및 배경사(*Chronological and Background Charts of the Old Testament*)』(서울: 기독교문서선교회, 1999).
이학재, 『에스겔 어떻게 읽을 것인가』 (서울:성서유니온선교회, 2002).
장일선, 『구약세계의 문학』(서울: 대한기독교출판사, 1981).
_____, 『삶을 위한 지혜:히브리 지혜문학 연구』(서울:대한기독교서회, 2000).
정정숙, 『성서식물』(서울: 크리스챤뮤지엄, 2007).
젠슨(Jenson), Philip P., "레위기의 제사체계," 『성경에 나타난 제사법 연구』 (서울: 도서출판그리심, 1998).
젠슨(Jenson), 로버트 W., 『아가(*Song of Songs*)』(김회권 역) (Interpretation; 서울: 한국장로교출판사, 2011).
카(Carr), E. H., 『역사란 무엇인가(*What Is History*)』(서울: 범우사, 1996).
콘래드(Conrad) 에드가 W., 『이사야서 읽기(*Reading Isaiah*)』(장세훈 옮김) (서울: 기독교문서선교회, 2002).
크로산(Crossan), J. D., 『가장 위대한 기도: '주님의 기도'의 혁명적인 메시지(*The Greatest Prayer: Rediscovering the Revolutionary Message of the Lord's Prayer*)』(김준우 역) (서울: 한국기독교연구소, 2011).
크리치(Creach), 제롬 F. D., 『여호수아(*Joshua*)』(조용식 역) (Interpretation; 서울: 한국장로교출판사, 2010).
크뤼제만, 프랑크(Crüsemann, Frank), 『토라: 구약성서 법전의 신학과 사회사(*Die Tora: Theologie und Sozialgeschichte des alttestamentlichen Gesetzes*)』(김상기 역) (서울: 한국신학연구소, 1995).
토인비(Toynbee), A. J., 『토인비와의 대화(*Surviving the Future*)』(홍신사상신서 34; 서울: 홍신문화사, 1995).
투엘(Tuell), 스티븐 S., 『역대상·하(*First and Second Chronicles*)』(배희숙 역) (서울: 한국장로교출판사, 2007).
트론베이트(Throntveit), 마크 A. , 『에스라-느헤미야(*Ezra-Nehemiah*)』 (Interpretation; 서울: 한국장로교출판사, 2001).
프타토(Futato), M. D., & 데이빗 M. H., 『시편을 어떻게 해석할 것인가』 (류근상&류호준)(서울:크리스챤, 2008).
피터슨(Peterson), 유진 H., 『다시 일어서는 목회(*Five Smooth Stones for Pastoral Work*)』(차성구 역) (서울: 좋은씨앗, 2001).
______________, 『주와 함께 달려가리이다(*Run with the Horses: The Quest for Life at Its Best*)』(서울: IVP, 2003).
______________, 『응답하는 기도(*Answering God: The Psalms as Tools for Prayer*)』(서울: IVP, 2003).
프레다임(Fretheim), 테렌스 E., 『출애굽기(*Exodus*)』(강성열 역) (Interpretation; 서울: 한국장로교출판사, 2001).
최인철, 『나를 바꾸는 심리학의 지혜 프레임』(서울: 21세기북스, 2007).
헤셸(Heschel), 아브라함 요수아, 『예언자들 상권(*The Prophets: An Introduction, vol. I*)』(서울: 종로서적, 1987).
______________, 『누가 사람이냐(*Who is Man?*)』(이현주 역) (서울: 한국기독교연구소, 2008).
Anderson, A. A., *2 Samuel* (WBC 11; Dallas, Texas: Word Books, 1989).
Archer, G. L., "Who Killed Goliath－David or Elhanan?" *Encyclopedia of Bible Difficulties* (Grand Repids, MI; Zondervan, 1982), 178－79쪽.
Bentzen, Aage, "The Cultic Use of the Story of the Ark in Samuel," *JBL* 67 (1948), 37－54쪽.
Brenner, Athalya, *The Song of Songs* (Old Testament Guides; Sheffield: JSOT Press, 1989).
Brodie, Thomas L., *Genesis as Dialogue: A Literary, Historical, & theological Commentary,* (Oxford: Oxford University Press, 2001).
Buber, Martin, *The Prophetic Faith* (New York: The MacMilan Co., 1949).
Carr, David M., "Βίβλος γενέσεως Revisited: A Synchronic Analysis of Patterns in Genesis as Part of the Torah (Part Two)," *ZAW* 110 (1998), 327－47쪽.
Childs, B. S., *Introduction to the Old Testament as Scripture* (Philadelphia: Fortress Press, 1979).
Coogan, Michael David(ed. & trans.), *Stories from Ancient Canaan* (Louisville: Westminster Press, 1978).
Davis, Ellen F., *Proverbs, Ecclesiastes, and the Song of Songs* (Westminster Bible Companion; Louisville: Westminster John Knox, 2000).
Deurloo, Karel A., "Because You Have Hearkened To My Voice(Genesis 22)," in *Voices From Amsterdam: A Modern Tradition of Reading*

Biblical Narrative (Georgia: Scholars Press, 1994), 113–30쪽.
Dorsey, D. A., *The Literary Structure of the Old Testament: A Commentary on Genesis–Malachi* (Grand Rapids, Michigan: Baker Books, 1999).
Exum, J. Cheryl, "The Center Cannot Hold: Thematic and Textual Instabilities in Judges," *CBQ* 52 (1990), 410–31쪽.
Fishbane, M., "Jeremiah 4:23–26 and Job 3:3–13: A Recovered Use of the Creation Pattern," *VT* 21 (1971), 151–167쪽.
Fokkelman, Jan P., *Narrative Art in Genesis: Specimens of Stylistic and Structural Analysis* (Amsterdam: Van Gorcum, 1975).
Fox, Michael V., "Job 38 and God's Rhetoric," *Semeia* 19 (1981), 53–61쪽.
Garsiel, Moshe, *The First Book of Samuel: A Literary Study of Comparative Structures, Analogies and Parallels* (Ramat–Gan: Revivim Publishing House, 1985).
Gooding, D. W., "The Composition of the Book of Judges," *Eretz–Israel* 16 (1982), 70–79쪽.
Habel, Norman, *The Book of Job* (OTL; Philadelphia: Westminster, 1985).
Hadley, Judith M., "דגון," New International Dictionary of Old Testament Theology & Exegesis, vol. 1, (ed.) W. A. VanGemeren (Grand Rapids, MI: Zondervan, 1997), 918쪽.
Hamilton, Victor P., *The Book of Genesis 18–50* (NICOT; Grand Rapids, Michigan: W. B. Eerdmans Publishing Company, 1995).
Hauser, Alan J., "Linguistic and Thematic Links Between Genesis 4:1–16 and Genesis 2–3," *Journal of the Evangelical Theological Society* 23 (1980), 297–305쪽.
Hubbard, D. A., *Proverbs* (The Communicator's Commentary; Word, 1989).
Humphreys, W. Lee, "The Tragedy of King Saul: A Study of the Structure of ISamuel 9–31," *JSOT* 6 (1978), 18–27쪽.
____________________, "The Rise and Fall of King Saul: A Study of an Ancient Narrative Stratum in 1Samuel," *JSOT* 18 (1980), 74–90쪽.
Jacob, Benno, *The First Book of the Bible: Genesis* (New York: KTAV Publishing House, 1974).
Kearney, P. J., "Creation and Liturgy: The P Redaction of Exod. 25–40," *ZAW* 89 (1977), 375–87쪽.

Kutsko, John F., *Between Heaven and Earth: Divine Presence and Absence in the Book of Ezekiel* (Biblical and Judaic Studies vol. 7; Winona Lake, Indiana: Eisenbrauns, 2000).

Lemche, Niels Peter, "David's Rise," *JSOT* 10 (1978), 2-25쪽.

Levenson, Jon D., *Creation and the Persistence of Evil: The Jewish Drama of Divine Omnipotence* (New Jersey: Princeton University Press, 1988).

__________, Esther (OTL; Louisville: Westminster John Knox Press, 1997).

L'Heureux, Conrad E., "The Redactional History of Isaiah 5.1-10.4," W. B. Barrick/J. R. Spencer (eds), *In the Shelter of Elyon: Essays on Ancient Palestinian Life and Literature in Honor of G. W. Ahlström*(JSOTSup. 31), (Sheffield: Sheffield Academic Press, 1984), 99-119쪽.

Linville, J. R., *Israel in the Book of Kings: The Past as a Project of Social Identity* (JSOTSup. 272; Sheffield: Sheffield Academic Press, 1998).

Longman, Tremper, *Song of Songs* (New International Commentary on the Old Testament; Grand Rapids: Eerdmans, 2001).

McCarter, Jr, P. Kyle., *I Samuel* (AB 8; Garden City; New York: Doubleday, 1980).

Mackenzie, R. A. F., S.J., "The Purpose of the Yahweh Speeches in the Book of Job," *Biblica* 40 (1959), 435-445쪽.

Miller, James E., "Structure and Meaning of the Animal Discourse in the Theophany of Job (38,39-39,30)," *ZAW* 103 (1991), 418-421쪽.

Miscall, P. D., "The Jacob and Joseph Stories as Analogies," *JSOT* 6 (1978), 28-40쪽.

__________, "Moses and David: Myth and Monarchy," J. C. Exum and D. J. A. Clines (eds.), *The New Literary Criticism and the Hebrew Bible* (Pennsylvania: Trinity Press, 1993): 184-200쪽.

Na'aman, N., "Hebron was Built Seven Years Before Zoan in Egypt(Numbers XIII 22)," *VT* XXXI 4 (1981), 488-92쪽.

Niditch, Susan, "The 'Sodomite' Theme in Judges 19-20: Family, Community, and Social Disintegration," *CBQ* 44 (1982), 365-78쪽.

__________, *War in the Hebrew Bible: A Study in the Ethics of Violence* (New York: Oxford University Press, 1993).

Noll, K. L., *The Faces of David* (JSOTSup. 242; Sheffield: Sheffield

Academic Press, 1997).
Oblath, M. D., "Of Pharaohs and Kings-Whence the Exodus," *JSOT* 87 (2000), 25쪽; A. Frisch, "The Exodus Motif in 1Kings 1-14," *JSOT* 87 (2000), 23-42쪽.
Perdue, Leo G., *Wisdom in Revolt: Metaphorical Theology in the Book of Job*, (Sheffield: Almond Press, 1991).
Polzin, Robert, *Samuel and the Deuteronomist* (New York: Seabury, 1988).
Prinsloo, W. S., "The Theology of the Book of Ruth," *VT* 30 (1980), 334쪽.
Propp, William H. C., *Exodus 1-18: A New Translation with Introduction and Commentary* (ABC; New York: Doubleday & Company, Inc., 1999).
Rendsburg, G. A., *The Redaction of Genesis* (Winona Lake, Indiana: Eisenbrauns, 1986).
Sarna, Nahum M., *Genesis* (JPS Torah Commentary), (Philadelphia: Jewish Publication Society,
Sasson, J. M., *Ruth: A New Translation with a Philological Commentary and a Formalist-Folklorist Interpretation* (Baltimore: Johns Hopkins University Press, 1979).
Seitz, Christopher R., "Isaiah 1-66: Making Sense of the Whole," in *Reading and Preaching the Book of Isaiah*, ed. C. R. Seitz (Philadelphia: Fortress Press, 1988), 1989).
Steinmetz, Devora, "Vineyard, Farm, and Garden: The Drunkenness of Noah in the Context of Primeval History," *JBL* 113 (1994), 193-207쪽.
Sternberg, M., *The Poetics of Biblical Narrative: Ideological Literature and the Drama of Reading* (Bloomington: Indiana University Press, 1985).
Tomasino, A. J., "History Repeats Itself: The 'Fall' and Noah's Drunkenness," *VT* 42 (1992), 128-130쪽.
Trible, Phyllis, *Texts of Terror: Literary-Feminist Readings of Biblical Narratives* (Philadelphia: Fortress Press, 1984).
Ulrich, Dean R., "The Framing Function of the Narratives about Zelophehad's Daughters," *JETS* 41 (1998), 529-38쪽.
Von Rad, G., *Genesis: A Commentary* (Philadelphia: Westminster, 1972).
Walsh, J. P. M., *The Mighty from Their Thrones: Power in the Biblical Tradition* (OBT; Philadelphia: Fortress, 1987).
Waltke, B. K., *Genesis: A Commentary* (Grand Rapids, Michigan: Zondervan, 2001).

Watts, James W., *Isaiah 1–33* (WBC 24), (Waco, Texas: Word Books, 1985).

________________, *Psalm and Story: Inset Hymns in Hebrew Narrative* (JSOTSup. 139; Sheffield: JSOT Press, 1992).

Wenham, Gordon J., *Genesis 1–15* (WBC; Waco, Texas: Word Books, 1987).

________________, "Sanctuary Symbolism in the Garden of Eden Story," in *I Studied Inscriptions from before the Flood; Ancient Near Eastern, Literary and Linguistic Approaches to Genesis 1–11*, eds. R. S. Hess & D. T. Tsumura (Winona Lake, Indiana: Eisenbrauns, 1994), 399–404쪽.

________________, *Story as Torah: Reading the Old Testament Ethically* (Edinburgh: T&T Clark, 2000).

Zakovitch, Yair, *"And You Shall Tell Your Son..." The Concept of the Exouds in the Bible* (Jerusalem: Magnes Press, 1991).

Zvi Brettler, Marc, "The Book of Judges: Literature as Politics," *JBL* 108 (1989), 395–418쪽.